L'HOMOSEXUALITÉ FÉMININE

dans

L'ANTIQUITÉ GRECQUE ET ROMAINE

COLLECTION D'ÉTUDES ANCIENNES

publié sous le patronage de l'ASSOCIATION GUILLAUME BUDÉ

135

Série grecque

L'HOMOSEXUALITÉ FÉMININE

dans

L'ANTIQUITÉ GRECQUE ET ROMAINE

par

Sandra Boehringer

PARIS

LES BELLES LETTRES

2007

© 2007. *Société d'édition Les Belles Lettres*
95, bd Raspail 75006 Paris

ISBN : 978-2-251-32663-4
ISSN : 1151-826X

REMERCIEMENTS

Avant d'être un livre, cet ouvrage fut une thèse, dirigée par Luc Brisson, à l'École des hautes études en sciences sociales. Ce travail a pu être mené à bien grâce au soutien de la fondation Thiers qui m'a offert, par le biais d'un détachement de trois ans au CNRS, des conditions de travail idéales.

Loin d'être un exercice académique, cette recherche a été une aventure scientifique et humaine, jalonnée de rencontres enrichissantes. Malgré certaines résistances universitaires, j'ai pu entreprendre ce travail grâce à l'attention et à l'amitié de Jacques Gaillard, György Karsai et Jean Gascou, à l'université Marc-Bloch de Strasbourg.

Je tiens à remercier chaleureusement Luc Brisson d'avoir suivi mes travaux et d'être un directeur de recherche tout à la fois présent, enthousiaste et motivant.

Mes remerciements vont également à David Halperin, Michel Briand, Claude Calame et Philippe Moreau, qui m'ont prodigué conseils et encouragements dans mon cheminement intellectuel.

Merci à Isabelle Châtelet pour ses conseils précieux et les beaux croquis des vases.

Enfin, merci à mes proches et à mes amis, spécialistes de l'Antiquité, féministes, *queer*, psychanalystes, américains, syndicalistes et militants : Rostom Mesli, Louis-Georges Tin, Hubert, Marinette et Nadine Boehringer, Marine Lostia, Nadine Picard, Isabelle Châtelet, Jean Allouch, David Halperin, Michèle Haller, Henri Lecouteux, Armelle Chauveau, Christine Porêt, Claudine Hoffbeck, Fruzsina Vegvari, Sophie Dubois, Geoffroy Grison, Laurie Laufer.

PRÉFACE

par David M. Halperin

L'histoire de la sexualité est désormais une discipline respectable ou, du moins, si bien établie qu'on oublie facilement combien cette idée même semblait inattendue et déconcertante il y a encore peu de temps. Quand, en 1976, avec *La Volonté de savoir*, Michel Foucault publia le premier volume de ce qu'il appela, non sans audace, une « Histoire de la sexualité », le titre avait quelque chose d'insolite, si ce n'est de contradictoire. Comment, en effet, la sexualité pouvait-elle avoir une histoire ? On avait coutume de penser qu'elle ne pouvait pas plus en avoir que la gravité ou que n'importe quelle force naturelle, et parler d'une histoire de la sexualité avait aussi peu de sens que de parler d'une histoire de la respiration. Certes, pensait-on, les attitudes à l'égard de la sexualité pouvaient bien changer, tout comme la taxinomie des comportements sexuels pouvait varier d'une société à l'autre, mais la sexualité, elle, avait toujours été la même.

Nous sommes maintenant tellement habitués à l'idée que la sexualité a effectivement une histoire que nous ne nous interrogeons plus guère sur la nature de cette histoire. C'est pourtant la question à laquelle nous confronte l'étude captivante et originale de Sandra Boehringer : comment exactement – à quels égards, en vertu de quelle temporalité, selon quelles dimensions ou sous quels aspects et avec quelles conséquences – la sexualité a-t-elle une histoire ?

Les premiers historiens de la sexualité, relevant le défi lancé par la proposition radicale de Foucault selon laquelle la sexualité n'est apparue qu'aux XVIIIe et XIXe siècles, eurent bien des façons de répondre. Ce faisant, ils ont mis en œuvre différentes stratégies pour élaborer la relation entre ressemblance et différence, continuité et discontinuité, propre à l'histoire de la sexualité. Le débat entre constructionnistes et essentialistes de la fin des années 1980 peut se comprendre comme un effort acharné pour apporter une réponse à cette question : les constructionnistes soutenaient que les sociétés produisent différentes formes de vie érotique tout comme différents sujets humains, cependant que les essentialistes prétendaient que les êtres humains sont toujours les mêmes, fondamentalement, et que les types sexuels ne varient pas plus à travers les siècles que les types sanguins, en revêtant simplement des aspects qui changent selon les contextes historiques. Bien après que les constructionnistes eurent prétendu avoir eu le dernier mot dans ce débat, les essentialistes avoir révélé la piètre qualité du savoir auquel il avait donné lieu, et tous les autres ne plus vouloir en entendre parler, la question fondamentale de l'historicité de la sexualité se posait toujours.

Il y a peu de chances qu'elle soit bientôt résolue. Car l'analyse historique n'empêche pas le plaisir ; or il est quelquefois très plaisant, en particulier pour qui appartient à une minorité sexuelle stigmatisée, de s'identifier à des figures héroïques du passé, ce qui lui est possible de faire encore plus facilement en voyant en elles une nature ou une identité sexuelle partagée. Même l'histoire la plus austère et la plus consciencieuse ne peut longtemps rejeter ces plaisirs, bien que la plupart des historiens soient assez sensés pour ne leur céder qu'en marge de leur activité académique[1]. La tendance irrésistible à remodeler les cultures sexuelles du passé à notre image en dit beaucoup sur notre situation historique, sur le fonctionnement de nos catégories sexuelles contemporaines, sur notre besoin d'un passé, la nature et les aléas de notre désir d'histoire. Peut-être y a-t-il aussi des avantages à la fois herméneutiques et politiques à mettre en avant correspondances et rapprochements historiques. L'identification constitue un apport, et un apport non négligeable : elle fait ressortir des ressemblances, des liens, des effets d'écho. L'identification est une forme de connaissance. Elle n'a pas à être méprisée ni rejetée.

L'histoire de la sexualité telle que la met en œuvre Sandra Boehringer, et telle que je la conçois aussi, reconnaît la force et les plaisirs de l'identification, mais sans y succomber. Nous n'hésitons pas à prendre nos concepts actuels de la sexualité, voire notre politique de la sexualité, comme tremplin de l'enquête historique, parce que nous estimons que l'aboutissement de l'investigation n'est pas strictement déterminé par son point de départ, en particulier lorsque toute notre méthode est destinée à garantir que nous ne nous contentons pas de redécouvrir dans le passé ce que nous y avons projeté nous-mêmes. C'est pourquoi une enquête historique peut être conçue dans un souci moderne, anachronique, pour la sexualité, comme Sandra Boehringer l'admet franchement, et peut même procéder d'une position militante, sans entacher son crédit scientifique ni mettre en question son objectivité. On découvre parfois que les armes idéologiques les plus efficaces dans les luttes politiques contemporaines ne sont rien d'autre, c'est-à-dire rien de moins, qu'un déchiffrement de part en part professionnel, rigoureux et exact, des sources historiques.

C'est un des paradoxes de l'histoire de la sexualité que cette discipline n'implique pas que la « sexualité » soit nécessairement la base, ou l'objet, de son étude. Malgré ce que peuvent induire les mots « histoire de la sexualité », cette histoire ne pose pas l'existence d'une entité appelée « sexualité » qui serait l'objet stable d'une investigation historique à travers différentes périodes et différentes cultures. Au contraire, en suivant l'exemple donné par Foucault (dont l'« histoire de la sexualité » *déréalise*, en fait, la sexualité comme objet positif d'une étude historique), la plupart des historiens de la sexualité ont pour stratégie d'exercer une telle pression heuristique sur le concept de sexualité qu'il finit par se dissoudre et ouvrir la voie à d'autres stratégies discursives ou conceptuelles pour représenter la vie sociale du désir. S'il est vain d'espérer échapper à notre modernité, à notre situation contemporaine, du moins pouvons-nous faire apparaître les contradictions internes de nos catégories modernes, tout en les appliquant au passé – par l'acte et dans l'acte de les appliquer au passé. Il ne s'agit pas de

---

1. Comparez la présente étude, par exemple, avec Sandra Boehringer, *Dika, élève de Sappho. Lesbos 600 av. J.-C.*, Paris, Autrement, 1999.

rêver de les transcender en opérant quelque suspens méthodologique total qui, grâce à une détermination toute historienne pour identifier et mettre entre parenthèses nos présupposés idéologiques, permette de décrire les premiers phénomènes dans leur irréductible spécificité sociale et dans toute leur pureté historique. Il s'agit, au contraire, de les prendre tellement au sérieux qu'en les déployant nous faisons apparaître leurs limites en tant qu'instruments de l'analyse historique. L'histoire de la sexualité, bien loin de trouver, partout où elle enquête, de la « sexualité », vise à se défaire dans son procès même.

*

Les tensions qui opposent continuité et discontinuité, identité et différence, même et autre, sont particulièrement sensibles lorsqu'il s'agit de l'historiographie de l'homosexualité. Elles reflètent non seulement les forts enjeux politiques à l'œuvre dans tout projet contemporain où il est question de forger des représentations de l'homosexualité, mais aussi l'irréductible incertitude de la définition de ce qu'est, en fait, l'homosexualité elle-même[2]. George Chauncey a clairement établi, et de façon définitive, les conséquences de cette incertitude pour les historiens, dans son introduction à un recueil pionnier de l'histoire des gays et lesbiennes, publié en 1989 : « La sexualité génitale entre personnes de même sexe, l'amour et l'amitié, la non-conformité au genre et une certaine perspective esthétique et politique, tous ces éléments sont considérés comme ayant des rapports (souvent ambigus et toujours contestés) à ce complexe d'attributs que nous appelons aujourd'hui "homosexualité". La recherche historique, pour une grande part, s'est efforcée de retrouver dans le passé les antécédents de ces caractéristiques dont tel ou tel historien pense qu'elles sont constitutives de l'identité gay contemporaine (qu'il s'agisse d'actes de sodomie, de travestissement ou d'amitiés particulières)[3]. »

L'histoire des relations érotiques entre femmes jette une lumière accrue sur ces questions de définition. Lorsque nous écrivons l'histoire de ces relations, de quoi exactement écrivons-nous l'histoire ? l'histoire de l'amour entre femmes ou du désir entre femmes ? de l'intimité entre femmes ou des rapports sexuels entre femmes ? l'histoire des femmes masculines ou des femmes indépendantes ? des femmes qui évitaient le mariage et qui vivaient avec d'autres femmes ? ou des femmes qui passaient des alliances sociales et politiques avec des femmes au lieu de le faire avec des hommes ? Et laquelle de ces histoires reçoit le nom d'« histoire lesbienne » selon nos idées actuelles ? certaines ? toutes ? aucune ?

Ces questions se sont imposées à moi dès le premier jour ou presque du premier cours d'études gay et lesbiennes que je donnai il y a une vingtaine d'années. Une des lesbiennes qui faisait partie de notre groupe déclara, dans ce qui était manifestement

---

2. La démonstration de l'existence de cette incertitude irréductible de la définition est l'œuvre centrale et inestimable d'Eve Kosofsky Sedgwick, *Epistemology of the Closet*, Berkeley, University of California Press, 1990.

3. Martin Bauml Duberman, Martha Vicinus et George Chauncey Jr. Ed., *Hidden from History : Reclaiming the Gay and Lesbian Past*, New York, New American Library, 1989, p. 8.

un reproche adressé à ce qu'elle pensait être les présupposés du cours : « Je ne m'intéresse pas à l'histoire des femmes qui *baisaient* avec d'autres. Je m'intéresse à l'histoire des femmes qui en *aimaient* d'autres. » À quoi répliqua gentiment une autre femme du groupe : « Moi, je me fiche complètement de l'histoire des femmes qui en aimaient d'autres, mais ce sur quoi j'aimerais surtout en savoir plus, c'est l'histoire des femmes qui baisaient avec d'autres. » Ces différences quant à l'intérêt exprimé orientent effectivement les recherches dans deux directions nettement différentes, vers deux chronologies, deux traditions littéraires, deux contextes sociaux et politiques, deux corpus d'archives – en bref, vers deux histoires bien distinctes du « lesbianisme »[4]. Les deux se défendent, et l'histoire lesbienne demande que l'on fasse place à l'étude des « lesbiennes » selon chacune des deux orientations. Il est significatif que Sandra Boehringer, sans méconnaître ni esquiver ces problèmes persistants de définition, adopte une méthode qui l'empêche d'être paralysée par eux ou de privilégier une des versions de l'histoire lesbienne aux dépens des autres.

*

Les vicissitudes du mot « lesbienne » lui-même amplifient les défis et les profits de l'histoire de la sexualité. Car « lesbienne » est à la fois un mot très ancien et très récent. Il remonte non seulement à la Grèce ancienne, mais à la période pré-classique de la civilisation grecque. Et pourtant il relève tout particulièrement des savoirs modernes sur l'orientation sexuelle, de la libération gay, du féminisme des années 1960-1970 et du jargon des identités politiques contemporaines.

Mais quel âge a-t-il, ce mot ? À l'origine, c'est la forme adjectivale du nom grec d'un lieu, « Lesbos », qui désigne une grande île de la mer Égée non loin de la côte nord-ouest de l'Asie mineure, probablement occupée par des Grecs éoliens du Xe siècle av. J.-C.[5]. Cette île fut le lieu de naissance et de vie de Sappho, qui composa des poèmes lyriques en grec vers la fin du VIIe siècle av. J.-C. et au début du VIe. Beaucoup de ses poèmes disent l'amour et le désir pour des femmes et des filles. L'œuvre de Sappho fit l'objet d'une grande admiration dans le monde littéraire masculin de l'Antiquité grecque, et un nombre substantiel de ses poèmes ont survécu jusqu'au IIIe siècle av. J.-C. jusqu'à remplir neuf livres, bien qu'il n'en soit parvenu jusqu'à nous que des fragments (avec peut-être une exception). Néanmoins, la poésie de Sappho et sa renommée se sont révélées suffisamment puissantes pour peser sur l'adjectif « lesbienne » dans sa désormais familière signification sexuelle. « Lesbienne » est dans cette acception le terme de loin le plus ancien de notre vocabulaire courant de la sexualité.

Mais « lesbienne » est aussi très récent. Prenons par exemple un passage du roman d'Aldous Huxley publié en 1923, *Antic Hay*. Vers la fin du récit, un jeune critique, échappant aux insultes d'un de ses amis, pour l'exposition duquel il a fait paraître un

---

4. George Haggerty défend de façon convaincante une thèse semblable sur l'histoire de l'homosexualité masculine dans *Men In Love : Masculinity and Sexuality in the Eighteenth Century*, New York, Columbia University Press, 1999.

5. Voir l'entrée « Lesbos » par D. Graham J. Shipley dans *The Oxford Classical Dictionary*, 3e éd., Oxford, Oxford University Press, 1996, p. 845.

compte rendu assassin, et évitant un autre ami, dont il a séduit l'épouse, trouve refuge au domicile d'une femme du monde. Il arrive juste au moment où elle et ses hôtes se mettent à entamer avec nonchalance le deuxième plat d'un long déjeuner. La dame l'accueille avec transport, l'invite à se joindre à elle et ses invités, et le prie de leur raconter « tout » de ses « expériences lesbiennes ». Ce qu'il ne tarde pas à faire en se lançant dans le récit de ses aventures « dans les îles grecques », comme le romancier l'exprime avec un clin d'œil complice[6]. Ce que désigne ce langage mondain est, en clair, une série d'escapades hétérosexuelles. Huxley semble en appeler à l'antique association du mot « lesbienne » avec la lasciveté sexuelle féminine pour décrire les ébats de son personnage masculin avec les femmes. Cet emploi du mot, il faut le reconnaître, est une préciosité, même selon les critères de l'époque, mais il n'est pas impossible. Il y a moins d'un siècle, donc, un observateur cultivé de la société pouvait mettre en scène une conversation élégante dans laquelle « lesbienne » fait partie du vocabulaire badin des personnages pour désigner non seulement des histoires d'amour hétérosexuelles, mais aussi leur élément masculin, sans que cet usage provoque chez eux le moindre étonnement ni la moindre consternation. Cet usage n'a plus du tout cours aujourd'hui. Par la suite, entre 1923 et maintenant, « lesbienne » en est venu, à un moment donné, à ne plus signifier qu'une seule et unique chose. Malgré l'ancienneté du mot, la transformation qui en a fait le nom standard pour « homosexuelle » est un développement très récent.

« Lesbianisme » est souvent apparu comme le résultat d'une sorte de réflexion après coup, un complément à « homosexualité » (lequel, comme tous les termes neutres quant au genre, a tendance à désigner plus particulièrement les hommes que les femmes). Et pourtant, l'examen synoptique des sources anciennes auquel procède Sandra Boehringer peut laisser supposer que la catégorie de l'amour entre femmes se soit constituée avant la catégorie moderne d'homosexualité, et ait été peut-être son précurseur. Les difficultés que les temporalités multiples du « lesbianisme » opposent à l'historien de la sexualité sont donc exemplaires : elles soulèvent des questions fondamentales sur ce qu'est le sexuel, sur la nature même et le mode d'être de la « sexualité », sur l'historicité du sujet sexuel moderne. Elles signalent aussi nombre de problèmes méthodologiques d'un intérêt considérable et recouvrant un très large éventail : comment faire le départ entre langage et expérience, entre catégories de pensée et formes de subjectivité, entre continuités et discontinuités de l'historiographie du sexe et du genre.

*

Y a-t-il des pratiques, des concepts, des catégories, des expériences ou des actes qui correspondent à ce que nous entendons par lesbianisme – quoi qu'on entende effectivement par « lesbianisme » – à d'autres époques, dans d'autres lieux, dans d'autres cultures ? Certains historiens l'affirment : ils tentent de percevoir à travers l'écran du langage la réalité des choses, en tenant compte de la spécificité historique et culturelle des différents discours, mais en insistant sur les correspondances entre les différentes formes sociales nommées par ces discours. Bernadette Brooten, par exemple, qui a

---

6. Aldous Huxley, *Antic Hay*, Londres, Flamingo, 1994, chapitre XXI, p. 226.

écrit un livre important sur l'amour entre femmes dans l'Antiquité chrétienne, ne nie pas qu'il y ait eu des discontinuités dans l'histoire de la sexualité, mais elle prétend que « les discontinuités historiques ne sont […] pas plus importantes que pour d'autres termes tels que "esclavage", "mariage" ou "famille", et que néanmoins nous n'avons pas de scrupules à appliquer ces termes à des phénomènes de différentes périodes et cultures », malgré la grande variété d'institutions auxquelles ils s'appliquent[7].

Il y a des historiens qui ont précisément ces scrupules ; certains ont même fondé sur eux toute leur approche de l'histoire sociale. C'est exactement ce que fit, par exemple, l'historien Henry Abelove, il y a un certain temps, en réponse à John Boswell, un des fondateurs de l'histoire gay. Boswell, comme Brooten, avait admis que l'homosexualité dans le monde antique était différente de l'homosexualité dans le monde moderne, mais pas plus différente que le mariage, la famille ou le travail, qui étaient tout aussi différents dans le monde antique, alors même que les historiens continuent de les appeler par ces noms[8]. Abelove répliqua que du seul fait que les paysans du Moyen Âge travaillaient de leurs mains et que les ouvriers des usines travaillent de leurs mains il ne s'ensuit pas que la paysannerie féodale doive être décrite comme la forme que le prolétariat a prise avant l'essor du capitalisme industriel. Cette description anéantirait la spécificité du prolétariat, sa dépendance sociale et définitionnelle par rapport à un système historique particulier d'organisation économique[9].

Cependant, le travail manuel peut certainement être considéré comme un fait objectif, et au point de pouvoir fonder la factualité du « prolétariat » dans l'histoire, de même que l'amour entre femmes peut être considéré comme un fait objectif qui garantirait la réalité transhistorique du « lesbianisme ». Et si l'on *veut* vraiment décrire le paysan féodal comme la version médiévale de l'ouvrier d'usine, c'est possible, l'exigence aura même du sens : après tout, les paysans comme les ouvriers d'usine sont en bas de l'échelle économique et sociale ; ils constituent les classes opprimées et exploitées dont le travail produit une plus-value enrichissant les propriétaires qui font commerce de leur travail. Tous deux travaillent de leurs mains. Dire des paysans qu'ils sont les prolétaires du système féodal *n'est donc pas exactement erroné*. C'est un apport, et décisif, qui est nécessaire à la mobilisation politique contre l'exploitation du travail. Mais cette approche ne nous mène pas très loin si ce que l'on cherche, au fond, c'est de comprendre historiquement l'organisation économique et sociale spécifique et systématique du féodalisme et du capitalisme, ou de comprendre les différences qui les séparent. Elle ne fournira pas non plus un concept de « travail » susceptible d'être d'un grand usage ou de servir d'outil universel dans l'analyse historique.

*

7. Bernadette Brooten, *Love Between Women : Early Christian Responses to Female Homoeroticism*, Chicago, University of Chicago Press, 1996, p. 18.

8. John Boswell, « Categories, Experience and Sexuality », dans *Forms of Desire : Sexual Orientation and the Social Constructionist Controversy*, éd. par Edward Stein, Garland Gay and Lesbian Studies, 1, New York, 1990, p. 133-173.

9. J'ai cité la remarque d'Abelove pour la première fois dans *One Hundred Years of Homosexuality*, New York, Routledge, 1990, p. 46 ; trad. fr. Paris, Epel, 2000, p. 72 et n.

Il est toujours tentant de faire apparaître des correspondances entre des périodes historiques éloignées et de plus récentes, de décrire les mondes que l'on n'a pas fini de découvrir à l'aide des termes du monde que nous avons fini par connaître, et d'intégrer des objets non familiers dans un savoir déjà là du déjà familier. J'ai de la sympathie pour cette approche, mais j'ai aussi appris à m'en méfier. Le premier jour de mon premier voyage en Australie, un pays où je devais vivre ensuite pendant six ans, je n'arrêtai pas de signaler à mon amie Susan, une Américaine depuis longtemps installée en Australie à qui j'étais venu rendre visite, tous les aspects des lieux que je pensais reconnaître : « Oh, ça a l'air si anglais », disais-je, ou « ça a l'air si californien ». Ce à quoi Susan répondait patiemment, avec une indulgence que j'en viendrais à admirer lorsque des amis venus me voir plus tard en Australie se conduisirent exactement comme moi : « Non, ça a l'air australien. » Et Susan avait raison – *non pas parce que j'avais entièrement tort*, non pas parce qu'il n'y avait pas de ressemblance entre l'architecture ou le paysage australiens et ses analogues anglais ou américains, mais parce que, dans ma hâte à cristalliser mes premières impressions en assimilant des particularités de la scène australienne à ce que je connaissais déjà, j'étais passé par-dessus le système culturel singulier qui combinait ces éléments à sa façon et leur permettait de s'assembler selon une logique sociale et esthétique unique. Tout en absorbant avidement toutes les curiosités australiennes, ce que je n'avais pas réussi à voir, en quelque sorte, c'était, tout simplement, l'Australie.

C'est exactement le danger qu'évite Sandra Boehringer dans son étude rigoureuse, précise et attentive à leurs spécificités, de toutes les sources grecques et romaines qui touchent à l'amour, au désir, à l'érotique, au contact physique et aux rapports sexuels entre femmes. Bien que la totalité des textes et des images qui portent sur le sujet soit limitée et que la majorité nous semble connue, elle accumule de nouvelles observations saisissantes, et nous aide à les voir sous un autre jour. À la différence de ces historiens de la sexualité qui se conduisent comme des touristes dans les archives – se promenant dans le monde sauvage du passé avec pour seul outil d'observation des termes conceptuels modernes –, Sandra Boehringer ne fait pas l'erreur de prendre les caractéristiques sexuelles de la période qu'elle étudie pour des versions exotiques du familier. Au contraire, elle met en évidence leurs particularités avec une inlassable détermination. En même temps, elle ne fétichise pas les différences : elle ne refuse pas de voir de possibles correspondances entre amour, désir et rapports sexuels entre femmes dans le monde antique, d'une part, et dans l'histoire du lesbianisme tel que nous avons l'habitude de le définir, d'autre part.

Ce refus est important, parce qu'une distinction trop simple ou catégorique entre cultures antiques et cultures modernes briserait notre lien au passé et empêcherait les multiples façons dont nous continuons d'y être impliqués – celles qui nous apportent les motifs et l'élan de nos passions historiques. Nous nous servons constamment du passé pour forger notre modernité. Quoi que puissent souhaiter ou dire les historiens, les témoignages qui ont subsisté des relations, des désirs, des pratiques et des amours entre personnes de même sexe resteront importants pour les lesbiennes et les gays d'aujourd'hui, de même qu'ils figureront inévitablement dans toute tentative de s'opposer à la domination politique et idéologique de l'hétérosexisme dans les sociétés contemporaines. Aucun historien, si rigoureux, si désintéressé et si attentif à l'altérité du passé soit-il, ne peut ni ne doit espérer faire barrage à cette identification émotionnelle et politique de la part des lesbiennes et des gays avec l'Antiquité grecque et romaine.

Ces identifications sont parfaitement légitimes. Mais elles sont aussi déplacées. Elles sont nécessaires, inévitables et politiquement vitales. Cependant, on peut, on doit, il faut leur résister. Le passé nous appartient. Mais il ne nous est utile que s'il échappe aussi à notre emprise. Le plaisir de nous voir reflétés dans le passé s'accroît quand il coïncide avec le plaisir de découvrir un monde disparu vierge de nos obsessions et sans aucune trace de nous. L'histoire de la sexualité, quand elle est faite avec toute l'envergure de l'étude de Sandra Boehringer, ne résout pas ces paradoxes. Elle nous montre pourquoi ils sont insolubles et pourquoi il faut nous en réjouir.

Traduit de l'anglais (États-Unis) par Isabelle Châtelet.

INTRODUCTION

Pour une exploration constructionniste de la sexualité antique

Qui a peur des mots ?

Autant le dire d'emblée, il va être question, dans ce travail, d'homosexualité féminine, c'est-à-dire de femmes, de relations amoureuses entre les femmes, de relations sexuelles entre les femmes (réelles, imaginaires, niées, caricaturées ou fantasmées). Si l'on examine les textes et les images des sociétés grecque et romaine depuis le VIIᵉ siècle avant J.-C. jusqu'au début du IIIᵉ siècle de notre ère, on constate que les relations entre femmes ont suscité un discours rare, mais toujours particulier. Lorsque les Anciens évoquaient cette possibilité, ils le faisaient dans des contextes très différents de ceux qui suscitaient l'évocation de relations entre hommes ou entre individus de sexes opposés. Cette différence d'attitude exige une approche spécifique. Jusqu'à présent, en effet, de nombreuses questions sont restées sans réponse : quelle place les Anciens donnaient-ils aux relations entre femmes ? À quelles pratiques humaines étaient-elles associées ? Étaient-elles intégrées au système de catégorisation et d'évaluation morale des pratiques sexuelles ? Quels types de discours suscitaient-elles ? À quel imaginaire social le discours sur ces pratiques se référait-il ?

Notre mise en garde initiale pourrait sembler tautologique – quoi de plus évident en effet que de parler d'homosexualité féminine lorsque l'étude en porte explicitement le titre ? – mais, outre son mérite de clarté, elle répond sur le mode de l'humour aux attitudes de plus en plus répandues de chercheurs travaillant sur de tels sujets. En effet, comme pour se défendre de travailler sur des « minorités » ou des « pratiques marginales », comme pour éviter toute accusation d'« identitarisme » ou de « communautarisme » – car tels sont les anathèmes de la fin du XXᵉ siècle, remplaçant le très ressassé « féminisme » –, ceux-ci se font fort, soit de nier totalement l'objet de leur recherche, soit de consacrer une énergie déconcertante à mettre en évidence l'apport important d'une recherche sur les femmes pour l'histoire des hommes (au sens de ἄνδρες, *viri*).

Bien évidemment, par la nature même des documents auxquels le chercheur peut accéder, il apprendra beaucoup sur les hommes (ne serait-ce que parce que la majorité des textes sont écrits par eux). De plus, il est bien évident que travailler sur l'homosexualité féminine, c'est forcément parler de sa représentation par les hommes (et par les femmes) des sociétés étudiées. En un sens, nous pourrions, nous aussi, nier travailler sur l'homosexualité féminine et dire qu'analyser le discours sur ce thème c'est uniquement analyser les représentations masculines et, à nouveau, parler des hommes. Quand N. Loraux dit, dans l'introduction de son ouvrage *Les Expériences de Tirésias*, que ses recherches ne parlent pas des femmes mais uniquement du rapport des hommes au féminin[10], elle minimise la portée de ses travaux, qui révèlent le regard grec sur le genre et permettent par conséquent d'en savoir plus sur ce à quoi les femmes grecques étaient confrontées. Les travaux de J. Winkler, par leur finesse et leur acuité, ont montré qu'il était possible, à partir de ces « filtres » que sont les discours masculins souvent faits d'invectives et de critiques, de connaître quelque peu non seulement la réalité de la vie des femmes, mais aussi le regard que les femmes portaient sur elles-mêmes et sur leur rapport aux hommes[11].

Les apports de l'histoire des femmes et du genre

Il est impossible, tout le monde s'accorde désormais à le dire, de dissocier l'histoire des femmes de l'histoire des hommes, mais il est important également de ne pas justifier l'une par l'autre. Certes, en ce qui concerne l'histoire des femmes, les temps ont changé et les travaux dans ce domaine ont peu à peu acquis une certaine légitimité dans le monde universitaire, avec des variations selon les disciplines (sociologie, anthropologie, histoire, littérature) et, à l'intérieur des disciplines, selon les domaines historiques ou géographiques étudiés. Cette légitimité a été gagnée par l'effort important qu'ont produit les chercheurs et les chercheuses pour montrer que faire l'histoire des femmes c'était aussi travailler sur les rapports entre les sexes et que, par conséquent, c'était un domaine de recherche appartenant pleinement à l'Histoire, et non un champ marginal.

L'invention de la notion de « genre » (même si sa définition varie quelque peu selon les écoles ou les disciplines) a concouru à l'essor remarquable, ces trente dernières années, de ce champ de recherche. Le *gender*, terme utilisé pour la première fois en 1968 dans cette acception, s'oppose au sexe biologique en ce qu'il est variable et socialement construit : c'est l'ensemble des caractéristiques sociales attribuées à chaque sexe biologique, à un moment précis de l'histoire, dans un endroit précis du monde. F. Thébaud, dans son récent ouvrage d'historiographie sur l'histoire des femmes, le définit ainsi : « Le sexe est perçu comme un invariant, tandis que le genre est variable dans le temps et l'espace, la masculinité ou la féminité – être homme ou femme ou considéré comme tel(le) – n'ayant pas la même signification à toutes les époques et dans toutes les cultures[12]. » Dès les années 70, les historiennes américaines J. Kelly et J.W. Scott mettent en évidence, dans leurs travaux, tout l'intérêt de cette catégorie

10. En incipit de son ouvrage, Loraux écrit : « Ceci n'est pas un livre sur les femmes [...]. C'est un livre sur l'homme ou sur le féminin » (Loraux 1989, p. 7).

11. Winkler 1990, p. 305-352 et p. 353-392.

12. Thébaud 1998, p. 114. On pourrait synthétiser en donnant la formule suivante : le sexe est « naturel », le genre « culturel », mais cela n'est pas aussi simple. La distinction homme/femme reste également une question de culture (dans le cas des hermaphrodites, par exemple, et de leur assignation – sociale ou par l'intervention de la médecine – à un sexe ou à un autre). Sur la question du genre en relation avec les catégories sexuelles, voir, entre autres, Parker 2001.

d'analyse dans la démarche de l'historien : la *gender history*, à savoir l'histoire des rapports entre les sexes et l'histoire de la construction sociale et culturelle de la différence des sexes, fait partie intégrante de l'histoire[13].

Même si, comme le remarque F. Thébaud, les chercheurs/ses français/es ont montré quelques réticences et préfèrent parfois encore utiliser l'expression de « rapport de sexes »[14], le genre est devenu un outil d'analyse utile et performant qui a permis de questionner de façon nouvelle les rapports sociaux des hommes et des femmes, des femmes et des femmes, des hommes et des hommes, et de s'intéresser à l'importance de la représentation et de l'imaginaire dans la construction des identités de sexe. Désormais, lors de colloques ou d'ouvrages collectifs sur le « genre » – terme qui s'est substitué à l'« histoire des femmes » –, se mêlent des communications sur les femmes et des communications portant sur l'homme, la construction sociale de la masculinité, la sociabilité masculine, etc. Ces nouveaux champs sur le masculin, grandement ouverts par les *women's studies*, sont le corollaire nécessaire et indissociable des recherches sur les femmes.

Pourtant, l'hyperonymie (parler de « genre » au lieu de « recherche sur la représentation du féminin et/ou du masculin ») a aussi des effets pervers. La disparition des termes de « femmes » et de « féminin » a rassuré certains esprits rétifs et, de ce fait, a ouvert des lieux et donné des conditions matérielles de recherche aux étudiants et aux chercheurs. Ce n'est pas une règle générale, et le plus souvent ces conditions ont été gagnées de haute lutte. Pourtant, la tendance actuelle à associer forcément au féminin le masculin par l'utilisation du terme de « genre » peut s'interpréter aussi comme l'affirmation implicite que tout ce qui n'apporte pas du nouveau sur *tous les genres* n'est pas digne d'intérêt : alors que l'histoire des hommes a durant des siècles effacé les femmes des grands moments de l'Histoire, tout se passe comme si l'histoire des femmes *se devait* de parler des hommes pour avoir droit à la reconnaissance. Autre effet : les travaux en histoire des femmes, puis ceux sur le genre, dans leur quête de légitimité – et donc peut-être, il faut l'espérer, de façon stratégique et provisoire – ont souvent privilégié les rapports *sociaux* des sexes et se sont, par conséquent, moins intéressés à la sexualité en général (alors que ces études visent pourtant à montrer qu'elle est socialement construite) et encore moins aux rapports (sociaux et sexuels) entre personnes de même sexe.

L'étude de la sexualité est en effet un champ de recherche assez récent, qui a souvent suscité critiques et résistances dans le monde universitaire. Dans un premier temps, seules certaines disciplines (anthropologie, sociologie) s'y sont intéressées, puis les historiens ont admis son importance dans la connaissance des sociétés. F. Thébaud remarque que, en France, dans le domaine de l'histoire contemporaine qui produit tant d'études sur le genre, la sexualité est restée longtemps un domaine marginal[15]. L'articulation entre genre et sexualité, comme le souligne É. Fassin[16], tarde à être prise en compte en France. Cette forme de « mise à l'écart » de la sexualité, non seulement

13. Voir, entre autres, Kelly 1984 et Scott 1986.
14. Thébaud 1998, p. 116.
15. Thébaud 1998, p. 47 et 77.
16. Fassin 2002.

de l'histoire mais aussi de l'histoire des femmes et de l'histoire du genre, a conduit à perpétuer le silence portant sur les relations sexuelles entre personnes de même sexe (perçues comme relevant uniquement de la sexualité et non liées à des problématiques sociales). Paradoxalement, alors que le « genre » ouvrait des portes, il effaçait en même temps les mentions explicites de travaux sur les femmes ou sur les relations sexuelles entre personnes de même sexe (*lesbian and gay studies*), et il faisait passer dans le domaine du non-dit ce qui avait mis tant de temps à apparaître dans la langue universitaire. Ce non-dit n'est pas uniquement une question de terminologie officielle car il apparaît que la question des relations homosexuelles, qui semblait avoir été reconnue comme champ de recherche dans le cadre de la *gender history,* devient parfois l'écueil à éviter. Ce n'est pas le lieu, ici, de faire la liste des ouvrages sur les femmes – au Moyen Âge, en Occident, dans l'Antiquité, en France, en Afrique – ou sur « la vie privée », « l'amour » ou l'« érôs » – en Grèce, à Rome ou quels que soient le lieu et l'époque – qui font totalement silence sur ces rapports amoureux et/ou sexuels : précisons que ces ouvrages sont non seulement très nombreux, mais aussi très récents. Ce n'est pas le lieu non plus de faire la liste des ouvrages qui consacrent symboliquement – comme une concession à ce que l'auteur(e) considère comme « une mode » – un paragraphe ou quelques lignes (ne serait-ce que pour dire – souvent à tort – qu'il n'y a rien à dire) aux relations sexuelles entre femmes ou entre hommes : ces ouvrages sont eux aussi particulièrement nombreux et, pour certains, également récents. Ce *backlash*, pour reprendre une expression américaine célèbre, se nourrit cyniquement des récentes études constructionnistes sur la sexualité que certains retournent contre leur objet : « L'homosexualité n'a que 100 ans », dit D. Halperin[17] ?... Qu'à cela ne tienne, c'est donc que les études sur les relations sexuelles entre personnes de même sexe sont sans objet pour les périodes antérieures.

Dans ce contexte, il est particulièrement important de définir très précisément l'objet de cette étude, la méthode adoptée et sa position sur ce grand échiquier de plus en plus complexe qu'est la recherche portant sur la sexualité. Une recherche sur les rapports sexuels entre femmes dans l'Antiquité, sur leurs représentations et sur les discours auxquels ils donnent lieu, vaut pour elle-même ; de plus – et il ne s'agit d'aucune manière d'une *captatio benevolentiae* et encore moins d'une justification par allégeance à l'histoire du masculin –, cette recherche nous apprend beaucoup sur les sociétés grecque et romaine. Se trouve confirmé ici, à nouveau, le fait que la sexualité, les représentations du féminin et du masculin et la construction des rapports sociaux sont des thèmes indissociablement liés, dans des relations d'intrication et d'implication qui empêchent toute hiérarchisation de nos (anachroniques) « angles d'attaque ». Il n'est pas plus intéressant de travailler d'abord sur les relations conjugales ou sur la filiation ; il n'est pas plus intéressant de travailler d'abord sur les relations sexuelles entre hommes : chaque approche, une fois défini avec précision son degré d'anachronisme et d'hétérogénéité avec l'objet sur lequel elle porte, apporte des éléments de connaissance et de compréhension complémentaires et nécessaires. L'étude présente propose une approche des sociétés grecque et romaine par cet « angle d'attaque » que sont les

---

17. L'ouvrage de Halperin s'intitule *One Hundred Years of Homosexuality* (1990).

relations sexuelles et amoureuses entre femmes, un « angle d'attaque » complémentaire et indispensable.

Explorer la sexualité antique

Tracer préalablement ne serait-ce que les grandes lignes de l'histoire des femmes, du sexe, du genre – de façon générale, et, qui plus est, des deux côtés de l'océan – est un travail immense qui constitue à lui seul la matière d'un essai historiographique. En ce qui concerne le domaine de la sexualité antique[18], l'œuvre qui en constitue un tournant majeur est l'ouvrage de K. Dover, *Greek Homosexuality*, premier essai entièrement consacré à l'homosexualité masculine dans la Grèce classique et publié à la fin des années soixante-dix. Les travaux de K. Dover auront une influence importante sur les deux volumes de l'*Histoire de la sexualité* de M. Foucault consacrés à l'Antiquité. Les travaux de M. Foucault bouleversent définitivement les recherches sur la sexualité : le philosophe se propose d'étudier le récent processus de mise en discours sur le sexe et la sexualité, ainsi que « la volonté qui porte [ces discours] et l'intention stratégique qui les soutient »[19]. Il étudie les techniques de contrôle du corps et de la sexualité mises en œuvre par le pouvoir. À l'art érotique des Anciens, il oppose la « science de la sexualité »[20] que contribuent à construire ces multiples discours, et il montre que la « sexualité » est une construction moderne, une manière de parler d'un « soi » qui se constitue en fonction du désir de l'individu et des particularités de ce désir.

L'œuvre de M. Foucault a une influence considérable sur les travaux sur la sexualité dans l'Antiquité, aux États-Unis comme en Europe. Alors que durant des siècles les savants étudiaient les sexualités en termes de continuité historique et culturelle, l'approche constructionniste que développe M. Foucault, déjà amorcée par l'anthropologie anglaise et américaine des années soixante, les étudie en termes de discontinuité. La sexualité n'est plus un objet transhistorique et transgéographique, stable et invariant. Elle est une construction historique et culturelle, et par conséquent une question moderne et « anachronique » posée à l'Antiquité. Dans la continuité des travaux de M. Foucault, mais aussi sous l'influence d'anthropologues, comme M. McIntosh, et de constructionnistes américains, comme G. Chauncey, D. Halperin étudie les catégories sexuelles antiques, en montrant que les catégories actuelles d'homosexualité et d'hétérosexualité sont des constructions extrêmement récentes et que notre conception de la sexualité n'est pas exportable : « À la différence du sexe, qui est un fait naturel, écrit-il, la sexualité est une production culturelle[21]. » Dans une synthèse de sa démarche, publiée en introduction d'un récent ouvrage, il ajoute : « Mon objectif, en *historicisant* l'homosexualité, était d'extraire l'hétérosexualité du domaine du naturel, de

---

18. Cet état de la recherche n'est de loin pas exhaustif. Voir, pour une bibliographie plus étoffée, Halperin *et al.* 1990, p. 3-19. Les ouvrages cités dans cette introduction seront repris, avec leurs indications bibliographiques, au cours de cette étude.

19. Foucault 1976, p. 16.

20. Foucault 1976, p. 21-22.

21. Halperin 1990, p. 43.

lui retirer définitivement la possibilité de se revendiquer comme une valeur traditionnelle pour, en définitive, briser ce système autoproclamé sur lequel repose l'opposition
homophobe entre l'homosexualité et l'hétérosexualité[22]. » Ce que nous considérons
comme relevant de la sexualité n'est qu'« une des formes de la vie érotique relativement
récente et étroitement liée à la culture[23] » et ne recouvre pas le champ grec et romain
de ce que nous nommerions, de façon tout aussi anachronique, l'érotisme.

Cette nouvelle façon de concevoir la sexualité, qui rompt « le fil qui liait jusqu'alors
la pédérastie grecque ancienne avec l'homosexualité moderne » et creuse « un fossé
conceptuel entre sexualité moderne et expérience érotique antique[24] », permet un regard
différent sur les sociétés antiques : au lieu d'y rechercher les catégories modernes, on
tente de déterminer dans quelles catégories propres à chaque société et à chaque époque de l'Antiquité se subdivisent, se répartissent ou se chevauchent des catégories éla-
borées selon des critères contemporains. Comme le *gender*, cette « historicisation »
de la sexualité, qui émerge à la fin du xxe siècle, ouvre des perspectives de recherche
et inspire de nombreux travaux dans les études classiques : J. Winkler regroupe ses
recherches entamées depuis plusieurs années sous le titre de *The Constraints of Desire,
Anthropology of Sex and Desire in Ancient Greece* en 1990 ; le colloque international
Before Sexuality : The Construction of Erotic Experience in the Ancient World (publié
par D. Halperin, J. Winkler et F. Zeitlin), où l'influence du structuralisme est également sensible, regroupe des travaux de chercheurs français et américains qui appliquent et déploient ces théories dans divers champs historiques, culturels et littéraires
de la société grecque. Parallèlement, cette remise en question de la catégorie « homosexualité » dans l'Antiquité entraîne un questionnement sur la notion d'hétérosexualité[25]. Ces théories se heurtent aux critiques les plus vives, d'un point de vue général
ou dans le détail[26].

D'autres travaux, publiés dans les années quatre-vingt et quatre-vingt-dix en Europe,
ne se positionnent pas particulièrement par rapport à ces nouvelles directions de recherches, mais ils sont un regard nouveau sur la sexualité antique que des siècles de philologie pudibonde avaient traitée comme un sujet mineur : P. Veyne, dans « La famille et
l'amour sous le Haut-Empire romain » décrit l'« éventail des possibles » de la sexualité romaine et, dans « L'homosexualité à Rome », axe sa description des pratiques
de la sexualité romaine sur la notion de « sexualité de sabrage[27] ». S. Lilja publie en
1983 un ouvrage exclusivement consacré à Rome, *Homosexuality in Republican and
Augustan Rome,* où elle met en évidence les différentes évaluations morales selon les
types de relations[28]. E. Cantarella publie, en 1988, *Selon la nature, l'usage et la loi. La*

---

22. D. Halperin, « Introduction. In Defense of Historicism », dans Halperin 2002, p. 1-23,
en particulier p. 10.

23. Halperin 1990, p. 25.

24. Halperin 1990, p. 14.

25. Voir Halperin 1990, p. 33 ainsi que Parker 1996 et 2001. Voir également l'approche
transhistorique de L.-G. Tin, « L'invention de la culture hétérosexuelle » (Tin 2003b).

26. Voir par exemple le compte rendu très critique de A. Richlin, dans la *BMCR* (Richlin
2002), et son article intitulé « Not Before Homosexuality » (Richlin 1992-1993).

27. Veyne 1978 et 1981.

28. Lilja 1983, p. 122. Voir à ce propos le commentaire de Williams 1999, p. 5.

bisexualité dans le monde antique, où, par le terme de « bisexualité », elle souligne le caractère inadapté des catégories opposées d'homosexualité et d'hétérosexualité : son approche a le mérite de s'intéresser aux cultures grecque *et* romaine, et de faire connaître un grand nombre de sources, mais, comme S. Lilja, elle perpétue une approche des pratiques où l'« homosexualité » s'oppose à l'« hétérosexualité »[29].

Dans une optique très différente, les recherches de B. Sergent[30] mettent en évidence l'importance de la donnée initiatique dans certaines relations sexuelles entre hommes chez les peuples indo-européens dès la Haute Antiquité, et montrent quelles traces ce type de relations a laissées dans les mythes. Souvent peu prise en considération par les chercheurs américains (qui parfois y voient – à tort – une justification de mœurs considérées *a priori* comme inacceptables, mais qui se verraient expliquées par leurs liens à des rites sociaux) et subissant le contrecoup de la réputation passée des recherches indo-européennes, cette approche est primordiale. Elle montre à quel point les Anciens n'opposaient pas la normalité des relations hétérosexuelles à l'anormalité des amours entre personnes de même sexe ; elle souligne la valeur sociale positive attachée, dès la Haute Antiquité, à une certaine forme de relation entre hommes, et établit combien les sociétés ont été marquées, dans la construction des rapports de sexe et dans leur patrimoine culturel et mythique, par un type de relation institutionnalisée. Les récents travaux de C. Calame, réunis dans *L'Éros dans la Grèce antique*, poursuivent et complètent ce que *Les Chœurs de jeunes filles en Grèce archaïque* avait établi pour le versant féminin : ils mettent en évidence différents aspects d'érôs en Grèce ancienne selon le type de discours dans lequel il apparaît, démontrant l'anachronisme de certains de nos outils d'analyse, qu'ils soient anthropologiques ou littéraires.

Dans le prolongement des travaux constructionnistes sur la Grèce, des recherches sur Rome voient le jour : M. Gleason[31] s'intéresse à la construction du modèle viril à Rome, et C. Williams à l'idéologie de la masculinité à Rome à travers la représentation des relations sexuelles entre hommes ; J. Hallett et M. Skinner publient un ouvrage collectif sur les sexualités romaines[32] et M. Nussbaum et J. Sihvola, encore plus récemment, ouvrent, également dans un ouvrage collectif, le champ de leurs travaux sur l'expérience érotique aux deux sociétés, grecque et romaine[33]. En France, T. Éloi et F. Dupont insistent également sur l'importance de ne pas projeter dans ce passé lointain les catégories actuelles et proposent, dans *L'Érotisme masculin à Rome*, une approche riche et fouillée des sexualités de l'homme romain (avec des hommes) et des critères qui président à l'évaluation morale de ces sexualités. Très récemment, G. Puccini-Delbey, dans *La Vie sexuelle à Rome*[34], propose une synthèse des travaux plus ou moins récents sur ce sujet, et axe son analyse sur la question de la domination sociale.

Les relations entre femmes n'ont pas donné lieu à autant de publications. En 1977, dans un ouvrage marquant que nous avons précédemment évoqué, *Les Chœurs de jeunes filles*

---

29. Pour une critique méthodologique de cette approche, cf. Williams 1999, p. 4-6.
30. Sergent 1984 et 1986 = Sergent 1996.
31. Gleason 1995.
32. Hallett et Skinner 1997.
33. Nussbaum et Sihvola 2002.
34. Puccini-Delbey 2006.

en Grèce archaïque (dont le premier tome vient d'être traduit en anglais), C. Calame consacre un long chapitre à ce qu'il nomme « l'homoérotisme féminin » et à sa fonction dans certaines sociétés archaïques. K. Dover, dans son *Homosexualité grecque*, souligne la rareté des sources à l'époque grecque classique et n'en parle qu'en annexe de son ouvrage[35]. E. Cantarella relève davantage de sources sur les relations entre femmes et les commente en quelques pages dans les deux parties de son livre consacrées, l'une à la Grèce, l'autre à Rome[36]. En 1989, un article de J. Hallett étudie le discours romain sur l'homoérotisme féminin et, en 1996, J. Martos Montiel propose une synthèse, non théorique, des travaux antérieurs sur le sujet.

C'est durant les années quatre-vingt-dix que les débats et l'intérêt des chercheurs s'éveillent véritablement. L'ouvrage de B. Brooten, *Love between Women, Early Christian Responses to Female Homoeroticism,* porte à la fois sur le monde antique et le monde chrétien : la partie centrée sur l'Antiquité païenne se focalise sur les sources paralittéraires (textes médicaux, astrologiques, onirocritiques ou papyrus magiques) et seule une quarantaine de pages est consacrée aux sources littéraires grecques et romaines. T. Corey Brennan, dans son compte rendu dans la *BMCR*[37], souligne l'intérêt de cette recherche, mais critique différents aspects de la démarche de l'auteur ainsi que plusieurs de ses interprétations, notamment dans le domaine médical. D. Halperin propose, dans un long article[38] intitulé « The First Homosexuality ? », une critique théorique de la démarche de B. Brooten : il y trace les grandes lignes d'une taxinomie de l'homosexualité féminine (de l'Antiquité à l'époque contemporaine) et revient sur plusieurs analyses de B. Brooten, en particulier en ce qui concerne le *Banquet*, des textes astrologiques et un texte médical. B. Brooten répond longuement à ces critiques dans un numéro de *GLQ : A Journal of Lesbian and Gay Studies* consacré à ce thème[39]. Enfin, A. Cameron[40] critique B. Brooten qui voit dans certaines sources l'évocation d'un « mariage entre femmes ». L'intégration des relations entre femmes au sein du thème plus général de la sexualité dans le monde antique ouvre d'autres approches, plus élargies, sur la sociabilité entre femmes et leurs relations à l'intérieur de l'organisation sociale grecque et romaine : N. Rabinowitz et L. Auanger publient en 2002 l'ouvrage collectif *Among Women. From the Homosocial to the Homoerotic in the Ancient World*[41]. En France, les relations entre hommes commencent à devenir objet d'intérêt et à être prises quelque peu en compte dans des travaux généraux, sur des thèmes comme la médecine, l'éducation, la politique dans l'Antiquité, etc. Très peu de travaux, en revanche, s'intéressent à la question plus spécifique des relations entre femmes et seule N. Ernoult, dans le cadre de sa thèse sur les femmes dans la cité platonicienne, publie en 1994 un arti-

---

35. Dover 1978, p. 211-223.
36. Cantarella 1988, p. 120-134, 140-143 et 238-249.
37. Corey Brennan 1997.
38. Halperin 1997.
39. Brooten 1998.
40. Cameron 1998.
41. Rabinowitz et Auanger 2002. Quatre contributions s'intéressent explicitement aux relations entre femmes en Grèce et à Rome : l'article de Haley porte sur les *Dialogues des courtisanes* de Lucien, celui de Pintabone sur l'une des *Métamorphoses* d'Ovide, celui d'Auanger sur l'art et la littérature romaine, et celui de Rabinowitz sur la peinture attique.

cle exclusivement consacré à ce thème, « L'homosexualité féminine chez Platon[42] ».
De nombreux ouvrages généraux sur les femmes dans l'Antiquité font silence sur ces
relations, tant en ce qui concerne l'époque grecque archaïque que l'époque romaine.
Par conséquent, parler des relations sexuelles et amoureuses entre femmes dans l'Antiquité et de la non-existence des catégories sexuelles actuelles dans le monde antique
est, en France, un sujet quasiment inédit : en ce qui concerne les femmes entre elles,
certains aspects ont été étudiés aux États-Unis, mais, excepté l'ouvrage de B. Brooten
et l'article de D. Halperin, le sujet n'a pas fait l'objet d'une étude, spécifique et étendue, portant sur le monde grec et romain.

L'équipement de l'explorateur : définition des termes, la question de l'anachronisme

Mais avant d'entrer dans le vif du sujet, et puisqu'un concept heuristique précis,
celui de l'homosexualité, est utilisé pour explorer l'Antiquité et ses catégories sexuelles, il convient d'en préciser le sens[43].

Le terme d'homosexualité, apparu en 1869 en langue allemande et s'appliquant aux
hommes, a pris à la fin du XIXe siècle une connotation à la fois psychologique et clinique. Il ne s'oppose pas immédiatement à l'hétérosexualité qui, apparaissant pour la
première fois en 1892[44], désigne « une passion sexuelle morbide pour le sexe opposé ».
L'opposition des deux termes devient effective plus tard (opposition d'une sexualité
entre personnes de même sexe et d'une sexualité entre personnes de sexes différents).
Actuellement, le concept moderne d'homosexualité s'est chargé de sens et allie, comme
l'énonce D. Halperin, une notion clinique, héritée des théories médicales du XIXe siècle (quelqu'un peut être qualifié d'homosexuel même s'il n'a pas de pratique sexuelle
telle, à partir du moment où il y a altération du genre et que cette altération est considérée comme une pathologie – par exemple ce qui sera considéré comme un comportement efféminé ou le travestissement), une notion psychanalytique (l'homosexualité
qualifie un désir éprouvé pour quelqu'un de son propre sexe : elle ne décrit rien de permanent et ne s'oppose pas, a priori, à une norme) et une notion sociologique (sont prises en compte – en dehors de toute notion psychologique – les pratiques sexuelles et
celles-ci sont considérées comme déviantes par rapport à une pratique majoritaire éri-
gée en norme). Le sens actuel est donc particulièrement fluctuant selon l'importance
donnée à l'une ou l'autre notion, et tout entier lié à notre conception moderne du sexe
et de la sexualité.

---

42. Ernoult 1994.

43. Cette brève description des éléments mis en jeu dans « l'homosexualité » contemporaine
s'appuie sur les travaux de D. Halperin (Halperin 2000, partiellement traduit : « Comment faire
l'histoire de l'homosexualité masculine ? », *Revue européenne d'histoire sociale* 3, 2002).

44. Voir également l'étude de J. Katz, intitulée *L'Invention de l'hétérosexualité* (Katz 2001,
particulièrement p. 25 et suiv.). L'« hétérosexualité » s'oppose alors à l'amitié conjugale hon-
nête en ce qu'elle est une attirance excessive pour le sexe opposé.

La question primordiale est bien, ici, celle de l'anachronisme : il n'est plus possible, comme c'était le cas au cours du XIXe siècle, de croire un seul instant à une « histoire objective », à un travail de l'historien dégagé de tout *a priori*, comme en suspension au-dessus de son époque. Ce détachement est impossible : on ne pose pas les mêmes questions au passé que celles que l'on posait au XVIe et au XIXe siècle, et notre lecture est celle d'un individu occidental du XXIe siècle. Cette conscience de l'anachronisme est capitale, et N. Loraux, dans un article intitulé « Éloge de l'anachronisme en histoire », écrivait à ce propos : « Il faut user d'anachronisme pour aller vers la Grèce ancienne à condition que l'historien assume le risque de poser précisément à son objet grec des questions qui ne soient pas déjà grecques : qu'il accepte de soumettre son matériau antique à des interrogations que les Anciens ne se sont pas posées ou du moins n'ont pas formulées ou, mieux, n'ont pas découpées comme telles[45]. » Elle précise : « Tout n'est pas possible absolument lorsqu'on applique au passé des questions du présent, mais on peut du moins tout expérimenter à condition d'être à tout moment conscient de l'angle d'attaque et de l'objet visé. » Nous irons plus loin encore en élargissant le propos de N. Loraux : *toutes* nos questions au passé sont anachroniques (même lorsque l'on pense qu'elles ne le sont pas), lestées qu'elles sont des connotations actuelles et des strates de discours qui se sont accumulées. Par conséquent, il nous faut *toujours* être conscient de l'angle d'attaque et de l'objet visé.

La question se pose avec d'autant plus de force en ce qui concerne la sexualité, que des siècles de discours (littéraire, médical, psychanalytique) ont contribué à construire. Il n'y a donc pas lieu de clamer haut et fort, comme le fait D. Gourevitch[46], dans un compte rendu de plusieurs ouvrages sur la sexualité dans l'Antiquité, qu'« il n'est pas possible d'être à la fois homosexuel militant et historien » : la question qui se pose pour *tout* historien ou philologue est celle de la conscience du fait qu'aucune démarche ne saurait être neutre, objective, détachée du présent et que la première étape pour lire les textes et échapper quelque peu à « l'angle mort » créé par notre subjectivité est d'avoir conscience de cette subjectivité afin de pouvoir la délimiter et en tenir compte comme « facteur déformant »[47]. Penser que l'approche d'un historien qui connaît la « normalité » en matière sexuelle sera neutre et digne d'un véritable chercheur relève d'une illusion complète.

À l'inverse, beaucoup de chercheurs, convaincus que les catégories sexuelles et la notion même de sexualité sont variables et que l'homosexualité n'existe pas dans l'Antiquité, pensent contourner le problème de cet anachronisme en remplaçant le terme « homosexuel » par « homme qui a des relations sexuelles avec un autre homme ». Ces périphrases sont un leurre, parce que la question posée reste anachronique et que le relevé même des sources répond à une logique contemporaine (relever ce qui *nous* semble appartenir au champ du sexuel). Rien ne nous prouve que telle étreinte était

45. Loraux 1993, p. 28. Elle développe dans cet article deux points pour étayer son propos, l'opinion publique et la démocratie.

46. Gourevitch 1999, particulièrement p. 334.

47. Et, en particulier, les facteurs déformants de la morale sexuelle. Sur le point aveugle des approches où l'hétérosexualité est prise comme seul point de vue objectif, cf. L.-G. Tin, « Hétérosexisme », dans Tin 2003, p. 207-211.

effectivement considérée comme un acte sexuel ou, au contraire, que tel enlacement, à peine noté par notre regard et considéré comme un geste tendre entre amis, n'était pas le fin du fin en matière d'érotisme antique. Il y a de fortes chances, par exemple, pour que l'expression « male-boy couple », utilisée par J. Clarke[48] dans ses travaux sur la sexualité dans l'art, connote pour un lecteur du XXIe siècle « couple homosexuel masculin » ou « relation pédophile », ensuite parce que l'auteur lui-même reproduit l'importance contemporaine accordée à l'identité sexuée des partenaires : présenter une étreinte sexuelle par « male-female », c'est faire passer le sexe des partenaires au premier plan dans une scène où les Anciens verraient – peut-être – d'abord une « scène d'amour face à face » (peu importe le sexe du/de la partenaire), une « scène de voyeurisme » (quelqu'un est caché derrière la porte), une « scène à la lumière » (la lampe à huile est allumée), une « scène d'amour violent » (l'étreinte est peinte de telle ou telle manière), une « scène d'amour raffiné » (selon des critères inconnus de nous). Nous ne pouvons prétendre, simplement parce que nous avons supprimé, comme par un coup de baguette magique, le terme d'homosexualité, pouvoir voir les textes et les images avec les yeux des Anciens : remplacer un terme par un autre n'est qu'un moyen pour se donner l'*illusion* d'échapper à nos représentations. C'est, au contraire, par l'analyse fine et lente de ces textes et de ces images, décrits dans un premier temps avec nos catégories et analysés avec nos outils d'analyse modernes (quels autres ?), et en concentrant toute notre attention *sur les écarts et la non-concordance de ces sources avec nos catégories*, qu'il est possible de faire apparaître les critères et les lignes de fracture propres au monde antique.

Dans cette étude, les termes de « relations homosexuelles » et d'« homosexualité » seront utilisés dans le sens de « relations sexuelles entre personnes de même sexe », et non comme désignant une catégorie de personnes se reconnaissant comme telles et qui ont une culture et des revendications communes (aspect davantage impliqué par l'expression « gays et lesbiennes »). Ce choix est une affaire de commodité (recourir sans cesse à des périphrases alourdit le texte), mais aussi une forme de réalisme (dans « relation entre personnes de même sexe », nous entendrons de toutes façons « relation homosexuelle », et, quoi qu'il en soit, ces expressions ont toujours pour nous une connotation catégorielle). Par ailleurs, des expressions comme « l'amour des femmes » seront systématiquement explicitées car bien souvent l'ellipse des compléments a amené l'effacement d'une partie du signifié. « L'amour des femmes » est bien souvent utilisé pour dire « l'amour des hommes pour les femmes ». Certes, chez les Anciens, cette expression ne désigne que « l'amour des hommes pour les femmes », mais l'historien, comme le traducteur, se doit de « faire passer » d'un bord à l'autre de la rive temporelle les notions en les expliquant avec les termes propres à la culture de la rive où il aborde[49].

Ces précisions lexicales pourront sembler inutiles, mais elles permettent d'éviter les querelles de mots, qui prennent trop souvent le pas sur les débats d'idées. La

---

48. Clarke 1998 et, récemment, Clarke 2003.
49. I. Châtelet développe avec bonheur cette image du passeur dans « Cela ne se dit pas. À propos de la traduction de *Cent ans d'homosexualité et autres essais sur l'amour grec* de David Halperin », *L'Unebévue* 16, 2000, p. 41-48.

critique actuelle en effet est particulièrement sur le qui-vive lorsqu'il est question de travaux sur l'homosexualité, preuve que la question est bien d'actualité, même pour ceux qui prétendent échapper aux aléas du présent. Il ne viendrait pourtant à l'esprit de personne d'affirmer, par exemple, que le viol n'existait pas dans l'Antiquité. Or ni le terme ni l'idée n'existent en Grèce ou à Rome : en langue grecque ou latine, on outrage, on humilie, on commet un rapt, on séduit. Cela ne signifie pas pour autant que le *fait* n'existait pas. Notre façon de percevoir les types de violence, en distinguant une violence spécifiquement sexuelle, est très moderne, et ce que nous entendons par viol n'était pas perçu dans l'Antiquité comme relevant d'une catégorie spécifique d'actes : cela n'empêche en rien de mener une recherche sur ce thème à propos de la condition des esclaves, de la violence urbaine ou de la condition des femmes. La question se pose globalement dans les mêmes termes pour la sexualité : ce n'est pas parce que la catégorie n'existe pas que, nécessairement, les pratiques n'existent pas et c'est précisément le travail du chercheur que de trouver les critères qui président à la répartition de ces pratiques – si elles existent – en d'autres catégories, cohérentes pour les Anciens. Les termes actuels et les catégories contemporaines auxquels cette étude recourt ne constituent pas le résultat auquel il faut aboutir (c'est-à-dire en retrouver l'empreinte exacte dans les sociétés grecque et romaine), mais fonctionnent comme outils d'une démarche heuristique.

Description des lieux explorés : un paysage exotique[50]

Les recherches des vingt dernières années ont peu à peu fait émerger certains contours de la vie érotique et sexuelle des Anciens, où les frontières propres au monde antique (celles du privé et du public, des hommes et des femmes, des hommes libres et des esclaves, du beau et du laid, du pouvoir et de la soumission, etc.) dessinent un paysage totalement « exotique », un domaine inconnu, très variés selon les lieux et les époques, où l'explorateur moderne doit continuellement désapprendre ses réflexes de survie et de pensée. Voici très brièvement une description de ce paysage dans le domaine de ce que nous appelons la sexualité[51].

Dans l'Antiquité gréco-romaine, il n'existe aucun équivalent de la notion moderne de sexualité. Dans le sens où nous l'entendons actuellement – *mutatis mutandis* –, la sexualité désigne les pratiques sexuelles réelles, mais aussi les désirs non concrétisés, les fantasmes avoués ou non, et, de façon générale, la totalité du parcours sexuel d'une personne ainsi que son *attitude* face à ce parcours. La sexualité contemporaine

50. Nous reprenons l'expression de Dupont lorsqu'elle évoque l'étrangeté du monde antique, pour lequel ses ouvrages proposent ce qu'elle nomme « une invitation au voyage » (Dupont 1994, p. 7) ou lorsque, avec Éloi, elle évoque le gouffre qui sépare les deux cultures (Dupont et Éloi 2001, p. 30).

51. Voir, de façon générale, Dover 1978 ; Foucault 1984 (a) et (b) ; Halperin 1990, p. 49-63 et Williams 1999 ; Dupont et Éloi 2001; pour les études lexicales, voir Adams 1982 et Henderson 1975. Ce panorama n'est pas exhaustif et ne prétend pas exprimer toutes les nuances des représentations et des attitudes antiques, différentes selon les lieux et les époques : une bibliographie spécifique sera proposée dans les différents chapitres de cette étude.

est constitutive de l'identité psychologique d'un individu. Dans l'Antiquité, un individu n'a pas de sexualité, il se livre à des pratiques. En Grèce, on parle des ἀφροδί-σια pour désigner « les choses de la jouissance sexuelle », et, à Rome, on parle parfois des « choses de Vénus », mais plus souvent de coït, d'union sexuelle. L'individu ne se construit pas personnellement par son parcours sexuel : en Grèce ou à Rome, on n'« est » pas sexuellement, on « fait » sexuellement. En revanche, comme l'a montré M. Foucault, l'individu peut gérer ses plaisirs, maîtriser ces pulsions qui viennent du corps, bref, adopter une attitude face aux pratiques sexuelles qui pourrait s'apparenter à ce qu'on nomme actuellement sexualité. Pourtant, il ne s'agit pas là de « sexualité » mais de « diététique », cette attitude face à la pratique sexuelle allant de pair avec une gestion des autres fonctions physiques : l'alimentation, l'exercice physique et intellectuel, la résistance aux événements contraires, le tout en évaluant la quantité, l'intensité, le moment idéal[52]. L'activité du sexe n'est pas perçue indépendamment des autres pratiques du corps. Cette non-existence de la sexualité comme ensemble de pratiques humaines participant à la construction personnelle et psychologique de l'individu, comme « principe constitutif du soi »[53], rend par conséquent caduque toute tentative de catégorisation par l'opposition entre « homosexualité » et « hétérosexualité ».

Autre point à relever : dans l'Antiquité, l'acte sexuel n'est généralement pas perçu comme un acte concernant conjointement et de façon similaire les deux partenaires. Les termes latins et grecs exprimant la relation sexuelle, quelle qu'elle soit, déterminent toujours le rôle assumé dans la relation par l'un et par l'autre, et ces rôles sont toujours perçus comme étant différents. Quand on recourt au même verbe, il ne s'applique pas sous la même forme aux deux partenaires : dans la majorité des cas, le verbe est employé à la voie active pour l'un des partenaires, à la voie passive pour l'autre. Plus signifiant encore : dans certains cas, il existe deux verbes différents pour désigner l'acte de chaque partenaire dans une même étreinte érotique. Le discours antique sur les actes sexuels révèle une préoccupation essentielle : celle de savoir qui fait quoi, et dans quelles circonstances (le très jeune âge du partenaire ne pose aucun problème d'ordre moral)[54]. Le critère de la pénétration phallique, s'il est, à certaines époques, déterminant pour distinguer le rôle de chaque partenaire et pour évaluer moralement le comportement sexuel de chacun, n'est de loin pas le seul : un homme qui a une activité sexuelle extrêmement intense, avec des hommes ou des femmes, est vu comme soumis à ses pulsions et peut ne plus être considéré comme un homme actif. À Rome, le comportement le plus infamant est, pour reprendre les termes de T. Éloi et F. Dupont, « la soumission d'un corps libre au plaisir d'un autre corps libre », quel que soit l'acte sexuel, « c'est-à-dire l'asservissement volontaire, l'*impudicitia* voulue »[55]. Si l'opposi-

---

52. Cf. Foucault 1984, p. 55 *sq.*

53. Halperin 1990, p. 42.

54. Pour une approche portant plus spécifiquement sur Rome, voir l'introduction de la troisième partie.

55. Dupont et Éloi 2001, p. 27. Nous ne sommes en revanche pas d'accord avec leur précision « sans considération de sexe » portant sur cette soumission voulue. Les actes des femmes sont évalués de façon très différente de ceux des hommes, mais peut-être les auteurs veulent-ils dire « sans considération de sexe du partenaire », en considérant uniquement le cas de l'acte sexuel d'un homme (c'est-à-dire... en considérant le sexe).

tion actif/passif n'est pas équivalente à l'opposition pénétrant/pénétré, l'asymétrie des deux partenaires reste une caractéristique majeure dans la représentation de cette relation. Ainsi, l'idée d'une relation sexuelle où les partenaires sont égaux, où la relation exprime des sentiments semblables et partagés et où telle pratique sexuelle peut être le fait de l'un ou de l'autre partenaire est une représentation contemporaine de la relation amoureuse, les liens se tissant de façon très différente dans l'Antiquité.

Il n'est pas question ici de décrire en termes dépréciatifs un paysage de désolation, où l'amour conjugal n'existerait pas, où la passion amoureuse et le respect mutuel seraient absents, où les hommes auraient des relations sexuelles indifféremment avec des hommes ou avec des femmes, où les petits garçons seraient inlassablement pourchassés, où la prostitution serait un mode de vie – paysage que l'on opposerait au monde actuel, où les mariées, vêtues de blanc, courent au ralenti sur la plage, où les époux s'aiment d'un amour partagé sur fond de soleil couchant et où seules les relations sexuelles librement consenties sont socialement acceptables. Ce que nous voulons dire, c'est que la sexualité n'est qu'un des nombreux aspects par lesquels les sociétés antiques diffèrent des sociétés occidentales. La représentation de la vie et de la mort, la notion d'honneur, de pudeur, de respect, l'importance du regard d'autrui, le rapport à la nature, aux dieux, bref, tout sépare ces sociétés du passé des nôtres. La sexualité grecque puis romaine n'est donc pas à isoler de la culture antique comme élément dont ne seraient pas héritières nos cultures modernes, où le viol est interdit, l'enfance protégée, la prostitution plus ou moins encadrée : dans ce pays inconnu où l'explorateur-anthropologue ne connaît qu'à peine la langue de l'autochtone (malgré des années de thèmes grecs et de versions latines), il convient de laisser à la frontière ses grilles toutes faites et de renoncer à toute velléité d'évaluation morale, éthique et esthétique.

Pour clore cette brève synthèse, soulignons à nouveau que les Anciens n'ont jamais élaboré ni pensé une catégorie homogène qui engloberait indistinctement hommes et femmes de tous milieux sociaux ayant pour unique caractéristique commune d'être attirés par les personnes du même sexe qu'eux – pas plus qu'ils ne lui ont opposé une catégorie qui engloberait hommes et femmes attirés par les personnes de l'autre sexe. Plus encore : l'analyse des sources grecques et romaines a non seulement montré qu'il n'existe pas de catégorie commune aux homosexuels et aux homosexuelles, mais aussi qu'il n'existe pas de catégorie « homosexualité masculine » (pour qu'une telle catégorie existe, il faut que l'identité de sexe soit perçue comme une caractéristique signifiante ; or, dans le monde antique, un individu se définit d'abord par son statut). Le fait qu'un homme ait une relation sexuelle avec un homme n'a jamais été considéré comme évaluable *en soi*, puisque la relation était perçue en fonction de nombreux autres critères (âge, classe sociale, modalités de la relation sexuelle, maîtrise de soi, etc.). D. Halperin distingue des catégories préhomosexuelles masculines qui n'intègrent pas uniquement des comportements « homosexuels » : elles regroupent des attitudes individuelles et des formes de relation homme/femme (elles sont aussi des catégories préhétérosexuelles)[56]. Il n'est donc pas possible de déduire *directement* d'un texte un jugement portant sur deux hommes – et encore moins sur deux femmes –, et

---

56. Pour ces quatre catégories et ce qu'elles mettent en jeu, cf. Halperin 2000.

de le considérer comme représentatif d'une évaluation morale générale portant sur l'homosexualité des hommes – ou des femmes.

Les méthodes d'investigation

Les textes, particulièrement bavards sur les comportements des hommes, et parfois aussi sur la débauche des femmes, ont permis aux philologues, aux anthropologues et aux historiens de connaître, dans une certaine mesure, les normes qui régissaient la vie sexuelle et sociale des hommes grecs et romains. Mais, comme le développe J. Winkler, une grande prudence est de mise : « Il nous faut apprendre à lire nos textes selon plusieurs points de vue, sachant qu'ils sont en même temps l'expression d'une bonne foi et une façon de se protéger, exactement comme les informateurs essaient de manipuler l'anthropologue qui les observe, en se présentant à lui sous leur meilleur jour. Au lieu de couper des affirmations de leur contexte, comme dans le cas de la célèbre expression du *Contre Nééra*[57], et de les prendre comme parole d'évangile, nous devrions apprendre à voir les diverses connotations et les fausses pistes qui infléchissent le sens de telles déclarations dans leur contexte social total, et à percevoir les indications scéniques implicites mais non énoncées par l'acteur du jeu social. Il n'est pas rare que nous puissions y détecter à la fois un déni et une acceptation de réalités sociales idéologiquement gênantes[58]. » Il précise : « Notre priorité doit être de retrouver les postulats ou les conventions tacites qui régissaient les propos publics : il apparaîtra que ce que les hommes disaient des femmes *et d'eux-mêmes* n'était, pour une bonne part, qu'un pur et simple bluff[59]. » Ainsi, les relations entre hommes adultes ont beau être raillées et décriées, cette norme n'est pas le reflet exact des pratiques : la relation de Pausanias et d'Agathon, pour prendre l'exemple de personnalités connues, dura plus de trente ans[60]. La difficulté se pose dans les mêmes termes pour les femmes : « La plupart des documents parvenus jusqu'à nous ne peuvent pas être pris pour argent comptant quand il y est question des femmes. Tant que la discussion garde pour objet les *gunaikes,* les épouses-citoyennes, nos données sont parasitées par le sens des convenances sociales propres au discours masculin. Ne serait-ce que mentionner le nom d'une épouse-citoyenne dans un cercle d'hommes était considéré comme une honte et une insulte, car cela signifiait une intrusion symbolique dans l'intimité d'un autre[61]. » De façon générale, de nombreux textes et images qui nous sont parvenus expriment, selon les termes de D. Halperin à propos de la non-représentation de la sodomie sur les vases lorsqu'il s'agit de relations pédérastiques, « l'idéal de la norme et non la réalité[62] ». Il n'est pas possible de considérer comme images fidèles du réel les énoncés normatifs et il faut

---

57. Il s'agit de cette phrase : « Nous avons des courtisanes pour notre plaisir, des concubines pour le soin quotidien de nos corps, et des épouses pour porter nos enfants légitimes et garder un regard vigilant sur les biens de nos maisons » (Pseudo-Démosthène, *Contre Nééra,* 122).
58. Winkler 1990, p. 27.
59. Winkler 1990, p. 25.
60. Cf. Brisson 2000.
61. Winkler 1990, p. 25.
62. Halperin 1990, p. 85.

essayer de trouver, dans les textes, des indices qui nous permettent d'accéder à l'au-delà de la norme, aux comportements des individus et à leur position par rapport à ces normes, tout en gardant à l'esprit la force de ces représentations et l'influence réelle qu'elles pouvaient avoir, une fois intériorisées, sur les comportements individuels.

Cette nouvelle approche des textes, en allant au-delà du discours conventionnel des Grecs et des Romains, a présidé à de nombreuses études incontournables sur l'importance sociale des relations entre hommes et sur la vie des femmes. Cependant, soit parce que les textes anciens sont moins diserts, soit parce que le thème n'intéressait pas jusqu'à présent (preuve que nos questions au passé sont bien des questions actuelles), les recherches se sont peu occupées des relations sexuelles entre femmes dans l'Antiquité et de l'éclairage qu'elles étaient susceptibles d'apporter sur les sociétés antiques. La raison en est peut-être aussi que la situation d'un chercheur qui s'intéresse aux relations entre femmes est très différente de celle d'un chercheur qui travaille sur les relations entre hommes, entre hommes et femmes ou sur la sexualité en général : le second dispose d'un nombre de sources très important[63], et sur toutes les époques (son travail n'en est pas plus simple pour autant, il est différent), alors que le premier se trouve dans la situation d'un paléontologue confronté à un fossile inconnu : moins il possède de fragments, plus la reconstitution de la globalité du corps (dans son cas, de la représentation antique) est difficile, une seule petite incertitude au niveau du fragment pouvant mener à d'énormes distorsions au niveau global. Par ailleurs, la majorité des documents de cette étude sont des artefacts, alors que les analyses sur d'autres formes de sexualité peuvent s'appuyer sur des types de documents bien plus variés. Or un poème chanté ou un texte littéraire n'est ni un témoignage direct sur les pratiques, ni une image directe des représentations : nos documents ne peuvent être lus que comme des documents *doublement indirects* sur les pratiques, qui ne sont pas le reflet du réel ; ils peuvent révéler un regard porté sur ces pratiques mais également un regard que l'on veut que d'autres portent. Et, surtout, ils résultent d'un traitement particulier, soumis aux impératifs de genre et de cohérence interne du texte ou du contexte où ils apparaissent.

C'est par conséquent une démarche lente et fouillée, très proche des textes, que nous nous proposons de mener. Les risques de tautologie ou de raisonnement paralogique sont nombreux, et tout empressement, tout raccourci, risque de fausser les conclusions et de faire revenir le chercheur sur des chemins déjà explorés.

Les étapes et le but de ce voyage dans le passé

Il n'est pas possible, dans cette étude, d'embrasser près de huit siècles en une seule approche thématique, car les contextes littéraires, sociaux, historiques, sont si différents qu'ils nécessitent des outils d'analyse propres à chaque époque. La démarche se doit de tenir compte de la chronologie et elle se doit également de consacrer un développement

---

63. Pour un simple aperçu quantitatif, et sans entrer dans des questions théoriques d'histoire de la sexualité, voir le récent recueil de textes, non exhaustif et pourtant fort imposant, de Hubbard sur les relations sexuelles entre hommes (Hubbard 2003).

important à la contextualisation de chaque document, document qui est souvent, pour certaines périodes de l'histoire, le seul témoignage au milieu de décennies de silence. La limite temporelle que se fixe cette étude se justifie par la volonté de ne pas intégrer les textes d'inspiration chrétienne, qui exigent des approches très différentes de celles que demandent des textes produits par les sociétés grecque et romaine païennes.

L'époque archaïque, au sujet de laquelle nous savons peu, autant du point de vue politique que social, sera abordée dans une partie distincte des époques classique et hellénistique, pour lesquelles de nombreux textes nous informent des représentations grecques en matière de sexualité en général et des critères qui président à la catégorisation et à l'évaluation des pratiques sexuelles. L'époque romaine, plus documentée, apporte davantage de témoignages, et le discours produit, qui se révèle être différent des discours des époques grecques archaïque et classique, offre matière à des approches transversales : des récits mythographiques à la satire, des textes « techniques » aux créations métatextuelles de Lucien, les différentes thématiques font apparaître des catégories sexuelles relativement fixes pour les hommes mais particulièrement mouvantes pour les femmes, dont les relations homosexuelles, telles des herbes folles au milieu de pavés disjoints, font apparaître avec force, par ce que nous pourrions appeler leur « insoutenable incatégorisation », les caractéristiques, aux différentes époques, des normes et des conventions morales qui portent sur le sexe et le genre.

Cette approche, en grande partie chronologique, se révèle être simultanément une approche par genres littéraires : elle fait apparaître en effet qu'il y a un genre pour chaque époque et une époque pour chaque genre – les Anciens n'évoquant jamais les relations entre femmes dans les mêmes types de textes selon les époques. L'approche (en partie) chronologique n'est donc pas un obstacle à une analyse synthétique de la construction des catégories sexuelles antiques : elle met en évidence à quel point les formes de discours (littéraires ou iconographiques) qui expriment ces catégories, les affirment (parfois de façon exagérée par rapport à la vie réelle), les transmettent et les transforment sont des rouages primordiaux – et pour nous, modernes, notre seul matériau d'étude – dans les processus sociaux de la représentation du sexe et de l'amour, ainsi que dans la construction de l'identité et de la conscience de soi de l'homme et de la femme antiques.

Puisqu'elle s'intéresse à ce qui fait l'objet d'un discours essentiellement littéraire, cette approche révèle aussi la fonction idéologique de certains types de textes et permet de s'interroger sur ce qui fait qu'à un certain moment de l'histoire, dans un certain contexte social et culturel, ce qui était tu devient digne d'entrer en littérature. Le sujet pose de façon plus vive que jamais la question des mots et des choses : il nous permet de mesurer l'importance de l'art, de la littérature et des représentations dans la construction des sexualités et de mesurer quel rôle ces sexualités jouent dans la construction de l'identité de genre des hommes et des femmes à l'intérieur d'une société où le collectif prime sur l'individuel et où les normes morales et esthétiques sont fondées sur l'opinion commune.

Il apparaîtra également que l'idée longtemps soutenue de plaisirs antiques « non sexués »[64] (dans le sens où ce n'est pas le sexe des partenaires qui est pris en compte

---

64. Veyne (1978, p. 144) parle de plaisirs « indépendants de l'identité de sexe des partenaires ». Dupont et Éloi (2001) insistent également sur la non-pertinence du critère de sexe.

dans l'évaluation morale de ces rapports, mais le type de rapport, les statuts sociaux, l'âge, etc.) n'est pas tout à fait exacte : le sexe des individus impliqués dans la relation est la première caractéristique à être prise en considération lorsqu'il s'agit de deux femmes (mais on constate que ce cas de figure n'est que très rarement envisagé par les chercheurs modernes). L'histoire de la représentation des relations sexuelles entre femmes n'est pas la même que celle des hommes, elle a d'autres périodes, d'autres étapes charnières, d'autres silences, elle s'articule en fonction d'autres éléments clés, d'autres éléments discriminants. Elle est parfois tributaire des mêmes vicissitudes, mais, souvent aussi, elle subit d'autres influences sociales que celles qui marquent l'histoire du rapport conjugal, par exemple, ou celle des relations entre hommes. Elle a d'autres modes d'expression, d'autres discours types. Enfin, et surtout, la catégorie moderne d'« homosexualité féminine » procède de catégories préhomosexuelles qui *ne suivent pas* systématiquement et parallèlement celles des hommes. Parfois même, comme par une étrange illusion d'optique, une de ces catégories préhomosexuelles semblera coïncider avec la catégorie moderne de l'homosexualité féminine et à d'autres moments avec la catégorie de la tribade phallique du XVIe siècle (ce sont ces ressemblances qui, souvent, ont entraîné des contresens dans les lectures de textes). Mais nous ne nous y tromperons pas, l'Antiquité n'est pas la société contemporaine, ni celle de la Renaissance, et ce regard qui parfois semble si proche du nôtre doit être replacé dans le contexte de l'époque, où les représentations sociales étaient si différentes. Une de ces illusions d'optique est causée par l'apparente symétrie dans la représentation des deux partenaires, à certains moments de l'histoire – ce qui n'arrive jamais pour les hommes. Cette étude n'a pas pour objectif d'affirmer que l'homosexualité féminine existait comme catégorie antique, elle met en évidence la *différence* fondamentale entre sa préhistoire et celle de l'homosexualité des hommes, et son *appartenance* à part entière au domaine d'étude ouvert par l'« historicisation » de la sexualité.

Dans cette étude, nous l'avons dit, il va être question de femmes et d'homosexualité féminine : nous espérons ainsi mettre en évidence des aspects de la pensée, de l'imaginaire et de l'idéologie des sociétés grecque et romaine difficilement perceptibles pour des chercheurs munis de lunettes avec une focalisation différente.

I

MYTHE ET POÉSIE LYRIQUE ARCHAÏQUE :

L'HOMOÉROTISME AU FÉMININ

Travailler sur des textes de l'époque archaïque, c'est être confronté à des textes rares et fragmentaires, dont l'interprétation est d'autant plus difficile qu'il s'agit de textes poétiques, eux-mêmes « traces » archéologiques de chants choraux ou monodiques coupés de leur contexte énonciatif, et que ces textes constituent la quasi-totalité des renseignements existant sur l'époque de leur écriture. Dans le cas de Sappho et de sa réception, une somme incommensurable d'articles et d'ouvrages se dresse entre les textes des Anciens et le chercheur contemporain. Le risque est alors grand de consacrer davantage d'énergie à synthétiser les différentes approches de générations de philologues qu'à se pencher sur des textes dont l'établissement est particulièrement difficile et le sens souvent incertain. Or il en est de Sappho comme de la question de l'homosexualité initiatique masculine dans la Haute Antiquité : peu de documents, mais des interprétations divergentes et des débats enflammés par articles interposés. Les recherches ont longtemps été brouillées par des questions de « morale » : Sappho ne peut être lesbienne, affirmait I. G. Welcker à la fin du XIXe, car elle est une grande poétesse ; Sappho était une enseignante, et non une homosexuelle, écrivait U. von Wilamowitz-Moellendorf, au début du siècle dernier[1]. Actuellement, le débat se concentre sur la validité des documents postérieurs aux textes archaïques et sur la nature et le contexte énonciatif de ces compositions poétiques.

L'étude des compositions d'Alcman et de Sappho exige une mise au point sur les questions des rites de passage et de l'initiation masculine, d'une part parce que ce fond social et culturel *a pu* être un contexte dans lequel se sont développés les discours que nous étudions; et d'autre part parce que c'est souvent dans cette optique que les textes de Sappho et d'Alcman ont été lus et interprétés. Une lecture plus spécifique de certains passages de l'œuvre poétique des deux poètes sera alors menée, afin de déterminer

---

1. Welcker 1816 ; Wilamowitz 1913.

s'il existe, dans ces chants choraux et monodiques, l'expression d'un désir homosexuel féminin. À cette étude s'ajoute celle d'un poème d'Anacréon, dont la lecture est délicate, et celle d'une représentation de deux femmes sur un vase d'époque archaïque. Mais la question de l'homosexualité féminine à des périodes si anciennes entraîne également l'incontournable question de sa présence dans les mythes. Les travaux de B. Sergent[2] ont mis en évidence la prégnance du modèle pédérastique masculin dans les mythes de relations érotiques entre hommes (mortels, héros, divinités) et, jusqu'à maintenant, tout le monde s'accorde à dire qu'il n'existe aucun mythe où apparaissent des relations érotiques entre femmes. L'étude d'un mythe, celui de Kallisto, peut remettre cette certitude en question.

2. Sergent 1984.

Fragments de discours amoureux

Une institutionnalisation de l'homosexualité ?

Les hommes

Un des arguments ou indices qui ont conduit B. Sergent, auteur de *L'Homosexualité initiatique dans l'Europe ancienne*, à avancer l'hypothèse de l'« homosexualité initiatique » est qu'une forme importante des relations *entre hommes* à l'époque classique (époque pour laquelle les chercheurs disposent de documents plus nombreux et plus variés) présente un schéma d'asymétrie et, parfois, les caractéristiques de l'apprentissage[3]. Dans l'Athènes classique en effet, la relation entre hommes, valorisée et conforme aux normes de la cité, est celle qui lie un garçon (παῖς), futur citoyen, à un jeune adulte citoyen[4]. Cette παιδεραστία a des règles précises : l'amant (ἐραστής) se doit d'avoir un rôle actif dans la relation, et le jeune aimé (ἐρώμενος) ne doit faire montre d'aucune attirance sexuelle passionnée pour son amant. Cette relation n'est ni exclusive ni permanente, car l'amant peut être marié, et l'aimé, plus tard, pourra à son tour être l'éraste d'un garçon[5]. Il s'agit d'une codification, de l'idéal de la norme, et de nombreux documents sont là pour prouver que de nombreuses autres formes de relations entre hommes existaient en Grèce[6]. Mais ce qui nous importe pour l'instant, c'est de constater que, comme l'écrit L. Brisson, « idéalement du moins la παιδεραστία constituait en Grèce ancienne une curieuse synthèse entre relation sexuelle et prati-

---

3. Sergent 1984 et 1986. Les travaux de Sergent s'inscrivent, pour partie, dans un prolongement des études comparatistes et pionnières de Jeanmaire et Brelich (Jeanmaire 1939 ; Brelich 1969). Plus récemment, les études de Patzer et Bremmer vont également dans le sens de l'existence d'un rituel initiatique, mais la valeur accordée par les Grecs à cette relation homme adulte/adolescent fait l'objet d'analyses différentes (Bremmer 1980 et 1989 [b] ; Patzer 1982) : une « humiliation » du jeune garçon par le groupe d'hommes adultes, selon Bremmer, un acte positif et valorisant pour le jeune aimé, selon Sergent.

4. Pour une synthèse sur la question, voir Brisson 1998, p. 55-63.

5. Pour les normes appliquées à ce type de relations en ce qui concerne la question des pratiques sexuelles masculines, voir Dover 1978, Halperin 1990 et Winkler 1990, p. 95-142.

6. Pour les pratiques n'entrant pas dans ce schéma, voir Brisson 2000 (la longue relation entre Alcibiade et Pausanias) ; Winkler 1990, p. 95-142 (les contournements de ces codes) ; Halperin, « Le corps démocratique : prostitution et citoyenneté » dans Halperin 1990, p. 121-153 (la prostitution masculine).

que éducative[7] ». Cette forme de relation entre hommes, qui implique à la fois un rapport d'asymétrie sociale et un rapport d'apprentissage, valorisée et codifiée – donc, d'une certaine manière, institutionnalisée –, est attestée sans ambiguïté à l'époque classique ainsi que dans des poèmes et des représentations iconographiques d'époque archaïque[8]. Selon B. Sergent et H. Patzer, cette convention régissant les relations entre individus masculins dans le monde classique serait une trace d'un ancien rite de passage indo-européen.

La question de l'initiation alimente encore d'âpres débats. Les lectures des principales sources (Éphore, Plutarque, les inscriptions de Théra, Ammien Marcellin, Élien)[9] sont loin de faire l'unanimité. Ainsi, K. Dover[10] s'oppose aux théories de H. Patzer et de B. Sergent : il concède l'existence de pratiques initiatiques masculines (sans donnée sexuelle), mais combat l'hypothèse selon laquelle les relations entre hommes à Athènes sont des survivances de ce rite. Son argumentation repose sur la critique de la validité de certains documents et sur une interprétation différente des autres documents. La démarche en elle-même a suscité aussi d'importantes critiques d'ordre méthodologique : elle peut présupposer l'existence d'une normalité en matière sexuelle (on ne cherche pas, en effet, à retrouver l'« origine » de l'hétérosexualité). C'est ce que reproche essentiellement D. Halperin à H. Patzer : « En purifiant la pédérastie du désir sexuel et en y voyant non pas l'expression d'une préférence personnelle mais au contraire une forme de rituel social (la reléguant ainsi dans une catégorie d'activités séparées de la vie quotidienne normale et seulement accomplies dans des circonstances spécialement prescrites), H. Patzer continue en réalité d'assigner le lieu ordinaire de l'érotisme à l'activité hétérosexuelle – même pour les Grecs malgré leurs diverses singularités sexuelles – et, par conséquent, celle-ci reste le mode privilégié et normal de la sexualité humaine[11]. » De surcroît, certaines études sur les pratiques initiatiques se fondent sur une opposition « naturelle » entre homosexualité et hétérosexualité, projetant dans le passé les catégories et les croyances du XXe siècle.

Les documents concernant les hommes sont en effet problématiques : ils sont, pour certains, postérieurs de beaucoup à l'époque considérée et, pour d'autres, très difficiles à interpréter. Cependant, il ne semble pas absurde de poser l'hypothèse que cette forme de relation a pu constituer une étape des cérémonies ou des rites de passage des peuples indo-européens et jouer un rôle dans l'éducation et la formation du futur adulte, et cela sans considérer pour autant qu'il s'agisse d'une « explication » de pratiques que l'on considérerait comme exotiques ou répréhensibles, ou d'une « justification » de toutes les formes de relations sexuelles entre hommes. Cette hypothèse pose au contraire avec force la question de la relativité même de la conception de la catégorie « sexualité » : au lieu de voir dans l'homosexualité initiatique une désexualisation des pratiques homosexuelles, on peut aussi y voir l'extension du domaine du sexuel,

7. Brisson 1998, p. 62.

8. Pour les références littéraires et iconographiques, cf. Dover 1979, p. 238 (il insiste sur l'origine non dorienne de ces sources) et Cantarella 1988, p. 15-85.

9. Éphore cité par Strabon, *Géographie*, X, 4 ; les inscriptions archaïques de Théra (voir les références nombreuses dans Sergent 1986, p. 353-369) ; Plutarque, *Lycurgue*, 7, 1 ; Ammien Marcellin, *Histoires*, XXXI, 9.5 ; Élien, *Histoires variées*, III, 12.

10. Dover 1978, en particulier p. 237, et Dover 1989.

11. « Deux points de vue sur l'amour grec » dans Halperin 1990, p. 83-104.

domaine qui toucherait des champs qui, actuellement, en sont exclus (l'éducation) – et cela sans considération d'antériorité ou de postériorité entre les pratiques culturelles (« relation éducative devenant sexuelle » ou « relation sexuelle prenant au fil du temps une caractéristique éducative [12] »).

Quoi qu'il en soit, à l'époque archaïque, la dissymétrie des amants (différence d'âge et de statut social, notamment) est une donnée conventionnelle dans le rapport homosexuel masculin dont on trouve trace dans les textes littéraires de cette époque.

Les femmes

La question est encore plus délicate en ce qui concerne les femmes. Peu de documents nous sont parvenus et la tentation est grande de projeter directement dans le domaine du féminin des conclusions portant sur le domaine du masculin. Cela serait cependant une grave erreur, tout d'abord parce que les conclusions portant sur les hommes sont toujours l'objet de débats et, surtout, parce que cela serait supposer, sans preuves, un traitement social et des représentations semblables pour les hommes et les femmes de la part des Grecs de cette époque.

Comme pour les garçons, il existe plusieurs rituels concernant spécifiquement les jeunes filles en Grèce archaïque et classique. Ces rituels sont souvent qualifiés d'initiatiques par les modernes, puisqu'ils constituent symboliquement des étapes dans l'intégration civique des jeunes filles[13]. Même si à Athènes, comme le fait remarquer L. Bruit Zaidman, ce n'est en général qu'un nombre restreint de jeunes femmes – choisies dans le milieu aristocratique – qui participent à ces cérémonies, la signification civique existe cependant, le peuple considérant que ces jeunes filles accomplissent ces rites « par procuration » pour toutes les jeunes femmes de leur classe d'âge. Les sources, textuelles et iconographiques, datent essentiellement de l'époque classique et sont souvent difficiles à interpréter car issues de contextes littéraires[14] et souvent fragmentaires[15]. Cependant, les rituels de jeunes filles, comme le service pour les Arréphories ou pour les Plyntéries, le rituel des Brauronies à Brauron et le service accompli par les canéphores lors de sacrifices, peuvent tout à fait, comme l'ont montré P. Brulé et L. Bruit Zaidman, être considérés comme des rituels de socialisation. Pourtant, dans aucune des sources sur ces rituels il n'est fait mention de relations sexuelles entre des femmes adultes et des jeunes filles, pas plus qu'entre femmes tout simplement.

---

12. Dover privilégie cet ordre chronologique (Dover 1989, p. 118).

13. Pour toute cette partie sur les fêtes féminines et les services des jeunes filles, cf. Bruit Zaidman 1991 et Brulé 1987. Pour une réflexion sur l'idée moderne du « rituel d'initiation » et une argumentation en faveur d'une interprétation de ces rituels comme « rituels de puberté », cf. Calame 2002.

14. C'est le cas, par exemple, du passage d'Aristophane évoquant le parcours idéal de la jeune Athénienne (*Lysistrata*, 641-647). Cf. Bruit Zaidman 1991, p. 396 ; Sourvinou-Inwood 1988, p. 136-148 ; Calame 2002.

15. C'est le cas des cratères trouvés dans le sanctuaire d'Artémis à Brauron. Sur les Brauronies, cf. Khalil 1977 et 1983 ; Guiman 1999 et les articles réunis dans Gentili et Perusino 2002.

Le seul texte qui fait clairement allusion à une relation de type pédagogique entre les femmes et les jeunes filles date du début du IIᵉ siècle ap. J.-C. Il s'agit d'un texte de Plutarque, évoquant la Sparte de Lycurgue, soit un texte postérieur de sept siècles à l'époque décrite. Plutarque fait la synthèse, la compilation (et peut-être l'adaptation) d'œuvres perdues, qui sont pour la plupart d'époque hellénistique. Comme c'est majoritairement le cas pour Sparte, les sources sont d'origine athénienne et il convient, par conséquent, d'être particulièrement prudent dans l'interprétation de ce bref passage (*Vie de Lycurgue*, XVII, 8-9).

> Les amants (οἱ ἐρασταὶ) partageaient la réputation de leur jeune aimé, qu'elle soit bonne ou mauvaise. On raconte qu'un jour un garçon (παιδὸς) avait, en se battant, laissé échapper un mot vulgaire et que ce fut son amant qui fut puni par les magistrats. L'amour était à ce point approuvé chez eux que même les honnêtes femmes aimaient des jeunes filles (ὥστε καὶ τῶν παρθένων ἐρᾶν τὰς καλὰς καὶ ἀγαθὰς γυναῖκας). Il n'y avait pas de rivalité en amour, ceux qui aimaient les mêmes personnes en faisaient plutôt les fondements d'une amitié réciproque et, ensemble, ils œuvraient avec persévérance à rendre la personne qu'ils aimaient (τὸν ἐρώμενον) la meilleure possible.

Plutarque décrit la société spartiate du temps de Lycurgue, le législateur légendaire qui aurait entre 800 et 600 fondé la Constitution de Sparte. Il évoque les relations institutionnalisées entre les hommes et leurs aimés, et insiste sur la valeur pédagogique de cette relation. L'auteur, comme le fait remarquer C. Mossé[16], gomme la donnée sexuelle de la pédérastie pour mettre l'accent sur la valeur sociale. Dans la *République des Lacédémoniens*, Xénophon, déjà, avait décrit la relation pédérastique masculine comme différente, à Sparte, de ses manifestations dans certains endroits de la Grèce où, dit-il, les amants vivent ensemble et s'offrent des cadeaux[17] : Lycurgue aurait engagé les hommes à ne pas avoir de relations sexuelles avec leur aimé, afin que soit privilégié l'aspect éducatif de la relation[18]. Dans ce passage de la *Vie de Lycurgue*, le caractère encomiastique est perceptible : Plutarque souligne le bon fonctionnement du processus pédérastique à Sparte et montre à quel point il s'agit d'un engagement social de la part de l'amant. Cet engagement est si profondément ressenti que, même dans une situation de rivalité, la formation de l'aimé passe avant tout. C'est dans le cadre de cette description du lien éraste/éromène que Plutarque évoque le cas des femmes. Cette allusion intervient comme une preuve (οὕτω, ὥστε) de sa description élogieuse. Dans le parallélisme qu'il établit entre les hommes et les femmes, la valeur pédagogique reste le point important car ce sont des femmes ayant toutes les qualités civiques qui jouent le rôle d'amante (la formule masculine habituelle καλὸς κἀγαθός[19] est mise au féminin : τὰς καλὰς καὶ ἀγαθὰς γυναῖκας). Par sa formulation, Plutarque établit un parallèle entre l'ἐραστής et la γυνή et entre le παῖς et la παρθένος : il s'agit bien d'une relation asymétrique, comme dans le cas de la pédérastie masculine.

16. Mossé, dans Ozanam 2001, p. 147, n. 74.

17. Xénophon, *République des Lacédémoniens*, 2, 12-13.

18. Sur les raisons pour lesquelles Xénophon exagère le caractère non sexuel de cette relation, cf. Sergent 1986, p. 404 *sq.*

19. Sur cette expression importante dans la culture grecque, cf. Dover 1975, p. 41-45.

Les nombreuses recherches sur Sparte ont, depuis longtemps déjà, insisté sur la prudence à avoir lorsque l'on lit des sources, souvent idéologiquement orientées, sur la cité lacédémonienne, et L. Thommen[20], très récemment, a montré que cette prudence devait s'exercer avec plus d'acuité encore dans le cas des sources sur les *femmes* spartiates. Plutarque dispose-t-il de suffisamment d'informations et de documents sur la Sparte archaïque, et pouvons-nous considérer qu'il ne les déforme pas[21] ? Doit-on au contraire estimer que, dans l'enthousiasme de sa description d'une relation pédagogique où le sexe serait un aspect mineur, et malgré la traditionnelle mauvaise réputation des femmes spartiates[22], Plutarque se laisse aller à un parallélisme comme « argument-choc » prouvant l'importance de cet érôs éducatif et désexualisé ainsi que la grande différence entre Sparte et Athènes ? À aucun moment de son texte, en effet, Plutarque ne revient sur cette relation pédérastique féminine qu'il mentionne dans ce passage. La seconde hypothèse semble vraisemblable lorsque l'on replace Plutarque dans le contexte social où il écrit, et si l'on a à l'esprit les valeurs qu'il prône dans son *Dialogue sur l'amour*[23]. Dans ce cas, la question relève de la représentation par Plutarque, au 1er siècle après J.-C., des relations entre femmes, et ce passage ne peut être considéré comme une source totalement fiable sur l'époque archaïque.

La question du regard de Plutarque sur les pratiques sexuelles entre femmes et la théorie d'une transformation ou d'une adaptation de ses connaissances à la thèse de son paragraphe ressortissent à une autre thématique, celle de la conception des relations sexuelles entre femmes par les hommes du 1er siècle après J.-C. En revanche, les bonnes ou les mauvaises raisons pour lesquelles Plutarque évoque ces rapports entre femmes ne sont un argument ni pour valider ni pour invalider la véracité des sources de Plutarque. En ce qui concerne la pédérastie féminine dans la Sparte archaïque, il

20. Thommen 1999. Thommen n'est évidemment pas le seul à avoir fait cette remarque de méthode, et les recherches sur les sources portant sur les femmes spartiates sont nombreuses. Cet article récent a le mérite de faire une synthèse de ces recherches et de présenter l'état des connaissances *en fonction* des sources antiques.

21. Certains historiens et chercheurs, en effet, considèrent ce passage comme digne de foi, parce qu'il concorde avec beaucoup d'autres éléments que l'on connaît de l'organisation sociale de Sparte. Pomeroy et ses collaborateurs s'y réfèrent pour montrer qu'à Sparte « l'homosexualité était intégrée dans le système » (Pomeroy *et al.* 1999, p. 145-146). Dover y fait allusion comme à l'illustration du fait qu'il existait à Sparte « un homologue féminin de la relation masculine éraste/éromène » (Dover 1978, p. 212). Richer se réfère à ce passage comme à un exemple parmi d'autres qui illustrent l'organisation sociale spartiate : Érôs y « fonde la solidarité de la communauté civique » (Richer 1998, p. 9 et 12-16). Sergent y voit confirmation de la fonction pédagogique des relations entre femmes qu'évoque Alcman (Sergent 1986, p. 414). Cantarella, quant à elle, semble penser qu'une partie de ce que dit Plutarque sur Sparte est authentique même s'il « exagère l'aspect pédagogique des rapports entre femmes » (Cantarella 1988, p. 129). Elle considère que l'évocation des possibles rivalités des amants ne concerne que les femmes (ce qui n'est pas le cas) et estime qu'il existe une différence fondamentale entre les relations entre les femmes et celles entre les hommes : celles des femmes sont paritaires.

22. Cf. Dumont 1998, p. 112, sur l'éducation des femmes spartiates qui choque profondément les Athéniens.

23. Voir en particulier l'analyse de Foucault 1984 (b), p. 224-242.

faut le dire clairement, il n'y a rien de tangible. Le seul passage qui pourrait étayer les propos de Plutarque est un texte non moins postérieur au règne de Lycurgue que celui de Plutarque, le *Banquet des sophistes*, écrit vers 200 ap. J.-C., où son auteur, Athénée, cite les propos du philosophe Hagnon[24]. Or non seulement les témoignages et les informations transmises par Athénée ne sont pas toujours dignes de foi, mais, de plus, il s'avère que ce passage peut être compris de deux manières différentes, ce qui lui ôte toute valeur de preuve.

> Chez les Spartiates, comme le dit l'Académicien Hagnon, il est d'usage qu'avant leur mariage on s'unisse à des jeunes filles, de la même manière qu'à des garçons (πρὸ τῶν γάμων ταῖς παρθένοις ὡς παιδικοῖς νόμος ἐστὶν ὁμιλεῖν).

La phrase peut faire allusion à une pratique pédérastique féminine : des femmes s'uniraient à des jeunes filles encore jeunes et non mariées, comme les hommes s'unissent à des garçons. Mais on peut aussi comprendre la phrase d'une tout autre manière : il serait habituel que des hommes aient des relations avec des jeunes filles avant le mariage « comme avec des garçons », c'est-à-dire en pratiquant la sodomie. Les avis des commentateurs divergent sur la question[25] et, à nouveau, rien n'est certain. De plus, quand bien même les propos d'Hagnon, transmis par Athénée, seraient une référence à des pratiques spécifiquement féminines, la question de la validité de l'information reste ouverte. Dans les deux cas, il s'agit de discours produits plus de sept siècles après la période qu'ils décrivent : ces passages sont des documents à prendre en compte dans une analyse du discours antique sur l'homosexualité féminine, mais en tant que discours produit au Ier siècle après J.-C. par des auteurs non spartiates.

Et qu'en est-il des sources d'époque archaïque ? On a souvent étayé les propos de Plutarque par le texte des *Parthénées* d'Alcman, et on a lu le texte du poète spartiate en étant influencé par ces propos postérieurs. Or ces sources ne sont pas fiables. Il convient donc de lire les textes archaïques en refusant tout éclairage des sources postérieures et en les considérant pour ce qu'ils sont : non des textes historiques mais des traces de poèmes chantés, où l'énonciateur n'est pas l'auteur, des créations artistiques qui ne sont pas de simples reflets du réel.

---

24. Athénée, *Banquet des sophistes*, 13, 602d.

25. Calame (Calame 1977, vol. I, p. 434, n. 30 et vol. II, p. 86-97) et Richer (Richer 1997, p. 15, n. 66) voient dans ce texte une confirmation des propos de Plutarque attestant l'existence d'une pédérastie féminine à Sparte. Bremmer (Bremmer 1980, p. 292) est du même avis. Dover (Dover 1978, p. 235) y voit une relation sexuelle éraste/aimée (non mariée) sur le mode de la sodomie. Parker (Parker 1993, p. 327, n. 38) et Lardinois (Lardinois 1994, p. 71, n. 54) soutiennent qu'il est impossible d'y lire autre chose qu'une allusion aux goûts spartiates pour les relations anales, et qu'il ne s'agit absolument pas d'une référence à des pratiques initiatiques. Dans la récente traduction anglaise des *Chœurs de jeunes filles en Grèce archaïque*, Calame revient sur son analyse, affirmant, lui aussi, qu'il est préférable d'y voir une allusion à des relations entre des hommes et des jeunes femmes (Calame 1997, p. 254, n. 169).

Amours chantées

Fictions contemporaines

Les questions qui ont fait débat à propos de Sappho et d'Alcman ont été nombreuses et variées selon les époques : les textes font-ils état de cérémonies de mariage entre des femmes ? S'agit-il de rites initiatiques ? Sont-ils officialisés ou secrets ? Sappho était-elle une prêtresse ? Sappho était-elle homosexuelle ? Mariée ? Était-elle une maîtresse de chœur ? Avait-elle une fonction officielle ? Les relations mentionnées dans les *Parthénées* impliquent-elles un rapport pédagogique ? Les femmes dont parle Sappho sont-elles des jeunes femmes ? Quel âge ont les femmes évoquées dans le texte d'Alcman ? Sappho était-elle pédéraste ?

Il semble que tout ait été dit, et son contraire, sur cette vaste question, qui repose sur des textes, hélas, si peu nombreux. Et, surtout, il apparaît nettement que les lectures modernes de Sappho ont été influencées par les discours postérieurs grecs et romains, discours qui dépassent en nombre la production même de la poétesse. Sappho femme à hommes dans la comédie attique, Sappho amoureuse de Phaon chez Ovide, Sappho prostituée, débauchée[26] : les légendes et les transformations sont multiples et, comme l'écrit J. Winkler, il est de plus en plus difficile de parler de la poétesse : « Monique Wittig et Sande Zeig, dans leur *Brouillon pour un dictionnaire des amantes,* consacrent une page entière à Sappho. La page est blanche. Leur silence est une réponse tout à fait appropriée aux poèmes de Sappho, il est particulièrement bienvenu au regard de l'impitoyable banalisation, des angoisses homophobes et de la pure misogynie qui ont contaminé tant de commentaires de son œuvre, anciens et modernes[27]. »

L'article de H. Parker, qui ne porte pas sur l'amour entre femmes dans la poésie de Sappho mais sur la construction d'une « Sappho-maîtresse d'école », est d'une grande utilité pour aborder le sujet : en remettant *tout* en question et en soulignant les errements d'une philologie en proie à l'*horror vacui,* l'analyse de H. Parker constitue un point de départ idéal pour une synthèse d'une bibliographie récente et pertinente pour notre sujet[28]. En effet, cette *tabula rasa* a suscité, en l'espace de peu de temps, des réponses longues et argumentées, qui, tout en s'opposant à certaines affirmations de l'auteur, respectaient ses critiques méthodologiques : revenir au texte, ne pas surinterpréter, refuser l'influence des textes postérieurs (parfois de plusieurs siècles), le tout s'appuyant sur une interprétation (plus ou moins) constructionniste des sexualités. Le débat lancé par H. Parker évite alors l'écueil des considérations morales anachroniques et les impasses méthodologiques telles que celle que dénonce l'auteur en ces termes : « Il arrive souvent que les critiques modernes reconstituent une société à par-

---

26. Pour une analyse du *Nachleben* de Sappho, voir, entre autres, Hallett 1979 et Lardinois 1989 en ce qui concerne l'époque antique. Pour l'époque moderne, cf. Dejean 1989 ; Paradiso 1993 (pour les transformations de Sappho dans la tradition philologique) et l'article « Sappho » de Boehringer et Rebreyend 2003 (pour la construction et l'utilisation de ces fictions à des fins homophobes). Certains aspects de la postérité de Sappho seront étudiés dans la partie consacrée à Rome.

27. Winkler 1990, p. 305.

28. Parker 1993.

tir de sa production poétique et qu'ensuite ils interprètent cette œuvre poétique à partir de cette reconstitution[29]. »

Dans un article qui fait réponse à l'analyse de H. Parker, A. Lardinois résume la situation : il y a actuellement quatre reconstructions concurrentes de Sappho, une Sappho « enseignante », une Sappho « chef de chœur », une Sappho « directrice d'un thiase » et une Sappho « poétesse de banquet ». L'article de H. Parker vise à montrer que le dernier portrait est le bon, que Sappho est avant tout une poétesse, non une prêtresse ou une enseignante, et que rien dans les textes ne nous permet de penser que les poèmes font état de relations avec des *jeunes* femmes. A. Lardinois, s'il rejoint totalement H. Parker sur la déconstruction d'une Sappho maîtresse d'école, critique la théorie selon laquelle le public de Sappho serait constitué de son ἑταιρεία, et réaffirme l'hypothèse qui privilégie le contexte choral, et de ce fait les relations hiérarchisées[30].

Le débat portant sur le genre littéraire des poèmes de Sappho n'est pas neutre non plus dans ce contexte. Cette question a fait l'objet d'articles nombreux, non pas tant dans un objectif purement littéraire que comme source permettant de remonter au contexte réel dans lequel Sappho a composé ses poèmes et dans lequel ils ont été prononcés. Considérer le fragment 31 (φαίνεταί μοι...) comme un épithalame n'est pas émettre une simple opinion érudite portant sur ce genre littéraire, c'est surtout prendre parti sur la nature des sentiments exprimés (ce texte est interprété comme l'éloge de la future mariée, et non comme l'affirmation d'une passion dévorante du personnage-poète pour la femme évoquée). De même, la mise en parallèle d'Alcman et de Sappho ne relève souvent pas d'une démarche esthétique, mais davantage d'une démarche anthropologique qui vise à montrer l'identité des contextes dans lesquels les poèmes ont été composés et chantés (le contexte du chœur) ou à souligner la différence de ce contexte (le chœur avec des relations hiérarchisées pour Alcman, un contexte privé avec des relations égalitaires pour Sappho). Dans la majorité des cas, le saut (si périlleux) du discours poétique au réel est accompli : C. Mossé[31] parle de la pédérastie de Sappho, E. Cantarella[32] voit les relations entre femmes à Lesbos comme des relations égalitaires, à l'opposé du schéma dissymétrique des relations entre hommes. B. Sergent[33] y voit les traces de relations initiatiques. À l'inverse, D. Halperin choisit de ne pas évoquer le cas des relations entre femmes dans la Grèce archaïque dans son ouvrage *Cent ans d'homosexualité*, et K. Dover reste prudent, en y voyant simplement la preuve de l'existence d'une homosexualité féminine à cette époque[34].

En ce qui concerne Alcman, la question est encore plus complexe car la plupart des lectures ont été influencées par les interprétations des textes de Sappho et par les affirmations de Plutarque. De surcroît, le texte est fragmentaire, et les passages qui

29. Parker 1993, p. 336.
30. Lardinois 1994, p. 75 et 79-80.
31. Mossé 1984, p. 46.
32. Cantarella s'oppose à l'interprétation initiatique de Sergent : elle considère que « l'amour entre femmes est paritaire », il n'a « aucune signification symbolique [...] et finalement aucune signification sociale » (Cantarella 1988, p. 127-132, en particulier p.128). Selon elle, Sappho était une maîtresse de chœur, sans charge initiatique sexuelle (p. 125-130).
33. Sergent 1986, p. 21.
34. Dover 1978, p. 219.

nous sont parvenus particulièrement difficiles à traduire et à interpréter. Petit à petit, il devient difficile de déterminer avec précision, dans les interprétations des *Parthénées*, ce qui vient du texte lui-même ; le risque de raisonnements circulaires, d'anachronismes et de paralogismes augmente.

Comme une grande partie de ce qui a été dit sur le personnage historique de Sappho et sur les chœurs spartiates ne représente que des hypothèses et puisque aucune autre source ne nous permet de savoir si l'homosexualité féminine constituait une étape sociale dans l'éducation des jeunes filles à Sparte ou à Lesbos, le seul angle d'attaque possible pour nous permettre de lire ces textes avec presque trois millénaires de distance consiste à décrire l'expression de l'amour et du désir à l'époque archaïque, *de façon générale*, afin de déterminer si ce que nous croyons lire dans les textes de Sappho et d'Alcman relève bien de l'expression de tels sentiments. Il est en effet impératif de s'assurer que l'interprétation des termes n'est pas anachronique, ni influencée par les présupposés actuels sur l'amour et le désir.

L'érôs mélique

Dans son ouvrage *L'Érôs dans la Grèce antique*, C. Calame consacre une grande partie de son étude à mettre en évidence les spécificités de l'érôs qui apparaît dans la poésie mélique[35], par l'étude lexicale des termes poétiques mais aussi par une longue comparaison avec l'érôs qui apparaît dans la poésie épique[36]. Il arrive finalement à une forme de définition, par la mise en évidence de caractéristiques communes dans la poésie lyrique archaïque et par contraste avec l'épopée, de ce qu'il nomme « l'érôs mélique »[37].

La douceur[38] est une première caractéristique qui apparaît dans la poésie archaïque lorsque le personnage qui dit « je », frappé par érôs, décrit son sentiment. La sensation est comparée à la douceur du sommeil, celle du liquide, de la musique. Alors que dans la poésie épique le terme d'érôs peut désigner aussi le désir de guerre ou de victoire, l'érôs mélique est souvent lié au contexte du chant ou de la musique, aptes à faire naître le désir, et est associé à une aspiration vers la beauté et la valeur. Érôs est une force qui tend à objectiver : le sujet amoureux subit des sensations, il est une cible, une victime, non le sujet actif de ses désirs. C'est un état qui transforme l'individu au plus profond de lui-même, une forme d'invasion.

35. Calame 1996, p. 23-52.

36. Calame 1996, p. 53-63 (pour la poésie épique) et p. 68-73 (pour une comparaison synthétique des deux genres).

37. Le terme de « mélique » désigne la poésie chantée, à l'exception de l'épopée, et Calame y inclut également les poèmes iambiques et élégiaques. La poésie « lyrique », ainsi nommée par les Alexandrins parce que les poèmes étaient parfois accompagnés de la lyre, est une appellation souvent contestée. Par le terme « mélique », Calame veut éviter les connotations attachées au terme de lyrisme (l'effusion individuelle ou de l'épanchement du moi, que lui conférera la littérature occidentale).

38. Pour les références antiques, voir Calame 1996, p. 25 (pour la douceur), p. 26-71 (pour les sensations paradoxales). Voir également les exemples donnés par Cantarella 1988, p. 28-33.

Une autre caractéristique importante est qu'erôs envahit le sujet aimant non par des caresses ou un contact physique avec l'être désiré, mais par le regard. C'est comme un fluide, une émanation qui part du regard de l'aimé(e) vers la personne touchée par erôs[39]. Cette émanation a un effet quasi dissolvant. Cette passivité de l'être victime d'erôs ne génère qu'une forme d'action, celle de la quête (« je cherche », « j'aspire à... »). De façon générale dans la poésie lyrique, cette quête n'aboutit pas. L'être désirant est totalement tourné vers l'être aimé, qu'il admire et qui est son seul objet d'intérêt ; il cherche à l'atteindre ou à attirer son attention, mais l'autre s'enfuit et se dérobe sans cesse. Les termes de πόθος et d'ἵμερος sont fréquemment associés à cet état de désir physique allié à une quête inexorable. Cette configuration, C. Calame l'analyse comme une « asymétrie constitutive » de l'erôs mélique. « Ce décalage, dit-il, entre le désir de celui qui est touché par l'amour et l'esquive de celui qui provoque le sentiment érotique traverse en fait toute la poésie archaïque[40]. »

Les Parthénées d'Alcman

Alcman a vécu à Sparte, dont il est fort probablement originaire, durant la seconde moitié du VIIe siècle avant notre ère. Son œuvre, fragmentaire, laisse deviner des liens entre les compositions et des fêtes de la cité. Tous ses textes sont écrits en dialecte laconien. Parmi les extraits qui nous sont parvenus, deux longs fragments appartiennent à un genre spécifique et bien identifié : les parthénées. Ces deux passages ainsi que le fragment 94b de Pindare sont les seuls témoignages de ce genre littéraire qui devait être particulièrement répandu à l'époque archaïque ; Alcman en est donc le plus ancien représentant.

Un parthénée est une composition chorale destinée à être chantée par un chœur de jeunes filles. Proclus, transmis par Photius, définit ce genre ainsi : « Ce qu'on appelle parthénées sont des compositions écrites pour des chœurs de jeunes filles[41]. » C. Calame souligne la spécificité du genre : « L'exécution chorale féminine devait apparaître en Grèce comme une forme distincte de toutes les autres formes d'interprétation lyrique[42]. » Les Parthénées d'Alcman sont un chant composé par un poète (masculin, du moins parmi les documents dont nous disposons) à la première personne du pluriel, destiné à être chanté par des jeunes filles et où cette première personne représente précisément celles qui interprètent ce chant. Les formules gnomiques et savantes révèlent le caractère conventionnel du genre. Même si la première personne est très présente (le « je » et le « nous » alternent) et si le chœur parle longuement de lui-même, il ne faut pas perdre de vue que les parthénées sont probablement une œuvre de commande destinée à un moment de la vie de la cité : elles ne peuvent pas être lues comme l'épanchement public d'un moi intime ou comme l'expression de l'intériorité réelle des jeunes filles.

---

39. Sur cet aspect très important d'erôs, cf. Halperin 1986, p. 17-18, n. 5.
40. Calame 1996, p. 35.
41. Photius, Bibliothèque, 321a.
42. Calame 1977, II, p.149-176 et en particulier p.166.

Les passages où apparaissent des éléments susceptibles d'évoquer des sentiments d'amour entre femmes sont deux longs fragments de *Parthénées*, les fragments 3 et 26[43].

Le fragment 3 s'ouvre sur un récit légendaire que font les choreutes (v. 1-39). Les interprétations divergent sur le récit mythique exact (le texte est particulièrement lacunaire) : récit de la lutte qui opposa, à Sparte, Héraclès, les Tyndarides et les fils d'Hippocoon, allusion à la guerre entre les Titans et les dieux, et tentative de viol sur Aphrodite, ou encore allusion au rôle des Dioscures dans le conflit. La seconde partie du mythe est encore plus lacunaire et se clôt sur une conclusion à valeur générale : il existe une vengeance des dieux ; heureux est le mortel qui passe sa vie sans larmes. Puis le propos revient au monde réel, celui du chœur qui énonce ces vers (v. 39-101). La deuxième partie du fragment est principalement constituée par la description du chœur par lui-même, et l'éloge de deux femmes. Le chœur loue Agido, puis Hagêsichora, en des termes savants et par des métaphores et des comparaisons sophistiquées. Puis il décrit ses propres actes : les jeunes filles apportent des dons à Orthria. Elles font la liste de leurs membres tout en s'autodévalorisant : elles se présentent comme inexpérimentées, et expriment le regret de n'être pas remarquées par l'objet de leur intérêt, Hagêsichora, dont elles poursuivent l'éloge.

Le fragment 26 est plus bref. Il s'ouvre probablement par une invocation aux Muses. Le chœur décrit l'action dans laquelle il est engagé, le chant (v. 1-10). Suit une longue lacune. Le texte reprend (v. 61-85) par l'évocation d'une jeune fille qui provoque de fortes sensations sur les jeunes choreutes. Le chœur évoque ensuite l'indifférence d'Astuméloisa. Il la décrit en des termes élogieux. Celle-ci a l'attention du peuple. Les choreutes expriment leur désir de s'approcher d'elle et de lui prendre la main.

L'intérêt des chercheurs et des commentateurs ne s'est pas focalisé sur la nature des sentiments érotiques exprimés dans le poème, mais sur le cadre culturel et institutionnel de ces parthénées, dans une démarche qui consiste à définir les conditions d'énonciation réelles avant d'analyser le propos lui-même. Hélas, ces recherches n'apportent rien de certain sur la question des relations entre femmes, car les difficultés que nous avons précédemment esquissées sont insurmontables. Les rares sources sont soit postérieures à l'auteur (Plutarque, évoquant les chœurs de jeunes filles dans la *Vie de Lycurgue*, 14, 4) soit tout aussi obscures que le texte d'Alcman (les textes de Sappho), et le texte lui-même offre trop peu de prises aux commentateurs pour leur permettre de reconstituer le contexte réel de sa représentation.

Voici les principales hypothèses : H. Diels[44], à la fin du XIXe siècle, voit dans les expressions érotiques du fragment 1 l'expression du lien qui unit Hagêsichora, l'aimée, à Agido, l'amante. A. Griffiths[45], quant à lui, considère le poème comme un épithalame,

---

43. Il s'agit du fragment 3 dans l'édition Calame (fr. 1, éd. Page) et du fragment 26 dans l'édition Calame (fr. 3, éd. Page), appartenant respectivement au papyrus du Louvre E 3320 (édité pour la première fois en 1863) et au papyrus d'Oxyrhynchos 2387 (publié en 1957). Pour le commentaire linéaire de ces deux passages, cf. Calame 1977 ; Page 1979 ; Hutchinson 2001, p. 3-18 et p. 68-113.

44. Diels 1896, particulièrement p. 352.

45. Griffiths 1972.

les jeunes filles exprimant le regret de quitter une de leurs compagnes qui va se marier. B. Gentili[46] voit lui aussi dans l'œuvre d'Alcman un chant nuptial, mais il considère que ce chant célèbre une union entre deux femmes, à l'intérieur du chœur. Selon C. Calame[47], qui a mené une vaste étude sur les chœurs de jeunes filles et leur fonction sociale, et qui a fait l'édition, la traduction et le commentaire de l'œuvre d'Alcman, les parthénées constituent une étape primordiale dans l'initiation des jeunes filles. Le chœur est « un groupe à fondement institutionnel » : les relations hiérarchiques ainsi que pédagogiques ont une forte valeur institutionnelle et C. Calame considère que les relations homosexuelles sont une réalisation de cette fonction pédagogique, selon un modèle initiatique, une « phase de passage[48] ». Il considère que les sentiments exprimés dans le texte respectent une hiérarchie dans la relation. B. Sergent[49] adhère totalement à l'analyse de C. Calame : il voit également dans l'œuvre une dimension éducative et considère que les relations homosexuelles font partie de l'institution pédagogique concernant les femmes, dans la Sparte archaïque.

Les conclusions de E. Stehle sont très différentes. Dans son étude *Performance and Gender in Ancient Greece*, elle analyse les conditions de représentations des *Parthénées* d'Alcman et la situation d'énonciation du texte : la première personne représente les jeunes filles, et leurs propos ne relèvent pas d'une conversation privée mais d'une communication publique. Le destinataire est, non un groupe initiatique ou un auditoire restreint, mais la communauté dans son ensemble. Après l'exposé gnomique de la première partie, le chœur est présenté comme un modèle de stabilité. Ce qui est remarquable, par conséquent, c'est que ce chœur de jeunes filles s'est vu accorder par la société le droit de parler pour elle et en son nom. Selon E. Stehle, le recours à des termes érotiques n'est pas à lire comme l'expression de sentiments homoérotiques. L'autodévalorisation du chœur indique que l'expression de leurs sentiments est à comprendre dans un sens général : les jeunes filles offrent leur personne pour énoncer le sentiment érotique de la communauté, dirigé vers des jeunes filles incarnant la stabilité et la cohérence de la communauté, des jeunes filles idéales… à épouser[50]. A. Lardinois[51] compare certains vers de Sappho à plusieurs passages d'Alcman : il y voit l'expression de sentiments homoérotiques, mais dans un contexte d'éloge public, non de déclaration d'amour dans un contexte privé. Il rejoint globalement les conclusions de E. Stehle. C'est cette idée qu'avait déjà développée F. Lasserre[52] pour qui, et les textes de Sappho, et ceux d'Alcman, énoncent en des termes érotiques ce qui est avant tout un éloge, éloge qui ne repose sur aucun sentiment ni élan érotique réel de femmes envers des femmes. C'est sur l'aspect institutionnel qu'insiste D. Clay dans son analyse de l'œuvre. Selon lui, le chœur chante à l'occasion d'une fête de nuit, une pannychie : la « lumière » (fr. 3, 40) d'Agido serait une torche, et Hagêsichora, loin de faire souffrir de désir et d'amour les choreutes, les épuise à la tâche (tel est le sens

---

46. Gentili 1976 et 1976 (b).
47. Calame 1977 et son édition et traduction d'Alcman (1983).
48. Calame 1977, vol. ɪɪ, p. 12.
49. Sergent 1986, p. 411-414.
50. Stehle 1997, p. 30-39 et 74-88.
51. Lardinois 2001, p. 90-91.
52. Lasserre 1974.

qu'il attribue au verbe τείρει)[53]. Il rejoint E. Stehle sur l'idée qu'il n'est pas question d'homoérotisme dans les vers d'Alcman.

Sans aller aussi loin, et sans s'opposer à l'interprétation selon laquelle sont exprimés dans le poème des sentiments d'admiration et d'attirance érotique entre les jeunes filles, Y. Too met en évidence, dans un long article, l'importance « poïétique » du poème : celui-ci a pour fonction de « faire », de créer et d'assurer l'unité de la cité. Dans la structure du chant, où s'opposent un temps héroïque où les dieux et les hommes vivent dans la dissension et le temps présent où la communauté aristocratique vit dans l'ordre et le respect de la hiérarchie, se trouvent exprimées toutes les valeurs de la cité, que le chœur des jeunes filles a mission d'incarner et de transmettre[54]. E. Robbins appuie cette interprétation (« le poème dans son entier est la représentation de l'idée que la violence est vaincue par la grâce[55] ») et il la complète en montrant l'importance de la partie mythique et la structure double du poème, où l'image des Dioscures, hommes cavaliers, fait écho à celle d'Agido et d'Hagêsichora (comparées à des chevaux) ; il insiste sur le fait que les deux jeunes femmes ne rivalisent pas l'une avec l'autre, mais montre que tout le texte tend à les distinguer du chœur, les présentant comme supérieures en beauté et en grâce aux onze jeunes filles inexpérimentées, qui chantent, dans une langue érotique, leur désir.

Dans un bref article consacré au genre (« gender ») dans les parthénées, A. Klinck[56] relève le caractère stéréotypé des personnages : les jeunes filles sont jeunes, innocentes et naïves, timides et en même temps pleines d'enthousiasme. Leurs noms sont aussi des noms de personnages types : Hagêsichora, « celle qui mène le chœur », Astuméloisa, « chère à la cité ». Par une comparaison avec le texte de Pindare, elle montre qu'Alcman impose moins sa marque que Pindare et qu'en ce sens sa poésie est plus proche de la tradition[57] ; Alcman respecte l'identité conventionnelle de cette voix féminine, innocente et passionnée, qui émane du chœur de jeunes femmes. G. Hutchinson[58], dans sa récente édition commentée des fragments 3 et 26, considère que les sentiments exprimés par les jeunes filles sont érotiques et dirigés vers des femmes qui jouent un rôle dans le rituel que le chœur est en train d'accomplir. K. Dover[59], quant à lui, ne se prononce pas sur le contexte du poème (alors qu'il s'opposera explicitement à l'idée d'une homosexualité initiatique masculine, dans un article postérieur), mais il voit également dans le langage d'Alcman une donnée érotique, perceptible dans les éloges que formulent les jeunes femmes à l'égard d'autres femmes. D. Halperin[60], également, voit,

---

53. Clay 1991, p. 47-67, à propos du fr. 3, 77.
54. Too 1997, p. 7-29.
55. Robbins 1994.
56. Klinck 2002, p. 276-277.
57. Rien ne trahit le sexe masculin de l'auteur, dit Klinck, s'opposant aux analyses de Skinner. Skinner en effet voit l'indice de la masculinité d'Alcman dans le caractère compétitif des sentiments, compétitivité qui se distingue de l'égalité amoureuse se dégageant des poèmes de Sappho (Skinner 1993, dans Rabinowitz et Richlin 1993, p. 130-131 et 133-134).
58. Hutchinson 2001, p. 73.
59. Dover 1978, p. 219-221.
60. Halperin 1998 dans Halperin 2002, p. 50.

sans s'y attarder, la plus ancienne expression de l'amour entre femmes, et H. Parker[61] considère qu'il y a bien expression d'un désir de femmes pour des femmes, mais qu'il ne s'agit pas d'une relation formée sur le modèle masculin éraste/éromène.

Cet aperçu des différentes interprétations ne peut que souligner la nécessité d'une prudence dans les lectures de ces passages, surtout si ces interprétations servent de base à une réflexion plus vaste sur la représentation des relations sexuelles entre femmes dans la Grèce archaïque et, plus généralement, dans l'Antiquité. Pour prouver qu'il y a, dans le langage utilisé par Alcman, l'expression de sentiments d'amour et de désir entre femmes, il convient de mettre en évidence quatre éléments ressortissant à la *fiction du texte* : il s'agit bien dans les termes de l'expression d'un sentiment érotique ou/et amoureux ; ce sentiment est exprimé comme étant ressenti par un sujet, ou des sujets, féminin(s) ; l'objet de ce sentiment est également féminin ; dans la « réalité » de la fiction, ces sentiments sont assumés par les locutrices.

Dans le fragment 3, tout l'intérêt des jeunes filles se trouve accaparé par Agido puis par Hagêsichora. Tout dans leur propos concourt à montrer que ces deux femmes se distinguent des autres, qu'elles sont exceptionnelles. Ainsi, Agido est ἐκπρεπής (fr. 3, 56) et elle est comparée à un cheval fort et victorieux. Hagêsichora, également, se distingue au premier coup d'œil, et les choreutes enjoignent au public de le constater lui-même. Les comparaisons se font à partir de métaux précieux, autre forme de distinction par rapport à ce qui est courant, banal : la chevelure d'Hagêsichora « est florissante comme de l'or pur » (fr. 3, 53-54), son visage est d'argent. L'image de deux colombes renforce cette distinction entre les deux femmes et le monde des mortels. Dans le fragment 26, le chœur fait également l'éloge de la beauté d'Astuméloisa. Ses pieds sont délicats, l'odeur de ses cheveux est subtile comme un parfum d'Orient. Elle s'avance « comme un astre qui traverse le ciel étincelant, ou comme un rameau d'or ou encore comme une tendre plume » (fr. 26, 66-68). Cette triple comparaison reprend les motifs encomiastiques de la distinction, de l'éclat et de ce qui est précieux, et le topos érotique de la douceur.

Dans les deux passages, les jeunes filles aspirent à la beauté, elles souhaitent égaler celles qu'elles admirent, mais elles ne se sentent pas à leur hauteur. Dans le fragment 3, elles évoquent leur parure, les bijoux, les qualités de chacune d'entre elles. Ces objets sont pourtant remarquables (la pourpre, des bracelets finement ciselés, une mitre lydienne) ainsi que leurs qualités (le regard de violette des jeunes filles, la chevelure de l'une, la beauté charmante des autres). Cette liste, par contraste, souligne encore ce qui sépare les deux femmes de la troupe des jeunes filles, et montre la force de leur aspiration à être encore plus belles, dignes de l'intérêt de celles qu'elles admirent. Elles sont, disent-elles, « comme une chouette sur une poutre qui s'égosille en vain » (fr. 3, 86-87). Même dans le domaine du chant et de la grâce, les jeunes filles se présentent comme incompétentes, alors qu'Hagêsichora, elle, « chante comme le cygne sur les flots du fleuve Xanthos » (fr. 3, 100-101), que ses chevilles sont fines, et, surtout, que sa chevelure, littéralement, inspire le désir (ἐ[π]ιμέρωι). C'est ainsi, nous

---

61. Parker 1993, p. 326-331.

semble-t-il, qu'il faut comprendre l'importance de l'autodescription du chœur, rele-vée par M. Puelma[62], et son autodévalorisation. Alors qu'E. Stehle y voit une façon de montrer que les jeunes filles ne sont pas des rivales face à l'érotisme masculin[63], il semble plus juste d'y voir une manifestation psychologique du sentiment amoureux : la peur, la crainte de ne pas mériter l'attention de la personne aimée, la sensation de n'être pas à la hauteur (la beauté, la grâce, la voix) – et une aspiration intense à deve-nir digne de l'intérêt de l'autre.

Le vocabulaire érotique et les épithètes encomiastiques expriment également la force du désir des jeunes filles, désir qui surpasse tout ce qu'elles avaient pu ressentir auparavant, lorsqu'elles faisaient le souhait suivant : « Qu'Astaphis soit mienne, que Philylla regarde vers moi, et Damarêta, et la charmante Ianthémis » (fr. 3, 74-76)[64]. Le procédé est semblable à l'évocation de la beauté du chœur inférieure à celle de l'être aimé : ici, il s'agit de dire l'intensité d'un désir passé pour suggérer la supériorité du désir présent. Cette intensité et cette force implacable sont énoncées encore plus expli-citement dans la description, faite dans le fragment 26, de l'effet que produit le regard de l'être aimé : « Elle jette des regards qui me font défaillir davantage que le sommeil et la mort, par un désir qui me coupe le souffle » (fr. 26, 61-62 : λυσιμελεῖ τε πόσωι, τακερώτερα δ' ὕπνω καὶ σανάτω ποτιδέρκεται·). On retrouve dans cette description la caractéristique, mise en évidence par C. Calame, de l'amour ressenti comme un état de perte de contrôle de soi, proche du sommeil et de la mort, et l'image ici est particu-lièrement forte. On trouve également le motif des sentiments contradictoires : le vers suivant évoque la douceur de celle qui lance ces regards si terribles. À cela s'ajoutent ces autres éléments spécifiques de l'érôs mélique : l'absence de contact physique et la force du regard, qui à lui seul atteint l'être amoureux (ποτιδέρκεται). Cette absence de tout contact entre les êtres est soulignée par l'expression du désir intense de ce contact : ce désir s'exprime par l'envie de toucher la main de l'être aimé, et s'allie au souhait de l'être amoureux d'être remarqué : « Ah ! Si seulement elle pouvait me regarder et […] prendre ma main abandonnée… » (fr. 3, 78-79). Ainsi, érôs passe par le regard et suscite cet état où l'individu est dépossédé de lui-même, victime de ce qu'il ressent : « C'est Hagêsichora qui me déchire » (fr. 3, 77 : ἀλλ' Ἀγησιχόρα με τείρει)[65]. Cette situation d'inégalité, où l'un subit les douleurs de l'amour alors que l'autre non, est mise en évidence par l'indifférence de celles qui font l'objet de l'attirance des jeunes femmes : « Astuméloisa ne me répond pas » (fr. 26, 64), ou encore « Mais l'illustre chorège ne me permet de lui adresser ni louange, ni blâme » (fr. 3, 43-44).

L'importance de l'autodescription dans le poème chanté par le chœur permet de savoir avec certitude qu'il s'agit de jeunes femmes (elles disent d'elles-mêmes qu'elles sont des παρθένοι). De même, l'objet de leur attention est à chaque fois et sans ambi-guïté une femme ou une jeune femme (Agido, Astuméloisa ou Hagêsichora).

---

62. Puelma 1977.

63. Stehle 1997, p. 74-88 (en particulier p. 86-88).

64. Pour un commentaire de ce passage, qui met en évidence l'absence de modèle éraste/éromène, cf. Parker 1993, p. 329-330.

65. Sur les lectures concurrentes τείρει/τήρει, cf. Page 1951, p. 91.

Un fragment, hélas extrêmement bref (un mot) et sans contexte, transmet à notre connaissance l'usage par Alcman d'un terme généralement utilisé au masculin dans des relations érotiques. Il s'agit du fragment 183 : αἴτας. Le terme αἴτας est l'accusatif pluriel du substantif ἡ αἶτις, équivalent féminin du substantif masculin ὁ αἴτας. Les contextes dans lesquels apparaît le terme masculin éclairent son sens : il est l'équivalent de ὁ ἐρώμενος, en langue attique, à savoir « le jeune homme aimé », dans une relation de type pédérastique où l'amant est nommé ὁ ἐραστής (ou ὁ εἴσπνηλος, à Sparte)[66]. Peut-on en déduire d'emblée qu'il y a là l'expression d'une relation pédérastique féminine sur le modèle masculin ? Certes non, vu l'absence totale de contexte[67]. D'après le parallèle avec le masculin ὁ αἴτας, le terme signifie « les aimées » et, s'il s'agit d'un extrait des *Parthénées*, cela confirme simplement qu'il est bien question de relations d'amour.

Asymétrie des sentiments, sentiments intenses et paradoxaux, contexte musical, éloge des qualités, aspiration à la beauté, épithètes à connotations érotiques, état de victime de l'être aimé : il semble clair que se trouvent exprimés dans les *Parthénées* d'Alcman un désir et une attirance homoérotiques, *non parce que les termes seraient en eux-mêmes spécifiques* à ce type d'attirance ou qu'ils seraient désignés comme tels, mais parce que, au contraire, ces propos s'inscrivent dans une évocation traditionnelle d'érôs. L'absence d'élément explicitement physique pas plus que l'usage de formules stéréotypées ne sont des arguments recevables pour contrer cette affirmation, puisque ce sont précisément des caractéristiques de l'amour tel qu'il apparaît dans toute la poésie du VIIe et du VIe siècle av. J.-C[68].

L'aspect conventionnel des *Parthénées*, dans leur structure comme dans leur langue, que beaucoup de commentateurs ont relevé – parfois pour infirmer la caractéristique homoérotique –, est à prendre en compte dans notre analyse de l'expression de l'amour. Il est bien évident que, malgré l'usage de la première personne, le poème ne donne pas accès aux sentiments réels des jeunes filles : point d'autobiographie ni d'épanchement du moi. Ce qui est particulièrement intéressant, justement, c'est que ces paroles ont été écrites pour qu'elles soient chantées par onze jeunes filles, en public (même si l'on ne connaît pas la composition exacte de ce public ni les circonstances exactes de la représentation), et que ce texte ne se présente pas comme une exception se démarquant des productions poétiques que le peuple avait l'habitude d'entendre.

De nombreux commentateurs, en analysant la partie mythique du fragment 3 et la structure générale du texte, ont insisté sur le fait que ces *Parthénées* exprimaient les valeurs de la communauté (l'ordre et la grâce face au désordre et à la dissension[69]) et que les choreutes incarnaient la stabilité dans un monde de paix. Il semble important de relever que les sentiments érotiques que les jeunes filles expriment font partie inté-

---

66. Théocrite, *Idylles*, 12, 14. Voir Dover 1978, p. 235, n. 1 et p. 246-247, pour le sens de εἴσπνηλος.

67. Parker (1993, p. 324, n. 34) insiste sur les conclusions hâtives des uns et des autres.

68. Pour élaborer une définition de ce qu'il nomme l'érôs mélique, Calame s'appuie sur l'étude des œuvres de Théognis, Alcée, Anacréon, Ibycos, Pindare, Mimnerme, Solon, Bacchylide (Alcman et Sappho sont bien sûr pris en compte, mais pas davantage que les autres), et fait des parallèles avec la langue d'Hésiode.

69. Stehle 1997 ; Robbins 1994 ; Too 1997.

grante de l'état d'harmonie souhaité pour la cité, ou tout au moins qu'ils ne sont pas considérés comme s'y opposant. Plusieurs points corroborent cette analyse : dans le texte, ce désir n'est jamais présenté comme transgressif, et rien ne suggère que cette attirance va à l'encontre des normes ou des mœurs. Le chœur au contraire prend à partie l'auditoire en s'adressant directement à lui et en lui enjoignant de constater la véracité de ses dires. Rien non plus n'est dit dans le texte sur un regard extérieur négatif ou évaluateur. La seule allusion à une attitude de personnes extérieures au chœur est celle de l'admiration et de l'intérêt que porte le peuple (δάμος) à une des jeunes femmes : « Astuméloisa, traversant la troupe [...], objet de sollicitude (μέλημα) pour le peuple » (fr. 3, 73-74). Ce regard est particulièrement positif.

Ni condamnation ni satire : dans les compositions chorales d'Alcman, l'amour de jeunes femmes pour d'autres jeunes femmes est clairement énoncé. Il n'est jamais présenté comme un sentiment exceptionnel, qui sort de l'ordinaire : l'érôs qui s'y exprime n'est pas un érôs particulier, et rien, dans le texte, ne laisse paraître quoi que ce soit qui délimiterait une catégorie de comportements ou d'individus particuliers.

Les poèmes de Sappho

Sappho, la célèbre poétesse, a vécu vers la fin du VIIe siècle et au début du VIe, à Mytilène, sur l'île de Lesbos dont elle est originaire. On sait très peu de choses sur elle et sur sa vie, sinon qu'elle appartenait probablement à une famille aristocratique de l'île et qu'elle a vécu dans une société qui, déchirée par des luttes de pouvoir entre grandes familles, a vu émerger, au tournant du siècle, la tyrannie (sous sa forme archaïque) et l'aisumnèteia. Sa famille prit probablement part aux querelles d'élites de l'époque puisque Sappho dut s'exiler avec ses proches en Sicile. Le reste des informations dont nous disposons sur la poétesse consiste essentiellement en témoignages antiques largement postérieurs, s'appuyant sur des déductions faites à partir des textes poétiques eux-mêmes, et ce sans que soit établie de distinction auteur/personnage qui dit « je ». Le récent article de H. Parker[70] a mis en évidence la non-validité des fameuses biographies de Sappho, et insisté sur le fait que nos informations sur l'époque archaïques ne peuvent éclairer directement ses poèmes puisqu'elles proviennent soit de textes poétiques contemporains, soit des source postérieures.

La majorité des poèmes de Sappho a disparu et nous n'en connaissons que des bribes, par le biais de citations faites par d'autres auteurs, ou par les papyrus et un ostrakon : quelques longs fragments et beaucoup d'extraits épars, allant de quelques vers à un seul mot. Seul un poème nous est parvenu dans son entier. Il est difficile de connaître le contexte auquel ces poèmes étaient réservés, et les appellations « hymne » ou « épithalame », impliquant respectivement des cérémonies religieuses et des fêtes de mariage, sont des interprétations modernes. Quant à la classification en neuf livres, fondée sur la métrique, elle date de l'époque hellénistique.

Le cas de l'écriture poétique à la première personne a souvent été la cause, pour le lecteur antique, d'une confusion entre l'auteur et le personnage qui dit « je », surtout

---

70. Parker 1993.

quand le personnage s'avère porter le nom du poète et être poète. La configuration est un peu différente dans le cas des *Parthénées* d'Alcman où il s'agit du discours d'un « je » ou d'un « nous » qui se présente comme un chœur, un discours énoncé par un chœur dont il est censé (dans la fiction du texte) exprimer les sentiments. Si l'on a pu se laisser aller à penser que les *Parthénées* exprimaient les vrais sentiments du chœur, personne n'a songé à voir Alcman lui-même derrière ce « je ». Mais il s'agit là d'un cas exceptionnel, car, de façon générale dans la poésie lyrique archaïque, la situation d'énonciation est celle d'un personnage qui se présente comme étant le poète lui-même : c'est le cas dans un bon nombre de poèmes d'Anacréon, d'Alcée, et chez Hipponax, Archiloque, Théognis et Sappho[71]. Dans cette étude, ce personnage sera nommé ego, afin de distinguer la Sappho-auteur de la Sappho-personnage poète qui dit « je ».

Dans le célèbre poème où Sappho-ego s'adresse à Aphrodite, la réponse de la déesse à la suppliante – « qui s'enfuit, bientôt poursuivra, qui repousse les présents, à son tour en offrira, et qui n'aime pas, bientôt aimera, même si elle s'y refuse[72] » – implique que, pour le moment présent, l'amour de Sappho-ego ne connaît pas de réponse et que l'être aimé ne lui prête pas attention. Sappho-ego n'a pas toujours été ainsi rejetée, mais le moment de l'énonciation de ses poèmes correspond très souvent au moment où l'autre est absente, qu'elle soit partie au loin ou qu'elle se soit détournée d'elle. La poésie de Sappho, comme l'ont montré E. Stehle puis J. Snyder, accorde une grande importance à la mémoire et aux souvenirs[73]. De ses relations amoureuses, Sappho préfère évoquer le souvenir, dans un récit rétrospectif, ou parfois l'espoir, dans un récit prospectif. La réponse de la déesse à Sappho-ego est en effet optimiste : un jour, elle sera à nouveau aimée. Pourtant, le choix poétique d'un récit rétrospectif ou d'un récit prospectif a pour effet de rendre inévitable le sentiment, pour le lecteur, de l'asymétrie des sentiments éprouvés par le personnage-poète : même si elle a aimé et été aimée, même si elle sera à nouveau aimée, Sappho-auteur ne nous laisse accéder qu'au souvenir, parfois radieux mais toujours nostalgique, ou au souhait, plein de crainte mais aussi d'espoir, d'une Sappho-ego seule.

Cette situation est ressentie par *ego* comme une situation d'injustice dont elle est victime ; Sappho-ego fait valider cet état de victime par la déesse Aphrodite, à qui elle fait dire : « Qui, Sappho, te fait du tort ? » (fr. 1, 19-20). La souffrance due à l'amour est un aspect sur lequel la poésie de Sappho insiste : les termes exprimant la douleur, l'angoisse, la souffrance, sont récurrents dans sa poésie. Cette douleur est parfois si vive que Sappho-ego souhaite la mort lorsque la nuit et la solitude l'entourent[74]. Là, Érôs est ressenti comme une puissance envahissante, qui tourmente et pénètre l'être jusqu'au fond de lui-même : « Érôs a malmené mon cœur, comme le vent des sommets s'abat

---

71. Pour une mise au point plus développée du cas du poète qui dit « je », voir notre partie sur l'ego d'Asclépiade, dans cet ouvrage. Lanata insiste avec force sur la distinction nécessaire entre l'auteur réel et son narrateur-personnage construit par le poème (Lanata 1966, p. 13). La poésie lyrique n'est pas une autobiographie.

72. Fr. 1, 21-24. Pour différentes interprétations de ce poème, cf. Carson 1980, à qui s'oppose Greene 1994.

73. Snyder 1997, p. 45-62, Stehle 1981.

74. Cf. fr. 94.1 : « Sans mentir, je veux être morte. » Et fr. 95.11 : « Le désir de mourir me tient. »

sur les chênes » (fr. 47). C'est une force qui bouleverse, parfois semblable à la mort : « Et il me semble être tout près de mourir » (fr. 31, 15-16), et, comme le regard d'Astuméloisa dans le fragment 26 des *Parthénées* d'Alcman, c'est un « briseur de membres » (λυσιμέλης), qui dissout et la force physique et la volonté (fr. 130).

Ce sentiment pourtant n'est pas univoque. Sappho évoque aussi la douceur d'aimer, la délicatesse du corps de celle que l'on chérit, les douces odeurs des plantes et des huiles, la mollesse des coussins où l'on repose son corps épuisé de désir[75]. C. Lanata[76], dans l'étude qu'il a menée du vocabulaire de l'amour chez Sappho, a relevé la récurrence des termes évoquant la douceur, la délicatesse, la beauté (ἀβρός, ἀδύς, ἄπαλος, γλυκύς, καλός). Cette caractéristique d'érôs, celle de faire naître des sensations paradoxales, où plaisir et souffrance se mêlent, est l'élément fondamental de l'érôs de la poésie de Sappho. Érôs est « doux piquant », il réchauffe et refroidit tout à la fois. Cet état où la personne frappée par l'amour est en proie aux sensations les plus opposées est exprimé d'une façon telle que Longin, des siècles plus tard, considérera le poème 31 (φαίνεταί μοι) comme le modèle même du sublime[77] : « Car un seul regard vers toi, et je ne puis plus parler, ma langue se brise, un feu subtil se répand sous ma peau, mes yeux ne voient plus, mes oreilles bourdonnent, une sueur m'enveloppe, un tremblement me saisit tout entière, je suis plus humide que l'herbe, et il me semble être tout près de mourir » (fr. 3, 7-16).

Bien souvent, c'est la vue de l'aimée qui déclenche cette irruption brutale des sentiments : Sappho-ego évoque ainsi l'apparition troublante de la jeune Atthis (fr. 49). Le rôle de la vue comme élément déclencheur est explicite dans le fragment 31 et C. Lanata a mis en évidence à quel point ce topos de l'amour est important chez Sappho[78] ; E. Stehle également insiste sur le pouvoir que Sappho confère au regard, au point qu'il affecte l'état physique de celui qui regarde[79]. Force du regard, puis force de la mémoire visuelle[80] : tel est le « mode opératoire » privilégié d'érôs. Il éveille un sentiment de désir qui semble ne jamais être assouvi : « Je désire et je cherche… », dit Sappho-ego, comme à l'infini (fr. 36)[81]. Mais Sappho, quand le désespoir l'envahit, se voit comme une vieille femme, aux cheveux qui blanchissent, seule[82], et qui n'a plus qu'à attendre la mort. Cette dévalorisation de soi, ce dégoût de la vie, alternent avec le bonheur d'aimer et de désirer, la joie de chanter pour celles qu'elle aime, et ces changements d'états intérieurs illustrent encore le pouvoir d'érôs sur l'âme et le corps des humains.

Ces sentiments extrêmes se développent dans le cadre plus large de la valorisation de la beauté et de la grâce. Sappho-ego compare la douceur et la beauté de Mnasidika

75. Cf. fr. 2 ; 23 ; 46 ; 49 ; 82 a, etc.

76. Lanata 1966, p. 20.

77. Voir P. Brunet, *L'Égal des dieux, Cent versions d'un poème de Sappho* (Brunet 1998), pour l'immense postérité de ce poème, dès l'Antiquité.

78. Lanata 1966, p. 22-23.

79. Stehle 1990, p. 219-220.

80. Snyder 1997, p. 42.

81. Pour une analyse du sens érotique de ces verbes, cf. Winkler 1990, p. 347-350.

82. Fr. 21, 6 (sur la vieillesse) ; fr. 58, 17 (sur les cheveux blancs) ; fr. 168b (sur la solitude).

et de Gyrinno, elle donne des conseils à Dika[83]. L'importance d'une certaine qualité, qu'elle soit esthétique ou musicale, est soulignée à plusieurs reprises (l'importance de la poésie lyrique pour le personnage-poète est nettement exprimée dans le fr. 44). C'est dans ce contexte encomiastique que se dégage la donnée érotique. On a long-temps voulu voir dans l'érôs exprimé dans la poésie de Sappho l'expression d'une forte amitié, et, même lorsqu'on admet qu'il s'agit d'élan et d'émotion de femmes envers des femmes, certains refusent d'y voir une composante physique[84]. Pourtant, les ter-mes du désir physique apparaissent explicitement (ἵμερος, πόθος)[85] et même la sim-ple description d'un lieu paradisiaque (fr. 2) est chargée d'érotisme[86]. Certes, de façon générale, et comme l'a admirablement montré J. Winkler dans son étude de plusieurs fragments, il y a chez Sappho peu d'images sexuelles simples et univoques[87]. Les poè-mes fonctionnent fréquemment par échos à des textes antérieurs (pour le fr. 31, la scène entre Nausicaa et Ulysse), qu'ils revisitent et utilisent. De même, le fragment 94, où D. Page[88] n'a voulu voir qu'une douce évocation des plaisirs de l'enfance, est, comme l'a montré J. Winkler et comme le pense également E. Stehle[89], « une progression amoureuse dans l'intimité, un déplacement dans l'espace (le long du corps) et dans le temps, vers une proximité érotique croissante[90] » : l'expression ἐξίης πόθον y évo-que la satisfaction du désir amoureux[91]. La charge érotique de termes comme νύμφη, πτέρυγες et μῆλον est, ainsi que l'a montré J. Winkler[92], particulièrement forte, et J. Snyder[93], dans son analyse des manifestations physiques dans le fragment 31, cor-robore les interprétations de J. Winkler : le terme χλωρός utilisé par Sappho dans l'ex-pression χλωροτέρα δὲ ποίας, peut se référer à la couleur vert pâle mais également désigner ce qui est humide, comme l'herbe sous la rosée matinale. Cette polysémie ne peut qu'accroître la portée érotique du poème.

L'extrême sophistication de poèmes de Sappho fondée sur la démultiplication de points de vue, l'établissement de réseaux de sens parallèles et le recours savant, mais toujours sur le mode de la suggestion, au fonds culturel grec sont différentes raisons pour lesquelles l'élément érotique et physique ne nous apparaît pas directement. Cet aspect euphémique – mais non équivoque – de l'amour physique chez Sappho concorde

83. Fr. 82 a et fr. 81.

84. Selon Page (Page 1955, p. 144), il n'y a pas de preuve de pratique physique réelle, même si l'on ne peut nier l'« inclination » explicite de Sappho pour un amour homosexuel. Lasserre et Hallett minimisent la donnée physique (Lasserre 1974 ; Hallett 1979, p. 131).

85. Pour les occurrences nombreuses des termes ἔρως, πόθος, ἵμερος (il y a psilose dans la langue de Sappho), et de leurs dérivés, voir le long relevé de Lanata (Lanata 1966, p. 20, n. 39). La caractéristique physique de πόθος est particulièrement évidente dans les fr. 48, 2 et 102, 2.

86. Sur les connotations érotiques dans l'évocation des fleurs, cf. Stehle 1977.

87. Winkler analyse les fragments 2, 81b, 94, 96, 166, 194.

88. Page 1955, p. 83.

89. Stehle 1979, p. 146-147.

90. Winkler 1990, p. 349.

91. Fr. 94, 23.

92. Winkler 1990, p. 347 *sq.*

93. Snyder 1991, p. 13-14 et Snyder 1997 p. 31-33 (elle renvoie à E. Irwin, *Colour Terms in Greek Poetry*, Toronto, Hakkert, 1974, p. 31-78).

tout à fait avec une des caractéristiques de la description faite par C. Calame de l'érôs mélique : rares sont les auteurs à dire le rapport sexuel sans détour ni euphémisme.

Il semble clair que l'érôs qui s'exprime dans la poésie de Sappho ne pouvait, à l'époque, qu'être perçu comme un amour érotique et physique entre deux femmes : l'érôs est exprimé en des termes qui sont ceux qu'utilisent les poètes de façon générale, dont personne n'a jamais nié la dimension physique, et les marques du féminin portant sur la personne qui ressent l'amour et sur la personne objet de cet amour – même si elles apparaissent parfois tard dans le poème (dans le poème 1, ce n'est qu'au vers 24) – ne sont pas équivoques.

De même, comme chez Alcman, le texte ne laisse percevoir aucun sentiment d'inquiétude de la part du personnage qui dit « je » : cet érôs n'est jamais décrit comme une différence stigmatisée par le monde extérieur et condamnée par la société. G. Devereux a bien tenté de montrer que les manifestations physiques décrites dans le fragment 31 étaient l'effet d'une angoisse propre à l'individu qui découvre son anormalité, mais son analyse ne repose sur aucune contextualisation, et la majorité des chercheurs a définitivement rejeté cette théorie, fondée sur des évaluations morales anachroniques[94]. Si la tristesse est parfois présente chez Sappho, c'est en raison de la nature même d'érôs, qui fait souffrir (qu'il s'agisse d'hommes ou de femmes), et non en raison de normes sociales ou d'une quelconque condamnation extérieure. D'ailleurs, on peut remarquer que Sappho n'établit dans son discours aucune différence de nature entre l'amour d'une femme pour un homme et celui que le personnage-poète ressent pour une femme. Même lorsque semble évoquée la situation où Sappho-ego voit la femme aimée rire avec un homme qu'elle qualifie de « semblable aux dieux » (fr. 31), le lecteur comprend progressivement que Sappho joue avec une formule traditionnelle « heureux l'homme qui... » et que cet homme n'existe pas (dans la réalité de la fiction)[95]. Il n'y a donc jamais, chez Sappho, d'opposition entre ce que le personnage-poète ressent pour cette femme et ce que ressent un homme pour la jeune femme. Il n'y a pas deux érôs chez Sappho, pas plus qu'il n'y a de catégories érotiques fondées sur l'identité ou la différence des sexes des personnes qui s'aiment et se désirent. Qu'il y ait des spécificités chez Sappho, parce qu'elle est Sappho (c'est-à-dire des particularités liées à son art personnel), qu'elle est une femme et qu'elle compose ses poèmes dans un constant jeu d'oppositions et de parallélismes entre la culture dominante masculine et la spécificité d'une culture féminine, il n'est pas question de le nier. Mais en ce qui concerne le sujet de cette étude, il semble important de souligner que Sappho ne présente pas « son » érôs comme relevant d'une autre catégorie que l'érôs tel qu'il est chanté dans les poèmes de son époque, et que rien dans ses poèmes ne laisse soupçonner que le monde extérieur considère l'érôs chanté par Sappho comme relevant d'une autre catégorie. Cet amour n'apparaît pas comme ontologiquement différent d'un autre amour et il n'est ni présenté ni vécu (par Sappho-ego) comme un acte déviant. De surcroît, chez Sappho, l'amour, lorsqu'il est partagé, est beau, positif, lumineux. Ni injure ni

94. Devereux 1970. Voir, entre autres, les critiques dans Snyder 1991, p. 13 et dans Hallett 1979, p. 132.

95. Voir l'analyse très convaincante du fragment 31 par Winkler (Winkler 1990, p. 334-339).

blâme ne sont évoqués, et les images sont valorisantes, pour la femme aimée comme pour celle qui aime.

Certaines des conclusions sur l'amour dans la poésie de Sappho concordent avec les analyses menées précédemment sur le texte des *Parthénées* d'Alcman. Avant d'étudier cette ressemblance (et les différences), il est important de voir si, à l'époque archaïque, d'autres discours ont été tenus sur l'amour entre femmes, ou sur l'expression de cet amour chez Alcman et Sappho. Il s'avère hélas que, excepté Sappho et Alcman, les discours archaïques sont peu diserts sur le sujet ; il ne faut pas oublier cependant l'importance des textes disparus, ni à quel point notre connaissance de l'époque est fragmentaire. Deux documents peuvent apporter un nouvel éclairage, mais l'un des deux a posé de nombreux problèmes d'interprétation et a donné lieu à une bibliographie critique pléthorique.

Anacréon et l'érotisme ludique

Anacréon est né aux alentours de 570 av. J.-C., soit deux générations après Sappho. Il est originaire de Téos, en Ionie. On sait peu de sa vie, et souvent ce que l'on sait provient de sources largement postérieures : il aurait participé à la fondation d'Abdère, en Thrace, aurait vécu à la cour du tyran Polycrate, à Samos, puis à Athènes, sur invitation d'Hipparque. À la mort de celui-ci, il se serait rendu en Thessalie, serait peut-être revenu à Athènes, autour de 485. Anacréon a composé des élégies, des iambes et des poèmes lyriques (peut-être des parthénées), en dialecte ionien, mais seuls nous restent des fragments, qui portent majoritairement sur l'amour et les plaisirs du banquet (moins de 200 fragments, dont certains sont très brefs ou très lacunaires). Comme ce fut le cas pour Sappho, les Anciens ont déduit sa biographie de ses poèmes, construisant de véritables « fictions » d'Anacréon[96].

Les poèmes monodiques d'Anacréon sont pour la plupart écrits à la première personne : le poète compose un chant par lequel la personne qui l'énonce assume, pour son public, les sentiments du personnage qui dit « je ». Il s'agit très souvent de chansons de banquet, où le texte prend son sens dans une situation pragmatique propre (le chanteur, par exemple, tend sa coupe à son voisin et de ce fait ouvre le *symposion*)[97]. L'ensemble des poèmes d'Anacréon montre ce « je », que nous nommerons ego, mangeant et buvant avec plaisir, s'emparant de la πηκτίς pour jouer et participer aux réjouissances du ban-

---

96. Sur « l'invention d'Anacréon », dès l'époque grecque classique, cf. Dupont 1994, p. 65-119, en particulier p. 81-84.

97. Les conditions d'énonciation propres aux chants de banquet et la valeur pragmatique de ces chants ont été étudiées par Dupont. Dans le cadre de notre étude, nous considérons que, même s'ils perdent de leur sens une fois détachés de leur situation d'énonciation, ces chants, en tant qu'étant « une façon de boire, de chanter et d'aimer » (Dupont 1994, p. 91), restent un moyen, pour le lecteur moderne, d'approcher une conception antique de l'amour ou du désir.

quet (κωμάζων)[98]. Ego aime à boire[99], parfois avec modération[100], pour faire durer le plaisir du banquet, parfois beaucoup, pour supporter les douleurs d'érôs[101] ; ses amours sont dirigées vers des jeunes filles et vers des jeunes hommes[102]. Souvent, ses souhaits réitérés[103] laissent penser que son amour est sans réponse, et l'humour, dans ses poèmes, est souvent dirigé contre ego lui-même, rejeté qu'il est par l'objet de ses désirs. Anacréon aime à pratiquer la pointe finale, avec, de temps à autre, des allusions sexuelles[104]. Ainsi, alors que le personnage décrit les atteintes du temps sur son corps vieillissant, en une tonalité élégiaque digne des poèmes les plus pathétiques (évocation du Tartare et du gouffre de Hadès), il conclut par une maxime à double sens : « Car, c'est certain, qui descend ne peut plus monter[105] ! » L'évocation d'une belle cavale thrace est également à comprendre en un sens sexuel : si tu es libre, dit ego, « c'est parce que tu n'as pas de cavalier habile pour te monter[106] ».

Le ton se fait aussi parfois très satirique[107]. Les évocations pleines de railleries sont nombreuses : caricature féroce du nouveau riche Artémon, qui se salit en amours de tous ordres et parade, ridicule, dans la ville[108], raillerie envers celui qui préfère les hommes[109], envers les chauves, les hommes imbus d'eux-mêmes, les peureux, les buveurs impénitents[110]. Les termes sont incisifs, la satire toujours mordante. Notons cependant qu'Anacréon ne recourt jamais à des termes sexuels explicites[111].

---

98. Fr. 373.

99. Fr. 356a, 1-2. Sur la récurrence du thème du vin dans les poèmes d'Anacréon, cf. Lambin 2002, p. 95-103.

100. En 356b, le narrateur demande que l'on fasse moins de tapage et que l'on boive raisonnablement.

101. Cf. par exemple fr. 396.

102. L'allusion à l'étreinte physique (entre hommes) est claire dans le fr. 407 (le narrateur demande l'hommage des tendres cuisses de l'aimé). De nombreux poèmes expriment le désir du personnage d'être aimé d'un jeune homme.

103. Voir par exemple « la chanson de Cléobule » (fr. 357) et fr. 489.

104. Giangrande, dans son étude sur les épigrammes sympotiques (Giangrande 1968), relève ces deux traits caractéristiques de la poésie d'Anacréon : la *Selbstironie* et la technique du renversement final.

105. Fr. 395, 11-12. Pour l'interprétation de ce poème dans un sens sexuel, cf. Giangrande 1968, p. 109-110 et Lambin 2002, p. 108-111.

106. Fr. 471, 11-12.

107. Loin d'être une exception parmi des poèmes convenus et modérés, les poèmes satiriques constituaient probablement une grande partie de l'œuvre du poète. Ainsi Brown s'oppose avec force à ceux qui voient dans le poème sur Artémon (fr. 388) une exception ou une singularité (Brown 1983, p. 1).

108. Fr. 388. Voir Brown 1983 et le commentaire de Lambin 2002, p. 116-120. Le ton de ce long poème est particulièrement cru et la satire est féroce.

109. Fr. 424. Anacréon parle de celui « qui n'épousa pas mais fut épousé » (οὐκ ἔγημεν ἀλλ' ἐγήματο), jouant sur le double sens de γαμεῖν et la variation portant sur la diathèse.

110. Moqueries portant sur les chauves : fr. 394 b et 387 ; sur un homme vaniteux : fr. 452, les peureux ou les genoux cagneux : fr. 473, les hommes ivres, fr. 477.

111. Labarbe 1968, p. 176. Brown 1983, p. 2. Cette caractéristique est relevée également par Calame dans la description générale qu'il propose de l'érôs mélique.

La jeune Lesbienne d'Anacréon

Dans le poème qui nous intéresse, Anacréon décrit son personnage-ego face à une jeune fille de Lesbos qui se détourne de lui. Les interprétations divergent quant aux raisons de ce rejet, mais quelles que soient les hypothèses, elles sont toutes d'ordre sexuel. Il s'agit du poème 358[112], et c'est l'un des rares que nous ayons en totalité. Il présente deux caractéristiques précédemment évoquées : l'ironie du personnage envers lui-même et la pointe finale.

> Me lançant à nouveau une balle rouge,
> Érôs à la chevelure d'or m'invite à jouer (συμπαίζειν)
> Avec une jeune fille aux sandales brodées.
> Mais celle-ci,
> – elle vient en effet de Lesbos la bien bâtie –
> Dédaigne ma chevelure (κόμην), effectivement blanche,
> Et reste bouche ouverte devant une autre (πρὸς δ ἄλλην τινὰ χάσκει).

Il s'agit d'une saynète érotique, conforme à celles que nous connaissons de l'œuvre d'Anacréon : une énonciation à la première personne, par laquelle l'auditeur connaît les pensées du personnage qui dit « je » et assumées par celui qui chante le poème. La structure est simple : quatre vers pour décrire une situation connue, véritable topos de ce type de chanson – une approche amoureuse (avec le clin d'œil entendu au public, dans l'emploi ambigu du verbe συμπαίζειν, « jouer avec ») – puis, à la manière qu'on trouvera chez les épigrammatistes alexandrins, quatre vers fonctionnant comme une chute inattendue (il y a une opposition forte, marquée par le δέ), un véritable ἀπροσδόκητον. Contre toute attente (le poème s'ouvrait en effet sous le signe favorable d'Érôs), la jeune fille se désintéresse d'ego. Le verbe utilisé pour rendre compte de ce changement d'attitude est χάσκει, littéralement « ouvrir la bouche », puis « béer d'admiration »[113]. On a, par conséquent le choix pour ἄλλην τινά, entre « quelqu'un d'autre », à savoir une femme puisque l'adjectif est au féminin, ou « une autre chevelure », puisque κόμη, substantif féminin aussi, est syntaxiquement tout proche. Se pose alors dans ce cas le problème de savoir à qui cette chevelure appartient, et de quelle chevelure il s'agit. De nombreuses hypothèses ont été envisagées[114] : parmi ceux qui pensent qu'il convient de lire κόμη, certains considèrent qu'il s'agit d'une allusion aux mœurs sexuelles des femmes de Lesbos qui ont la réputation de pratiquer la fellation et que la jeune fille regarde vers une « chevelure » pubienne (pour les uns celle du poète, pour les autres celle d'un autre homme) ; d'autres considèrent qu'il est fait allusion à une chevelure, plus noire, d'un autre homme. Parmi ceux qui suppléent l'ellipse par κόρη, certains

---

112. Fr. 358 (PMG) = fr. 13 (Gentili).

113. Pour le sens de χάσκει et ses nuances, cf. Marcovich 1983, p. 375-376.

114. Ce poème a donné lieu à une pléthore d'articles interprétatifs, se répondant, s'opposant, se complétant. Pour une bibliographie quasi exhaustive (jusqu'au début des années quatre-vingt), cf. Woodbury 1979, p. 277, n. 1 et Marcovich 1983, p. 372, n. 1. Voir également, plus récemment, Macé 1993, p. 348, n. 45 et Calame 1996, p. 39, n. 29.

pensent que l'allusion à Lesbos connote l'homosexualité féminine, alors que d'autres considèrent que la jeune fille préfère en effet une femme au personnage mais s'opposent à cette interprétation du nom de l'île, qu'ils jugent anachronique.

Le problème est plus complexe qu'un simple choix entre trois, voire quatre possibilités, et il ne s'agit pas uniquement de savoir si, oui ou non, la jeune fille évoquée dans le poème préfère une femme à ego : la réponse à cette question en entraîne automatiquement une autre, celle de savoir si l'évocation de son origine géographique, Lesbos, a une fonction connotative. L'argument de certains philologues[115] est que, puisque Lesbos ne connote pas, à cette époque, l'homosexualité féminine, Anacréon ne dépeint pas la situation d'une femme préférant une femme. Avant de développer ce point, il convient de faire un bref excursus sur le sens et l'usage d'un verbe grec construit sur le nom de l'île.

Bref excursus sur un faux ami : λεσβιάζειν

La formation des termes contemporains reliant l'homosexualité féminine et l'homosexualité en général à la culture grecque entraînent parfois certaines confusions[116], et les adjectifs actuels « saphique », formé sur le nom de la poétesse, et « lesbien », à la fois désignation ethnique et qualification sexuelle, peuvent établir des réseaux sémantiques dont il est difficile de se délivrer : le verbe λεσβιάζειν n'entre en réalité aucunement dans le champ sémantique du lesbianisme et de l'homosexualité féminine[117].

Λεσβιάζειν (ou λεσβίζειν) est un verbe construit sur le nom de l'île de Lesbos, et signifie littéralement « faire à la façon des habitants de Lesbos ». Le fait, dans la formation même du mot, d'associer à un peuple voisin une pratique mal considérée se rencontre souvent dans la langue grecque. On attribue ainsi à d'autres ce qui, chez soi, est contraire à la norme. Ainsi, φοινικίζειν signifie « faire à la façon des habitants de Phénicie », λακονίζειν, « à la façon des Laconiens[118] ». Si la langue latine ne crée pas de néologismes, certaines expressions remplissent le même rôle. Trimalcion, dans le *Satiricon*[119], fait allusion à un certain genre de vie : *a puero vitam Chiam gessi*, « dès l'enfance, j'ai mené la même vie que les habitants de Chios », ceux-ci ayant la réputation d'aimer être pénétrés par des hommes[120].

Les contextes où apparaît le verbe λεσβιάζειν permettent de déduire le sens du mot. Λεσβιάζειν et φοινικίζειν sont dans les textes très souvent associés à αἰσχρωποιεῖν, « faire quelque chose de méprisable, de honteux », mais Galien estime que

115. Gentili 1973 et 1976 ; Giangrande 1968 et 1976 ; Komornicka 1976.

116. Voir H.D. Jocelyn, « Modern Misinterpretation » dans Jocelyn 1980, p. 30.

117. Kroll 1924 ; Jocelyn 1980, p. 30-33 ; Adams 1982, p. 202 ; Dover 1978, p. 223 ; Lardinois 1989, p. 15-35 ; Hallett 1979, p. 447-461 ; Cantarella 1988, p. 133, entre autres.

118. Il existe aussi des expressions signifiant « faire à la façon des Égyptiens, des Corinthiens », etc. : voir Jocelyn 1980, p. 58, n. 236, pour une liste complète et commentée.

119. Pétrone, *Satiricon*, 63, 3.

120. Voir N. J. Adams, « Names of peoples » dans Adams 1982, p. 202. Les occurrences et explications de Adams (p. 113 et 220) sont très convaincantes. Voir également, sur la formation et le sens des verbes construits sur des noms de peuples ou de cités, l'article intitulé « Le vice, c'est les autres » de Hodot (Hodot 1992, en particulier p. 177-178).

φοινικίζειν est encore pire que λεσβιάζειν[121]. Lucien utilise lui aussi conjointement les deux termes, à propos de la réputation infâme de Timarque[122]. Ces deux occurrences montrent que les deux verbes ne sont pas des synonymes et que le verbe λεσβιάζειν décrit une pratique non réservée aux femmes puisque Timarque s'y livre. Dans les occurrences antérieures de ce verbe, il apparaît seul, sans être glosé par αἰσχρωποιεῖν. Dans les *Grenouilles*[123], Dionysos s'exclame à propos d'une joueuse de castagnettes qu'Eschyle avait présentée comme la Muse d'Euripide : « Non, cette Muse n'a jamais *lesbianisé* (ἐλεσβίασεν) ! ») Dans les *Guêpes*[124], Philocléon dit à une joueuse de flûte- : « Regarde comme je t'ai adroitement écartée, quand tu t'apprêtais à *lesbianiser* (λεσβιᾶν) les invités. » Dans une de ses comédies, Phérécrate[125] évoque, dans une parodie des vers d'Homère, la réputation des habitants de l'île de Lesbos. Il ne recourt pas au verbe lui-même, mais ses propos sont explicites : (A.) – Je te donnerai sept femmes de Lesbos. (B.) – Beau cadeau que sept suceuses (λαικάστριαι) ! Les définitions apportées par les grammairiens et les différents lexiques[126] associent également la pratique sexuelle orale aux habitants de l'île. Le sens ne fait désormais aucun doute : il devient possible de distinguer la différence entre φοινικίζειν (faire un cunnilingus) et λεσβιάζειν (faire une fellation), et de comprendre l'allusion égrillarde de Dionysos qui, voyant la Muse d'Euripide, s'esclaffe : « Cette Muse n'a jamais manié de vraie flûte ! » Ainsi, si φοινικίζειν peut théoriquement désigner des pratiques saphiques (mais cela n'a jamais été le cas), λεσβιάζειν ne peut d'aucune manière désigner des relations exclusivement féminines. Les contextes dans lesquels ce terme apparaît ne prêtent à aucune équivoque[127].

Mais comment expliquer cette réputation des habitants de Phénicie et de Lesbos ? K. Dover avance l'hypothèse que ce sont les humoristes athéniens du VIe siècle qui l'ont forgée à l'époque des guerres Athènes-Mytilène. Il pense que λεσβιάζειν désigne plus généralement « l'initiative sexuelle et la lascivité[128] ». Quelles que soient les nuances à apporter, il est en tout cas certain que ce verbe n'est jamais utilisé pour désigner des relations entre femmes et, si K. Dover pense qu'il connote la lascivité en

---

121. Galien, *Des vertus des médicaments simples*, XII, p. 249 (Kühn) : « Mais, parmi ceux qui se livrent à des pratiques infâmes, nous avons plus de dégoût pour les personnes se comportant comme les Phéniciens (τοὺς φοινικίζοντας) que pour ceux qui imitent les Lesbiens (τῶν λεσβιαζόντων). »

122. Le narrateur s'adresse à Timarque, dont il a été dit précédemment que l'un de ses surnoms est῾ Ροδοδάφνη (« laurier-rose », allusion à ses pratiques sexuelles orales) : « Que ressens-tu quand tu les entends tous dire que tu t'adonnes aux pratiques des Lesbiens (λεσβιάζειν) et à celles des Phéniciens (φοινικίζειν) ? » (*Pseudologiste*, 28).

123. Aristophane, *Grenouilles*, 1308.

124. Aristophane, *Guêpes*, 1345.

125. Phérécrate, fr. 159 KA. On a souvent considéré que Phérécrate, poète comique du Ve, faisait allusion au vers 129 du chant IX de l'*Iliade*.

126. Photius, *Lexique*, I, 381 ; Hésychius, l, 692 ; la *Souda*, *s.v.*

127. Voir les occurrences de ce mot réunies dans Jocelyn 1980, p. 30-33 et, pour le sens du verbe dans la comédie, voir Henderson 1975, p. 183-184.

128. Dover 1978, p. 223.

général, on peut cependant ajouter à cette définition la restriction suivante : excepté les pratiques saphiques.

L'association directe du nom de Lesbos avec les relations sexuelles entre femmes apparaît explicitement dans les *Dialogues des courtisanes* de Lucien[129] – mais il s'agit là d'une tout autre époque – et, en ce qui concerne Sappho elle-même, les premiers textes qui disent explicitement qu'elle avait des relations amoureuses avec des femmes – par assimilation entre les propos du personnage et la vie de l'auteur – datent de l'époque d'Auguste (nous y reviendrons). En revanche, le nom de Sappho n'a jamais été utilisé comme un marqueur désignant les relations sexuelles entre femmes. Cette fonction, comme cela sera étudié plus loin, a été dévolue à un autre personnage de femme-auteur, très différent de Sappho.

Puisque le terme de λεσβιάζειν, dont les premières occurrences datent du ve siècle, ne se réfère absolument pas à des pratiques sexuelles entre femmes, et que les références à l'île de Lesbos sont souvent des traits d'humour destinés à suggérer un type de pratique sexuelle (la fellation, entre un homme et une femme ou entre deux hommes), l'allusion à Lesbos dans le chant 358 d'Anacréon ne peut être considérée comme la reprise d'une expression culturelle courante désignant des pratiques homosexuelles féminines. Le problème d'interprétation du poème n'est pas résolu pour autant.

De multiples possibilités érotiques

Certains commentateurs[130], arguant du fait qu'il n'existe pas de lien sémantique entre l'île de Lesbos et l'amour entre femmes, considèrent que, par effet de conséquence, la jeune fille n'est pas attirée par une femme. Ce raisonnement n'est guère convaincant : ce n'est pas *parce que* l'indication géographique n'est pas une tournure grecque avec des sous-entendus homosexuels féminins que la jeune fille *n'est pas* attirée par une autre femme.

L'immense production interprétative suscitée par ce poème est, d'une certaine manière, l'illustration d'un effet recherché par l'auteur : le doute, le questionnement et la découverte des multiples possibilités, toutes grammaticalement possibles. Malgré les affirmations de ceux qui s'appuient sur la polysémie de κόμη, l'analyse grammaticale de la phrase ne privilégie aucune hypothèse. Anacréon a écrit πρὸς δ' ἄλλην dans un contexte hautement ambigu ; pourquoi penser que cette ambiguïté a échappé au poète ? Chez Anacréon, tout est construit pour créer un effet de surprise, un ἀπροσδόκητον : surprise d'ego devant le comportement de la jeune fille, et, pour l'auditoire, surprise au second degré, qui s'accroît à mesure qu'il envisage toutes les possibilités. Il est certain que ce qu'Anacréon a voulu dire, il l'a dit, et que c'est précisément là qu'il faudrait voir « le jeu subtil, léger et ironique[131] » d'Anacréon. Cette pointe finale qui laisse le lecteur et l'auditoire dans un état de surprise inclut la possibilité que la jeune fille préfère une autre femme au narrateur ; de surcroît, l'ambiguïté ne porte que sur

---

129. Lucien, *Dialogues des courtisanes*, V, 1 (nous commenterons ce texte plus tard).

130. Il s'agit de Woodbury 1979, p. 282 et Lambin 2002, p. 76, entre autres.

131. Et non, comme Gentili le fait, dans le jeu de mots λεσβία = *fellatrix* (Gentili 1973, p. 124-129).

une seule consonne et il semble tout à fait probable qu'Anacréon ait joué également sur l'assonance (κόμην/κόρην).

Cette possibilité semble corroborée par d'autres éléments, qui sont les allusions à la poésie de Sappho. Il n'est pas question d'affirmer que la jeune fille aime les femmes parce qu'elle vient de Lesbos et qu'il y a là allusion à des croyances populaires ou à des rumeurs, mais les références à la poétesse – qui vont être exposées ci-dessous – sont là pour faire naître le soupçon, chez le public, que la relation évoquée par Anacréon est semblable à celle que décrit Sappho dans ses poèmes.

On retrouve particulièrement souvent chez Anacréon des structures poétiques et des thèmes proches de ceux de Sappho : prière à une divinité pour demander l'amour de l'être aimé[132], évocation des cheveux qui blanchissent[133], la fuite de l'être aimé[134], l'éloge de la grâce et de la beauté. Le ton, certes, est très différent, le vin et les banquets sont des éléments qui n'apparaissent jamais chez la poétesse et l'on pourrait considérer que les deux poètes ont indépendamment choisi des images courantes de l'époque. Cependant, il est difficile de ne pas voir chez Anacréon des références (simples ou humoristiques) à Sappho, et ce dans plusieurs passages. Comme en écho au fragment 31, où la poétesse évoquait en des formules oxymoriques les effets physiques de l'amour, Anacréon compose ces vers où l'antithèse domine : « À nouveau j'aime et je n'aime pas, et je suis fou et je ne le suis pas[135]. » Autre effet d'écho parodique : à l'évocation d'Érôs qui bouleverse comme le vent dans les montagnes (Sappho, fr. 47), Anacréon compose ces vers : « Érôs, à nouveau, tel un forgeron armé d'une hache, m'a frappé ; il m'a plongé dans un torrent d'hiver[136]. » Le terme de πέλεκυς, dans un contexte d'images croisées discordantes (le forgeron et la hache), peut s'entendre comme un clin d'œil ludique aux arbres malmenés par le vent du fragment 47 de Sappho. Qu'il s'agisse de simple imitation, de clin d'œil ou de parodie, les références à la poétesse dans la poésie d'Anacréon nous semblent indéniables.

Dans le fragment qui nous intéresse, cette intertextualité est également fortement présente. Cela apparaît notamment dans le néologisme d'Anacréon : ποικιλοσαμβάλῳ. Anacréon écrit d'ordinaire en ionien, et la forme attendue serait ποικιλοσανδάλῳ, mais notre poète choisit la forme éolienne. Sappho parle à deux reprises des sandales ouvragées, en utilisant le terme lui-même (τὰ σάμβαλα, fr. 110) ou en évoquant précisément la finesse du travail du cuir par l'adjectif ποικίλος (fr. 39). Par ailleurs, Sappho, elle aussi, aime à créer de nouveaux mots, comme δολόπλοκος (fr. 1, 2) ou γλυκύπικρος (fr. 130, 2). Et, surtout, le premier mot du célèbre poème 1 (la prière à Aphrodite) se trouve être un mot composé, construit sur ποικίλος : « Aphrodite immortelle au trône diapré (πο]ικιλόθρο[ν) tisseuse de pièges, Ô Fille de Zeus[137] ! » Si Anacréon connaissait – ce qui est plus que probable – les poèmes de celle qui fut si célèbre dans l'Antiquité, la construction double du terme ποικιλοσανδάλῳ, qui

---

132. Anacréon, fr. 357 : il s'agit de Dionysos.

133. Fr. 420, entre autres.

134. Cf. par exemple fr. 360.

135. Fr. 428.

136. Fr. 413.

137. D'autres éditions ont πο]ικιλόφρο[ν, « à l'esprit multiple, complexe », ce qui serait alors un néologisme.

plus est en dialecte éolien, peut s'interpréter très vraisemblablement comme un clin d'œil aux manières saphiques d'écrire. L'allusion à Lesbos « la bien bâtie » (εὐκτίτου Λέσβου), expression solennelle tirée de l'épopée[138], peut aussi se lire comme une allusion parodique à la glorieuse réputation de l'île qui vit naître non un, mais deux grands poètes, Alcée et Sappho.

Par conséquent, si la jeune fille se tourne vers une autre fille, l'indice qui annonce la chute n'est pas que Lesbos connote l'homosexualité mais que Lesbos, avec d'autres éléments, est là pour convoquer Sappho dans l'esprit du public et, par là, le contenu de ses poèmes (non la vie réelle de la poétesse), à savoir l'amour d'une femme pour une femme. Le seul élément qui résisterait serait la précision du narrateur τὴν μὲν ἐμὴν κόμην, λευκὴ γάρ (« chevelure, qui est effectivement blanche ») ; cet argument est souvent avancé par les tenants de l'interprétation πρὸς δ ἄλλην τινά = πρὸς δ ἄλλου τινὸς κόμην. Or cela nous semble au contraire tout à fait ressortir à l'humour anacréonien : une chute inattendue n'est inattendue que si l'auteur a préalablement semé de fausses pistes. L'incise λευκὴ γάρ n'est pas, comme beaucoup l'ont cru, un motif donné par la jeune fille à ego dépité. Nous sommes dans une énonciation à la première personne, où ce qui nous est dit est livré du point de vue du personnage : λευκὴ γάρ est l'explication *provisoire* que se donne à lui-même celui-ci pour expliquer le refus de la jeune fille. Le poème se fait l'écho de l'intériorité du personnage masculin, non d'une réalité objective. Ce n'est qu'à l'extrême fin du poème qu'ego nous livre ce que la réalité (dans la fiction, bien évidemment) le contraint à admettre.

Insolence de la jeune fille, reprises d'expressions propres à Sappho : le poème 358 a tout l'air d'être une révérence et une référence à sa poésie, audacieuse et complexe. Alors que, comme l'a magistralement montré J. Winkler, le poème 1 de Sappho se déploie pour offrir progressivement le point de vue multiple de deux Aphrodite et trois Sappho[139], le poème d'Anacréon se déploie dans un autre champ, celui de l'érotisme ludique, et ouvre pour ἄλλην τινά une multiplicité de possibilités, dont l'une est suggérée par l'auteur avec une attention toute particulière : « vers une autre jeune fille ». Point d'anachronisme dans cette interprétation, et l'intimité poétique entre Anacréon et Sappho, ainsi que le goût du poète pour la *Selbstironie*, vont tout à fait dans ce sens. Ajoutons, non pour preuve mais comme élément de réflexion à joindre au faisceau de présomptions, que, trois siècles plus tard, Asclépiade, chez qui l'influence d'Anacréon est tout à fait sensible[140], composera une épigramme où la situation du personnage-poète, rejeté par deux femmes, est sensiblement la même.

Si Anacréon a voulu créer une ambiguïté et introduire dans son poème une allusion à un désir possible d'une jeune femme envers une autre femme, le discours qui émerge sur ce type de désir va dans le sens des conclusions auxquelles l'étude des poèmes d'Alcman et de Sappho a abouti. Dans ce poème d'Anacréon, il est question d'une jeune fille qui éveille le désir du personnage ; elle est par conséquent implicite-

---

138. Voir par exemple *Iliade*, IX, 129 ou *Odyssée*, IV, 342.
139. Winkler 1981.
140. Asclépiade dans l'*Anthologie grecque*, V, 207. Cette épigramme sera étudiée plus loin.

ment présentée comme désirable et attirante, non comme repoussante et condamnable. Lorsque ego se rend compte qu'il n'est pas l'objet des désirs de la jeune femme mais qu'elle se tourne vers une autre femme (dans le cadre de cette hypothèse), il n'exprime aucune condamnation morale par rapport à ce comportement.

Contrairement aux compositions poétiques d'Alcman ou de Sappho, qui sont des discours où les personnes impliquées dans la relation s'expriment à la première personne, le poème d'Anacréon offre un regard extérieur dans la fiction : s'il s'agit de l'évocation d'un désir d'une femme pour une femme, l'absence de remarques laisse penser que rien n'apparaît pour le personnage comme *anormal* ou condamnable. L'allusion est ludique et joyeuse, dans cette attitude d'autodépréciation pleine d'humour que l'on trouve dans d'autres poèmes de l'auteur. Rien ne semble exceptionnel ici, ni anormal ; il s'agit d'une situation fictive *parmi d'autres,* une chanson qui dépeint la difficile condition de l'amoureux. S'il est possible pour l'auteur d'évoquer cette situation de cette façon humoristique, et de placer ces vers dans la bouche de celui qui va entonner la mélodie, on peut en déduire qu'il sait que son public ne sera pas profondément choqué (Anacréon est, ne l'oublions pas, un poète de cour) et que cela le fera rire, du même rire que celui que provoquent ses autres épigrammes. À l'époque d'Anacréon, cette normalité et cette tolérance des amours féminines qui apparaissent dans les œuvres d'Alcman et de Sappho seraient, par conséquent, encore d'actualité.

Certes, c'est une interprétation possible, mais non certaine, du poème 358, et il ne s'agit là que d'une hypothèse : si elle est vraie, elle confirme les conclusions précédentes sur Sappho et Alcman ; si elle est fausse, elle ne s'y oppose en tout cas nullement. Il n'y a en effet dans ce poème d'Anacréon – pas plus que dans la totalité du corpus d'époque archaïque qui nous est parvenu – quoi que ce soit qui infirme ces hypothèses : aucun texte n'affirme une différence essentielle entre les relations entre femmes et les autres formes de relations possibles, aucun texte ne les condamne. Aucun texte, ni d'ailleurs aucune représentation iconographique : la seule représentation qui nous est parvenue présente, au contraire, des éléments relevant de codes iconographiques positifs.

Image d'une scène amoureuse

Un unique document iconographique d'époque archaïque a été à l'origine de moins de débats et de polémiques que le poème d'Anacréon. Il s'agit d'un plat en céramique polychrome, qui provient de l'île dorienne de Théra et qui date de la fin du viie ou du début du vi^e siècle av. J.-C., peut-être de 620 av. J.-C.

Cette coupe représente deux figures féminines, face à face, et chacune tient chacune une couronne. L'une d'elles pose sa main sur le menton de l'autre. L'harmonieuse symétrie des deux corps (les boucles d'oreille, le foulard, le collier, la position du bras gauche et le tombé de la robe) est renforcée par la forme concentrique du support, par la position des couronnes à l'arrière de chacune, dupliquant la forme concentrique, ainsi que par la représentation du regard, échangé de façon parfaitement horizontale (les yeux sont à la même hauteur). Cette symétrie est uniquement rompue par le mouvement du bras de celle qui touche le menton, tandis que la main de l'autre est

Fig. 1. Plat polychrome de Théra, *ca* 620 av. J.-C.

apparente, placée légèrement au-dessous de la poitrine et toute proche de la main de la première. Les deux personnages ne sont cependant pas totalement semblables : les couleurs des cheveux et des vêtements sont inversées.

G. Richter décrit cette coupe comme représentant des femmes en conversation animée[141]. Le commentaire d'E. Pfuhl est assez évasif : « jeunes filles avec couronnes [142] ». A. von Salis y voit, à juste titre à notre avis, une « scène érotique[143] », et S. Pomeroy une caresse du menton d'une femme à une autre femme, signifiant conventionnellement une avance amoureuse[144]. K. Dover sous-titre la reproduction par « une femme fait des avances à une autre femme[145] » ; il y voit, comme d'autres chercheurs dans le domaine de la sexualité antique[146], une scène érotique d'échange de couron-

141. Richter 1968, p. 24.
142. Pfuhl 1923, vol. III, p. 23, fig. 103.
143. Salis 1930, p. 10.
144. Pomeroy 1968, p. 163.
145. Dover 1978, CE 34, corpus iconographique.
146. Dover 1978, p. 212 ; Brooten 1996, p. 57, fig. 1 : Hackworth Petersen 1997, p. 65-66, fig. 14 ; Rabinowitz 2002, p. 147, fig. 5.24 ; Lardinois 1994, p. 172.

nes entre deux femmes. Cette image, en effet, présente deux codes iconographiques propres aux avances amoureuses : l'échange des couronnes et le toucher du menton. Le toucher du menton est un motif ancien et répandu, à la fois dans les scènes entre un homme et une femme et dans les scènes entre un homme et un jeune homme : par exemple, sur le col d'un vase d'Arkhadès[147] datant de la fin du VIIe siècle (représentant peut-être Ariane et Thésée), un homme et une femme, peints de profil, se font face et l'un touche le menton de l'autre, dans un geste semblable à celui de la femme de la coupe de Théra. Le parallèle est remarquable également, comme le notent K. Dover, N. Rabinowitz et L. Hackworth Petersen, avec les scènes d'homoérotisme masculin, où l'adulte tend le bras, légèrement incliné vers le bas, et touche le visage de l'aimé, paume vers le haut, les doigts appuyés sur le menton par le dessous[148]. L'échange de cadeaux appartient également à la sphère des rapports amoureux entre hommes, même si ces cadeaux sont en général de nature différente (lapins ou poulets, mais aussi couronnes). Les couronnes sont souvent présentes dans les représentations de scènes de mariage, mais, comme l'illustrent les poèmes de Sappho, elles jouent un rôle symbolique important dans l'expression de la grâce et de la beauté. L'utilisation de deux codes appartenant clairement aux représentations d'avances amoureuses pédérastiques ou entre un homme et une femme présente cette scène comme une scène d'avances amoureuses entre deux femmes.

Il s'agit d'une représentation unique et il est difficile d'en déduire un contexte réel. S. Pomeroy souligne le fait que la coupe provient d'une zone géographique d'influence dorienne, K. Dover remarque qu'elle date de l'époque de Sappho. Cette scène se distingue des autres représentations d'avances amoureuses (pédérastique ou entre un homme et une femme) par l'importance de la symétrie entre les deux femmes (le regard échangé est parfaitement horizontal, le geste également) : la réciprocité, mise en valeur par le peintre, suggère l'absence de rôles différenciés dans la relation érotique. Il n'est pas possible, à partir de cette seule source, de déduire que les relations entre femmes étaient toujours perçues comme égalitaires, mais, sur ce vase, il y a une emphase iconique sur cette réciprocité et cette égalité. Ce qui apparaît nettement aussi est la représentation positive de cette approche : les codes utilisés appartiennent aux approches érotiques reconnues et valorisées par la société, les cadeaux et le geste du toucher de menton sont des « signes extérieurs d'amour » et soulignent, dans la représentation, que cette relation n'est pas secrète ni honteusement cachée, qu'elle est, du point de vue de la valeur sociale, analogue aux autres relations représentées.

Des catégories discursives particulières

À l'époque archaïque, les modes d'énonciation des textes qui parlent d'amour révèlent une forme de catégorisation des relations sexuelles. En effet, les différents types de relations entre individus n'apparaissent pas indistinctement dans tous les types de textes. Alors que la « douce couche » épique accueille, sauf rares exceptions, des

---

147. Voir Richter 1968, pl. VIII b.
148. Voir par exemple B 271, B 342, B 598, reproduites dans Dover 1978. Voir également Hackworth Petersen 1997, p. 65, n. 41.

amants adultes de sexes différents, les énonciations à la première personne de la poésie mélique évoquent des amours entre personnes de même sexe ainsi que des amours entre personnes de sexes différents. C. Calame résume la situation ainsi : « On l'aura compris, chercher à tracer une distinction déterminante dans le domaine de l'expression amoureuse en Grèce archaïque entre relations hétérosexuelles et relations homosexuelles n'a en définitive aucun sens. » Il ajoute, à propos de la narration à la première personne : « Sur le plan linguistique et poétique, la différence de genre semble s'effacer[149]. » Remarquons cependant que *toutes* les configurations relationnelles ne sont pas représentées dans cette catégorie poétique. En effet, si Sappho nous donne l'exemple de relations entre des femmes ou des jeunes femmes, si de nombreux poèmes évoquent le désir d'un homme adulte pour un jeune garçon ou pour une jeune femme, il est certain en revanche que la configuration d'une femme adulte désirant un jeune garçon et celle d'un homme adulte désirant un homme adulte n'apparaissent jamais dans les énonciations à la première personne de la poésie mélique. On peut noter que ces deux formes de relations n'apparaissent pas non plus dans l'épopée, mais que le cas de figure de déesses (et non de femmes mortelles) amoureuses de jeunes garçons apparaît dans des narrations d'amours légendaires, dans l'épopée comme chez Sappho (Aurore et Tithon, Séléné et Endymion, Aphrodite et Phaon, ou Adonis)[150]. De surcroît, si rien ne distingue dans la poésie mélique l'expression de l'amour entre femmes des autres types de relations, une différence importante apparaît dans l'iconographie, où les relations entre femmes sont traitées de façon tout à fait différente des autres formes de relations sexuelles.

Les genres littéraires mettent en évidence des clivages entre les types de relations sexuelles et ces clivages sont des informations sur la façon dont les relations sexuelles étaient perçues par les Anciens. D'après l'étude des types de relations en fonction des modes d'expression, il apparaît nettement qu'on ne saurait assimiler la ligne de distinction entre les modes d'énonciation à celle qui oppose les relations hétérosexuelles ou homosexuelles. Interviennent des éléments comme l'âge, le statut social, la nature divine ou mortelle des partenaires. À l'inverse, on ne saurait en déduire que les relations entre femmes appartiennent sans distinction à une catégorie érotique (que décrit l'érôs mélique), car le discours iconographique, en revanche, les distingue des autres types de relations. Il existe en effet un véritable silence, dans les images, sur la composante sexuelle des relations amoureuses entre femmes, silence d'autant plus remarquable que la production de vases à scènes sexuelles est importante.

Il y a là un réel paradoxe, qu'il est difficile d'expliquer autrement que par un désintérêt de la société vis-à-vis du monde des femmes. Rares en effet sont les hommes qui évoquent ce type de relations, la majorité des documents étant des poèmes composés par une femme. Ce désintérêt est général, mais aussi sexuel : puisque, comme l'atteste le silence des images, ce type de relations n'était pas utilisé à des fins érotiques pour

149. Calame 1996, p. 71.
150. Stehle et Winkler ont fait une étude de ces mythes (Stehle 1990 ; Winkler 1981, augmenté dans Winkler 1990, p 305-352 ; Winkler 1990, p. 379-383 à propos du fragment 58 L.-P.). Tous deux relèvent chez Sappho un certain intérêt pour les mythes où des déesses ravissent des jeunes hommes.

un public masculin, on peut en déduire que les relations sexuelles entre femmes ne faisaient pas partie des fantasmes sexuels de l'homme grec, les scènes érotiques ou pornographiques comprenant toujours un homme, au minimum.

Il est important de remarquer cependant que l'époque archaïque a produit sur les relations entre femmes un discours unique et que, dans les siècles suivants, ce discours n'aura plus de telles caractéristiques. Ces relations, en effet, donnent lieu à des discours encomiastiques et valorisants, relevant du genre lyrique ou mélique, et à la première personne. Dans ces textes, alors que la critique des femmes est déjà dans l'air du temps, ne se trouvent exprimés ni blâme ni critique de la part du monde extérieur ou de la part du narrateur. S'il y a désintérêt, donc, il n'y a pas rejet ni exclusion. Il est tentant de s'interroger sur cette présence sociale reconnue et cette présence sexuelle niée. L'hypothèse de l'existence de pratiques institutionnelles ou sociales plus anciennes (il ne s'agit pas forcément de relations pédagogiques ou initiatiques) et que ne reprendraient pas totalement à leur compte les sociétés archaïque et classique, se doit d'être envisagée, même si le seul constat indiscutable que l'on peut faire se résume à l'existence d'un discours rare, mais élogieux, dans la poésie.

Cette présence non négligeable des relations entre femmes dans la littérature de l'époque archaïque et cette forme de reconnaissance engendrent une autre question : si précisément, à cette époque, les relations entre femmes entrent dans la représentation globale de l'amour, on peut se demander dans quelle mesure les Anciens ont répercuté cette représentation dans l'autre forme de discours que sont les mythes.

Trace mythique : la déesse et la jeune fille

Les relations érotiques entre êtres masculins (divinités et mortels) sont représentées de façon importante dans les mythes grecs ; on peut citer les exemples célèbres de Zeus et Ganymède, Poséidon et Pélops, Apollon et Hyacinthe, Laïos et Chrysippe. B. Sergent a montré que, dans les mythes, toutes les relations entre êtres masculins respectaient l'asymétrie propre à la pédérastie. K. Dover, qui s'oppose à l'interprétation de B. Sergent selon laquelle l'homosexualité initiatique est une pratique institutionnelle commune aux peuples indo-européens primitifs, remet en question la datation de ces mythes : selon lui, il ne s'agit pas de mythes anciens, aucune source ne remontant avant le VIe siècle av. J.-C.[1] Cependant, sans entrer dans des considérations de datation, il est établi que les relations sexuelles mythiques entre un dieu et un mortel appartiennent au fonds commun de représentation des Grecs de la fin de l'époque archaïque. En ce qui concerne le versant féminin, K. Dover n'en parle pas et B. Sergent considère qu'il n'existe pas de mythes d'homosexualité féminine[2]. C'est également ce que pense A. Lardinois qui, dans son compte rendu de la traduction anglaise des *Chœurs de jeunes filles en Grèce archaïque*, s'oppose à C. Calame : celui-ci cite, brièvement, le viol de Kallisto par Zeus métamorphosé en Artémis comme un mythe d'homophilie féminine[3] ; A. Lardinois oppose l'argument selon lequel il s'agit d'une invention tardive d'un auteur comique d'époque hellénistique et affirme : « Si, en Grèce ancienne, il existait des relations homoérotiques entre des jeunes femmes et des femmes, il n'y a pas – ou du moins nous ne disposons pas – d'exemple de couple mythique comme celui de Zeus et Ganymède, ou celui de Poséidon et Pélops[4]. » C'est sur cet argument de datation du mythe (sans développement) qu'a été balayée, sans autre forme de procès, l'hypothèse de l'existence d'un mythe où apparaît l'élément « relation sexuelle entre femmes ». Or une étude approfondie des sources et de la structure du mythe de Kallisto montre que la variante « Zeus métamorphosé en déesse » a été souvent négligée par les chercheurs et que ce mythe est véritablement un mythe de femmes.

L'étude qui suit ne porte pas sur le mythe de Kallisto dans sa globalité, mais sur les implications d'une variante très précise de ce mythe, celle – dont il vient d'être question – de Zeus métamorphosé en déesse pour violer Kallisto. L'objectif est double :

---

1. Dover 1989, p. 128-129.
2. Sergent 1986, p. 351 et Sergent, postface de l'édition de 1996, p. 653.
3. Calame 1977, vol. I, p. 432-433.
4. Lardinois 1997.

tout d'abord, réhabiliter une version souvent considérée comme secondaire en mettant en évidence l'étroite parenté thématique de cette variante avec le mythe dans sa totalité, et ensuite établir, comme l'affirmait C. Calame, qu'il existe un mythe où apparaît le motif de l'homosexualité féminine, motif que l'on croyait jusqu'alors exclu du domaine mythique. Une approche du mythe dans sa totalité est une étape préalable, car il est méthodiquement impossible d'analyser une variante en l'isolant complètement du corps mythique auquel elle appartient (un mythe étant, selon les termes de C. Lévi-Strauss, « l'ensemble de toutes ses versions[5] »). L'étude de ce mythe nous mène à une comédie – perdue – d'Amphis, qui développe un aspect de cette variante. Il apparaîtra ensuite que cette variante, celle du dieu métamorphosé en déesse, n'est pas une invention du théâtre comique et qu'elle implique l'apparition d'une relation érotique entre femmes dans le mythe même ; il sera alors possible de mettre en évidence le lien entre ce motif et d'autres types de mythes, lien qui distingue ce mythe féminin des mythes évoquant des relations entre hommes.

Le mythe de Kallisto : une histoire de femmes

Καλλιστώ/Kallisto[6] était une nymphe, fidèle compagne d'Artémis et, selon certaines sources, fille de Lycaon, roi d'Arcadie. Toute dévouée à la déesse, elle parcourait les montagnes et les bois, consacrant son temps à la chasse et refusant tout contact avec les hommes. Zeus, en la voyant, conçut un violent désir pour elle. Il s'unit à la jeune fille, et certaines sources précisent qu'il prit l'apparence d'Artémis ou d'Apollon pour faciliter son dessein. Kallisto ne put longtemps cacher la perte de sa virginité et, à l'occasion d'un bain (selon certaines sources), Artémis découvrit sa grossesse. Kallisto fut chassée avec violence par la déesse puis métamorphosée en ourse, par Artémis elle-même, par Héra jalouse ou par Zeus craignant les fureurs de son épouse. De l'union de Zeus et de Kallisto naquit Arkas, héros éponyme du peuple arcadien. Après cette métamorphose, Kallisto fut tuée, atteinte par les flèches d'Artémis. Selon une autre version, Arkas, qui avait été sauvé par Hermès et élevé par des bergers, ou par Maia, manqua de tuer sa mère qu'il avait prise pour un ours. Zeus intervint pour empêcher le crime et transforma Kallisto en constellation, créant ainsi la Grande Ourse. Une autre version raconte que, poursuivie par son fils, Kallisto se réfugia dans l'enceinte sacrée du temple de Zeus. Au moment où les Arcadiens s'apprêtaient à les tuer tous deux pour avoir pénétré dans ce lieu, Zeus transforma la mère et le fils en constellations.

Kallisto occupe dans la généalogie mythique une place importante puisqu'elle est, selon certaines sources, la fille de Lycaon, lui-même fils de Pélasgos, et la mère d'Arkas. D'autres sources font aussi d'elle la mère de Pan, la divinité arcadienne. Elle prend place dans la longue liste des maîtresses de Zeus et les différents épisodes de la légende

5. Lévi-Strauss 1958, p. 249.
6. Le mythe de Kallisto présentant de nombreuses variantes, le résumé est forcément imprécis. Par commodité, nous conservons de façon uniforme la graphie « Kallisto ». Toutefois, les textes traduits du latin gardent la graphie « Callisto ».

rattachent son histoire à des thèmes mythiques récurrents : les « belles poursuivies » par Zeus, celles qui subirent la jalousie d'Héra, les personnages métamorphosés en animaux, le cycle arcadien, les femmes qui fuient les hommes, les transformations en étoiles (catastérismes).

Les sources textuelles et iconographiques

Le mythe est attesté très tôt dans la littérature : plusieurs sources se réfèrent à Hésiode ; les poètes d'époque archaïque Eumélos et Asios auraient évoqué ce personnage dans leurs œuvres, Eschyle aurait écrit une tragédie portant son nom, et Euripide y fait aussi une allusion dans son *Hélène* ; Amphis, auteur de comédies du milieu du IVe siècle av. J.-C., en aurait fait le sujet d'une de ses pièces et, un siècle plus tard, Callimaque évoque brièvement ce personnage[7]. Le mythe étant lié à l'histoire d'une constellation, l'astronomie grecque et romaine a concouru à rendre célèbre ce personnage. Vers 275 av. J.-C., Aratos de Soles écrit les *Phénomènes* en s'inspirant largement des travaux – disparus – d'Eudoxe de Cnide (qui a vécu au début du IVe av. J.-C.) ; vers le milieu du IIIe siècle, Ératosthène, le célèbre savant et directeur de la bibliothèque d'Alexandrie, entreprend d'écrire les *Catastérismes*, dont quasiment rien ne nous est parvenu. À Rome, toute une littérature tributaire de ces deux œuvres se développe de façon importante, sous forme d'adaptations, de traductions et de commentaires. Leur succès est immense : les *Phénomènes* d'Aratos sont traduits par Cicéron (les *Aratea*) et adaptés plus tard par Germanicus, le neveu de Tibère (vers 14 ou 19 ap. J.-C.), sous forme de poème didactique. Germanicus, dans ses *Phénomènes*, complète les descriptions de constellations d'Aratos par des récits mythiques. L'auteur de l'*Aratus latinus*, traduction du texte d'Aratos, a probablement vécu au VIIe siècle. Quant à l'œuvre d'Ératosthène, elle nous est connue principalement par l'*Astronomie* attribuée à Hygin. Celui-ci l'a adaptée sous la forme d'un manuel d'initiation, en laissant une large place aux récits mythiques. C'est à l'occasion de l'évocation des constellations de la Grande Ourse et du Bouvier chez ces auteurs que les scholiastes et les commentateurs des deux traditions catastérismographiques[8] évoquent le mythe de Kallisto et d'Arkas. Ces sources secondaires sont une mine d'informations car elles se réfèrent aussi à d'autres auteurs, rattachant les différents récits à des œuvres antérieures qui ont pour la plupart disparu (c'est le cas, par exemple, de fragments d'Hésiode et du résumé de la pièce d'Amphis).

L'iconographie concernant Kallisto est peu étendue[9] : la présence de Kallisto sur un célèbre vase – perdu – du début du Ve siècle, œuvre de Polygnote de Thasos, est mentionnée par Pausanias, ainsi qu'une statue sur l'Acropole et à Delphes. Les peintres du IVe siècle, d'après les représentations du mythe sur des vases apuliens, retiennent principalement l'épisode de la transformation en ourse. Le personnage a joué un rôle important en Arcadie : Pausanias décrit une tombe que les Arcadiens considéraient

---

7. Pour toutes les références, cf. Adler 1919 et Waldner 1999.
8. Martin 1956, p. 87 et p. 117 ; Le Boeuffle 1965, p. 275-294 ; Le Boeuffle 1975, part. p. XVII-XXI ; Le Boeuffle 1983, p. XXXII-XXXV et Schmidt 1998.
9. Pour toutes les références portant sur l'iconographie de Kallisto, cf. MacPhee 1990.

comme celle de Kallisto, située non loin du temple d'Artémis *Kallistê*, dans la région de Trikolonoi, et rappelle la légende. L'importance de ce personnage mythique dans cette région de la Grèce est confirmée par l'existence de monnaies arcadiennes, datant du ɪvᵉ siècle av. J.-C., représentant la mort de Kallisto sous les flèches d'Artémis.

Une simple évocation – dans des contextes très divers (épopée, poésie élégiaque) – de la constellation de la Grande Ourse (ἄρκτος μεγάλη/*ursa major*), constellation appelée aussi le Chariot (ἄμαξα) ou Hélicè (ἑλίκη), est l'occasion pour l'auteur de relater l'histoire de Kallisto ou de préciser sa filiation. Les références au personnage de Kallisto sont donc fréquentes, mais ces digressions sont souvent très brèves et les récits qui l'évoquent de façon plus développée qu'une simple allusion au personnage sont majoritairement d'époque romaine[10]. Cette prédominance des sources indirectes a été à l'origine de nombreuses tentatives de datations qui sont restées à l'état d'hypothèses[11].

Un noyau mythique

Le fait qu'une trace écrite d'un mythe précède celle d'un autre mythe ne préjuge en rien de l'antériorité du premier sur le second, car la matière mythique est indépendante de la matière littéraire[12]. Seule une approche qui prend en compte *toutes les versions* du mythe, sans considération des dates de leur apparition dans les textes ou les

10. Voici un relevé, par ordre chronologique, des références développées au mythe de Kallisto (pour la totalité des occurrences évoquant Kallisto et/ou son histoire, voir Adler 1919 ; Franz 1890-1894 ; Franz 1890 et Doblhofer 1975, p. 496 n. 1) : Pseudo-Palaephatos, *Histoires incroyables*, XV ; Ovide, *Métamorphoses*, II, 401-530 et *Fastes*, II, 153-192 ; Hygin, *Astronomie*, II, 1-6 (tradition ératosthénienne avec références à Hésiode et à Amphis) ; Apollodore, *Bibliothèque*, III, 100-101 (qui se réfère à Hésiode, Eumélos, Phérécyde, Asios et à d'autres auteurs non précisés) ; Hygin, *Fables*, 177, 176, 155 ; Pausanias, I, 25, 1 ; VIII, 3, 6-7 ; VIII, 35, 8 ; X, 9, 5 et X, 31, 10 ; Clément d'Alexandrie, *Homélie*, V, 13 ; Servius, *Commentaire à Virgile*, Géorgiques, I, 138 ; I, 246 et à l'*Énéide* I, 744 ; Libanios, *Progymnasmata*, II, 12, 1 ; Lactantius Placidus, *Scholies à Stace*, Thébaïde, III, 685 ; scholies à l'*Iliade*, XVIII, 487 (qui se réfèrent à Callimaque) ; scholies à Aratos, 72 *sq.* et 119 *sq.* (tradition aratéenne, avec références à Hésiode et Amphis) ; scholies à Germanicus, *Aratea*, I, 246 (tradition aratéenne, avec référence à Amphis) ; scholies à l'*Aratus latinus*, 181 (tradition aratéenne, avec références à Hésiode et à Amphis) ; Eustathe, *Commentaire à Homère*, Iliade, XVIII, 487 ; Mythographes du Vatican, I, 17 et II, 58.

11. Voir les reconstitutions divergentes dans Franz 1890 et dans Sale 1962 concernant la version hésiodique du mythe. Voir, pour des tentatives de datation de différents épisodes du mythe, Sale 1965, p. 15 ; Boillat 1976, p. 146 ; Franz 1890, p. 292-294 ; Heinze 1919, p. 106 ; Sale 1965, p. 11-35. Forbes Irving se rallie à cette objection (Forbes Irving 1990 p. 45-46). Voir Heinrichs 1987, p. 275 n. 75, pour un résumé des différentes interprétations. Sur la question de l'identification de Kallisto à Artémis *Kallistê*, voir les interprétations divergentes d'Adler 1919, col. 1727 et de Le Boeuffle 1983, p. 155 n. 3 : « Kallisto doit représenter un dédoublement de la déesse-ourse Artémis. » L'assimilation de Kallisto à Artémis *Kallistê* ferait de Zeus et d'Artémis en ourse les parents du peuple arcadien : cf. Maggiuli 1970, p. 184 ; Lévêque 1961, p. 97-98 ; Farnell 1896, p. 435 ; Khalil 1977, p. 86-120.

12. Cf. L. Brisson, « Questions de méthode. Mythe et analyse structurale » dans Brisson 1976, p. 3-10.

images, permet de dégager les différentes articulations, de dresser la liste des variantes et de relever les éléments communs, bases d'un noyau mythique. « On n'insistera jamais assez, écrit C. Lévi-Strauss, sur l'absolue nécessité de n'omettre aucune des variantes qui ont été recueillies. […] Il n'existe pas de version "vraie" dont toutes les autres seraient des copies ou des échos déformés. Toutes les versions appartiennent au mythe[13]. » Voici la structure que nous pouvons dégager à partir des sources qui nous sont parvenues[14] :

1) Kallisto est une jeune fille, compagne d'Artémis/la fille de Lycaon, compagne d'Artémis/la fille de Nycteus, compagne d'Artémis/la fille de Cèteus, compagne d'Artémis.

2) Elle est violée par Zeus, celui-ci ayant pris une apparence non précisée/sa propre apparence/l'apparence d'Artémis/l'apparence d'Apollon.

3) Fécondée par Zeus, Kallisto est confondue par Héra qui surprend les amants/par Artémis qui découvre sa grossesse dans diverses circonstances (aveu de la grossesse, taille du ventre, taille du ventre dans le bain ou action d'accélérer l'accouchement dans le bain).

4) Kallisto est chassée par Artémis de sa troupe et transformée par Zeus/par Artémis/par Héra, en un animal sauvage (une ourse ou une lionne).

5) Kallisto met au monde Arkas/des jumeaux, Arkas et Pan.

6) Kallisto, sous cette apparence animale, est soit tuée par Artémis/par Artémis sur la demande d'Héra ; soit sur le point d'être tuée par son propre fils lors d'une chasse/par les Arcadiens pour être entrée dans le temple.

7) Dans les trois derniers cas, Kallisto est transformée par Zeus en constellation/ est transformée par Zeus en constellation dont le mouvement est fixé par Héra et Téthys.

De ce tableau des différentes variantes se dégagent quatre éléments invariants :
– le lien préalable entre Kallisto et Artémis ;
– le viol de la jeune fille et la preuve visible de la perte de sa virginité (flagrant délit ou grossesse) ;
– la transformation en animal sauvage ;
– une activité cynégétique menant à la mort (réelle ou symbolique).

Le mythe présente différentes généalogies dont la plus représentée parmi les textes qui nous sont parvenus rattache Kallisto à la légende de la fondation de l'Arcadie, en en faisant l'enfant de Lycaon. La filiation royale explique l'importance donnée à ce personnage mythique dans le Péloponnèse[15]. Cependant, toutes les occurrences ne font pas de Kallisto la fille de Lycaon : certaines sources lui attribuent d'autres pères, certaines ne parlent d'elle que comme d'une nymphe sans préciser une quelconque parenté. Comme aucune source en revanche ne dénie à Kallisto la maternité d'Arkas,

13. Lévi-Strauss 1958, p. 251.

14. La temporalité à l'intérieur du récit n'est pas structuralement signifiante : la liste des éléments que nous allons relever ne suit le déroulement intratemporel des récits que pour des raisons de commodité.

15. Sur cet aspect du mythe, Borgeaud 1979, p. 53 et 41-69 ; Brelich 1969, p. 263, n. 69 et p. 240-295 ; Lévêque et Séchan 1966 ; Arena 1979.

il semble donc que le lien Kallisto-Lycaon ne soit pas fondamental[16]. Le rôle joué par le personnage d'Héra semble être également complémentaire : Héra, absente dans plusieurs versions, affecte peu les événements en tant que tels. Dans les récits où elle apparaît, elle commet une action accomplie par d'autres agents dans les autres versions, et n'introduit pas de donnée totalement nouvelle. Elle n'affecte pas non plus l'issue de l'intrigue (la transformation en étoile de Kallisto, qui ne figure que dans certaines versions, peut se lire comme une mort symbolique, un équivalent euphémique de la mort brutale apportée par les flèches d'Artémis). Sa présence se justifie donc plutôt par ce qu'elle représente : l'accomplissement attendu de la femme par le mariage, l'épouse socialisée.

Ainsi, le seul lien qui apparaît dans *toutes* les versions entre la jeune fille et le monde animé est ce qui la relie à Artémis. En effet, la situation initiale est la suivante : le personnage principal est une femme, elle vit auprès d'une déesse et est entourée de femmes. Les activités des jeunes filles ne sont pas celles que l'on attribue aux femmes mariées, elles ne vivent pas dans l'*oikos*, elles se livrent à des activités connotées comme étant masculines : la promenade en forêt, la chasse. Le monde d'Artémis se trouve en marge du monde des humains : les jeunes filles évoluent dans les bois et les montagnes, loin des villes et des villages, loin de la famille. Aucun motif familial n'apparaît dans la première partie du mythe. De plus, dans tous les cas, la mort (réelle ou symbolique) de Kallisto est liée à la chasse, activité de la déesse : soit elle est tuée par Artémis qui l'abat comme une bête (qu'elle est, au demeurant), soit elle est pourchassée par son fils qui ne la reconnaît pas. Dans ce dernier cas de figure, deux développements apparaissent, toujours liés à la chasse : la mère-ourse risque d'être abattue par son fils, ou, deuxième possibilité, par les Arcadiens pour avoir pénétré dans un lieu sacré alors qu'elle était – précisément – poursuivie par son fils. Enfin, les sources insistent sur la ressemblance de leurs comportements, voire de leurs noms (Artémis *Kallistê*/Kallisto).

L'événement perturbateur de ce lien est l'irruption de Zeus (sous diverses formes) dans ce monde exclusivement féminin. Par le viol de la jeune fille, l'ordre établi est bouleversé, l'harmonie entre Artémis et Kallisto brisée. Le rôle de Zeus peut même, dans certaines versions, se limiter à cette seule intervention. La relation sexuelle avec un être masculin entraîne un changement d'univers puis une, voire deux métamorphoses. La succession des événements indique clairement un rapport de cause à effet : la grossesse de Kallisto (l'avoir cachée/avoir menti/avoir tenté d'en hâter le terme/risquer de compromettre Zeus/avoir suscité la jalousie d'Héra) lui vaut d'être punie : elle est enlevée du monde des humains (transformée en animal) puis arrachée au monde terrestre (par la mort ou le catastérisme).

L'animal que devient Kallisto, une ourse, est un animal qui joue un rôle dans le rite féminin imparfaitement connu des Brauronies, que nous avons évoqué dans une partie précédente, et il apparaît également dans une version du mythe d'Iphigénie, mythe

---

16. Cf. Sale 1965, p. 22-23, pour une démonstration plus développée : le lien entre les deux légendes (le festin de Lycaon comme vengeance du viol de Kallisto) est postérieur à ces deux légendes. D'ailleurs, même Ovide détache ces deux épisodes.

auquel sont parfois associées les Brauronies (une version dit que c'est à Brauron qu'eut lieu le sacrifice d'Iphigénie et qu'Artémis, au dernier moment, plaça un ours à la place de la jeune fille). Une légende à valeur étiologique raconte qu'il s'agit d'expier le meurtre d'un ours appartenant à Artémis[17]. Ainsi, même si rien, ni dans les textes, ni dans les images, ne relie ce rituel au mythe de Kallisto, l'importance d'Artémis et la présence du même animal font de l'hypothèse d'une symbolique animalière commune une hypothèse sérieuse. Ce lien confirmerait l'aspect spécifiquement féminin du mythe.

Excepté Zeus, dont la fonction est avant tout d'être un élément déclencheur, le mythe porte avant tout sur Artémis et Kallisto : c'est l'histoire d'un lien d'abord important et fondateur d'un style de vie, puis rompu brutalement. Cette rupture entraîne le passage d'un monde à un autre : la jeune fille devient mère et devient ourse, avant de mourir. La légende, dans toutes ses variantes, met en jeu des thèmes essentiellement féminins (la vie des jeunes filles non mariées, la grossesse, la maternité, le changement d'univers après une relation sexuelle avec un homme, la violence subie) et confère à Artémis un rôle primordial. Le mythe de Kallisto, quelles que soient les versions, est un mythe qui concerne les femmes.

Une variante particulière : l'étreinte d'Artémis et de Kallisto

Cette liste des éléments communs aux nombreuses versions du mythe de Kallisto fait, par contraste, apparaître ceux qui les distinguent. Ils portent sur l'identité de Kallisto, sur l'apparence de Zeus lors de son union avec la jeune fille, sur l'agent de la transformation de Kallisto et les raisons de cette transformation et, enfin, sur les circonstances de la mort de Kallisto ou les raisons de sa transformation en constellation.

La partie du mythe portant sur l'apparence du dieu lors de son union avec Kallisto présente trois variantes. Une grande partie des sources garde le silence sur les circonstances de l'approche du dieu, ne précisant pas sous quelle apparence Zeus a séduit la jeune fille. Selon une unique source, c'est sous les traits d'Apollon que le roi de l'Olympe se serait approché de la jeune fille. Cette variante nous est connue par Apollodore (*Bibliothèque*, III, 102), qui se réfère à plusieurs auteurs (ὡς δὲ ἔνιοι) sans davantage de précisions. Cette transformation n'est absolument pas développée, ni justifiée ; elle n'est mentionnée chez aucun autre auteur. Enfin, d'autres textes relatent la transformation du dieu en Artémis au moment où il s'approche de la jeune fille : c'est *sous l'apparence d'Artémis* que Zeus enlace Kallisto. Que les textes soient brefs ou développés, c'est une union entre femmes ou, pour le moins, une scène d'approche érotique entre femmes qu'implique cette variante du mythe.

Pourtant, alors même qu'apparaît un motif mythique inédit, de nombreux chercheurs[18] s'empressent de reléguer ce motif dans les oubliettes de l'histoire, en attribuant

---

17. Sur les Brauronies comme rituel féminin, voir la bibliographie dans le chapitre précédent.

18. Adler n'évoque cette variante qu'à la fin de son récit global du mythe et dit, sans remettre en question cette attribution, qu'Ératosthène en attribue la paternité à Amphis (Adler 1919, col.1726-1728) ; Franz considère qu'Amphis a inventé un nouveau motif (Franz 1890-1894, col. 932). Dans leurs commentaires des *Métamorphoses,* Bömer et Boillat attribuent eux aussi l'invention de ce motif à Amphis (Bömer 1977, p. 348 ; Boillat 1976, p. 140-141). Lors du

l'invention de cette variante à Amphis, un auteur de comédies de la fin du IVe siècle av. J.-C. Pourtant, sur les treize sources recensées qui évoquent cette variante, seules quatre se réfèrent à l'auteur comique alors que huit développent le mythe *sans se référer* à Amphis, et qu'une autre indique d'autres influences. Une première étape de l'étude de la variante consiste, par conséquent, à établir une distinction entre l'adaptation du mythe au théâtre et le mythe lui-même.

Les textes où se trouve développée la variante de la transformation de Zeus en Artémis peuvent être classés ainsi[19] :

Sources se référant explicitement à Amphis[20]
t. 1 (texte 1) : Hygin, *Astronomie*, II, 1 ;
t. 2 : scholies à Aratos[21] ;
t. 3 : scholies à Germanicus, *Phénomènes*, 17 et 25[22];
t. 4 : scholies à l'*Aratus latinus*, 181.

Source se référant à une source non précisée et donnant plusieurs versions du mythe
t. 5 : Apollodore, *Bibliothèque*, III, 100-101.

Sources sans référence à une source précise et ne donnant que cette version du mythe
t. 6 : Ovide, *Métamorphoses*, II, 401-530 ;
t. 7 : scholies à Callimaque, *Hymnes*, I, 41 ;
t. 8 : Probus Marcus Valerius, *Commentaire à Virgile, Géorgiques, I, 138* ;
t. 9 : Servius, *Commentaire à Virgile, Énéide, I, 744* ;
t. 10 : Nonnos, *Dionysiaques*, II, 120-124 ; XXXIII, 289-293 ; XXXVI, 66-74 ;
t. 11 : Lactantius Placidus, *Commentaire à Stace, Thébaïde, III, 685* ;
t. 12 : Mythographe du Vatican, II, 58 (scholie à Stace, *Thébaïde*, III, 685) ;
t. 13 : Tzétzès, Commentaire à Lycophron, *Alexandra*, 481 ;
t. 14 : *simpulum* de Cullera.

---

résumé que fait Forbes Irving dans son catalogue, la métamorphose de Zeus en Artémis n'est pas évoquée. Il mentionne uniquement cet épisode, en remarque finale, comme une invention littéraire à but comique d'Amphis et donc comme n'appartenant pas au mythe (Forbes Irving 1990, p. 203-204). Heinrichs pense qu'il est inutile de s'attarder sur ce qu'il considère comme « la version d'Amphis », d'un « intérêt marginal » (Heinrichs 1987, p. 262).

19. Dans la suite de cette étude, il sera fait référence aux différentes sources au moyen d'une numérotation t. 1, t. 2, etc.

20. Les éditions utilisées sont précisées dans la bibliographie des œuvres antiques. Les extraits et leurs traductions sont réunis et commentés par nous-même, dans un article à paraître sur la structure du mythe de Kallisto.

21. Les deux commentaires de ce mythe sont référencés ainsi : t. 2a = Q (Codd. Salmanticensis 233), p. 90 ; t. 2b = S (Codd. Scorialensis S III 3), p. 74, dans l'édition de J. Martin. Ils datent du XVe siècle et sont difficiles à traduire avec précision du fait d'une langue fautive.

22. Les commentaires de ce mythe sont référencés ainsi : t. 3a = éd. Breysig, p. 58, lignes 5-19 (commentaire des vers 17 *sq.*) ; t. 3b = éd. Breysig, p. 112-113 (commentaire des vers 25 *sq*, scholiastes G, S et V). Ils datent du Moyen Âge et eux aussi sont dans une langue difficile à traduire.

Une comédie d'Amphis

Amphis, auteur de la comédie moyenne, a vécu à Athènes durant la deuxième moitié du IVe siècle av. J.-C.[23] Vingt-huit titres (ou sujets) de ses pièces nous sont parvenus par l'intermédiaire de divers auteurs. Environ le quart de ses pièces portent sur des sujets mythologiques, probablement adaptés à ses objectifs comiques (*Pan, Les Sept contre Thèbes, Ulysse,* etc.). D'autres ont des sujets tirés de la vie quotidienne, portant des noms de métier (les *Plâtriers,* les *Fileuses*) ou de types de personne (le *Bon Compagnon,* les *Joueurs*). Certaines semblent s'inspirer d'œuvres d'Aristophane, comme la *Gynécocratie* ou la *Gynécomanie.* Un fragment anonyme indique qu'il aurait aussi écrit une *Sappho.* Les extraits sont parfois crus et il semble, comme l'indiquent certains de ses titres, qu'Amphis pratique un comique portant sur le sexe, à la manière, peut-être, d'Aristophane dans *Lysistrata* ou l'*Assemblée des femmes.*

Mais que savons-nous précisément de sa *Kallisto* ? Apollodore ne donne aucune précision sur cette variante mais la tradition catastérismographique (t. 1, 2, 3, 4) est assez prolixe. Toutes les sources s'accordent pour les premières péripéties : Zeus a pris les traits d'Artémis pour s'approcher de Kallisto et chasser en sa compagnie. Il la viole et Kallisto se retrouve enceinte. La suite des événements ne fait plus l'unanimité : chez Hygin (t. 1) et un scholiaste à Aratos (t. 2a), la jeune fille est découverte malgré elle. Dans Hygin, c'est la taille de son ventre qui la trahit ; chez le scholiaste, il n'y a pas d'allusion à la taille du ventre, mais la jeune fille parle sous le feu des questions. En revanche, chez les scholiastes de Germanicus (t. 3a et t. 3b), Kallisto, voyant que son ventre va la trahir, avoue d'elle-même (*indicasse*). L'autre scholiaste à Aratos (t. 2 b) donne moins de détails mais il semble que Kallisto, pour la même raison, prend les devants. Enfin, dans le commentaire à l'*Aratus latinus* (t. 4) et à Germanicus (t. 3d), Kallisto est pressée de questions après l'accouchement. On ne sait donc pas si Amphis a placé l'échange entre la déesse et la jeune fille avant l'accouchement (vers la fin de la grossesse) ou après l'accouchement, mais le fait que Kallisto a été enceinte est une donnée nécessaire à l'économie de la pièce[24]. Ce qui est certain en revanche, c'est qu'aucune des sources se référant à Amphis ne mentionne le bain comme circonstance de la découverte de la grossesse. Après cet épisode, les sources divergent à nouveau :

---

23. Pour la datation d'Amphis et de son œuvre, cf. Nesselrath 1996 et Nesselrath 1990, p. 197. Pour la liste des 28 pièces et les références des fragments, voir Kassel-Austin 1991, p. 213-235.

24. Une autre divergence, qui porte sur les circonstances de la découverte, fait apparaître une incohérence dans une variante : que Kallisto soit pressée de questions par ses compagnes ou par Artémis pour savoir qui est le père, cela semble logique ; que la déesse soit furieuse de l'infidélité de sa compagne, aussi. Qu'elle le soit d'une réponse absurde, à la limite. Mais que Kallisto aille avouer d'elle-même à Artémis qu'elle a perdu sa virginité alors qu'elle est convaincue que la déesse l'a violée, cela semble moins logique : il ne peut s'agir d'aveu si le destinataire de cet aveu est le responsable (comme le pense Kallisto) de la faute commise. On a l'impression que les scholiastes n'ont pu entrer dans la problématique propre de cette variante et de la pièce d'Amphis. Ils annoncent cette variante (Zeus en Artémis) mais les conséquences leur semblent probablement absurdes. L'idée qu'une jeune fille puisse penser qu'elle a été violée par un être féminin n'a pas dû sembler plausible, et l'aveu spontané fait revenir le récit à la version « hésiodique ».

chez les scholiastes à Germanicus (t. 3a et t. 3b), c'est la relation sexuelle de Kallisto avec un être masculin qui est la cause de la colère d'Artémis et de la transformation en ourse. Chez Hygin et les autres (t. 1, t. 2a et t. 2b, t. 3c), les choses sont plus compliquées : Artémis, ou des personnes indéterminées – les compagnes probablement –, demandent à Kallisto de nommer le coupable. La jeune fille, trompée par les apparences, dit qu'il s'agit de la déesse. Celle-ci la transforme alors en ourse à cause de sa réponse. Apollodore, en revanche, se démarque totalement des autres sources : pas de dialogue entre Kallisto et Artémis et, de plus, chez lui, l'agent de la transformation n'est pas Artémis mais Zeus. De telles divergences entre la version d'Apollodore (qui ne cite pas Amphis et se réfère à un autre auteur, voire plus) et la tradition catastérismographique (qui se réfère explicitement à Amphis) remettent en question l'origine amphisienne – jusqu'à présent non contestée – de la version rapportée par Apollodore.

Ainsi, d'après les sources se référant explicitement à Amphis, il est possible de reconstituer l'argument de la pièce dans ses grandes lignes : cette comédie s'arrête sur un court moment du mythe de Kallisto sans le développer dans sa totalité. L'argument comporterait la chasse dans les montagnes, le lien avec Artémis, le viol par Zeus transformé en Artémis, la grossesse de Kallisto, l'échange comique entre la déesse et sa compagne, la transformation en ourse comme punition à tonalité comique elle aussi par sa disproportion (elle porte sur la réponse de Kallisto et non sur sa « faute »). Rien ne nous permet de dire que la mort de Kallisto (quelles qu'en soient les circonstances) appartient à la pièce. Selon toute vraisemblance, la comédie s'achevait sur cette transformation en animal. Ce que nous savons de cet auteur, grâce aux fragments de ses autres pièces, concorde avec le ton de cette situation comique : une déesse accusée d'avoir engrossé une jeune fille, voilà qui a dû sembler extrêmement drôle (et peut-être aussi extrêmement osé ?) pour le public athénien de la fin du IVe siècle. Cet échange rend clair, en tout cas, que le caractère érotique féminin de l'approche de Zeus en Artémis a été ressenti par les Anciens et qu'il n'est pas le fait d'une projection anachronique.

Le caractère léger des pièces d'Amphis et le peu d'estime que ce type de pièces suscite chez les commentateurs modernes ont considérablement nui à la perception que nous avons de cette variante du mythe. Récemment, A. Lardinois[25] affirme que cette pièce n'est pas à verser dans le dossier de l'homosexualité féminine. A. Heinrichs propose une interprétation plus vraisemblable (selon lui) de la pièce : Kallisto reconnaît son agresseur mais choisit d'accuser Artémis, déesse vierge, d'un acte contraire à sa nature (faire un enfant à une femme). Sans être totalement absurde, cette interprétation n'est étayée par *aucun* texte. Dans son ouvrage sur la comédie moyenne, H.-G. Nesselrath, lui aussi, reconstitue l'« esprit » de la pièce : Kallisto serait une petite bonne femme coquette et rusée qui s'est laissé séduire par le dieu mais ne veut pas reconnaître sa faute. H.-G. Nesselrath[26], reprenant en partie l'hypothèse d'A. Heinrichs, considère que Kallisto la malicieuse savait qui se cachait derrière l'apparence de la déesse Artémis au moment de l'étreinte. Dans cette pièce, Artémis incarne la maîtresse sévère et Jupiter

25. Lardinois 1997.
26. Nesselrath 1990, p. 234-235.

l'incorrigible séducteur. Nous voilà, comme le dit paradoxalement H.-G. Nesselrath, en pleine « comédie bourgeoise »... mais, hélas, bien loin de la Grèce antique.

Cet amalgame entre le mythe et une création artistique conduit à passer sous silence, sans autre forme de procès, ce qui peut s'avérer être un véritable motif mythique ; parallèlement, l'interprétation de la comédie d'Amphis comme un drame bourgeois conduit à ignorer la présence d'une scène de séduction entre deux femmes dans une comédie d'époque hellénistique. Les mythes et le théâtre ne sont en réalité pas aussi silencieux que ce qu'on a voulu croire.

Un épisode mythique

Amalgamer le mythe en tant que tel et son apparition dans les textes est déjà en soi une erreur de méthode, attribuer à des récits très différents une même paternité en est une autre. En effet, alors que tous les textes citant Amphis évoquent le dialogue entre la déesse et sa compagne, les textes qui ne citent pas Amphis comme source ne font *aucune allusion* à cet échange de paroles et n'attribuent pas la punition (la transformation en ourse) à l'accusation d'Artémis par Kallisto. Par conséquent l'innovation d'Amphis ne porte pas, comme on l'a souvent dit ou pensé, sur la métamorphose du dieu en déesse, mais sur les événements postérieurs au viol : tout d'abord le dialogue entre les deux femmes contenant l'accusation de viol d'une femme par une femme et, ensuite, la démesure de la punition par rapport à la faute[27]. Dans la comédie d'Amphis, c'est à cause de sa réponse et non à cause de la perte de sa virginité que Kallisto est transformée. Le déplacement de la cause du châtiment ne peut être perçu comme comique que si le public connaît *préalablement* la version commune de cette variante du mythe, c'est-à-dire un châtiment donné par la déesse vierge à une nymphe qui n'est plus vierge. L'invention d'Amphis porte donc sur les raisons de la métamorphose en ourse et non *sur celles de la métamorphose de Zeus en Artémis*, raisons qui, elles, constituent un élément important du mythe. La métamorphose sexuelle du dieu est le point de départ de la pièce et n'est jamais remise en question ni traitée différemment chez Amphis et chez les autres auteurs développant cette variante. Ajoutons à cela que, parmi les représentations iconographiques du mythe de Kallisto (céramique, monnaies, mosaïques, fresques murales), ce qui est majoritairement représenté est le moment où la jeune fille est métamorphosée en ourse ou lorsqu'elle est blessée par les traits d'Artémis vengeresse[28]. L'épisode du mythe où la jeune fille est approchée par la divinité n'est pas un motif prisé des artistes et il n'existe qu'une seule représentation qui l'évoque. Il s'agit d'un récipient en argent (*simpulum*) trouvé près de Cullera, dans la région de Valence, en Espagne, et datant de 250-300 ap. J.-C.[29]

---

27. Hygin (t. 1) précise *itaque propter eius responsum*. Les scholiastes à Aratos (t. 2a et t. 2b) écrivent ἐφ' ᾧ ὀργισθείς, c'est-à-dire, dans le contexte, « furieuse de cette réponse ». Les scholiastes à Germanicus font intervenir la métamorphose après l'accusation (t. 3c : *quae mox ab ea*) et le scholiaste à Aratus latinus (t. 4) précise aussi *in quo irata* pour qualifier l'attitude d'Artémis face à la réponse de Kallisto après l'accouchement.

28. Cf. MacPhee 1990.

29. Il s'agit d'un ustensile de sacrifice, offert, comme l'atteste l'inscription, par une femme romaine nommée Paulina à la déesse Fata (cf. Froehner 1873, p. 21-23, planche 5 ; Franz 1890-1894, col. 934 ; Cook 1925, p. 229, planche 15).

Fig. 2. *Simpulum* de Cullera, *ca* 250-300 ap. J.-C.

Figurent sur cet objet quatre scènes représentant les amours de Jupiter, sous dif-
férentes formes :
  – Jupiter (transformé en cygne) et Léda ;
  – Jupiter (en simple mortel) et Sémélé ;
  – Jupiter (transformé en aigle) et Ganymède ;
  – Jupiter (transformé en Artémis) et Kallisto.
Le lien thématique entre ces quatre scènes est souligné par des séparations intégrées à l'image (arbres ou colonnes) ainsi que par la présence du petit Érôs auprès
de chaque couple. Sur le manche est représenté Jupiter tenant le foudre et le sceptre.
Dans la scène qui nous intéresse, Diane est reconnaissable à sa tenue de chasseresse
(courte) et à son carquois. Kallisto n'est que partiellement drapée, un sein nu est visible. L'artisan a probablement voulu souligner l'excellence du stratagème de Jupiter
par les mouvements de bras identiques de Diane et de Kallisto. Les deux s'apprêtent
à s'enlacer, chacune tenant l'autre d'un bras, et Kallisto n'oppose aucune résistance.
Dans le domaine iconographique, donc, il n'est pas pertinent de parler de « variante »
puisqu'il n'a été trouvé aucune représentation iconographique de Kallisto violée par
Zeus ou par Apollon.

La distinction entre les passages racontant le mythe et ceux résumant Amphis nous permet d'établir les éléments constitutifs de cette variante : pas de scène de dispute, pas d'accusation grotesque de conception entre deux femmes, mais l'histoire d'une rupture, dans tous les sens du terme. Le mythe oppose deux temps : celui qui précède le viol et celui où Artémis découvre les conséquences de ce viol. Tout insiste, dans un premier temps, sur l'harmonie et la ressemblance qui existent entre Artémis et ses compagnes, et plus particulièrement Kallisto. Comme Artémis, Kallisto vit dans la forêt, comme elle, elle chasse (la plupart des sources précisent que c'est justement à un moment où la jeune fille s'adonnait à l'activité cynégétique qu'elle s'est éloignée de la troupe et que Zeus a profité de l'occasion). Comme elle, elle est habillée en chasseresse, avec carquois et tenue appropriée. Aucune n'a eu de relation sexuelle avec un dieu ou un homme, et elles portent quasiment le même nom.

Après la découverte par Artémis de ce que Kallisto espérait cacher, tous ces éléments sont inversés : Kallisto n'est plus en groupe mais seule, elle perd son identité humaine, donc ses habits et son nom, pour devenir ours (terme épicène, en grec). Elle n'est plus vierge mais enceinte, elle n'est plus chasseresse mais chassée. Ces oppositions se développent autour d'un événement charnière : l'union (éphémère) entre deux corps de femmes. Par ailleurs, l'origine du nom de la déesse est, selon certaines étymologies, liée au nom de l'ours[30] et, de surcroît, l'ours est l'animal traditionnellement associé à Artémis : la transformation par Artémis de Kallisto en ourse pourrait s'interpréter comme une façon pour la déesse de « faire sienne » celle qui lui a momentanément échappé.

On ne peut s'empêcher d'émettre l'hypothèse de l'existence d'une version ancienne du mythe qui raconterait simplement la relation sexuelle entre Kallisto et Artémis, version que les anciens Grecs auraient modifiée en remplaçant tout provisoirement la déesse par un dieu, au moment de l'acte sexuel. Antoninus Liberalis raconte une étrange légende rapportée par Boïos[31] qui comporte de nombreux échos avec la légende de Kallisto[32] : une jeune fille, Polyphonte, qui refusait tout rapport sexuel relevant du domaine d'Aphrodite (αὕτη τὰ μὲν ἔργα τῆς Ἀφροδίτης ἐξύβρισεν), devint la compagne d'Artémis et sa camarade de jeu (συμπαίκτρια). Aphrodite, outragée, l'emplit d'un désir fou pour un ours, auquel la jeune fille s'unit. Artémis, choquée, déchaîna les bêtes sauvages contre elle. Il y a là des réseaux de significations complexes et difficiles à démêler faute de sources, mais les similitudes de cette légende avec le mythe de Kallisto, par la proximité entre la jeune fille et la déesse chasseresse, par la présence de l'ours et par la jalousie d'Artémis, sont assez troublantes. Dans l'histoire de Polyphonte, également, il est avant tout question de femmes.

La variante du dieu métamorphosé en déesse, comme le corpus de sources le prouve, est une variante à part entière du mythe de Kallisto. Il n'est pas absurde, même, de formuler l'hypothèse suivante : cet épisode compose la structure principale, sur laquelle

---

30. Chantraine, *DÉ, s.v.*

31. Selon les analyses de Papathomopoulos (1968, p. XIII), Boïos serait le prête-nom d'un auteur du début de la période hellénistique.

32. Antoninus Liberalis, *Métamorphoses*, XXI.

deux variantes se sont greffées, celle de la métamorphose du dieu en Apollon ou celle de Zeus non transformé. L'apparence d'Apollon, en effet, n'est pas un travestissement vraisemblable susceptible d'endormir la méfiance de Kallisto envers les hommes (elle ne se justifie que dans les versions où Héra est présente, et ce n'est pas systématiquement le cas). Ces deux variantes de l'approche d'un dieu masculin peuvent résulter d'une modification d'une scène de séduction érotique entre femmes, dont la signification aurait échappé après l'époque archaïque[33]. Dans un cas, la transformation est supprimée (Zeus reste lui-même), dans l'autre, la déesse est remplacée par son frère jumeau, « double » masculin de la déesse.

Une métamorphose érotique

Malgré le sentiment de familiarité qu'un public contemporain pouvait ressentir avec le thème du travestissement (par le biais du théâtre baroque), la métamorphose sexuelle (équivalent divin du travestissement des mortels) n'est pas un motif mythique fréquent et anodin. En ce qui concerne le monde des mortels, les légendes grecques rapportent des multitudes de métamorphoses en animal, en plante ou en éléments divers mais elles ne contiennent que six transformations portant sur l'identité de sexe : il s'agit de Tirésias, d'Hermaphrodite, de Kainis/Kaineus, de Leukippos, d'Hypermestra (ou Mestra) et de Siproïtès (ou Sithon). Si l'on excepte les cas de la bisexuation simultanée d'Hermaphrodite[34] et de la bisexuation successive de Tirésias[35] – mythes particulièrement complexes dont la portée va bien au-delà du simple changement de sexe – on constate que la transformation de sexe n'est pas subordonnée à des questions d'ordre érotique. Kainis[36], devenu homme, devient un guerrier « impénétrable » ; la jeune Leukippos[37] devient un garçon pour cacher définitivement le mensonge de sa mère ; Hypermestra[38], violée par Poséidon, se transforme provisoirement en homme

---

33. C'est probablement en ce sens qu'il convient de comprendre la pièce comique d'Amphis, à la fin du IVe siècle : l'auteur tourne en ridicule le lien désormais incompris entre Artémis et ses compagnes, en créant, à partir d'une situation mythique d'« homosexualité féminine », une situation comique de quiproquo. Amphis joue sur la figure d'Artémis, vierge farouche et chasseresse, qui pouvait être ressentie par son public comme datée et relevant de motifs archaïques.

34. Sur le personnage mythique d'Hermaphrodite, voir Delcourt 1958 et 1988 ; Brisson 1990 et 1997, p. 67-102.

35. Sur les différentes versions du mythe de Tirésias, les très nombreuses variantes et leurs interprétations, cf. Brisson 1976. Voir également, pour une des versions du mythe, Loraux 1982.

36. Pour les références complètes des textes évoquant le personnage de Kainis, cf. Sergent 1984, p. 285, n. 1 et Forbes Irving 1990, p. 165-162. Sur ce mythe, voir les travaux de Dumézil 1929, p. 180-181 ; Delcourt 1953 ; Delcourt 1958, p. 53-55 ; Sergent 1984, p. 284-287 ; Brisson 1997, p. 58-60.

37. Le changement de sexe de Leukippos est relaté par Antoninus Liberalis (XVII), qui s'inspire des *Heteroioumena* de Nicandre. Cette légende sera commentée un peu plus loin.

38. Le nom d'Hypermestra apparaît chez Antoninus Liberalis (XVII, 5) : il s'agit probablement de la fille d'Eurysichton dont parle Ovide sans la nommer (*Métamorphoses*, VIII, 739 *sq.*) et de Mestra, fille du même Eurysichton, évoquée par Palaephatos (*Histoires incroyables*, 24).

pour échapper à ses maîtres et clients ; la transformation en femme de Siproïtès[39] est une punition pour avoir vu Artémis nue. Dans ces mythes, la métamorphose de sexe n'a pas pour objectif une union sexuelle (se transformer en homme ou en femme pour séduire un homme ou une femme) : la question de l'identité de sexe ne pose pas la question d'une sexualité (« hétérosexuelle » ou « homosexuelle »).

Dans le monde des dieux, les métamorphoses sont nombreuses et diverses, mais les métamorphoses de sexe sont rares. Il arrive qu'Athéna, dans l'épopée, se transforme très provisoirement en mortel pour approcher les héros et leur transmettre des messages, mais il n'y a jamais de sous-entendu érotique. Il n'existe en revanche aucun mythe où une déesse se métamorphose en homme ou en dieu pour séduire une femme, aucun mythe où un dieu se métamorphose en déesse ou en femme pour séduire un homme. Dans les récits où les divinités s'unissent à des mortels, c'est en conservant leur identité féminine que les déesses rencontrent des héros ou enlèvent des beaux jeunes hommes, et c'est sous leur apparence masculine que les dieux séduisent les belles mortelles et les jeunes hommes. Il s'avère par conséquent que *le seul cas de métamorphose de sexe divine à visée érotique* est celle de Zeus en une déesse pour séduire une femme.

Comment alors expliquer cette métamorphose sexuelle – unique – de Zeus ? Lorsque le roi de l'Olympe se transforme pour séduire une mortelle, la métamorphose est parfaitement adaptée aux différentes situations : en aigle pour emporter Ganymède vers l'éther, en cygne pour séduire Léda, en Amphitryon, l'époux, pour séduire Alcmène, en pluie d'or pour traverser les murs et atteindre Danaé. Précisons que, dans ce mythe, l'étreinte entre Artémis et Kallisto n'est pas une erreur, un quiproquo comme celui que raconte Hygin dans l'histoire de Théonoé, une jeune femme qui tombe amoureuse de sa sœur Leukippé habillée en prêtre[40]. Dans le cas de Kallisto, c'est l'inverse qui se produit, la métamorphose du dieu (équivalent divin du travestissement humain) masque la masculinité, et c'est, contrairement à Théonoé, dans les bras de quelqu'un qu'elle croit être une femme que Kallisto se laisse prendre. Dans ces conditions, le choix de l'apparence d'Artémis ne peut se justifier que si, précisément, il semble évident, pour les Anciens, qu'un lien érotique existe entre Artémis et Kallisto.

Alors que le mythe pouvait proposer le tableau – traditionnel – de Zeus violant une jeune nymphe, le changement de sexe du dieu modifie la scène : c'est une métamorphose d'ordre érotique qui se produit par la transformation d'une étreinte homme/femme en une étreinte entre deux femmes. C'est exactement ce que Nonnos de Panopolis donne à voir dans son récit du mythe. Le poète, dont les sources sont souvent très ancien-

---

39. De Siproïtès, nous ne savons que ce qui est consigné, en incise, dans un récit d'Antoninus Liberalis (XVII, 5). Aucun autre texte ne mentionne ce personnage, mais on l'assimile parfois à Sithon, à propos duquel Ovide raconte brièvement la même histoire (*Métamorphoses,* IV, 279-280). Voir Papathomopoulos 1968, p. 107, n. 2 et Brisson 1997, p. 146 n. 12.

40. Hygin, *Fables,* 190 : à la suite de péripéties complexes, Leukippé habillée, sur les conseils du dieu, en prêtre d'Apollon, arrive en Carie où sa sœur Théonoé est la concubine du roi. Théonoé tombe violemment amoureuse d'elle et, face à son refus (*illa autem quia femina erat, negat id posse fieri*), projette de la faire tuer par un prisonnier qui n'est autre que Thestor, le père des deux jeunes filles. Personne ne se reconnaît. Le père désespéré menace de se tuer mais les deux filles le reconnaissent après qu'il a prononcé leurs noms. Le dénouement est heureux : le roi renvoie Théonoé chez elle, chargée de présents.

nes[41], met l'accent sur la masculinité extrêmement bien dissimulée du dieu et souligne le paradoxe de cette union par l'alliance des termes θῆλυς ἀκοίτης (« un amant féminin »)[42]. Nonnos, en insistant sur la fausse apparence du corps, met en évidence, sans aucune ambiguïté, que Kallisto aurait bien eu le pressentiment d'une union entre deux femmes, et non d'une union avec un amant masculin.

Le bain de Kallisto

Plusieurs textes[43] racontent que la grossesse de Kallisto a été découverte par Artémis lors d'un bain. « Car déjà son ventre s'alourdissait et comme, à l'approche de son terme, elle réparait les fatigues de l'exercice en baignant son corps dans une rivière, Diane s'aperçut qu'elle n'avait pas conservé sa virginité », rapporte Hygin (t. 1). « Comme elle était sur le point d'accoucher, elle fut vue par Artémis lors d'un bain », raconte également un scholiaste à Aratos (t. 2b). Un scholiaste à Germanicus décrit l'événement de façon un peu différente : « Comme elle fut surprise par la déesse alors qu'elle hâtait le terme de sa grossesse au bain, elle fut transformée, sur ordre de Diane, en bête sauvage » (t 3b, G). Le scholiaste aurait-il interprété *accelerans* comme la volonté de Callisto d'interrompre avant terme sa grossesse ? On retrouve une situation identique dans les scholies à l'*Aratus latinus* (t. 4) : « Ayant été violée par Jupiter, elle ne révéla pas à Diane le malheur qui lui était arrivé, mais, lors d'un bain, elle fut surprise par celle-ci comme elle hâtait le terme de sa grossesse. » Un autre commentateur de Germanicus décrit l'événement en imputant à la déesse la responsabilité de l'interruption de la grossesse sous la forme humaine : « Alors que Callisto se baignait nue, Diane s'aperçut qu'elle était enceinte et, hâtant le terme de sa grossesse dans le bain, elle ordonna qu'elle soit une bête » (t. 3b, V)[44]. Chez Ovide, plus simplement, la grossesse de Kallisto est découverte alors que les nymphes se baignent nues en compagnie de la déesse : comme Kallisto ne les rejoint pas, les jeunes filles déshabillent de force leur compagne et Diane découvre avec fureur que sa nymphe préférée n'est plus vierge.

Le thème du bain apparaît dans plusieurs autres mythes, où il est souvent lié au thème de la vision/transgression. Dans une des versions du mythe de Tirésias, le jeune homme est rendu aveugle pour avoir vu Athéna nue au bain. Un châtiment frappe éga-

---

41. Comme le dit A. Moreau, « Nonnos peut être plus archaïque qu'Homère » (Moreau 1988, p. 12).

42. Nonnos de Panopolis, *Dionysiaques*, XXXIII, 290-293 : « Morrheus observait Kallisto et la course incessante du Chariot, réalisant que cette femme s'unit à un amant féminin qui avait pris l'apparence trompeuse d'une Archère fictive, sans qu'on puisse reconnaître son corps. » Voir également Nonnos, *Dionysiaques*, XXXVI, 70-74 : « Les forêts arcadiennes relatent encore à grand bruit ce fameux simulacre de toi, ce voleur d'amour, qui amena à aimer l'innocente Kallisto, et les montagnes pleurent encore ton ourse, témoin conscient, qui jeta le blâme sur cette fausse apparence, ivre de désir, de l'Archère : un amant féminin (θῆλυς ἀκοίτης) est entré dans le lit d'une véritable femme ! » (t. 10).

43. Les références de ces textes sont citées plus haut (« Une variante particulière »).

44. Trois commentaires (S, V et G, éd. Breysig) accompagnent les vers 25 et suivants des *Phénomènes* de Germanicus. La syntaxe imprécise rend la traduction délicate.

lement Actéon (transformé en cerf) et Siproïtès/Sithon (transformé en femme) pour avoir vu Artémis se baignant. Parthénios et Pausanias rapportent une légende où se retrouvent ces différents éléments : Leukippos, originaire d'Élide et fils d'Oinomaos, est amoureux de Daphné. Celle-ci repousse les hommes et passe sa vie à chasser avec ses compagnes, sous la protection bienveillante d'Artémis. Pour l'approcher, Leukippos se déguise en femme et devient sa compagne préférée. Apollon, jaloux de cette affection, fait en sorte que ce stratagème soit découvert : lors d'un bain, Daphné et ses amies comprennent que Leukippos est un homme et le tuent de leurs traits[45]. Quelle valeur attribuer à ce motif mythique ? L. Brisson interprète le châtiment de Tirésias qui a vu Athéna nue ainsi : le jeune homme a vu ce qu'il n'aurait jamais dû voir, sa « nature féminine, qu'elle dissimule sous les signes extérieurs d'une fonction réservée à un sexe qui n'est pas le sien[46] ». Les attributs de la déesse (casque et égide) et ses pouvoirs sont en effet des éléments culturellement masculins : le bain agit donc ici comme un révélateur de féminité. La même interprétation est cohérente dans le cas d'Actéon et de Siproïtès/Sithon. Artémis, déesse chasseresse, armée et vivant dans la forêt, est également une divinité qui a des caractéristiques culturellement connotées comme étant masculines : tout comme Tirésias, Actéon et Siproïtès/Sithon ont vu cette féminité qu'ils n'auraient dû voir. À l'inverse, dans le récit de l'histoire de Leukippos, les compagnes de Daphné comprennent que, sous ses habits féminins, Leukippos est un homme. Là, le bain révèle la masculinité du jeune homme, débarrassé de ses signes extérieurs de féminité. Dans tous ces récits, le bain agit donc comme le révélateur de la différence sexe/genre.

Excepté chez Ovide (dont nous verrons dans une autre partie qu'il procède souvent par hypercaractérisation des mythes), les récits ne mentionnant pas la métamorphose de Zeus en Artémis ni l'étreinte entre la déesse et la jeune fille évoquent le bain de Kallisto. Là, le bain est le moment où la « nature de femme » de Kallisto est révélée dans son expression la plus visible, la grossesse. À l'inverse, dans tous les récits mentionnant la métamorphose de Zeus en Artémis, il n'est jamais question de bain. Dans ces textes, Zeus se transforme en femme et son étreinte offre l'apparence d'une union doublement féminine. D'un point de vue structural, il y a une équivalence entre le motif du bain et celui de l'étreinte de deux femmes : tous deux sont un signifiant, dans le récit mythique, d'un même signifié.

Il existe bien un mythe féminin qui, d'une certaine manière, fait pendant aux mythes masculins d'initiation : on y retrouve le thème du passage et de la rupture entre deux périodes de la vie. Cependant, le parallèle s'arrête là car les mythes d'homosexualité initiatique masculine ne développent pas le thème de la métamorphose sexuelle et que le mythe de Kallisto ne reproduit pas totalement le modèle asymétrique de la relation masculine telle que l'a mis en évidence B. Sergent. En effet, la déesse Artémis est comme ses compagnes une παρθένος. Le mythe de Kallisto n'est donc pas en soi un mythe d'homosexualité féminine : c'est un mythe sur la féminité où le thème de la virginité, de la grossesse (voire, dans certaines scholies, de l'avortement), de la

---

45. Parthénios, *Erotica*, 5 et Pausanias, VIII, 20, 2.
46. Brisson 1976, p. 34.

différence entre le sexe social (le genre) et le sexe biologique ainsi que le thème des relations amoureuses entre femmes se déploient comme autant de facettes signifiantes. Il est donc faux de dire que les mythes grecs sont totalement silencieux sur les relations sexuelles entre femmes.

On a parfois cru, en se fondant de façon anachronique sur des textes d'époques postérieures, que les Anciens se sont toujours représenté les femmes qui aiment les femmes comme des personnages sexuellement ambigus, des femmes masculines. C'est pourtant à l'intérieur d'un mythe saturé d'éléments connotant le féminin qu'apparaît le thème de la relation sexuelle entre femmes. Ce que les poèmes et l'iconographie nous apprennent également sur l'époque archaïque, c'est que l'attirance, le désir et l'amour entre femmes, loin d'être ignorés ou niés, étaient tout à fait envisagés par les Anciens. Ces rares témoignages nous permettent de penser qu'il a existé un temps, en Grèce, où les relations entre femmes n'étaient ni condamnées ni considérées comme anormales ou choquantes. L'existence d'un mythe fondé sur le lien entre une déesse et une jeune fille corrobore ces analyses. Conjointement, divers indices révèlent certaines résistances quant à la représentation de l'acte sexuel en lui-même. Le silence des textes n'est pas en soi une preuve puisque la poésie mélique décrit tous les liens érotiques sur le mode de l'euphémisme, mais le silence des images, par contraste avec les représentations de relations masculines, est particulièrement éloquent. Dans le mythe de Kallisto, la substitution au moment crucial d'un dieu (qui accomplit l'acte sexuel) à la déesse (qui accomplit l'acte érotique de séduction) illustre ce paradoxe archaïque d'un érotisme extrême sans acte physique.

II

LA GRÈCE CLASSIQUE ET HELLÉNISTIQUE :

DU SILENCE À L'HUMOUR

Depuis l'époque archaïque et jusqu'au IVᵉ siècle, les témoignages textuels et iconographiques qui nous permettraient de savoir comment les relations entre femmes sont perçues par les Anciens sont extrêmement rares. La sexualité s'affiche pourtant de plus en plus sur les vases à figures rouges ; les discours des orateurs regorgent d'allusions ou d'accusations se rapportant à différentes formes de la sexualité entre hommes, tandis que les œuvres de l'ancienne comédie exhibent à souhait les comportements qu'ils vilipendent, à travers les personnages de vieilles femmes libidineuses ou d'efféminés notoires. Alors que l'érôs de la poésie lyrique archaïque incluait les amours entre femmes, plus aucun poème n'évoque l'existence, ou la possibilité de l'existence, de relations sexuelles ou amoureuses entre femmes. C'est le discours philosophique qui rompt le silence des textes, et plus précisément Platon, dans le *Banquet* et les *Lois*. Après lui, le silence retombe jusqu'à l'époque hellénistique.

Platon, le *Banquet* : une catégorie théorique

Dans la mesure où les allusions sont extrêmement brèves (dans les *Lois* encore plus que dans le *Banquet*), il est important de déterminer avec précision dans quel contexte elles interviennent, d'analyser quel est le statut des passages où elles apparaissent, avant de tirer des conclusions ou des hypothèses sur la position de Platon sur ce point, voire sur l'attitude grecque du début du IVᵉ siècle.

Le *Banquet*[1] appartient aux œuvres de Platon dites de la période de maturité (385-370 av. J.-C.) et Platon avait environ cinquante ans lorsqu'il l'écrivit. L'ouvrage est probablement antérieur à la *République* et au *Phèdre*. Selon une structure narrative élaborée, le *Banquet* relate une soirée entre plusieurs convives invités par Agathon le lendemain de sa victoire à un concours dramatique. Après le repas, comme beaucoup avaient déjà bien bu la veille, on propose d'être modéré et de passer le temps en discutant d'un sujet précis : érôs. Sont rapportés les discours de cinq convives, qui prennent longuement la parole pour faire l'éloge de cette divinité. Socrate, ensuite, rapporte ce qu'il a appris, jadis, de la prêtresse Diotime au sujet, non du dieu, mais du démon Érôs. Puis Alcibiade fait irruption dans la soirée et, en amoureux déçu, entreprend de faire l'éloge de Socrate, éloge qui s'avère concorder avec ce que disait Socrate d'érôs. L'arrivée d'une troupe joyeuse et ivre fait fuir certains convives, mais Socrate, discutant avec Agathon et Aristophane passablement assoupis, reste, imperturbable, jusqu'à l'aube.

La temporalité et la structure narrative de l'œuvre sont assez complexes : Platon écrit, entre 385 et 370, une œuvre se rapportant à un événement qui s'ancre dans une réalité historique, la victoire du poète tragique Agathon à un concours dramatique à la fin du Vᵉ siècle. Socrate avait alors un peu plus de cinquante ans, Aristophane et Alcibiade la trentaine, et Agathon probablement un peu moins. La narration est prise en charge par Apollodore, quinze ans après les faits, à partir du récit que lui a fait Aristodème qui assista au banquet auprès de Socrate. Ce que le destinataire de l'œuvre de Platon sait passe donc par des filtres multiples.

La structure générale du récit que fait Apollodore (d'après Aristodème) de la soirée est plus simple. L'ordre chronologique est respecté, et cette linéarité est à peine rompue par des « dit-il », qui rappellent les modalités de l'instance narrative. Sept discours se suivent, en fonction de la place de chacun sur les banquettes : à l'éloge d'érôs

---

1. La traduction du texte du *Banquet* est celle de Brisson chez Garnier-Flammarion (1998).

fait par Phèdre succèdent ceux de Pausanias, d'Éryximaque, d'Aristophane (qui aurait dû s'exprimer avant Éryximaque mais qui a été pris d'un hoquet violent), d'Agathon et de Socrate (se référant à Diotime), puis suit l'éloge de Socrate par Alcibiade qui vient d'arriver.

Le discours de chaque personnage forme un tout, et chaque éloge est particulièrement typé : non seulement chaque orateur se distingue des autres par la thèse qu'il soutient, mais aussi par l'aspect formel de son propos (ton, style et références). Ainsi, au style précieux d'Agathon s'opposent la sobriété attique d'Aristophane, la sophistication de Pausanias ou la clarté « scientifique » d'Éryximaque. Il convient cependant de ne pas se laisser tromper par cette vraisemblance et de ne pas lire dans chaque discours l'expression réelle de l'opinion de ces personnages (qui ont, eux, véritablement existé)[2] : le *Banquet* est, dans une certaine mesure, une forme particulière de l'éthopée (dans une éthopée, le personnage tient à peu près le discours que le public attend de lui, en fonction de son âge, de son sexe, de son statut social et de sa « profession »), éthopée qui consiste ici en une succession de six (ou sept) éloges, autre genre codifié. Cette double contrainte formelle est elle-même intégrée dans la stratégie de Platon qui est de mettre en évidence par contrastes successifs la spécificité et la pertinence de la conception d'érôs développée dans les propos de Diotime. Ainsi, chaque personnage exprime non pas des propos dont on aurait une trace attestée, mais ce que Platon juge représentatif de sa personnalité ou de son statut social *dans ce contexte*, et, de plus, alors que chaque discours respecte des conventions précises (celles de l'éthopée et de l'éloge), l'ordonnancement de ces discours est *au service* d'un mouvement plus global, celui qui consiste à promouvoir la pensée platonicienne sur érôs[3].

Comme l'impliquent la complexité de la structure narrative et la complexité de la temporalité dans l'œuvre, aucun discours ne peut faire l'objet d'une étude isolée de la structure globale, puisqu'il trouve son sens à l'*intérieur* de celle-ci, que cette étude soit formelle ou philosophique. Cette remarque est essentielle dans le cas du discours d'Aristophane, devenu depuis particulièrement célèbre. La postérité en effet n'a souvent gardé du *Banquet* que le souvenir de ce récit fantastique, l'attribuant parfois directement aux idées de Platon, et ne conservant de ce mythe qu'une petite partie. La psychanalyse a, pour une grande part, contribué à ce succès et à cette déformation. Freud en effet se réfère à plusieurs reprises à ce passage du *Banquet* et, pour illustrer une croyance populaire, le mentionne comme « la légende pleine de poésie selon laquelle l'être humain fut divisé en deux moitiés – l'homme et la femme – qui tendent depuis à s'unir par l'amour »[4]; certains chercheurs perpétuent cette lecture. Pourtant l'hu-

2. Platon recourt rarement à des personnages fictifs (cf. Vidal-Naquet 1990). Le cas de Diotime, qui fait exception, est plus complexe que la simple question de son historicité, cf. Brisson 1998, p. 27-31 (pour un résumé des différentes interprétations du personnage de Diotime et de son historicité) et plus particulièrement Halperin 1990, p. 155-207.

3. Le terme grec ἔρως est à la fois un nom propre et un nom commun, ce qui, comme le signale Brisson, introduit une ambiguïté dans le texte (Brisson 1998, p. 55, n. 1).

4. S. Freud, *Trois essais sur la théorie de la sexualité* (tr. Reverchon-Jouve), Paris, Gallimard, 1962, p. 18. Comme le relève Brisson 1973, p. 46-48, Freud ne se démarque pas totalement de cette vision populaire du mythe, puisqu'il rend compte des comportements homo-

manité primitive, telle que la décrit Aristophane, se compose non d'un seul, mais de trois types d'êtres doubles.

Le discours d'Aristophane : érôs et sexualité (189c-193d)

La présence d'Aristophane dans le *Banquet* et au banquet peut sembler étonnante. Né vers la moitié du Ve siècle et mort après 380, le plus grand poète de la comédie ancienne devait avoir entre trente et quarante ans lors de la soirée organisée par Agathon ; il avait probablement déjà écrit et représenté un bon nombre de ses pièces, parmi lesquelles les *Nuées*, représentées en 423 et réécrites vers 416, où il s'en prend violemment à Socrate. Il y représente le philosophe sous les traits du sophiste type, particulièrement ridicule, et dont les idées corrompent la jeunesse. En 399, Socrate sera condamné à mort en raison de telles accusations, accusations que Platon, dans l'*Apologie de Socrate*, fait remonter à cette époque[5]. Le philosophe n'a évidemment pas oublié ces événements au moment de l'écriture du Banquet, vingt-cinq ans après la mort de Socrate. Platon ne peut pas ne pas avoir également en mémoire les pièces qu'Aristophane a écrites après la date du banquet, et plus particulièrement les *Thesmophories*, jouées en 411 (où l'auteur comique attaque la relation de Pausanias et d'Agathon en représentant Agathon, avec force grossièretés et images obscènes, sous les traits d'un efféminé ridicule), et les *Oiseaux*, écrits en 414 (où sera évoquée, sous forme de parodie, une cosmogonie fantastique comportant certains points communs avec ce que le personnage d'Aristophane décrit dans son discours). Les événements historiques, la temporalité et les données extradiégétiques sont des éléments dont il faut tenir compte dans la lecture de l'œuvre, même si, comme l'analyse K. Dover[6], on en sait trop peu sur l'attitude de Platon par rapport au véritable Aristophane pour en décrypter des manifestations certaines dans le texte. Cependant, comme le souligne L. Canfora, Socrate lui-même n'a jamais eu de propos agressifs ou polémiques envers Aristophane directement, considérant que ceux que l'auteur comique attaquait à travers le personnage de Socrate dans les *Nuées* étaient les sophistes (ennemis communs des deux hommes) et non lui-même. Effectivement, Platon ne trouve pas invraisemblable de mettre en présence dans le *Banquet* ces deux hommes dont la courtoisie ne laisse rien paraître du différend qui les oppose.

Après avoir rapidement souligné la différence de sa position par rapport à celles de Pausanias et d'Éryximaque, et avoir insisté sur la puissance d'érôs ignorée par les

---

sexuels par référence à une bisexuation. Pour les références des autres passages où Freud se réfère au *Banquet*, voir Brisson 1973, p. 27-28 (notes).

5. Pour une interprétation des rapports entre Socrate et Aristophane, et l'attitude dénuée de haine de Socrate envers l'auteur des *Nuées*, cf. Daux 1942, p. 250-258.

6. Voir Daux 1942, p. 237-258, sur l'impossibilité dans laquelle nous sommes d'expliquer pourquoi « Platon n'a pas craint de montrer Aristophane avec Socrate, quelques années à peine après la représentation des *Nuées* » (p. 248). Daux s'oppose à l'opinion répandue, qu'exprime Robin, selon laquelle « Platon exècre Aristophane » (Robin 1929, p. LIX). Dover 1966, p. 50, avance une hypothèse sur cette impossibilité relevée par Daux.

humains (189c-d), Aristophane entreprend de relater sous la forme d'un récit mythique et étiologique l'origine d'érôs (189d-193d), pour conclure brièvement sur la nécessité d'honorer une divinité si bienfaisante et passer la parole à Agathon et Socrate (193d). L'éloge d'Aristophane est une véritable composition littéraire consistant, dans sa totalité, en un récit mythique. Le personnage décrit deux états de la nature humaine et deux crises modifiant – ou étant susceptible de le faire – cette nature humaine[7]. On distingue :

– la nature humaine à l'état primitif (189d-190b) ;
– la première crise, résolue en deux temps par l'intervention de Zeus, puis d'Apollon (190b-191d) ;
– la nature humaine à l'état actuel (191d-192e) ;
– la seconde crise, possible dans l'avenir (192e-193c).

À l'origine, raconte Aristophane, la nature humaine était composée de trois genres : le mâle, la femelle et l'androgyne. Les êtres humains avaient une forme sphérique leur permettant de se déplacer de deux façons, et le double de membres des humains actuels. Aristophane donne à son récit une dimension cosmologique en précisant les liens entre ces êtres et l'univers qui les entoure : le mâle a été engendré par le Soleil, l'être femelle par la Terre et l'androgyne par la Lune. Cet état est rompu par une transgression. En raison d'une tentative des humains de s'attaquer aux dieux, Zeus décide du châtiment suivant : ils seront découpés de façon symétrique, chaque être donnant deux individus. Apollon achève l'opération en faisant en sorte que chaque être humain voie la cicatrice qui résulte de la section et garde en mémoire ce qu'il fut. Mais ce châtiment, qui ne devait pas être fatal aux hommes, les plonge dans l'agonie, chaque moitié enlaçant sa moitié et mourant de désespoir, de faim et d'inactivité. Pour remédier à cette situation, Zeus déplace les organes génitaux vers l'avant de leur corps, permettant ainsi l'union sexuelle aboutissant soit à la génération, soit à un rassasiement. Désormais, ils ne sont plus sphériques, se déplacent droit et ne se reproduisent plus dans l'élément extérieur (auparavant, ils posaient leurs œufs dans la terre). C'est depuis ce nouvel état, qui est l'état actuel de la nature humaine, qu'érôs est dans la nature des hommes : il est ce qui pousse chaque moitié à retrouver provisoirement l'unité perdue, que cette moitié soit issue de l'être androgyne, de l'être femelle, de l'être mâle. Le mythe rend ainsi compte des amours des hommes pour les femmes, des femmes pour les hommes, des femmes pour les femmes, et des hommes pour les hommes. Les humains peuvent désormais se tourner vers les occupations qui sont les leurs, selon le type d'être primordial dont ils proviennent. Aristophane précise que ce désir d'union pourrait être définitivement annihilé par l'intervention d'Héphaïstos qui, si les amants le désiraient, pourrait souder à nouveau ces deux moitiés. Pourtant, cet état actuel de la nature humaine n'est pas

7. Nous nous appuyons essentiellement, dans cette partie, sur l'analyse structurale menée par Brisson dans la première étape de son étude intitulée « Bisexualité et médiation en Grèce ancienne » (Brisson 1973). Il met en évidence « une logique et, par conséquent, une éthique de la médiation inhérentes à la bisexualité en Grèce antique » (p. 28) et s'intéresse à la signifiance du motif de la bisexuation de l'être androgyne ; notre intérêt, quant à nous, se portera sur les implications occasionnées par la disjonction de l'être féminin.

stable : si une nouvelle transgression envers les dieux se produisait, une nouvelle disjonction frapperait les humains, divisant les moitiés en deux et créant par là un nouvel état de la nature humaine.

Statut et spécificité du discours d'Aristophane

Que penser de cette fable fantastique, développée, au niveau intradiégétique, à l'intérieur d'une joute oratoire d'éloges à forme définie ou, au niveau extradiégétique, dans le cadre d'une réflexion philosophique sur érôs ? Si les commentateurs modernes du *Banquet* ne s'accordent pas totalement sur l'interprétation globale du passage, tous, en revanche, relèvent le statut particulier de celui-ci par rapport aux autres éloges qui précèdent celui de Socrate.

Le discours d'Aristophane contraste avec les discours de Phèdre, Pausanias, Éryximaque et Agathon, en premier lieu, par le fait qu'Aristophane, bien qu'il reprenne le thème fixé, ne respecte ni la forme ni les modalités qui ont été approuvées auparavant par tous : « Chacun d'entre nous, en allant de la gauche vers la droite, devrait prononcer un discours, qui serait un éloge de l'amour », avait dit Éryximaque[8] sur la proposition de Phèdre. Non seulement Aristophane rompt l'ordre circulaire de la passation de parole (un hoquet empêche l'auteur comique de prendre la parole au moment convenu)[9] mais, de plus, alors que les autres prennent soin d'articuler leur propos en respectant les règles de l'éloge, le discours d'Aristophane est un mythe et donc, par définition, il est monolithique, tout entier composé du récit fictif[10].

De plus, alors que les quatre orateurs prennent soin de développer leurs arguments, les références littéraires, historiques et religieuses contenues dans le texte d'Aristophane, fort nombreuses, sont faites de façon implicite : des références atypiques (des emprunts à Empédocle et aux cosmogonies orphiques – que l'influence soit directe ou indirecte), des renvois aux propres comédies d'Aristophane, à la comédie ancienne et peut-être moyenne, des expressions populaires détournées, des allusions à des événements récents ou anciens. Bref, ce récit est un véritable patchwork de motifs – dont les couleurs devaient être bien plus vives encore pour le public de l'époque.

Ce récit frappe aussi par sa dimension burlesque. La description des êtres de l'antique nature relève d'un comique visuel assez grossier : de gros êtres « boules », avec des yeux des deux côtés, des membres dépassant de partout, et une démarche très particulière, faite de sauts et de culbutes. Les coupures qu'ils subissent sont explicitées par des comparaisons inattendues, tirées du monde animal, et produisent elles aussi un effet

---

8. *Banquet*, 177d (trad. Brisson).

9. Pour la disposition spatiale des intervenants et la circulation de la parole, se reporter au schéma de Brisson 1998, p. 248. Pour une interprétation de ce hoquet, voir les différentes analyses (qui ne sont pas contradictoires) de Daux 1972, p. 242-243 ; de Mitchell 1993, p. 65-66 ; de Halperin 1985, p. 193, n. 56 ; de Dover 1980, p. 104 et de Salman 1990-1991, p. 247.

10. Nous nommons parfois l'histoire racontée par Aristophane « mythe », non pas parce qu'il s'agit d'un mythe traditionnel grec que rapporte le personnage, mais parce que, par la parole, il fabrique de toutes pièces une histoire qui a l'apparence du mythe traditionnel et que, conformément à l'usage que prescrira Platon pour les mythes, il l'utilise dans le cadre plus global d'un raisonnement dialectique.

comique, tout comme les répétitions et l'accélération possible des événements conte-nue dans la menace de Zeus de diviser encore les êtres humains, puis l'image grotes-que qui s'impose de moitié d'hommes marchant à cloche-pied. À cela s'ajoute, comme le relève R. Mitchell[11], le tableau que fait Aristophane du monde divin : alors que l'on est au temps éloigné de l'antique nature, les dieux, eux, sont toujours les mêmes, cal-culateurs et querelleurs, conformément aux descriptions humoristiques et anthropo-morphiques[12] que fait d'eux l'épopée.

Il devient difficile de penser que le narrateur du mythe considère comme vraisembla-ble et convaincant le récit qu'il fait de l'origine et de la nature d'érôs. Des clins d'œil ludi-ques avec des éléments contemporains laissent percevoir cette distance du narrateur avec son propre récit : Aristophane évoque la relation connue de Pausanias et Agathon[13]; l'iro-nie est aussi présente dans l'éloge qu'il fait des relations entre hommes, lorsqu'il précise que « beaucoup de politiciens viennent de cette origine-là »[14]. De plus, Aristophane, que l'on voit ici célébrer les vertus et les actions des hommes amoureux des jeunes hommes[15] (même si l'intention est parodique, le propos n'est en tout cas ni grossier ni outrageant), est connu pour ses violentes attaques contre les κίναιδοι : dans le portrait qu'il dresse du personnage d'Aristophane à partir du discours qu'il lui fait tenir, Platon ne cherche pas à respecter une vraisemblance complète. Ce faible souci de la vraisemblance de la part du philosophe apparaît aussi dans le genre de discours tenu par le personnage. Alors qu'Éryxi-maque s'exprime comme un médecin, Phèdre dans un style « lysianique », Pausanias avec une grande sophistication et Agathon avec la préciosité et la vacuité qui lui sont légen-daires[16], bref tandis que les discours reflètent la personnalité de ceux qui les formulent, Aristophane ne s'exprime pas comme l'auteur dramatique qu'il est : il raconte une histoire (imitation en racontant) sans la mettre en scène (imitation par le jeu dramatique). Certes, la comédie adapte et parodie différents types de discours littéraire ou mythologique (effec-tivement, dans les *Oiseaux*, Aristophane évoque une cosmogonie fantastique où il parodie les mythes étiologiques qui plaisent tant aux Grecs[17]) mais ces passages, comme le relève K. Dover, ne constituent jamais la trame même d'une de ses comédies[18]. Le vocabulaire simple, dans une langue attique sobre, ne peut pas non plus se lire comme une imitation

---

11. Mitchell commente ce tableau avec humour en montrant que les dieux sont « divisés » (Mitchell 1993, p. 73).

12. Saxonhouse relève elle aussi le fait que, alors que les hommes de l'antique nature n'ont ni famille ni vie politique, les dieux, eux, ont une structure sociale et des comportements bien « humains » (Saxonhouse 1985, p. 22-23).

13. *Banquet*, 193b. Sur cette relation qu'évoque l'auteur comique dans les *Thesmophories*, cf. Brisson 2000.

14. Les plaisanteries d'Aristophane sont nombreuses sur ce sujet, mais le parallèle entre ce passage du *Banquet* et ceux des *Cavaliers* (875-880), des *Nuées* (1093) et de l'*Assemblée des femmes* (112-114) est, comme le relève Wilson 1982, particulièrement frappant. L'intertextua-lité se veut visible.

15. Il refuse en effet d'appliquer le terme d'ἀναίσχυντοι à leur sujet, se démarquant, dit-il, de l'opinion commune.

16. Sur le style propre à chaque orateur, cf. Brisson 1998, p. 49-51.

17. *Oiseaux*, 671-673 (jouée en 414). Stevenson 1993 insiste sur le parallèle *thématique* entre cette pièce et ce passage du *Banquet*.

18. Dover 1966, p. 47, n. 35.

directe du style varié et grossier d'Aristophane. Dans le *Banquet*, Platon reprend des éléments propres à Aristophane mais les modifie, à sa manière.

De plus, l'attitude du personnage vis-à-vis de son propre discours est très différente de celle des autres orateurs. Tous ses compagnons, une fois acceptées les modalités de la soirée, prennent soin de traiter le thème avec sérieux et zèle : chacun s'investit personnellement dans la thèse qu'il soutient et dans la définition qu'il fait de la nature d'érôs, et, si certains points de leur propos prêtent à sourire, cela relève, non de la volonté du personnage (tel que Platon le construit), mais d'un trait de distanciation créé par Platon. L. Robin exprime cette idée ainsi : chaque discours « a son individualité propre […] réserve faite des traits de caricature que Platon y a certainement dessinés »[19]. Pourtant, dans le cas d'Aristophane, les traits comiques et burlesques laissent penser que le personnage lui-même tourne en ridicule la situation d'énonciation dans laquelle il se trouve placé (après en avoir repoussé l'échéance), et qu'il propose de lui-même à son public une parodie d'éloge (on peut lire cela comme une sorte de mise en abyme réflexive : un personnage se joue de ce que fait son démiurge… qui le crée pourtant tel qu'il se joue de lui). Il y a bien ici, et plus que dans les autres discours, une transformation du personnage par Platon : la distance entre le personnage et son propre discours et le jeu de Platon qui lui prête un discours paradoxal ne peuvent que suggérer au public la prudence avec laquelle il doit entendre ce récit.

Ce passage se distingue aussi des autres discours par une grande proximité avec le discours de Diotime (et donc avec la pensée de Socrate). Toute une trame de renvois quasi métatextuels se tisse entre les deux discours[20], trame constituée d'incohérences ou d'anachronismes voulus par Platon et qui ont pour fonction, en soulignant la construction narrative complexe, de suggérer l'existence d'une stratégie discursive que la mise en scène réaliste du banquet tendrait à faire oublier.

Si la théorie de Socrate s'oppose à chacun des cinq éloges développés par ses compagnons de table, il existe cependant une relation particulière entre le discours d'Aristophane et l'idée platonicienne de l'amour développée par Socrate et Diotime. Ce lien consiste, dans une majeure partie, à faire en sorte que, à partir d'un véritable système d'oppositions et de parallélismes[21], le discours de Diotime puisse s'appuyer sur le discours d'Aristophane pour ensuite le réfuter et développer une nouvelle thèse, les quatre autres discours étant trop éloignés ou hétérogènes pour même servir de repoussoir constructif.

L'érôs d'Aristophane : un érôs au-delà du sexuel

En Grèce ancienne, le champ sémantique du terme ἔρως est assez vaste et intègre des catégories comme le désir sexuel, l'affection et la préférence[22]. La notion contem-

---

19. Robin 1929, p. xxxvi.

20. On retrouve, par exemple, dans les propos de Diotime des expressions très proches du discours d'Aristophane, alors que cet échange que rapporte Socrate a eu lieu vingt ans environ avant la soirée du *Banquet*.

21. Sur la structure de l'œuvre groupant les discours en trois pôles et liant, par-delà l'ordre chronologique de la prise de parole, celui d'Aristophane à celui de Diotime, cf. Brisson 1998, p. 39-47.

22. Dover 1966, p. 19. Voir, plus généralement, Dover 1964, 1973 et 1975.

poraine d'amour est très éloignée du sens commun d'ἔρως, et D. Halperin montre en quoi de nombreuses lectures contemporaines de l'œuvre ont été faussées par une mauvaise compréhension du terme[23]. Actuellement, la notion d'amour appartient pour partie au champ sémantique du mariage ou de la vie en commun : l'équivalent grec de ce sentiment n'est pas ἔρως, mais φιλία[24]. Le terme d'ἔρως, dans un sens très ancien, pouvait désigner diverses sortes d'élan ayant pour objectif une satisfaction physique du manque ou du besoin, à laquelle succède la disparition de cet élan. Ainsi, la soif, la faim, restent des modèles analogiques dans la façon pour les Grecs de percevoir le sens répandu d'érôs, à savoir l'érôs interpersonnel (les relations sexuelles). Le sujet du *Banquet* (περὶ ἔρωτος) n'est donc pas l'« amour » au sens actuel du terme, avec ses implications et ses connotations modernes, mais l'érôs grec perçu communément comme un désir intense dirigé vers une personne particulière dans l'espoir que cette personne devienne un partenaire sexuel, ou comme une réaction forte face à la beauté physique d'une personne, une longue attente pleine de désir[25]. D. Halperin propose le terme – qui lui semble le moins inapproprié – d'« appétit »[26]. C'est à partir de ces dénotations et de ces connotations que Platon va mettre au jour différentes caractéristiques d'érôs, pour se détacher du sens commun et développer une définition philosophique, exprimée par Diotime, de ce qu'est le véritable érôs.

Quand arrive pour lui le moment de parler, Socrate établit tout d'abord, dans un dialogue (sous la forme d'un ἔλεγχος, une réfutation) avec Agathon, qu'érôs est toujours amour de quelque chose, qu'il s'agit d'un amour du Beau et du Bien, dont il est lui-même dépourvu. Puis il rapporte les propos de la prêtresse de Mantinée qui l'a instruit alors qu'il était jeune et ignorant des choses touchant aux ἐρωτικά (du moins c'est ainsi qu'il se présente lui-même). Après avoir décrit l'origine mythique d'Érôs[27], Diotime montre qu'il n'est pas un dieu, mais un démon (δαίμων) et qu'en tant qu'intermédiaire (μεταξύ), il transforme l'aspiration de l'homme vers le Beau et le Bien en une possession perpétuelle par la procréation, selon le corps ou selon l'âme. En une célèbre illustration par paliers (ou, si l'on préfère, échelons ou étapes initiatiques), Diotime montre dans quelle mesure érôs est ce qui permet à l'homme de passer du niveau du sensible à celui de l'intelligible.

La conception d'Aristophane est très différente. Pour lui, érôs, dont il veut célébrer la puissance, est le désir de réaliser la réunion avec la moitié de soi-même : « Aussi

---

23. Halperin 1985 (« love »).

24. Pour la distinction entre ἔρως et φιλία, avec commentaires de diverses occurrences, voir, entre autres, Halperin 1985, p. 162 et Dover 1974, p. 70 *sq.*

25. Pour une définition du terme, cf. Dover 1974, p. 69-70 ; Dover 1973, p. 59 et Halperin 1985, p. 163.

26. Halperin 1985, p. 165-166. Halperin fournit de nombreuses occurrences en contexte validant cette traduction. Il s'oppose à certains commentateurs qui ont fait de l'érôs platonicien un érôs *totalement* détaché de la sexualité. Or c'est une des manifestations antérieures et nécessaires à l'ascension vers la vision des formes intelligibles. L'amour platonicien n'est pas forcément « platonique ». Pour la conception répandue en Grèce classique d'un érôs physique pouvant entraîner la maladie, voir Winkler 1990, p. 143-196.

27. Le discours de Diotime se structure ainsi : elle raconte l'origine mythique d'Érôs (203b-204c), puis définit son application (204d-209e) et enfin son véritable objet (209e-212a).

est-ce au souhait de retrouver cette totalité, à sa recherche, que nous donnons le nom d'érôs » (τοῦ ὅλου οὖν τῇ ἐπιθυμίᾳ καὶ διώξει ἔρως ὄνομα. 193a). Il est la divinité qui permet, lorsqu'une « bonne distance »[28] est établie entre les deux moitiés, une union provisoire qui, elle-même, permet aux êtres humains de supporter la séparation et de se livrer aux activités qui leur sont propres[29]. Cependant, cet état et cette action sont des conséquences d'érôs et ne font pas partie de sa nature : si la relation sexuelle est désirée par les moitiés, ce qui est recherché n'est pas la relation sexuelle en tant que telle mais l'union primitive. En ce sens, l'érôs d'Aristophane est hors du champ de la sexualité. Aristophane, contrairement aux autres orateurs, n'intègre, dans sa définition d'érôs, que la notion de « préférence », faisant ainsi de la singularité une caractéristique d'érôs. C'est à ce lien établi entre érôs et le particulier que s'oppose fortement Diotime.

Cette opposition des deux théories fait dire à K. Dover que le discours d'Aristophane a été façonné pour faire l'exact contrepoint à la théorie de Diotime : « Il n'a pas été composé par Aristophane pour attaquer Platon, mais par Platon pour qu'il soit la cible des critiques de Diotime[30]. » Le choix du personnage que fait Platon pour soutenir cette position n'est pas anodin. Selon K. Dover, il s'explique par la vision qu'a Platon de la comédie, reflet de l'opinion commune. Aristophane, donc, incarne les croyances populaires, en particulier dans l'idée que l'union des individus est une fin en soi, et plus généralement dans la description qu'il fait de l'actuelle nature humaine, projection dans un point d'origine fictif d'une situation réelle appréhendée à l'aune des valeurs communes.

Or, bien que l'opposition Diotime/Aristophane soit indéniable sur certains points, il nous semble que le rapport des deux discours ne peut se réduire à une opposition simple, et que la vision d'Aristophane ne peut être intégralement assimilée à la vision populaire des comportements sexuels dans l'Athènes des ve et ive siècles av. J.-C. Cette question est d'importance : définir le rapport entre ces deux discours est nécessaire pour déterminer – dans la mesure du possible – ce que représentent pour Platon les propos de son personnage : sont-ils l'expression du regard de Platon sur la réalité ? l'expression de la vision d'Aristophane telle que Platon estime qu'elle est d'après ce qu'il sait de lui ? l'expression des préjugés tirés des valeurs populaires grecques? l'expression de ce que Platon pense qu'Aristophane aurait dû penser s'il avait mieux exprimé l'opinion collective ? l'expression de ce que Platon pense qu'Aristophane aurait dû penser s'il avait été plus conséquent ? S'il s'agit d'une transcription de la *réalité*, s'agit-il de la réalité des représentations ? de la réalité des normes sociales ? de la réalité des pratiques ?

28. À propos d'érôs : « Toute disjonction ou conjonction excessives excluent son intervention » (Brisson 1973, p. 36). Érôs peut exister lorsque les moitiés ne sont pas totalement disjointes (comme au premier moment de leur césure, où les organes sexuels ne permettaient pas une réunion), ni totalement fusionnées (comme au moment de l'ancienne nature, ou dans le cas où Héphaïstos réaliserait une soudure) : pour cette analyse de la « bonne distance » anthropologique et son pendant cosmologique, cf. Brisson 1973.

29. Ainsi la séparation divine, comme le dit Mitchell (1993, p. 76), invente « la sexualité et le travail ».

30. Dover 1966, p. 47-48 et p. 50 (ma traduction). Voir aussi Dover 1973, p. 70-71.

K. Dover a raison d'affirmer que les valeurs et les croyances populaires, qui sont illustrées dans la comédie, sont reliées au particulier et sont de ce fait inconciliables avec l'exercice de la philosophie. Cependant, dans le discours de Diotime, différents éléments semblent trouver des échos anticipés dans ce que dit Aristophane, nous permettant de penser, à l'instar de D. Halperin[31], que tout, chez Aristophane, n'est pas une émanation des croyances populaires auxquelles Socrate s'opposerait. Il s'agit donc, non d'infirmer les propos de K. Dover, mais de les nuancer. Ces points communs sont les suivants :

– Après la séparation, mais alors que la configuration de leurs organes sexuels ne le permet pas, les moitiés tentent de s'unir, dans cet élan vers le tout qu'Aristophane nomme érôs. Comme l'analyse H. Neumann, « les relations sexuelles et la reproduction ne sont pas les phénomènes érotiques premiers »[32] (en d'autres termes, érôs précède le sexe). La vision d'érôs par Aristophane en un au-delà du sexuel se distingue des quatre autres discours prononcés ce soir-là, et elle est conforme à la conception de Diotime.

– La conception d'érôs comme un être intermédiaire exprimée par Diotime trouve, à un autre niveau, son équivalent dans la pensée d'Aristophane. Selon Diotime, ce démon est intermédiaire entre le divin et le mortel (202e), « [celui qui tient] le milieu entre celui qui sait et l'ignorant » (203e), celui qui fait passer du monde sensible au monde intelligible. Pour Aristophane, comme l'a analysé L. Brisson, l'existence d'érôs tient à l'existence d'une « bonne distance » entre les êtres.

– Plusieurs traits communs apparaissent dans la description de l'enfantement faite par Diotime et celle d'Aristophane. Chez Aristophane, lorsqu'elles sont dans l'incapacité de s'unir, les moitiés meurent d'inanité et de désespoir. Diotime, quant à elle, décrit une des manifestations d'érôs chez tout être vivant frappé par érôs : elles sont « malades » (νοσοῦντα, 207b). Aristophane décrit, en trois constructions parallèles, les différents types d'érôs et Diotime utilise une tournure semblable pour décrire la procréation selon le corps (208e). La forme sphérique des êtres de l'antique nature ressemble à celle des « hommes gros » (κυῶν, 209b) dont parlera Diotime, et peut se lire comme un écho anticipé, certes ludique, mais qui concourt à lier davantage encore ces deux discours. Enfin, Aristophane évoque le cas des hommes qui ne se marient pas, n'ont pas d'enfant et ne le désirent pas : ceux-ci se consacrent à la politique ou à d'autres activités valorisées. Il précise que le motif de l'union des deux hommes est bien au-delà de la question du plaisir de l'union sexuelle (192c). Diotime, dans l'évocation de la procréation selon l'âme, parle de ces hommes qui « préfèrent avoir des enfants de ce genre [à savoir ce que l'homme fécond produit en présence d'une belle âme, comme par exemple des poèmes célèbres, une bonne législation, des beaux discours sur la vertu] plutôt que des enfants appartenant au genre humain » (209d). Il y a par conséquent une analogie dans les hiérarchies des types de rapports érotiques qu'établissent Aristophane et Diotime.

31. Halperin 1985, p. 193, n. 67.
32. Neumann 1966, p. 423. La thèse de Neumann est que les éléments « socratiques » du récit d'Aristophane sont considérés par Diotime comme une expression comique d'une théorie qui n'est pas incompatible avec l'idée d'un érôs transcendant les limites humaines.

Ainsi, loin de s'opposer totalement à la théorie de Diotime, il apparaît que le discours d'Aristophane exprime des aspects de la conception d'érôs par Diotime. Des points de la démonstration de Diotime sont, d'une certaine manière, illustrés par le récit mythique d'Aristophane et, comme l'a montré D. Halperin dans son étude, l'image du désir érotique qui se dégage du récit d'Aristophane est, *mutatis mutandis*, confirmée par Diotime. Bien sûr, l'analogie s'arrête au niveau du sensible et Diotime se démarque totalement de la théorie d'Aristophane en ce qu'il considère l'union des moitiés comme une fin en soi : « Par là [à savoir le fait de rester dans le domaine du sensible], Socrate s'oppose radicalement à Aristophane », écrit L. Brisson. En effet, « pour Aristophane, la puissance d'érôs réside dans l'union dont, au niveau du sensible, il assure la réalisation au niveau des êtres humains qui recherchent leur moitié complémentaire, alors que, pour Socrate, érôs permet de passer du sensible à l'intelligible qui constitue la réalité véritable[33] ». C'est cette limitation d'érôs au champ du lien particulier qui peut être rattachée aux conceptions populaires de l'amour et du désir. Le lien entre le discours d'Aristophane et celui de Socrate se fonde donc sur une similitude première puis sur une distinction importante entre les deux conceptions, et c'est par paliers de distinction et par références à ce récit « antérieur » que se déploie le discours de Diotime.

Ainsi, parmi les cinq discours prononcés, celui d'Aristophane apparaît comme le plus proche de celui de Diotime. Il n'est évidemment pas l'expression des théories de Platon (et, de ce fait, le système de catégories dans l'actuelle nature humaine ne peut être attribué à Platon), mais il n'est pas non plus la figuration d'un contrepoint complet, exprimant les croyances du peuple, qu'il conviendrait à Socrate de réfuter, et qui s'opposerait entièrement aux conceptions de l'auteur. Y figurent à la fois des éléments propres aux valeurs populaires, mais aussi certains aspects d'érôs qui ne sont pas totalement étrangers à une vision par Platon des catégories érotiques. Ce statut très particulier du discours d'Aristophane dans l'économie globale du *Banquet* – statut *intermédiaire*, pourrions-nous dire – rend délicate l'interprétation des catégories érotiques de l'actuelle nature humaine que décrit Aristophane.

Le discours d'Aristophane a fait l'objet de nombreuses études et analyses. La plupart de ces analyses s'attardent peu sur la description que fait Aristophane des catégories érotiques et privilégient la conception globale d'érôs exprimée par le personnage, ainsi que le tableau de l'ancienne nature humaine. Certaines études, moins nombreuses, consacrent une partie plus approfondie à cette description systématique faite par Aristophane des comportements sexuels des hommes et à ses conséquences, mais à ce jour l'analyse de cet extrait dans l'optique plus spécifique du thème des relations entre femmes n'a été que très peu menée. Ce passage n'est en général que très brièvement mentionné par les études portant sur l'homosexualité dans l'Antiquité, et les études portant sur les femmes grecques ne s'y intéressent guère. L'une des seules études portant sur la question spécifique des relations sexuelles entre femmes est celle de

---

33. Brisson 1998, p. 46-47.

N. Ernoult, dans le cadre d'un travail sur les femmes chez Platon[34]. Or, dans la mesure où ce texte est le premier, depuis l'époque archaïque, à évoquer ce type de relations entre femmes, et que Platon est le seul auteur de l'époque classique à briser le silence sur ce point – ou du moins à évoquer ce que l'on évoquait peu dans les textes provenant des cercles lettrés de l'époque –, ce passage mérite une réelle attention. Ce quasi-silence, Platon ne pouvait l'ignorer et il est peu vraisemblable de croire qu'il ait fait cette allusion *en passant*.

La catégorisation des comportements érotiques dans l'actuelle nature humaine

Aristophane décrit tout d'abord l'état de désespoir des moitiés qui proviennent d'êtres disjoints, que la forme et la démarche rapprochent de l'actuelle nature humaine, mais qui sont encore incapables de s'unir sexuellement. Elles s'enlacent toutes deux et finissent par mourir (191b). Il décrit ensuite l'intervention de Zeus, qui achève la transformation. Le dieu, par une opération sur les corps, permet la réunion provisoire des êtres humains. En découle un tableau des comportements érotiques de cette nouvelle nature humaine[35].

> Chacun d'entre nous est donc la moitié complémentaire d'un être humain, puisqu'il a été coupé à la façon des soles, un seul être en produisant deux ; sans cesse donc chacun est à la recherche de sa moitié complémentaire. Aussi tous ceux des mâles qui sont une coupure de ce composé qui était alors appelé « androgyne » recherchent-ils l'amour des femmes et c'est de cette espèce que proviennent la plupart des maris qui trompent leur femme, et pareillement toutes les femmes qui recherchent l'amour des hommes et qui trompent leur mari. En revanche, toutes les femmes qui sont une coupure de femme ne prêtent pas la moindre attention aux hommes ; au contraire, c'est plutôt vers les femmes qu'elles sont tournées et c'est de cette espèce que proviennent les *hetairistriai* (ἑται-ρίστριαι). Tous ceux enfin qui sont une coupure de mâle recherchent aussi l'amour des mâles. Tout le temps qu'ils restent de jeunes garçons, comme ce sont de petites tranches de mâle, ils recherchent l'amour des mâles et prennent plaisir à coucher avec des mâles et à s'unir à eux. Parmi les garçons et les adolescents, ceux-là sont les meilleurs, car ce sont eux qui, par nature, sont au plus haut point des mâles. Certaines personnes bien sûr disent que ce sont des impudiques, mais elles ont tort. Ce n'est pas par impudicité qu'ils se comportent ainsi ; non, c'est leur hardiesse, leur virilité et leur allure mâle qui font qu'ils recherchent avec empressement ce qui leur ressemble. En voici une preuve éclatante : les mâles de cette espèce sont les seuls en effet qui, parvenus à maturité, s'engagent dans la politique.

Aristophane poursuit sur les êtres issus de l'être primordial masculin et leur consacre un développement bien plus long qu'aux autres catégories (les couples d'amants sont formés d'un jeune homme et d'un homme fait, et s'ils se marient avec une femme, c'est par obligation, non par choix) (192b). Puis, revenant au cas général, il décrit le

---

34. Ernoult 1994 et 1996. Voir aussi Halperin 1997 (à propos du sens de ἑταιρίστρια).
35. *Banquet*, 191d-192a (trad. Brisson légèrement modifiée).

sentiment qui « frappe » l'être humain qui rencontre sa moitié (« un extraordinaire sentiment d'affection, d'apparentement et d'amour » ; θαυμαστὰ ἐκπλήττονται φιλίᾳ τε καὶ οἰκειότητι καὶ ἔρωτι), précisant que ce n'est pas la recherche de la jouissance sexuelle (ἡ τῶν ἀφροδισίων συνουσία) qui en est la raison, même si elle en est une manifestation, et illustrant son propos par l'histoire d'Héphaïstos (si le dieu proposait une fusion complète, les moitiés approuveraient, quand bien même la distance qui permet l'union sexuelle et l'existence d'érôs serait supprimée) (192d-e).

Détaillons, en suivant l'ordre de la narration, les divers types de comportements érotiques décrits par Aristophane :

Après la division mais sans le déplacement des organes (191b)

Selon la définition d'érôs faite un peu plus loin par Aristophane, on constate que cet élan qui pousse les êtres les uns vers les autres existe déjà entre ces moitiés ne possédant pas d'organes génitaux fonctionnels. Chaque moitié enlace l'autre moitié de l'être originel : on a donc des couples MM pour les êtres issus de l'être mâle, des couples FF pour les êtres issus de l'être femelle et des couples MF ou FM pour les êtres issus de l'être androgyne.

Mais cette situation est éphémère. Après la mort de l'une des deux moitiés originelles, celle qui survit à l'enlacement et à l'inactivité (soit une moitié femme de l'être femelle, soit la moitié femme de l'être androgyne, soit la moitié homme de l'être androgyne, soit une moitié homme de l'être mâle) recherche une moitié femme issue de l'être femelle (εἴτε γυναικὸς τῆς ὅλης ἐντύχοι ἡμίσει) ou une moitié homme issue de l'être mâle (εἴτε ἀνδρός). Dans les rencontres possibles après la mort de la moitié originelle, Aristophane n'évoque pas la troisième possibilité qu'impliquait sa description de l'antique nature humaine, celle, pour cette moitié, de rencontrer une moitié homme ou une moitié femme issue de l'être androgyne.

Par l'explication linguistique (ὃ δὴ νῦν... καλοῦμεν, expression type des explications étiologiques et/ou étymologiques), il renvoie au début de son récit où le mythe, avant d'être un mythe étiologique des différents comportements érotiques, est un mythe étiologique, non de l'origine de l'homme, mais du genre sexuel des humains. Pourtant, cette incise ὃ δὴ νῦν γυναῖκα καλοῦμεν implique que la « femme » de l'actuelle nature humaine est une descendante de l'être femelle (qui – comme il le dira ensuite – est à l'origine des femmes qui sont attirées par les femmes), et non pas une descendante de l'être androgyne. La seconde partie de phrase, construite en une ellipse εἴτε ἀνδρός (pour εἴτε ἀνδρὸς τοῦ ὅλου ἐντύχοι ἡμίσει, avec : ὃ δὴ νῦν ἄνδρα καλοῦμεν sous-entendu), implique la même définition pour le genre masculin, à savoir que l'« homme » de l'actuelle nature humaine est un descendant de l'être mâle (qui – comme il le dira ensuite – est à l'origine des hommes qui sont attirés par les hommes), et non pas un descendant de l'être androgyne. Aristophane choisit de fonder la justification de la dénomination des sexes dans l'actuelle nature humaine par le biais du trope de la synecdoque et, à cause de ce choix formel, il exclut une partie de son antique nature, à savoir l'être androgyne.

L'absence de cette mention dans les possibilités pour la moitié indéterminée de rencontrer une nouvelle moitié a des conséquences importantes : les moitiés issues de FF et celles issues de MM ont la possibilité de trouver un nouvel objet à leur élan, conforme à leur nature originelle. En revanche, Aristophane, en ne précisant pas la troisième origine possible, supprime implicitement la possibilité, après la mort d'une moitié, de rencontrer pour la moitié homme ou la moitié femme d'un être androgyne leur partenaire « naturel » (sont en effet exclues la rencontre entre une moitié homme d'un être androgyne et une moitié femme issue d'un être androgyne, et la rencontre entre une moitié femme d'un être androgyne et une moitié homme issue d'un être androgyne). On a ici l'impossibilité d'une « hétérosexualité originelle » et seule l'« hétérosexualité non originelle » (une moitié de FM rencontrant une moitié de FF ou de MM est possible. L'existence de ces rencontres non conformes à la nature des moitiés sera évoquée plus loin, dans la perméabilité des catégories de l'actuelle nature humaine : Aristophane semble prendre ses précautions et crée « artificiellement », dans les paradigmes qu'il met en place, des nuances qui justifieront les incohérences dans sa catégorisation des nouveaux êtres achevés.

La division des êtres décidée par Zeus fait passer d'une nature humaine constituée de trois espèces en une nature humaine constituée de deux espèces. L'absence d'organes génitaux fonctionnels n'empêche pas la définition des moitiés selon leur sexe (homme/femme) ; l'identité de sexe n'est donc pas fonction d'une sexualité. De même, la non-fonctionnalité ne rend pas impossible cet élan qui pousse une moitié vers l'autre, élan que les propos ultérieurs d'Aristophane définiront comme étant érôs (c'est l'impossibilité de concrétiser cet élan qui est cause de mort) ; érôs, lui non plus, n'est pas fonction d'une sexualité. Dans la description que fait Aristophane de la nouvelle nature humaine, l'identité de sexe (la féminité et la masculinité) des êtres est liée à leur nature originelle et non à leur comportement (comme l'illustre le tableau infra, le sexe de la moitié ne peut en effet être déduit de l'objet de l'attirance qu'il éprouve). Si érôs fait partie de la nature du nouvel être humain (ἔμφυτος, 191d, comme le dit Aristophane), il ne dépend pas de cette donnée naturelle qu'est le sexe, ni d'une sexualité fonctionnelle : il est au-delà du sexe et des comportements sexuels.

Après la division et le déplacement des organes (191c-192e)

Les effets de l'union sexuelle (191c-d)

Par le déplacement des organes génitaux, Zeus rend possible l'« engendrement mutuel » (τὴν γένεσιν ἐν ἀλλήλοις), alors qu'auparavant les êtres se reproduisaient de façon asexuée, dans la terre (élément femelle). Mais l'union sexuelle a deux effets, celui de permettre la reproduction de l'espèce quand elle se produit entre un homme et une femme (ἀνὴρ γυναικί), et celui d'apporter la satiété et de permettre à l'individu d'accomplir d'autres choses (que les rapports sexuels), quand cette union se produit entre un homme et un homme (ἄρρην ἄρρενι). Là, à nouveau, Aristophane ne prend pas en compte tous les cas de figure qu'implique la configuration qu'il a décrite : il n'évoque pas les effets produits par la rencontre entre les moitiés issues de l'être femelle.

Les types de comportements érotiques et les types d'humains (191d-192b)

Aristophane, après avoir décrit la forme et la démarche des « nouveaux » êtres, complète son tableau de la nature humaine actuelle par une description de leurs comportements érotiques.

Chaque cas de figure est évoqué selon une structure parallèle : Aristophane précise le type d'être originel, puis, de façon générale, le type d'être humain qui se livre à cet érôs et enfin celui qui s'y livre d'une façon particulière. La catégorisation des *comportements* établie par Aristophane, puisqu'elle est fondée sur le critère de la nature de l'être originel, implique une catégorisation des *êtres humains*.

Aristophane commence par les individus issus de l'être androgyne. Les hommes qui se conduisent de la façon attendue par la division de l'être androgyne forment la catégorie φιλογύναικες, qui inclut la sous-catégorie μοιχοί. Les femmes qui se conduisent de la façon attendue par la division de l'être androgyne appartiennent à la catégorie φίλανδροι qui intègre la sous-catégorie μοιχεύτριαι. Dans un second temps, il décrit le comportement des individus issus de l'être femelle. Les femmes qui recherchent les femmes sont regroupées sous l'expression πρὸς τὰς γυναῖκας τετραμμέναι, et il existe une sous-catégorie, incluse dans la précédente ἑταιρίστριαι. Enfin, les hommes qui se conduisent de la façon attendue par la division de l'être mâle sont désignés par l'expression τὰ ἄρρενα διώκουσι. Aristophane mentionne l'opinion courante qui distingue parmi eux les ἀναίσχυντοι, mais lui refuse de les désigner ainsi. Chaque catégorie a donc, en elle, une sous-catégorie qu'elle englobe complètement, et à laquelle Aristophane attribue une tournure lexicale particulière (ἐκ τούτου τοῦ γένους γεγόνασιν, « et c'est de ce genre que proviennent... »).

Dans ce tableau de l'actuelle nature humaine, la relation entre l'être originel et la pratique érotique implique, selon toute logique, l'appartenance *permanente* de l'individu à chaque catégorie. C'est cette fixité du système d'Aristophane qui est à l'origine du fait que certains chercheurs considèrent que ce tableau ne dépeint pas la réalité grecque puisque, dans la réalité humaine de l'époque – et dont on a trace dans de nombreuses sources –, il existe une grande majorité d'individus qui n'appartiennent à ces catégories que de façon provisoire, ou qui appartiennent simultanément aux deux. Pourtant, si on examine la typologie des individus dans la grille des comportements, on constate que ces objections peuvent être nuancées. Certains adjectifs et adverbes assouplissent les barrières entre les catégories. Ainsi, dans le groupe des moitiés issues de l'être androgyne, les hommes φιλογύναικες qui s'adonnent à leur penchant plus que de raison sont des époux adultères (μοιχοί)[36]. Pourtant, parmi les μοιχοί, tous ne sont pas des φιλογύναικες puisque Aristophane écrit qu'il s'agit de « la plupart des μοιχοί » (οἱ πολλοὶ τῶν μοιχῶν). Dans quelle catégorie se trouvent alors ces hommes ?

---

36. Un μοιχός est un homme qui a un rapport sexuel avec une femme, fille de citoyen, qui n'est ni son épouse, ni sa concubine. Qu'il soit marié ou non n'entre pas en considération, et les rapports avec les hétaïres et les prostitué(e)s n'entrent pas dans ce champ.

Dans la description qu'Aristophane fait des hommes issus de l'être mâle, il précise que certains, quand bien même ils seraient attirés vers les individus de sexe masculin, se marient à des femmes et ont des enfants car « la règle les y contraint » (192b). Il existe donc des hommes qui ont des relations sexuelles avec des femmes mais qui n'appartiennent pas à la catégorie de ceux qui sont issus de l'être androgyne. Ils sont, à leur manière, des époux adultères. De la même manière, dans sa description des moitiés issues de l'être femelle, Aristophane dit qu'elles sont « plutôt » (μᾶλλον) tournées vers les femmes, ce qui sous-entend que leur préférence est vraiment là (elles « ne prêtent pas la moindre – οὐ πάνυ – attention aux hommes ») mais que la réalité les contraint, pour certaines, à être l'épouse d'un homme et à faire des enfants. Il apparaît qu'Aristophane assouplit ses catégories pour faire correspondre ce qu'il considère comme la réalité à son mythe dont la fonction est d'être étiologique, au risque d'en faire apparaître les incohérences.

Aristophane établit donc un système de classification à plusieurs entrées : la principale, celle qui définit l'appartenance aux catégories érotiques, est fonction d'une raison « naturelle » inhérente à l'histoire des hommes et des dieux. Les autres critères de classification, à savoir la distinction de l'activité sexuelle en sous-catégories – l'une générale et l'autre spécifique –, la mention de l'activité autre que sexuelle et la valeur en fonction d'une évaluation masculin/féminin, reposent sur des données totalement externes aux problématiques fondatrices du mythe : elles sont fonction des normes et du regard des Grecs de l'actuelle nature – ou du regard du narrateur. Le croisement de ces critères (voir tableau ci-dessous[37]) met en évidence que :
– selon le critère de conformité à ce qui est bon et selon le point de vue subjectif d'Aristophane, les hommes issus de MM se distinguent des deux autres catégories, de façon positive ;
– selon le critère des activités sociales (sans point de vue précisé), les femmes issues de FF se distinguent des deux autres, de façon négative.
– une hiérarchie de valeur est établie explicitement entre les hommes des deux catégories : ceux qui sont issus de MM sont meilleurs et plus virils (ἀνδρειότατοι) que ceux issus de MF.

37. Le schéma que nous proposons reprend celui de Brisson (1973, p. 43), avec des ajouts et de légères modifications.

Antique nature	Actuelle nature humaine avec organes sexuels			
	Sexe	activité sexuelle (modalité)		Activité sociale
		de façon conforme aux normes	de façon particulière	
être androgyne τὸ ἀνδρόγυνον [F.M.] ou [M.F.]	des hommes	Ils recherchent l'amour des femmes.	μοιχοί (hommes adultères) ❹	le mariage la procréation
	des femmes	Elles recherchent l'amour des hommes.	μοιχεύτριαι (femmes adultères)	
être femelle τὸ θῆλυ [F.F.]	des femmes	Elles sont tournées vers les femmes. ❸	ἑταιρίστριαι (hetairistriai)	
être mâle τὸ ἄρρεν [M.M.]	deshommes ἀνδρειότατοι (au plus haut point des mâles) ❶	Ils recherchent l'amour des mâles.	[ἀναίσχυντοι (impudiques)]	l'action
	garçons παῖδες ❷	Ils recherchent l'amour des mâles. Ils prennent plaisir à coucher avec des mâles et à s'unir à eux.		
	hommes mûrs ἄνδρες	Ils cherchent à trouver un garçon pour amant. Ils passent leur vie côte à côte.		la politique [Ils se marient et ont des enfants.]

Légende :

1 « Parmi les garçons et les adolescents, ceux-là sont les meilleurs. »

2 « Lorsqu'ils sont devenus des hommes faits… »

3 Elles sont « plutôt » tournées vers les femmes.

4 « La plupart des hommes adultères… »

« La règle les y contraint. »

Un seul érôs (192b-192e)

Cette division des comportements et des êtres, conséquence de celle opérée par les dieux sur les êtres originels, n'est pas à l'origine de la naissance de trois nouvelles natures d'êtres humains. La nature humaine est une donnée intemporelle[38], seule sa composition en espèces est modifiée. L'actuelle nature est divisée en deux espèces, selon le sexe, et en trois, selon le comportement : ces trois espèces ont pour principe unificateur érôs.

Le déroulement du récit d'Aristophane correspond, à l'intérieur même d'une narration à forme traditionnelle (μῦθος), aux étapes d'un raisonnement dialectique par division : après être remonté au genre commun, le narrateur de l'histoire décrit les différentes espèces. Mais à cette étape du récit, Aristophane a le souci de réaffirmer le but de sa démarche. Son discours ne vise pas à décrire des espèces distinctes, mais à souligner leur principe commun : ainsi, au tiers de son récit, il revient au cas général et prend soin de préciser que ce qu'il va dire au sujet d'érôs – qui désormais s'allie au sentiment « d'affection, d'apparentement » (φιλίᾳ τε καὶ οἰκειότητι) – ne concerne pas uniquement la dernière catégorie à laquelle il a consacré un long développement, mais *tous* les êtres humains de la nouvelle nature humaine (καὶ ὁ παιδεραστὴς καὶ ἄλλος πᾶς)[39]. La possibilité d'une fusion après une intervention d'Héphaïstos concerne les hommes et les femmes issus des trois êtres primitifs et c'est, dans les trois cas, un érôs au-delà du simple désir de jouissance sexuelle (ἡ τῶν ἀφροδισίων συνουσία) qui les frappe.

La mise en évidence du fait que les êtres humains ont des pratiques qui proviennent d'une même cause ne signifie pas pour autant que ces pratiques sont semblables dans leur forme et leur expression, ni qu'elles sont de même valeur. Le mythe montre que, pour les femmes qui recherchent les femmes ou les hommes, comme pour les hommes qui recherchent les hommes ou les femmes, il n'y a qu'un seul érôs, qui se définit comme « le souhait de retrouver cette totalité et sa recherche » (τοῦ ὅλου ... τῇ ἐπιθυμίᾳ καὶ διώξει), et il est le même pour tous.

Ainsi, dans toute cette partie du mythe où Aristophane présente les différents types de comportements érotiques, le critère de différenciation pertinent est le genre de l'être originel. Ce critère repose sur des données internes à son récit. Comme il y a trois genres, il y a *trois types* de comportements érotiques. Classer ces comportements en fonction d'autres critères – comme celui de l'opposition entre « attirance pour le même sexe » et « attirance pour un sexe différent », ou de l'opposition entre « attirance vers les femmes » et « attirance vers les hommes », ou de l'opposition entre « attirance ressentie par les femmes » et « attirance ressentie par les hommes » – n'a pas semblé valable

---

38. Comme le souligne Brisson, il ne s'agit pas ici d'une anthropogonie, et encore moins d'une cosmogonie. La nature humaine et l'univers qui l'entoure existent préalablement (Brisson 2000 b).

39. Brisson (1998, p. 201, n. 255) et Bury (1909, p. 65) précisent que c'est bien ainsi qu'il faut comprendre l'expression ἄλλος πᾶς. Thorp (1992, p. 58) analyse toute cette partie en considérant qu'elle ne s'applique qu'aux moitiés de l'être mâle (tout comme Boswell (1991, p. 91), d'ailleurs). Son analyse n'en est que moins convaincante.

dans ce contexte. De surcroît, il n'y a pas ici, et il est important de le souligner, d'opposition hommes/femmes : sont mis dans un même ensemble les femmes attirées par les hommes et les hommes attirés par les femmes, sans affirmation hiérarchique entre les individus sur le critère du sexe à l'intérieur de cette catégorie. Enfin, on ne peut en aucune manière trouver ici l'affirmation d'une catégorie englobant les pratiques « homosexuelles » qui s'opposerait à une autre englobant les pratiques « hétérosexuelles », pas plus qu'il n'y en a une pour les individus « homosexuels » et une autre pour les individus « hétérosexuels ». Les deux tableaux établis à partir de plusieurs critères énoncés par Aristophane ont mis en évidence d'autres façons potentielles de regrouper ces catégories ou des éléments de ces catégories (modalités de l'activité sexuelle ou existence d'une activité sociale), mais *aucun* de ces critères ne fait apparaître une ligne de démarcation entre les pratiques érotiques concernant les personnes de même sexe et celles concernant les personnes de sexes différents[40]. Si Aristophane célèbre la puissance d'érôs, il ne montre en aucune manière l'existence d'un érôs homosexuel.

Les relations érotiques entre femmes

Le système de catégories que le philosophe a placé dans la bouche d'Aristophane est, nous l'avons vu, plus complexe qu'il n'y paraît. Il convient d'analyser avec précision ce que recouvre pour le personnage d'Aristophane la catégorie des individus issus de l'être femelle, afin de tenter de déduire la pensée de Platon sur ce thème, et l'attitude grecque en général. Cette analyse est primordiale pour la lecture des nombreux textes qui, des siècles après, évoqueront le même thème : nous ne pourrons les lire que lorsque nous pourrons déterminer quelles modifications – voulues ou non – ils opèrent à partir de l'hypotexte dont ils ont subi l'influence.

Les moitiés issues de l'être femelle

Dans l'actuelle nature humaine, après la section et le déplacement des organes, les femmes originaires de l'être FF sont attirées par leur autre moitié femme dans le désir de revenir à l'unité primitive. Exactement comme pour les autres moitiés – celles issues de MM et de MF –, la satiété du rapport sexuel leur évite de mourir de désespoir et permet leur survie. Aristophane consacre plusieurs lignes aux effets de l'union entre un homme et une femme (la procréation d'enfants) et, plus loin, un long passage aux différents types d'unions à l'intérieur de la catégorie des hommes issus de MM ainsi qu'à leurs effets ; quant à la catégorie des femmes originaires de l'être FF, qui représente pourtant, selon le schéma initial, le tiers des pratiques humaines, Aristophane la décrit en une seule et unique phrase. Cependant, malgré sa brièveté, la définition de

---

40. Ce point est important car de nombreux chercheurs ont vu dans ce texte, qu'ils interprètent comme un plaidoyer, l'affirmation de l'existence de la catégorie « homosexualité » dans l'Antiquité. Voir par exemple Boswell 1991, p. 91-93 ; Hani 1981, p. 92 ; Buffière 1980, p. 393.

cette catégorie est – pour partie – éclairée par le parallélisme de structure avec les définitions des deux autres catégories (se reporter au tableau précédent).

> ὅσαι δὲ τῶν γυναικῶν γυναικὸς τμῆμά εἰσιν, οὐ πάνυ αὗται τοῖς ἀνδράσι τὸν νοῦν προσέχουσιν, ἀλλὰ μᾶλλον πρὸς τὰς γυναῖκας τετραμμέναι εἰσί, καὶ αἱ ἑται-ρίστριαι ἐκ τούτου τοῦ γένους γίγνονται.
>
> En revanche, toutes les femmes qui sont une coupure de femme ne prêtent pas la moindre attention aux hommes ; au contraire, c'est plutôt vers les femmes qu'elles sont tournées et c'est de cette espèce que proviennent les *hetairistria*.

Cette définition suit la structure d'une démarche rationnelle : l'origine est précisée, l'objet défini par la négative, puis par l'affirmative. Enfin, est mentionnée une sous-catégorie interne à cette catégorie. Les définitions des deux autres catégories issues des êtres originels comportent la précision de l'origine (dans les mêmes termes), la définition par l'affirmative, puis une espèce interne, regroupant ceux dont le comportement sexuel est particulier, à l'intérieur de cette catégorie (elle est également mentionnée pour les hommes issus de MM, même si c'est sous la forme d'une dénégation).

La catégorie des femmes issues de FF est la seule à être d'abord définie par la négative. La première chose qui définit ces femmes n'est pas leur attirance pour les autres femmes mais leur absence d'attirance vers les hommes. Malgré la description de la configuration des trois genres originels et de la division en moitiés, Aristophane ne suit pas linéairement les conséquences que sa disposition préalable entraîne : il définit la catégorie des femmes FF non en fonction de cette origine fictivement construite pour rendre compte du présent, mais en fonction des *a priori* du présent. Ici, « par nature » pourrions-nous dire (c'est-à-dire selon ce que les hommes de l'époque actuelle considèrent comme naturel), une femme est avant tout attirée par un homme, et, si elle ne l'est pas, il convient de le signaler en le présentant comme un état anormal (ἀλλά). Le premier élément de la définition de cette catégorie actuelle s'explique par l'état présent et non par l'état ancien (car selon l'état ancien, il n'y aurait eu nul besoin de préciser οὐ πάνυ αὗται τοῖς ἀνδράσι τὸν νοῦν προσέχουσιν) : on a donc, malgré les apparences, une définition fondée sur un paralogisme (la nature ancienne s'explique par la nature actuelle qui elle-même s'explique par l'ancienne) et non sur une démarche dialectique.

La définition, par l'affirmative, de cette catégorie – πρὸς τὰς γυναῖκας τετραμ-μέναι εἰσί – est, dans le parallélisme des constructions, l'équivalent des expressions φιλογύναικές τέ εἰσι et φίλανδροι (εἰσι sous-entendu) pour les êtres issus de FM, ainsi que de τὰ ἄρρενα διώκουσι pour les êtres issus de MM. Le lien entre les individus de sexes différents est exprimé par un préfixe dérivé du verbe φιλεῖν, qui est le sentiment par lequel les Grecs expriment généralement un attachement durable (et pas forcément sexuel ou érotique). Le lien entre les hommes est exprimé par le verbe διώκειν, un euphémisme qui a une nuance sexuelle claire, mais qui peut avoir également d'autres connotations : c'est sur la même racine qu'est construit le substantif δίωξις, terme qu'utilise Aristophane dans sa définition du *véritable* érôs (τοῦ ὅλου ... διώξει). L'élan des femmes issues de FF vers les autres femmes est décrit comme la conséquence présente d'une action extérieure qui les dépasse : τετραμμέναι εἰσί (litt-téralement « elles ont été tournées… »). Leur attirance est présentée comme une stricte conséquence de la coupure, sans qu'Aristophane recoure à un terme plus spécifique au contexte sexuel de son tableau. Cette neutralité dans l'expression contraste avec la description de la démarche érotique active des hommes ou avec le sentiment réciproque de φιλία chez les descendants des êtres androgynes.

Enfin, comme pour les deux autres catégories, Aristophane mentionne une sous-catégorie, celle qui regroupe les individus dont le comportement se caractérise par la démesure. On dit de cette sous-catégorie des hommes issus de MM qu'ils sont des ἀναίσχυντοι ; la sous-catégorie des hommes et femmes issus de FM est celle des μοιχοί et des μοιχεύτριαι ; la sous-catégorie des femmes issues de FF, celle des ἑταιρίστριαι. Alors que nous connaissons le sens de ἀναίσχυντοι, de μοιχοί et de μοιχεύτριαι, soit d'après leur construction, soit d'après les autres contextes où ils apparaissent (même s'ils ne sont pas forcément des termes courants), le terme ἑταιρίστριαι pose problème. C'est en effet la première trace que nous ayons de lui, et les autres occurrences du mot apparaissent des siècles plus tard (et sans aucun doute en référence à ce passage), chez Lucien et plus tard encore chez Synésios de Cyrène[41]. Pour l'époque classique, nous ne disposons donc que de cet unique contexte et de la construction du mot pour déduire, si ce n'est le sens précis, du moins un sens global.

Ce terme long et à la prononciation peu aisée est un double dérivé de ἑταίρα. Les substantifs ἑταῖρος et ἑταίρα, qui signifient à l'origine « camarade, compagnon » et « amie, compagne »[42], sont formés sur la même racine que ἔτης, « compagnon, allié, camarade appartenant au même groupe social que soi » : il s'agit du thème réfléchi *swe ou *se[43] et cette origine insiste sur le caractère de ressemblance, d'identité (origine sociale, communauté d'idées, etc.) des deux termes. Le substantif ἑταιρίστρια est formé sur le thème du verbe ἑταιρίζειν, au moyen du suffixe de nom d'agent -της, au féminin -τρια[44]. Ce suffixe est attesté très tôt dans la langue grecque, mais la double dérivation (une suffixation sur le thème d'un verbe dénominatif) est un phénomène beaucoup plus tardif. Le terme n'existait donc pas avant le IVe siècle. K. Dover, dans un récent article[45], remarque la présence de l'article (αἱ ἑταιρίστριαι) et en déduit que Platon considère que nous (à savoir le public) connaissons le terme, et que par conséquent le terme préexiste à Platon. En réalité, c'est le personnage d'Aristophane, créé par le philosophe, qui considère que son public connaît le terme, non Platon, et cela est typique du « vrai » Aristophane, qui amène les néologismes de façon anodine, pour surprendre son public et le faire rire. Il est donc plus vraisemblable que Platon soit l'inventeur, à la manière de l'auteur comique, de ce terme, long, fait d'assonances et d'allitérations (datation que la morphologie corrobore). Ce néologisme serait véritablement original car son équivalent masculin ἑταιρίστης (équivalent en ce qui

41. Lucien, *Dialogues des courtisanes*, V, 2, 2 ; Synésios, *Aegyptii sive de providentia*, I, 13, 39 et I, 17, 11.

42. Il existe de très nombreuses occurrences de ce terme au sens d'« amie », à toutes les époques (chez Homère, Aristophane, etc.).

43. Chantraine, *DÉ*, p. 380-382.

44. Chantraine 1933, p. 314-315. Ce suffixe a peu à peu remplacé le suffixe d'agent en -tor, que l'on trouve dans le très ancien terme crétois de φιλήτωρ (Strabon, citant Éphore, *Géographie*, X, 4, 20-21), signifiant ἐραστής.

45. Dover 2002, en particulier p. 225.

concerne la morphologie, non le sens) n'est pas attesté à époque classique : sa seule occurrence apparaît chez Pollux[46], un lexicographe du IIe siècle après J.-C., qui affirme l'avoir trouvé dans une source attique qu'il ne précise pas, et qui le définit comme désignant un homme doté d'un grand appétit sexuel pour les femmes (prostituées ou maîtresses). Il est difficile de déterminer ce que le terme masculin doit au féminin, mais il convient de ne pas extrapoler le sens féminin à partir du sens masculin.

Pour ce qui est de la signification exacte du terme, la morphologie n'est pas d'un grand secours : à l'époque classique, ἑταίρα est affecté d'un second sens, qui souvent remplace le premier, et désigne soit une courtisane (à savoir une femme qui entretient avec ses clients des rapports d'ἑταίρησις), soit plus généralement une maîtresse. Le substantif masculin ἑταῖρος conserve son sens premier d'ami, mais, paradoxalement, le verbe ἑταιρεῖν, comme le remarque K. Dover[47], n'est utilisé à l'époque classique que dans des contextes de prostitution exclusivement masculine. Dans le contexte du *Banquet*, il est difficile de savoir si le sens du terme est plus proche des nuances d'ἑταιρεῖν que de celles d'ἑταῖρος.

Quoi qu'il en soit, il est certain que, contrairement à la traduction que font beaucoup, le terme ne désigne pas *toutes* les femmes naturellement attirées par les femmes et provenant de l'être FF, mais uniquement une partie d'entre elles, celles dont le comportement ne respecte pas les conventions ou une certaine mesure[48]. On ne peut, de ce fait, traduire le terme par « homosexuelle » ou « lesbienne », car les signifiés actuels de ces mots sont trop vastes. D. Halperin insiste sur ce point par cette remarque pleine d'humour : si l'on traduit ἑταιρίστριαι par « femmes homosexuelles », alors on doit traduire μοιχοί par « hommes hétérosexuels » et μοιχεύτριαι par « femmes hétérosexuelles »[49].

Le parallélisme établi par Aristophane avec les personnes ayant un comportement particulier à l'intérieur de leur catégorie (les μοιχοί, les μοιχεύτριαι, et les ἀναίσχυντοι), peut laisser penser qu'il s'agit d'une désignation satirique et que le terme a des nuances péjoratives. Comme l'accorde B. Brooten à D. Halperin[50], la catégorie particulière à l'intérieur de celle qui regroupe les femmes tournées vers les femmes désigne probablement des femmes qui seraient telles, mais plus que les autres ; tout comme les

---

46. Pollux, *Lexique,* VI, 188 (Bethe).

47. Dover 1978, p. 35.

48. La majorité des traducteurs traduisent le terme par un équivalent de « femmes homosexuelles ». Traduire ce terme grec par le terme de « tribade » (comme le fait Jaccottet 1991) est non seulement périlleux, mais doublement anachronique. Cantarella commet une confusion importante lorsqu'elle évoque les « résonances inquiétantes » de « tribade » dans le texte (Cantarella 1988, p. 140) car le terme n'y figure pas. Brooten (1996, p. 41) ne mentionne que les ἑταιρίστριαι à propos des femmes issues de l'être FF, mais corrige son propos quelques années après dans un article où elle répond aux critiques de plusieurs chercheurs : le terme est un intensif et désigne des femmes encore plus attirées par les autres femmes. Dover, qui proposait pour le terme la traduction par « lesbiennes » (Dover 1980, p. 118) maintient son analyse dans un récent article où il affirme que les femmes issues de l'être femelle sont les ἑταιρίστριαι (Dover 2002, p. 225).

49. Halperin 1997 et 2002.

50. Brooten 1998, en réponse à Halperin 1997 et Halperin 1998.

μοιχοί et les μοιχεύτριαι ont des pratiques sexuelles plus nombreuses ou plus intenses que les simples φιλογύναικες et φίλανδροι, le terme ἑταιρίστριαι serait un intensif de « femmes tournées vers les femmes ».

Mais, alors que la catégorie des êtres descendant de l'androgyne est subdivisée en hommes et femmes (indépendamment du critère portant sur la modalité des rapports sexuels), et que celle des êtres descendant de l'être mâle est subdivisée en παιδεραστής et φιλεραστής (toujours indépendamment du critère fondé sur la modalité de la relation sexuelle), Aristophane n'établit pas de distinction dans la catégorie des femmes tournées vers les femmes, distinction qui porterait comme dans les deux cas précédents sur chacun des deux membres du couple (un homme et une femme, pour la catégorie issue de MF ; un παιδεραστής et un φιλεραστής pour la catégorie issue de MM[51]) : rien dans ses propos ne s'applique spécifiquement à l'une des partenaires du couple issu de FF. La catégorie des femmes tournées vers les autres femmes n'est pas traversée par une ligne de distinction entre les adultes et les jeunes, les actives et les passives, les masculines et les féminines ; en dehors de la question de la modalité, c'est une catégorie homogène.

La division en espèces établie par Aristophane à partir des êtres primitifs fait apparaître une catégorie qu'aucun texte philosophique n'avait jusque-là mentionnée : celle des femmes attirées par les femmes. De surcroît, même si de nombreuses incertitudes persistent sur le sens et les connotations du terme ἑταιρίστριαι, il est certain que rien de négatif n'est sous-entendu à propos de celles qui n'appartiennent pas à la sous-catégorie des ἑταιρίστριαι et qui sont tournées, avec mesure, vers les autres femmes pour s'unir sexuellement à elles dans le désir de retrouver l'unité primitive. L'auteur comique décrit les descendantes de FF comme formant une catégorie à part entière des manifestations humaines d'érôs, et cette catégorie a le même statut dans la hiérarchie genre-espèce que les deux autres. Elle ne peut se fondre dans l'une ou l'autre, ses caractéristiques lui étant totalement spécifiques. La catégorie des hommes issus de l'être MM et celle des femmes issues de l'être FF sont totalement disjointes, aucune ne peut chevaucher l'autre (par l'inclusion d'individus qui correspondraient provisoirement aux critères des deux catégories), aucune perméabilité n'est possible. L'évaluation en termes de valeur sociale confirme nettement cette hétérogénéité : les hommes de cette catégorie sont supérieurs aux femmes de cette catégorie. En d'autres termes, l'homosexualité féminine du mythe d'Aristophane n'est pas soluble dans l'« homosexualité ».

---

51. Remarquons en effet qu'Aristophane établit des distinctions à l'intérieur de la catégorie des individus issus de l'être mâle : il y a un παιδεραστής et un φιλεραστής et, dans les couples qui se forment, les amants n'ont pas le même âge. Le cas de figure de relations érotiques entre deux adultes n'est pas pris en compte. Il y a donc une incohérence dans le récit d'Aristophane (deux moitiés séparées l'une de l'autre au *même* moment, pourrions-nous dire en un pléonasme, n'ont plus le même âge ensuite) : « La réalité sociale décrite par Aristophane, écrit Halperin, présente une asymétrie érotique absente du paradigme mythique » de l'antique nature (Halperin 1990, p. 37). En ce sens, on ne peut désigner cette catégorie comme celle de l'« homosexualité masculine ».

L'auteur comique émet aussi un jugement de valeur qui différencie les hommes issus de l'être androgyne des hommes issus de l'être mâle : ces derniers sont les plus virils (ἀνδρειότατοι) et agissent avec hardiesse, virilité et masculinité (ὑπὸ θάρρους καὶ ἀνδρείας καὶ ἀρρενωπίας) et Aristophane souligne de façon tout à fait explicite ce point au moyen de l'adjectif superlatif : ils sont les meilleurs (βέλτιστοι) de tous les hommes. Le critère d'évaluation est le caractère masculin (comme le montre l'abondance de termes construits sur les radicaux grecs ἀνρ- et ἀρ-, qui proviennent de la même racine). Mais qu'en est-il des femmes issues de l'être femelle par rapport aux femmes issues de l'être commun aux deux sexes ? Dans ce passage, Aristophane n'établit aucune comparaison explicite entre ces deux groupes, mais si l'on suit le raisonnement qu'il applique aux hommes, on peut en déduire que les femmes issues de l'être femelle sont plus féminines par nature que les femmes issues de l'être androgyne. Si l'on conserve le critère d'évaluation qui accorde une valeur positive à la masculinité, on en déduit aussi que ces dernières sont meilleures que les femmes issues de l'être femelle, ce qu'illustre tout à fait la colonne « activité sociale » du tableau. Cette déduction ne pourrait être qu'une simple hypothèse mais elle est confirmée, de façon proleptique, par ce qu'on a cru être un « raccourci » d'Aristophane, ou une omission sans intérêt : lors de la description de la nature humaine déjà sectionnée mais non encore dotée d'organes sexuels fonctionnels (191d), il établit une équivalence entre l'antique nature et la nature actuelle où les femmes actuelles seraient les moitiés de l'être femelle, les moitiés féminines de l'androgyne ayant « disparu » du champ des possibles. Ce qui ressort de cette disparition, c'est que ce qui est important dans la distinction des êtres de l'actuelle nature, ce n'est pas tant leur appartenance à tel ou tel être primordial que la caractéristique sexuée. Une femme est avant tout féminine, avant d'être une moitié d'être (d'où le recours à la figure de la synecdoque, une partie suffisant à caractériser le tout). Cependant, si l'on continue à appliquer à cette catégorie des femmes le raisonnement qui fait de l'être masculin issu de l'être mâle l'être le plus viril, on en déduit que la femme issue de l'être femelle est la plus féminine. Aristophane, à l'intérieur de son système de catégorisation des comportements sexuels, intègre une donnée d'évaluation supplémentaire, non segmentée mais progressive, et qui couvre l'échelle de valeurs allant du plus au moins féminin, ou du moins au plus masculin[52]. Les femmes attirées par les femmes sont les êtres les moins masculins de la nouvelle humanité, et donc les plus éloignés des individus issus de l'être mâle.

Pour faire l'éloge d'érôs, Aristophane choisit d'en montrer le pouvoir, celui d'attirer les êtres les uns vers les autres dans un désir d'union permanente : ce désir est réciproque et indépendant du sexe. Les relations entre femmes de l'actuelle nature humaine s'en trouvent ainsi expliquées, et le mythe remplit sa fonction de récit étiologique censé rendre compte de la situation actuelle. Mais peut-on considérer que ce qu'Aristophane dit de l'actuelle nature humaine est un reflet du réel ? Il importe avant tout de voir en

---

52. Il fait état de cette échelle de valeurs propre à la nature humaine actuelle dès le début du récit, dans la parenthèse à propos du nom de l'être originel mixte (189e) : le terme d'androgyne est actuellement « un nom tenu pour infamant » (ἐν ὀνείδει ὄνομα κείμενον). Sur les usages de ce terme et ce qu'il révèle, cf. Brisson 1997, particulièrement p. 58-59.

quoi l'évocation de certains comportements de femmes regroupés ici en une catégorie « cohérente » (selon les problématiques du mythe) a semblé pertinente à Platon.

Platon et la catégorie des femmes issues de l'être femelle

Discours « intermédiaire », le mythe d'Aristophane prépare le lecteur à passer de ce sentiment étonnant qu'il ressent et qu'il n'arrive pas à exprimer – sentiment qui est, comme l'écrira Platon dans le *Théétète*, le premier pas nécessaire à la philosophie[53] – à une dimension différente, au-delà du sensible.

On ne peut dire que le discours d'Aristophane propose un panorama des pratiques réelles de l'époque, panorama sur lequel s'appuierait ensuite Socrate pour développer sa théorie sur érôs, car bon nombre de comportements existant à Athènes, et attestés par diverses sources, n'y sont pas inclu. Comme le relève D. Halperin, les catégories établies par Aristophane ne rendent pas compte du goût largement répandu chez les citoyens d'Athènes, celui d'être attiré indifféremment par les jeunes garçons et les femmes[54]. De même, notre analyse des catégories l'a bien montré, l'amour entre hommes adultes, dont on sait qu'il existait même si la littérature conventionnelle préfère éviter le sujet, est exclu des comportements des êtres provenant de l'être mâle.

À l'inverse, même si ce schéma ne présente que la forme socialement admise des relations entre hommes, on ne peut directement en déduire qu'il s'agit ici du tableau des idées communes, ou des conventions grecques de l'époque ; on ne peut pas non plus en déduire que c'est pour cette raison que Platon a choisi Aristophane, afin de pouvoir mieux, par le discours de Socrate, infirmer la δόξα généralement véhiculée par la comédie. En effet, si certaines conventions sont affirmées dans cette description de la nature humaine, d'autres aspects présentés par Aristophane sont largement anticonventionnels.

• Dans sa description plus précise des relations entre jeunes et plus âgés, Aristophane évoque le plaisir que ressentent les jeunes garçons à avoir des relations sexuelles avec des hommes plus âgés et leur démarche est définie comme active (ce sont eux qui les recherchent). Or les conventions qui pèsent à Athènes sur l'amant et l'aimé, telles que les décrit d'ailleurs Pausanias peu auparavant[55], posent que c'est l'amant qui doit poursuivre le jeune aimé (de ses attentions, et par des présents) et, comme cela apparaît dans la majorité des vases grecs et des poèmes satiriques, il est dans les normes

---

53. *Théétète*, 155c-d.

54. Halperin 1990, p. 37, note. Il s'oppose à Cantarella qui y voit une description réaliste des comportements.

55. Bien évidemment, le discours de Pausanias ne peut être considéré comme un discours faisant état de façon objective et réaliste de mœurs de son époque (il évoque les deux Aphrodite, dont on sait que la distinction qu'il établit ne recouvre aucune pratique réelle), mais, en ce qui concerne l'attitude non uniforme (ποικίλος, 182b) des Athéniens face à certains comportements masculins, les propos de Pausanias sont attestés par d'autres sources.

que l'amant retire un plaisir physique de l'union sexuelle, mais honteux qu'un jeune homme y prenne plaisir[56].

• Le personnage d'Aristophane, loin de développer l'image péjorative de certains hommes que ses comédies développent, s'oppose à l'opinion courante qui pèse sur ces individus qu'on accuse d'impudicité.

• Aristophane présente des hommes et des femmes comme mis à égalité et intégrés dans une même catégorie (ceux qui sont issus de l'être androgyne). L'identité de l'attirance des uns pour les autres est soulignée, nous l'avons vu, par le vocabulaire employé.

En partie réaliste quand il rend compte de comportements anticonventionnels dont fait peu état une certaine littérature, en partie influencé par les conventions, ce passage est traversé de tensions : tension entre les idées populaires et la réalité, tension entre les idées populaires et celles d'Aristophane, tension entre le souci de donner une image cohérente avec ce que les Athéniens se représentent de la réalité et la description de comportements impliqués par les données de base du mythe, tension entre la description conventionnelle des comportements et la logique du récit qui oblige à rendre compte de comportements anticonventionnels.

Ces tensions et ces déséquilibres latents constituent l'essence même du récit d'Aristophane, tel que Platon a voulu qu'il le prononce, et cet équilibre instable est indissociable du jeu intertextuel que Platon instaure entre lui et le plus célèbre auteur de comédies à son époque. « Il faut considérer, écrit L. Brisson, le mythe d'Aristophane comme l'expression, selon Platon, des fondements et des implications de la conception que se fait Aristophane d'érôs et de son rôle[57]. » Cependant, *à l'intérieur* de ce discours à l'image de ce que Platon attribue à Aristophane, le philosophe introduit des notes dissonantes, des éléments qui ne correspondent pas à ce que l'on sait du personnage historique d'Aristophane. Dans le cas de la prise de position du personnage qui défend ceux qui sont accusés d'ἀναισχυντία, on peut sans hésiter y voir un clin d'œil averti, auquel la remarque à double sens de l'implication de cette catégorie d'hommes dans les affaires politiques de la cité fait écho : Platon souligne qu'Aristophane, même transformé par sa plume, reste lui-même...

En ce qui concerne les relations érotiques entre femmes, on a longtemps trouvé naturel et allant de soi que ce soit le personnage d'Aristophane qui les mentionne. Or cela devrait tout autant choquer que l'étonnante (mais tout à fait voulue par Platon) complaisance d'Aristophane envers les amants masculins : *aucune* des pièces d'Aristophane, en effet, n'a jamais mentionné la possibilité d'une relation sexuelle entre femmes, aucun personnage de femme ayant, ou ayant eu, des relations érotiques avec une autre femme n'apparaît dans les comédies de l'auteur dramatique[58]. Platon, au moment

56. L'ombre menaçante du *kinaidos* que chaque homme peut devenir plane. Cf. Winkler 1990, p. 95-142, en particulier p. 98-100.

57. Brisson 1973, p. 27, n. 1.

58. S'il a semblé longtemps si peu étonnant qu'Aristophane tienne ces propos, c'est parce qu'on a interprété longtemps et de façon anachronique, dans ses comédies, les allusions phallocentrées à l'utilisation de godemichés par des femmes, ou les remarques sur le physique viril de l'une ou l'autre, comme une évocation d'un comportement homosexuel. Ce point sera développé dans un chapitre suivant.

de l'écriture du *Banquet*, connaît l'œuvre complète de l'auteur : il sait que placer cette évocation – simple et sans jugement péjoratif ni insultant – de ces comportements de femmes dans la bouche de cet auteur connu pour son vocabulaire imagé et grossier apparaîtra, pour son public, tout aussi frappant que la défense pleine d'ardeur des ἀναίσχυντοι qu'il lui fait prononcer. Il sait aussi que la parodie des comportements humains fait partie intégrante du rôle de l'auteur comique. Il n'est d'ailleurs pas impossible de lire ce passage comme un défi *a posteriori* de Platon à Aristophane, la mise en acte *par le philosophe* de ce que l'auteur comique n'a pas su (ou pas pu, ou pas voulu, ou pas pensé) faire, bref d'y voir une manifestation (que l'issue du *Banquet* mettra en image par le tableau de Socrate parlant auprès d'Aristophane et d'Agathon endormis) de la supériorité de la pensée philosophique sur toute autre forme de pensée.

À tous les niveaux, Platon intègre le discours d'Aristophane à sa propre démarche philosophique et il lui accorde un statut particulièrement important. Première étape au niveau du sensible, premier discours à même de frapper l'auditoire par sa proximité (nous avons dit « proximité » et non « identité ») avec les choses réelles, ce passage est l'étape qui fait passer de l'expérience sensible à la conscience de l'existence du manque. En remontant au genre qui unit les différentes espèces, Aristophane valide l'idée qui sera développée par Diotime d'un détachement complet d'érôs par rapport aux choses du sexe. L'accès à la vision du Bien et du Beau est totalement indépendant du sexe (biologique) et d'une quelconque pratique sexuelle (même si la relation entre hommes est l'image métaphorique utilisée par Diotime[59]), et le discours d'Aristophane pose les bases de ce détachement. En tant que « passeur », le discours d'Aristophane se doit d'intégrer *toutes les formes* de comportements érotiques, afin que le discours de Diotime puisse en montrer l'inanité quand l'union sexuelle devient une fin, et les dépasser : plus large est le panorama d'Aristophane, plus grande sera la portée du discours de Diotime.

La volonté marquée par Platon de prendre en compte la majorité des possibilités de comportements érotiques humains s'exprime dans l'intégration au panorama fait par Aristophane des comportements érotiques entre femmes, et participe de la démarche qui est de partir du réel pour arriver au vrai, démarche dialectique propre au philosophe. À l'inverse, l'incomplétude du schéma d'Aristophane (l'exclusion des couples d'hommes adultes) est une mise en évidence par Platon de la caractéristique sophistique de la démarche de l'auteur comique, démarche qui consiste à partir de ce qui semble être réel (l'apparence) pour arriver, en un pseudo-raisonnement dialectique par division, au non-être (le désir de l'unité pour elle-même). Par conséquent, le premier tableau, s'il n'est pas vrai, est du moins vraisemblable et la mention de l'homosexualité féminine peut être lue comme un « effet de réel » : pour masquer les « défaillances » du système (l'incohérence, par rapport à l'incipit du mythe, de couples de « moitiés » d'âge différent, l'assouplissement du système par la perméabilité relative des catégories, etc.), le personnage ajoute du réel inédit, quelque chose de concret et d'évident, que les gens connaissent mais que les discours conventionnels évitent largement d'évo-

---

59. Cf. Halperin 1985.

quer (comme d'autres thèmes interdits, contournés ou évités en raison de leur contenu inconvenant, ou comme des thèmes dont le commun des mortels se désintéresse). À nouveau la tension se fait sentir, entre la volonté de Platon de souligner la distorsion du réel par la comédie et l'importance qu'il accorde à ce discours (en tant que préliminaire au discours de Socrate) et à l'étendue du « panorama » érotique développé ensuite par Diotime. Certes, Platon n'accorde que peu de lignes à la catégorie des femmes issues de l'être femelle, mais cette mention intervient dans un passage important du *Banquet*, dont il savait qu'il ne manquerait pas de frapper son auditoire, et elle est présentée comme une forme à part entière des trois formes érotiques existantes, dont aucune – pas même en partie – ne peut être intégrée à l'autre.

Alors que la description de l'antique nature, divisée en trois êtres au sujet desquels aucun jugement de valeur ni de hiérarchie n'a été exprimé, laissait croire en une division de l'actuelle nature en trois espèces équivalentes, Aristophane infléchit la logique de son récit. Cet infléchissement trouve la même explication que celle de la perméabilité des catégories : il faut bien que son récit, qu'il présente comme étiologique, rende compte de la situation actuelle. Les éléments non impliqués par les paradigmes mis en place au début sont importants pour la vraisemblance de son récit et révélateurs d'une réalité sociale contemporaine, à savoir la valorisation de certains types de rapports entre hommes, la préoccupation de perpétuation du γένος et le fait que les relations entre femmes – selon toute apparence – ne sont pas une question primordiale et, surtout, n'ont pas de conséquences sociales (reconnues par Aristophane et Platon). Le fait que ce soit Aristophane, l'auteur comique, qui l'évoque ne peut être interprété comme une simple volonté de Platon de présenter un tableau totalement fantaisiste de l'humanité, nous l'avons vu. Si le recours à des néologismes ou à des mots d'un langage peu conventionnel est bien « aristophanesque », la composition du discours comme première étape d'une distinction avec le sens commun d'érôs est bien platonicienne. Le philosophe, comme plus tard dans les *Lois*, doit partir d'un examen du réel où certains *a priori,* conventions et tabous doivent être balayés : la possibilité des relations entre femmes doit être relevée, sans pour autant qu'on s'y attarde. Cette mention brève et dense nous permet de voir que pour Platon, durant le court moment où il doit se préoccuper de cet érôs du monde sensible, les relations entre femmes sont perçues comme des relations érotiques à part entière, pouvant susciter des emportements sensuels, passionnels et affectifs et comprenant une donnée sexuelle, comme les autres formes érotiques. Elles sont perçues comme une catégorie, placée dans le côté féminin, très éloignée des comportements entre hommes (avec lesquels aucun élément commun n'apparaît qui puisse fonder une catégorie commune). La raison en est simple : pour le philosophe, ces relations n'ont aucun impact sur la vie sociale des hommes athéniens. Par ailleurs, la perméabilité relative des catégories coupe court à toute angoisse que créerait l'idée d'une stérilité du genre humain (angoisse qui fera son apparition dans les *Lois*).

Ce passage – particulièrement important pour l'analyse des discours sur l'homosexualité féminine dans la mesure où il est le premier, après deux siècles de silence, à aborder le sujet – relève d'un constat sans prise de position ; c'est un moment du discours qui a semblé nécessaire, mais non essentiel. Il n'empêche qu'il conforte l'image d'un Platon attentif à cette autre « moitié » de la société grecque que bon nombre d'orateurs et d'écrivains choisissent d'ignorer ou d'idéaliser à travers quelques figures exemplaires.

Ainsi, dans le *Banquet*, le discours d'Aristophane n'exprime pas, comme certains l'ont soutenu, la volonté de l'auteur ou du personnage de produire, en la présentant comme naturelle, une défense et une justification de l'« homosexualité », et D. Halperin affirme, à l'inverse de beaucoup, qu'il n'y a pas non plus ici une défense de l'« homosexualité masculine » – cette catégorie moderne n'étant pas assimilable avec la catégorie élaborée par le personnage dans son discours[60]. En ce qui concerne les femmes, cependant, il apparaît qu'une catégorie homogène est définie dans le discours d'Aristophane, distincte des autres et ontologiquement égale aux autres. Cet aspect paradoxal d'une reconnaissance par la négation ou l'interdiction apparaît également dans les *Lois*.

---

60. Dans la mesure en effet où un champ important des comportements érotiques entre hommes est exclu de cette catégorie, on ne peut pas dire qu'elle exprime ce que, de nos jours, nous nommons « homosexualité masculine ». Par conséquent, on ne peut en aucune manière suivre la thèse de Thorp qui, en s'opposant aux conceptions de Foucault et de Halperin, s'appuie sur le *Banquet* pour mettre en évidence à quel point le système grec de catégorisation des pratiques sexuelles était proche du « nôtre » (Thorp 1992, p. 61). Relevons que Thorp intitule son article « The Social Construction of Homosexuality » et n'évoque jamais les femmes. Notons surtout qu'il considère que le passage décrivant l'impossibilité des amants de formuler leur désir ne s'applique qu'aux hommes (192d), et il s'appuie sur ce passage pour montrer que Foucault a tort de penser que la catégorie psychique de l'homosexualité n'est apparue qu'au XIXe siècle (p. 58).

Platon, les *Lois* :
une interdiction comme reconnaissance

Dans le *Banquet*, les relations sexuelles entre hommes sont la relation privilégiée – bien avant les liens entre hommes et femmes – poussant les hommes vers l'action politique ou vers une démarche philosophique qui, telle que la décrit Diotime, conduit l'homme à la contemplation du Beau et du Bien. Dans les *Lois*, en revanche, ces mêmes relations font l'objet d'une interdiction forte. Comment rendre compte de cette apparente contradiction ? Que révèle cette double interdiction – car elle s'applique aux hommes comme aux femmes – sur la conception par Platon de l'homosexualité féminine ?

Les *Lois*[1] sont la dernière œuvre de Platon ; elles ont été écrites durant les dernières années de sa vie, probablement à partir de 360 av. J.-C. Elles étaient inachevées en 347, lorsqu'il mourut, à l'âge de quatre-vingts ans environ (leur édition serait due à Philippe d'Oponte). Seule œuvre de Platon où Socrate n'apparaît pas, ce dialogue met en présence trois hommes d'un âge avancé, faisant route de Cnossos vers le mont Ida et la grotte de Zeus. Il s'agit de Clinias le Crétois, de Mégillos le Spartiate et d'un Athénien anonyme (porte-parole des idées de Platon). Tous trois discutent des conditions nécessaires pour créer la meilleure forme de gouvernement. Clinias, qui est chargé par ses concitoyens de fonder une colonie, propose à ses deux compagnons de route de construire, en paroles, cette cité. Avec la collaboration du Spartiate et du Crétois, l'Athénien énonce alors les principes sur lesquels les législateurs fonderaient une constitution la plus à même de mener les citoyens vers la vertu. Il expose dans un premier temps un programme général puis développe un véritable code législatif, où il décrit non seulement la loi elle-même, mais aussi la façon de convaincre les citoyens de l'appliquer, ainsi que les sanctions pour ceux qui l'enfreindraient. La structure des *Lois* est la suivante : après un préambule qui définit la fonction de la loi et un examen des types de constitution possibles, l'Athénien se livre à une description longue et détaillée de la cité vertueuse.

Alors que Platon, quelques années auparavant, décrivait dans la *République* une cité idéale et purement philosophique dirigée par des philosophes-rois, les « gardiens » qui ont l'idée de la Justice et du Bien, la question de la philosophie et de la place du

---

1. La présentation de l'œuvre s'appuie sur les travaux de Castel-Bouchouchi (1997, p. 23-58), de Pradeau (1997), de Laks (1991 et 1995) et de Brisson (2000).

philosophe n'occupe plus une place centrale dans les *Lois*. Il s'agit d'établir une codification précise, s'appliquant aux hommes. « Les *Lois* sont résolument politiques[2] »,
dans le sens où elles accordent une grande importance à l'absence de troubles, à la paix
et au lien social. Sans priver l'œuvre de sa dimension philosophique, A. Laks considère que « sur la base des *Lois*, on pourrait écrire une "vie quotidienne dans la cité platonicienne" – ce que ni la *République,* ni le *Politique*, ne permettent évidemment de
faire »[3]. Axées dans une perspective pragmatique, les *Lois* sont une sorte de manuel du
citoyen, et c'est cette caractéristique humaine et concrète de la législation qui amène
l'Athénien à codifier les comportements d'ordre privé, comme le mariage, l'adultère
et les relations dans la famille, avec force précisions.

Magnésie n'est pas une cité théorique, elle est un « intermédiaire entre l'idéal et la
concrétisation[4] », c'est une cité *possible*. La législation exposée par l'Athénien tient
compte des données concrètes et pose la question de l'application des lois, c'est-à-dire
celle du consentement des citoyens. La loi en effet donne des ordres, elle relève de
l'épitactique[5], et il s'agit, pour le législateur, de déterminer à quelles conditions ces
ordres susciteront l'accord de ceux auxquels ils s'adressent. « L'art politique devient une
affaire de persuasion[6] » et l'effort du législateur est tout entier tourné vers le fait de
convaincre les citoyens, par tous les moyens, du bien-fondé de ces lois, garantie d'une
bonne marche globale de la cité et du bonheur de tous. L'innovation alors introduite
c'est d'accorder une grande importance aux moyens de la persuasion, persuasion qui
peut être fondée sur une explication rationnelle mais aussi sur le mensonge, les développements rhétoriques et le recours aux mythes[7]. Dans cette perspective, l'éducation
joue un rôle fondamental. Le législateur peut donc, en amont, modeler les âmes pour
concourir au bonheur de tous et, à un autre niveau, limiter considérablement les liber-
tés individuelles en persuadant les citoyens du bien-fondé de ces limitations.

C'est à la fois l'ampleur du projet, soulignée par la multitude de lois qui englo-
bent l'ensemble des comportements humains[8], et le rapport établi entre la loi, la persuasion et la liberté qui confèrent aux *Lois* de Platon certaines caractéristiques de ce
que l'on a pu appeler une utopie « totalitaire ». Elles ont suscité de nombreuses réactions et critiques des commentateurs modernes[9]. De même, le statut des femmes dans
cette nouvelle législation a été interprété avec enthousiasme par certains qui y voyaient
l'affirmation d'une libération de la femme, mais avec circonspection et méfiance par

2. Castel-Bouchouchi 1997, p. 41.
3. Laks 1995, p. 6.
4. Castel-Bouchouchi 1997, p. 46.
5. Cf. Laks 1991, p. 418 et Laks 1995, p. 20.
6. Castel-Bouchouchi 1997, p. 43.
7. « La quasi-totalité des préambules cherche à enchanter le citoyen à l'aide de charmes
dispensés par la mythologie et la rhétorique », analyse Brisson (Brisson 2000, p. 262).
8. Voir, par exemple, la longue liste des crimes établie par l'Athénien (cf. Saunders 1970,
p. 539-544).
9. Sur l'accusation de totalitarisme et les nombreuses prises de position pour « défendre »
Platon, cf. Ernoult 1996, p. 61-65.

d'autres qui y ont vu l'établissement d'une infériorité féminine[10]. Sans entrer dans des débats où le danger d'une évaluation anachronique est particulièrement présent, il importe de déterminer, à partir du texte même des *Lois*, pourquoi Platon considère certaines relations sexuelles comme néfastes au bonheur des habitants de Magnésie, et en vertu de quels critères, relevant de son projet législatif, il a intégré les relations entre femmes dans cette interdiction.

La place des femmes dans la cité magnète

Dans la cité idéale dirigée par les philosophes-rois dont il est question dans la *République* et dans la cité virtuelle que décrit l'étranger athénien dans les *Lois*, Platon accorde aux femmes, comme l'a mis en évidence N. Ernoult[11], une place sans précédent non seulement dans l'histoire politique grecque, mais aussi dans l'histoire de la pensée. Cet aspect du projet politique de Platon est déterminant pour aborder la position du philosophe concernant l'homosexualité des femmes.

Dans la *République*, après avoir décrit le mode de constitution correct et bon d'une cité aussi juste et parfaite que possible, Socrate, sur la demande de ses interlocuteurs, s'arrête quelques instants sur la question des femmes, des enfants, du mariage. Pour les personnes qui appartiennent à la classe des gardiens, il établit l'égalité des hommes et des femmes (V 449a-457b) en ce qui concerne les aptitudes à assurer un emploi dans le gouvernement de la cité. Une femme peut être une gardienne des lois, comme un homme, et Platon crée un vocabulaire politique féminin pour cette fonction. Pour lui, les hommes et les femmes peuvent être doués pour tout, indistinctement, à ceci près que, globalement, les hommes réussissent mieux que les femmes. Ce qui différencie l'homme de la femme est l'ἀσθένεια – qu'il faut comprendre comme « faiblesse physique » et non comme « infériorité »[12] – mais, en ce qui concerne la cité, les « natures » de l'un et de l'autre sont identiques. Ce point est essentiel, et G. Sissa, alors même qu'elle estime que, en ce qui concerne les femmes, Platon ne se préoccupe absolument pas « de leur bien ou de leur intérêt », fait l'analyse suivante : chez Platon, « le genre sexuel n'est pertinent pour diviser le genre humain que sur le plan de la biologie. Sur le plan de la vie sociale, la détermination sexuelle n'a aucune valeur[13] ». Dans la *République*, la seule différence entre les hommes et les femmes que reconnaît Socrate, c'est le rôle que jouent les sexes dans la génération : « Le sexe féminin enfante, le sexe masculin engendre » (*République*, V 454e). Excepté ce point, dans la classe des gardiens, il n'y a pas, chez l'individu, de spécificité liée au sexe. Comme

10. Pour une historiographie des nombreuses et différentes interprétations de l'attitude de Platon par rapport aux femmes, de celles qui voient chez le philosophe l'affirmation d'une « nature » féminine à celles qui y voient une position « féministe » en passant par les approches de la psychanalyse ou de la politique, cf. la synthèse d'Ernoult 1996, p. 33-70, ainsi que celle de Bluestone 1987, p. 102-119.

11. Cette synthèse sur la place des femmes dans la cité platonicienne s'appuie principalement sur la thèse d'Ernoult (Ernoult 1996).

12. Ernoult 1996, p. 116-122.

13. Sissa 1991, p. 97.

l'écrit N. Ernoult, « le paradigme politique de la *République* n'est donc pas le modèle de l'ἀνήρ dont la virilité s'opposerait inévitablement à la féminité de la γυνή, et inversement, mais le modèle de l'ἄνθρωπος, seule forme sociale parvenant à réduire l'antagonisme des deux sexes. Pour Platon, la femme est d'abord un être humain avant d'être une femme[14] ». Cette réduction maximale de la différence des sexes, dans une société où les mythes fondateurs présentent la femme comme une engeance néfaste pour le genre humain[15], est remarquable.

Cependant, la cité de la *République* est une cité qui se tient en dehors de l'histoire[16]. Serait-ce à dire que Platon n'envisage cette participation des femmes à la vie publique et politique que dans le cadre d'un projet totalement fictif ? Non, car la préoccupation[17] de Platon pour les femmes est aussi une caractéristique des *Lois*. Cette cité, qui n'est pas totalement « hors de l'histoire » puisqu'elle tient compte d'une structure sociale existante (la famille est maintenue) et qu'elle codifie les actes de la vie quotidienne, réintroduit une hiérarchie sociale homme/femme. Pourtant, alors que Platon aurait pu, dans cette cité qu'il veut possible, reproduire la situation sociale des femmes dans les cités grecques à son époque, il accorde une grande place à leur participation à la vie sociale et publique[18]. Le code législatif qu'énonce l'étranger d'Athènes tient compte des deux sexes et ce, comme le remarque N. Ernoult, « d'une manière presque obsédante », puisque l'on recense plus de trois cents occurrences de termes désignant la femme[19]. L'infériorité des femmes est clairement énoncée[20], mais il s'avère que la différence de nature ne constitue pas un frein à la participation des femmes à la vie publique. N. Ernoult émet l'hypothèse que l'Athénien énonce ce topos sur l'infériorité des femmes afin de mieux faire accepter à son auditoire les innovations qu'il va proposer : puisqu'elles sont inférieures, il convient de s'occuper deux fois plus d'elles (διπλάσιον, VI 781b) et de remédier à cette infériorité. Voici donc, concrètement, comment l'Athénien projette de s'occuper des femmes.

Dès leur naissance, les petites filles sont inscrites sur le registre officiel de la cité[21] et une cérémonie religieuse valide cette entrée dans le corps social, comme pour les garçons. Elles ont droit à une éducation (celle-ci est d'ailleurs obligatoire). Cette παιδεία est assurée pour les tout-petits, sans distinction de sexe, par les mères dans un premier temps, puis par les nourrices[22]. À six ans, les enfants vont à l'école publique,

---

14. Ernoult 1996, p. 164.

15. Sur ce point, voir les travaux de Loraux 1978 et de Vernant 1974, p. 177-194.

16. Sur cet aspect de la cité platonicienne, cf. Canto 1994, p. 62.

17. Nous entendons « préoccupation » au sens neutre, sans entrer dans la question de savoir si Platon voulait (ou non) l'émancipation des femmes pour leur seul bien.

18. En ce sens, Ernoult (1996, p. 12) s'oppose à l'interprétation de Veyne, qui voit dans l'œuvre de Platon une systématisation de la cité grecque et une correction de certains points (P. Veyne, « Critique d'une systématisation. Les *Lois* de Platon et la réalité », *Annales E.S.C.* 37, 1982-1983, p. 883-908). Or, dans le cas des femmes, Platon ne « corrige » rien, il innove.

19. Ernoult 1996, p. 22, n. 49.

20. *Lois*, VI 781a-b.

21. *Lois*, VI 785a-b.

22. *Lois*, VII 789a.

où les garçons et les filles sont séparés[23], mais où le programme d'enseignement est quasiment identique[24]. Un enseignement militaire[25] est dispensé aux deux sexes, ce qui pose le principe d'une participation des femmes à la guerre. Les femmes sont en effet des πολίτιδες, des citoyennes, et, à ce titre, participent à la protection de la cité[26]. Dans les *Lois*, la guerre n'est plus uniquement « l'affaire des hommes »[27]. Les femmes participent obligatoirement aux concours militaires, comme la course et le combat en armes, et facultativement aux autres types de concours. Elles sont exemptées de cet entraînement militaire durant la période de procréation[28], mais la loi qui interdit le célibat[29] et rend l'enfantement obligatoire s'applique indistinctement aux hommes et aux femmes (les naissances, en effet, sont planifiées et il convient que chaque couple ait un garçon et une fille, cf. XI 930d). Le choix du conjoint est beaucoup plus libre pour les femmes que ce que ne leur permettent les usages athéniens (VI 771e) et la dot est quasi abolie (V 742c). En cas de divorce, les femmes sont libres de toute tutelle masculine. En ce qui concerne les activités politiques, les femmes n'ont pas accès à toutes les charges, mais, à l'âge de quarante ans, elles peuvent assumer une charge importante, celle d'« inspectrice des mariages »[30] : elles sont chargées de surveiller les conduites des couples et elles ont donc autorité aussi bien sur les hommes que sur les femmes. Les femmes peuvent aussi seconder le magistrat chargé de l'éducation. La fonction d'ambassadrice[31], qui porte sur les relations extérieures et qui consiste, lors de missions d'observation et de communication avec l'étranger, à représenter la cité, leur est également ouverte. Les femmes n'ont pas la même autorité que les hommes lors des procédures juridiques, mais, contrairement au droit athénien, une femme magnète peut témoigner si elle a plus de quarante ans (XI 937a) ou intenter des actions si elle n'est pas mariée. Elle joue aussi un rôle dans les assemblées des συγγενεῖς (tribunaux domestiques). De plus, les divers crimes et délits recensés par l'Athénien entraînent, généralement, une peine égale pour l'homme et pour la femme[32].

De façon globale, on le voit, les droits des femmes sont bien inférieurs à ceux des hommes, mais ils sont étendus à toutes les citoyennes (et non réservés à la classe des gardiens, comme c'est le cas dans la *République*). De surcroît, ils excèdent largement les quelques faibles droits de la femme grecque de l'époque classique.

Enfin, puisque les femmes sont inférieures aux hommes et qu'il convient, pour garantir l'unité et l'homogénéité de la cité, de remédier à cela, l'Athénien décrit une

---

23. *Lois*, VII 794c.
24. *Lois*, VII 804d-e et 809c. La seule différence porte sur le chant et la danse.
25. *Lois*, VII 794.
26. *Lois*, VII 814c.
27. Selon l'adage traditionnel. Cf. Homère, *Iliade*, VI, 491.
28. *Lois*, VI 785b.
29. *Lois*, IV 721a et VI 774a.
30. *Lois*, XI 930c. Leur fonction est précisée en VI 784a.
31. *Lois*, XII 953d-e.
32. « Platon a dû alors se forger une pensée juridique qui tienne compte d'une participation des femmes à la vie de la cité, mais aussi inventer un droit, créer des lois qui leur soient spécifiques » (Ernoult 1996, p. 173).

mesure très particulière, l'institution des banquets de femmes[33]. Ces banquets sont publics, organisés par les femmes et pour les femmes. Une femme magistrat (ἄρχουσα) les préside. Dans les *Lois*, le législateur tient à faire sortir les femmes de l'οἶκος et à les mener à la lumière (εἰς φῶς, VI 781c). Lorsqu'on connaît la valeur importante des banquets d'hommes dans les différentes cités (fonction guerrière, initiatique, philosophique ou politique), on comprend que cette mesure de l'Athénien ait fait écrire à Aristote : « Aucun autre penseur n'a imaginé des innovations comme la communauté des enfants et des femmes ou les repas en commun pour les femmes[34]. » Nous sommes effectivement loin des tableaux satiriques d'un Aristophane qui ne dépeint les femmes entre elles que pour mieux faire apparaître leur incapacité à gérer la cité et montrer le caractère non viable d'une telle situation. À travers l'institution des banquets, Platon crée un véritable lieu de sociabilité et de parole collective pour les femmes. L'accès à la parole publique est concrétisé par le décret sur la παρρησία : il est permis aux hommes comme aux femmes (que la cité aura préalablement sélectionnés pour leur talent) de composer et de déclamer en public un discours poétique en l'honneur de ceux qui se sont illustrés par leurs actions glorieuses et leur courage, et ont œuvré pour le bien de la cité.

Ainsi, même si l'égalité stricte prônée dans la *République* n'est pas de mise dans les *Lois*, même si les femmes sont exclues du droit de propriété et d'héritage, et sont absentes des assemblées, il n'empêche que les femmes magnètes ont des droits que n'ont pas les femmes grecques de l'époque de Platon, et qu'elles jouissent incontestablement d'une reconnaissance civique et politique[35]. La participation des femmes aux exercices militaires, les banquets et la παρρησία sont autant de lois symboliquement fortes qui vont à l'encontre des valeurs grecques de l'époque. « Platon a sans doute été l'un des premiers philosophes à rejeter le déterminisme biologique des sexes[36]. »

Par conséquent, comment comprendre l'interdiction brutale et sans appel des relations entre personnes de même sexe, alors même que l'Athénien ouvre une part de la vie publique à « la moitié de la cité » et bouleverse la répartition culturelle des attributions traditionnelles homme/femme ?

L'interdiction de l'homosexualité

Dans les dernières œuvres de Platon, alors que la cité fait l'objet d'un intérêt croissant de la part de l'auteur, les relations entre hommes – lien social primordial dans l'Athènes classique – sont quasiment ignorées dans la *République*[37] et explicitement interdites dans les *Lois*. Pourtant, les relations entre hommes jouent un rôle important dans

33. *Lois*, VII 806e. Sur les *sussitia* des femmes et leur importance pour l'ordre (τάξις) dans la cité, cf. Schöpsdau 2002.

34. *Politique*, II, 7, 1 (1266a).

35. La description imagée du quotidien des femmes dans la cité magnète faite par Ernoult (Ernoult 1996, p. 425-426) est particulièrement convaincante.

36. Ernoult 1996, p. 13.

37. Dans la *République*, il n'est fait mention des relations sexuelles entre hommes qu'une seule et unique fois : dans la cité idéale, le bon érôs c'est lorsque l'amant touche son jeune

l'œuvre de Platon. Dans les premiers dialogues, les personnages se trouvent au gymnase et l'atmosphère est « fortement homoérotique »[38]. Le désir masculin pour de beaux jeunes hommes se trouve exprimé à de nombreuses reprises[39] et, dans la majorité des dialogues du philosophe, les relations entre hommes sont particulièrement valorisées. Dans le *Phèdre*, Socrate fait l'éloge de cette folie d'origine divine qu'est l'amour : il illustre son propos par la description des manifestations physiques de l'amant à la vue de son aimé, se réfère explicitement à l'œuvre de Sappho pour la justesse de la description[40], et compare la relation homme/jeune homme à l'activité philosophique[41]. De même, dans le *Banquet*, comme l'analyse L. Brisson, « la relation sexuelle qui se voit reconnaître la première place par tous les participants est, sans contredit, celle où n'interviennent que des éléments masculins[42] ». Cette forme de relation non seulement procure une satisfaction d'ordre physique mais elle ouvre la voie, par sa dimension éducative et intellectuelle, à l'action politique (comme l'illustre le devenir de ceux qui sont issus de l'être primordial masculin dans le mythe raconté par Aristophane) ou à une réflexion philosophique qui entraîne les amants, par paliers, à se détacher du monde sensible pour contempler le Beau et le Bien. De façon générale dans les dialogues de Platon, Socrate « se sert de l'*ethos* homosexuel des Athéniens comme point de départ de sa théorie métaphysique et de sa méthode philosophique »[43]. Pourtant, et d'une façon qui semble en contradiction avec ce qui apparaissait dans les autres dialogues, les *Lois* formulent, à deux reprises, une complète interdiction des relations entre personnes de même sexe.

Les dangers de l'intempérance ?

L'interdiction explicite des relations entre hommes et entre femmes apparaît pour la première fois dans le développement préliminaire que l'Athénien consacre à l'examen des types de constitution possibles : après avoir établi que le but d'une bonne législation est la vertu totale (πρὸς πᾶσαν ἀρετήν, 630e), l'Athénien procède à des comparaisons avec les systèmes spartiate et crétois. Le gouvernement lacédémonien, qui valorise la résistance aux douleurs physiques et au danger, a institué les repas communs et la pratique de la gymnastique pour développer ces vertus. Selon l'Athénien, un bon gouvernement doit aussi promouvoir la résistance aux plaisirs, et donc développer, conjointement au courage et à la résistance physique, la tempérance et la sagesse. Or il s'avère que la gymnastique et l'institution spartiate des συσσίτια non seulement favo-

---

aimé comme un fils, sans surtout donner l'impression que la relation va au-delà (*République*, III 403b-c).

38. Dover 1978, p. 191. Par exemple, Ctésippe et Clinias dans l'*Euthydème,* Hippothalès et Lysis dans le *Lysis*, Agathon et Pausanias dans le *Banquet*. Sur ce dernier exemple, cf. Brisson 2000, p. 56-62.

39. Par exemple, le moment où Socrate regarde Charmide (*Charmide*, 155c-e).

40. *Phèdre*, 235c.

41. *Phèdre*, 243e-257b. Socrate émet cependant des restrictions sur la consommation physique de cette relation (256b-e) quand l'amant n'aime pas.

42. Brisson 1998, p. 48.

43. Dover 1979, p. 190.

risent les séditions mais, de plus, sont à l'origine de certains comportements sexuels qui entraînent les individus vers l'intempérance.

> L'Athénien : Les exercices du gymnase et les repas en commun dont nous parlons sont, en ce moment et par bien des aspects, bénéfiques aux cités, mais dans des situations de séditions, ils sont dangereux – comme le montre l'exemple des jeunes gens de Milet, de Béotie et de Thourioi – et, de surcroît, ces occupations, instituées depuis longtemps, semblent aussi avoir corrompu les plaisirs naturels de l'amour, non seulement chez les hommes mais aussi chez les bêtes. On pourrait en rendre responsables au premier chef vos cités et toutes celles qui pratiquent en abondance les exercices du gymnase. Et, que l'on traite cela avec humour ou sérieusement, il est nécessaire de prendre en considération le fait que, dans ce domaine, le plaisir conforme à la nature (κατὰ φύσιν) est réservé au sexe féminin et au sexe masculin lorsqu'ils s'unissent pour procréer, mais que les entreprises contre nature des hommes envers les hommes et des femmes envers les femmes relèvent au plus haut point d'une incapacité à maîtriser les plaisirs (ἀρρένων δὲ πρὸς ἄρρενας ἢ θηλειῶν πρὸς θηλείας παρὰ φύσιν καὶ τῶν πρώτων τὸ τόλμημ' εἶναι δι' ἀκράτειαν ἡδονῆς). Tous, nous accusons les Crétois d'avoir inventé le mythe de Ganymède : puisque l'on croit que leurs lois sont le fait de Zeus, nous pensons qu'ils ont ajouté ce mythe à celles-ci comme s'il était aussi le fait de Zeus, dans le but de jouir également de ce plaisir, tout en suivant l'exemple du dieu[44].

L'Athénien conclut en affirmant que la question des plaisirs et des souffrances est incontournable pour qui veut légiférer, et que le bonheur de la cité est lié à un usage juste et modéré de ces deux « sources » (πηγαί). Malgré l'accord préalable selon lequel les trois vieillards admettaient d'entendre des critiques sur leur cité sans ressentir ni susceptibilité ni sentiment de déshonneur, Mégillos, piqué par cette remarque, fait observer à l'Athénien que les banquets spartiates, en revanche, ne favorisent pas l'ivresse et les excès comme le font certaines fêtes athéniennes.

Le danger des passions ?

La seconde référence aux comportements sexuels entre personnes de même sexe apparaît dans la description que fait l'Athénien de l'organisation politique, sociale, juridique et économique de la cité vertueuse. Un des domaines importants où il convient de légiférer est l'organisation des fêtes et des sacrifices (VIII 824c). Il entreprend de détailler les différents concours dans le domaine de la gymnastique, de la poésie et de la musique, concours qui sont des occasions de rassemblement pour la jeunesse. C'est à ce propos que l'Athénien fait part de ses craintes et insiste sur la nécessité de s'opposer avec force aux passions les plus puissantes. Mégillos s'étonne de ce changement de ton qu'il ne comprend pas. L'Athénien s'explique.

---

44. *Lois*, I 636b1-d4. Le texte pose des problèmes d'établissement et des difficultés de traduction en 636b4 (πάλαι ὂν νόμιμον), en 636b5 (καὶ τὰς κατὰ φύσιν περὶ τὰ ἀφροδίσια ἡδονὰς), en 636c6 (τῶν πρώτων). Dans cette étude des *Lois*, l'édition de référence est celle d'E. Des Places (livres I à VI) et d'A. Diès (livres VII à XII) dans *Platon, Les Lois,* Paris, Belles Lettres, 1951-1956.

En effet, lorsque, dans mon propos, j'en suis arrivé à l'éducation, je me suis représenté des assemblées amicales de jeunes hommes et des jeunes filles ensemble (νέους
τε καὶ νέας ὁμιλοῦντας). Et alors, j'ai tout naturellement été saisi de crainte à cette
interrogation : que faire dans une telle cité où les jeunes garçons et les jeunes filles sont
nourris convenablement, libérés des travaux pénibles et serviles qui sont les plus à même
de calmer les excès, uniquement occupés durant leur vie par les sacrifices, les fêtes et
les chœurs ? Comment alors, dans une telle cité, les tenir éloignés des désirs qui précipitent tant d'hommes dans tant d'extrémités, désirs dont la raison ordonne de s'abstenir quand elle entreprend de se faire loi ? […] En ce qui concerne les amours des jeunes
gens pour les jeunes hommes et les jeunes filles, des hommes pour les femmes et des
femmes pour les hommes (τὰ δὲ δὴ τῶν ἐρώτων παίδων τε ἀρρένων καὶ θηλειῶν καὶ
γυναικῶν ἀνδρῶν καὶ ἀνδρῶν γυναικῶν[45]), qui ont tant de conséquences dans la vie
privée des individus et pour les cités tout entières, comment pourrait-on s'en préserver ?
Et, dans chacun de ces cas, quel remède faudrait-il se procurer pour trouver le moyen
d'échapper à un tel danger[46] ?

La Crète et Sparte, poursuit l'Athénien, sont, en la matière, des exemples à ne pas
suivre. Et, pour instaurer ce qu'il appelle la loi en vigueur avant Laïos[47] – le fondateur mythique des relations sexuelles entre hommes –, il propose, comme stratégie
argumentative, de dire au peuple qu'il est juste « de ne pas s'unir sexuellement à des
hommes et à des jeunes garçons comme à des femmes, en prenant comme référence
le comportement naturel des animaux (τὴν τῶν θηρίων φύσιν) et en mettant en évidence qu'un mâle n'a pas de relation de ce type avec un mâle parce que cela ne serait
pas naturel (διὰ τὸ μὴ φύσει τοῦτο εἶναι[48]) ». Pour convaincre ses interlocuteurs – et
dans l'idée de convaincre les citoyens de la future cité –, l'Athénien dresse le portrait
d'une société où ce type de relations serait valorisé : les citoyens eux-mêmes se ren-
draient compte, dit-il, que la vertu n'en est en rien favorisée. Alors que les relations
entre femmes étaient précédemment évoquées, l'Athénien appuie son argumentaire sur
le blâme des relations entre hommes uniquement.

Eh bien, si nous acceptions d'instaurer cela dans la législation actuelle comme une
disposition bonne, ou du moins nullement honteuse, en quoi cela nous entraînerait-il
vers la vertu ? Un caractère courageux naîtrait-il dans l'âme de celui qui se laisse séduire
(τοῦ πεισθέντος) ? Ou alors, dans l'âme du séducteur (τοῦ πείσαντος[49]), le sens de la

---

45. *Lois*, 836a6 : le passage pose des problèmes d'interprétation. Ce point sera discuté
plus loin.

46. *Lois*, 835d3-e5 et 836a7-836b4.

47. *Lois*, 836c1 : τὸν πρὸ τοῦ Λαΐου νόμον. Laïos est traditionnellement considéré comme
celui qui inventa ce type d'amour. Selon une version du mythe, le jeune homme, futur roi de
Thèbes, conçut une passion pour le jeune Chrysippe, fils de Pélops. Euripide a écrit une tragédie, perdue, sur Chrysippe (fr. 838). Athénée (XIII, 602f-603a) et Apollodore (*Bibliothèque*, III,
5, 5) font un récit succinct de cet épisode du mythe. Sur certaines caractéristiques de la relation
Laïos/Chrysippe, cf. Sergent 1996, p. 86-89.

48. *Lois*, 836c3-6.

49. *Lois*, 836d5 : τοῦ πείσαντος et τοῦ πεισθέντος ; littéralement « celui qui a convaincu »
et « celui qui s'est laissé convaincre ». Saunders, dans sa note 73 (Saunders 1972), relève l'humour et le jeu de mots dans l'utilisation des deux termes. La proximité de ces deux formes

modération ? N'est-ce pas plutôt que personne ne saurait jamais en être convaincu mais, bien au contraire, convaincu de l'opposé ? Tous blâmeront la mollesse (τὴν μαλακίαν) de celui qui cède aux plaisirs et devient incapable de les maîtriser : ne désapprouve-ront-ils pas la ressemblance visible avec la femme chez celui qui cherche à en imiter le comportement ? Ainsi, quel homme instituerait cette conduite comme loi ? Sûrement personne, s'il a une idée vraie de ce qu'est la loi[50].

Puis, après avoir distingué les trois types d'amour et mis en évidence lequel est bon pour la cité et lesquels il convient de rejeter, l'Athénien propose à ses deux interlocuteurs un procédé qui permette de faire appliquer la loi le mieux possible. Fidèle à son idée qu'il est toujours mieux de convaincre que de contraindre, il expose cette stratégie : mettre sur le même plan moral les relations entre hommes et les relations incestueuses, les présenter comme αἰσχρῶν αἴχιστα (838c1), et donc, d'une certaine manière, recourir à la pression sociale (en faisant naître le sentiment de honte, αἰσχύνη). Les deux lois qu'il promulgue sont l'interdiction de toute relation sexuelle qui ne mène pas à l'enfantement dans un lien légitime, et l'ordre, plus pragmatique, à ceux qui ont enfreint cette règle de dissimuler leur liaison illégitime. Il recourt à l'exemple positif de la nature (chasteté prémaritale et fidélité dans le lien légitime) comme procédé argumentatif.

Des techniques de persuasion

Par le contraste de tonalité avec les œuvres précédentes de Platon, ces deux passages pourraient être interprétés comme une forte condamnation de l'homosexualité. Pourtant, comme l'écrit K. Dover, « la condamnation de la consommation du désir homosexuel comme "contre nature" n'est pas aussi importante qu'on pourrait le croire à première vue[51] ». Platon, en effet, est un bon sociologue car, comme P. Bourdieu, il a compris que la confusion loi naturelle/loi sociale est très fréquente lorsque les hommes se représentent les conventions qui régulent depuis longtemps la société[52]. C'est en utilisant cette conviction du simple citoyen que l'Athénien propose de construire une croyance qui se posera comme naturelle et qui devra emporter l'adhésion de tous et de faire des relations entre hommes des relations moralement aussi condamnables que les relations incestueuses (relations sur lesquelles pèse depuis longtemps un interdit « naturel » – c'est-à-dire « culturel »). Pour emporter l'adhésion, il recourt au procédé

---

verbales (les formes active et passive du participe aoriste du verbe πείθω) dans le contexte des amours entre hommes fait implicitement écho au doublet traditionnel ἐραστής / ἐρώμενος et fait fonctionner la polysémie du terme πείθω : un sens sexuel dans ce cas, un sens intellectuel lorsqu'il qualifie une des priorités de l'Athénien, à savoir « convaincre » les citoyens magnètes du bien-fondé des lois.

50. *Lois*, 836d2-e5.
51. Dover 1979, p. 190.
52. Chaque ordre social tend à produire la « naturalisation » de son propre arbitraire : les individus se représentent les règles sociales en termes de lois naturelles. Cf. P. Bourdieu, *Esquisse d'une théorie de la pratique*, 1972.

– habituel, et chez les auteurs de son époque, et dans son œuvre[53] – de la comparaison avec le monde des animaux et de l'évaluation morale en fonction du critère de la φύσις. Le recours au langage de la loi naturelle, chez les orateurs, relève d'une tactique au service d'une stratégie politique (attaque contre un adversaire, soutien d'un allié) : l'usage de la nature « pour indiquer une règle culturelle fondamentale et allant de soi »[54] y est caractéristique. Ici, la visée stratégique est précisée par l'Athénien lui-même : il s'agit de procédés. L'exemple qu'il donne de la nature en est une preuve manifeste : l'Athénien a déjà recouru à ce type de comparaison à propos du rapport parent/enfant et a fait un constat partiellement faux de la génération animale (les animaux sont, dit-il, prêts à se sacrifier pour leurs petits – cette affirmation n'est absolument pas une règle générale dans le monde animal)[55]. Dans la description qu'il donne de l'amour entre les bêtes, il n'est pas plus proche d'une vérité scientifique que dans l'exemple précédent.

> Il ne faut pas que, chez nous, les citoyens soient pires que les oiseaux ou que beaucoup d'autres bêtes, qui, bien que nés dans de grands troupeaux, mènent, jusqu'à l'âge qui convient à l'enfantement, une vie pure et vierge de toute union sexuelle, mais qui, une fois cet âge atteint, s'étant unis par deux selon leur goût, le mâle avec la femelle et la femelle avec le mâle, vivent le reste de leur vie dans le respect du sacré et de la justice (ὁσίως καὶ δικαίως), inexorablement fidèles à leurs premiers accords d'affection (ταῖς πρώταις τῆς φιλίας ὁμολογίαις)[56].

Ce tableau anthropomorphique des amours animales – anthropomorphisme que soulignent l'usage d'un vocabulaire non approprié pour les bêtes, l'utilisation d'expressions toutes faites et les lieux communs de l'éloquence judiciaire[57] – ne peut être entendu comme un discours scientifique fiable. Il reste cependant convaincant ; l'argument n'est absolument plus rationnel (fondé sur le λόγος) mais repose sur une tromperie (relevant du syllogisme) : l'homme peut effectivement ressembler aux animaux puisqu'on les a préalablement rendus semblables, dans le discours, aux hommes idéaux. En fait, l'argument de la nature, illustré par une comparaison développée avec les bêtes, est utilisable *in utramque partem*, selon que l'orateur ou le législateur veut faire apparaître une différence (souhaitable ou non) ou une ressemblance (souhaitable ou non).

De la même manière, le recours à l'exemple des amours conformes à la nature des bêtes auquel se livre l'Athénien pour présenter négativement les rapports entre hommes et justifier leur condamnation n'est pas davantage à prendre au pied de la lettre que ce passage sur la chasteté prémaritale et la fidélité conjugale des animaux. Là aussi,

---

53. Pour d'autres références dans les *Lois* à l'exemple de la nature, voir Saunders 1972, note 87.

54. Winkler 1990, p. 95-142. Sur la variabilité de la « nature » et du « contre nature », cf. Winkler 1990, p. 51-52.

55. *Banquet*, 207b. À ce propos, Dover précise : « Platon ne connaît pratiquement rien aux animaux » (Dover 1978, p. 205). Là n'est pas tout à fait la question : quand bien même il s'y connaîtrait, il procéderait aux mêmes transformations d'une réalité observable.

56. *Lois*, 840d3-e2.

57. Sur l'expression ὁσίως καὶ δικαίως, cf. Dover 1975, p. 248.

le syllogisme revêt l'apparence de la raison : il s'agit de prendre « comme référence le comportement naturel des animaux » et de mettre en évidence le fait qu'« un mâle n'a pas de relation de ce type avec un mâle parce que cela ne serait pas naturel (διὰ τὸ μὴ φύσει τοῦτο εἶναι) ». En d'autres termes, l'Athénien dit que le comportement des bêtes, qui relève de l'ordre naturel parce qu'il s'agit de bêtes, est naturel parce que l'inverse ne le serait pas. La tautologie ne dérange pas l'Athénien, bien au contraire, elle donne le vernis de la vraisemblance. Parler ainsi des amours entre personnes de même sexe n'est ni plus ni moins qu'un procédé (τέχνη). Si l'Athénien s'aventure sur le terrain de la morale et parle en termes de loi naturelle (une φύσις toute culturelle mais perçue comme naturelle), c'est pour mieux persuader, non pour exposer son évaluation morale personnelle de ce type de rapport. De fait, comme le montre J.-F. Pradeau, la question de la « nature » n'est pas le propos de l'Athénien. Rien n'est naturel dans la cité magnète, tout relève d'une construction politique : « La cité n'est pas un état de fait naturel, elle n'est ni un troupeau ni même une famille ; elle est l'ordre constitutionnel d'une recherche intelligente de ce qui convient à des êtres vivant ensemble une même vie commune[58]. »

La condamnation explicite des actes sexuels entre personnes de même sexe et l'interdiction des amours entre hommes comme actes contre nature n'apparaissent nulle part ailleurs dans l'œuvre de Platon. De même, le rejet de la μανία amoureuse, μανία présentée dans le *Phèdre* comme un véritable don des dieux, n'est exprimé que dans les *Lois*. Est-ce à dire que Platon revient sur ses œuvres précédentes, qu'il y a contradiction entre les *Lois* et ses œuvres de jeunesse ? Comme cette évaluation des pratiques appartient à une stratégie persuasive et ne relève pas d'un jugement personnel de l'Athénien (et encore moins de Platon) et que, comme J.-F. Pradeau l'analyse, « l'ensemble de l'œuvre de Platon montre une cohérence thématique soutenue[59] », il convient d'examiner *pour quelles raisons*, dans les *Lois*, les relations entre personnes du même sexe sont ainsi exclues de la cité.

L'obsession du législateur : la démographie

Si l'exclusion est clairement exprimée par l'Athénien, on ne peut cependant pas en déduire qu'il s'agit de l'expression d'une croyance de Platon ou des Grecs du IVe siècle, du caractère « contre nature », au sens actuel du terme, des relations entre hommes. Nous savons simplement que ce type de rapport n'est pas bon pour la cité *dans le cadre* du projet de l'Athénien. Par ailleurs, si, dans sa critique des συσσίτια spartiates et des exercices de gymnastique, l'Athénien relève avant tout l'intempérance néfaste des relations entre personnes de même sexe, dans le passage où il aborde ce sujet, en revanche, la critique qu'il formule n'est pas destinée aux relations homosexuelles en tant que telles : elle entre dans le cadre plus général d'une interdiction de toutes les relations illégitimes, comme celles avec une concubine (παλλακῶν, 840d3), et il est faux d'y voir une condamnation de l'homosexualité *per se*.

---

58. Pradeau 1997, p. 125.
59. Pradeau 1997, p. 10.

La donnée commune à tous les types de rapports interdits est non pas leur sté-rilité (puisque le cas de la naissance d'un enfant d'un citoyen et d'une esclave – ou l'inverse – est pris en compte), mais le fait qu'ils ne produisent pas de descendance légitime, reconnue par la société. Bien sûr, comme le développe l'Athénien dans sa critique des repas communs, les unions homosexuelles ou hors mariage sont aussi répréhensibles parce qu'elles ne favorisent pas la vertu et sont la manifestation d'une non-maîtrise des plaisirs ; de ce fait, elles sont aussi un risque de dissension entre les personnes d'un même οἶκος, et sont susceptibles de troubler l'unité et l'harmonie de la cité tout entière. Mais, avant tout, le risque encouru par la cité si ce type de rela-tions se développe – et l'Athénien sait (il a l'exemple athénien sous les yeux) que les relations pédérastiques peuvent prendre une place non négligeable dans la vie d'un citoyen – est que ses citoyens ne donnent plus suffisamment d'enfants pour assurer la bonne transmission des κλῆροι[60]. En effet, si cela n'est pas assuré, toute la structure sociale est menacée, car l'organisation globale de la cité est pensée de façon que cha-que maillon constitutif se rattache à l'autre : dans l'élaboration de la structure globale de la cité, au livre V, l'Athénien a estimé le nombre de lots de terre à 5 040[61], sur des critères précis (autonomie alimentaire et guerrière) et en raison, aussi, de commodité mathématique. K. Schöpsdau estime, sur la base de ce nombre fixe, la population glo-bale de Magnésie à 80 000 personnes, dont 10 000 à 12 000 hommes citoyens[62]. Une fois ce nombre de lots fixé par l'Athénien, la cité est divisée en douze districts partant de l'acropole et comportant chacun une partie de ville, de faubourg, de campagne et un village[63]. Dans chaque district se trouvent 420 lots de terre, les κλῆροι, biens apparte-nant à la cité entière mais gérés par un propriétaire citoyen qui y vit avec sa famille[64]. Ce lot est inaltérable, il ne peut être divisé ni augmenté. Pour cette raison, l'Athénien se montre très précis dans la description des droits de succession : le lot n'échoit, en théorie, qu'à un seul enfant, le garçon aîné, et le législateur doit prendre en compte tous les autres cas de figure possibles (pas d'enfant mâle, pas d'enfants du tout, adoption, etc.)[65]. Le trop grand nombre d'enfants trouve une solution : la création de colonies. En revanche, si les enfants ne sont pas en nombre suffisant pour assurer la transmission du lot de terre, toute la structure sociale – et les lois qui assurent la vie commune – est menacée. L. Gernet commente cette construction imaginaire comme « une invention de théoricien[66] ». Une fois cela posé, l'Athénien doit veiller à la bonne imbrication des éléments constitutifs de sa cité : il manifeste alors une véritable obsession, celle de veiller à ce que la natalité ne chute pas et que la population soit stable. Il institue divers types de contrôle pour surveiller la bonne entente des époux ; il fixe des âges pour

60. Voir Piérart 1974, p. 56-19 (« la permanence des foyers »).

61. *Lois*, V 736c-738e.

62. Schöpsdau part des 5040 lots et du seul garçon héritier pour aboutir à une estimation de 40 000 à 48 000 personnes avec femmes et enfants, puis 80 000 au total si l'on considère une présence de 7 000 à 8 000 métèques et de 27 000 à 32 000 esclaves (Schöpsdau 1994, p. 109).

63. Voir le schéma de Piérart 1974, p. 22, reproduit en annexe par Castel-Bouchouchi 1997, p. 251.

64. *Lois*, V 744b-746d.

65. *Lois*, V 740a, IX 877d, XI 923a-b.

66. Gernet, dans l'introduction à *Platon, Les Lois*, Paris, Belles Lettres, 1951, p. CLIX.

l'union légale, impose l'enfantement aux couples, développe longuement les règles sur le mariage[67]. L'interdiction de tous types de rapports hors mariage, dont les rapports entre personnes de même sexe, ressortit à cette obsession. Même l'exemple du mythe qu'il choisit pour évoquer un monde possible sans homosexualité est parlant. Comme le note B. Sergent, le mythe de Laïos est certes un mythe d'homosexualité, mais il est aussi un mythe d'interdit sur la reproduction. Un oracle avait prévenu Laïos et lui avait enjoint de ne pas avoir d'enfants. Ne respectant pas cet avertissement, il engendra Œdipe, sur lequel pesa aussi un interdit touchant à la reproduction. Par la coexistence de ces deux épisodes, B. Sergent montre que dans le mythe de Laïos s'exprime « l'incompatibilité conceptuelle entre le rapport homosexuel, extraconjugal et stérile, et le rapport hétérosexuel, conjugal et fécond[68] ». Évoquer le personnage de Laïos à ce moment de son argumentation est donc peut-être aussi un moyen pour l'Athénien d'évoquer le spectre de la non-reproduction et une façon de faire établir par le citoyen cette assimilation « homosexualité/risque sur la génération ».

Ainsi, malgré le recours à l'exemple moral des animaux, la condamnation des rapports entre personnes de même sexe ressortit à une condamnation plus générale des unions non procréatrices de descendants légitimes. Cette condamnation est d'autant plus sévère que le système établi par l'Athénien est complexe et que la structure entière de la cité dépend de la transmission du κλῆρος : les deux passages étudiés expriment avant tout l'effort de l'Athénien pour persuader le citoyen grec de faire des enfants. Tout autre argument n'est que procédé et mensonge au service de cet impératif.

Les relations sexuelles entre femmes dans les *Lois*

Une fois esquissées les motivations qui poussent l'Athénien à exclure globalement les rapports entre personnes de même sexe de la cité magnète, analysons plus spécifiquement ce qu'il en est des relations entre femmes.

Les contextes où apparaissent les deux mentions de relations sexuelles entre femmes n'appartiennent pas à un développement que l'Athénien consacrerait aux femmes et à leur vie sexuelle et conjugale, mais dans des considérations relevant d'autres problématiques (la question de la tempérance et de la vertu) et où il est toujours question aussi des relations entre hommes. Comme l'a souligné N. Ernoult, il n'y a pas dans les *Lois* de parties spécifiquement destinées aux femmes car le législateur prend soin de préciser dans quelle mesure chaque point qu'il aborde concerne respectivement les hommes et les femmes. Pour ce qui est de la vie personnelle des femmes, il aborde – toujours en parallèle avec la situation des hommes – la question du célibat[69] (interdit), du mariage (obligatoire), de l'enfantement (obligatoire aussi, un fils et une fille étant le minimum)[70], de la mise au monde d'un enfant avec un citoyen, un affranchi,

---

67. *Lois*, VI 779-785d.
68. Sergent 1996, p. 91.
69. Sur le célibat : *Lois*, IV 721a.
70. Sur les enfants : *Lois*, XI 930c.

un esclave (cas de figure indésirable)[71], mais ce n'est pas à l'occasion de ces questions que le thème des relations entre femmes surgit. Lorsque le sujet de l'adultère de l'épouse est traité, le cas d'une relation entre femmes n'est pas pris en compte. La question des relations homosexuelles chez les femmes n'est donc perçue, par le législateur, ni comme touchant à la vie privée et à la sexualité des femmes et des épouses, ni même, plus généralement, à la question des femmes[72].

La première évocation apparaît au début de l'œuvre, dans un développement, cité plus haut, consacré aux dangers de l'intempérance et au mauvais exemple des συσσί-τια de Crète et de Sparte : « Les entreprises et contre nature des hommes envers les hommes et des femmes envers les femmes relèvent au plus haut point d'une incapacité à maîtriser les plaisirs[73]. » La seconde mention apparaît après l'évocation, par l'Athénien, des assemblées de jeunes gens lors des concours et du danger que représentent les passions. La construction de la phrase est complexe et équivoque :

> τὰ δὲ δὴ τῶν ἐρώτων παίδων τε ἀρρένων καὶ θηλειῶν καὶ γυναικῶν ἀνδρῶν καὶ ἀνδρῶν γυναικῶν ὅθεν δὴ μυρία γέγονεν ἀνθρώποις ἰδίᾳ καὶ ὅλαις πόλεσιν, πῶς τις τοῦτο διευλαβοῖτ᾽ ἄν ·
>
> En ce qui concerne les amours des jeunes gens pour les jeunes hommes et les jeunes filles, des hommes pour les femmes et des femmes pour les hommes, qui ont tant de conséquences dans la vie privée des individus et pour les cités tout entières, comment pourrait-on s'en préserver[74] ?

Il est difficile de déterminer avec certitude, dans cette succession de génitifs, lesquels sont des génitifs désignant l'objet des ἔρωτες et lesquels en sont les sujets. S'agit-il de l'amour des amours *pour* des jeunes gens, *de la part* des jeunes gens ? L'Athénien évoque-t-il l'amour des hommes pour les femmes et des femmes pour les hommes, sans intégrer la possibilité d'amour entre personnes de même sexe ? Doit-on voir, comme l'ont fait certains en s'appuyant sur l'absence d'articles, une forme de néologismes dans les termes apposés γυναικῶν ἀνδρῶν et ἀνδρῶν γυναικῶν qui désigneraient les « femmes-hommes » et les « hommes-femmes » ? Ou, au contraire, doit-on penser que l'Athénien ne s'intéresse qu'aux relations entre personnes de sexes différents, la pédérastie, abordée par la suite, n'étant qu'une manifestation extrême du dérèglement des passions ?[75]

---

71. Sur les enfants illégitimes : *Lois*, XI 930d.

72. Cela semble aussi être le cas de nombreux chercheurs qui ont travaillé sur la femme chez Platon et dans les *Lois*. Il est frappant de constater que ces études, nombreuses et, pour beaucoup, riches et approfondies, sur le statut de la femme, sur son corps, sur l'égalité homme/femme, n'abordent jamais la question des relations sexuelles entre femmes (alors que Platon en fait explicitement mention), comme si cette question était étrangère à la question des femmes. Ernoult est la seule à ne pas éluder ce point.

73. *Lois*, 836c.

74. *Lois*, 836c2-6.

75. Ce passage pose de réels problèmes de traduction et il a donné lieu à une multitude d'interprétations (cf. England 1921, t. II, p. 34). Voir, par exemple, England 1921, t. II, p. 342-343 ; Diès dans Des Places *et al.* 1951, p. 76 ; Chambry 1946, t. II, p. 73 ; Robin 1950, p. 930 et p. 931, n. 2 (« les amours chez les enfants de l'un et l'autre sexe, ceux de femmes envers des

Dans ce passage, lorsque l'Athénien s'inquiète d'un type de passions que le magistrat n'est pas à même de refréner, il ne limite plus son propos aux νέοι et aux νέαι dont il évoquait précédemment les loisirs, mais, étant donné que les mesures de régulation des passions qu'il propose ne sont pas différentes selon les âges, il étend sa réflexion aux adultes (par les termes γυνή et ἀνήρ). Faut-il pour autant exclure la possibilité qu'il évoque aussi, parmi les ἔρωτες créant tant de maux privés et publics, les relations entre personnes de même sexe (qu'elles soient adultes ou jeunes) ? L'idée en elle-même, à savoir celle de condamner les relations entre hommes et entre femmes, ne serait ni étrangère ni nouvelle dans l'œuvre, l'Athénien ayant déjà abordé explicitement ce point au livre I. De plus, la question que pose l'Athénien (« Et, dans chacun de ces cas (τούτοις ἑκάστοις), quel remède faudrait-il se procurer ? ») nous permet de savoir qu'il a évoqué auparavant plus qu'un simple cas de figure. Par ailleurs, même si l'hypothèse du néologisme (« femme-homme ») semble assez improbable, on peut s'interroger sur l'effet recherché par Platon dans son choix d'une formulation si confuse, où se mêlent indistinctement les termes désignant adultes et jeunes, garçons et filles, hommes et femmes. Il est certain que, dans ce passage, l'Athénien ne veut pas distinguer les différents types d'amour ni opposer l'homosexualité à l'hétérosexualité ; dans son « obsession démographique » et afin de donner à ses lois le maximum d'efficacité, il lui tient à cœur de définir le mieux possible les relations non procréatrices et d'englober le plus grand nombre de possibilités. Tous ces éléments nous permettent de penser qu'il est bien question, là aussi, de relations entre femmes.

Interdire, c'est dire

Platon étant une des seules personnes de son époque à parler de l'homosexualité féminine, il est fort probable que le philosophe avait conscience d'évoquer un point très particulier et on ne peut soupçonner – comme cela pourrait être le cas pour d'autres thèmes plus communs – que ces évocations ont été faites avec légèreté, porté qu'il était par son propos. Il n'est pas question d'affirmer que Platon accordait un grand intérêt à ce point (il suffit de songer à la brièveté et, dans un cas, à l'obscurité des allusions) mais simplement que ces passages ne sont pas un petit excursus sur un point rebattu et qu'ils peuvent faire l'objet d'une analyse poussée.

À la lecture des deux extraits, on constate que Platon ne consacre pas de développement spécifique aux relations entre femmes : elles sont évoquées en un écho minoré des relations entre hommes et elle ne sont prises en compte, comme cela a été montré précédemment, que dans le vaste ensemble des relations mettant en péril la cité. Les déclarations où ces relations sont qualifiées παρὰ φύσιν sont donc à interpréter dans le cadre très spécifique de la stratégie persuasive de l'Athénien, et il n'est pas lieu de tirer la conclusion que Platon, le philosophe, devient dans sa dernière œuvre un détracteur de l'homosexualité ni que cette condamnation est représentative de la société grec-

---

hommes ou d'hommes envers des femmes ») ; Dover 1979, p. 204 (« les *erotes* pour les *paides* de sexe masculin et féminin, des hommes pour les femmes et des femmes pour les hommes ») ; Buffière 1980, p. 427 (« les amours d'enfants mâles et femelles, et de femmes hommes, et d'hommes femmes ») ; Ernoult 1996, p. 271-272.

que. Dans ses préliminaires méthodologiques à l'étude de l'*Interprétation des rêves* d'Artémidore, J. Winkler utilise brièvement ce passage des *Lois*, « texte célèbre qui semble inaugurer la condamnation de cette pratique [la pédérastie] », pour mettre en évidence le danger qui existe à considérer comme représentatifs des pratiques réelles des gens les textes produits par une toute petite partie de la société et dans des contextes très spécifiques : « Ces spéculations, chez Platon, ne sont pas représentatives – elles n'inaugurent pas une nouvelle morale sexuelle – et, de ce fait, elles ne peuvent être utilisées que de façon indirecte pour écrire une histoire des mœurs et des pratiques sexuelles d'une société[76]. » De surcroît, dans la mesure où les philosophes étaient davantage considérés comme des excentriques que comme des gens estimables pour leur jugement[77], l'impact de ces textes sur les pratiques réelles était probablement peu important. Enfin, ce n'est pas parce que Platon fait tenir ces propos à l'Athénien que c'est vrai ou qu'il le pense lui-même sans condition ni restriction[78].

Dans les *Lois*, lorsque les relations entre femmes sont évoquées, elles sont mises sur le même plan que l'homosexualité masculine, au moyen de deux expressions strictement semblables (ἀρρένων δὲ πρὸς ἄρρενας ἢ θηλειῶν πρὸς θηλείας). Ces deux types de rapports sont intégrés dans un groupe plus vaste encore, celui des relations non procréatrices, groupe qui intègre donc aussi des relations entre hommes et femmes. L'hypothèse d'une mise en comparaison des relations entre hommes avec les relations entre femmes comme moyen, pour l'Athénien, de jeter l'opprobre et le discrédit, voire l'horreur et le dégoût, sur la pédérastie, donc comme τέχνη de persuasion, n'est pas une bonne hypothèse (alors qu'elle le sera, bien plus tard, dans le texte des *Amours* du Pseudo-Lucien) : l'Athénien reste très discret sur les femmes, et lorsqu'il veut établir une ressemblance dans l'objectif précis de jeter le discrédit, il le fait, comme dans le cas de l'inceste, longuement et explicitement.

Ce regroupement dans un ensemble plus vaste, d'un côté, et la mise en parallèle, de l'autre, nous permettent de déduire différentes caractéristiques des relations entre femmes dans les *Lois*.

• Les relations procréatrices donnent un plaisir conforme à la nature (ἡδονὴ κατὰ φύσιν) et les relations entre personnes de même sexe sont le résultat d'une intempérance dans le plaisir (δι᾽ ἀκράτειαν ἡδονῆς). Par conséquent, les relations entre femmes sont considérées comme appartenant au champ des relations sexuelles et relevant des ἀφροδίσια, donc comme étant des relations sexuelles à part entière. Il est admis qu'elles peuvent produire du plaisir (même s'il est contre nature ou non maîtrisé), un plaisir qui peut être considéré sur le même plan que celui qu'apportent d'autres types de rapports sexuels.

76. Winkler 1990, p. 48.

77. Winkler 1990, p. 49.

78. Dover évoque ce passage ainsi : « Platon parle de "copulation d'hommes avec des hommes et de femmes avec des femmes" qu'il considère comme contre nature » (Dover 1978, p. 211). Cette remarque sans développement est d'autant plus étonnante que Dover écrit précédemment à propos de l'homosexualité des hommes que « la condamnation (explicite dans les *Lois* et préfigurée dans le *Phèdre*) de la consommation du désir homosexuel comme "contre nature" n'est pas aussi importante qu'on pourrait le croire à première vue » (p. 190).

• Si l'Athénien considère les relations non procréatrices et hors mariage comme dangereuses pour la société, c'est qu'il sait aussi qu'elles peuvent maintenir les individus dans des degrés de dépendance et de μανία amoureuse qui les éloignent de l'intérêt commun (il en parle comme des passions les plus puissantes, ταῖς μεγίσταισιν ἐπιθυμίαις, 835c7). Ce n'est bien sûr pas la seule raison qui motive l'interdiction de l'Athénien, mais les conduites humaines sous l'effet de la passion sont généralement contraires au bien de la cité. L'Athénien a conscience de la force de ce qui entraîne les individus vers les ἀφροδίσια. Pour les en détourner et atteindre son objectif (que les époux d'une union légitime s'entendent bien, vivent harmonieusement, en ayant des relations sexuelles procréatrices et, de ce fait, préservent le lot), il estime nécessaire de mettre en place des mesures de rémédiation. Ainsi les individus trouveraient dans le couple, si ce n'est la totalité, du moins la part raisonnable de cette ἡδονή que procurent les ἔρωτα. Ces mesures, il les nomme φάρμακον, terme qui appartient autant au domaine de la médecine qu'à celui de la magie. Il est donc implicitement induit que les relations entre femmes sont capables d'exercer sur les individus la même influence (pour rester dans le champ lexical de la magie) et d'engendrer les mêmes maux (pour utiliser un terme appartenant au champ lexical de la médecine) que les unions entre hommes et les unions entre un homme et une femme.

Cela ne signifie pas qu'on trouve, dans les *Lois,* l'affirmation d'une catégorie « homosexualité » qui serait opposée à « hétérosexualité ». Au contraire, pour l'Athénien, l'élément discriminant qui permet d'établir les catégories pertinentes pour son projet de société est le caractère procréateur et légitime de la relation (les deux conditions étant nécessaires), qui assure la préservation du lot. Sont par conséquent réunies dans une *même* catégorie, s'opposant aux unions légitimes entre époux, les relations hétérosexuelles illégitimes, les relations entre hommes et les relations entre femmes. L'opposition « relations entre hommes » et « relations entre femmes » est effacée en VIII 836c lorsqu'il s'agit d'exprimer cette réunion indistincte de *tous* les types de relations proscrites, elle est affirmée en I 636c lorsqu'il s'agit d'évoquer plus spécifiquement les conséquences des réunions non mixtes. Il est donc possible, dans un texte du IVe siècle, d'allier dans une même catégorie les relations entre hommes et entre femmes lorsque cette catégorie inclut d'*autres* types de relations, mais, comme c'est le cas dans le *Banquet*, la différenciation relations « entre hommes »/« entre femmes » ne trouve jamais sa résolution dans une catégorie « relations entre personnes de même sexe ». Ce ne sont pas, par conséquent, les relations entre femmes qui sont inenvisageables mais l'indistinction qui ressortirait à une catégorie commune. En revanche, elles sont créditées des mêmes effets que les autres relations sexuelles (non procréatrices) et envisagées comme productrices de plaisir.

Cette mise à égalité des relations sexuelles entre hommes avec celles entre femmes découle du parti pris constant de la part de l'Athénien de prendre en considération, dans chaque cas, la « moitié de la cité ». Les femmes étant des πολίτιδες et des repas en commun étant institués par la loi, il convient, pour le législateur, de tenir compte de la possibilité, chez les femmes, de certains comportements publics qui seraient néfastes à la société. C'est parce que Platon fait tenir à l'Athénien cette position par rapport aux femmes – celle de considérer comme non déterminante la différence de nature qui les oppose aux hommes – qu'il en arrive à énoncer des cas de figure que d'autres n'ont jamais (ou du moins peu, si l'on tient compte de la transmission des textes) énoncés avant lui. Tout cela est extrêmement important : chez Platon, les relations entre femmes ne sont pas évoquées dans le cadre de l'amitié ou de la sociabilité féminine comme un « accident », un pis-aller quand il n'y a pas d'hommes, ou une « sous-relation », à peine sexuelle. À travers ces remarques, énoncées sous forme de condamnation et de critique violente par l'Athénien, se dégage, en creux, la représentation par Platon des relations entre femmes, et cette représentation est bien moins négative qu'il n'y paraît.

La prise en compte de tous les cas de figure

Dans la mesure où nous savons qu'un philosophe est loin d'être totalement représentatif des mœurs de la société à laquelle il appartient et que, dans le cas particulier de Platon, les différents événements connus de sa vie montrent que l'opinion commune diffère de ses idées politiques (pour ne pas parler du plan philosophique), la façon dont il prend en considération (même s'il lui accorde peu d'importance) ce type de relations ne nous permet pas de connaître directement la façon dont les Grecs les considéraient, et encore moins quelles étaient les façons de vivre et les pratiques. Cependant le texte des *Lois* nous permet d'accéder quelque peu à cette opinion commune.

Alors que la *République* décrit un monde idéal – et totalement irréalisable – par le biais duquel Platon développe une méticuleuse et violente critique du régime et de la société athénienne, les *Lois* ont un objectif totalement différent. Il s'agit désormais de mettre en application, de façon positive, ce que la *République* relevait de façon négative : l'exercice périlleux auquel s'attelle Platon – et qui correspond à une envie profonde de faire de la politique concrète (comme l'attestent ses nombreux voyages à Syracuse) – est de proposer aux Athéniens un modèle politique qui prend en compte les données concrètes de la vie humaine (l'alimentation, la guerre, l'éducation des enfants, les relations sociales, etc.). Pour proposer un tel projet, il convient que le législateur ait une connaissance réelle et approfondie de la société à laquelle il destine ce projet politique. Tout comme il doit prendre en compte les données matérielles du terrain où il veut construire cette cité, il se doit de connaître les caractéristiques propres des hommes et des femmes qui peupleront celle-ci. Les destinataires de l'œuvre de Platon sont donc aussi ceux du projet de l'Athénien, et puisque le « matériau » de base sur lequel le législateur doit réfléchir et à partir duquel il doit élaborer son projet est le peuple athénien, les *Lois*, plus que toute autre œuvre platonicienne ou que toute œuvre fictive, nous permettent, indirectement, d'avoir un aperçu sur les Athéniens réels (ou du moins tels que Platon croit les connaître, réellement et non pas idéalement). Tout – de ce qui est humain, donc grec, ici – doit être prévu par la loi, un vide juridique risquant d'entraîner la cité dans la discorde et de mettre en péril les institutions. Le pragmatisme – nécessaire – de l'Athénien, dont nous avons déjà parlé en introduction, se manifeste par la multitude de cas de figure pris en compte dans la législation. Précisons que cette minutie a une visée pratique, et que l'on ne trouve pas dans les *Lois* les cas de figure fictifs et extraordinaires, tels ceux qui alimenteront les écrits des rhéteurs dès l'époque romaine. Il n'est donc pas possible d'interpréter cette évocation des relations sexuelles entre femmes comme relevant d'une imagination débordante du législateur ou d'une envie de l'Athénien de décrire des θαύματα.

Au contraire, la question de l'adultère – qui est un des points nodaux de l'œuvre, car il est à la limite entre le privé et le public, une des problématiques fondamentales des *Lois* – demande une prise en compte réaliste des comportements humains en matière de sexualité et d'amour. Dans un premier temps (livre VI), l'Athénien établit cette loi stipulant que tout rapport hors mariage est interdit et que toute infraction est sanctionnée, que l'adultère soit le fait de l'homme ou de la femme. Plus loin (livre VIII), il formule plus précisément cet interdit et énonce que sont à éviter impérativement toutes relations illégitimes et non procréatrices. L'Athénien, en homme sensé et réaliste, sait que cet interdit absolu – et, par conséquent, la nécessité d'appliquer la sanction – est impossible à mettre en œuvre (son procédé, avait-il dit, est aussi χαλεπωτάτην « le plus difficile », 839c1). Il assouplit alors cette loi et en établit une seconde qui interdit les relations entre hommes, mais impose, en cas d'infraction de la loi par un homme qui a une relation illégitime avec une femme, la discrétion dans les agissements et le silence absolu (λανθάνων ἄνδρας τε καὶ γυναῖκας πάσας, 841e). Cet exemple de modification d'une loi idéale pour des raisons pragmatiques montre que, dans les *Lois*, l'Athénien tient compte des pratiques et coutumes des gens réels et s'il sait que ce type de mesure n'est pas applicable tel quel dans sa cité, c'est bien à partir de la connaissance qu'a Platon de ses concitoyens.

Ainsi, l'Athénien énonce des lois à partir du « terrain d'observation » qu'est Athènes pour le philosophe et, par conséquent, lorsque Platon fait énoncer par l'Athénien les types de relations qui doivent être exclues de la cité – pour les raisons que nous avons déjà exposées –, nous pouvons légitimement penser qu'il décrit des *possibilités concrètes et d'actualité* dans l'Athènes du IVe siècle. Obsédé par la réussite de son projet, Platon montre une minutie pointilleuse à prendre en compte tous les cas de figure possibles, pour lesquels l'Athénien doit trouver un remède. Ainsi, puisque nous avons établi que le peuple à partir duquel Platon établit son projet est le peuple grec et que, dans les relations sexuelles exclues de la cité, figurent les relations entre femmes, nous pouvons en déduire qu'*elles font partie, dans la réalité grecque, des pratiques envisageables*, donc connues. C'est un point très important, car le silence des textes antiques de cette époque sur le sujet aurait pu mener à l'hypothèse que les Grecs ne pouvaient concevoir les relations sexuelles entre femmes. Certains projets de l'Athénien sont, comme le dit J. Winkler, des « spéculations[79] », mais le matériau de base sur lequel Platon construit son projet politique, lui, ne l'est pas. Évoquer des pratiques inimaginables ou extraordinaires qui sembleraient grotesques ou étrangères au public conduirait à discréditer le projet. Si Platon parle « d'entreprise de femmes sur les femmes », c'est qu'il s'agit d'une pratique que les Grecs sont capables d'envisager, de connaître et – pour les femmes – de vivre.

Dans les *Lois*, Platon, en reconnaissant aux femmes une nature quasi identique à celle des hommes et en leur ouvrant l'espace public, est non seulement « l'un des premiers philosophes à rejeter le déterminisme biologique des sexes[80] », mais il est aussi le premier à avoir exprimé le fait de la sexualité entre femmes. En effet, une conception

79. Winkler 1990, p. 48.
80. Ernoult 1996, p. 13.

cohérente d'érôs se dégage du *Banquet* et des *Lois*, malgré l'éloignement chronologique des deux œuvres et leurs thématiques si différentes. Le désir est un mouvement de l'âme qui ressent les affections du corps, et cette âme n'est pas sexuée. Le désir n'est en lui-même pas sexué : il est indépendant, en sa nature même, du sexe du corps qui désire comme de celui qui est désiré. En concevant un désir indifférent à la différence sexuelle, Platon permet que les pratiques sexuelles entre femmes apparaissent visiblement dans le champ des possibles. Ainsi, le texte des *Lois* apporte un témoignage important qui vient compléter celui du *Banquet*. Il permet de préciser la représentation par le philosophe des relations sexuelles entre femmes mais aussi d'approcher la représentation plus générale qu'en ont les Grecs. Ces deux occurrences révèlent, par contraste, le silence écrasant des textes, alors qu'il vient d'être établi qu'il ne s'agit pas d'une forme de relations inimaginables – car impensables – par les Anciens. Il convient donc d'essayer, au-delà du texte des *Lois*, d'interpréter ce silence important des textes littéraires et techniques, en les différenciant des connaissances populaires, des pratiques sexuelles et des représentations de la vie quotidienne.

Représentations et silences de l'époque classique

Si tout n'est pas dit, ni peint, en Grèce classique, cela ne signifie pas nécessairement que ce qui n'a pas d'écho dans les discours n'existe pas. C'est majoritairement parce que tout *ne se dit pas* ou *ne se peint pas*, et surtout, parce que tout ne se dit pas ou ne se peint pas *de la même façon* selon les types de discours. Les zones de silence, qui portent sur des sujets très variés, se décèlent par le contraste qui apparaît lorsque l'on compare les types de discours : un exemple frappant de différence entre le discours des images et celui des textes est le tatouage des hommes thraces. Dans sa vaste étude sur les Thraces dans l'imaginaire grec, M.-A. Desbals fait ce constat : « Hérodote, Strabon et d'autres rapportent que les Thraces (οἱ Θρᾷκες) sont tatoués ; ce masculin pluriel désigne les hommes thraces, et sans doute aussi les femmes ; or les peintres ne montrent tatouées que les femmes. Il ne s'agit pas de redécouvrir ici que l'iconographie grecque n'est pas un reportage photographique sur l'Antiquité, mais de constater que les peintres n'hésitent pas à aller à l'encontre de ce que leurs clients et eux-mêmes pouvaient voir quotidiennement à Athènes, à savoir des hommes thraces tatoués, afin de construire un système de représentation qui, au-delà de l'opposition entre Grecs et Barbares, oppose plus fortement encore hommes et femmes[1]. »

Pour ce qui est du domaine de l'amour et de la sexualité, les relations entre femmes font l'objet d'un silence remarquable dans plusieurs domaines de la littérature (la comédie, par exemple) et dans les images. Elles ne sont cependant pas les seules formes de vie érotique qui font l'objet d'un tel traitement : en Grèce, les silences sont nombreux et ils portent sur des aspects très divers de la sexualité. Il importe donc de déterminer si l'amour entre femmes fait l'objet d'une réaction spécifique ou s'il est englobé dans des silences qui frappent d'autres domaines de la vie des Anciens.

Ce que montrent et ce que ne montrent pas les images

Les nombreuses études sur le traitement iconographique des pratiques que nous lions au domaine de l'amour et de la sexualité[2] ont montré une grande différence entre

---

1. M.-A. Desbals, *La Thrace et les Thraces dans l'imaginaire grec aux époques archaïque et classique (littérature et iconographie),* thèse de doctorat nouveau régime, sous la direction de S. Saïd, Paris-X (Nanterre), 1997, p. 176-177.

2. Pour toute cette partie sur l'iconographie, nous renvoyons au catalogue typographique établi par Kilmer 1983, ainsi qu'aux études de Dover 1978, Keuls 1985, Shapiro 1992, Sutton 1992 et Calame 1996, p. 83-97.

le discours de textes et celui des images, un fort poids des conventions (rares sont les peintres qui enfreignent les règles) et de nombreuses zones de silence.

Aperçu sur les tabous iconiques portant sur la sexualité

Dans la figure noire comme dans la figure rouge, les relations sexuelles entre hommes n'étaient représentées (à quelques exceptions près) que sous la forme d'une relation entre un homme adulte et un garçon. Les relations entre hommes adultes sont tues, alors même que les textes de la même époque raillent sans vergogne ceux qui ont des relations sexuelles avec des prostitués, ou les adultes efféminés qui recherchent les hommes adultes. L'exemple de la relation longue et stable de Pausanias et Agathon montre, comme le dit L. Brisson, que « en dépit de la pratique quasi institutionnelle de la *paiderastía*, l'existence de couples formés par des mâles adultes est avérée à Athènes[3] ». Les images taisent donc des pratiques réelles et répandues, alors que la comédie et les discours des orateurs, entre autres, s'en font l'écho sous la forme du constat ou du blâme[4].

La représentation des amours des dieux a, elle aussi, ses zones de silence : les vases montrent l'enlèvement de Ganymède par Zeus, ou la poursuite de Tithon par la déesse Éos, mais ils ne représentent jamais l'instant de la relation sexuelle. Comme le remarque C. Calame, « en imagerie, ce sont les hommes et non les dieux qui font l'amour[5] ». Les dieux n'ont généralement pas le sexe en érection[6], mais ils sont souvent montrés nus. Les déesses, quant à elle, sont représentées habillées.

Une autre zone de silence importante dans le discours iconique est la rareté des scènes représentant un coït anal entre l'éraste et l'éromène[7]. Alors que dans la figure noire, c'est-à-dire globalement avant 500 av. J.-C., les images montraient encore des scènes de banquet avec toucher des organes génitaux où les partenaires sont nus, souvent grands et presque de la même taille, après cette date, seules sont représentées des scènes d'offre de cadeaux, de toucher du menton et de coït intercrural (l'éraste introduit son sexe entre les cuisses du garçon) entre des personnages typés (l'éromène est plus petit, l'éraste tient le bâton de citoyen). Le silence porte également sur différents aspects de la sexualité : dans les images, c'est le sexe de l'éraste qui est en érection, jamais celui du garçon ; seul l'éraste pratique le coït « entre les cuisses », jamais le garçon ; alors que les vases représentent à profusion des scènes où des hommes pénètrent des femmes de diverses manières, d'importants tabous pèsent sur les relations entre hommes[8].

De la même manière, les relations avec des esclaves masculins et des prostitués ne sont jamais représentées (ou du moins aucun personnage n'est affecté de signes qui

3. Brisson 2000, p. 61.

4. Pour les témoignages sur les pratiques sexuelles entre hommes adultes, objets de satires et de blâmes, voir, entre autres, Dover 1978 et Cantarella 1988, p. 71-85.

5. Calame 1996, p. 84, voir également p. 85-86.

6. Cf. Shapiro 1992, p. 64 *sq.*, qui relève cependant l'exception d'Érôs, lorsqu'il enlève ou viole des garçons.

7. Voir Shapiro 1992, p. 72, n. 4.

8. Voir Dover 1978, p. 116-126 ; Kilmer 1993, p. 15-26 ; Calame 1996, p. 86-87.

permettraient de le reconnaître en tant qu'esclave ou prostitué[9]) : cette absence frappante d'une population importante à Athènes, que l'on constate dans d'autres types de scènes également, souligne à nouveau la dichotomie entre les différents types de discours (la comédie ou les discours des orateurs ne se privent pas d'aborder les thèmes de la prostitution), ainsi que la grande différence entre les représentations et la réalité[10]. De même, alors que les scènes de fellation sont nombreuses dans les représentations iconographiques de relations entre hommes et femmes, aucune scène d'amour entre hommes ne figure ce type de pratique sexuelle[11]. À l'inverse, aucune convention sociale n'interdit la représentation de scènes sexuelles impliquant de nombreux partenaires (soit des hommes, soit des individus des deux sexes). Pour ce qui est des relations entre hommes et femmes, les pratiques orales sont, sur les vases, le fait des seules femmes et aucun vase ne montre des hommes pratiquant le cunnilingus. Au-delà même des pratiques sexuelles, un réel désintérêt pour le sexe féminin est perceptible. Très rares sont les images où est dessiné le sexe de la femme[12], alors que les sexes des hommes sont représentés avec soin (taille, forme, positionnement du pénis). Les représentations des relations entre hommes et femmes font toujours de l'homme le personnage dominant, qu'il soit le violeur ou simplement l'amant, et, comme l'a mis en évidence F. Frontisi[13], les échanges de regards (ou l'absence d'échange) confirment cette hiérarchie.

Nul ne doute qu'il y a là le reflet de la répartition du pouvoir entre hommes et femmes dans la Grèce antique, mais personne ne peut en déduire que c'est toujours ainsi que les Grecs faisaient l'amour. De même, les lourds silences portant sur certains aspects de la relation entre hommes indiquent que, loin d'être la représentation du réel, l'iconographie reproduit l'idéal de la relation conventionnelle entre hommes. Ainsi, comme l'analyse H. Shapiro, ces images « nous disent parfois davantage sur la façon dont une société souhaite être vue que sur la réalité[14] ». L'interprétation du silence des images sur les relations entre femmes se doit de tenir compte de ce souhait.

En comparaison avec l'importante production de vases exhibant des relations sexuelles entre hommes et jeunes hommes, ou entre hommes et femmes, le silence des images sur les relations entre femmes apparaît d'emblée, sans qu'il soit nécessaire de procéder à de longues et minutieuses comparaisons avec les autres formes de discours. Seules deux ou trois représentations sont susceptibles de porter sur ce sujet et, comme nous

9. Shapiro 1992, p. 55-56.

10. Les exceptions sont rares : Dover relève quelques représentations problématiques ou ambiguës (Dover 1978, p. 110), et Winkler (1990, p. 107) signale un cratère attique à figures rouges datant de 460-450 où est représenté un jeune homme grec, tenant son pénis érigé dans sa main, qui s'approche d'un soldat perse en uniforme. Pour ce vase, voir également Kilmer 1993, R 1155.

11. Le cas très particulier des satyres n'est, pour l'instant, pas inclus dans ce panorama.

12. Cette rareté rend encore plus frappantes les quelques représentations où l'on voit les détails du sexe féminin, comme dans le viol de Cassandre (ARV^2 189, 74, reproduit dans Shapiro 1992, figure 3.5). Voir également l'appréciation de Dover 1978, p. 167.

13. Frontisi 1998.

14. Shapiro 1992, p. 58.

allons le voir, elles posent problème. Mais auparavant, il est nécessaire de faire une brève mise au point sur ce qui a parfois été considéré, à tort, comme un marqueur de l'homosexualité féminine, et qui a conduit de nombreux chercheurs à voir dans certaines scènes la représentation de relations entre femmes.

Les femmes, les hommes et l'olisbos

Il existe plusieurs façons de désigner l'objet que nous nommons, de façon restrictive, godemiché. Le terme grec le plus connu est ὁ ὄλισβος, substantif construit peut-être sur le radical du verbe ὀλισθάνω, « glisser[15] », et dont l'élément final indique qu'il appartient à un vocable expressif et populaire[16]. Il est utilisé dans les comédies d'Aristophane, dans un contexte qui n'est absolument pas ambigu : dans *Lysistrata*, les femmes se plaignent de l'absence de leur mari et, comble de l'infortune, de la trahison de Milet, responsable de la pénurie d'ὄλισβοι. Lysistrata lui donne aussi l'appellation de σκυτίνη ἐπικουρία, littéralement un « secours de cuir ». Il n'y a là aucune allusion à un comportement homosexuel[17]. Une évocation de ce type d'objet apparaît aussi dans l'*Assemblée des femmes* : il est personnalisé sous le nom d'Orthagoras, et c'est une jeune fille qui conseille à une vieille femme libidineuse de s'en servir[18]. Le terme ὁ βαυβών, peut-être lié au nom de Baubô, la femme qui a réussi à faire rire Déméter en retroussant sa jupe et lui montrant son sexe[19], a le même sens[20] : il est utilisé par Hérondas dans un de ses *Mimes*, où sont mises en scène deux femmes qui s'échangent l'adresse d'un marchand de godemichés[21]. Sa formation est obscure et le lien avec le personnage de Baubô également : M. Olender rapproche ce terme de mots formés sur un redoublement, « où l'affectivité affleure », et de termes populaires aux sonorités proches (« dormir », « bercer », « babiller » puis « imiter comme un enfant[22] »). La situation décrite par Hérondas ressemble beaucoup à une scène de la comédie *Thesmophoriazusae secundae* (probablement une pièce de la comédie ancienne), que nous a partiellement transmise un papyrus[23], où il est question du même objet. Ces objets sont un motif de comédie, une « situation attendue » relevant de la satire des

15. Cf. Chantraine, *DÉ, s.v.*

16. Chantraine 1933, p. 260-262.

17. Aristophane, *Lysistrata*, 108. Pour les occurrences de ce terme dans la comédie, voir Henderson 1975, p. 221-222.

18. Aristophane, *Assemblée des femmes*, 915-918.

19. Voir Olender 1985 et Vernant 1990, p. 118-119.

20. Dans un article consacré à la masturbation, Krenkel (1979, p. 167) donne comme autres synonymes les termes de γέρρον et de φάλης, mais il semble, d'après les contextes et la formation, qu'il ne s'agit pas d'objets, mais bien du sexe masculin. Voir Aristophane, *Lysistrata*, 771 et *Acharniens*, 263.

21. Hérondas, *Mimes*, VI, 19.

22. Olender 1985, p. 38-40.

23. Il s'agit du P. Oxy. II 212 = Pack² 156. C'est le fr. 44, édité et partiellement traduit par D.L. Page dans *Select Papyri*, vol. III, Cambridge (Mass.), Harvard University Press, 1941 (les passages les plus hardis sont « traduits » en latin). Le papyrus est daté du Iᵉʳ siècle de notre ère et le texte est attribué, de façon hypothétique, à Aristophane sous le nom de *Thesmophoriazusae secundae*.

femmes, généralement présentées comme trop portées sur la sexualité, incapables de se maîtriser. Dans tous les cas, aucune allusion n'est faite à l'homosexualité ; ces femmes n'envisagent pas un instant de se prêter l'objet en question, ni de l'utiliser à deux. D'ailleurs, les auteurs font faire à leurs personnages féminins des « études comparatives », d'où il ressort toujours que le sexe masculin est irremplaçable et inimitable : Lysistrata a beaucoup de mal à convaincre les autres femmes de suivre son plan et les femmes du fragment comique préfèrent finalement aller voir des esclaves[24].

En latin, cet objet apparaît rarement dans la littérature. L'expression *scorteum fascinum,* « phallus de cuir », apparaît chez Pétrone, dans le *Satiricon*[25], mais, dans ce passage, c'est une vieille femme, Œnothea, qui le manipule et il est destiné à raviver les ardeurs d'un jeune homme. Dans la peinture romaine, ces objets n'apparaissent jamais[26].

C'est donc une grave erreur que de considérer l'olisbos (ou d'autres objets similaires) comme l'« ustensile » de la lesbienne. Or, pendant longtemps, le premier réflexe des philologues, lorsqu'ils rencontraient une allusion à l'homosexualité féminine dans le texte qu'ils commentaient, était de renvoyer aux utilisatrices de godemichés, dont parlent Hérondas et Aristophane[27]. Cette interprétation erronée des implications de l'olisbos s'explique probablement par la projection dans le passé d'idées préconçues, fondées sur ce qui est actuellement un cliché dans les représentations pornographiques des femmes homosexuelles. Sous prétexte que certains textes (au demeurant fort rares et, quoi qu'il en soit, bien postérieurs aux époques grecques classique et hellénistique[28]) qui décrivent des relations sexuelles entre femmes font allusion à l'utilisation de cet objet, est établi le lien direct entre godemiché et homosexualité féminine : ce qui était, dans les textes, une caractéristique possible est considéré comme un marqueur, c'est-à-dire un signe suffisant pour connoter les pratiques homosexuelles fémi-

---

24. Fr. 44, 13-16 : « – Et on dit aussi que ça ressemble vraiment à un pénis. – Par Zeus, ma chère, comme la lune ressemble au soleil : pour la couleur, c'est la même chose, mais pour la chaleur, absolument pas ! » Les deux femmes décident alors d'aller voir des esclaves.

25. Pétrone, *Satiricon*, 138, 1.

26. Clarke 1998, p. 227-228.

27. Wilamowitz-Möllendorff (1919, p. 72 n. 3) relie l'homosexualité féminine au thème de l'olisbos, en citant Hérondas à côté d'une épigramme d'Asclépiade. De même Dover (1978, p. 215 n.9) relie le fr. 94 de Sappho où il est question de « désir chassé » (v. 21-22) au fr. 99 où il est question d'olisbos. Dover part de l'hypothèse que « à l'époque archaïque comme à l'époque classique, l'olisbos était employé normalement par les femmes quand elles avaient des relations homosexuelles » et s'appuie sur une interprétation tout à fait discutable d'un vase où se trouve figuré un olisbos double (ce vase sera commenté plus loin). De même, dans les lexiques ou les éditions commentées, beaucoup de philologues commentent les passages où il est question de relations sexuelles entre femmes en citant les passages où il est question de godemichés (par exemple, Forberg 1882 ; Vorberg 1932 ; Citroni 1975, p. 284 ; Howell 1980, p. 298). Pour l'iconographie, Kilmer, lui aussi, considère comme appartenant au champ de l'homoérotisme féminin des scènes où les femmes prennent des godemichés et Clarke évoque le *dildo* (dont il dit pourtant qu'il est absent des représentations romaines) dans un paragraphe consacré aux relations entre femmes (Clarke 1998, p. 227-228).

28. Ces textes sont d'époque romaine. Ils seront étudiés dans les parties consacrées à cette époque.

nines. Cette interprétation est d'autant plus fantaisiste (chargée d'anachronismes et d'idées préconçues) que ces objets sont très souvent figurés sur des vases où se trouvent des hommes. Alors que l'intérêt porté par les peintres grecs au sexe féminin pour lui-même est réduit à l'extrême, la représentation du sexe masculin fait l'objet d'une grande préoccupation : les *olisboi* et les objets phalliques de toutes formes en sont une manifestation. Dans cette optique, il semble logique que leur représentation relève davantage d'une célébration de la virilité que d'une volonté d'en représenter les éventuelles utilisatrices.

C'est un fragment poétique, lacunaire et problématique, qui a parfois servi de point d'appui à ces interprétations : E. Lobel et D. Page l'attribuent à Sappho (fr. 99 LP), alors que E.-M. Voigt considère qu'il s'agit d'un fragment d'Alcée (fr. 303a Voigt). De surcroît, le contexte du passage est quasi nul. Dans ces quelques lignes particulièrement endommagées, on lit ὀλισβ[ο]δόκοις. Les auteurs du Liddell-Scott donnent pour ὀλισβοδόκος cette définition tautologique « receiving the ὄλισβος » et lui attribuent un sens métaphorique (« peut-être dans le sens de plectre[29] ») ; E. Mora[30] interprète cette épithète comme une attaque contre une rivale (Andromède, de la famille de Polyanax), d'autres poèmes étant dirigés contre cette personne[31] et une pointe visant le frère de celle-ci[32] figurant sur le même papyrus. K. Dover pense également que, « étant donné que l'olisbos est associé à la masturbation féminine solitaire, il est possible que Sappho fasse une allusion méprisante à une ennemie[33] ». Selon ces interprétations, le terme d'olisbos serait employé dans un sens péjoratif : il serait présenté comme étant utilisé par d'autres, mais non par les jeunes filles mentionnées dans les poèmes de Sappho, et donc aucunement dans un contexte homoérotique féminin. Tout est discutable, dans ces diverses interprétations, même l'affirmation de K. Dover selon laquelle l'olisbos est associé à la masturbation féminine solitaire (rien à cette époque n'atteste que cet objet est rattaché, dans l'imaginaire grec, à cette pratique). Dans sa récente étude de l'œuvre de la poétesse, J. Snyder relève l'intérêt démesuré des philologues pour ce fragment (qui fait pourtant l'objet d'une reconstitution quasi complète) : selon elle, il s'agit d'une projection des papyrologues, fortement influencés par l'attribution (entièrement hypothétique) à Sappho[34].

Pour l'époque grecque archaïque et classique, il n'existe aucun texte où se trouve affirmé ou suggéré un lien entre les pratiques sexuelles entre femmes et l'utilisation de godemichés. Il en est de même pour la céramique grecque, où, pourtant, se trouvent en grand nombre des représentations du phallus détaché du corps masculin, donc d'une certaine manière « autonome », sous diverses formes (*olisboi*, phallus ornementaux, animaux-phallus, vases-phallus, phallus avec un œil, etc.) et dans diverses

---

29. Liddell-Scott *s.v.* (supplément) ; Guarino 1981. Giangrande (1980 et 1983) au contraire y voit là la preuve que Sappho est « une tribade ».

30. Mora 1966, p. 361.

31. Fr. 155 LP ou 162 TR, TR 154.

32. P. Oxy. XXI 2291, col. I = 99 LP, v. 10-25.

33. Dover 1978, p. 216, n. 9. C'est ce que pense aussi Lardinois (1989, p. 18).

34. Snyder 1997, p. 115.

situations[35] : des femmes se préparent pour le banquet et tiennent à la main ces objets, une femme s'accroupit sur un olisbos de taille gigantesque, une autre tient sous le bras un panier rempli d'*olisboi*, une autre arrose, le sourire aux lèvres, une plantation d'« asperges phalliques ». Parfois, l'objet est là comme décoration, en arrière-plan d'une scène qui n'est pas sexuelle.

Loin d'être l'objet de consolation de la femme solitaire, l'olisbos est fréquemment représenté dans des scènes de relations sexuelles : des femmes le brandissent vers des hommes (ou inversement), un satyre est sur le point de s'en servir, des femmes en emportent vers le lieu où plusieurs personnes font l'amour. Quelques images représentent des « *olisboi* doubles » : certains y ont vu un objet spécifiquement destiné aux relations sexuelles entre femmes[36], mais le fait que soient représentés, par exemple, une ménade brandissant l'objet au dessus d'un satyre, ou un homme sur le point de pénétrer une femme avec cet objet, infirme cette interprétation[37].

Dans sa vaste classification des vases érotiques à figures rouges, M. Kilmer considère comme relevant de la catégorie « sexualité lesbienne[38] » deux cas où figurent des godemichés. Sur une face extérieure d'une coupe sont peintes deux femmes qui dansent autour d'un oiseau-phallus, l'autre face représente des femmes à la toilette[39]. Sur une autre coupe d'origine inconnue est représenté un groupe de femmes : certaines sortent des *olisboi* d'un panier et l'une d'entre elles semble porter un olisbos autour de la taille[40]. N. Rabinowitz[41] interprète également ces scènes figurant des femmes nues et des *olisboi* comme étant homoérotiques.

Cette représentation de femme harnachée d'un godemiché semble cependant douteuse : nous ne disposons que d'un croquis, fait à partir d'un vase disparu d'une collection privée, reproduit par G. Vorberg. Non seulement l'authenticité n'est pas avérée, mais de plus cette représentation ne s'intègre aucunement dans la thématique des amours des femmes entre elles : la scène représente en réalité une forme de catalogue des positions possibles (olisbos dirigé vers la bouche, vers le sexe, vers l'anus, brandi en l'air, etc.) dans des relations sexuelles hommes/femmes. De même, dans le cas de

35. Voir les reproductions de vases dans Keuls 1985, p. 82-86 (fig. 72 à 80) ; Lissarrague 1987, p. 69-70 ; Kilmer 1993, p. 192-198 ; Frontisi 1998.

36. Dover (1978, p. 216, n. 9) pense que ce godemiché à double entrée est conçu pour deux femmes lors de relations « homosexuelles ». Pomeroy (1975, p. 88) avait fait la même interprétation et considéré cette représentation comme un élément indiquant que les prostituées prenaient plaisir à de telles relations.

37. Une ménade et un satyre : kylix attique à figures rouges, cercle du peintre Nikosthénès, fin du VIe siècle, Musée de Boston, 08.30a (cf. Dover 1978, R 227 ; ARV², p. 135 et *Add.*, p. 88) (cf. Dover 1978, R 227 ; ARV², p 135 et *Add.*, p. 88) ; groupe d'hommes et de femmes avec olisbos : canthare attique à figures rouges, attribué à Nikosthénès, ca 545-510, Musée de Boston, 95.61 (cf. Dover 1978, R 223 ; ARV², p 132 et *Add.*, p. 88).

38. Kilmer 1993, p. 29-30 et p. 98.

39. Kylix à figures rouges, par le peintre de Pédieus, ca 510-500 av. J.-C., Paris, Musée du Louvres, G. 13 (cf. Dover 1978, R. 152 ; ARV² 85.1 ; *Para.*, p. 330 ; *Add.*, p. 84).

40. Kylix à figures rouges, ayant été exposée à Rome, Castellani (cf. Vorberg 1932, p. 409 ; Dover 1978, R 1163 ; Kilmer 1993, R. 141.3).

41. Rabinowitz 2002, p. 142, fig. 5.21 et 5.22.

la scène avec l'oiseau-phallus, rien n'indique que le peintre veuille suggérer une quelconque relation sexuelle passée ou à venir entre les deux femmes.

Dans l'iconographie grecque, d'après les sources qui nous sont parvenues, les objets-phallus sont rarement utilisés par les femmes seules et, quoi qu'en disent certains, ils ne sont pas utilisés par des femmes ensemble. Ce rapide aperçu établit clairement que l'olisbos est un élément symbolique important dans la représentation des relations sexuelles, mais qu'il ne peut en aucun cas être considéré, dans l'Antiquité grecque, comme un marqueur ou un élément connotant les relations sexuelles entre femmes.

Femmes entre elles : des interprétations controversées

Cette mise au point était nécessaire pour exclure certaines représentations iconographiques qui ont parfois été intégrées dans le corpus des sources sur les relations entre femmes. Si l'on laisse de côté ces représentations d'*olisboi*, cinq représentations iconographiques – au maximum – ont été recensées, pour l'époque classique et hellénistique, par un petit nombre de spécialistes de l'iconographie ou de la sexualité grecque, mais leurs relevés sont différents, et leurs interprétations ne s'accordent pas toujours[42].

Scènes de toilette

Une kylix attique datant de la fin du VIe ou du début du Ve siècle et peinte par Apollodore[43] représente deux femmes nues : l'une est debout, elle regarde devant elle et tient de sa main gauche un large flacon. L'autre est accroupie, la jambe droite tendue et elle regarde l'autre femme. Elle touche – ou s'apprête à toucher – de la main gauche la cuisse de l'autre femme et de la main droite, son sexe. La main droite est levée, la paume légèrement orientée vers le bas : les doigts sont tendus, excepté l'index, replié sous le pouce. À l'arrière-plan se trouvent des habits déposés sur un tabouret et un alabastre.

Les interprétations divergent : pour les uns, il s'agit de préparatifs de courtisanes[44], pour d'autres, d'une scène d'épilation[45], pour d'autres encore, d'une scène de caresse sexuelle[46], voire de caresse clitoridienne[47]. Chacune de ces interprétations implique une interprétation sur la réception de cette coupe, qu'utilisent les hommes au banquet[48] :

---

42. Pour les époques classique et hellénistique, les chiffres varient : une (Dover 1978, R 207 ; Keuls 1985, p. 87, fig. 81), deux (Rabinowitz 2002, p. 146-150 ; Hackworth Petersen 1997, p. 64-69), trois (Brooten 1996, figures 2, 3 et 4-5) ou cinq (pour la figure rouge : Kilmer 1993, p. 26-30 et p. 68, 86, 89, 97, 98).

43. Kylix attique, Tarquinia, Musée archéologique (cf. Dover 1978, R 207 ; *Para.* 333, 9bis).

44. Keuls 1958, p 173 fig. 151 et p. 85-86 ; Boardman *et al.* 1975, p. 110-111.

45. Parker 1993, p. 342-343 ; Frontisi 1998, p. 258 et p. 315, n. 153.

46. Dover 1978, R. 207 ; Kilmer 1993, p. 26-28.

47. Brooten 1996, p. 57 et, sur le mode de l'hypothèse, Rabinowitz 2002, p. 147-148, fig. 5.25.

48. Pour différentes interprétations sur la réception de cette image, cf. Frontisi 1998, p. 258 et p. 315, n. 153 ; Brooten 1996, p. 57, n. 128 ; Shapiro 1992, p. 72, n. 2.

cette scène de femmes entre elles ou de femmes s'épilant est-elle destinée à éveiller la libido masculine ? Les nombreux avis qui s'accordent pour y voir une scène destinée à stimuler les fantasmes des hommes divergent sur la qualification de la relation sexuelle représentée : les uns considèrent la scène comme homosexuelle, les autres refusent ce qualificatif. D'autres encore y voient une scène que le public féminin peut interpréter, en détournant le propos du peintre, comme étant homoérotique[49].

Deux parallèles iconographiques sont susceptibles d'éclairer la nature de la scène représentée. Une kylix[50] datant de 470-460, peinte par le « Peintre des bottes », représente plusieurs femmes sortant du bain ou s'y préparant ; deux se trouvent dans une position similaire aux femmes de la kylix d'Apollodore. La main tendue de la femme accroupie et le contexte de la toilette indiquent qu'il s'agit d'une scène d'épilation.

Un lécythe attique[51] datant de 500 ans av. J.-C. environ représente une scène d'épilation particulièrement intéressante : la position des deux figures est semblable à celle des deux femmes sur les deux kylix, à ceci près que la personne qui épile est un satyre. La position de la main du satyre est exactement la même que celle des deux femmes qui exécutent l'opération sur les deux kylix.

L'étude des satyres dans la céramique grecque faite par F. Lissarrague[52] a mis en évidence l'importance de leur rôle dans des scènes où la représentation d'un citoyen grec serait jugée inconvenante, voire choquante. Alors que l'on ne voit presque jamais d'hommes s'occuper d'enfants sur les vases, les pères, dans les « familles-satyres », s'occupent de leurs enfants-satyres et se livrent à des activités réservées en général aux femmes. De même, certaines positions sexuelles qui ne sont pas pratiquées par les hommes sur les vases le sont par les satyres (pénétration anale, fellation, autoérotisme avec godemiché, etc.)[53]. Les satyres présents dans des milieux traditionnellement réservés aux femmes sont à interpréter comme un « relais » au regard du spectateur plutôt que comme un personnage jouant un rôle dans la scène. Dans le même ouvrage, F. Frontisi souligne « la fonction monstrative »[54] du satyre dans certaines représentations, sorte de « guide » du regard des spectateurs masculins. Le fait que, dans une de ces scènes types de toilette que sont les scènes d'épilation, le satyre prend la place d'une des actrices (celle qui épile) et non celle d'une des femmes qui les entourent ou d'un spectateur extérieur, montre nettement quelle est la direction du regard que présuppose la scène : le regard et la main du satyre – relais du regard du spectateur et de l'utilisateur du vase – sont dirigés vers le sexe d'une femme, et non vers deux femmes qui se touchent.

49. Brooten 1996, p. 57, n. 128 ; Hackworth Petersen 1997, p. 69.

50. Kylix attique, Malibu, J. Paul Getty Museum, 83. AE. 251 (voir *J. Paul Getty Museum Journal* 12, 1984, p. 245, et Brooten 1996, fig. 3).

51. Lécythe attique, Bâle, Antikenmuseum Basel und Sammlung Ludwig, BS 423 (voir Lissarrague 1998, fig. 31 et p. 184).

52. Voir Lissarrague 1987 et Lissarrague 1998.

53. Voir également Keuls 1985, p. 357 *sq.* ; Dover 1978, p. 127 ; Calame 1996, p. 88-89.

54. Frontisi 1998, p. 259-260.

Fig. 3. Kylix attique à figures rouges, par le peintre Apollodore, *ca* 500 av. J.-C.

À droite, en haut : Fig. 4. Kylix attique à figures rouges, par le « Peintre des bottes », *ca* 470-460 av. J.-C. (dessin Isabelle Châtelet).

À droite, en bas : Fig. 5. Lécythe attique à figures rouges, *ca* 500 av. J.-C. (dessin I. C.).

Ainsi, la question n'est pas de savoir si oui ou non des femmes dans une situation semblable pouvaient *en réalité* prendre du plaisir[55], mais de déterminer si ceux qui utilisaient cette kylix voyaient une scène sexuelle entre femmes et si, dans ce cas, cette relation était considérée comme érotique. La ressemblance frappante avec des scènes d'épilation et la position du satyre dans une de ces scènes laissent penser au contraire que, loin d'exploiter ce que nous appellerions un érotisme lesbien, le peintre donnait à voir une scène à tonalité érotique liée à la nudité des femmes et à la pratique intime de la toilette.

Des courtisanes entre elles ?

Une kylix datant de 515-500 av. J.-C.[56] représente, d'après l'étude de G. Kilmer, une scène de cadeau érotique entre femmes. On y voit deux femmes nues ; l'une nettoie une botte (ou une corne pour boire), l'autre lui offre (ou lui tend) un flacon de parfum (un alabastre). La scène est peu explicite – et l'interprétation d'un cadeau d'amour peu recevable, d'autant plus que la femme censée recevoir le cadeau ne lève pas la tête. E. Keuls[57] interprète cette scène comme des préparatifs de courtisanes, ce qui semble plus convaincant.

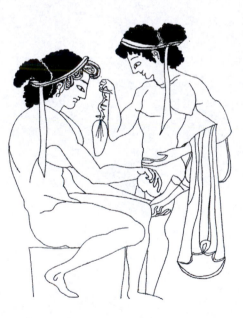

Fig. 6. Kylix attique à figures rouges, *ca* 515-500 av. J.-C., par le peintre Euthymidès (dessin I. C.).

55. Brooten insiste sur ce point pour étayer son interprétation (1996, p. 57, n. 128). Cependant, dans l'iconographie grecque, beaucoup de scènes sexuelles et considérées comme extrêmement érotiques présentent des positions quasiment impraticables et peu susceptibles d'apporter *en réalité* du plaisir aux partenaires : dans les images comme dans les textes, la réalité de la fiction n'est pas la réalité.
56. Kylix attique à figures rouges, Naples, Museo archeologico nazionale, SA5 (cf. Kilmer 1993, R 73 ; *ARV*² 32).
57. Keuls 1985, fig. 150.

Une amphore du début du ve siècle[58] présente également une scène avec deux personnages féminins. Il s'agit d'une représentation à figures rouges, où l'on voit d'un côté une femme tenir horizontalement un phallus doté d'un œil et qui se relève légèrement pour regarder la femme. Sur l'autre face sont représentées deux femmes visiblement ivres (chacune tient à la main un récipient à boire particulièrement grand), bras dessus bras dessous. B. Brooten y voit une relation érotique, avec échange de présents, entre les deux femmes. Il y a cependant de fortes probabilités pour que ce « présent » (le filet dans les cheveux de l'une) soit un simple accessoire esthétique de courtisane.

Ces deux représentations appartiennent au vaste registre des scènes de prostituées : nombreux sont les vases où on les voit, avant ou après le banquet, boire tranquillement, jouer au cottabe, se laver ou se préparer[59] (et également toucher des godemichés ou s'en emparer). Il n'y a point de doute qu'il y a là une connotation érotique qui se superpose à la « réalité de la fiction » montrant des femmes à leurs occupations, mais rien ne permet d'interpréter ces scènes comme homoérotiques et destinées, en tant que telles, à éveiller le désir des hommes.

Femmes aux couronnes

Une pélikè apulienne datant de 350 av. J.-C. environ[60] semble, selon certains, relever d'une thématique semblable. Comme le récipient a été réalisé dans des ateliers de Grande Grèce, les conventions picturales sont différentes des céramiques étudiées précédemment. La scène représentée appartient d'ailleurs à un tout autre contexte. On y voit deux femmes habillées avec soin. L'une est assise sur une chaise ouvragée, l'autre est debout, face à elle. Leurs regards se croisent et la femme assise touche de sa main droite la poitrine, ou l'épaule, de l'autre femme, qui tend également le bras vers elle. Chacune tient, de façon symétrique et visible, une couronne (voir fig. 7, page suivante).

Cette représentation semble comporter plusieurs motifs présents dans les scènes d'avances érotiques[61] : un geste de toucher de la poitrine (ce geste apparaît à l'époque classique, dans des scènes de séduction entre un homme et une femme[62]), un échange de regards et un don de couronne. Certes, les éléments archaïsants correspondent au mouvement qui se produit dans la poésie du début de l'époque hellénistique, où l'imitation et les références à la poésie archaïque se répandent, mais il est particulièrement difficile, vu la qualité du trait, de déterminer si la femme assise touche le sein ou l'épaule de l'autre femme, et donc de déduire de ce geste une tonalité homoérotique[63].

58. Amphore attique, *ca* 490 av. J.-C, attribué au « Flying Angel Painter », New York, collection privée (voir Frontisi 1998, fig. 65 et Brooten 1996, p. 58 et fig. 4-5).

59. Voir, entre autres, l'étude de Lissarrague (1991) sur la représentation de la femme dans la peinture attique.

60. Pélikè apulienne, Tarente, Museo archeologico nazionale, 4803.

61. Pour une interprétation homoérotique de cette représentation, voir Keuls 1985, p. 85-87, fig. 81 ; Brooten 1996, p. 58, fig. 6; Hackworth Petersen 1997, p. 65-67, fig. 13.

62. Voir Hackworth Petersen 1997, p. 66, n. 44 et Kilmer 1993, p. 26-27.

63. Parker (1993, p. 342-343, n. 85) s'oppose à l'interprétation de Keuls (qui fut la première à remarquer ce vase). Il considère que le geste est un toucher de l'épaule et non du sein.

Fig. 7. Pélikè apulienne, par le peintre de Truro, *ca* 350 av. J.-C. (dessin I. C.).

Le discours iconographique sur les relations entre femmes à l'époque classique, comme le montre ce bref aperçu, est particulièrement rare. Si les artistes et leurs clients semblent apprécier les vases où l'on voit des femmes brandir des godemichés, aucune représentation ne montre ou ne suggère l'usage concret qu'elles peuvent en faire entre elles : l'olisbos – ou l'objet-phallus sous diverses formes – est, en soi et tel quel, érotique. Quant aux nombreuses scènes où l'on voit des femmes ou des courtisanes nues occupées à diverses activités, aucun indice ne permet de penser que le peintre ait voulu suggérer un quelconque désir entre elles : sont avant tout montrés au spectateur masculin des femmes nues à la poitrine rebondie et des préparatifs pour des unions sexuelles à venir, avec des hommes.

Comment expliquer ce traitement spécifique, par la peinture grecque, de ces relations sexuelles ? S'agit-il d'un interdit explicite ? L'étude de F. Lissarrague a montré que les peintres pouvaient, par le biais du personnage du satyre, représenter des situations sexuelles masculines frappées de tabou iconique. Ainsi, un vase montre un satyre faisant un cunnilingus à une biche, d'autres représentent une pénétration anale ou une fellation accomplies par un satyre, un autre encore montre un satyre, enfourché par une ménade, sur le point d'être pénétré par un olisbos gigantesque tenu par sa partenaire. F. Lissarrague voit là « un contre-modèle de l'humanité avec lequel les imagiers s'amusent pour explorer les virtualités d'un univers imaginaire, pour créer une anthropologie de fantaisie[64] » (précisons cependant que la majorité des actes sexuels des satyres n'est pas beaucoup plus imaginaire ou fantasmée que ces scènes idéalisées d'échange amoureux entre l'éraste et l'éromène, dont la convention limite artificiellement les gestes sexuels). Le satyre permet en effet de contourner certains tabous qui pèsent sur le citoyen grec et de représenter une part bien réelle de la sexualité masculine. En revanche, les ménades, qui appartiennent au même monde fictif que les satyres, fuient souvent l'union sexuelle et sont, comme le dit F. Lissarrague, « intouchables ». Les travaux de M.-C. Villanueva-Puig sur l'iconographie des ménades montrent, de façon convaincante, que cette dimension sexuelle n'apparaît pas dans la représentation de ces personnages[65]. Alors que les satyres permettent de représenter les aspects censurés de la sexualité masculine, les images ne recourent pas à un procédé similaire pour montrer certains aspects de la sexualité féminine. Le silence ou le tabou n'est, par conséquent, pas le même.

Pour l'époque classique, et malgré les nombreuses interrogations qui persistent, il est possible de faire ce constat : les relations sexuelles entre femmes ne sont pas un motif érotique dans l'iconographie grecque et elles ne font pas partie des images destinées à stimuler le désir érotique du consommateur. Tout porte à penser que ces relations n'étaient pas perçues comme appartenant au champ de l'érotisme et des fantasmes masculins[66] et que, dans leur composante sociale, elles n'intéressaient ni le peintre ni ses clients. Les silences portant sur la sodomie et les relations entre hommes adultes ainsi que l'importance des représentations stéréotypées éraste/éromène ont amené les chercheurs à la conclusion que les images montrent la société non telle qu'elle est mais telle qu'elle désire être vue. Le silence des images sur les relations entre femmes nous permet de savoir que la société grecque aime à être vue et aime à se voir comme un monde où les femmes ne font pas l'amour entre elles.

Dits et non-dits des textes

En ce qui concerne la sexualité entre hommes et femmes, et celle entre hommes, les discours des orateurs, les allusions dans les textes philosophiques et la comédie disent ce que les images taisent (que ce soit de façon neutre, sous la forme d'un blâme

64. Lissarrague 1987, p. 79.
65. Villanueva-Puig 2000 et plus particulièrement Villanueva-Puig 2004, à propos d'une représentation de deux ménades sous le même manteau (amphore à figures noires, Londres, British Museum, B 163 ; voir *ABV*, p. 134, 28).
66. Il est bien entendu que les fabricants comme la majorité des acheteurs, destinataires de ces coupes à boire, sont des hommes. Les objets contenant des parfums ou des onguents étaient destinés à un usage féminin. Pour ce qui est des représentations sur des objets typiquement féminins, cf. Frontisi 1998.

ou de façon satirique) : cette différence d'étendue des zones de silence selon les types de discours permet, par comparaison, de déterminer ce qui n'est pas dit. Pour les relations entre femmes, en revanche, la question est plus délicate car les autres types de discours sont globalement silencieux sur le sujet. Si nous ne disposions des deux passages de Platon, nous pourrions penser qu'il s'agissait, à l'époque classique, d'une forme de comportement totalement ignorée par les Anciens, exclue du champ du sexuel, voire inconcevable, au sens premier du terme.

Que la tragédie, selon la définition d'Aristote, « imitation d'une action de caractère élevé », qui « veut représenter les hommes supérieurs aux hommes de la réalité »[67] et s'intéresse avant tout aux relations de pouvoir et aux liens du sang, ne fasse aucune allusion à des femmes qui aiment les femmes, cela semble cohérent. Que l'historiographie, de la même manière, se désintéresse des comportements privés des femmes pour raconter les hauts faits des hommes et l'histoire des cités, cela ne nous étonne pas davantage. De même, dans le domaine de l'éloquence, les questions de pouvoir, de politique et de citoyenneté sont au centre de l'intérêt de l'orateur et de son public : si les évocations de relations sexuelles entre hommes sont nombreuses (qu'il s'agisse d'accusations de prostitution ou de passivité – pour discréditer l'adversaire – ou d'éloges de comportements exemplaires), les personnages de femmes sont particulièrement rares ; lorsqu'elles apparaissent dans les propos de l'orateur, c'est surtout comme construction au service de la cause plaidée[68]. Dans ces discours centrés sur des intérêts spécifiques, il ne semble pas étonnant qu'il ne soit jamais question de relations sexuelles ou amoureuses entre femmes.

On s'attendrait en revanche à ce que la comédie ancienne, dont l'humour ne s'embarrasse pas d'euphémismes et qui évoque, avec force jeux de mots crus et jeux de scène obscènes, divers aspects de la sexualité humaine, fasse des allusions ludiques et satiriques aux relations sexuelles entre femmes. Or il n'en est rien.

Le silence de la comédie

Dans l'ancienne comédie, qui naît à Athènes au début du ve siècle, se trouvent associées une structure formelle et métrique stricte et une grande liberté de ton et d'imagination (scénique et verbale). Des œuvres des grands auteurs (Magnès, Phérécrate, Eupolis…), seuls des fragments et onze comédies d'Aristophane nous sont parvenus : dans ces pièces, diverses formes de comique sont mises en œuvre (de la farce à la satire, par les mots ou les situations) et l'humour fondé sur le sexe et la satire des femmes en est un ressort important.

De nombreux aspects de la sexualité sont évoqués dans la comédie attique, qu'il s'agisse de la relation conjugale, de la prostitution, de relations passagères, de rela-

---

67. Aristote, *Poétique*, 1448a16-18 et 1449b24.

68. Comme l'a mis en évidence Gagarin, lorsque des femmes s'expriment dans les discours des orateurs (ce qui est très rare), c'est sous la forme de discours indirect libre transformé par l'orateur (Gagarin 2002). C'est ce que dit également Demont (1998, p. 112) : « Les rares allusions à la conduite des femmes chez les orateurs confirment ces lieux communs » (à savoir qu'une femme comme il faut garde le silence et reste chez elle).

tions entre hommes[69]. La tonalité n'est bien évidemment pas la même selon les types de relations, et si le souvenir d'une sexualité conjugale effrénée et épanouissante est évoqué avec nostalgie par une des nombreuses femmes qui font la grève du sexe dans *Lysistrata*, c'est le blâme et la satire qui dominent lorsqu'il est question des efféminés qui aiment se soumettre à des hommes ou du passé douteux d'un homme politique. La pédérastie n'est pas critiquée en tant que telle et Aristophane ne présente jamais comme condamnable la sensibilité des Grecs à la beauté masculine et leur attirance pour des jeunes gens[70]. Ces attitudes sont au contraire présentées comme allant de soi[71]. Sont principalement moqués les hommes adultes qui aiment être pénétrés par des hommes et ceux qu'on accuse de s'efféminer. Les comédies d'Aristophane regorgent de portraits truculents d'individus accusés de comportements ridicules et soupçonnés d'avoir des déformations physiques liées à des pratiques sexuelles[72]. On retrouve ainsi, dans la comédie, certaines des normes véhiculées par la céramique (reconnaissance de la pédérastie quand les âges conviennent, valorisation de la sexualité virile active, condamnation du *kinaidos*), mais les formes du blâme, de l'invective personnelle et de la satire permettent d'aborder et de décrire, sur le ton comique, des aspects de la sexualité masculine que les images taisent ou qu'elles réservent aux satyres[73].

À l'inverse, pour les femmes, si la comédie évoque l'usage du godemiché, le blâme et la satire sexuelle de la comédie ne mettent rien en lumière de ce que les vases taisent (à savoir les relations sexuelles entre femmes). Les épouses des comédies d'Aristophane sont volontiers prêtes à recourir à l'olisbos en cas de manque sexuel aigu. Dans *Lysistrata* par exemple, la situation est grave : non seulement les hommes sont partis à la guerre, mais, dit l'héroïne, « depuis la trahison des Milésiens, je n'ai pas vu un seul olisbos de huit doigts de long et dont le cuir aurait pu nous secourir [74]! ». Cette réplique destinée à faire rire le public suscite ici également sa bienveillance (après tout, elles sont vraiment en manque), mais, à d'autres occasions, l'allusion à cet objet relève d'une satire particulièrement violente : les femmes ne sont qu'un sexe en feu, en particulier les vieillardes. Dans l'*Assemblée des femmes*, la jeune femme qui convoite le même jeune homme qu'une vieille femme lui lance : « Allons, grand-mère, je t'en prie, appelle "Monsieur Dur", afin de te satisfaire toi-même, je te le demande[75] ! » Chez Aristophane, la satire des femmes se manifeste essentiellement par leur caricature en

---

69. Calame 1996, p. 147-158.

70. Dover 1978, p. 168-170. Dans les *Acharniens* (263-279), par exemple, « la *paiderastia* est mise sur le même plan que l'adultère (interdit par la loi mais bien agréable si l'on réussit à s'en tirer) ou une relation sexuelle avec une petite esclave surprise dans un endroit isolé » (p. 168).

71. Dover insiste sur ce point dans son étude sur Aristophane (Dover 1972, p. 114-115).

72. Les insultes comme εὐρύπρωκτος (« anus élargi ») fusent. Voir Henderson 1975 ; Dover, « L'exploitation de l'homosexualité par la comédie » dans Dover 1978, p. 168-189 ; Cantarella 1986, p. 73-79.

73. Est ici relevée la différence entre les images et les textes, non la différence entre la comédie et la réalité. À ce propos, Dover fait ce constat : l'« érôs homosexuel » (masculin) est « déplacé du centre de la vie athénienne à sa périphérie » (p. 183).

74. *Lysistrata*, 108-110.

75. *Assemblée des femmes*, 915-918.

femmes lubriques incapables de s'entendre très longtemps entre elles et de maîtriser leurs pulsions. C'est dans le cadre de cette satire que certains[76] ont vu une allusion humoristique de l'auteur à des attitudes relevant de pratiques sexuelles entre femmes. Le passage se situe dans *Lysistrata*, au moment où les délégations (féminines) étrangères viennent au premier rendez-vous[77] :

> Lysistrata. – Ah ! Voilà justement Lampitô qui arrive ! Salut Lampitô, très chère Laconienne ! Comme tu resplendis de beauté, ma toute douce ! Quel teint splendide, quel corps vigoureux tu as ! Tu étranglerais un taureau.
>
> Lampitô. – Mais oui, je crois bien, par les Dioscures, car je fais de la gymnastique et je saute, talon aux fesses.
>
> Cléonice. – La belle chose que des tétons comme les tiens !
>
> Lampitô. – Hé, vous me palpez comme un animal de sacrifice !
>
> Lysistrata. – Et cette autre jeune femme, d'où vient-elle ?
>
> Lampitô. – C'est une vénérable Béotienne qui nous arrive, par les Dioscures.
>
> Lysistrata. – Une vraie Béotienne, par Zeus, elle a un beau jardin (τὸ πεδίον) !
>
> Cléonice. – Ah oui, elle a le poil parfaitement épilé.
>
> Lysistrata. – Et qui est cette autre enfant ?
>
> Lampitô. – D'une importante origine (χαΐα), par les Dioscures, mais elle, elle est corinthienne.
>
> Cléonice. – Importante, c'est clair qu'elle l'est, par Zeus, de ce côté-là.

L'humour de la scène repose sur la succession de stéréotypes familiers concernant les femmes des différentes régions[78], le tout probablement accompagné de jeux de scène redondants. La Spartiate est forte et musclée : la condition des femmes de Sparte, plus libres qu'à Athènes, ainsi que leur éducation semblable à celle des hommes ont toujours choqué les Athéniens, qui en exagèrent les traits dans leur discours[79]. L'évocation des beaux tétons de Lampitô s'explique par le lieu commun portant sur la nudité légendaire des femmes lacédémoniennes quand elles s'exercent et font du sport[80]. La Béotienne

---

76. Halliwell cite ce passage comme une possible allusion, qui serait l'unique occurrence dans la comédie, mais reste sur une interrogation (Halliwell 2002, p. 142, n. 51). Rabinowitz cite ce passage comme expression du lien entre la pratique sportive de femmes spartiates et l'homosexualité féminine (Rabinowitz 2002, p. 163, n. 116). Elle cite comme autres passages exprimant ce lien Plutarque (*Vie de Lycurgue* 19) – où pourtant il n'est pas question de pratiques sportives – et Euripide, *Andromaque*, 595-600 – où il n'est pas question de relations sexuelles entre femmes.

77. *Lysistrata*, 77-92.

78. Auparavant, Aristophane avait déjà fait un trait d'humour à propos d'une femme d'Agrigente. Sur les *a priori* des Athéniens sur les femmes spartiates, voir les références données par Henderson dans le commentaire de ces vers (Henderson 1987, p. 75-78).

79. Comme l'écrit Demont à propos de l'exigence de tranquillité qui s'impose aux femmes grecques, « les mœurs de certains États servent de repoussoir aux Athéniennes : c'est le scandale des jeunes filles de Sparte élevées au grand air et court vêtues (même si elle le voulait, une jeune fille de Sparte ne pourrait rester sage) » (Demont 1998, p. 112).

80. Sur les *a priori* athéniens et les hiérarchies entre hellénophones, à partir de l'étude des verbes construits sur des noms de peuples, voir Hodot, dans un article au titre explicite « Le vice, c'est les autres » (Hodot 1992).

a le « jardin » épilé : le jeu de mots portant sur les plaines fertiles de cette région offre également l'occasion d'évoquer certaines parties du corps, objets de soins attentifs pour les femmes qui savent ce qu'elles veulent. Remarquons à nouveau la présence du thème de l'épilation dans l'écriture par Aristophane d'une scène où les femmes sont entre elles. Enfin, Lysistrata signale la croupe « imposante » de la femme de Corinthe, ville dont il n'est pas nécessaire de rappeler la sulfureuse réputation.

Ici, il est vrai, les femmes regardent les femmes, et même les touchent. Mais ce regard est celui de l'Athénien type, avec ses préjugés ethnocentrés, non celui de quelqu'un qui serait touché par le désir. Lorsque les femmes tâtent à plusieurs la musculature de Lampitô, le geste n'est pas une caresse érotique, comme le souligne la remarque de l'intéressée. Selon la logique de la pièce et vu l'état de manque sexuel dans lequel se trouvent les femmes, tout laisse penser que si ces « palpations » avaient été un tant soit peu agréables, Lampitô n'aurait pas dit non. De plus, si les préjugés athéniens sur les femmes spartiates les faisaient se livrer à des pratiques homosexuelles, pour quelles raisons Aristophane n'y a-t-il pas fait allusion ? Dans cette succession de lieux communs sur les étrangers et la supposée lascivité des peuples autres que les Athéniens (que l'on songe à la formation des termes comme φοινικίζειν et λεσβιάζειν), il n'y a rien, nous semble-t-il, qui puisse faire naître dans l'esprit du public de l'époque l'idée que les femmes pouvaient échapper à leur frustration sexuelle en faisant l'amour entre elles.

Si *Lysistrata* est une pièce où il n'est pas fait mention des relations sexuelles entre hommes, c'est précisément en raison d'une convention tacite, sur laquelle repose la pièce tout entière, entre l'auteur et le public : l'intrigue ne peut se développer que si le public admet cette idée totalement fantaisiste que la seule satisfaction sexuelle possible réside dans l'union des époux[81]. Les allusions à la sexualité entre hommes et à la masturbation, si présentes dans les autres pièces d'Aristophane, sont exclues de celle-ci : cette « hétérosexualité conjugale » étendue comme norme devait être un des éléments comiques les plus importants de la pièce. *Lysistrata* est par conséquent la dernière comédie d'Aristophane où il serait vraisemblable que les relations entre femmes soient évoquées, alors même que toute autre relation extraconjugale est effacée. Cependant, dans les autres pièces où les femmes sont des protagonistes importants, l'auteur ne fait pas non plus apparaître la possibilité de relations sexuelles entre femmes, et ce malgré des situations qui pourraient sembler propices : ni la vieille femme délaissée, ni les femmes réunies, toutes ensemble et loin des hommes, ne songent un instant à cette éventualité. K. Dover relève cette absence étonnante, en particulier dans le long discours sur les vices des femmes dans les *Thesmophories*[82]. Remarquons également que dans la longue liste des turpitudes et des choses répugnantes qu'Aristophane évoque ou met en scène de façon grotesque (vomi, miction, défécation, union sexuelle accomplie selon des modalités choquantes), les relations entre femmes n'apparaissent pas non plus.

---

81. Voir l'étude de la pièce par Dover (dans Dover 1972, p. 150-161, en particulier p. 160).

82. Dover 2002, p. 227, à propos des *Thesmophories*, 466-519.

Si la céramique nous apprend que les relations entre femmes n'étaient pas considérées comme érotiques pour les hommes grecs, le silence de la comédie à l'époque d'Aristophane nous apprend qu'elles ne les faisaient pas rire non plus.

Le discours et le silence de la philosophie

L'historiographie, la poésie, la comédie, la tragédie, les discours politiques ou judiciaires, les images : la zone de silence est particulièrement vaste. Se distingue le discours philosophique, qui est le seul genre littéraire de l'époque classique où sont évoquées les relations sexuelles entre femmes. Les occurrences apparaissent dans les deux œuvres de Platon abordées précédemment, mais la disparition d'une grande partie des textes nous empêche de savoir s'il s'agit d'une spécificité de Platon ou si ses vues étaient (ou allaient être) partagées avec d'autres philosophes de son siècle.

Le silence d'Aristote et ce qu'il dit des colombes

Aristote a fréquenté l'Académie pendant une vingtaine d'années, de 365 à 345 environ. À son arrivée à Athènes, Platon est encore à Syracuse, mais Aristote ne tarde pas à connaître le philosophe et son œuvre. Nous savons qu'il connaît bien le *Banquet*, auquel il se réfère par l'expression « les discours sur l'amour » (ἐν τοῖς ἐρωτικοῖς λόγοις), et plus particulièrement le mythe des êtres originels[83]. Il connaît donc la catégorie, décrite par le personnage d'Aristophane, des femmes descendantes de l'être femelle. Son silence sur l'amour entre femmes ne peut par conséquent pas être interprété comme une ignorance pure et simple de cette possibilité érotique.

– L'observation des animaux

Ce grand observateur de la nature, s'il ne s'est pas particulièrement intéressé à la sexualité féminine pour elle-même, a en revanche constaté certains comportements chez les colombes, et il le mentionne explicitement dans son *Histoire des animaux*[84] :

> Quant aux colombes, voici quelles sont leurs particularités en ce qui concerne la saillie (τὴν ὀχείαν) [...]. Les femelles montent (ἀναβαίνουσιν) les unes sur les autres en l'absence de mâle, après s'être embrassées (κύσασαι) comme les mâles les embrassent ; et sans qu'il y ait aucune émission de l'une dans l'autre, elles pondent des œufs plus nombreux que les œufs fécondés, mais de ces œufs ne naît aucun petit car ils sont tous des œufs « vains » (ὑπηνέμια).

Dans sa peinture du comportement des pigeons, il avait tout d'abord remarqué que le mâle et la femelle « s'échangent des baisers » (κυνοῦσί τε γὰρ ἀλλήλας[85]) avant de copuler. Son texte met donc en évidence que, en l'absence des mâles, les colombes respectent le déroulement habituel des pratiques : baisers, saillie, production d'œufs. Les

---

83. Aristote, *Politique*, 2.4.6, 1262b13.
84. *Histoire des animaux*, 6.2., 560b25-26 et 560b37-561a3.
85. *Histoire des animaux*, 6.2., 560b26. Le verbe κυνέω est généralement utilisé pour les humains (voir Henderson 1975, p. 181-182).

différences notables sont la non-émission de sperme et la stérilité des œufs. Aristote ne juge pas nécessaire de distinguer les deux colombes selon l'acte accompli dans l'union sexuelle (s'il y a permanence ou interchangeabilité), ni de préciser laquelle des deux colombes femelles produit les œufs (celle qui fait la saillie, celle qui est saillie, ou les deux). L'observateur utilise un vocabulaire anthropomorphique quand il qualifie de « baisers » la parade nuptiale du mâle et de la femelle, puis celle des deux femelles, mais, selon toute évidence, le critère de distinction des rôles actif/passif, à l'œuvre à cette époque dans l'évaluation morale des relations sexuelles des humains, n'est pas jugé pertinent dans ce cas de figure. Ce qui, dans la perspective d'Aristote, est un trait remarquable dans l'union de deux animaux femelles, c'est, d'une part, l'absence de mâles comme condition préalable aux relations entre femelles et, d'autre part, la stérilité du rapport sexuel. Tout est considéré ici, par l'observateur perspicace, sous l'angle de la reproduction et il est intéressant de constater que ce trait particulier des colombes n'est pas présenté par le philosophe comme « contre nature » – ce qui serait une contradiction quand, précisément, il est question de comportements « naturels » d'une race de volatiles. Le point important dans la description faite par Aristote du comportement des colombes est que leurs ébats ne possèdent pas l'unique qualité (ou vertu) qui caractérise les relations sexuelles chez les bêtes et qui constitue leur finalité : la procréation[86].

Et en effet, ces observations du comportement des colombes femelles n'interviennent pas dans un long développement sur les divers modes de copulation animale, mais dans un passage consacré à l'œuf (description de l'œuf en 6.2 ; développement de l'œuf de poule en 6.3). Aristote, ici, ne s'intéresse pas tant aux comportements particuliers des colombes qu'à ce que cette union va produire, la fonction des deux sexes dans la reproduction étant un des thèmes de réflexion dominants chez le philosophe. Comme il l'affirme à plusieurs reprises dans ses traités de biologie, la femme est essentiellement passive, et l'homme actif[87]. Ceci a pour corollaire métaphysique que l'homme donne la forme (ἡ μορφή, τὸ εἶδος) et la femme la matière (ἡ ὕλη) pour le futur être vivant qu'ils conçoivent ensemble (la forme est ici synonyme d'âme)[88]. La forme est ce qui va rendre fonctionnel, donner sa fin ou son sens à l'être vivant. Cependant, la matière n'est pas qu'une masse informe, tout juste bonne à accueillir une âme qui lui donnerait la vie en même temps que sa fin. Comme la forme d'ailleurs, elle ne peut exister séparée et pure : la matière est toujours déjà informée ; elle a la vie en puissance, tout autant que la forme qui n'est rien avant de s'incarner. Par conséquent, on peut en déduire que, pour Aristote, la matière n'a pas une valeur nulle. Par ailleurs, s'il est évident, d'après ces principes métaphysiques que, de la forme ou de la matière seule, il ne peut rien se générer, il apparaît qu'Aristote croit en la génération spontanée, à savoir en la capacité de la matière à produire quelque chose en certaines circonstan-

---

86. La procréation n'est pas la seule finalité de la vie en couple pour les hommes, qui eux possèdent le *logos*, mais elle l'est pour les autres êtres vivants (*Politique*, 1162a19-22).

87. Voir, entre autres, *Génération des animaux*, 740b18-25 ; 766a18-22 et 767b23. Sur l'infériorité biologique de la femme et sur son rôle dans la génération (dans l'œuvre d'Aristote), cf. Sissa dans Campese, Manuli et Sissa 1983, p. 83-145 ; Saïd 1983 et Sissa 1991.

88. *Génération des animaux*, 1.2, 716a ; 2.1, 732a ; 2.3, 737a32-34 et 4.1, 765b. Voir également *Physique*, 1.9, 192a.

ces (un étrange bouillon de culture, dans certains cas à partir de la terre en putréfaction)[89] : si la forme est un principe qui ne s'exprime que dès lors qu'il a une matière à conduire, la matière, elle, n'est jamais totalement informe. Le rôle de la femme au sein de la reproduction de l'espèce est par conséquent loin d'être totalement mineur et soumis au principe masculin.

L'intérêt particulier d'Aristote pour les œufs littéralement « vains, faits de vent » (ὑπηνέμια) – expression souvent traduite par « œufs clairs » –, qu'il décrit à plusieurs reprises dans l'*Histoire des animaux* et dans la *Génération des animaux*[90], relève de cette réflexion sur cette génération par la matière seule : les œufs clairs prouvent « que, jusqu'à un certain point, le féminin peut engendrer[91] ». De plus, comme ils se corrompent, c'est qu'ils participent du vivant : « Cela prouve donc qu'ils possèdent en puissance (δυνάμει) une certaine âme[92] ». Comme le produit de la génération spontanée, un œuf clair est le fruit de la matière, et il a la vie en puissance, car tant que le jaune ne s'est pas transformé en blanc, il peut être encore fécondé ; à l'origine, l'œuf n'est d'abord qu'un jaune, et le blanc se trouve à la périphérie[93], le jaune ayant fonction d'être une nourriture (ἡ τροφή) et le blanc apportant le principe de génération (ἡ γένεσις)[94]. L'œuf clair n'est pas informe et il possède certaines caractéristiques : s'il n'est pas fécondé, il reste plus liquide que les autres œufs et ne coagule pas à la chaleur. De plus, les œufs clairs sont toujours plus nombreux que les œufs fécondés, et Aristote fait également remarquer, dans la *Génération des animaux*, qu'ils sont plus petits et qu'ils ont une saveur moins douce[95].

Les observations d'Aristote sur les colombes sont liées par conséquent à sa réflexion sur la matière et la forme : l'œuf clair, pondu par la femelle côchée par une femelle, est un état de cette matière non informée par le mâle, que la femelle peut produire sans lui et qui n'est pas pour autant totalement dénuée de forme. Dans sa description des comportements des colombes, il ne s'agit donc pas, pour Aristote, de faire une typologie des comportements sexuels chez les animaux, ni une liste d'événements étonnants (θαύματα) dans le domaine des *aphrodisia* des animaux. Le fait qu'il s'agisse d'une relation sexuelle entre deux animaux de même sexe, par opposition à la copulation mâle/femelle, n'est pas la raison pour laquelle le philosophe relève ce comportement particulier[96] : le fait qu'il s'agisse d'animaux *femelles* est plus important.

---

89. Sur la génération spontanée, cf. *Génération des animaux*, 1.1, 715b et 3.3, 761b-762b.

90. Sur les ᾠὰ ὑπηνέμια, cf. *Histoire des animaux*, 6.1, 539a31 ; 6.2, 559b ; *Génération des animaux*, 1.21, 730a4 ; 2.5, 741a17 ; 3.1, 749b1 et 3.1, 750b3-751a24.

91. *Génération des animaux*, 2.5, 741a17-18.

92. *Génération des animaux*, 2.5, 741a23.

93. Cela est longuement décrit dans la *Génération des animaux*, 3.1 et dans *Histoire des animaux*, 6.2, 559b.

94. *Génération des animaux*, 3.1, 751a30 *sq.*

95. *Génération des animaux*, 3.1, 750b.

96. Dans la *Génération des animaux*, 3.1, 750b, Aristote évoque les conditions favorables à la procréation d'œufs clairs, mais ne cite pas le cas de la copulation entre femelles ici évoqué.

– Érôs et *philia* selon Aristote : le cas (exclu) de deux femmes

En ce qui concerne les hommes, la plus grande qualité des relations érotiques est de ne pas avoir pour fin en soi la recherche du plaisir (les relations sexuelles), mais d'être un moyen de créer ou de poursuivre un lien d'affection mutuelle, la φιλία : « Dans une relation d'amour, être aimé d'amitié (φιλεῖσθαι) est préférable au fait d'avoir des relations sexuelles. L'amour relève alors davantage de l'amitié que du sexe. S'il est beaucoup lié à l'amitié, alors il touche ce qui est son but[97]. » Aristote s'intéresse en réalité peu à la question de l'amour (ou du désir – le terme utilisé est ἔρως) pour lui-même et, s'il en parle, c'est généralement dans le cadre plus vaste de sa réflexion sur la φιλία. Dans les passages où il traite de l'érôs, rien dans ses propos n'indique s'il s'agit de relations érotiques entre deux hommes ou entre un homme et une femme. Il arrive également que le modèle de l'amour pédérastique serve d'exemple, par analogie ou opposition, pour illustrer certaines caractéristiques de l'amitié[98]. Ce n'est qu'en de rares endroits qu'Aristote évoque les relations entre hommes comme un comportement particulier, mais il le fait toujours sans émettre de jugement moral[99]. Les relations sexuelles entre personnes de même sexe ne sont jamais regroupées et appréhendées en tant que telles chez Aristote, et si l'un des *Problèmes* – qui n'est pas d'Aristote mais fort probablement de ses élèves – pose la question : « Pourquoi se fait-il que certains aiment être soumis sexuellement (ἀφροδισιαζόμενοι), qu'ils aiment, ou non, aussi être actifs ? », il s'agit de traiter non la question des relations sexuelles entre hommes, mais celle de ce qui revient à la nature et de ce qui revient à l'habitude dans le désir chez l'homme de la passivité sexuelle[100].

Pour Aristote, φιλία et érôs ne s'excluent pas l'un l'autre, et une relation d'amour entre un éraste et un éromène peut se transformer en une amitié solide[101]. Puisque l'érôs le meilleur est celui qui est tourné vers la φιλία, on en déduit que la qualité de l'érôs est fondée sur les mêmes critères qui président à l'accomplissement de l'homme, à savoir la réalisation du bonheur au moyen des vertus. L'identité sexuelle des partenaires n'est par conséquent pas un critère essentiel dans la conception qu'a Aristote des relations d'amour et des relations d'amitié. Ce qui est pris en considération pour chaque partenaire de cette amitié est le statut social et les qualités de chacun. Dans l'*Éthique*

97. *Premiers analytiques*, 2.22, 68a40-b7. Voir Price 1989 et Sihvola 2002.

98. Par exemple, *Rhétorique*, 1.11, 1307b15-29 ; *Éthique à Nicomaque*, 8.3, 1156a31-b6 ; *Éthique à Eudème*, 7.3, 1238b35-40. Pour d'autres références et une analyse des passages, cf. Price 1989, p. 236-249. Le passage très connu de l'*Éthique à Nicomaque,* 7.5, 1148b15-9a20 pose un problème d'interprétation, mais il n'est pas question ici d'« homosexualité » masculine de façon générale (cf. Dover 1978, p. 207 ; Winkler 1990, p. 140 ; Sihvola 2002, p. 217).

99. Aristote évoque les comportements sexuels des Crétois (2.10, 1272a22-25), des Celtes (2.9, 1269b24-25) et des peuples guerriers en général (2.9, 1269b28). Dans la *Politique*, 2.10.9, 1272a, Aristote renvoie à plus tard la question de savoir si la disposition du législateur crétois – qui consiste à encourager les relations entre hommes pour enrayer la surpopulation – est bonne.

100. *Problèmes*, 879a36. Pour un commentaire de ce passage des *Problèmes*, cf. Dover 1978, p. 207-209 et Winkler 1990, p. 135-140.

101. *Éthique à Nicomaque*, 8.4, 1157a3-13.

à *Nicomaque*[102], Aristote développe le cas de l'amitié entre deux personnes qui ne sont pas égales, que cela soit d'un point de vue social ou éthique : il s'agit de « l'amitié entre inégaux », où l'inégalité est d'une certaine manière résorbée par « l'égalité proportionnelle » : la personne inférieure doit donner d'autant plus d'affection à son ami qu'il lui est supérieur et une forme d'égalité est ainsi restaurée. On relève cependant que, si la conception aristotélicienne de la φιλία tient compte avant tout du statut social et des qualités des personnes, et si ses propos peuvent très souvent s'appliquer indifféremment à des relations entre hommes ou entre époux, le philosophe n'évoque jamais le cas d'une relation entre deux femmes, que cela soit dans le cas de l'amour ou dans le cas de l'amitié.

Dans ses traités sur la nature et le vivant, Aristote affirme à plusieurs reprises l'infériorité du corps de la femme mais cette infériorité biologique n'entre quasiment pas en considération dans la *Politique*[103] : les grandes différences entre l'homme et la femme relèvent du domaine des vertus éthiques et politiques. Les femmes diffèrent des hommes en ce qu'elles sont incapables de décisions de type politique suivies d'action et de prudence[104], qualités nécessaires pour atteindre l'amitié au niveau de la cité et de la vie en communauté. À l'intérieur de la famille, en revanche, Aristote accorde aux femmes une forme de fonction politique, car, là, leurs capacités délibératives sont dirigées par l'époux, qui est le maître de la famille : le système politique de l'aristocratie sert de modèle à Aristote pour décrire la relation dominant/dominé des époux[105]. Dans le cadre strict de la famille, les femmes prennent part à une action politique : vivant à l'intérieur, elles s'occupent de ce qui est dans l'οἶκος et ont en charge l'éducation des enfants[106]. Dans ce cadre également, les femmes peuvent entretenir un lien de φιλία avec leur époux. L'amitié, en effet, est le lien essentiel dans la famille, entre les générations et entre époux[107]. Puisque l'homme est supérieur à la femme, cette φιλία est une amitié entre inégaux, mais l'inégalité est résolue dans le couple par le lien de réciprocité et d'échange qui existe entre les conjoints, lorsque l'un et l'autre remplissent les tâches qui leur incombent par nature et qu'ils sont complémentaires[108]. Cette amitié au sein du couple, fondée en premier lieu sur le plaisir et l'utilité, peut aussi être une amitié vertueuse si les deux époux sont des personnes de grande valeur morale[109]. Pour le philosophe, le mariage offre les conditions d'une vie heureuse dans un lien d'affection partagé et qui a pour objectif le bien commun, tout en ayant la qualité d'être une union génératrice. Comme le fait remarquer J. Sihvola, chez Aristote la famille et les

102. *Éthique à Nicomaque,* 8.8, 1158b10-1159a12.

103. Cf. l'étude de Fortenbaugh sur les femmes et les esclaves dans Aristote (1977, en particulier p. 137).

104. *Politique*, 1.13, 1260a13 : τὸ βουλευτικόν... ἄκυρον. La femme a une volonté « impuissante », alors que celle de l'enfant est « imparfaite ». Les différences éthiques entre homme et femme sont développées en *Politique,* 1.5, 1254b13-14 et 1.13, 1260a21-24.

105. *Éthique à Eudème*, 7.3, 1238b24-25 et *Politique*, 1.12, 1259b1-10.

106. Voir, entre autres, *Économique*, 1.3, 1343b-1344b. Sur le fonctionnement du foyer, cf. Price 1959, p. 161-178, en particulier p. 171-173.

107. *Éthique à Nicomaque*, 8, 1162a16-17.

108. *Éthique à Nicomaque*, 8, 1162a22-23 et *Politique*, 2, 1264b1-6.

109. *Éthique à Nicomaque*, 8, 1162a24-27.

relations maritales prennent une importance plus grande que celle que leur accordent les valeurs grecques traditionnelles.

Cependant, cette valorisation du rapport conjugal n'entraîne pas de dévalorisation des relations pédérastiques masculines, ou d'opposition avec d'autres types de pratiques. Chez Aristote, c'est certain, il n'est jamais question de distinguer les relations entre personnes de même sexe et celles entre personnes de sexe différent, puisque, comme cela a été dit, ce qui entre en jeu est la capacité de l'individu à considérer la relation érotique comme dirigée vers la φιλία. Il n'est cependant pas possible d'affirmer que l'identité sexuelle des partenaires dans la relation érotique n'importe pas dans les considérations d'Aristote sur l'amour : si le lien d'amour peut lier deux hommes, ou un homme et une femme, il s'avère que, chez Aristote, il ne lie jamais deux femmes. En effet, puisque les femmes n'ont pas en elles-mêmes et en dehors du cadre de la famille, où elles sont gouvernées par leur époux, les vertus qui leur permettent d'entretenir une relation de φιλία avec d'autres individus (hommes ou femmes), les relations érotiques qu'elles pourront avoir avec des femmes resteront à jamais dans le domaine du sexe (συνεῖναι), et ne pourront jamais accéder à ce statut valorisé par Aristote qu'est le lien d'amitié.

Ainsi, deux hommes, même s'ils ne répondent pas à la définition du couple parfait (puisqu'ils ne peuvent remplir la fonction de reproduction), peuvent participer au bien commun et se réaliser en tant qu'hommes s'ils sont liés par une grande amitié (qu'ils peuvent atteindre puisqu'ils disposent des vertus nécessaires). Un homme et une femme peuvent également goûter à cet état d'amitié dans le cadre précis de la famille. En revanche, une relation entre deux femmes manque de la qualité essentielle à un couple, tout comme la copulation des deux colombes se caractérise par son incapacité à remplir la fonction ultime de l'accouplement animal.

On peut donc émettre cette hypothèse : si Aristote n'évoque jamais les relations entre femmes, c'est parce qu'elles n'entrent pas dans le champ des pratiques humaines qui permettent à l'homme de se réaliser, et en tant qu'être humain, et en tant qu'« animal politique et raisonnable ». Ses observations sur le comportement des colombes mettent en effet en évidence sa connaissance de la pratique et le regard, dénué de considérations morales, qu'il porte sur cette pratique ; l'intérêt qu'il porte aux œufs clairs indique également que c'est parce qu'ils concernent le féminin et ce qu'il peut produire que le philosophe mentionne les ébats des colombes femelles, non en raison du fait qu'il s'agit d'« homosexualité ». De la même manière, c'est en raison de sa conception de la femme en général, et non en raison d'une différenciation qu'il établirait entre des types de rapports sexuels (sur le modèle « contre nature » *vs* « conforme à la nature »), que le philosophe fait silence sur les relations sexuelles entre femmes. L'identité sexuelle n'est donc pas totalement anodine dans sa conception de l'amitié et de l'amour.

Ainsi, le fameux passage du *Banquet* où se trouvent distinguées les descendantes de l'être femelle ne trouve pas d'écho chez les auteurs contemporains de Platon ou chez ceux qui lui sont quelque peu postérieurs. Le sujet n'est donc pas un sujet philosophique mais c'est en tant que texte philosophique que le texte d'Aristote nous permet de comprendre pour quelles raisons propres au projet d'Aristote celui-ci se réfère – ou, à d'autres moments, ne se réfère pas – à ces pratiques. Ce n'est en effet qu'une fois dégagées les logiques propres aux œuvres et aux auteurs qu'une démarche visant à accéder quelque peu aux représentations des femmes et des hommes grecs est possible.

Les textes comme documents indirects sur les représentations

Durant l'époque archaïque, les textes qui évoquent des relations amoureuses entre femmes se sont faits le relais, dans le cadre de la fiction, de l'expression d'un discours amoureux : soit celui qui dit « je » est un double fictif de l'auteur (c'est le cas de l'œuvre mélique de Sappho), soit l'auteur a composé un texte pour qu'il soit dit à la première personne par un chœur de jeunes filles (c'est le cas des *Parthénées* d'Alcman), soit le poème a été écrit sur le mode humoristique par un poète qui dit « je » et qui est la « victime » d'une telle attirance (c'est le cas – plus problématique – d'Anacréon). Dans les trois cas de figure, il s'agit d'un discours à forme personnelle. Aucun discours produit par une instance narrative extérieure au sentiment décrit n'a été formulé à cette époque, qu'il soit d'ordre législatif, moral ou scientifique, et, dans les textes mêmes dont nous parlions, aucun écho du monde extérieur (un regard ou une évaluation morale) n'est perceptible.

À l'époque classique, seul Platon évoque de façon brève et théorique les relations sexuelles entre femmes. Il s'agit donc du premier discours « extérieur » évoquant le sujet : le thème est abordé par un locuteur qui n'est pas personnellement concerné par la relation qu'il évoque. Ces deux évocations ne sont pas l'expression directe de la pensée de Platon, mais, une fois dégagée la position de celui-ci par rapport au locuteur qui énonce ces propos, il est possible d'en déduire le regard du philosophe sur ces rapports. Il s'agit, pour l'Athénien des *Lois*, d'être très précis puisqu'il est important d'interdire ce qui peut nuire à la viabilité de la cité ; dans le *Banquet*, il s'agit de faire un tableau (plus ou moins) étendu des comportements érotiques humains. Platon n'est pas représentatif du peuple athénien, et encore moins du peuple grec en général[110], mais souvent sa connaissance du monde grec et le fait que certains de ses personnages se font l'écho de réalités ou de croyances grecques permettent au lecteur moderne d'avoir un accès (indirect) aux représentations communes.

Pour ce qui est des *Lois* – cela a été abordé précédemment –, le projet pragmatique de l'Athénien se doit de tenir compte de tous les cas de figure possibles, de ne laisser aucun « vide juridique » qui menacerait la perpétuation de la cité par une procréation ralentie et une transmission problématique des lots : cette réalité des comportements humains que l'Athénien prend en considération est celle que Platon a sous les yeux, la société athénienne de son temps. Nous avons trouvé là l'indice qu'à Athènes, au Vᵉ siècle av. J.-C., les Grecs avaient conscience que de telles relations pouvaient exister – sans pour autant avoir été intégrées aux représentations habituelles que les Grecs se font de l'amour et de la sexualité.

Pour ce qui est du *Banquet*, la démarche est plus complexe car, comme cela a été mis en évidence, les propos du personnage d'Aristophane ont un statut « intermé-

---

110. Sur le regard porté par la majorité des Athéniens sur ce petit monde des philosophes, cf. Winkler 1990, p. 49 : « Athènes était une société où les philosophes étaient généralement ignorés et, quand on parlait d'eux, on les représentait plus volontiers comme des vieux farfelus et des bouffons que comme des figures d'autorité. »

diaire », tout à la fois dernière étape avant le discours de Diotime et tableau (plus ou moins fidèle) de la réalité des amours humaines. S'il est possible de dégager le regard de Platon sur ces comportements (un regard dénué de considérations morales, une prise en compte des femmes), il n'est absolument pas possible de déduire de la division de l'humanité en trois catégories (ceux qui descendent de l'être masculin, de l'être féminin, de l'être androgyne) les représentations communes (et encore moins les pratiques réelles) des Grecs. Cependant, certains éléments sont susceptibles d'apporter, de manière indirecte, des informations sur le regard grec.

L'idée de « masculinité » n'apparaît jamais dans la définition que fait Aristophane des femmes « tournées vers les femmes ». Bien au contraire, comme cela a été vu, il semble que ces femmes sont les plus féminines. La sous-catégorie des ἑταιρίστριαι, dans la catégorie des descendantes de l'être femelle, n'est pas constituée de « tribades » ou de femmes à l'allure et au comportement masculins (dans la formation du terme, le lien lexical avec la prostitution tendrait plutôt à souligner la soumission et la passivité). De surcroît, il n'est jamais dit qu'elles accomplissent les tâches (ἔργα) des hommes, quel que soit le champ d'action considéré (dans la relation érotique ou dans le domaine des activités sociales). Autre élément important, on constate également l'absence de référence à l'organe génital masculin, et ce dans le discours d'Aristophane tout entier, même quand il s'agit de décrire les autres comportements érotiques : il est question à deux reprises des αἰδοῖα, et chaque fois le terme désigne les deux sexes, et masculin, et féminin[111]. Le seul moment où la différence biologique est relevée (de façon implicite), c'est lorsque Aristophane explique une des conséquences du déplacement des organes vers l'avant, celle de permettre la génération. L'expression est très elliptique et l'idée de pénétration est rendue uniquement dans la préposition ἐν (διὰ τοῦ ἄρρενος ἐν τῷ θήλει). Parallèlement, la question de l'absence ou de la présence du phallus n'est pas abordée, et pas davantage lorsqu'il est question de plaisir ou de satiété : dans le discours d'Aristophane, érôs est le même pour tous et il n'est pas phallique. Comme le tableau établi précédemment le met en évidence, ce qui distingue les femmes issues de l'être femelle des autres individus sont les activités sociales et non les activités sexuelles. Un aspect similaire apparaît dans les *Lois* où le critère de l'interdiction n'est pas fondé sur le phallus, mais sur la génération.

Ces quelques passages sont bien courts pour permettre des déductions généralisantes, mais il apparaît, de ces deux constats, que si les Grecs s'étaient représenté les femmes qui ont des relations – occasionnelles ou permanentes – avec des femmes comme des femmes ayant des caractéristiques masculines, enfreignant certaines règles du genre, parodiant les mâles, « manquant » de phallus ou tentant de remédier à ce manque, on peut penser que le personnage d'Aristophane, tel que Platon l'a construit, n'aurait pas manqué de s'en faire l'écho, ne serait-ce que de façon brève. Le passage de l'*Histoire des animaux*, où Aristote ne prend pas la peine de préciser qui des deux femelles saillit l'autre ou qui des deux conçoit des œufs, va dans le sens de ce désintérêt pour les rôles sexuels. Un indice peut renforcer ce faisceau de présomptions : dans les textes

---

111. En 190a, l'expression αἰδοῖα δύο évoque les deux sexes de chaque être de l'antique nature, sans différencier les sexes mâles des sexes femelles. En 191b, Zeus déplace les sexes sans distinction (τὰ αἰδοῖα).

des historiens grecs, lorsqu'il est fait allusion à des femmes qui, de façon générale, se « masculinisent » ou adoptent des comportements masculins, un bref commentaire du narrateur, sous forme d'adverbe modalisateur, permet de déduire, non un blâme, mais le simple constat que les femmes ne seront jamais à la hauteur des hommes. Pourtant, dans ces moments-là, les motivations des femmes sont nobles et dignes d'être relevées par l'historien (il s'agit généralement de sauver la cité ou les valeurs de celle-ci ; le contexte n'est pas sexuel). Dans ces moments de crise, et souvent en l'absence des hommes, lorsqu'il est dit que des femmes font comme les hommes, il s'agit d'un commentaire positif : la caractéristique « masculine » est le signe chez les individus féminins d'une volonté de se hisser à la hauteur de la valeur masculine, et ce pour des motifs respectables[112]. Dans la comédie, par exemple dans les *Thesmophories* et l'*Assemblée des femmes*, les velléités féminines de prendre la place des hommes se soldent par des échecs, mais le discours sous-jacent véhicule l'idée que jamais les femmes ne pourront égaler les hommes, et non pas celle qu'il est condamnable qu'elles veuillent être « meilleures ». De surcroît, les mentions comiques de comportements masculins chez les femmes, dans les pièces d'Aristophane, n'entraînent jamais aucune remarque sur un comportement sexuel « masculin » qu'elles pourraient avoir, et encore moins sur une allusion à des pratiques sexuelles entre femmes. Dans les textes grecs, se masculiniser c'est se bonifier, et c'est l'échec inévitable de cette masculinisation (« naturellement » impossible chez une femme) qui est condamné ou moqué, et non la masculinisation en tant que telle. Il est donc assez cohérent avec la représentation du genre à l'époque classique qu'Aristophane, le personnage de Platon, ne relève rien de masculin chez ces femmes dans son système de catégorisation ; elles sont au contraire, nous l'avons vu, plus « féminines » que les autres.

Ces deux points rapprochent quelque peu les textes de l'époque classique de l'époque archaïque, et les éloignent considérablement de ceux que produiront les siècles suivants, dans lesquels les réflexions relatives au genre et au personnage hors norme de la τριβάς sont des thèmes importants. En revanche, une grande différence entre l'évocation des relations entre femmes dans les textes de Platon et celle que fait la poésie lyrique – et qui n'est qu'en partie imputable à la différence de type de textes – est la nature du vocabulaire. La simplicité et la neutralité de l'expression décrivant celles qui « sont tournées (τετραμμέναι) vers les femmes[113] » et de celle évoquant les amours

---

112. Dans la *Guerre du Péloponnèse*, Thucydide, à propos du comportement hardi et courageux des femmes de Corcyre qui soutiennent leurs époux lors de la guerre civile (en lançant des tuiles sur les oligarques), dit qu'elles se conduisent d'une façon qui n'est pas conforme à leur nature (παρὰ φύσιν, III, 74, 2). La remarque ici est loin d'être une critique ou un blâme. Comme le dit Winkler, « dans ce contexte, "contre-nature" est laudatif, car les femmes dépassent leur retenue de convention et s'engagent dans une violence ouverte pour défendre les intérêts de leur famille. Ce que nous appelons la "retenue de convention" des femmes grecques, Thucydide l'appelle leur "nature", exprimant par là la limite conventionnelle ou habituelle qu'elles peuvent dépasser en faisant preuve d'héroïsme » (Winkler 1990, p. 51-52). Thucydide relève aussi la participation positive des femmes en I, 90, 3 ; II, 4, 2-7 et V, 82, 6. Voir, sur toute cette question, Loraux 1985.

113. *Banquet*, 191e.

(ἐρώτων) ou les entreprises (τόλμημα) des femmes envers les femmes[114] contrastent avec les termes sensuels, passionnés et amoureux de la poésie archaïque. Certes, dans les *Lois* le législateur a peu de raisons de s'attarder sur ce sujet, son attention étant focalisée sur la question de la transmission des lots. Pourtant, dans le *Banquet*, lorsqu'il s'agit de définir la catégorie des individus issus de l'être mâle, le personnage d'Aristophane fait preuve d'un champ lexical très varié (chargé de connotations et de clins d'œil). Cette pauvreté lexicale dans le cas de la seconde catégorie de l'actuelle nature humaine est fort probablement liée à un contexte extérieur à l'œuvre platonicienne. À l'inverse de ce qu'il fait dans sa description fantaisiste de l'antique nature, Aristophane doit brosser un tableau vraisemblable de l'« actuelle nature humaine » : s'il utilise une expression si brève et si neutre, c'est que, sans doute, il n'est pas habituel d'utiliser un champ lexical plus étendu à cette époque pour évoquer ce thème. Recourir à des termes plus expressifs aurait semblé frappant ou anachronique pour le public du *Banquet*, et aurait peut-être même nui à la vraisemblance du système élaboré par Aristophane. On est effectivement loin des hypotyposes monstrueuses et menaçantes de certains textes du IIe siècle ap. J.-C. et, à l'inverse, tout aussi loin de l'expressive sensualité des vers saphiques.

En outre, en anticipant sur ce que les textes d'époque romaine révéleront, notons que, si Achille et Alceste sont des figures invoquées par Phèdre dans le *Banquet* pour illustrer la force d'érôs (entre hommes, entre un homme et une femme)[115], les relations entre femmes apparaissent dans le discours d'un personnage qui ne se réfère pas à des motifs littéraires et religieux traditionnels[116] et que, de façon générale à cette époque, elles ne donnent lieu à l'évocation d'aucune figure historique ou mythique familière à la culture grecque. Cela, bien sûr, ne nous dit rien directement sur la langue populaire et la vie réelle, mais une telle neutralité du vocabulaire et l'absence d'« images sociales » – c'est-à-dire de figures historiques, fictives ou mythiques que l'imaginaire collectif rattache à cette question – dans la littérature ou l'iconographie de l'époque classique laissent penser que les relations entre femmes ne posent pas problème. Elles ne sont pas un objet de préoccupation car elles n'ont pas prise sur la vie sociale et politique ; elles ne sont pas représentées dans des images érotiques car il n'y a rien de sexuel sans le masculin ; elles ne font pas rire car elles ne mettent rien en jeu en ce qui concerne le pouvoir ou la suprématie des hommes : les velléités d'une Praxagora ou d'une Lysistrata sont comiques car elles tentent, avec les moyens des hommes, de jouer sur leur terrain, mais les femmes qui font l'amour entre elles n'empiètent sur rien, ni dans le domaine social, ni dans le domaine symbolique.

Pour cette raison, nous pouvons mettre en doute l'interprétation de K. Dover selon laquelle les Grecs d'époque classique considéraient ce sujet comme tabou, et que leur silence serait l'expression de l'inquiétude masculine[117] face à une atti-

114. *Lois*, I 636c et VIII 836c.

115. *Banquet*, 179b-180a. Ces deux figures mythiques sont à nouveau citées, dans une optique différente, par Diotime, en 208d.

116. Sur les influences orphiques perceptibles dans le discours d'Aristophane et sur sa différence avec les autres discours, cf. Brisson 1998, p. 43 *sq.*

117. Dover 1978, p. 211.

tude menaçante pour les hommes, qui dévalorise le sexe masculin[118]. Si l'idée d'une sexualité entre femmes était ressentie comme une prise de position agressive des femmes dans un domaine réservé aux hommes, il est fort probable que les Grecs n'auraient pas réagi par un simple silence et nous disposerions d'un minimum de documents étayant cette interprétation. De plus, la question de la peur liée à une menace portant sur le phallus est une thématique qui n'apparaît jamais en lien avec les relations entre femmes, ni à l'époque archaïque, ni aux époques classique et hellénistique. Rien dans les textes ne montre un quelconque intérêt pour le *modus operandi* des relations sexuelles entre femmes, ni l'existence d'une différenciation des partenaires dont l'une prendrait la place de l'homme. K Dover utilise le terme de « masculine » pour caractériser une peur, or il n'y a pas d'« angoisse masculine » qui le serait de façon naturelle et anhistorique ; c'est à l'historien de mettre en évidence cette construction d'une caractéristique de genre, et cette caractérisation n'a pas de sens si elle ne s'appuie pas sur un minimum de témoignages. S'il faut parler d'angoisses liées à la sexualité à l'époque classique, il serait plus à propos d'évoquer la question de la natalité, étroitement dépendante de celle de la transmission des terres : il s'agit là d'une véritable préoccupation pour les Grecs, voire d'une obsession, et les textes s'en font l'écho (l'Athénien des *Lois* propose l'interdiction des relations entre hommes et entre femmes pour maintenir la natalité ; Aristote, dans la *Politique*, évoque les dispositions crétoises favorisant les relations sexuelles entre hommes pour éviter la surnatalité).

Loin d'être l'objet d'une peur ou d'une cristallisation d'angoisses, les relations entre femmes font l'objet d'un fort désintérêt de la part des hommes grecs, et le silence de l'époque classique s'explique avant tout par le regard porté sur la femme en général, bien plus que par une attitude de rejet envers les relations des femmes entre elles. Ainsi, lorsque Aristote mentionne les dispositions crétoises pour contrer la surnatalité, il n'évoque que la possibilité de relations entre hommes, sans relever le fait que l'on n'encourage pas également les femmes à faire de même[119]. Pour Aristote, premièrement, ce sont les hommes qui font les enfants, les femmes n'étant que les réceptrices, et, deuxièmement, la sexualité est le fait de l'homme uniquement. Cette exclusion de la femme (lorsque aucun homme n'est présent) du champ du sexuel, dans les représentations grecques, est mise en évidence quand Aristophane divise l'humanité en catégories. Le texte de Platon est sur ce point particulièrement précieux car, en plus d'être une rare source sur le sujet, il est en lui-même une explication du silence des autres textes. Le philosophe en effet écarte d'emblée les préoccupations grecques liées à la natalité par la perméabilité des différentes catégories (certains hommes issus de l'être mâle se marient ; certaines femmes issues de l'être femelle également) et il lui semble nécessaire de ne pas exclure du domaine d'érôs les relations entre femmes, catégorie de comportements non reconnue en tant que telle par la société, mais qui existe en réalité dans les pratiques et, par la négative, dans

---

118. Dover 2002, p. 226. À propos de la comédie, Dover pense que le sujet soulève une telle angoisse chez le public grec que l'auteur comique n'a d'autre choix que de faire silence (Dover 2002, p. 227).

119. Aristote, *Politique*, 2.10.9, 1272a.

les représentations (en tant qu'elle est exclue des autres types de rapports sexuels). Il exprime cette existence de fait en recourant à la catégorie des femmes issues de la division de l'être femelle, et explique sa faible importance dans la société par la désignation de son impact mineur dans le champ social (il s'agit de la seule des trois catégories dont il n'est précisé aucune activité sociale). Il s'agit donc là, non d'un discours portant directement sur les relations sexuelles des femmes entre elles, mais d'un discours sur les représentations grecques de ces rapports : en évoquant ce que la majorité des textes tait, Platon met en évidence les données qui président à l'élaboration des catégories antiques d'érôs.

Les silences comme les rares textes et images de l'époque classique ne sont donc pas totalement stériles en informations : ils nous offrent un petit accès aux représentations communes des Ve et IVe siècles et, surtout, ils révèlent à quel point il est important de distinguer le discours sur les relations sexuelles entre femmes à l'époque grecque classique de ce qu'il sera à l'époque romaine. La distinction des partenaires sur le modèle actif/passif ainsi que l'accusation d'une altération du genre féminin par des attitudes masculines ne sont pas des *topoi* du discours grec classique sur les relations sexuelles entre femmes. Ces silences et ces rares textes montrent aussi la différence de traitement que réservent les Grecs aux relations entre femmes par rapport à *toutes* les autres formes de relations sexuelles : se constitue une sorte de catégorie préhomosexuelle féminine, qui est distinguée des autres non parce qu'il s'agit de relations entre personnes de même sexe (elles ne sont jamais intégrées à la catégorie englobante qu'est l'« homosexualité »), ni parce qu'il s'agit de relations hors norme et anticonventionnelles qui suscitent une condamnation sociale (comme le montre le texte des *Lois*), mais simplement en raison du fait que cette relation concerne deux femmes.

On pourrait objecter le fait qu'Aristophane, le personnage de Platon, mentionne ces relations sur le même plan ontologique que d'autres formes de relations érotiques. Mais si Platon évoque ces comportements dans deux de ses œuvres, c'est parce qu'il doit, dans l'un et l'autre projet, aller au-delà des apparences et distinguer ce qui relève du réel de ce qui relève des apparences et des représentations (les rapports entre femmes, parce qu'ils sont stériles, menacent la cité des *Lois* ; ces rapports font partie de la réalité grecque à laquelle le récit étiologique d'Aristophane, dans le *Banquet*, doit aboutir). Dans sa conception de ce qui est vrai, Platon intègre les relations entre femmes et les considère comme devant être évoquées dans un dialogue portant sur érôs. Le domaine platonicien d'érôs est donc plus vaste que celui des représentations communes, et cela est lié sans aucun doute au regard différent que le philosophe porte sur les femmes.

À l'époque classique, alors que de nombreuses distinctions qui ont cours dans l'évaluation sociale et morale des relations sexuelles ne tiennent pas compte du sexe de l'un des deux partenaires (le présupposé – toujours implicite – est que l'un des deux est forcément un homme), mais de bien d'autres données (statut social, modalités de la relation sexuelle, conformité comportementale avec l'identité de sexe), le sexe biologique des *deux* partenaires est *la donnée essentielle* qui distingue la catégorie – que nous

nommerons par commodité A – englobant les relations entre femmes, de l'autre catégorie B, englobant toutes les autres formes de comportements sexuels. Cette catégorie
A est homogène, à différents niveaux : contrairement à toutes les pratiques englobées
par B, les deux partenaires ne sont pas distinguées ; contrairement à toutes les pratiques englobées par B, aucune distinction n'est établie entre des relations entre femmes
qui seraient moralement acceptables (en fonction de divers critères, comme les statuts
sociaux, etc.) et d'autres qui ne le seraient pas. Si A n'appartient pas à B, si les critères
qui gouvernent l'organisation et la catégorisation des différentes formes de relations
érotiques dans B ne sont pas pertinents pour A, c'est parce que les relations sexuelles
entre femmes sont considérées comme étant hors du champ social-et-sexuel d'érôs.

Jeu et humour à l'époque hellénistique

Après un silence d'un siècle environ, une mention de relations érotiques entre femmes apparaît au IIIe siècle av. J.-C., dans un genre littéraire très différent du contexte philosophique et politique où elles apparaissaient au IVe siècle, et très différent aussi du contexte de la poésie mélique où elles apparaissaient aux VIIe et VIe siècles : il s'agit d'une épigramme d'Asclépiade. Quelques années auparavant était représentée sur la scène d'Athènes une adaptation d'une version du mythe de Kallisto. Enfin, au Ier siècle av. J.-C., Méléagre choisit de faire figurer ce poème d'Asclépiade dans son recueil d'épigrammes, la *Couronne*.

Le personnage-poète d'Asclépiade et ses amours

Asclépiade de Samos, né aux environs de 340-330 av. J.-C., est l'un des premiers auteurs d'épigrammes érotiques. Il a vécu durant la première partie du règne de Ptolémée II Philadelphe et l'on suppose qu'il a passé une grande partie de sa vie à Samos et qu'il s'est rendu à Alexandrie. C'est un poète connu et estimé : Théocrite aura pour lui une grande admiration et Callimaque composera des épigrammes sur le modèle de ses poèmes. Il meurt durant les années 260 av. J.-C. après avoir contribué à donner à cette forme poétique un véritable envol. L'œuvre d'Asclépiade a rarement fait l'objet d'étude spécifique de la part des commentateurs modernes, et ses épigrammes sont généralement lues et commentées dans le cadre plus vaste du recueil dans lequel elles sont parvenues jusqu'à notre époque, l'*Anthologie Palatine*, et par conséquent à la lumière d'imitateurs et d'auteurs postérieurs à notre auteur. Or la mise en contexte du poème qui évoque une relation entre deux femmes est d'autant plus importante qu'il est particulièrement bref.

L'épigramme V, 207 et l'œuvre poétique d'Asclépiade

C'est à l'époque d'Asclépiade – et jusqu'au Ier siècle av. J.-C. – que l'épigramme connaît son âge d'or, et son succès est tel qu'elle devient la forme caractéristique de la poésie hellénistique. L'épigramme[1] n'est à l'origine qu'une simple inscription ano-

---

1. La définition la plus globale est, selon les termes de Laurens : « une forme brève, de structure fermée, utilisant de préférence le distique » (Laurens 1989, p. 25). Sur la différence entre l'épigramme latine et l'épigramme hellénistique, voir Laurens 1989, p. 98 *sq.*

nyme sur un objet, un monument, une pierre tombale. Á l'époque archaïque et classique, elle consiste en quelques formules stéréotypées et propres aux circonstances (offrande à un dieu, remerciement, épigramme funéraire). Jusqu'à la fin de l'époque classique, c'est, en règle générale, une œuvre anonyme (celles qui sont attribuées à des auteurs célèbres, comme Euripide ou Platon, sont rarement authentiques). C'est au IIIᵉ siècle av. J.-C. que l'épigramme devient véritablement un genre poétique : elle se distingue par son extrême brièveté, sa variété de mètres, de dialectes et de styles (l'usage du distique élégiaque se répand à l'époque classique)[2]. L'épigramme devient alors œuvre d'auteur : elle est soit une œuvre de commande pour diverses occasions, officielles ou privées, soit une œuvre poétique détachée de toute obligation pratique et de tout événement précis. L'épigramme fictive connaît un essor considérable durant l'époque hellénistique ; elle conserve souvent la forme discursive qui est la sienne dans les inscriptions, où le texte écrit sur la pierre exhibe les marques de l'oralité : le texte à la première personne (ou à la troisième personne à valeur de première personne) est énoncé par un locuteur défini (la tombe, le défunt, celui qui fait la dédicace, l'objet de l'ex-voto) et s'adresse à un destinataire (le passant, le dieu). Cette forme se développe par imitation, parodie, réponses ironiques et effets d'intertextualité (reprises des canons, innovations dans l'imitation). À l'époque hellénistique, elle est, comme le remarque A. Cameron, « le nouveau genre sympotique[3] ». C'est à cette veine humoristique, ludique et savante qu'appartient l'œuvre d'Asclépiade de Samos.

Asclépiade est probablement aussi l'auteur d'hymnes, d'œuvres lyriques et de choliambes, mais, excepté quelques brefs fragments, on ne connaît qu'une quarantaine de ses épigrammes, qui nous sont parvenues par le biais de compilations successives. Au tout début du Iᵉʳ siècle av. J.-C., Méléagre de Gadara élabore une « couronne » (στέφανος) d'épigrammes réunissant des œuvres de plus de quarante-sept auteurs d'époques et d'origines très différentes (du VIᵉ siècle av. J.-C. à son époque, de la Grèce à la Syrie) abordant des sujets variés. Plusieurs éléments permettent de supposer qu'Asclépiade, Posidippe et Hédylos étaient en contact (personnel ou professionnel, éventuellement à distance)[4] et que les épigrammes des trois auteurs auraient été rassemblées, peut-être par Hédylos de Samos lui-même, en un ouvrage commun, nommé Σωρός (« accumulation », « tas »). Ces deux compilations (l'une étant incluse dans l'autre) ont été intégrées à deux autres, plus tardives et plus vastes : l'exemplaire constitué par Constantin Céphalas au cours du Xᵉ siècle est reproduit dans ce qui est appelé l'*Anthologie Palatine*, une copie postérieure à l'original d'une cinquantaine d'années ; l'*Anthologie de Maxime Planude*, en majeure partie dérivée de celle de Céphalas et plus

2. L'existence de recueils où figurent indistinctement inscriptions « réelles » et fictives ne fut rendue possible qu'aux conditions « que l'inscription devînt, partiellement du moins, littérature ; que la littérature se donnât certains des caractères […] qui par essence distinguent l'inscription » (Laurens 1989, p. 35).

3. Cameron 1995, p. 76.

4. Posidippe a vécu durant la première moitié du IIIᵉ siècle. La publication d'une centaine d'épigrammes récemment trouvée dans un cartonnage de momie, à Milan, (P. Mil Vogl 1295) apporte une meilleure connaissance du poète. Hédylos a vécu au milieu du IIIᵉ siècle et seules trois de ses épigrammes apparaissent dans l'*Anthologie grecque*. Pour les contacts possibles entre les trois auteurs, cf. Gutzwiller 1998, p. 120 et Cameron 1993, p. 369-372.

courte (certaines épigrammes pédérastiques n'y figurent pas), est autographe et date de 1301.

Les épigrammes d'Asclépiade, réunies avec celles d'autres poètes dans la *Couronne* de Méléagre, ont été réparties dans l'*Anthologie Palatine* par Céphalas, selon d'autres critères que ceux de leur anthologie d'origine. Les recherches entreprises depuis le XIXe siècle pour retrouver le contenu et la forme d'origine de la *Couronne* de Méléagre ont abouti au constat suivant : contrairement à ce que l'on a longtemps cru, les épigrammes n'étaient pas classées par ordre alphabétique, comme c'était le cas pour la *Couronne* de Philippe, mais en fonction de critères thématiques et formels (l'original et ses variations, les paires, l'unité thématique). Céphalas a séparé des ensembles cohérents en fonction de ses propres critères de classification, mais il a respecté l'ordre de Méléagre dans les groupes d'épigrammes répartis dans son œuvre. Récemment, A. Cameron est arrivé à la conclusion que la *Couronne* était probablement composée de quatre rouleaux réunissant les épigrammes de façon thématique : épigrammes érotiques, dédicatoires, funéraires et, enfin, démonstratives. Les épigrammes d'Asclépiade dont nous disposons sont en majeure partie des épigrammes érotiques : elles figurent essentiellement dans les livres V et XII de l'*Anthologie Palatine* et appartenaient à la partie consacrée aux épigrammes amoureuses et sympotiques de la *Couronne* de Méléagre[5].

L'épigramme qui nous intéresse figure au livre V de l'*Anthologie Palatine* qui rassemble les épigrammes érotiques à l'exception (approximative[6]) des épigrammes pédérastiques. Les épigrammes, longtemps dites « hétérosexuelles » et « homosexuelles » (il s'agit en réalité d'une opposition entre l'amour des hommes pour des femmes et l'amour des hommes pour des hommes), étaient à l'origine réunies dans une même section de la *Couronne* de Méléagre – un des quatre rouleaux dont A. Cameron suggérera l'existence. À l'exception de cette séparation opérée à date tardive, nous disposons donc, à l'intérieur de ces deux livres consacrés aux épigrammes amoureuses, de longues séquences d'épigrammes (V, 134-215 et XII, 37-168) qui respectent probablement l'ordre qui était le leur dans le livre de l'anthologie de Méléagre au Ier siècle av. J.-C., anthologie qui, elle-même, intègre fort probablement une compilation antérieure.

---

5. Cameron (dans Cameron 1993) a fait l'étude du long et complexe processus de compilation et de sélection des anthologies. Pour la constitution et la date de publication de la *Couronne* (entre 101 et 89 av. J.-C.), voir Cameron 1993, p. 19-33 et 49-56 ; voir également la synthèse sur l'état de la recherche faite par Gutzwiller (Gutzwiller 1998, p. 15, n. 1). Sur la question controversée du *Sôros*, cf. Cameron 1993, p. 369-376 (appendice V). Sur la répartition des épigrammes de la *Couronne* de Méléagre dans l'*Anthologie Palatine*, voir Lenzinger 1965, p. 64-65, la synthèse de Gutzwiller 1998, p. 276 *sq.* et p. 326-327, ainsi que Cameron 1993, p. XVI-XVII.

6. La répartition entre les deux livres de l'*Anthologie Palatine* n'est pas stricte car deux poèmes pédérastiques apparaissent dans le livre V et que bon nombre de poèmes évoquant des femmes apparaissent dans le livre XII. Voir, sur ce point, l'introduction au livre XII d'Aubreton dans Aubreton *et al.*, p. XXVIII à XXXVIII, et Gutzwiller 1998, p. 282. L'explication de la présence, dans le livre XII, de poèmes où des femmes apparaissent est, fort probablement, que Céphalas a considéré les noms en -ιον comme des noms masculins alors qu'il s'agit en réalité d'hypocoristiques de noms féminins (cf. Wifstrand 1926, p. 9).

La classification et la sélection opérées par les compilateurs successifs peuvent nous apporter des informations non sur Asclépiade lui-même, mais, dans le cas de la *Couronne*, sur la perception de cette épigramme et de son contenu deux siècles après son écriture. La technique d'« écriture en série », avec des variations ludiques, fait en effet de chaque épigramme, non une pièce isolée, mais une pierre dans un édifice intertextuel plus complexe[7] : dans le cas d'Asclépiade, cet édifice textuel lui est très souvent postérieur. Ainsi, il convient de replacer l'œuvre d'Asclépiade dans le contexte quasi contemporain de son intégration à l'intérieur d'une œuvre plus vaste (une anthologie personnelle ou le *Sôros*) – ou de la *pensée* projective par l'auteur de son intégration –, et en comparaison constante avec les épigrammes des auteurs contemporains d'Asclépiade. En effet, seules les épigrammes du poète lui-même, et éventuellement celles d'Hédylos et de Posidippe, peuvent apporter un éclairage sur l'épigramme V, 207.

Dans le livre V, sur les vingt et une épigrammes d'Asclépiade, quatorze apparaissent dans la série bien définie 134-215 qui provient de la *Couronne*[8]. L'épigramme qui nous intéresse apparaît à la fin de cette série, à proximité d'autres épigrammes d'Asclépiade qui évoquent différentes facettes de l'expérience amoureuse : les capacités érotiques de Lysidikè, l'amour heureux de Cléandros pour Nikô, l'admiration du personnage pour la beauté de Didymè à la peau d'ébène, etc. Le poème 207 est l'unique épigramme du poète où se trouve évoquée la préférence érotique de deux femmes pour les femmes.

Αἱ Σάμιαι Βιττὼ καὶ Νάννιον εἰς Ἀφροδίτης
   φοιτᾶν τοῖς αὐτῆς οὐκ ἐθέλουσι νόμοις,
εἰς δ' ἕτερ' αὐτομολοῦσιν ἃ μὴ καλά. Δεσπότι Κύπρι,
   μίσει τὰς κοίτης τῆς παρὰ σοὶ φυγάδας.

Les Samiennes Bittô et Nannion ne veulent pas fréquenter Aphrodite dans le respect de ses lois, mais elles désertent vers d'autres pratiques, qui ne sont pas convenables. Maîtresse Kypris, que ta haine s'abatte sur celles qui fuient ta couche[9].

Ce court poème a donné lieu à un petit nombre de commentaires de la part des philologues travaillant sur la poésie hellénistique et, plus récemment, de la part des chercheurs en histoire des femmes ou dans le domaine de la sexualité antique. Sauf de rares exceptions, cet intérêt n'a été que très relatif : ces commentaires, intégrés à des questions

---

7. Laurens (1989, p. 89-96) recourt à l'image de la « tresse » pour décrire les multiples liens thématiques et formels qui se tissent entre les épigrammes, au fur et à mesure de leur composition, les unes en fonction des autres.

8. Les épigrammes V, 7, 64 et 85 d'Asclépiade ont été déplacées et apparaissent dans la première partie du livre où elles se trouvent mêlées à des sources très variées, contrairement à la série homogène 134-215.

9. AP V, 207 = 7 GP. L'attribution à Asclépiade est certaine. Le texte ne pose pas de problème d'édition majeur, et aucune variante n'en affecte le sens, si ce n'est la légère nuance posée par la relative ἃ μὴ καλά (v. 3). Gow et Page (1965, p. 46), en choisissant de ne pas placer de virgule, respectent l'ambiguïté qui existe entre une relative déterminative et une relative explicative. Sur ce point, voir Dover 2002, p. 224.

plus vastes, ont pour caractéristique commune d'être particulièrement brefs, affirmatifs et lapidaires, tout en énonçant des conclusions contraires. Ainsi, on a vu, dans ces deux personnages, de vraies femmes de Samos, des vraies courtisanes, de vraies femmes vénales, des femmes débauchées fictives représentatives des femmes samiennes réelles ou, à l'inverse, des courtisanes dans la fiction, des femmes lesbiennes uniquement par fiction et non représentatives de pratiques réelles, de simples femmes accusées à tort d'homosexualité par un amoureux transi, ou encore plus simplement des femmes non prostituées[10]. Tous les commentateurs en revanche voient dans le texte la ferme condamnation d'un comportement.

Les hetairai d'Asclépiade

Dans le contexte socioculturel de l'époque hellénistique où la discrète apparition des femmes dans les sphères publiques et la modification des types de personnages féminins dans les œuvres littéraires marquent un changement de la représentation de la femme[11], Asclépiade ne se démarque pas. L'étude d'A. Cameron sur le profil social

10. Knauer (1935, p. 20-21) relie cette épigramme à l'évocation particulièrement expressive de compétences « équestres » et érotiques de la courtisane Lysidikè, comme une inauguration par Asclépiade de la veine « aischrologique » de l'*Anthologie*. Les deux femmes portent des noms de courtisanes et sont deux « Tribaden ». Pour Waltz, « il s'agit de "tribades" comme il y en avait beaucoup à Samos » (Waltz 1928, p. 93, n. 6). Pour Gow et Page (1965, p. 122), Nannion et Bittô ont des penchants pour des « pratiques sexuelles perverses » et les deux commentateurs, comme von Wilamowitz (Wilamowitz 1913, p. 72-73, n. 3), établissent un lien entre la réputation des femmes de cette île et l'origine de la « courtisane Philaenis ». Brooten (1996, p. 42) s'appuie sur le commentaire d'un scholiaste (qui date en réalité du XVIᵉ siècle) pour y lire une attaque contre les deux femmes ; Dover (1978, p. 211) relève l'hostilité du poète, tout comme Pomeroy (1985, p. 74-75) qui s'appuie cependant sur l'attirance des deux femmes pour prouver qu'elles ne sont pas prostituées. Dans un étrange raisonnement, Shipley (2000, p. 254) prouve le caractère fictif des personnages de la poésie hellénistique par le fait que ces deux femmes font l'objet de l'ironie du poète et qu'elles ne sont, par conséquent, pas *réellement* des femmes homosexuelles. Cameron (1995, p. 513) pense qu'il s'agit là d'une *calomnie* destinée à sauver la face du narrateur humilié. Gutzwiller (1998, p. 127 et 132) et Hutchinson (1988, p. 275, n. 105) interprètent cette attaque comme étant liée à des motivations personnelles du personnage, et non à des raisons d'ordre moral, mais ils n'approfondissent pas davantage leur analyse. Très récemment, Dover est revenu sur ce poème : si les deux femmes n'ont pas une relation *ensemble*, elles pourraient être des spécialistes recherchées par des clientes, donc des femmes au service d'ἑταιρίστριαι, mais, du fait qu'Asclépiade évoque *deux* femmes, Dover pense qu'il s'agit d'un couple (Dover 2002). Enfin, selon Halperin, Asclépiade « exprime sa désapprobation à l'égard de deux femmes qui préfèrent les femmes aux hommes » mais rien ne dit que les deux femmes ont une relation ensemble : l'épigramme peut tout à fait évoquer deux femmes qui sont attirées par les femmes et qui sont donc des tribades *toutes les deux*. Dans l'hypothèse contraire – mais cela ne lui semble pas la lecture préférable –, ce serait un cas exceptionnel où la partenaire serait moralement évaluée de la même manière que la tribade (Halperin 2002, p. 256).

11. Sur cette évolution générale, cf. Fantham *et al.* 1994, p. 168-169 (qui restent mesurés quant à l'évolution *matérielle* des conditions de vie des femmes) et Pomeroy 1984, en particulier p. 71 *sq.* En ce qui concerne le monde politique, cf. Carney 1991 ; sur la vie culturelle, cf.

des personnages féminins dans l'œuvre du poète a mis en évidence une représentation particulière des femmes, contrastant avec la traditionnelle dichotomie « prostituée/épouse respectable » qui domine dans les discours de l'époque classique[12]. Nombre de philologues, relève A. Cameron, se sont contentés, dans leur lecture des épigrammes, de réactualiser les commentaires moraux des scholiastes du Moyen Âge qui, à chaque nom féminin, glosent par « courtisane ». Or, l'analyse serrée des situations de chaque épigramme érotique mettant en présence une femme et un homme (le poète ou un autre) prouve que la majorité des femmes évoquées par Asclépiade sont des femmes qui disposent librement de leur corps, qui choisissent sans pression sociale leur amant, qui peuvent tomber amoureuses et souffrir elles aussi des tourments de l'amour, et qui n'entretiennent aucun rapport mercantile avec leur aimé. D'ailleurs, la plupart de ces jeunes femmes ont pour caractéristique de se *refuser* au personnage-poète – ce qui le plonge dans le désespoir, voire le ressentiment : une jeune fille, que le poète tente de convaincre, « veut garder sa virginité » (telle est du moins l'interprétation de l'amant éconduit), Hêrakleia ne vient pas au rendez-vous, Hermionê le prévient qu'un jour elle risque d'en aimer un autre, Pythias n'ouvre pas la porte, Dorkion se déguise en garçon[13]. Les femmes jouent un rôle actif dans leur vie érotique : elles sont décrites comme maîtrisant leur sexualité, et cette forme d'autonomie n'est jamais condamnée par Asclépiade.

Alors que des siècles d'érudition philologique ont fait de ces jeunes femmes indépendantes et volontaires des femmes débauchées et vénales, A. Cameron est arrivé à la conclusion que si les textes de l'époque utilisent le terme d'ἑταῖραι pour désigner des femmes qui ont une histoire d'amour hors mariage, le sens du terme a changé et il nous faut revoir nos traductions et nos interprétations. Chez Asclépiade en effet, à une ou deux exceptions près, aucun des personnages féminins n'a les caractéristiques de la prostituée (vénalité, lubricité) et il n'est jamais question de rapport mercantile entre les amants (homme et femme). Bien au contraire, la vision d'Asclépiade des rapports entre les sexes se démarque avec force des représentations grecques de l'époque classique. Ainsi, non seulement l'auteur puise ouvertement son inspiration dans des œuvres de femmes (Praxilla, Sappho, etc.) et fait l'éloge appuyé de la poétesse Érinna, à qui il donne voix dans une épigramme[14] , mais de plus il est un des rares auteurs masculins de l'*Anthologie Palatine* à avoir donné la parole à un personnage de femme qui, à la première personne, s'exprime avec la même finesse que le poète-personnage et livre avec clairvoyance son expérience personnelle du sentiment amoureux[15].

Skinner 2001, p. 201-222 ; sur la reconnaissance des femmes-poètes, cf. Gutzwiller 1998 (*s.v.* Anytè, Nossis, Erinna).

12. Cameron 1995, p. 494-519.

13. V, 85 ; 169 ; 158 ; 164 ; XII, 161. Les analyses de Cameron sont d'autant plus convaincantes que, si l'on cesse de considérer toute femme « volage » ou libre comme une prostituée, le sens de certaines épigrammes d'Asclépiade qui posaient problème s'éclaire.

14. VII, 11.

15. Ce cas de figure est extrêmement rare dans l'épigramme. Pour les *Couronnes* de Méléagre et de Philippe : V, 8 (attribuée à Méléagre) ; V, 120 (attribuée à Philodème) ; V, 306 (attribuée à Philodème) et l'épigramme d'Asclépiade, XII, 153.

Cette représentation particulièrement positive des femmes chez Asclépiade n'implique pas pour autant une attitude de défiance par rapport à l'amour pour les garçons. De façon générale, note A. Cameron[16], les amours pour les garçons sont présentées comme de plus en plus mercantiles à partir de l'époque hellénistique, alors qu'à l'inverse les relations avec les femmes se détachent peu à peu du schéma client/prostituée. Or, chez Asclépiade, cette représentation des relations masculines ne s'affirme pas. Il existe une épigramme – attribuée à Hédylos, à Asclépiade ou à un auteur indéterminé – qui proclame avec force la supériorité de l'« érôs masculin » sur l'« érôs féminin » mais le style, la rudesse du propos et d'autres éléments laissent penser qu'Asclépiade n'en est pas l'auteur[17]. Dans ses épigrammes érotiques, les relations entre hommes sont généralement décrites sur le mode de l'égalité, sans aucun sous-entendu financier. Bien au contraire, ce qui distingue chez Asclépiade l'amour des hommes pour les garçons de l'amour des hommes pour les femmes est que, *lorsque le narrateur est lui-même concerné*, les relations de celui-ci avec des hommes sont généralement décrites comme plus heureuses et l'attachement comme davantage partagé[18].

La fiction élégiaque

En littérature – tout le monde s'accorde sur ce point –, le rapport au réel est particulièrement complexe : quand bien même un auteur voudrait faire une description « objective » d'un lieu ou d'un monument, l'acte d'écriture fait naître un narrateur, distinct de l'auteur, avec un point de vue particulier depuis un « observatoire » déterminé dans le temps et l'espace (ou déterminé dans un temps et un espace fictifs) : on parle de focalisation. À des siècles de distance, reconstituer une réalité, ou du moins une réalité de la représentation, est un exercice périlleux. Chaque texte, en fonction du genre littéraire auquel il appartient (entre autres critères primordiaux), demande des outils d'analyse spécifiques et a en lui-même une limite de résistance au-delà de laquelle le réel puis, en second lieu, la réalité de la représentation s'effacent pour laisser place à l'espace de la création et de l'invention[19]. Dans le cas de l'épigramme érotique, la question se pose également. Les travaux d'A. Cameron sur certains personnages apparaissant dans les poèmes d'Asclépiade et de ses successeurs ont éclairé certains liens avec le réel et déterminé le statut social des femmes *à l'intérieur* de la fiction. Par ailleurs, les spécialistes de la poésie hellénistique se sont penchés sur la « distance » du poète Asclépiade avec les situations décrites et avec son narrateur : G. Hutchinson, après avoir noté l'écart entre la véhémence du narrateur et le détachement de l'auteur puis souligné la proximité de celui-ci avec Anacréon, fait l'analyse suivante : « Asclépiade se plaît à faire des descriptions exacerbées de ses sentiments, usant de l'absurdité pour en atténuer le sérieux[20]. » K. Gutzwiller, elle aussi,

16. Cameron 1995, p. 517-519.
17. Il s'agit de XII, 17 = 37 GP. Sur les problèmes d'attribution, cf. Gow et Page, p. 142 et Aubreton *et al.*, p. 7.
18. Voir XII, 75 = 21 GP ; XII, 105 = 22 GP ; XII, 162 = 23 GP ; XII, 163 = 24 GP.
19. Voir, dans le cas des discours des orateurs, la mise au point de Dover 1978, p. 13-32.
20. Hutchinson 1988, p. 270.

insiste sur « l'apparence » du récit biographique et note, comme trait récurrent chez notre poète, la passivité de l'amant (qui est généralement le narrateur) comme opposée à la domination culturelle du poète qui écrit. L'unité de l'œuvre d'Asclépiade réside, dit-elle, « dans la posture de l'auteur à distance ironique du narrateur »[21].

Le travail théorique le plus riche à ce jour sur la position du narrateur et le « je/jeu » de l'auteur a été mené, à propos de l'élégie érotique romaine, par P. Veyne. Il s'avère que ses conclusions sont, pour une grande part, transposables à notre sujet d'étude ; P. Veyne le dit lui-même en introduction de son ouvrage, lorsqu'il insiste sur l'origine hellénistique de l'élégie romaine : « Il y a déjà eu des élégies hellénistiques où l'amour était chanté sous la fiction de l'ego, ne serait-ce que ces élégies qu'on appelle à tort épigrammes sous le faux prétexte qu'elles sont trop brèves[22]. » La proximité de l'épigramme érotique d'époque hellénistique avec ce que sera l'élégie érotique romaine a aussi été mise en évidence par P. Laurens. Et lorsque celui-ci oppose l'épigramme hellénistique à l'élégie, il s'agit de l'élégie archaïque (« son chant [celui de l'élégie] est l'expression directe – ce qui ne veut pas dire naïve – de sa subjectivité : prière, plainte, réflexion, voilà, on l'a dit, la matière exclusivement morale et psychologique, de l'élégie[23] »), l'opposition portant précisément sur la tonalité (moralisante pour l'élégie archaïque, humoristique pour l'épigramme) et l'implication de l'auteur dans son propos. Dans l'épigramme hellénistique et dans l'élégie romaine, le poème n'est pas l'expression directe des sentiments de l'auteur, ni l'épanchement d'un « moi » sincère et authentique : pour l'épigrammatiste, écrit P. Laurens, « son expérience de l'amour est élaborée avec art, mais pour l'art, comme un joli sujet, avec une sorte de distance ironique, avec un détachement *objectif*[24] ». Les deux orientations spécifiques des épigrammes érotiques qu'il relève rendent caduque toute interprétation de l'énoncé comme réel et autobiographique : « l'esprit », dont est pénétré le texte et qui, par la dramatisation de toute exposition psychologique, transforme la situation en un objet discursif, une des nombreuses facettes de la guerre amoureuse, et « le pittoresque », qui rend les descriptions de l'expérience amoureuse vivantes et variées.

Ainsi, l'élégie érotique, qu'elle soit brève ou moins brève, n'est pas une peinture de la réalité, exploitable *directement* par les philologues pour reconstituer la vie et les amours du poète Asclépiade, ni par les historiens pour savoir comment les Grecs vivaient leurs déconvenues amoureuses. Comme le dit R. Martin à propos de l'élégie romaine, « loin de nous raconter dans l'ordre chronologique une aventure amoureuse s'acheminant d'un début à une fin, ils [les élégiaques] ne cessent de brouiller les cartes, et prennent un malin plaisir à faire voisiner les poèmes où s'expriment les senti-

---

21. Gutzwiller insiste sur la distance entre Asclépiade et son personnage (Gutzwiller 1998, p. 139), mais n'applique pas toujours cette lecture dans son étude.

22. Veyne 1983, p. 37. Voir aussi Veyne 1983, p. 51 : « Deux ou trois distiques seront une élégie complète, qu'on appellera épigramme, et un seul distique peut même être un poème complet ».

23. Laurens 1989, p. 124-125.

24. Laurens 1989, p. 57. Bing souligne l'importance de l'influence de la poésie hellénistique sur l'esthétique élégiaque romaine, en particulier dans son nouveau rapport à l'écrit (Bing 1988, p. 11).

ments les plus contraires[25] ». L'élégie, dit P. Veyne, « n'impose pas à ses lecteurs de penser une société réelle ; elle se passe dans une fiction [...] où la réalité n'est évoquée que par éclairs, et par éclairs peu cohérents ; d'une page à l'autre, Délie, Cynthie pourraient être des courtisanes, des épouses adultères, des femmes libres ; le plus souvent, on ne sait pas ce qu'elle sont et on ne s'en soucie pas[26] ». L'élément le plus frappant est cette alliance entre l'expression des sentiments humains les plus profonds et la distance de l'auteur qu'impliquent la richesse des images et la composition du poème. « Ce que disent nos poètes semble être l'expression de la plus vive passion ; c'est la façon de le dire qui dément cette apparence : elle manque volontairement de naturel[27]. » Cela signifie-t-il que le poète compose des tableaux auxquels il est totalement étranger ? qu'il n'existe aucun référent réel aux sentiments (si bien) exprimés ? que ces cris du cœur si émouvants ne s'adressent à personne ? Bien évidemment non : « L'élégie, analyse P. Veyne, est un photomontage de sentiments et de situations typiques de la vie passionnelle irrégulière, exposés à la première personne. » Les élégiaques « sont à cheval sur deux vérités à la fois, à dessein, et les démentent l'une et l'autre ». Ils instaurent entre le poète-personnage – appelons-le Ego –, l'aimé(e) et le destinataire des « jeux de miroirs, de regards en coulisse et de faux naturels[28] ».

Ainsi, le poète élégiaque construit un personnage-poète, qui s'exprime à la première personne et parfois porte son nom, et ce qu'il compose est « une poésie pseudo-autobiographique où le poète est de mèche avec ses lecteurs aux dépens de son propre Ego[29] ». Par conséquent, si l'on veut avoir une quelconque indication sur la position de l'auteur par rapport à *ce qui est dit* dans le poème (et dans notre cas, sur le comportement des deux femmes), il convient préalablement d'analyser qui est Ego dans l'œuvre tout entière, ce qu'il dit, comment il l'exprime, comment l'auteur indique sa position par rapport à ce personnage, quelle est cette position et, en dernier lieu, par déduction, quelle est sa position par rapport *au propos* d'Ego.

Portrait d'Ego : un amant transi

Les épigrammes d'Asclépiade sont toutes un énoncé écrit qui se présente comme un discours et non comme un récit : les marques de l'oralité et les marques du discours (première personne, deuxième personne, modalisateurs, c'est-à-dire marques de l'attitude de l'énonciateur par rapport à son propos) sont généralement apparentes. Une lecture de l'œuvre d'Asclépiade (en excluant les épigrammes dont l'attribution n'est pas certaine)[30] centrée sur les instances discursives (à savoir s'attachant à analyser qui

---

25. Martin, dans Martin et Gaillard 1990, p. 366. Sur le lien entre la fiction et la réalité dans l'élégie, voir la mise au point très intéressante (même le propos porte sur l'élégie romaine) de Martin (Martin et Gaillard 1990, p. 357-368).

26. Veyne 1983, p. 15.

27. Veyne 1983, p. 11.

28. Veyne 1983, respectivement p. 46 et 23.

29. Veyne 1983, p. 55.

30. 35 épigrammes sur les 47 dénombrées par Gow et Page sont d'attribution certaine. Gutzwiller ajoute à sa liste l'épigramme IX, 752 = 44 GP (Gutzwiller 1998, p. 122), mais Cameron considère que l'attribution de cette épigramme sur l'anneau de Cléopâtre pose réel-

est le locuteur, qui est le destinataire du discours fictif contenu dans l'épigramme, et comment l'auteur révèle l'identité du locuteur et du destinataire ainsi que la nature du discours énoncé)[31] permet de dégager certaines constantes.

Parmi les huit épigrammes qui ne sont pas érotiques[32], cinq appartiennent à la forme traditionnelle de l'épigramme funéraire où le propos est assumé par la tombe du défunt. Mais dans les trois autres, l'auteur joue sur l'ambiguïté de la première personne et le lecteur n'apprend qu'à l'extrême fin de l'épigramme qui en est l'énonciateur[33]. Parfois même l'auteur ménage un effet de surprise : l'identité de l'énonciateur n'est pas celle qu'attendait le lecteur. Ainsi, même dans les formes « figées » par la tradition, Asclépiade aime à jouer avec le statut de l'instance narrative.

Dans les épigrammes érotiques[34], l'auteur recourt à trois systèmes discursifs, dont un domine largement.

• Soit Ego est absent de l'histoire et l'épigramme est un discours assumé non par le personnage-poète mais par quelqu'un – ou quelque chose – d'autre. C'est le cas de quatre épigrammes. Il s'agit d'une parodie d'ex-voto (Lysidikè dédie son éperon à Aphrodite), d'un dialogue comique entre un maître et son esclave, d'un discours où Érôs incarne un amant et d'un monologue à la première personne énoncé par une femme[35].

• Soit, et c'est le cas de figure majoritaire, le discours est prononcé par « je », c'est-à-dire Ego, le personnage-poète qui est à la fois celui qui éprouve l'expérience de l'amour et celui qui compose les épigrammes. Les destinataires sont principalement les divinités (Aphrodite, Zeus, les Amours), parfois un inanimé (la nuit, la lampe, les couronnes), le poète lui-même ou, plus rarement, la femme ou le jeune garçon objet des attentions d'Ego[36]. Il n'est évidemment pas possible de reconstituer une « histoire vraisemblable » du poète qui aurait vécu tout ce dont il fait part dans ses épigrammes ;

---

lement problème (Cameron 1995, p. 237). En revanche, son analyse de l'épigramme A. Pl. 68 = 39 GP, ajoutée au fait que Posidippe n'a jamais écrit de distique, nous convainc d'intégrer le poème à la liste des œuvres d'Asclépiade (les autres étant soit l'œuvre de Posidippe, soit d'auteurs inconnus mais visiblement hétérogènes au style de notre auteur). L'étude des modalités discursives s'appuie donc ici sur 36 épigrammes.

31. A savoir s'il s'agit d'un ex-voto (et dans ce cas si c'est la personne qui offre le présent qui parle ou si c'est l'objet), s'il s'agit d'une épitaphe (et dans ce cas si c'est la personne ensevelie qui parle ou si c'est la tombe) ou s'il s'agit d'une épigramme érotique (les identités potentielles du locuteur sont multiples, tout comme celles du destinataire).

32. Soit huit sur trente-six : 27-33 et 41 GP.

33. En VI, 308 = 27 GP : offrande votive où le masque de Charès est le locuteur, mais où l'identité n'est révélée qu'au vers 3. En VII, 11 = 28 GP : le texte semble être d'abord une épitaphe (où la tombe parle), mais le pronom de la première personne révèle finalement que c'est Érinna elle-même qui s'exprime. Le même effet de surprise se produit en IX, 63 = 32 GP : Asclépiade donne voix à « Lydè », l'œuvre d'Antimachès.

34. Les vingt-huit épigrammes érotiques, sur un total de trente-six : 1 à 26 GP, ainsi que 39 GP et 42 GP.

35. V, 203 = 6 GP ; V, 181 = 25 GP ; XII, 105 = 22 GP et V, 153 = 3 GP.

36. Est intégrée à cette catégorie l'épigramme XII, 50 qui se présente comme des propos de compagnons de banquet, dont le destinataire est Ego : il s'agit en réalité d'une exhortation adressée par Ego à lui-même.

la vraisemblance est d'ordre psychologique et il se dégage à partir des caractéristiques d'Ego dans chaque épigramme un portrait assez cohérent.

• Soit la première personne n'apparaît pas et l'épigramme se présente comme un petit tableau, sur le mode du récit objectif. L'énoncé semble être assumé par la voix neutre d'une sorte de narrateur omniscient et hétérodiégétique. C'est le cas de cinq épigrammes[37]. Cependant, dans plusieurs de ces poèmes, des adresses à la divinité – marques discrètes du locuteur – sont placées à la fin du poème et amènent le lecteur à réinterpréter ce qui se donnait comme un discours objectif et qui peut désormais se lire comme une plainte aux dieux, un éloge par la peinture de l'amour ou encore une requête. Deux épigrammes (V, 153 et V, 207) sur les cinq sont une forme particulière de ce cas de figure, et un portrait d'Ego s'en dégage de façon assez cohérente.

Ego a vingt-deux ans, il s'appelle Asclépiade. Sa vie, ce sont les plaisirs du banquet, affirme-t-il dans une épigramme programmatique (V, 64), et l'amour. Pourtant, ces épigrammes ne célèbrent pas les qualités de l'amant et du compagnon de table. À une seule exception près[38], en effet, ces épigrammes sont le discours d'Ego sur les conséquences de l'état amoureux sur lui. Les femmes telles qu'il les décrit sont – comme nous l'avons dit précédemment – des femmes volontaires et non soumises, maîtresses de leur vie amoureuse. Concernant les garçons, il donne peu de précisions, mais aucun élément dans les poèmes ne permet de supposer que la relation souhaitée par Ego advienne[39]. De façon générale, Ego se présente comme la victime passive de ses aimés[40], des dieux, des éléments naturels, d'Érôs. Si Ego, l'amoureux transi, évoque une de ses actions, il ne s'agit que d'une réaction, qui illustre son impuissance : il pleure aux portes, ivre et frigorifié, supplie les dieux ou demande vengeance. Ses épigrammes sont le récit intime de son expérience, des répercussions sur lui des actes des autres, non le récit de ses actions et de ses exploits amoureux. Malgré sa déception et sa tristesse, Ego n'exprime pas de jugement moral sur la personne qui se refuse à lui : on est loin de ce que sera la satire romaine, et loin, encore, des épigrammes de Méléagre et de Straton dans lesquelles ils dénigrent et raillent parfois leurs contemporains. Ego, lui, ne s'intéresse ni aux autres, ni à la société : ses propos ont pour destinataires les dieux ou des objets symboliques, et son unique sujet de préoccupation, c'est lui.

Quel regard porte Asclépiade sur son personnage homonyme, sur ce jeune homme qui appelle à profiter de la vie[41], qui aime éperdument garçons ou femmes… mais qui inévitablement erre seul la nuit, abandonné et trompé ? Compassion et sympathie sans doute, avec un clin d'œil au lecteur, mais aussi ironie, comme l'illustre la situation récurrente dans laquelle Ego se trouve. Seul l'ensemble des épigrammes – le « recueil » de l'œuvre d'Asclépiade – permet de dresser un portrait du personnage, portrait que com-

---

37. V, 153 = 3 GP (Nikarètè aime Cléophon : les ravages de l'amour) ; V, 169 = 1 GP (célébration de l'amour) ; V, 207 = 7 GP (les deux Samiennes) ; XII, 161 = 20 GP (Dorkion) ; XII, 163 = 24 GP (amours heureux d'Eubiotos et Cléandros).

38. En V, 85 = 2 GP, le poète tente de séduire et de convaincre une jeune fille.

39. Les relations heureuses entre hommes qu'évoque Ego (XIII, 163 = 24 GP et XII, 105 = 22 GP) ne le concernent pas personnellement.

40. D'un point de vue grammatical, Asclépiade est souvent en position d'objet et la femme de sujet.

41. « Dans l'Achéron, demoiselle, nous ne serons qu'os et cendres […] » dans V, 85 = 2 GP.

pose, telles les touches de pinceau d'un peintre impressionniste, chaque poème : Ego est à la fois trop naïf pour tirer des enseignements de son expérience, extrêmement futile lorsqu'il demande vengeance et particulièrement pitoyable lorsqu'il souhaite transférer sur l'autre la douleur que cet autre crée en lui. Ego a le même acharnement à vivre toujours les mêmes situations amoureuses qu'a le poète à écrire des poèmes qui racontent toujours les mêmes histoires.

Les deux Samiennes

Tout porte à penser, par conséquent, que l'épisode des deux Samiennes n'est qu'un événement (malheureux) parmi d'autres dans la dure progression d'Ego sur le sentier de l'amour. Or, dans ses épigrammes érotiques, Asclépiade ne mentionne *jamais* l'origine géographique de ses personnages, ni la ville ou la région où les événements se déroulent[42]. Cela n'est pas surprenant, nous l'avons dit, le monde extérieur (qu'il soit géographique ou humain) est absent du monde d'Ego, son principal sujet étant lui-même. Le cas de Bittô et Nannion, dont l'origine est évoquée dans les premiers mots du premier vers (αἱ Σάμιαι Βιττὼ καὶ Νάννιον), serait-il une exception ? Remarquons toutefois qu'il ne s'agit pas d'un lieu neutre : Samos est la ville d'origine d'Asclépiade. Cette précision géographique – *a priori* objective – s'avère donc être liée à l'énonciateur : loin de s'intéresser aux autres, Ego ramène tout à lui, et ce n'est pas un hasard si l'unique mention d'un lieu géographique est la patrie du poète. L'adjectif Σάμιαι peut donc se lire, pour le public averti de l'époque, comme « elle vient de Samos, comme moi » : on quitte, dès les premiers mots, le domaine du récit pour entrer dans celui du discours[43].

Alors que, dans le premier distique, la marque grammaticale de la première personne n'apparaît pas, l'adresse à la déesse Aphrodite, δεσπότι Κύπρι, ainsi que l'impératif μίσει, dans le deuxième distique, impliquent l'existence d'un énonciateur qui n'est pas étranger au propos qu'il énonce (l'impératif et le vocatif impliquent l'existence d'une première personne). Cette intervention dément l'apparente objectivité du premier distique (et confirme le rôle de modalisateur[44] de l'adjectif Σάμιαι). Il s'avère également que les adresses aux puissances supérieures et les prières aux dieux sont les activités favorites d'Ego : il rappelle à Zeus l'identité de leur condition d'amant et demande son soutien, il adresse ses prières les plus pathétiques aux couronnes, à la nuit, aux Amours, il invoque Aphrodite et les Amours[45]. De même, dans le dernier vers, l'énonciateur demande avec force à la déesse un châtiment pour les deux femmes : μί-

---

42. Et si l'on considère la totalité des épigrammes d'Asclépiade, la seule mention d'un lieu géographique apparaît dans une épigramme funéraire, non comme marqueur de lieu, mais comme indicateur identitaire (VII, 217 : « Archéanassa de Colophon »).

43. Par conséquent, il ne s'agit pas d'un élément qui puisse permettre de déterminer où se trouvait réellement Asclépiade lors de la composition de l'épigramme.

44. La modalisation définit l'attitude du sujet de l'énonciation par rapport à son énoncé, et plus particulièrement la façon dont il le nuance ou y intervient. Le terme géographique de « Samiennes » manifeste, dans l'énoncé, la présence du locuteur, à savoir Ego.

45. Demande de clémence à Zeus : V, 64 = 11 GP et V, 167 = 14 GP ; prière aux couronnes : V, 145 = 12 GP ; prière aux Amours XII, 166 = 17 GP ; questions aux Amours XII, 46 =

σει τὰς φυγάδας. Or le souhait d'une vengeance et la demande aux dieux d'une souffrance pour l'autre sont aussi caractéristiques de la manifestation de la douleur d'Ego : il demande à la lampe de punir celle qui n'est pas venue, à Zeus et à la nuit de faire souffrir des mêmes maux celui ou celle qui lui refuse sa porte[46]. Tous ces éléments qui parsèment discrètement l'épigramme portent le lecteur à reconnaître Ego comme énonciateur homodiégétique caché derrière l'énonciateur hétérodiégétique[47].

L'analyse des modalités discursives de l'épigramme V, 207 place celle-ci dans la catégorie intermédiaire des épigrammes qui semblent être des récits objectifs mais qui, finalement, par le fait qu'ils laissent discrètement apparaître les marques de l'énonciation, s'avèrent relever du discours. Et puisque cette épigramme est un discours, c'est-à-dire une énonciation où le locuteur s'investit, la condamnation du comportement des deux femmes ne peut plus se lire comme un énoncé gnomique ou une sentence moralisante sur certains comportements sexuels, mais doit se lire à la lumière des raisons et des sentiments qui poussent le locuteur, à savoir Ego, à s'exprimer ainsi.

Les éléments récurrents des situations décrites par les épigrammes où Ego s'exprime à la première personne sont les suivants (certaines épigrammes composées d'un seul distique ne comprennent que le premier élément et sont encomiastiques ; la plupart des doubles distiques comprennent ces trois éléments) :

1. Il présente son aimé ou aimée, objet de son désir, de son amour ou de son admiration.

2. Il explique pourquoi il est malheureux ou déçu.

3. Il supplie une divinité ou un objet symbolique et demande soit la clémence pour lui, soit une vengeance s'abattant sur l'autre.

Le poème V, 207 joue avec cette structure récurrente, qu'Asclépiade suppose connue de son public lettré. Dans l'*Anthologie Palatine* (qui respecte en partie l'ordre antérieur des poèmes), l'épigramme qui nous intéresse apparaît *après* la plupart de celles où Ego parle de sa condition d'amant et, puisque les livres XII et V de l'*Anthologie Palatine* n'en formaient qu'un à l'origine, probablement aussi *après* plusieurs épigrammes évoquant des garçons. Dans le livre V, elle fait suite à quinze de ses épigrammes (auxquelles il convient, d'après le tableau de K. Gutzwiller, d'en ajouter sept déplacées par Céphalas dans le livre XII). Le public connaît Ego et ses travers, il est suffisamment averti désormais pour voir ce qui est implicitement impliqué lorsque seul un élément sur les trois est explicite. Dans ce poème, deux femmes sont évoquées et elles ne s'intéressent pas aux hommes ; une demande de vengeance est proférée avec

---

15 GP ; simple adresse à Aphrodite : V, 153 = 3 GP ; V, 158 = 4 GP et dans ex-voto V, 203 = 6 GP ; simple adresse aux Amours : V, 162 = 8 GP.

46. Demande de vengeance : à la lampe V, 7 = 9 GP ; à la nuit V, 164 = 13 GP ; souhait de souffrance adressé à Zeus (devant la porte de Moschos) V, 167 = 14 GP.

47. La notion de narrateur hétérodiégétique ou homodiégétique est une distinction plus opératoire que l'opposition première personne/troisième personne, car elle définit le statut du narrateur par sa relation à l'histoire. Un narrateur hétérodiégétique est un narrateur absent de l'histoire qu'il raconte. Un narrateur homodiégétique est un narrateur présent en tant qu'acteur dans l'histoire qu'il raconte.

violence et adressée à Kypris, et, en outre, ces deux femmes sont des compatriotes d'Ego. Le lecteur aura, à la lumière des autres épigrammes (par intratextualité, donc), reconstitué le scénario et ajouté les éléments implicites : à nouveau, notre poète ne connaît pas de réponse à l'amour ou au désir qu'il ressent ; à nouveau, il souffre de l'indifférence de l'être aimé (ou des êtres aimés) ; à nouveau, il s'adresse à la déesse et demande vengeance.

Ce qui différencie ici cette épigramme des poèmes où Ego se trouve dans une situation similaire est le moment où il lève le voile sur son rapport avec les personnes évoquées et son implication dans la situation décrite. Ce léger décalage s'explique : cette fois-ci, et contrairement aux autres cas de figure, Ego peut recourir à la langue de la norme et aux évaluations conventionnelles de la société (ἃ μὴ καλά)[48] pour justifier son agressivité et en masquer les raisons personnelles. Alors que dans les autres épigrammes, la seule « règle » qui puisse exister est d'ordre privé – c'est celle de l'amour et du plaisir (« ce qui est plus doux, c'est quand une seule couverture cache les amants[49]), Ego recourt ici à des normes (νόμοις) publiques (religieuses et sociales). Quoi de plus tentant en effet pour un amant transi que de trouver ailleurs, avec la plus parfaite mauvaise foi, des motifs pour accuser l'être désiré, et qui se refuse, de tous les maux ? La langue, comme le relève aussi K. Dover[50] (mais nous ne conclurons pas de la même manière que lui), est particulièrement agressive. Le champ lexical est celui de la guerre, domaine dans lequel la désertion (αὐτομολοῦσιν, φυγάδας) est l'acte le plus répréhensible et le plus méprisé ; le châtiment exigé est particulièrement dur et Ego mêle à ce registre le champ lexical de la religion : en demandant que s'abatte sur ces femmes la haine d'Aphrodite, c'est une véritable malédiction qu'il leur lance.

Mais pourquoi Aphrodite ? Dans les représentations grecques, il n'y a pas, comme beaucoup l'ont relevé[51], de répartition stricte attribuant l'amour des hommes pour les femmes au domaine d'Aphrodite et l'amour des hommes pour les garçons au domaine d'Érôs. Ici, l'expression εἰς Ἀφροδίτης φοιτᾶν est un euphémisme pour « se livrer aux ἀφροδίσια ». Faut-il voir une autre nuance, comme semble le penser K. Dover qui remarque que, dans la poésie épigrammatique, Aphrodite est plus souvent citée lorsqu'il s'agit de prostituées[52] ? Probablement non, ne serait-ce que parce que cette nuance

---

48. L'adjectif καλός n'est pas à comprendre ici comme une évaluation esthétique (« sans beauté », traduit Waltz 1928, p. 93, et « not beautiful » traduit Brooten 1996, p. 42) mais bien comme une évaluation morale : « ce qui convient, ce qui respecte la norme ». Dover a mis en évidence ce sens très courant, voire majoritaire, de καλός à l'époque archaïque et classique (Dover 1974, p. 69-73).

49. V, 169 = 1 GP.

50. Dover 2002, p. 223-224.

51. Contrairement à ce qu'affirme Knauer 1935, p. 20-21. Voir par exemple Dover 1978, p. 83.

52. Dover 2002, p. 226. Nous ne sommes pas tout à fait d'accord avec l'analyse de Dover de la représentation par Asclépiade des divinités Aphrodite et Érôs (même si son analyse est peut-être recevable pour les poètes postérieurs). Dover se réfère à V, 161 = 40 GP qui a la double attribution (Hédylos ou Asclépiade) et qui n'est probablement pas d'Asclépiade, et le V, 158 = 4 GP où rien ne dit que Hermionê est une courtisane. Le V, 203 = 6 GP que cite Dover est la *seule* épigramme chez Asclépiade où il est question d'une courtisane et d'une invocation à Aphrodite

n'apparaît jamais chez Asclépiade. Ce que reproche Ego, en « réalité », aux deux femmes, sous le prétexte de la norme et de la piété, c'est de ne pas vouloir entrer dans le champ des ἀφροδίσια... avec lui[53]. Il n'y a rien d'exceptionnel dans cette adresse à Kypris, Ego s'adresse souvent à la déesse. Ce qui étonne est la violence du ton : la punition qu'il souhaite aux deux femmes est à la mesure, non du jugement moral qu'il feint d'avoir sur elles, mais de sa déception érotique. Et cette déception est aggravée par le fait que ces deux femmes sont des Samiennes, de la part desquelles un compatriote pourrait s'attendre à un peu plus de sollicitude. Trop lâche pour dire – encore – qu'il est – encore – objet d'indifférence, Ego se réfugie pitoyablement derrière une sentence dogmatique.

À cette étape de l'analyse, un premier constat est possible : dans la situation que décrit Ego tel qu'il « est » dans la fiction des autres épigrammes – à savoir un amoureux perpétuellement déçu mais inexorablement prompt à tomber amoureux –, Bittô et Nannion sont deux femmes qui ne sont pas des courtisanes, qui préfèrent les femmes et qui se désintéressent d'Ego. Celui-ci énonce alors des paroles d'une grande violence qui condamnent non seulement les deux ingrates mais aussi, par le caractère sentencieux du propos, celles qui se conduisent comme elles. Certes, il s'agit d'une volte-face d'Ego destinée à sauver l'honneur de l'amoureux humilié, mais dans « sa » réalité, on peut estimer que le personnage, submergé par la douleur, considère comme vrai ce qu'il s'invente pour lui-même afin de se consoler et qu'il « pense » réellement que les femmes qui aiment les femmes, de façon générale, sont moralement condamnables et dignes de la haine de Kypris. Ici, il est vrai, se trouve exprimée une condamnation : le personnage-poète Ego attaque avec une grande violence les femmes qui ont des relations sexuelles avec des femmes.

Du regard du poète aux représentations communes

Le poème d'Asclépiade se fait-il l'écho de l'opinion de l'auteur sur les relations sexuelles des femmes entre elles ? Est-il l'expression directe de la pensée des hommes grecs du IIIe siècle ? Procédons à une démonstration par l'absurde : lorsque Ego réalise qu'il a été dupé par « la dévorante Philaenion » qui s'avère être une courtisane (c'est d'ailleurs la seule courtisane qui apparaît dans les épigrammes énoncées par Ego), sa colère et son désespoir sont palpables. Peut-on en déduire qu'Asclépiade,

---

(que Lysidikê fait elle-même dans un ex-voto, et non Ego). Remarquons qu'Asclépiade s'adresse aussi aux Amours lorsqu'il est question de son attachement pour une femme (V, 162 = 8 GP) et que l'épigramme XII, 17 = 37 GP (Posidippe, Asclépiade ou anonyme), citée par Dover qui exclut Érôs des amours pour les femmes, n'est probablement pas d'Asclépiade. De surcroît, comme le montre Winkler dans sa critique de Detienne à propos des fêtes de femmes (Winkler 1990, p. 353-392), l'opposition entre les femmes respectables et les courtisanes résulte souvent de l'application forcée d'une grille de lecture.

53. Sur ἀφροδίσια signifiant « acte sexuel », cf. Dover 1978, p. 83-84.

l'auteur, condamne la prostitution ? Bien évidemment non[54]. Pourtant, d'aucuns ont déduit de l'épigramme V, 207 qu'Asclépiade émettait son opinion sur la question des relations entre femmes. Non que l'opinion des personnages ne corresponde jamais avec l'opinion de l'auteur, mais ici, pour franchir la limite entre le personnage fictif et les pensées de l'auteur, certaines précautions doivent être prises. Ces précautions sont d'autant plus nécessaires qu'il s'agit du genre de l'élégie, qui est, rappelons-le, « une poésie pseudo-autobiographique où le poète est de mèche avec ses lecteurs aux dépens de son propre Ego[55] ».

Ni monstres ni prostituées

La vingtaine d'épigrammes dans lesquelles Asclépiade donne la parole à son personnage ne présentent pas Ego comme un *exemplum*, véhiculant des valeurs que l'auteur souligne et présente comme devant être imitées. Certes, Ego est le double du poète, il porte son nom et il a toute l'estime d'Asclépiade dans son acharnement à croire en l'amour, à vivre sur terre ce qui ne sera plus possible dans l'Hadès, malgré les désillusions. En revanche, lorsque Asclépiade le montre pitoyable, sous la pluie, répétant à l'envi les mêmes erreurs, il se pose en spectateur extérieur et regarde son personnage avec une distance empreinte d'ironie, de sympathie et d'amusement. Cette distance, Asclépiade l'exprime clairement dans l'épigramme V, 207 en rendant palpable le mensonge que se fait Ego à lui-même et en faisant apparaître sa mauvaise foi face au désintérêt des deux femmes par différents effets d'humour.

La condition de l'amant devient de plus en plus risible pour le public (même si Asclépiade sait en même temps susciter la compassion) car l'auteur souligne la répétition en conservant un élément permanent tout en faisant varier une composante du scénario. C'est toujours la même histoire avec, à chaque fois, une femme différente, mais surtout avec un type de femme différent. « Une épigramme même réussie est loin d'épuiser la richesse véritable d'un sujet », analyse P. Laurens qui voit dans la technique de la variation des épigrammatistes « la volonté d'épuiser toute la gamme des possibilités » (la variation ici n'est pas d'ordre formel, mais relève de l'*inventio*[56]) : « La permanence d'un élément invariant, dit-il, met en lumière la multiplicité de situations. » Après plus d'une dizaine d'épigrammes pourtant, le public peut penser qu'Asclépiade a épuisé toute la gamme des types humains : Ego a rencontré celle qui veut rester vierge, celle qui ne vient pas, celle qui ment, celui ou celle qui n'ouvre pas la porte, celle qui sera volage et qui ne peut dire non, celle qui est en fait une courtisane, celui ou celle

---

54. V, 162 = 8 GP. Dans la fiction du texte, Ego n'est pas révulsé par l'idée qu'elle soit une courtisane, il est simplement désespéré par le fait qu'à nouveau il s'est attaché à quelqu'un qui va l'abandonner. L'interprétation de ce poème par Gutzwiller est tout à fait convaincante : traiter une femme de prostituée est une accusation courante, surtout lorsque l'amant se sent trahi (Gutzwiller 1998, p. 137). Sur V, 162 = 8 GP, voir également Cameron 1981, p. 283 et Cameron 1995, 513-514.

55. Veyne 1983, p. 55.

56. La variation entre les épigrammes d'un même auteur ou d'auteurs différents relève soit de l'*elocutio* (la stylistique et la rhétorique), soit de l'*inventio*. Cf. Laurens 1989, p. 89-96.

qui lui préfère un autre[57] ! En V, 207 – véritable effet de surprise –, voici Ego confronté à un type de femmes auquel le lecteur ne s'attend probablement pas : celles qui aiment les femmes. Décidément, Ego n'a pas beaucoup de chance… Qui plus est, autre effet d'humour qui relève aussi de l'*inventio* dans la *variatio*, elles sont deux. Ego est doublement floué, dans des circonstances encore plus humiliantes.

Asclépiade rend sensible la mauvaise foi d'Ego dans sa description de la situation ; Ego tente de se dissimuler derrière un récit objectif qui ferait oublier son implication dans l'affaire, mais les marques du discours transparaissent peu à peu. Cependant, ce qui est encore plus drôle pour le public, ce sont les termes de la condamnation que profère Ego, dont le bien-fondé est démenti dans l'expression même. Ego, en effet, fait feu de tout bois et recourt sans distinction à des champs lexicaux très différents : celui de la guerre, par lequel il reprend le topos militaire comme métaphore de l'amour (ce que l'élégie romaine rendra célèbre par la formule *militat omnis amans*), celui de la religion et celui de l'οἶκος (φοιτᾶν, δεσπότι sont aussi des termes du quotidien), auxquels il associe des éléments érotiques équivoques (φοιτᾶν) ou explicites (κοίτης), relevant du vocabulaire trivial et tragique[58]. Cet entrecroisement formel et thématique disparate ôte toute crédibilité à l'appel solennel à la déesse et présente Ego sous un jour particulièrement comique pour un lecteur qui commence à le connaître.

Il est possible qu'un autre effet d'humour ait été ressenti par le public (érudit) de l'époque : la référence implicite à un poème particulièrement érotique d'Anacréon, dont l'œuvre est à plusieurs reprises source d'inspiration pour Asclépiade, dans la tonalité comme dans les situations[59]. Dans le poème d'Anacréon, étudié dans la première partie de cet ouvrage[60], le poète est invité par Érôs à « jouer » (συμπαίζειν) avec une jeune fille, qui finalement tourne son attention « vers une autre », πρὸς δ᾽ ἄλλην τινά (avec l'ambiguïté du dernier vers, où « vers une autre chevelure » est une traduction possible). L'utilisation de dérivés de παίζειν avec un sous-entendu érotique est fréquente chez Asclépiade, et la situation du poète méprisé et rejeté (chez Anacréon, la jeune fille se désintéresse de lui : καταμέμφεται) est la situation habituelle décrite par ses épigrammes. De même, dans les deux cas, il serait question d'un homme confronté au désintérêt d'une femme préférant les femmes. La similitude entre les deux poèmes est donc importante[61].

Mais dans ce clin d'œil érudit à une situation déjà évoquée dans la littérature archaïque, l'épigramme d'Asclépiade propose une *variatio* importante dans l'*imitatio* : chez Anacréon, aucune ambiguïté n'est voulue par l'auteur quant à l'identité du personnage qui dit « je ». Dès le début, c'est à *lui* qu'Érôs lance une balle rouge pour l'inviter à jouer, et l'effet de surprise final est lié à l'attitude de la jeune fille. Chez Asclépiade, l'effet de surprise découle de l'implication du personnage dans la situation décrite et,

57. Respectivement, cf. V, 85, 150, 7, 164 et V, 189, 158, 162, 167.

58. Knauer 1935, p. 20.

59. Pour l'importance de l'œuvre d'Anacréon comme modèle pour certaines épigrammes de l'*Anthologie grecque*, cf. Rosenmayer 1992, p. 178-190 (Rosenmayer relève des parallèles thématiques entre Anacréon et Asclépiade, mais ne cite pas le fr. 358).

60. Anacréon, fr 358 Page = fr. 13 Gentili. Voir texte et traduction dans notre partie sur l'époque archaïque.

61. Cf. Hutchinson 1988, p. 270 et Cameron 1995, 511-513.

effet d'exagération, il est question de *deux* femmes. Si on émet l'hypothèse d'une inspiration anacréontique pour cette épigramme, nous aurions là, à partir d'un modèle dont la compréhension pose problème actuellement, une *variatio* intéressante. Asclépiade rend explicite l'ambiguïté anacréontique finale (ou du moins telle qu'il la comprend trois siècles plus tard) et joue sur une autre ambiguïté, celle du regard d'une tierce personne sur deux femmes.

L'humour d'Asclépiade et la distance avec son personnage apparaissent également dans le contraste qu'il établit entre la violence des propos adressés à la déesse, soulignée par des effets d'exagération et d'amplification, et les raisons personnelles qui la motivent. Cet appel à la colère des dieux prend une forme particulièrement solennelle et certains aspects de cette malédiction demandée par Ego évoquent fortement une légende bien connue, une des manifestations les plus brutales de la malédiction d'Aphrodite : il s'agit du mythe des femmes de Lemnos frappées de puanteur pour (et l'on retrouve les termes de notre épigramme) avoir *refusé* d'honorer la déesse *comme il se devait* ; les hommes ne voulurent alors plus s'unir à elles et celles-ci, de rage, les massacrèrent tous[62]. O. Knauer, le seul à avoir dressé une comparaison mythologique, établit un parallèle avec la colère d'Aphrodite qui s'abat sur Laodamie et Protésilas (les époux n'ont pas célébré correctement les rites religieux du mariage). Il apparaît cependant qu'ici la situation (souhaitée par Ego) est celle de la haine d'Aphrodite s'abattant sur un groupe de femmes (exclusivement) – vivant sur une île –, en punition de sacrilèges commis envers la déesse par des femmes (exclusivement, à nouveau). Ajoutons que le mythe de Lemnos connaît un intérêt important à l'époque d'Asclépiade : Apollonios de Rhodes, même s'il passe sous silence l'aspect le plus trivial de la punition de la déesse, y fait une longue référence dans ses *Argonautiques*[63]. La référence implicite à un tel mythe ne serait pas hors de propos dans ce contexte, puisqu'il exprime une forme de *séparation* exclusive des sexes, comme c'est le cas ici, en V, 207.

Mais, qu'il y ait ou non une allusion mythologique de cette sorte, on ne peut que relever avec quel déchaînement passionnel Ego s'exprime. Il faut croire que Bittô et Nannion sont particulièrement belles et aimables pour susciter chez Ego une telle réaction[64] et qu'elles sont dignes de rivaliser avec les séduisantes Hermionê, Hêrakleia et ou Nikô, avec le jeune homme qui lui fait verser tant de larmes, voire avec Didymè, dont la vue fait fondre Ego comme la cire près de la flamme. Car ce que l'on peut déduire de cette variation d'un élément dans un scénario à forme fixe, c'est qu'Asclépiade met sur un plan d'égalité toutes les personnes appartenant à la longue liste des êtres aimés et désirés par Ego. Contrairement à l'analyse de beaucoup, dans ce poème, Asclépiade n'attaque pas les femmes homosexuelles, et s'il y a quelqu'un dans cette

---

62. Sur ce dossier complexe, cf. G. Dumézil, *Le Crime des Lemniennes* (édition, introduction et notes par B. Leclerq-Neveu), Paris, Macula, 1998 (1re éd. 1924). À ce jour, les études s'intéressent davantage aux raisons du massacre des hommes qu'aux raisons de la punition des femmes (antérieure au massacre).

63. La légende des femmes de Lemnos : Apollonios de Rhodes, *Argonautiques*, I, 608 *sq.* et scholies.

64. Hutchinson 1988, Cameron 1995 et Gutzwiller 1998 avaient relevé l'implication personnelle du personnage-poète dans le poème et les raisons personnelles de son désir de vengeance, mais sans en tirer les conséquences (leur sujet d'étude les portant ailleurs).

épigramme qui est tourné en ridicule, c'est bien Ego. Il n'est pas question d'affirmer qu'Asclépiade produit un discours de défense de ces comportements, mais tout simplement que rien, dans sa représentation des femmes et des relations entre femmes, ne l'a empêché d'en parler comme d'une *variatio* possible, comme d'un « type » de femmes similaire à un autre. De la même manière que les épigrammes parlent avant tout des répercussions sur Ego de ses déconvenues amoureuses, le discours d'Asclépiade sur les deux femmes est un discours sur un regard extérieur porté sur elles. Et dans ce discours sur ce « regard sur », il n'est pas impossible que le poète mette en évidence un aspect du discours conventionnel grec sur ces femmes (ἃ μὴ καλά), non pour remettre en cause les fondements des représentations sexuelles de la société, mais peut-être pour en suggérer d'autres raisons, plus cachées : derrière les condamnations se référant aux lois de la nature, de la tradition ou de la religion, il y aurait peut-être, parfois, des raisons bien moins avouables.

L'interprétation du poème comme une calomnie proférée par Ego à l'encontre de deux femmes convenables reviendrait à dire – puisqu'il faut bien que le public de l'époque comprenne cette pirouette d'Ego – qu'il était dans les habitudes des hommes grecs de traiter d'homosexuelles les femmes qu'ils désiraient et qui se refusaient à eux[65]. Rien dans les textes de l'époque classique et hellénistique ne confirme cette attitude culturelle, pas même la comédie. Mais si c'était le cas, la non-homosexualité (fictive) des deux femmes (fictives) ici révèlerait – par la négative – l'existence de beaucoup de femmes (réelles) homosexuelles, (re)connues des hommes grecs, puisqu'il serait possible au public d'Asclépiade de comprendre sans difficulté l'attitude de l'homme humilié : deux de perdues, mille de retrouvées… Quoi qu'il en soit, à savoir que les deux femmes soient, ou non, « réellement » portées vers les femmes, l'épigramme d'Asclépiade produit un discours sur cette attirance. Dans la fiction du poème, ces pratiques « autres » (ἕτερα) vers lesquelles se tournent les deux femmes ne sont pas décrites comme inférieures au plaisir que pourrait apporter Ego à ses amantes : il n'y a, de la part du poète, aucun sous-entendu sur un quelconque manque de satisfaction érotique. Ni monstrueuses, vénales ou sexuellement frustrées, probablement jolies et très certainement indépendantes, les deux Samiennes ont, comme les autres personnages objets de l'amour d'Ego, toute la sympathie du poète.

Ni tribades ni viragos

Une question particulièrement controversée sur ce poème d'Asclépiade est celle qui consiste à savoir si les Grecs de l'époque hellénistique considéraient de la même manière les deux femmes engagées dans une relation. De la réponse à cette question découlent forcément des informations sur la conception par les Anciens des relations sexuelles entre femmes. Ce point n'est pas abordé par A. Gow, D. Page et G. Hutchinson, ni par

---

65. Selon Shipley (2000, p. 254), le texte n'est pas représentatif des pratiques des Anciens puisque Ego accuse faussement les deux femmes ; pour Cameron (1995, p. 512-513), il s'agit, de la part d'un homme vieillissant, d'une accusation destinée à sauver la face. Cameron parle d'une attitude qu'ont encore « de nombreux hommes actuellement ».

K. Gutzwiller ou A. Cameron. C'est pourtant une question intéressante : K. Dover[66] pense qu'Asclépiade évoque vraisemblablement un couple de deux femmes, mais considère comme envisageable, malgré tout, que les deux femmes n'aient pas de relation ensemble : elles seraient ces courtisanes spécialisées, réservées aux femmes, que recherchent les ἐταιρίστριαι (selon son interprétation du *Banquet*). D. Halperin interprète le texte différemment : s'appuyant sur le fait – incontestable – que rien ne précise que Bittô et Nannion sont ensemble, il estime que les deux femmes sont des femmes connues pour leur goût pour des femmes qui, elles, ne seraient pas considérées comme telles. Il y aurait ainsi, dans les représentations, une différence entre les deux partenaires d'une relation, une femme ayant activement ces goûts ne pouvant pas rencontrer une femme semblable à elle : Bittô et Nannion ne seraient donc pas amantes.

Le poème ne permet certes pas d'apporter la preuve qu'Ego considère les deux femmes comme ayant une relation ensemble, mais deux éléments peuvent être des indices infirmant l'analyse de D. Halperin . Ego, en effet, présente Bittô et Nannion en même temps, les deux viennent du même endroit, et l'article et l'adjectif αἱ Σάμιαι, communs aux deux noms propres, établissent un lien étroit entre elles. De plus, dans les épigrammes d'Asclépiade, il est toujours question d'un seul être aimé, unique. Si une tierce personne est mentionnée par Ego, il s'agit d'un rival. Pourquoi Asclépiade ferait-il, ici précisément, une exception à ce schéma en décrivant Ego rencontrant deux personnes qu'aucune relation ne lie ? D. Halperin a anticipé ces remarques : « *Si* Asclépiade, dans son poème, construit les deux personnages féminins comme étant des femmes qui ont des relations sexuelles *ensemble*, et par conséquent comme *n'étant pas* des tribades, alors ce texte ferait exception aux traits discursifs habituels : nous aurions là le cas d'une source païenne qui problématiserait, d'un point de vue moral, le cas de femmes non tribades engagées dans une relation sexuelle entre femmes[67]. » Plusieurs points sont à préciser : D. Halperin reproche à juste titre à B. Brooten d'accorder trop d'importance à une scholie du xvɪᵉ siècle et de penser comme le scholiaste que les deux femmes sont ensemble et qu'elles sont des tribades[68]. Effectivement, rien ne prouve avec certitude que les deux femmes sont ensemble. Mais rien ne dit, non plus, qu'elles sont des tribades. D. Halperin s'appuie sur les « usual discursive patterns » mais il est risqué de parler de traits discursifs caractéristiques et récurrents quand ce poème est le seul de son siècle à évoquer ce thème. Ils n'apparaissent qu'à partir de l'époque impériale, date qui correspond à l'apparition des termes grec et latin de τρίβας/*tribas*, dont l'usage n'est absolument pas attesté à l'époque d'Asclépiade. De surcroît, il n'existe jusqu'à cette époque (ni d'ailleurs à l'époque classique) aucun texte qui nous permette d'affirmer avec certitude qu'une différence est affirmée entre les deux partenaires, et que cette différence formalise une opposition où les caractéristiques masculines et féminines seraient respectivement le propre de chacune des deux, une femme

66. Dover 2002, p. 225.
67. Halperin 2002, p. 256.
68. Nous ne sommes pas d'accord avec Halperin sur son interprétation du poème, mais la critique qu'il développe sur le silence de Brooten par rapport à la « fem » (terme anglais s'opposant à la « butch ») est tout à fait fondée. La scholie de Marcus Musurus à l'épigramme V, 207 (ὡς τριβάδας διαβάλλει), dont Halperin reproche l'usage à Brooten, date de 1506 environ, comme l'indique Cameron 1998, p. 149, n. 37.

masculine et active, et une femme féminine et passive. Les usages lexicaux des époques classique et hellénistique ne permettent pas plus de considérer les deux Samiennes comme des femmes actives, des τρίβαδες (terme qui n'existe pas encore), que comme des femmes passives, celles que recherchent les ἑταιρίστριαι (terme qui n'apparaît que chez Platon). L'étude du schéma récurrent des épigrammes d'Asclépiade montre, de plus, qu'il n'est guère vraisemblable qu'elles soient perçues différemment l'une de l'autre : il n'y a pas, là, de modèle normatif asymétrique, comme c'est le cas des normes qui pèsent sur les relations entre hommes.

Les normes et leurs limites

Le fait que cette épigramme soit composée à cette époque et dans ce contexte littéraire et social par un poète particulièrement reconnu et estimé – par ses pairs comme par ses successeurs – permet d'émettre quelques hypothèses sur les représentations des catégories sexuelles en prenant en considération le fait qu'Asclépiade écrit *pour* un public. La poésie d'Asclépiade ne relève ni du genre moralisant d'une certaine élégie archaïque, ni de la satire qui, en épinglant les comportements jugés déviants ou condamnables, décrit par la négative une norme. L'écriture élégiaque qu'il pratique est à la fois légère et sérieuse : éloge de l'amour et valorisation des sentiments, mais aussi regard humoristique sur un personnage très – trop – humain. Il n'y a chez Asclépiade – dans les épigrammes qui sont attestées avec certitude – aucune grossièreté, aucun mot cru (on est loin des épigrammes érotiquement imagées de Straton de Sardes, et déjà fort explicites de Méléagre). La seule épigramme quelque peu osée[69] est celle de la dédicace à Aphrodite de l'éperon de Lysidikè, dont elle n'a pas besoin pour mener la « course ». Mais même là, le poème reste subtil et il n'y a pas lieu ici de parler de veine « aischrologique ». Le poème d'Asclépiade nous permet de déduire que, vers 280 av. J.-C., évoquer la possibilité de relations entre femmes est tout à fait possible dans le cadre d'une *poésie amoureuse raffinée* : la crainte de choquer le public par l'évocation de ce sujet dans ce type de texte ne semble pas exister et le sujet ne paraît pas hétérogène au thème de l'amour malheureux d'Ego. Il est nécessaire de le souligner ici, car cela ne sera pas absolument pas le cas à Rome, où la poésie élégiaque réserve aux hommes le choix de leurs amours, et abandonne le thème des relations entre femmes à la satire sociale (que l'on sait particulièrement agressive). Remarquons aussi que ce thème apparaît dans une série d'épigrammes où l'humour est présent. La situation décrite (Ego, que les deux femmes laissent seul) est censée faire sourire et non susciter l'effroi ou le dégoût. La relation entre les deux femmes est suggérée par la situation plus qu'énoncée en une description précise et détaillée : il n'y a pas chez Asclépiade l'envie de stimuler chez son public une quelconque fascination pour des comportements étranges et étonnants (il n'est pas question ici de θαύματα). Le sujet semble faire partie des thèmes susceptibles de divertir agréablement le public, voire de le faire rire. Ce dernier point est extrêmement important, la comédie de l'époque classique étant, elle,

---

69. V, 203 = 6 GP. Knauer (1935, p. 20-21) établit un lien entre cet ex-voto fictif et l'épigramme V, 207.

particulièrement silencieuse sur ce thème. Cette évolution du discours est forcément révélatrice d'une évolution des représentations et des normes.

Le jeu d'Asclépiade qui présente implicitement Ego comme recourant lâchement aux évaluations morales et traditionnelles de la société pour corroborer son cri de haine et en dissimuler les raisons inavouables ouvre une petite brèche aux chercheurs contemporains et leur permet d'accéder quelque peu aux représentations communes et aux évaluations morales. Ego dit bien, en une relative à valeur généralisante[70], que les deux femmes se livrent à des pratiques ἃ μὴ καλά (« qui ne sont pas dans les normes ») impliquant qu'elles refusent les pratiques ἃ καλά (« qui sont dans les normes »). Nous l'avons vu, Asclépiade rend évidente ici toute l'hypocrisie désespérée d'Ego, qui utilise une formulation générale pour dire qu'en réalité, ce qui est καλόν, c'est d'avoir des relations, non avec les hommes, mais avec lui. Cependant, on constate que le terme de νόμος n'apparaît nulle part ailleurs dans ses poèmes et que ce n'est qu'à cette seule occasion que le personnage recourt à la langue normative pour condamner l'être aimé. Par conséquent, on peut en déduire qu'il existait à l'époque hellénistique un discours d'évaluation morale au sujet des relations entre femmes et que celui-ci était plus fort dans sa condamnation que celui qui portait sur les prostituées ou les femmes légères. De surcroît, comme aucun poème d'Asclépiade (ni d'ailleurs aucun des épigrammatistes qui lui sont contemporains) ne suggère l'existence d'interdit moral ou social portant sur les relations entre deux hommes (la question de la différence entre les deux partenaires masculins serait à approfondir, mais, dans les épigrammes d'Asclépiade dont nous disposons, les relations évoquées ne précisent pas de différence d'âge ou de statut), on peut en déduire que ce discours social ne porte pas sur les relations entre personnes du même sexe (les relations entre hommes *et* celles entre femmes). Il n'existe pas un discours commun, mais bien un discours *spécifique* d'évaluation morale sur les relations des femmes entre elles.

Cette évaluation morale, dont Ego se fait l'écho, s'énonce en termes non affectifs et neutres (μὴ καλά, οὐκ ἐθέλουσι). L'expression εἰς δ' ἕτερα *isole* ce type de relations des autres formes qui sont καλά (les relations entre un homme et une femme, ou – selon la morale véhiculée dans les épigrammes d'Asclépiade – entre deux hommes). Leur évocation se fait par la négative (on sait ce qu'elles ne sont pas, et non ce qu'elles sont) et elles n'existent que par rapport à une norme de laquelle elles se différencient (ἕτερα). Ici, point d'anathème violent, ni de référence à un ordre de la nature, point d'attaque de la personne ni de caricature, l'évaluation que reprend Asclépiade portant sur les comportements, non sur une caractéristique de l'individu.

Cette norme sociale (celle qui caractérise les relations sexuelles entre femmes comme μὴ καλά), dont Asclépiade se fait l'écho et qu'utilise Ego, ne semble cependant pas à ce point prégnante qu'on ne puisse *jouer* avec elle. Car c'est bien ce que fait Asclépiade en faisant prononcer à Ego un discours normatif de condamnation, alors que tout dans le poème laisse entendre que ces comportements ne dérangeraient pas réelle-

---

70. Désignation d'une classe ou d'une catégorie, comme l'exprime l'usage de la négation μή dans la relative ἃ μὴ καλά. La suppression de la virgule des éditeurs transforme à juste titre la relative en une relative déterminative (ou du moins maintient l'ambiguïté). Cf. Dover 2002, p. 224.

ment Ego si, ou Bittô, ou Nannion, consentait à respecter un temps la loi d'Aphrodite (avec lui). Comme l'a mis en évidence J. Winkler dans le cas des hommes à l'époque classique, il y a les règles officielles et la liberté que l'on prend avec ces règles[71]. Et si Asclépiade, que l'on sait fin et modéré, se permet ce jeu sans craindre de choquer son public, on peut en déduire que ce discours, s'il appartient au fonds conventionnel des valeurs grecques, n'a pas force de loi.

Ce que cette épigramme nous permet de penser, c'est qu'il existe dans la société hellénistique un discours explicite sur les relations entre femmes, et non un lourd silence de condamnation implicite, ou un silence de désintérêt complet. Ce discours est un discours normatif qui présente ces relations comme non conventionnelles mais, à l'époque d'Asclépiade, il est possible, pour le public, de prendre une certaine distance avec ces valeurs conventionnelles et, dans une certaine mesure, d'en rire.

Évolution du discours (du IIIe au Ier siècle av. J.-C.)

Ces hypothèses sur l'attitude du public du IIIe siècle, assez différente de celle du Ve et du début du IVe, se trouvent étayées par un fragment d'une comédie d'Amphis, antérieure à l'œuvre d'Asclépiade. Vu la brièveté des documents qui ont subsisté, il n'est pas possible de recourir à cette source comme à une preuve ou un témoignage, mais elle peut corroborer les conclusions énoncées précédemment.

Artémis et Kallisto : une adaptation comique d'Amphis

Alors que le thème des relations entre femmes n'apparaît pas dans la comédie du Ve et du début du IVe siècle, il est abordé de façon humoristique dans une œuvre de la comédie moyenne. Amphis, un auteur de comédie de la fin du IVe siècle[72], a adapté un épisode du mythe de Kallisto. L'ancienneté de la variante adaptée, qui implique une approche érotique de deux personnages féminins, a été mise en évidence précédemment. La pièce résulte d'une adaptation comique de cette variante par l'auteur, où sont exploités certains éléments découlant de la situation de quiproquo causée par la métamorphose de Zeus.

Quatre sources[73] se référant explicitement à Amphis permettent de reconstituer l'argument de la pièce : à la vue de la jeune et belle Kallisto, nymphe d'Artémis, chassant dans la forêt, Zeus conçoit un puissant désir et prend l'apparence de la déesse

---

71. Sur les conventions et les espaces de liberté, cf. Winkler 1990, p. 95-142.

72. Sur Amphis, voir *KA* 1991, p. 213-235 et le chapitre de cette étude consacrée au mythe de Kallisto.

73. Les quatre sources se référant explicitement à Amphis (voir partie I, chap. 2) :

– Hygin, *Astronomie* : « Mais selon Amphis, auteur de comédies, Jupiter avait pris l'apparence de Diane et poursuivait la jeune chasseresse sous prétexte de lui porter secours ; il la détourna de la vue de sa compagnie et lui fit violence. Diane lui demanda ce qui lui était arrivé pour que son ventre prît de telles proportions et celle-ci lui en attribua la responsabilité. Aussi, en raison de sa réponse, lui donna-t-elle l'aspect que nous avons dit plus haut » (t. 1, trad. Le Boeuffle 1983).

pour l'approcher et la violer. La jeune femme ne dit rien à personne et, quelques mois plus tard, Artémis demande à Kallisto, dont le ventre trahit la grossesse, ce qui lui est arrivé. Celle-ci lui dit alors que la déesse est responsable de son état. Artémis, furieuse de cette réponse, la transforme en ourse.

Les éléments qui relèvent de l'invention d'Amphis se dégagent par comparaison avec les récits des autres sources qui relatent cette variante (Zeus se transformant en Artémis) et qui ne se réfèrent pas à Amphis[74] : Amphis a supprimé le passage du bain où la déesse découvre la grossesse de la jeune fille et l'a remplacé par un dialogue qui n'est vraisemblable qu'à la condition que Kallisto ne se soit absolument pas rendu compte que la relation sexuelle qu'elle a eue quelques mois auparavant s'est produite avec un être masculin, en l'occurrence Zeus. La jeune femme en effet est convaincue qu'il s'agit de la déesse puisqu'il semble, d'après les résumés qui nous sont parvenus, qu'elle ne modifie jamais sa version des faits et qu'Artémis, pour cette raison, la métamorphose. L'innovation d'Amphis réside essentiellement dans ce dialogue entre les deux personnages féminins, et la pièce ne met pas en scène la totalité du mythe (aucune tragédie ni comédie n'a jamais représenté un mythe dans sa totalité) mais un épisode de ce mythe : sont exclus le devenir d'Arcas, la fuite de l'ourse-Kallisto et le catastérisme.

On peut légitimement penser que cette histoire a dû faire rire le public athénien, puisque c'est bien dans l'optique d'une comédie qu'Amphis l'a écrite et représentée. Auteur de nombreuses pièces dont il ne nous reste généralement que le titre ou quelques fragments, il a écrit des comédies à sujet mythologique et d'autres dont les thèmes (la *Gynécocratie*, la *Gynécomanie*) et le ton (voire la crudité des termes dans le

---

– Scholies à Aratos : « L'auteur de comédies Amphis raconte que Zeus, ayant pris l'apparence d'Artémis, viola la jeune fille au cours d'une chasse dans la montagne. Plus tard, comme on demandait des comptes à la jeune fille, elle dit que l'unique responsable de ce malheur était Artémis. Furieuse de cette réponse, la déesse la transforma en bête sauvage » (t. 2a).

– Scholies à Germanicus, *Phénomènes* : « L'auteur de comédies Amphis raconte que c'est en ayant pris l'apparence d'Artémis que Jupiter viola Callisto au cours d'une chasse. Comme Callisto souffrait de cette grossesse arrivée à terme, elle révéla sa faute à Diane. La déesse, furieuse, la transforma en ourse » (t. 3a). « L'auteur de comédies Amphis raconte que c'est en ayant pris l'apparence de Diane que Jupiter viola Callisto, au cours d'une chasse. Comme Callisto souffrait de cette grossesse arrivée à terme, elle révéla sa faute à Diane et la déesse, furieuse, la transforma en ourse » (t. 3b, S). « Mais Amphis raconte que c'est en s'étant rendu semblable à Diane que Jupiter s'unit à Callisto et qu'il conçut un enfant avec elle. Après la naissance, comme elle refusait de révéler à ceux qui le lui demandaient l'identité du père, elle répondit finalement que Diane était la coupable de l'agression qu'elle avait subie » (t. 3b, G).

– Scholies à l'Aratus Latinus : « Le poète Amphis raconte un récit différent. Il dit en effet que Jupiter, s'étant rendu semblable à Diane, vint dans la montagne, qu'il chassa avec elle et qu'il la viola. Après quelque temps, rendue grosse par son ventre, comme elle avait accouché, on lui demandait qui avait fait cela. Mais elle ne révéla aucun coupable de son sort malheureux si ce n'est Diane. Furieuse de cela, la déesse ordonne qu'elle devienne une bête sauvage » (t. 4).

74. Les quatre sources ne se référant pas à Amphis : de t. 6 à t. 14 (voir la liste de cette variante particulière dans le chapitre consacré au mythe de Kallisto). Sur nos hypothèses, différentes de celle de Nesselrath 1990, voir également ce chapitre.

Sot) le rapprochent d'Aristophane. Vocabulaire sexuel, motifs fondés sur le ressort comique de l'opposition hommes/femmes : Amphis semble être un auteur qui veut faire rire son public par des jeux de scène comme par des jeux de mots, et qui exploite l'élément physique et sexuel bien plus que ne le feront les auteurs de la comédie nouvelle (davantage axée sur des types de personnages qu'elle met en scène et bannissant l'obscénité, à la fois dans les gestes et les paroles). Dans le cas de l'adaptation du mythe de Kallisto, Amphis a tiré les conclusions très prosaïques de cette métamorphose du dieu, et a profité des conséquences du changement de sexe pour donner à voir un dialogue grotesque et absurde, se soldant par la fureur (légendaire) de la déesse et la transformation en ourse (probablement hideuse) de la jeune fille (splendide et enceinte). Comment tout cela fut-il joué ? Comme c'est déjà le cas dans les comédies ou les tragédies dont le texte est parvenu dans sa totalité, il est extrêmement difficile d'avoir une idée de la mise en scène en dehors des éléments donnés par le texte lui-même. On peut cependant se laisser aller quelques instants à imaginer l'approche érotique mimée par un acteur masculin jouant Zeus qui lui-même joue Artémis, l'innocence exagérée de la jeune fille (jouée par un acteur masculin) qui ne connaît rien à l'amour, la découverte de son état de grossesse, ses réponses d'une naïveté déconcertante durant l'interrogatoire de la déesse, l'insistance d'Artémis demandant des détails et des explications, l'affirmation de la jeune fille d'avoir été engrossée par une femme, la fuite clopin-clopant de l'ourse.

Ce qui est certain, en revanche, c'est qu'Amphis, en choisissant cet épisode et en le modifiant selon son dessein comique, a présenté à son public de la toute fin du IVe siècle une pièce où une approche érotique entre deux femmes est, soit représentée sur scène, soit explicitement rapportée dans les propos d'un personnage. Le thème de l'union sexuelle entre femmes y est explicitement abordé dans un dialogue fondé sur le quiproquo et sur la croyance, par Kallisto, qu'une autre femme l'a rendue enceinte. Le dénouement de la pièce (à savoir le châtiment de la déesse) découle lui aussi de cette situation absurde et de la réponse de la jeune fille. Bref, la dynamique de la pièce tout entière repose sur le thème des relations entre femmes, même si cette relation n'a pas « réellement » eu lieu dans la pièce[75].

L'objectif d'Amphis étant de faire rire son public, on peut relever un réel changement de ton dans la comédie entre la fin du Ve et la première moitié du IVe siècle. On l'a dit, les textes de la comédie ancienne sont particulièrement silencieux sur ce sujet : alors que de nombreux aspects de la sexualité, même les plus outrés ou les plus grossiers, sont représentés explicitement sur scène par Aristophane (notre principale source pour la comédie ancienne), le motif des relations entre femmes n'est jamais exploité comme élément dynamique d'une comédie, ni même comme élément explicite dans une réplique comique. On peut légitimement penser que ce thème n'intéresse pas les auteurs de la comédie ancienne et en déduire que cela ne faisait pas rire le public de

---

75. L'argument de la pièce fondée sur la méconnaissance du sexe de l'autre met en évidence les problématiques du sexe et du genre dans le théâtre (Zeitlin 1996, p. 339-415). Ici, un cas de figure inédit apparaît car, si le rapport sexuel n'a pas « réellement » eu lieu entre Artémis et Kallisto, c'est malgré tout un rapport entre deux femmes qui est donné à voir ou à imaginer au public.

cette époque. Le contraste est par conséquent plus qu'étonnant entre le silence remarquable de la comédie à l'époque classique et cette pièce d'Amphis reposant sur le thème de la procréation et de la sexualité entre femmes.

Quelle image des relations sexuelles entre femmes cette pièce véhicule-t-elle ? Kallisto est probablement jolie puisque le roi de l'Olympe s'enflamme à sa vue. Les caractéristiques féminines du personnage, que l'on pourrait croire effacées par les activités traditionnellement masculines de la promenade en forêt et de la chasse, sont soulignées dans un second temps par le fait qu'elle est enceinte. Il ne s'agit ni d'un personnage aux mœurs débauchées, ni d'une femme perverse : avant le viol, Kallisto est une jeune fille vierge comme l'exigent les règles d'Artémis, et la « moralité » de la jeune fille, qui apparaît dans sa naïveté et sa méconnaissance des choses du sexe, n'est jamais mise en doute. On remarque qu'Amphis met en scène ce thème dans le milieu mythique, exclusivement féminin, des compagnes d'Artémis, donc dans un contexte où la séparation des sexes est une donnée importante. Est-ce une façon de jouer avec ce motif qui effraie quelque peu les citoyens, l'exclusion des hommes du monde des femmes ? Vu la nature des sources, il n'est pas possible de répondre à cette question, mais le fait qu'il soit devenu possible, dans l'Athènes de la fin du IVe siècle, d'évoquer ce thème – certes dans un monde loin du quotidien, et dans le cas d'une relation sexuelle entre femmes qui n'a pas « réellement » eu lieu – sur le mode du rire et de l'humour vient corroborer ce que nous avons déduit du poème d'Asclépiade, écrit peu de temps après. Chez le poète comme chez Amphis, il n'y a pas, de la part des auteurs, de condamnation de ces personnages de femmes (même si Asclépiade se fait l'écho du discours conventionnel), ni de construction de personnages-repoussoirs destinés à représenter les femmes attirées par les femmes comme hors norme et condamnables. D'ailleurs dans les deux cas, le rire ne porte pas directement sur les relations entre femmes, mais, dans un cas, sur l'abandon d'Ego et, dans l'autre, sur la réponse absurde où est évoquée une fécondation entre femmes. Le fait qu'il soit possible de rire de situations où apparaît l'élément « relations sexuelles entre femmes » marque un changement du regard des Anciens. Non seulement les relations sexuelles entre femmes entrent dans la catégorie de ce que les Anciens considèrent comme relevant du sexuel, mais, de plus, les conventions morales, qui imposent qu'on taise en public ce qui est οὐ καλόν, ne sont pas, dans ce cas, suffisamment fortes pour imposer le silence et empêcher l'humour.

Ce rire simple et léger que l'on relève chez Asclépiade et ce rire franc suscité par la comédie d'Amphis semblent bien éloignés du rire vilipendeur et critique que produira la satire romaine par ses peintures crues de personnages de femmes. Mais à quel moment la nature du rire s'est-elle modifiée ? Après Asclépiade et jusqu'à la dernière moitié du Ier siècle av. J.-C., plus aucun texte antique ni aucune représentation iconographique n'évoque le thème des relations amoureuses ou sexuelles entre femmes. Pourtant, il est possible, malgré l'absence de nouveaux textes, de déceler une étape de cette évolution de la tonalité du rire : grâce au choix que fait Méléagre de conserver cette épigramme, à tel endroit, dans sa *Couronne*, différents éléments permettent de supposer que ce changement était déjà amorcé au début du Ier siècle av. J.-C., et que les causes, par conséquent, ne sont pas spécifiquement romaines.

La Couronne *de Méléagre : un humour différent*

Réaliser une anthologie relève de la composition poétique : le travail du compila-teur, poète lui-même, révèle, par sa sélection et son classement thématique ou formel, de nouveaux effets d'écho et de *variatio*. La première sélection où apparaît l'œuvre d'Asclépiade regroupée avec les poèmes de Posidippe et d'Hédylos (probablement à une époque quasi contemporaine) laisse penser que l'épigramme V, 207 ne semblait pas, aux yeux du compilateur, se démarquer des autres épigrammes des trois poètes : cela confirme ainsi la supposition qu'il n'était pas inconvenant ou choquant d'aborder ce thème à cette époque, dans ce contexte et de cette manière.

Moins de deux siècles plus tard, dans la première décennie du Ier siècle, le poète Méléagre compose sa propre anthologie où les épigrammes du IIIe siècle sont mêlées à des épigrammes postérieures, écrites pour certaines en lien avec les précédentes et dont la juxtaposition crée des effets formels et thématiques très complexes[76]. Il choi-sit de conserver l'épigramme V, 207 d'Asclépiade parmi ce qu'il appelle « les fleurs et les fruits de sa couronne[77] ». La structure de la *Couronne*, telle qu'on a pu la recons-tituer à partir de l'*Anthologie Palatine*, montre que Méléagre n'a rien laissé au hasard, et la composition de la partie consacrée aux épigrammes érotiques est la plus élabo-rée des quatre, probablement parce qu'elle contient la majeure partie de la production de Méléagre lui-même[78].

La série V, 134-215, à laquelle appartient notre épigramme, propose des paires et des effets de *variatio* sur des thèmes divers, mêlant les auteurs et les époques (toasts à l'aimée, vin et couronnes, souffrance de l'amant, etc.). La section 192-208 est très spé-cifiquement consacrée aux femmes. La plupart des poèmes se suivent de façon homo-gène, selon des critères thématiques ou formels. On peut dégager la structure suivante : tout d'abord, sept épigrammes tracent le portrait de ces femmes par le biais d'un éloge ou d'un cri d'amour (192-198) ; les huit suivantes (199-206) ont la forme d'épigram-mes votives faites par des femmes (des objets sensuels voire très érotiques sont, pour la plupart, dédiés à Kypris), cette série d'ex-voto s'achevant sur l'offrande de la flûte et de la syrinx des musiciennes Mêlô et Satyra. Suivent les poèmes 207-211, sur les-quels nous reviendrons. Après cette partie consacrée aux femmes, la section des épi-grammes de la *Couronne* dans le livre V s'achève sur l'image d'un Érôs hardi, qui joue (à la balle) ou qui torture (par ses flèches) (212-215).

L'interprétation de l'agencement des différentes épigrammes opéré par Méléagre et de la place de V, 207 dans cette structure peut apporter des informations sur son regard. K. Gutzwiller intitule la série 199-207 « Dedication by women » et y distingue trois catégories : « dedications after love making » (199-201), « parodic epigrams on women » (202-204) et « marginal women » (205-207). Puis elle groupe 209-210 sous

---

76. La *Couronne* a été composée entre 101 et 89. Sur le travail de composition et d'écri-ture de Méléagre, voir Cameron 1993, p. 19-33, Gutzwiller 1998, p. 276-322 et Laurens 1989, p. 89-96. Cameron (1993, p. 334) estime que Céphalas, en intégrant de longues séquences de recueils antérieurs, a généralement respecté l'ordre des épigrammes.

77. IV, 1 = 1 GP.

78. Voir Gutzwiller 1998, p. 284 et p. 294-301.

l'appellation « mutual love » et 211-215 forment selon elle la séquence conclusive. Or l'épigramme 207 n'est absolument pas un ex-voto. De plus, l'épigramme 211 se démarque de la succession d'épigrammes personnalisant Érôs (212-215) : elle évoque les effets opposés de l'amour (joie ou pleurs) et se rattache thématiquement davantage au poème 209, qui fait le tableau d'un amour heureux, et au poème 210 qui développe, à travers l'éloge d'une femme dont la beauté subjugue, l'image des charbons qui se rallument. Par conséquent, il convient de modifier légèrement la structure établie par K. Gutzwiller : comme l'on sait que 207 ne peut pas se rattacher à la partie des ex-voto et si l'on considère 209-211 comme un groupe homogène, une paire apparaît dans la composition de Méléagre, celle qui relie le poème évoquant les deux Samiennes (207) et un poème de Méléagre, assez cru, où le narrateur affirme sa préférence pour la gent féminine (208). Dans toute cette partie consacrée aux femmes, beaucoup d'épigrammes proviennent d'auteurs de la même époque, le IIIᵉ siècle, et Méléagre intercale ses propres poèmes, fort nombreux, qui créent ces effets de « tresse » (il est dommage que l'évocation de la jeune transgenre Dorkion ait été déplacée par erreur dans le livre XII : il aurait été intéressant de savoir où Méléagre l'avait placée, et si c'était à proximité des poèmes 207 et 208).

Dans cette organisation, l'épigramme d'Asclépiade suit un ex-voto fictif, de Léonidas de Tarente, où il est question de deux musiciennes. La transition entre les deux poèmes n'est pas d'ordre formel (puisque 207 n'est pas un ex-voto) : le lien est-il dans le fait qu'il s'agit aussi de deux femmes ? Peut-être, car cela n'est pas si fréquent dans la *Couronne*. Est-ce parce que Méléagre a voulu voir dans le poème de Léonidas de Tarente un sous-entendu érotique dans l'évocation de ces deux joueuses de flûte et de syrinx[79] ? Cela ne paraît pas impossible quand on sait que Méléagre compose fréquemment des épigrammes imitatives très érotiques, voire crues, qu'il intercale entre les épigrammes-modèles, dont la tonalité se trouve quelque peu modifiée par ce voisinage. Dans ce choix de compilation également, Méléagre établit un lien entre l'épigramme d'Asclépiade et son poème sur le motif des « deux » amours, qui lui succède. Alors qu'Asclépiade évoque deux femmes qui préfèrent les femmes, et un homme qui, lui aussi, préfère les femmes, Méléagre choisit d'y accoler son épigramme où est affirmée « sa » préférence pour les femmes (V, 208).

> Point de passion pour les garçons en mon cœur. Quel plaisir y a-t-il, Amours, à saillir un mâle (ἀνδροβατεῖν), s'il veut recevoir sans rien donner ? Car une main lave l'autre… < je préfère > une belle maîtresse et < rejette sans exception > le mâle avec ses étreintes de mâle (ἄρσην ἀρσενικαῖς λαβίσιν[80]).

Les épigrammes érotiques de Méléagre, très nombreuses au regard de la totalité de ses poèmes dans la *Couronne*, évoquent (souvent sur le mode d'un locuteur qui s'exprime à la première personne) les thèmes habituels (la souffrance de l'amant délaissé, la

---

79. V, 206 = 43 GP. Sur Léonidas de Tarente, cf. Gow et Page, p. 307-309 et Gutzwiller 1998, p. 88-114. Le poète a probablement composé ses poèmes au début du IIIᵉ et ils furent édités durant le second quart du IIᵉ siècle.

80. Au vers 4, Waltz glose λαβίσιν par « cuisses ». Le texte est lacunaire et pose plusieurs problèmes. Le sens général est cependant clair.

joie d'une rencontre, la beauté des jeunes hommes ou des femmes). Ses poèmes sont très explicites, et les détails physiques abondent, dans l'éloge comme dans le blâme, ce qui a conduit les commentateurs à y voir aussi une forme de satire[81]. En plaçant à la suite cette épigramme où le narrateur justifie ses préférences amoureuses à l'aide d'arguments d'ordre physique, il ajoute deux nuances au poème d'Asclépiade : une nuance satirique, tout d'abord, dirigée vers les deux personnages féminins, en faisant voisiner cette épigramme (où, finalement, Asclépiade se moquait gentiment de son narrateur) avec une liste d'ex-voto qui mentionnent des femmes peu respectables, à savoir des prostituées (Méléagre intègre une épigramme votive sur une vieille femme rompue aux choses de l'amour) et une magicienne ; une nuance sexuelle, ensuite, en faisant succéder directement une épigramme très crue à une épigramme somme toute très elliptique.

Tout en choisissant de conserver le poème d'Asclépiade, Méléagre en recentre, à sa manière, le sujet. L'allusion d'Asclépiade à cette attitude de femmes qui, non seulement, préfèrent les femmes, mais qui, de plus, repoussent les avances du narrateur masculin est réduite, par la juxtaposition des deux poèmes, à ce dernier aspect. Alors que – peut-être sans le savoir – Asclépiade affirmait l'existence d'un désir qui remettait en question la traditionnelle polarité « amour (des hommes) pour les garçons »/ « amour (des hommes) pour les femmes » et suggérait une extension du domaine des ἀφροδίσια, l'épigramme de Méléagre reprend l'opposition traditionnelle et réaffirme l'exclusivité du point de vue masculin en matière de désir.

Ainsi, les épigrammes érotiques de Méléagre et de ses contemporains, de plus en plus crues dans les termes et les situations érotiques qu'elles évoquent, excluent, par leur silence et par l'unique focalisation masculine, les relations entre femmes du champ de l'amour et des plaisirs. Méléagre ne semble conserver cette épigramme d'Asclépiade que pour la présenter comme une « antiquité », qui ne demande pas de renouvellement poétique, contrairement à d'autres épigrammes pour lesquelles il compose des variations nombreuses. Cependant, cette position a valeur de rejet face à un mouvement (l'intégration, dans la représentation du sexuel, de l'amour entre femmes) : le silence des IIe et Ier siècles av. J.-C. a par conséquent une valeur très différente de celui de l'époque classique.

Cette étude des brefs et rares moments où apparaît, d'une manière ou d'une autre, le thème des relations sexuelles entre femmes à l'époque hellénistique permet de voir une certaine analogie entre le discours de Platon et celui d'Asclépiade, mais une grande différence de représentation chez le public auquel l'un et l'autre s'adressent. Ni Platon ni Asclépiade en effet ne produisent d'images relevant d'une inspiration « aischrologique », c'est-à-dire recourant à des images-repoussoirs et à un vocabulaire moralisant extrêmement violent et cru. Il n'y a ni chez l'un ni chez l'autre insistance sur une dichotomie cohérente séparant, parmi les femmes qui ont des relations avec des femmes, les « vraies » des « fausses », à savoir celles qui sont condamnables de celles qui ne le sont pas, ou les « actives » des « passives » (si tant est que ces termes aient une quelconque validité dans ce champ thématique à cette époque). Les termes crus de la sexualité n'apparaissent ni chez l'un ni chez l'autre, pas plus que le terme de τρίβαδες. De plus, et c'est un point important, la thématique de la sexualité entre femmes n'est

81. Voir Buffière dans Aubreton *et al.*, p. XXXIX-LX et Albiani 1999.

jamais liée au thème de l'altération du genre. Point de femmes masculines, ni chez Platon, ni chez Asclépiade (dans l'œuvre duquel la seule femme qui se travestit, loin d'être homosexuelle, est attirée par les éphèbes) ; par ailleurs, chez Amphis, ce n'est pas Kallisto qui est masculine, mais c'est Zeus qui se féminise.

À l'inverse, le type des textes d'Amphis et Asclépiade et leur tonalité permettent de supposer que les deux auteurs sont très proches de leur public quant aux valeurs qu'ils mettent en scène, alors que la position de Platon n'est pas celle de la société dans laquelle il vit : les deux auteurs se fondent sur l'adhésion du public (dans l'un et l'autre cas, c'est ce que l'humour auquel ils recourent implique), alors que le philosophe formule des constats qui ne correspondent pas exactement aux représentations de la société athénienne du début du IVe siècle.

Parallèlement, alors que les formulations brèves et simples chez Platon et l'absence de toute figure représentative à l'époque classique laissent supposer un imaginaire pauvre sur cet aspect de la vie des femmes, il semble que, à l'époque d'Amphis et d'Asclépiade, les relations entre femmes produisent certaines connotations (littéraires, culturelles, sociales) qui permettent leur évocation devant le large public de l'époque hellénistique. La figure de Kallisto, mise en scène par Amphis, qui s'appuie sur un fonds culturel mythologique commun, serait une des premières images sociales de ce type de comportement.

L'hypothèse d'un mouvement d'intégration des relations entre femmes dans les images et les figures de la culture commune est corroborée par la représentation iconographique, étudiée précédemment, qui date de l'extrême fin de l'époque classique et qui représente deux femmes s'échangeant des couronnes (la pélikè de Tarente) : l'utilisation du motif des couronnes, qui apparaît également dans une coupe archaïque également étudiée (la coupe de Théra), relève probablement aussi de l'intérêt culturel important, qui se développe à l'époque hellénistique, pour l'époque archaïque. On peut penser que, puisque l'époque classique n'apporte aucune matière culturelle (ni représentation, ni figure emblématique) qui puisse constituer une base pour développer un imaginaire sur les relations entre femmes, il n'est pas impossible que les artistes de l'époque hellénistique se soient tournés vers les productions de l'époque archaïque.

De ces productions artistiques, on peut supposer qu'il y a à cette période une extension du domaine des ἀφροδίσια dans les mentalités, extension qui à la fois implique que les femmes puissent être sujets actifs de désir et élargit le champ de l'imaginaire érotique des hommes (deux femmes peuvent désormais susciter le désir masculin). Ce mouvement est très certainement lié à l'évolution de la représentation de la femme et, par la suite, il n'est pas impossible que cette discrète entrée des femmes (en général) dans le monde social et culturel de l'époque hellénistique ait suscité des réactions : Méléagre, ses contemporains et ses successeurs ne reprennent pas le motif du poème V, 207 d'Asclépiade (alors qu'ils imitent à l'envi d'autres épigrammes du poète) et ne jugent pas davantage intéressant de placer Artémis dans l'évocation des métamorphoses de Zeus (une épigramme évoque en effet Léda et Ganymède pour montrer les différentes facettes de l'amour[82]). Le langage ludico-égrillard des poètes du Ier siècle av. J.-C.

---

82. En V, 65 (attribution inconnue), le locuteur évoque l'union de Zeus-aigle avec Ganymède et celle de Zeus-cygne avec Léda, pour conclure en affirmant qu'à lui aussi, les deux amours plaisent. Ces deux métamorphoses seront associées bien plus tard à celle de Zeus en

permet de situer le changement de la tonalité du rire, et souligne, par contraste, combien l'humour d'Asclépiade est différent de la virulente satire qui se développera, à Rome, au ɪᵉʳ siècle ap. J.-C.

Exclues du sexuel mais rattachées à une forme d'érotisme durant l'époque archaïque, objet de silence à l'époque classique car considérées comme hors du champ social (donc sexuel), les relations sexuelles entre femmes sont perçues différemment à l'époque hellénistique. Cependant, malgré l'éloignement temporel des textes, la différence de nature de ces textes et l'évolution qui vient d'être esquissée, deux constantes du discours grec se dégagent : l'absence de condamnation morale des relations entre femmes en tant que telles et l'absence de distinction des deux partenaires. Par ailleurs, alors que, du VIIᵉ au IVᵉ siècle, la question des femmes qui aiment les femmes est intimement liée à la question du féminin, il semble que, peu à peu, à partir du IIIᵉ siècle, les Anciens les intègrent au thème plus large des ἀφροδίσια : c'est ce que laissent supposer l'attitude de Méléagre et le silence de ses contemporains, et ce que confirmeront les critiques violentes des discours d'époque romaine, dont les auteurs, à force de rejet, révèlent le caractère dénégatoire de leur propos.

Artémis : sur une coupe en argent du IIᵉ siècle ap. J.-C. sont représentés Zeus-aigle auprès de Ganymède, Zeus-cygne auprès de Léda, Zeus-humain auprès de Sémélé et Zeus-Artémis auprès de Kallisto. Voir le chapitre sur Kallisto, document t. 14.

III

L'ÉPOQUE ROMAINE :

DE LA FICTION MYTHIQUE À LA SATIRE

À Rome comme en Grèce, la division des individus en deux groupes selon le critère du sexe biologique n'est pertinente que dans un champ restreint du corps social : pour un Romain, l'opposition homme/femme n'est pas une opposition qui structure la totalité de l'humanité ; elle vient bien loin derrière la division statutaire entre ingénu(e)s d'un côté, esclaves et étrangers (ou étrangères) de l'autre ; dans la première catégorie, où passe, dans certains domaines, une division des sexes, il faut encore établir une distinction selon que les personnes appartiennent à la plèbe, à l'ordre équestre ou à l'ordre sénatorial. À Rome comme en Grèce, l'opposition homosexualité/hétérosexualité n'a pas cours[1] et les pratiques sexuelles entre individus ne sont pas perçues comme un domaine autonome, détaché du champ social. Sont pris en compte le statut social (citoyenneté ou servilité, classe, fortune, etc.) et les modalités de la relation (à Rome, le lieu prend cependant une importance plus grande qu'en Grèce). L'âge, en revanche, ne joue pas le même rôle, puisque, contrairement à ce qui se produit en Grèce, une relation entre un adulte citoyen et un futur citoyen est punie[2] et considérée comme une forme de *stuprum* engageant l'honneur de la famille de la victime[3]. Cela ne signifie pas pour autant que les hommes romains aimaient moins les jeunes garçons que les Grecs, et les

---

1. Sur la sexualité romaine et la question de l'« homosexualité », voir Veyne 1978 et 1981 ; Walters 1993 ; Parker 1997 ; Obermayer 1998 ; Williams 1999 ; Dupont et Éloi 2001.

2. Sur la pénalisation des actes de *stuprum*, cf. Fantham 1991 et, plus récemment, Williams 1999, p. 119-124.

3. Cette grande différence entre les deux cultures a, à une certaine époque, conduit les philologues à considérer que l'amour entre hommes était un « vice grec » importé à Rome et que c'est ainsi que les Romains le concevaient. Les études postérieures ont largement mis en évidence, d'une part, le fait que les textes romains évoquaient des relations entre hommes bien avant l'influence grecque (Veyne 1978, p. 112), d'autre part, que les condamnations des « attitudes grecques » désignaient des comportements qui ne sont pas superposables à une catégorie

textes témoignent de l'intérêt répandu pour de beaux *pueri delicati* non libres qui font les délices du citoyen romain durant – et après – le banquet[4]. L'interdiction qui existe à Rome, en réalité, ne concerne pas les relations avec les enfants ou les jeunes gens en général, seules les relations avec un jeune citoyen sont considérées comme une grave atteinte à l'intégrité physique[5]. L'interdit ne relève pas d'une quelconque volonté de « protéger l'enfance », il est d'ordre politique[6]. Par ailleurs, F. Dupont et T. Éloi montrent à quel point la relation pédérastique grecque (citoyen/futur citoyen) reste valorisée dans les représentations et que la Grèce occupe une large place dans l'imaginaire érotique des Romains[7].

Si la société romaine considère comme primordial que soit préservée la *pudicitia* de ses citoyens (qu'une simple réputation d'efféminé ou de *cinaedus* peut entacher), elle n'en accorde pas moins d'importance à la *pudicitia* des femmes qui appartiennent aux ordres supérieurs. Elle accorde également une grande importance aux liens matrimoniaux, garants d'une filiation légitime, de la perpétuation du corps civique et d'une bonne transmission du patrimoine[8]. Sous Auguste, les lois sur l'adultère se durcissent (l'adultère étant, à Rome, une relation sexuelle entre une femme citoyenne et mariée avec un homme qui n'est pas son époux ; les relations sexuelles d'un homme marié avec des esclaves des deux sexes ou des prostituées n'entrent pas en considération[9]). Dans cette société structurée par l'opposition honneur/honte, la surveillance des comportements individuels fait partie de la vie quotidienne, d'autant que les rumeurs vont vite dans le petit monde des citoyens. Le poids des conventions est fort et l'époux doit veiller à la réputation de sa femme, car c'est sur lui (ou sur le père, si elle n'est pas mariée) que rejaillirait l'*infamia* si celle-ci était accusée de lubricité ou si, tout simplement, elle était vue dans des endroits inconvenants. Comme le montre C. Williams[10], la question de l'adultère est bien souvent plus problématique pour les Romains que celle de la pédérastie (le fait qu'un futur citoyen ait une relation sexuelle avec un homme plus âgé que lui), et l'opposition qui structure la notion de *stuprum* n'est pas celle qui oppose les sexes, mais celle qui distingue les individus libres des autres. Cette distinction apparaît avec force dans la condamnation morale que suscitent les unions et les mariages entre femmes libres et esclaves[11]

« relations sexuelles entre hommes ». Sur la construction moderne de l'« amour grec » à Rome, voir Williams 1995.

4. Sur les *pueri delicati*, figures centrales du banquet, et sur leur artificialité, cf. Dupont et Éloi 2001, p. 207-242.

5. Cf. Williams 1995 et 1999, p. 62-95.

6. Pour une explication de cette différence d'attitude des Romains à propos de la pédérastie (avec des jeunes citoyens), voir Dupont et Éloi 2001, p. 45-82.

7. Sur la relation complexe qu'entretiennent les Romains avec la culture grecque, voir les articles réunis dans Dupont 2005 et, dans le cas plus spécifique de l'érotisme, voir Dupont et Éloi 2001, p. 33-43.

8. Sur tous ces aspects du mariage, différents de la question du sentiment personnel et de l'amour, cf. Veyne 1985, p. 47-59.

9. Cf. Edwards 1993, p. 34-62.

10. Williams 1995. Voir également Rizzelli 1997.

11. Sur cette question et ce qu'elle révèle de la société romaine, cf. Evans-Grubbs 1993.

et dans l'assimilation de l'*impudicitia* (qui ne se réduit absolument pas à des relations entre hommes) avec l'idée de servitude[12].

La masculinité romaine est donc avant tout une masculinité sociale ; c'est ce que les études de C. Williams, de M. Gleason, de R. Mesli et de F. Dupont et T. Éloi ont, chacune à leur manière, mis en évidence. Est viril celui qui respecte les codes sociaux du genre masculin chez les citoyens, dans l'attitude, l'habillement, le respect de la séparation des espaces sociaux, le fait d'éviter certaines pratiques sexuelles dégradantes, le refus de l'excès. Pour ce qui est du citoyen romain, le sexe du partenaire dans la relation sexuelle ne constitue pas un critère déterminant pour l'évaluation morale de son comportement et de sa conformité à la masculinité. Comme le dit D. Halperin dans sa description des catégories préhomosexuelles, « un homme qui se laissait aller à son goût pour les plaisirs sexuels avec les femmes ne renforçait pas nécessairement sa virilité[13] ». On est loin du stéréotype méditerranéen valorisé de « l'homme à femmes[14] » et on soupçonne vite de faiblesse et de mollesse un homme qui laisserait sa femme fréquenter des lieux inconvenants pour une matrone romaine. L'opposition entre les *impudici* et ceux qui ont conservé leur *pudor* n'est pas directement assimilable à une opposition pénétrant/pénétré[15], et les pratiques buccales, qu'il s'agisse du cunnilingus ou de la fellation, sont des pratiques considérées comme obscènes et dégradantes[16] ; l'accusation d'« effémination » peut être dirigée contre un *cinaedus* mais aussi envers un homme dont on pense qu'il s'amollit à force de fréquenter les femmes ; un acte de *stuprum* inclut divers types d'acte sexuel d'un homme avec un homme ou avec une femme[17]. Pour ces raisons, et d'autres encore qu'il serait trop long de développer, le sexe du partenaire du citoyen romain ne constitue pas un critère déterminant pour distinguer deux catégories de comportement.

Tenter de déterminer comment les relations entre femmes étaient perçues par la société romaine à travers le discours qu'elle produit ne consiste pas à faire émerger au grand jour une catégorie ignorée des Romains eux-mêmes : à la lumière des recherches sur la masculinité et la sexualité à Rome, et en tenant compte de la prépondérance des catégories sociales sur l'identité de sexe, il s'agit de voir dans quelles catégories

---

12. Gonfroy (1978) met très nettement en évidence, à partir des textes de Cicéron, cette assimilation entre *impudicitia* et servitude par l'importance de cette notion dans les discours judiciaires (à charge ou à décharge).

13. Halperin 2000, p. 31 dans la traduction française.

14. « Le modèle moderne de " l'homme couvert de femmes " est aussi mal vu chez les Romains que " l'homme couvert d'hommes " », écrit Éloi dans Tin 2003, p. 248.

15. Dupont et Éloi (2001, p. 159) mettent en évidence certains anachronismes dans nos perceptions des pratiques sexuelles romaines et, sur ce point précis, s'opposent aux interprétations de Veyne sur « la sexualité de sabrage » (Veyne 1978 et 1981).

16. Cf. Williams 1999, p. 197-203 ; Parker 1997, p. 51-53 (pour les hommes) ; Dupont et Éloi 2001, p. 161-176 et 197-203 (est opposée à ces actes dégradants « la volupté du baiser romain », p. 243-260).

17. Cf. Williams 1995. Williams met en évidence que l'opposition qui structure la notion de *stuprum* est celle qui distingue les individus libres des autres, non celle qui oppose les sexes.

romaines (donc préhomosexuelles) ces relations sont intégrées et comment les Romains se représentent cette forme de relations qui pose la question du sexe (biologique) des *deux* partenaires. Or, si la *Couronne* de Méléagre contribue à faire connaître l'œuvre d'Asclépiade dans les sphères cultivées de l'élite romaine, et si le public lettré du Ier siècle av. J.-C. peut lire l'épigramme de Nannion et Bittô comme une « belle antiquité », il s'avère que, du IIIe siècle av. J.-C. jusqu'au dernier quart du Ier siècle av. J.-C., plus aucune source, ni grecque ni romaine, ne nous est parvenue qui évoque le thème des relations sexuelles ou amoureuses entre femmes. Vers la toute fin du Ier siècle av. J.-C., alors que la Grèce de l'époque classique faisait silence sur le contenu des poèmes de Sappho, c'est étonnamment à travers la figure de la poétesse que se font, à Rome, les premières mentions de l'amour entre femmes[18]. Le thème devient matière à fiction mythique chez Ovide et, vers le tout début du Ier siècle, le terme de *tribas* apparaît, alors qu'un discours explicitement dépréciatif se développe sur le sujet, par le biais de la caricature et de la satire.

18. Lilja (1983, p. 28) voit dans un vers de Plaute (*Truculentus*, 262) une possible allusion à une relation entre deux femmes. Il s'agit d'un jeu sur l'assonance entre *eira* (pour *ira*, « colère ») et *era* (« maîtresse »). Quand la servante demande à l'esclave Truculentus de « comprimer sa colère », celui-ci comprend qu'elle lui demande de venir faire l'amour à sa maîtresse. Furieux, il l'envoie promener et lui dit de retourner chez celle-ci. Un autre jeu de mots suit, sur l'assonance entre *eam* et *eram*, et le texte de la réponse de la servante est corrompu. Il est difficile de savoir si l'erreur du personnage sur le mot est là pour souligner le caractère colérique de Truculentus qui bondit avant d'avoir compris ce qu'on lui dit, ou s'il y a là la volonté de Plaute de faire une allusion à des relations entre femmes. La première interprétation nous semble la plus vraisemblable, le contexte n'apportant aucune réponse. En ce qui concerne une autre pièce de Plaute, Lilja s'oppose cependant à Kroll qui voit dans l'insulte *subigitatrix*, prononcée par Paegnium dans *Persa*, une allusion à des pratiques sexuelles entre femmes (Kroll 1924). Rien en effet ne permet de faire cette interprétation et le contexte infirme cette lecture.

Le discours poétique : Ovide et la transformation mythique

Sappho dans les *Héroïdes* : naissance d'un mythe

Ovide, dans la quinzième lettre de ses *Héroïdes*, évoque explicitement un lien entre les amours entre femmes et Sappho. Il n'est cependant pas le premier Romain à le faire, et ce que les Grecs n'ont pas cru bon de mentionner apparaît pour la première fois sous la plume d'Horace.

Le paradoxe saphique : aperçu sur les reconstructions de Sappho depuis l'époque grecque classique

Il n'est pas question de faire un exposé exhaustif sur le *Nachleben* de la poétesse et sur les fictions auxquelles elle a donné lieu car cette question a déjà fait l'objet d'ouvrages et d'articles, et continue à susciter des recherches[1]. Si l'histoire de la représentation de Sappho est ici esquissée, c'est pour replacer dans une continuité et un contexte les passages qui évoquent conjointement Sappho et l'amour entre femmes. « Chaque époque a créé sa Sappho[2] », écrit très justement H. Parker, mais chaque époque a aussi son regard sur les relations entre femmes, dont le *Nachleben* de Sappho subit parfois l'influence. Dans l'étude de ces textes, il s'agit donc de distinguer les différentes motivations des auteurs et d'analyser ce qui peut apporter des informations sur la représentation des relations entre femmes à l'époque de l'écriture du texte mentionnant la poétesse.

En Grèce classique, aucun texte ni aucune image ne relie explicitement Sappho aux relations sexuelles ou amoureuses entre femmes, que ce soit en ce qui concerne le contenu de ses poèmes, ou que ce soit par une projection, à partir de ce contenu, sur la vie et les amours de la poétesse (comme c'est souvent le cas à l'époque pour les biographies des poètes). Sappho était pourtant connue à cette époque : les plus grands auteurs citent son nom, on parle d'elle comme d'une grande poétesse et elle est représentée sur les vases avec sa lyre, bien plus d'ailleurs que ses collègues masculins comme Archiloque, Alcman ou Stésichore (à l'exception d'Anacréon). Il est difficile de savoir avec certitude si ses poèmes étaient largement connus ou si seul un petit cercle de lettrés avait le privilège de les lire, mais il est certain que le nom de la poétesse était connu de façon positive, et qu'elle incarnait une figure du poète, chéri des Muses.

---

1. Voir les *testimonia* réunis et classés par Dörrie (1975, p. 231-256). Pour l'iconographie de Sappho en Grèce, voir Snyder 1997 (b) et Yatromanolakis 2001.
2. Parker 1993, p. 312.

C'est probablement le renom de la poétesse et le fait qu'il existait peu de femmes (positivement) célèbres qui expliquent en partie sa récupération par la comédie attique : plusieurs fragments nous permettent de savoir que le personnage de Sappho apparaissait dans des comédies jouées à Athènes durant le vᵉ et le ivᵉ siècle. Une pièce d'Ameipsias, auteur de la comédie ancienne, porte son nom. D'après ce que les maigres fragments de la comédie moyenne laissent percevoir, elle est présentée comme une femme courtisée et ayant des amants : Épicrate parle d'elle comme d'une spécialiste en choses de l'amour, Diphile dit qu'Archiloque et Hipponax étaient ses amants. On peut supposer que les pièces d'Éphippos et de Timoclès, dont les autres fragments laissent deviner la vivacité du ton et de la satire, ne proposaient guère un portrait élogieux de la poétesse. Une pièce d'Antiphane et une d'Amphis portent également son nom. Chaméléon, d'après Athénée, dit qu'on racontait qu'Anacréon lui aurait fait des avances, et Hermésianax, toujours d'après Athénée, dit qu'Alcée aurait été amoureux d'elle, mais il est difficile de dater ces rumeurs avec précision[3].

Par ailleurs, il est fort probable que la description physique de Sappho que transmet une biographie[4] datant de la fin du iiᵉ ou du début du iiiᵉ siècle ap. J.-C. trouve son origine dans les transformations comiques de la comédie attique. Cette biographie, compilation d'informations datant de diverses époques, fait état du lieu d'origine de la poétesse, mentionne sa fille, son père, ses frères, l'épouse de son jeune frère ; elle transmet également, sans la reprendre à son compte ni l'infirmer, la rumeur selon laquelle elle aimait les femmes : « Certains l'accusèrent d'avoir un comportement déréglé (ὡς ἄτακτος οὖ[σα] τὸν τρόπον) et d'être une femme qui aime les femmes (γυναικε[ράσ]τρια). » Avant de présenter son œuvre, le biographe décrit la poétesse : « Elle semble ne pas avoir été belle et même avoir été très laide : elle avait le teint sombre et était particulièrement petite. » K. Dover pense qu'il est possible que l'auteur de l'ensemble des biographies contenues dans le P. Oxy. 1800 s'inspire de sources d'époque hellénistique. Dans une étude sur la poétesse, J. Hallett s'appuie sur cette datation comme si elle était établie et considère qu'il s'agit de la première évocation de l'homosexualité de Sappho[5]. Certes, la description de l'apparence physique de la poétesse provient très vraisemblablement de la comédie moyenne, comme c'est le cas de sa réputation de femme aux mœurs déréglées (en raison de ses multiples amants), mais dans la mesure où le texte date de l'époque impériale et où l'auteur des biographies disposait également de sources largement postérieures (la poésie latine, par exemple), il est absolument impossible de considérer le terme de γυναικεράστρια et sa signification comme des éléments apportant des informations sur les représentations grecques des iiiᵉ et iiᵉ siècles av. J.-C.

---

3. Ameipsias, fr. 15 KA ; Épicrate, fr. 4 KA ; Diphile, fr. 70 KA ; Éphippos, fr. 20 KA ;Timoclès, fr. 32 KA ; Antiphane, fr. 194-195 KA ; Amphis, fr. 32 KA ; Athénée, XIII, 599c-d (Chaméléon rapporte la rumeur selon laquelle un poème d'Anacréon, le fr. 358 PMG, faisait en réalité allusion à Sappho).

4. Il s'agit du P. Oxy. 1800 (= Pack 2702), composé d'une trentaine de courts fragments et qui propose un ensemble non ordonné de plusieurs biographies de poètes, d'écrivains et de politiciens plus ou moins célèbres. Les extraits cités sont fr. 1, col. i, l. 16-19 et l. 19-24.

5. Dover 1978, p. 213; Hallett 1979, p. 448.

La Souda propose elle aussi une biographie de la poétesse où l'on retrouve la plupart des informations contenues dans ce papyrus, mais elle apporte d'autres précisions, dont le nom de son mari : « Elle épousa le très riche Kerkula (Κερκύλᾳ) venu d'Andros (ἀπὸ ᾿Ανδρου) »[6]. Ce nom formé à partir du terme κέρκος (qui signifie « queue », mais aussi, dans la comédie, « pénis ») permet un jeu de mots où Sappho devient l'épouse de « monsieur Pénis, originaire de l'île Homme », et il y a de fortes probabilités pour que ce nom soit une invention de la comédie attique[7]. H. Dörrie, dans son étude préliminaire à son commentaire de la lettre XV des *Héroïdes*, insiste sur le fait que les auteurs de la nouvelle et de la moyenne comédie n'avaient probablement pas de connaissances précises sur la vie de Sappho, et encore moins sur l'époque archaïque : leurs pièces sont des inventions (elles ne peuvent pas servir de sources sur la « vraie » Sappho) et s'appuient sur les rares connaissances que le public avait sur ce personnage, à savoir qu'elle était une femme poétesse, estimée des lettrés[8]. Le comique devait probablement se fonder sur le contraste entre la réputation de la poétesse et le portrait très peu flatteur, voire trivial, qu'en faisait la comédie. Ce portrait de femme qui passe d'homme en homme, insatiable, aboutit, chez Ménandre, à celui d'une femme à jamais insatisfaite en amour : délaissée par Phaon, personnage mythique célèbre pour sa beauté, elle se suicide en sautant du rocher du Leucade[9]. Que Sappho ait des amants différents ou qu'elle aime Phaon – l'homme idéal dont même une déesse tombe amoureuse[10] », il apparaît en tout cas que la comédie attique n'exploite jamais le thème des relations amoureuses entre femmes. Loin de dépeindre Sappho comme une tribade furieuse ou une enseignante pédéraste, la comédie fait d'elle une femme à hommes. Quant aux autres sources d'époque classique mentionnant Sappho, elles le font pour la qualité poétique de son œuvre, et aucune ne se préoccupe du contenu de ses poèmes ni de sa vie.

Le travail des érudits alexandrins semble avoir joué dans la « renaissance » de Sappho à l'époque hellénistique car les sources évoquant son œuvre et son talent se font plus nombreuses : elle est la dixième des Muses, une référence en matière poétique[11]. À nouveau, le nom de Sappho n'est d'aucune manière associé au thème des relations

6. *La Souda*, σ, 107.

7. Voir l'étude lexicale de Henderson (1975, p. 128). Sur l'attitude des philologues qui, longtemps, ne remirent pas en question l'authenticité de cette information, cf. Parker 1993, p. 310, n. 3.

8. Dörrie 1975, p. 14-18.

9. Ménandre, d'après Strabon, 10, 2, 9 (= fr. 258 Körte).

10. Il existe plusieurs légendes concernant Phaon. L'une fait de lui un amant d'Aphrodite, qui l'aurait déposé, comme Adonis, dans la laitue (Élien, *Histoire variée*, 12, 18). Une autre légende raconte que Phaon était passeur dans un détroit, à Lesbos, et qu'il fit traverser Aphrodite, transformée en vieille femme, sans demander rétribution. La déesse le transforma en jeune homme (Pseudo-Palaephatos, *Histoires incroyables*, 48). Platon le Comique lui consacre une pièce, en 391 av. J.-C., mais Ménandre est le premier à établir une relation entre Sappho et Phaon (voir Dörrie 1975, p. 29-33).

11. Les travaux philologiques et les compilations des savants à Alexandrie eurent un impact sur la connaissance et la diffusion des œuvres de Sappho (Dörrie 1975, p. 22-28). Dans l'*Anthologie grecque,* Sappho est citée comme une référence littéraire : Dioscoride (VII, 407), une épigramme attribuée à Platon (IX, 509), Nossis (VII, 718) et Méléagre (IV, 1, 5).

sexuelles entre femmes, mais les épigrammes récemment découvertes de Posidippe laissent percevoir un léger changement dans la réception de l'œuvre de la poétesse : ses poèmes y apparaissent comme intimement liés au monde des femmes[12]. La perception différente de la poésie saphique s'explique probablement par l'évolution des mentalités et le rôle différent des femmes à l'époque hellénistique, évolution qu'illustrent, par exemple, le succès et la reconnaissance de la poétesse Érinna.

À Rome, Sappho est également bien connue. Cicéron témoigne de l'existence d'une statue à son image ; le poète Catulle s'inspire de ses poèmes et de ses épithalames, les traduit en les adaptant, et il nomme Lesbie la femme fictive à qui une partie de son œuvre est consacrée. Cependant rien n'est dit sur la vie de Sappho ou sur l'érôs décrit dans ses poèmes. Catulle, dans son poème adaptant le célèbre fr. 31, conserve la première personne du poème original ; de ce fait, le féminin de la locutrice disparaît et l'érôs saphique se transforme en un *amor* bien élégiaque[13]. Pourtant, c'est la littérature latine, et non grecque – quel paradoxe ! –, qui, la première, établit un lien entre la poétesse et le thème majeur de ses poèmes, l'amour entre femmes. Sans opérer de distinction entre l'auteur et le personnage qui dit « je », Horace, dans une ode où il développe son projet esthétique – créer une œuvre qui soit l'équivalent latin du lyrisme lesbien –, évoque une Sappho dont il dit explicitement que, dans ses chants, « elle se plaint des jeunes femmes de son pays[14] ». Ailleurs, il compare son talent à celui d'Alcée, il célèbre l'immortalité de ses vers lyriques inspirés par un amour brûlant et parle d'une *mascula Sappho*, épithète élogieuse qui célèbre sa maîtrise de l'art poétique. Il n'y a chez Horace aucun jugement moral, et la référence à Sappho, alors qu'a été dite la nature des amours qu'elle chante, est toujours positive[15].

Le personnage de Sappho, en tant que référence esthétique, apparaît également chez Ovide. Dans un développement où le poète exilé compare ses œuvres aux productions d'autres poètes, il se réfère à l'enseignement que Sappho aurait prodigué : « Qu'a enseigné Sappho de Lesbos aux jeunes filles, si ce n'est l'amour[16] ? » Par ce vers, Ovide contribue à fixer dans les mémoires l'image d'une Sappho-professeur pour les jeunes filles[17], mais il rappelle également, de ce fait, l'importance des femmes dans la poésie de Sappho, qu'elles soient les destinataires ou le sujet de ses poèmes.

Pourtant, entre Horace et les *Tristes* d'Ovide, une métamorphose littéraire a été opérée, transformant définitivement le personnage historique de Sappho en une femme

---

12. Il convient d'intégrer désormais ces nouvelles sources au corpus sur la postérité de Sappho. Il s'agit de deux épigrammes qui font référence aux chants « de Sappho » ou « dignes de Sappho », probablement dans le sens « chansons d'amour chantées par des femmes » (P. Mil. Vogl. VIII 309, col. VIII, 24 et col. IX, 2).

13. Cicéron, *Contre Verrès*, 4, 57 ; Catulle, 51. Sur la transformation de sens à laquelle procède Catulle dans sa traduction de Sappho et sur la dernière strophe qui soulève la question bien romaine de l'*otium*, cf. Greene 1999.

14. Horace, *Odes*, II, 13, 24-25. Le poète compose ses *Odes* entre 33 et 23 av. J.-C.

15. Horace, *Odes*, IV, 9, 10-12 et *Épîtres* I, 19, 28.

16. Ovide, *Tristes*, II, 363-364 : *Lesbia quid docuit Sappho nisi amare puellas* ? La construction grammaticale permet également de comprendre : « Qu'a enseigné Sappho de Lesbos, si ce n'est d'aimer les jeunes filles ? »

17. Sur cet aspect du *Nachleben* de Sappho, voir Parker 1993.

mythique et irréelle. Ce glissement dans le mythe avait déjà été amorcé, en Grèce, par le récit de l'amour de Sappho pour le personnage mythique de Phaon : le dénouement, le saut du Leucade par Sappho, fait écho à des légendes et à des mythes philosophiques, et accentue cette déréalisation du personnage historique[18]. Cependant, la quinzième lettre des *Héroïdes* d'Ovide a ceci de particulier qu'elle fait entrer dans le mythe non seulement Sappho mais également, avec elle, ses amours pour les femmes.

La lettre de Sappho : métamorphose poétique et métamorphose amoureuse

Les *Héroïdes* appartiennent, avec les *Amours,* à ce que l'on pourrait appeler les œuvres de jeunesse d'Ovide, véritables investigations sur la passion amoureuse et sur ses effets. Le poète est marqué par l'enseignement rhétorique qu'il suit à Rome, dans ses jeunes années, et Sénèque le Rhéteur, dans ses *Controverses*, souligne ses débuts remarqués. Cette influence, perceptible dans ses œuvres de jeunesse comme dans ses *Métamorphoses*, est particulièrement sensible dans les *Héroïdes*, qui portent l'empreinte de la technique de la suasoire et de la controverse. Les *Héroïdes* sont une œuvre en deux parties, composée de quinze lettres fictives écrites par des héroïnes (mythiques, à une exception près) et adressées à leurs amants qui sont loin ou qui les ont abandonnées, et de six lettres échangées entre les héroïnes et leurs amants. L'œuvre fut publiée en deux temps : les lettres simples probablement entre 15 et 10 av. J.-C., et les lettres doubles vers 8 ap. J.-C.[19]

Écrire le désir : de Sappho à Ovide

Ovide, dans l'*Art d'aimer*, présente ses *Héroïdes* comme relevant d'un genre nouveau, mais ce qui est inédit, comme l'a montré J.-P. Néraudau[20], n'est pas tant le genre épistolaire que le fait qu'il s'agit de lettres d'amour fictives adressées à des personnages tirés de la mythologie. Cette variation sur un même thème (une femme amoureuse écrit à son amant absent), tout en étant soumise aux impératifs du genre épistolaire, relève également d'un autre genre, celui de l'éthopée, plus subtil et psychologique que la suasoire, et qui consiste à faire parler un personnage connu (historique ou mythologique) ou une figure représentative d'un type de personnes (le paysan, la courtisane, le glouton) de façon conforme à ce que l'on sait de lui. Il s'agit alors pour Ovide, tout en restant près de ce que le public connaît du personnage, de s'éloigner suffisamment des formes rhétoriques de la suasoire et de l'éthopée pour produire une œuvre poétique

---

18. Le saut de la « roche blanche » est attesté dès l'époque archaïque et ce motif trouve de nombreux développements dans la littérature et certains cultes, cf. Nagy 1973 et Dörrie 1975, p. 33-49.

19. Longtemps, et pour de nombreuses raisons, l'authenticité de ces lettres a été contestée, en particulier à propos de celle qui nous intéresse, la lettre XV, qui figure à la fin du premier recueil. Pourtant, dans les *Amours*, II, 18, 19-34, Ovide fait référence à l'œuvre qu'il est en train de composer et mentionne explicitement la lettre de Sappho. Le débat semble désormais clos et l'authenticité du recueil comme de la lettre XV n'est plus mise en doute. Cf. Sabot 1981, p. 2554-2570 et, sur la lettre XV plus particulièrement, p. 2562.

20. Ovide, *Art d'aimer*, III, 346. Voir Néraudau 1999, p. 7-19.

originale (et non un simple exercice scolaire[21]). Mais la nouveauté, celle de recourir à une fiction connue (le mythe) pour y insérer une fiction nouvelle (la lettre), n'est pas uniquement une invention formelle. La lettre dit l'absence de l'autre, la répétition dit le ressassement, et le vide – car il n'y a pas d'action possible dans une lettre – dit le désir : les *Héroïdes*, véritables « faux avoués » dans une mythologie connue, affichent, comme l'analyse J. Gaillard, « la vocation de l'élégie érotique à formaliser le discours amoureux *en tant que tel*[22] ». Et en effet, les quinze lettres du premier recueil ont cette caractéristique de dire la même chose, d'être des signifiants multiples d'un même signifié : que l'héroïne soit une Pénélope qui attend et qui voit le temps marquer son corps, qu'elle soit une Didon éplorée et prête à mourir, qu'elle soit une Ariane qui scrute l'horizon en s'arrachant les cheveux, une Phèdre brûlant des feux d'une passion interdite, une Phyllis qui ressasse à l'infini l'image de son dernier baiser, leurs lettres disent le manque, donc le désir (et J. Gaillard, dans son étude de l'imaginaire ovidien, considère à raison que les lettres doubles, parce qu'elles disent non le désir mais le plaisir, se distinguent des lettres simples). Pourtant, la lettre de Sappho à Phaon, tout en étant un élément à part entière de cette *variatio*, se distingue nettement des quatorze lettres d'héroïnes, et c'est probablement une des raisons qui ont fait longtemps douter les philologues, d'abord de son authenticité, ensuite de son appartenance au recueil.

Dans les quatorze lettres attribuées à des héroïnes mythiques, Ovide compose sa variation en recourant à l'*imitatio* ainsi qu'à sa forme plus subtile, l'intertextualité. Le poète imite les grands poètes qui ont chanté et mis en scène les mythes (qu'il s'agisse des poètes épiques, mais également des tragiques, des poètes hellénistiques et des mythographes) et reprend, en les intriquant, les motifs mythiques, des plus connus aux plus rares, dans la longue trame de la lettre fictive. Ainsi Ovide fait parler ses héroïnes conformément à ce que le mythe et les poètes ont dit d'elles : elles sont fictives comme leurs lettres, construites par les siècles et les hommes. Or, dans le cas de Sappho, la situation est plus complexe.

La première différence entre les autres lettres et celle-ci est que Sappho n'est pas un personnage mythique. Elle n'est pas davantage une figure historique connue, dont le comportement aurait une valeur d'*exemplum* (ce qui pourrait justifier une mise en parallèle avec des figures mythiques). On est loin du mythe et des attendus que cette forme d'écriture (la lettre écrite par un personnage mythique) crée chez le lecteur, et les premiers vers de la lettre, où Sappho explique à son destinataire pourquoi elle délaisse le mode lyrique et écrit en vers alternés, montrent à quel point la quinzième héroïde est avant tout un discours d'Ovide sur l'écriture, et sur la façon d'écrire le désir. Alors que, dans la troisième lettre, la fiction permettait à Briséis de dire *en latin* le mal qu'elle éprouvait à écrire *en grec* et qu'Ovide, de façon toute ludique, y exhibait les artifices

---

21. Le poète se livre à un jeu périlleux. Comme l'écrit Gaillard, « le caractère ludique se trouve doublé, voire triplé par l'établissement de règles particulières : l'hypothèse d'une écriture dans l'écriture, jeu de miroir ou de tiroir ; la substitution de la poésie à la prose, jeu de forme contradictoire avec la première règle ; le choix du mètre élégiaque qui vient gauchir les règles précédentes en imposant un style bas sur des sujets hauts » (Gaillard 1992).

22. Gaillard 1992.

de sa composition, dans la lettre de Sappho, en revanche, la fiction justifie la forme *réelle* du poème (le distique élégiaque).

Ce qui est également frappant, c'est qu'Ovide fait parler son personnage, non comme les siècles et les poètes l'ont façonné, mais conformément aux véritables écrits de ce personnage. En effet, à cette trame fictive s'intègrent de nombreux vers directement inspirés des poèmes de Sappho. Ce n'est pas le lieu d'établir ici une liste complète de tous les effets d'intertextualité et de toutes les allusions au texte saphique que recèle la lettre XV des *Héroïdes* mais il est important, par quelques exemples significatifs, de mettre en évidence à quel point Ovide a choisi de reprendre, de façon visible, des motifs propres à la poésie de Sappho et de donner à cette lettre une tonalité très spécifique. Comment ne pas entendre, en effet, le célèbre φαίνεταί μοι κῆνος ἴσος θέοισις, lorsqu'elle parle de Phaon comme d'un dieu ? Et dans la liste des apprêts que Sappho a abandonnés, l'écho des couronnes, des parfums et des fleurs dont les jeunes femmes des poèmes saphiques ornaient leur chevelure ? La description que fait Sappho à Phaon de son état de paralysie et d'aphasie reprend sans ambiguïté le célèbre passage où sont décrites les manifestations physiques de l'amour sur Sappho-ego : « Je ne puis plus parler, ma langue se brise, un feu subtil se répand sous ma peau. » L'insomnie, l'envie de mourir, la douleur physique dont est frappé le personnage ovidien sont les maux d'érôs dans les poèmes de Sappho, et l'importance de la grâce, de la beauté et de l'inspiration poétique sont également des motifs saphiques récurrents. Enfin, lorsqu'elle dit à Phaon « c'est toi mon souci », c'est le τὸ μέλημα τῶμον de Sappho qu'un lecteur érudit entend[23].

Contrairement à ce qui se passe pour les autres femmes des *Héroïdes*, figures passives des discours des hommes, Ovide met en scène une situation dans laquelle Sappho prend une part active à la construction de son propre personnage. Et effectivement, contrairement aux autres lettres toujours, la Sappho d'Ovide dit le manque physique de façon explicite, manque qui, ailleurs, n'est que pudiquement suggéré. Alors que Médée ne trouve plus le sommeil, que Phyllis inlassablement se rappelle son dernier baiser, que Briséis souhaite être l'esclave de celui qu'elle aime, que Laodamie embrasse encore et encore le portrait de cire de son mari et se console par des plaisirs imaginaires, alors que le vide emplit leur vie et leurs lettres, Sappho agit et dit le manque dans la langue de l'autoérotisme. Après avoir décrit les rêves qu'un sommeil trop bref lui apporte et le souvenir des baisers de Phaon qui revient durant la nuit, Sappho poursuit sa lettre :

> Et parfois, je fais des caresses, je prononce des paroles comme si elles étaient entièrement vraies, et ma bouche est là au service de mes sens. J'ai honte d'en dire davantage, mais tout s'accomplit, et je jouis, et, liquide, je ne puis m'empêcher d'être (*et siccae non licet esse mihi*[24]).

---

23. Les parallèles évoqués sont les suivants : Sappho, fr. 31, 1 et les *Héroïdes*, XV, 23 ; Sappho, fr. 81 et 94 et les *Héroïdes*, XV, 73-77 ; Sappho, fr. 31 et les *Héroïdes*, XV, 110 (*nec me flere diu nec potuisse loqui*) ; Sappho, fr. 94, 95, 190 et fr. 49 et 82, pour les motifs récurrents ; Sappho, fr. 136 et les *Héroïdes*, XV, 123 (*tu mihi cura*).

24. *Héroïdes*, XV, 131-134.

Cette langue poétique, sensuelle et frémissante, est plus proche de la poésie de Sappho que de la tradition élégiaque : on se trouve dans une situation particulièrement complexe, où Ovide crée une situation dans laquelle Sappho (le personnage) écrit comme Ovide (en distiques élégiaques), qui lui-même imite la poésie de Sappho. Ce jeu intertextuel, qui remet Sappho sur la place (littéraire) publique, est à lire comme un véritable manifeste poétique : dans les vers que Sappho adresse à Phaon, « faites qu'il revienne, et votre poétesse reviendra aussi ; les forces de mon inspiration, c'est lui qui les donne, c'est lui qui les reprend[25] », se trouve exprimée l'essence de l'art poétique selon Ovide. Le poème se clôt sur le saut du rocher, quand la légende de Sappho rencontre la légende pythagoricienne, et quand la poésie amoureuse se fait poésie cosmique[26].

Il y a donc, c'est indéniable, une identification, subtilement exhibée, entre Ovide et Sappho, dans la lettre XV. Ovide fait parler Sappho, une Sappho qui se cite elle-même tout en exprimant la conception ovidienne de l'expression de l'amour. Cette transformation provisoire de la poétesse en un double de lui-même montre sans ambiguïté qu'Ovide considère Sappho comme digne d'incarner, à leur degré le plus élevé, et la force du sentiment amoureux, et la force de l'écriture amoureuse. Mais il s'agit maintenant de déterminer comment Ovide a concilié cette reconnaissance de la poétesse avec la légende dépréciatrice de ses amours masculines et, surtout, avec le non-dit du passé sur ses amours féminines[27].

Ovide et l'amour saphique

Si Sappho n'est pas un personnage mythique, il existe une légende fondée sur des rumeurs autour de la vie de la poétesse et qui s'est construite peu à peu, par effet d'effacement du réel et d'empilement de discours. De la même manière que les autres lettres s'appuient sur les mythes et leurs variantes, on retrouve, dans la lettre de Sappho, de nombreuses traces des récits qui ont construit sa légende. Ovide en effet fait en sorte que, tout en écrivant à Phaon ses souffrances présentes, Sappho, par de nombreuses analepses, rappelle son passé : elle parle de la mort de son père, l'amour de son frère pour une courtisane, des déboires financiers de celui-ci, de la mésentente entre lui et elle. Elle évoque la renommée dont elle jouissait quand elle composait, et fait référence à son contemporain, le poète Alcée. Elle parle de sa fille et d'elle-même, se décrivant comme dénuée de beauté physique (mais non de grâce), petite et brune de peau. Tous

---

25. *Héroïdes*, XV, 205-206.

26. Phaon est à plusieurs reprises assimilé à Apollon dans la lettre de Sappho, et c'est ce dieu qui préside au saut depuis le rocher de Leucade. Cet endroit est également lié à des croyances pythagoriciennes et, comme l'analyse Néraudau (1999), la lettre peut être lue comme le parcours d'une âme qui se détourne de l'amour terrestre et choisit l'amour divin.

27. Pour des arguments, en partie biographiques, mettant en évidence l'identification d'Ovide à Sappho, cf. Frécaut 1972, p. 352-355. Baca (1971, p. 34-35) considère qu'Ovide, par cette identification, se livre un véritable jeu littéraire. Lorsqu'il est question ici de « ses amours féminines », ce n'est pas pour désigner la vie réelle de Sappho : il s'agit des amours qu'on lui attribue. La tradition littéraire antique établit en effet rarement la distinction entre le poète et le personnage qui dit « je ».

ces éléments pseudo-biographiques proviennent, soit de projections faites à partir des poèmes de Sappho, soit de récits postérieurs sur la poétesse : Hérodote, dans son développement consacré à l'Égypte, raconte l'histoire du jeune frère de Sappho, Charaxos, qui part pour Naucratis avec la jeune Rhodopis[28]. Une épigramme de Posidippe, transmise par Athénée[29], reprend ces mêmes personnages (sous les noms de Charaxos et Doricha). La description de l'apparence physique de Sappho est quasiment mot pour mot celle qui figure dans le P. Oxy. 1800, et il est assez probable qu'Ovide et l'auteur de cette biographie disposaient des mêmes sources[30].

Parmi tous les éléments (pseudo-)biographiques – et ils sont nombreux –, Ovide ne reprend pas l'image véhiculée par la comédie moyenne d'une Sappho « femme à hommes ». Tout comme les figures mythiques des lettres précédentes, Sappho n'a qu'un seul homme dans sa vie, et ses sanglots de désespoir ont les mêmes accents que ceux d'une Ariane abandonnée ou d'une Didon prête à mourir. Ovide, en faisant décrire par son personnage les étapes de sa vie et en excluant cet aspect condamnable pour un public romain, fait apparaître Sappho sous un nouveau jour : c'est une femme comme les autres, sensible et amoureuse, non une débauchée mangeuse d'hommes. On pourrait soupçonner le poète d'une quelconque complaisance envers son « double », Sappho, mais la réhabilitation qu'il entreprend est crédible car le poète ne dissimule pas d'autres aspects de la vie de la poétesse, susceptibles de nuire à sa réputation : à deux reprises, en effet, il mentionne ses amours multiples pour les femmes. Ces mentions sont explicites et très précises : elles sont intégrées dans un contexte réel, où les noms des personnes et des lieux sont cités. Après avoir décrit la nature des flammes qui la dévorent et les raisons de son désespoir (le départ de Phaon pour la Sicile), Sappho, personnage d'Ovide, avoue avoir perdu toute inspiration poétique et elle écrit à son amant[31] :

> Les jeunes filles de Pyrrha ou de Méthymne et la foule des femmes de Lesbos ne m'apportent plus de plaisir. Anactoria est pour moi sans attrait, comme Cydro à la peau diaphane. Atthis n'a plus grâce à mes yeux, comme c'était le cas auparavant, ni cent autres, que j'ai aimées – ce qui n'a pas manqué de m'être reproché (*quas non sine crimine amavi*). Ah, cruel, ce qui fut à tant de femmes, toi seul le possèdes.

Puis Sappho évoque le doux souvenir des temps passés aux côtés de Phaon et leurs étreintes passionnées, tout en rappelant à son destinataire (et par là même au public) les étapes de sa vie. Elle raconte ensuite ses nuits enfiévrées où le manque la torture, ses marches hagardes dans les bois où ils s'étaient aimés, et enfin la rencontre avec

---

28. Hérodote, *Histoires*, II, 134-135.

29. Posidippe d'après Athénée, XIII, 596b.

30. Cette hypothèse nous semble plus vraisemblable que celle selon laquelle le P. Oxy. 1800 s'inspire directement du texte d'Ovide : cette biographie fournit en effet davantage d'éléments que la lettre XV. Pour une liste des éléments légendaires et biographiques sur la poétesse repris par Ovide, voir le commentaire de Dörrie (1975, p. 82-190).

31. *Héroïdes*, XV, 15-20. Les manuscrits donnent différentes versions du vers 19, mais Dörrie, dans son commentaire du texte, montre que la lecture *non sine crimine* est la plus convaincante (p. 92-93). Je remercie P. Moreau d'avoir attiré mon attention sur ce sens de *crimen*, auquel l'adjectif *infamis* fait écho quelques vers plus loin.

une Naïade qui lui enjoint de gagner le rocher de Leucade et, comme Deucalion, de se jeter dans les flots. Dans un ultime sursaut, Sappho s'écrie[32] :

> Femmes de Lesbos, vous que j'ai aimées au prix de ma réputation (*infamem quae me fecistis amatae*), cessez de venir en foule au son de ma cithare ! Ce qui vous plaisait auparavant, Phaon l'a entièrement emporté. Ah malheureuse que je suis, j'ai failli dire « mon Phaon » !

Elle supplie alors Phaon de lui signifier, par une lettre également, la rupture, et elle clôt sa lettre sur l'évocation proleptique des eaux de Leucade.

De nombreux passages, comme cela a été mis en évidence précédemment, sont directement inspirés des écrits de la poétesse, et c'est le cas ici plus qu'ailleurs : le nom d'Atthis apparaît dans l'œuvre de Sappho, tout comme celui d'Anactoria ; les villes citées sont des villes de Lesbos. Les choses sont dites simplement : ces femmes ont été aimées pour leur grâce et leur charme (Ovide recourt sans périphrase au verbe *amare*) et Sappho trouvait, dans le passé, du plaisir à cet amour (*me iuvant*). Le parallèle qu'elle établit avec son amour pour Phaon, dont elle a précédemment rappelé les étreintes, ne laisse pas de doute sur la relation qu'elle entretenait avec les femmes qu'elle évoque (*multarum quod fuit, unus habes*). Il n'y a par conséquent aucune raison de voir dans ces vers autre chose que la volonté d'Ovide de signifier les relations érotiques de son personnage avec des femmes. Alors qu'Horace rappelait de façon allusive le contenu des poèmes de Sappho, Ovide choisit de dire explicitement la nature des amours que Sappho chante et de les attribuer à la poétesse elle-même.

Dans l'ouvrage collectif *Roman Sexualities*, P. Gordon fait une lecture très différente de cette lettre et certains de ses arguments se retrouvent chez d'autres commentateurs[33]. Selon elle, on trouve dans le personnage créé par Ovide l'image stéréotypée de la tribade et de la femme masculine. P. Gordon s'appuie sur les études de J. Hallett et C. Cantarella qui se réfèrent à des textes bien postérieurs à Ovide : elle établit par exemple un parallèle avec Philaenis, personnage des épigrammes de Martial, pour mettre en évidence la transformation du corps de Sappho. Elle compare également l'attitude de la poétesse avec celle de Mégilla, personnage d'un des *Dialogues des courtisanes* de Lucien. La manifestation de cette masculinisation apparaît, selon elle, dans le passage particulièrement érotique où Sappho dit, littéralement, qu'elle ne peut « rester sèche » (*et siccae non licet esse mihi*). Ce passage suggérerait une éjaculation nocturne : « Ainsi, écrit P. Gordon, il semble qu'à Rome, Sappho, comme d'autres tribades, a un phallus[34]. » Tout cela paraît très peu convaincant. Certes, P. Gordon a raison de souligner le caractère pédérastique masculin d'un passage. Phaon est en effet décrit non comme un homme fait, mais comme un jeune homme à la limite de la maturité, il est à plusieurs reprises qualifié de *formosus*, adjectif qui est l'équivalent latin du grec καλός, et Sappho lui demande, non de l'aimer, mais de se laisser aimer, impliquant l'existence de rôles amoureux différenciés dans la relation, sur le modèle masculin

---

32. *Héroïdes*, XV, 201-204.
33. Gordon 1997.
34. Gordon 1997, p. 283.

amant/aimé[35]. Cependant, P. Gordon considère qu'il y a là une nouvelle manifestation de la masculinisation de la poétesse, tandis que J.-P. Néraudau interprète la description du jeune Phaon comme celle « des grâces féminines qui ne contreviennent pas aux goûts habituels de Sappho[36] ». Or plusieurs éléments s'opposent à l'interprétation d'une masculinisation de Sappho ou d'une féminisation de Phaon. L'investissement actif de l'amante dans la relation ne contredit en aucune manière la vision ovidienne du lien amoureux : allant à rebours des *a priori* romains sur la sexualité féminine, le poète insiste, à plusieurs reprises et dans son *Art d'aimer* plus particulièrement, sur l'importance de la réciprocité et l'égalité des amants dans l'acte amoureux[37]. Ce que souhaite ici Sappho, comme l'analyse H. Dörrie[38], c'est un *amor mutuus*. Rien dans le texte ne suggère une transformation « genrée » de Sappho ou de Phaon, ni la métamorphose de la poétesse en femme dominatrice.

Il convient avant tout de ne pas perdre de vue l'importance métalinguistique de cette lettre, seule lecture qui peut nous permettre d'accéder au point de vue d'Ovide et, peut-être, aux idées communes du public de l'époque. Le personnage de Sappho est ici convoqué pour mettre en évidence la supériorité de la poésie élégiaque sur toute autre forme littéraire quand il s'agit de parler de l'amour et du mal d'amour (Ovide fait dire à Sappho l'infériorité des strophes saphiques). Par cette lettre destinée à Phaon et par les allusions subtiles à l'amour pédérastique, Ovide montre que le domaine de l'élégie recouvre *toutes* les formes de l'amour selon lui, à savoir, celui d'un homme et d'une femme, mais aussi celui d'un homme et d'un jeune homme. C'est en effet ce type de relations que célèbrent ou célébreront Catulle, Tibulle et Properce. Un autre aspect primordial de l'amour élégiaque selon Ovide, c'est l'objet unique. Les rumeurs qui ont traversé les siècles ne mentionnent pas les relations féminines de Sappho, mais font d'elle, nous l'avons vu, une femme à hommes. Or Sappho-personnage, en mentionnant les éléments de la légende qui se constitue autour d'elle, commente sa propre postérité en affirmant que ses amours pour les femmes de Lesbos ont nui à sa réputation. Ovide se fait-il l'écho d'une tradition sur Sappho dont nous n'avons pas de traces directes ? Et qu'est-ce qui est la cause de sa mauvaise réputation (*infamis*) et des accusations (*crimen*) portées contre elle ? Le fait qu'il s'agissait de femmes ou la multiplicité de ses conquêtes ? Dans tout le passage, en effet, Ovide insiste sur cette multiplicité, par les nombreux pluriels, l'évaluation chiffrée (*aliae centum*), la répétition du terme *turba*, créant un effet d'anonymat : les femmes ne sont plus nommées, elles ne sont plus que de simples « jeunes femmes » (*puellae*) ou des « femmes de Lesbos » (*Lesbides*). Quoi qu'il en soit, le recours par Ovide à des éléments de la « fiction saphique » ne s'explique pas par la volonté de l'auteur de condamner moralement les comportements passés de son personnage : si la quinzième lettre des *Héroïdes* est bien le récit d'une métamorphose, cette transformation ne porte pas plus sur le sexe ou le genre que sur l'« orientation sexuelle » en tant que telle. Par la coïncidence entre l'aveu de Sappho sur ses amours passées et l'affirmation que ces amours ne sont plus, Ovide transforme

---

35. Les passages les plus représentatifs sont les vers 93-96.
36. Néraudau 1999, p. 296, n. 15.
37. Par exemple, *Art d'aimer*, II, 685-686.
38. Dörrie 1975, p. 128.

la poétesse archaïque en poète élégiaque par excellence, l'« amour lyrique » (selon la conception qu'en a Ovide) en « amour élégiaque ».

Cette construction fictive par Ovide d'un personnage-poète qu'il juge digne d'être son double n'offre donc pas d'accès direct aux points de vue personnels d'Ovide ou aux représentations romaines sur les relations amoureuses entre femmes. Cette lettre a pour effet cependant de réhabiliter la poétesse aux yeux du public lettré, et cela sans nier les amours féminines de son personnage. Ce point est important : pour Ovide, une poétesse qui serait une débauchée aux multiples amants ne serait pas digne d'incarner la figure du poète, alors que l'amour des femmes n'est pas rédhibitoire, à partir du moment où cela est du passé pour elle. Ce type de comportement ne salit donc pas définitivement Sappho. Pour corroborer cette interprétation, remarquons que, dans les deux évocations qu'Ovide fait du passé de Sappho, il ne fait pas de développement emphatique sur l'aspect condamnable de ces amours. Il n'y a pas de description détaillée, avec force exagérations, hypotyposes et comparaisons dégradantes. Les termes qui énoncent cet amour sont simples et n'ont pas en eux-mêmes de connotations négatives (*amare, juvare, habere*). De plus, cet amour n'a pas transformé Sappho en une femme masculine et laide, en un monstre déchaîné livré à la démesure de ses pulsions : si, un instant, Sappho est présentée comme une ménade courant, cheveux défaits, dans les forêts, il s'avère que c'est son amour pour Phaon qui la plonge dans ces états de folie et de désespoir, non ses amours passées pour des femmes de Lesbos. Cette lettre met en évidence non l'horreur et la dégradation morale et physique que représente l'amour entre femmes, mais son peu de poids par rapport à l'amour digne de l'intérêt d'un poète romain et de son public. Lorsque Ovide mentionne le passé de son personnage, son attitude par rapport aux relations sexuelles et amoureuses entre femmes se laisse deviner par la brièveté et la sobriété de son propos : une grande indifférence, qui s'explique par la conviction que ces amours propres à la lyrique archaïque n'entrent pas, ou si peu, dans le domaine de l'amour, et, surtout, que cela n'entre pas dans le champ poétique du poète élégiaque.

Connaissant Ovide et ses écrits sur l'amour, on peut penser également que si, à l'époque d'Auguste, l'évocation des relations amoureuses entre femmes avait, par des connotations érotiques, éveillé l'intérêt du public, le poète aurait probablement développé cet aspect de la vie de Sappho dans cette lettre et à d'autres endroits de son œuvre. Son silence, dans ses *Amours* ou dans son *Art d'aimer*, sur l'amour entre femmes nous permet de penser que ces relations n'entrent pas, pour un public romain, dans le domaine de l'érotisme. Quant à l'évaluation morale ou sociale de ces amours qu'Ovide énonce (par la voix de son personnage qui commente sa postérité), les termes sont certes dépréciatifs mais ils qualifient la réputation de la poétesse, et non un quelconque statut juridique d'un comportement. Le terme de *crimen* ne désigne pas la relation en tant que telle (d'ailleurs, il se réfère également aux relations multiples) mais ce à quoi ce comportement a donné lieu, c'est-à-dire à une mauvaise réputation (*infamis*), à des reproches ou à des accusations. Il n'est pas possible de déduire de cette lettre une position du droit romain sur la question[39].

---

39. Le silence du droit sera abordé plus longuement dans le développement consacré à Sénèque le Rhéteur. Je remercie P. Moreau d'avoir attiré mon attention sur les différents sens de *crimen* et d'*infamia*, et sur l'usage qu'en fait Ovide ici.

Mais quand bien même la réputation de Sappho serait sulfureuse, l'attitude du public romain n'est pas suffisamment négative pour interdire au poète d'introduire cette mention dans le cadre d'une poésie savante et raffinée : si les amours féminines avaient soulevé chez les Romains de cette époque une réaction d'horreur et de profond dégoût, il n'aurait choisi Sappho ni pour être le porte-parole de son manifeste poétique, ni pour incarner une figure emblématique de l'amour. Dans la lettre XV, les relations de Sappho avec des femmes sont avant tout présentées comme appartenant à un autre temps, comme étrangères à ce que les Romains vivent à cette époque, une « antiquité » qui n'a pas de réalité à Rome… Mais la poésie est performative, elle a un poids sur le réel et les représentations, et Ovide, comme les autres, contribue à construire une fiction de Sappho. Par la juxtaposition du personnage avec les grandes figures féminines des mythes, par l'utilisation d'éléments imaginés sur la poétesse et par le dénouement de la lettre – Sappho, comme le souligne très justement J. Gaillard, suit les conseils de la Naïade qui lui enjoint d'« imiter le mythe », celui de Deucalion –, Ovide transforme un personnage historique en une figure imaginaire, plaçant hors du champ du réel Sappho et, par là même, ses amours.

Le « paradoxe saphique » se poursuit donc : alors que les amours chantées par la poétesse sont tues en Grèce durant des siècles, à Rome c'est à travers la figure de Sappho qu'émerge le discours sur les relations sexuelles et amoureuses entre femmes – mais sans que celle-ci en devienne une figure marquante : au moment même où Ovide dit ce que des siècles ont tu, ignoré ou jugé peu intéressant de dire, il relègue cet aspect de la vie de Sappho au passé, à ce qui n'est plus. Le poète, cependant, et contrairement à ses contemporains (auteurs élégiaques ou comiques), continue à évoquer ce type de relations : dans ses *Métamorphoses*, il relate deux mythes, l'un qui met en scène une relation sexuelle entre deux femmes, le mythe de Callisto[40], et l'autre qui raconte un amour impossible entre deux jeunes filles, l'histoire d'Iphis et Ianthé.

Callisto dans les *Métamorphoses* : hypercaractérisation d'un mythe

Ovide compose ses *Métamorphoses* durant les premières années de notre ère et il les publie en 8 ap. J.-C. Dès l'époque hellénistique, d'autres auteurs (comme Nicandre, un auteur grec du IIᵉ siècle av. J.-C. dont Ovide s'inspire beaucoup) avaient entrepris de compiler les mythes, et cela sous la forme de petits récits, de listes ou de résumés. L'idée en elle-même n'est donc pas nouvelle, mais la grande originalité d'Ovide est d'avoir réuni ces mythes (plus de trois cents) dans une œuvre littéraire unique, un *carmen perpetuum*, qui se développe selon une trame particulièrement complexe, mais dans un objectif clair, que le poète définit dès les premiers vers : « Raconter les métamorphoses des êtres en des formes nouvelles […] depuis l'origine du monde jusqu'à ce temps qui est le mien[41] ». Ovide, comme l'analyse G. Tronchet, « a choisi de travailler à partir d'un matériau déjà codé, *le mythe*, auquel la tradition en général et la

---

40. Puisqu'il s'agit d'une œuvre latine, la graphie « Callisto » est préférée dans ce chapitre.
41. *Métamorphoses*, I, 1-5.

littérature en particulier avaient donné forme[42] », projet qui « suppose d'emblée un regard critique, observant et aménageant le corpus mobilisé[43] ». Le poète réussit, à partir de données qui ne sont pas liées (ni selon des thématiques particulières, ni d'un point de vue chronologique), à donner une unité à son poème et à résister à la force centrifuge de son matériau.

Dans cette œuvre où l'hexamètre dactylique est préféré au mètre élégiaque, Ovide ne rompt pas pour autant avec le thème de ses œuvres antérieures et il explore dans les *Métamorphoses* différents versants des amours humaines en établissant des effets d'échos entre différents types de mythes : sont développés le thème des belles poursuivies, celui des amours impossibles ou interdites, celui de la disparition de la personne aimée. Les différentes métamorphoses entretiennent des relations complexes (les mythes se renvoient les uns aux autres ; des expressions semblables apparaissent dans des mythes *a priori* fort différents ; il arrive même que des personnages parlent de métamorphoses déjà racontées par Ovide, comme s'ils avaient déjà pris connaissance du poème). Dans cette œuvre de réécriture et de création, le poète se trouve lié à une forte contrainte, qui rappelle *mutatis mutandis* celle du personnage d'Aristophane dans le *Banquet* de Platon. Puisque les métamorphoses sont l'état antérieur du monde présent, le poète se trouve dans la situation de rendre compte de différents aspects du monde présent par une métamorphose à valeur étiologique : l'identité de sexe et l'amour, sous diverses formes, n'échappent pas à cette règle.

Ovide, dans ses *Métamorphoses*, consacre un long récit à la légende de Kallisto/Callisto[44]. Dans le livre I, Jupiter s'était transformé en homme lors de l'invitation au banquet de Lycaon. Après avoir séduit Io, quand les flammes du grand incendie de l'univers se sont apaisées, le dieu revient en Arcadie et s'emploie à la reverdir. C'est alors qu'il s'enflamme pour une jeune fille qui n'est autre que l'enfant de Lycaon, celui qu'il a transformé en loup précédemment. La structure du passage est la suivante :

– coup de foudre de Jupiter et description de la jeune fille
– viol de Callisto : *première et deuxième métamorphoses*
– bain de Callisto et punition par Diane
– jalousie de Junon et métamorphose en ourse : *troisième métamorphose*
– matricide évité et double catastérisme : *quatrième métamorphose (double)*
– ultime vengeance de Junon : *immobilisation des constellations*

Dans la légende racontée par Ovide, il ne s'agit donc pas d'une, mais de quatre métamorphoses. Ces transformations, suivies d'une ultime modification, décrivent successivement un passage du masculin au féminin, un passage du féminin au masculin, un passage de l'humain à l'animal, un passage de l'élément terrestre animé (animal/humain) à l'élément céleste inanimé et enfin sa « fixation » dans sa forme définitive..

Le récit fait par Ovide de cette légende n'est donc pas le récit d'une simple métamorphose d'une femme en ourse, mais celui de tout un bouleversement des êtres et de

---

42. Tronchet 1998, p. 530.
43. Tronchet 1998, p. 534.
44. *Métamorphoses*, II, 401-530.

la matière. Comme le poète le précisait dans son préambule, rien, en ce début de création, n'est encore stable, les formes étant en perpétuel mouvement, et c'est bien ce qui
apparaît dès les premiers vers de l'histoire de Callisto.

Le sexe des vierges

Il existe plusieurs versions du mythe de Callisto, avec, pour chacune, des variantes. Ovide choisit de raconter dans ses *Métamorphoses* celle où Jupiter se transforme
en Diane pour approcher et séduire la jeune femme, alors que, dans le bref récit qu'il
fait de ce mythe dans les *Fastes*, il passe très rapidement sur cet épisode (sans préciser si Jupiter s'est transformé) pour faire, conformément au projet des *Fastes*, le récit
des événements qui expliquent la présence de la constellation de l'Ourse. Ici, le long
développement consacré à la naissance du désir chez Jupiter, à la description de la
jeune fille et à la scène d'approche de Diane/Jupiter indique que le poète s'intéresse
moins à l'origine d'une configuration stellaire qu'aux éléments spécifiques de cette
variante du mythe[45].

Dans le récit de la légende, Ovide ne nomme jamais la nymphe (son nom n'apparaît
qu'une seule fois, dans les *Fastes*). Il ne précise pas non plus tout de suite sa parenté
avec Lycaon. Les allusions à la filiation de l'héroïne ne viennent qu'à la fin du récit,
bien après le viol, lorsqu'il est question de la naissance d'Arcas. Le poète a visiblement choisi de distinguer le mythe de Lycaon de celui de Callisto : la transformation
du « tyran d'Arcadie » en loup apparaît dans le premier livre des *Métamorphoses*[46]
et elle est relatée par Jupiter lui-même. Dans la majeure partie des sources qui font
de Callisto la fille de Lycaon, le viol de la jeune femme précède le festin servi par
Lycaon à Jupiter et Lycaon est déjà informé du viol. Cette modification de l'ordre
des événements contribue à détacher le mythe de Callisto de son contexte proprement arcadien (la filiation royale) et fait porter l'accent sur d'autres aspects du mythe.
Les seules informations précises apportées par le récit sur la jeune fille sont d'origine
géographique (*virgine nonacrina*, Nonacris étant une ville et une montagne d'Arcadie ; *Maenalon*, le Ménale, montagne arcadienne). Tout en choisissant cette version
du mythe où Callisto est la fille de Lycaon et non une simple compagne d'Artémis (ce
qui apparaît dans d'autres variantes), l'auteur ne conserve de cette version que l'élément non civilisé, les montagnes.

La description de la jeune fille se produit au moment précis où Jupiter la voit pour
la première fois. Ce tableau n'est pourtant pas réalisé en focalisation interne, où l'on
verrait à travers les yeux du dieu, et c'est la voix du narrateur omniscient que l'on
entend[47] :

> Alors qu'il allait et venait, son regard s'arrêta sur une vierge de Nonacris et les flam-
> mes en lui le brûlèrent jusqu'aux os. Elle ne s'occupait ni à filer et à assouplir la laine,
> ni à changer sa coiffure. Une fois son vêtement retenu par une agrafe, ses cheveux en

45. *Fastes,* II, 156. Pour les sources du mythe de Callisto, ses différentes variantes et la
bibliographie, voir notre partie 1, chapitre 2, « La fausse déesse et la jeune fille ».
46. *Métamorphoses*, I, 208-243.
47. *Métamorphoses*, II, 409-416.

désordre entourés d'une bandelette blanche et sa main armée, tantôt d'un javelot léger, tantôt d'un arc, elle était un soldat de Phébé (*miles erat Phoebes*). De toutes celles qui foulaient le Ménale, elle était la préférée (*gratior*) de la déesse des carrefours.

Ce portrait n'est pas celui que l'on attendrait d'une belle jeune femme. Les premiers éléments sont donnés par la négative, et se corrigent l'un l'autre. Callisto n'est pas une femme au foyer, entièrement dévouée à ses travaux domestiques (*lanam mollire*), telle une épouse vertueuse. Elle n'est pas non plus, à l'inverse, une jeune femme oisive, uniquement préoccupée de son apparence (*variare positu comas*) : elle échappe à ce défaut dont Salmacis, lors du récit de la métamorphose d'Hermaphrodite, offre un exemple éloquent (elle est présentée comme une nymphe à la féminité exacerbée, qui s'inquiète de son apparence et harcèle sexuellement le jeune homme[48]). Le tableau que fait Ovide de la jeune fille amène à cet étrange constat : Callisto n'a pas les qualités d'une femme, elle n'en a pas non plus les défauts. Est-elle donc une femme ?

La description se poursuit de manière assertive et répond en chiasme aux éléments précédents : loin de se soucier de son apparence, la nymphe a les cheveux noués sans soin (*neglectos capillos*) ; loin de se consacrer aux activités féminines par excellence, elle a dans les mains un javelot, ou un arc (*iaculum ; arcum*). Cette ambivalence du personnage de Callisto que suggère Ovide trouve confirmation dans l'utilisation du substantif *miles* en tête du vers suivant, terme masculin et appartenant au champ lexical de la guerre, autre domaine des hommes : « Elle était un soldat de Phébé. » L'expression peut renvoyer certes aux activités cynégétiques, mais la désignation de Callisto encore vierge par un substantif appartenant au monde épique et désignant habituellement l'homme dans toute sa virilité a ici valeur d'oxymore. Callisto n'a pas l'apparence habituelle d'une femme, et son comportement a de nombreuses caractéristiques masculines.

Ovide souligne également un autre aspect particulier de la jeune fille : le patronyme de Callisto n'étant pas précisé, la seule chose qui relie, dans le texte, cette jeune fille solitaire au monde des vivants est sa relation à Diane[49]. Il est implicitement suggéré que ce lien est plus important que le lien filial : Callisto n'est la fille de personne, elle est « le soldat de Phébé ». Et en effet, les premiers vers descriptifs avaient suggéré, de façon proleptique, la similitude du comportement de la jeune fille avec celui de la déesse (promenade en montagne, chasse) ainsi que l'identité de leurs attributs (arc, donc forcément carquois, ou lance). L'expression *miles erat Phoebes* confirme, en nommant la déesse, cette impression et, par son extrême brièveté, suggère l'étroitesse du lien et son importance. De surcroît, on ne peut faire abstraction des connotations d'un terme comme *miles*. L'utilisation métaphorique du vocabulaire guerrier dans le domaine érotique est un topos de la littérature élégiaque et le fait qu'Ovide, auteur des *Amours*, parle de *miles* dans ce contexte ne peut être anodin. Le vers suivant complète la description de cette relation, en donnant le point de vue de Diane : aucune ne lui était plus chère (*ulla gratior hac*). Ce lien, intense et important, est donc aussi partagé.

---

48. *Métamorphoses*, IV, 271-388.
49. Remarquons que la première désignation de la déesse se fait par le terme Phébé : cette désignation insiste sur le lien d'Artémis avec son frère Apollon Phébus.

Le récit de la légende débute donc d'emblée sous le signe de l'ambiguïté : Jupiter s'enflamme pour une fille qui ressemble à un garçon, et Ovide décrit l'attachement entre cette jeune fille et une déesse avec les termes de l'élégie amoureuse.

Fluctuations du sexe

La transformation du dieu de l'Olympe, qui porte sur son identité de sexe, contribue à renforcer l'impression de non-fixité des formes et d'ambivalence des corps. Alors que la jeune fille ressemble à un garçon, le dieu se transforme en déesse. Pourquoi cette métamorphose ? L'auteur a déjà donné quelques indices en insistant sur le lien entre Diane et Callisto, et il peut supposer que même si le public ne connaît qu'une des variantes, il est informé du lien entre les deux figures féminines, élément invariant de toutes les versions. Le dessein du dieu est clairement exprimé (il brûle jusqu'aux os), et la description de Callisto par Ovide pourrait justifier son choix : Diane et Callisto sont (très) proches, quoi de plus logique que de se transformer en Diane ? Les mythes fournissent des exemples de transformation en ami ou en personnage inoffensif pour approcher une personne : dans les *Métamorphoses*, par exemple, le dieu Vertumne[50] se transforme en vieille femme pour approcher Pomone. Ici, cependant, la situation est plus complexe, car la métamorphose du dieu doit permettre d'approcher sexuellement la jeune femme, et les circonstances du viol, telles qu'Ovide les décrit, mettent en évidence une étonnante variation de la nature du rapport sexuel[51] :

> Le soleil, haut dans le ciel, avait dépassé le milieu de sa course, quand celle-ci pénétra dans un bois que le temps n'avait pas atteint. Là, elle enleva le carquois de son épaule, détendit son arc flexible. Elle était allongée sur le sol recouvert d'herbe, la tête appuyée sur son carquois diapré, quand Jupiter la vit, lasse et sans protection. Il dit : « Ce forfait, ma femme n'en saura rien, c'est certain, et si elle l'apprend, eh bien, cela vaut bien la peine de subir ses récriminations ! » Aussitôt, il prend l'apparence de Diane, avec son costume, et dit : « Jeune fille, toi qui fais partie de mes compagnes, dans quelles montagnes as-tu chassé ? » La jeune fille se lève de sa couche d'herbe et dit : « Salut, déesse que je mets plus haut que Jupiter – même s'il m'entend ! » Il rit en l'entendant, ravi d'être préféré à lui-même, et il la couvre de baisers, des baisers trop empressés, qui ne sont pas ceux d'une vierge. Comme elle s'apprêtait à raconter dans quelle forêt elle allait chasser, il l'en empêcha en la serrant contre lui, et il se montra tel qu'il était, non sans crime. Mais elle résiste, du moins autant que le peut une femme – si seulement, fille de Saturne, tu pouvais en être témoin, afin que tu sois plus indulgente ! Elle se débat, mais de qui une jeune fille pourrait triompher ? Et quel dieu triompherait de Jupiter ? Victorieux, Jupiter gagne l'éther. Quant à elle, elle n'a que haine pour le bois et la forêt, témoins de ce crime. En quittant les lieux, elle manque d'oublier son carquois, ainsi que les flèches et l'arc qu'elle avait suspendu.

Lorsque Jupiter avait vu pour la première fois la jeune Callisto au début du récit, le poète avait pris soin de préciser que celle-ci est parée d'attributs masculins, et c'est la vue de ce corps si peu féminin, si proche de celui d'un jeune et beau *puer,* qui enflamme

---

50. *Métamorphoses*, XVI, 655 *sq.*
51. *Métamorphoses*, IV, 422-440.

le dieu. Les vers qui évoquent la brutalité du désir divin sont en effet immédiatement suivis de la description (par la négative) de la jeune fille, où il est dit qu'elle ne ressemble pas à une femme. Pendant cet instant où la jeune femme est à découvert et où Jupiter l'admire depuis l'éther, l'attirance du dieu pour Callisto est similaire à celle qu'il éprouve pour Ganymède, ou à celle d'Apollon pour le jeune Hyacinthe (qu'Ovide évoque plus loin, dans le livre X) : c'est celle d'un éraste pour son éromène.

Mais, à nouveau, rien n'est fixe et l'attirance du dieu, ainsi que son sexe, se transforment. La jeune fille pénètre dans la forêt, lieu métaphorique de sa virginité : c'est une forêt vierge, que le temps a laissée intacte, et la précision de la position du soleil, au milieu de sa course, suggère par contraste l'obscurité du lieu. Loin de la lumière, à l'abri mais seule, la jeune fille se défait de ses signes extérieurs de masculinité : le carquois (*pharetram*) et l'arc (*arcus*). Son comportement aussi change : elle n'est plus un *miles* en action, elle est fatiguée (*fessam*). Le poète insiste sur sa vulnérabilité : elle est sans protection (*custode vacantem*), dans une posture qui est celle du repos et de l'abandon (*in solo jacebat*). La jeune fille qui ressemblait à un garçon ressemble à nouveau à une fille.

Pourtant, alors que le dieu a devant lui, non plus un « garçon manqué » qui éveillait son désir, mais une vraie jeune fille, il choisit de se métamorphoser en femme (*protinus induitur faciem cultumque Dianae*). Le paradoxe est à son comble, et il est renforcé par l'adverbe *protinus*, qui laisse croire que la logique de cet acte est évidente. Pourquoi se transformer en femme au moment précisément où celle qui ressemblait à un garçon cesse de ressembler à un garçon ? Et surtout, pourquoi se transformer en femme pour séduire une femme ? Une métamorphose d'un dieu en déesse est un événement rare : les transformations sexuelles mythiques des mortels ou des héros sont peu fréquentes[52]. En ce qui concerne les transformations – provisoires – des dieux, le travestissement est, dans les mythes, le fait de Dionysos et, dans les autres cas de transformations sexuelles, il s'agit de transformations « stratégiques » (en messager, en vieille femme) sans connotation érotique. En brouillant les signes extérieurs de l'identité sexuelle, Ovide crée un véritable chassé-croisé des caractéristiques genrées : Jupiter, le dieu viril qui séduit traditionnellement garçons et femmes, se transforme en déesse, et son désir qui avait de fortes connotations pédérastiques se transforme en un désir d'une déesse pour une femme.

Une éphémère étreinte entre femmes et les métamorphoses du désir

Ces multiples transformations aboutissent finalement à une scène de séduction et à une étreinte entre deux femmes, qu'Ovide, loin de traiter par une ellipse (comme c'est le cas souvent dans les résumés du mythe), donne à voir au lecteur. Le dialogue et la description par le poète des premiers baisers entre les deux personnages insistent sur le fait que les premières étapes de l'étreinte sexuelle ne sont pas subies par la jeune Callisto. Ovide souligne l'élan de la jeune femme vers celle qu'elle croit être Diane et, de ce fait, met également en évidence l'intelligence de la ruse du dieu. L'adverbe *protinus*

---

52. Sur les métamorphoses sexuelles dans les mythes, voir le développement « Une métamorphose érotique », dans la partie consacrée au mythe de Callisto.

qui caractérisait la transformation divine prend rétrospectivement tout son sens : sans hésiter, Jupiter *sait* en qui se transformer. Et ce qu'il sait révèle un lien préexistant – sur lequel se fonde tout le récit – celui plus qu'amical entre Diane et Callisto.

Le poète joue alors quelque temps sur le quiproquo, qui devient plus insolite encore lorsque la jeune femme compare Diane à Jupiter (« divinité, selon moi, supérieure à Jupiter », *numen me iudice majus Iove*), affirmant clairement sa préférence. Le quiproquo se poursuit lorsque Jupiter s'approche de la jeune fille et que, loin de chercher des sujets de conversations typiquement féminins, il entreprend de parler de chasse et de forêt : Jupiter a non seulement l'apparence de Diane, mais il imite également son comportement (le narrateur précise bien, lors de la métamorphose, que la transformation affecte l'apparence physique et tout le reste, à savoir le vêtement et l'attitude, *faciem cultumque*[53]). Toujours dans le cadre de cette imitation comportementale, Jupiter embrasse Callisto (*oscula iungit*). Le narrateur intervient alors pour préciser, ou souligner, la nature de ces baisers : il ne s'agit pas de tendres baisers entre amies, ni de baisers de salutation[54], ils sont trop appuyés (*nec moderata satis*), ils sont comme une vierge ne doit point en donner (*nec sic a virgine danda*). Callisto ne refuse pas ces baisers et Ovide nous décrit une jeune fille à l'aise dans la conversation et ne soupçonnant rien d'anormal : tout en étant embrassée de cette manière, elle s'apprête à raconter sa journée. Callisto étant consentante, les événements s'enchaînent alors rapidement : Jupiter « se révèle non sans crime » (*nec se sine crimine prodit*). Callisto comprend qu'il s'agit d'un homme (ou d'un dieu) et l'on suppose – car le texte devient très elliptique – que le dieu se transforme à nouveau, à cet instant, en divinité masculine, pour commettre le viol (objet du *crimen*). Et là, seulement là, elle se débat (*pugnat*), ce qui fait apparaître nettement que le refus de Callisto n'est pas ici un refus de l'étreinte amoureuse, mais un refus de l'homme.

Arrêtons-nous juste un moment sur la formulation *nec sine crimine* : elle est unique dans les *Métamorphoses*. Or il s'avère que cette litote est l'exacte reprise de ce que dit Sappho, dans les *Héroïdes*, lorsqu'elle évoque ses amours passées pour des femmes de Lesbos, des femmes, dit-elle, « que j'ai aimées, ce qui n'a pas manqué de m'être reproché (*quas non sine crimine amavi*) »[55]. La reprise de cette même expression, dans un même contexte d'homoérotisme féminin, ne peut être l'effet du hasard. Il y a là de la part du poète un clin d'œil érudit et ludique : si l'amour de Sappho pour les femmes a été pour elle l'objet d'accusation, on peut se demander ce que recouvre cette expression dans le cas de Jupiter. Peut-être le poète suggère-t-il la possibilité que Jupiter ait profité quelque temps de son apparence féminine pour jouir du même plaisir que Sappho a connu ?

Il y a, dans la mise en scène de cette rencontre entre Jupiter et Callisto, d'indéniables effets d'humour, qui ne dérogent pas à la pratique habituelle du poète. L'inégale

---

53. On retrouve cette alliance des deux termes dans le récit de l'histoire d'Iphis (IX, 912), où il est également question d'un amour entre deux femmes. Le motif y est inversé.

54. Le thème du baiser de salutation est fréquent dans la littérature latine : l'*osculum* est habituel entre membres d'une même parentèle ou entre hommes de même rang, mais il donne également matière à plaisanteries. Suétone raconte qu'Agrippine séduisit son oncle Claude par les baisers de salutation qu'elle avait le droit de lui donner (*Claude*, XXVI, 7).

55. *Héroïdes*, XV, 19.

répartition de l'information (Callisto en sait moins que Jupiter, et bien moins que le public) permet à Ovide de jouer sur les multiples sens des mots et des situations : la naïveté de Callisto lorsqu'elle déclare préférer Diane au maître des dieux, la parodie par Jupiter des attitudes typiques de Diane, l'ambiguïté provisoire du baiser échangé. L'allusion du dieu à son épouse et à sa jalousie renvoie également à des motifs comiques bien connus. De nombreux commentateurs, comme M. Boillat, F. Bömer et M. Haupt[56], ont interprété cet humour ovidien comme la preuve que ce passage était directement inspiré de la comédie d'Amphis, que, par conséquent, le traitement de cette métamorphose n'était pas une création d'Ovide et, surtout, que la variante du dieu métamorphosé en déesse n'était qu'une invention de la comédie. Ce raisonnement n'est pas juste : la variante « Zeus transformé en Artémis » est antérieure à cette comédie et, de surcroît, ce qui caractérise la pièce d'Amphis est le dialogue burlesque entre la déesse et la jeune fille qui l'accuse de l'avoir engrossée. Chez Ovide, Callisto a bien compris que les apparences sont trompeuses et, lorsqu'elle rejoint la troupe, après le viol, elle marque un arrêt pour s'assurer que Diane est bien Diane[57]. Loin de développer le quiproquo initial, Ovide insiste au contraire sur les conséquences du viol et les transformations que cet acte entraîne : Callisto n'est plus le bel enfant asexué qui gambadait et chassait en forêt et, lorsqu'elle sort de cette forêt ombreuse, le poète fait remarquer qu'elle manque d'oublier son carquois et ses flèches.

Par le choix de cette variante, par certains détails du mythe et par de légères modifications, Ovide ne propose pas une adaptation d'une comédie, mais s'applique, comme il le fait à d'autres occasions, à mettre en valeur les éléments fondateurs du mythe[58] : toute l'histoire de Callisto devient, dans la narration d'Ovide, une cascade de transformations qui affectent le sexe et le genre de l'individu. Ainsi, la description du bain et le fait qu'Ovide rappelle avec insistance l'importance, pour la déesse et sa troupe, de n'être point vues, est à lire également comme un renvoi implicite au mythe d'Actéon, qui surprit, bien malgré lui, la déesse Artémis au bain. Le parallèle avec le mythe d'Actéon, dévoré par ses chiens et poursuivi par ses compagnons chasseurs, est renforcé par une légère modification du mythe de Callisto : la majorité des sources évoque l'ourse poursuivie par des bergers ; ici, ce sont des chasseurs et des chiens qui traquent la malheureuse bête. Tirésias, selon une version du mythe, commit un crime semblable (il fut aveuglé pour avoir vu Athéna nue), et plus loin dans les *Métamorphoses*, Ovide évoque la transformation sexuelle de Sithon, qui est peut-être Siproïtès, un chasseur crétois, qui, pour avoir vu Artémis au bain, fut transformé en femme[59].

Le bain joue un rôle important dans les mythes qui évoquent la question de l'identité de sexe et Ovide, en décrivant les jeunes filles nues qui s'apprêtent à se baigner et qui déshabillent de force leur compagne, reprend un élément du mythe qui *n'appartient pas* à la même version que celle où Jupiter se transforme en Diane. En effet, il

---

56. Boillat 1976, p. 141 ; Haupt *et al.*, 1976, p. 112 ; Bömer 1977, p. 348.

57. *Métamorphoses*, IV, 443-444.

58. Delcourt, dans ses travaux sur l'hermaphrodisme, a souligné la fidélité d'Ovide à ses sources et la pertinence de ses « innovations » (Delcourt 1958, p. 55 et 82).

59. *Métamorphoses*, IV, 279-280. Sur ces deux personnages, voir le développement « Une métamorphose érotique », dans la partie consacrée au mythe de Callisto.

est apparu, dans l'étude de la structure du mythe de Callisto, que l'épisode du bain où la jeune fille est découverte ne figure que dans la variante où Zeus *ne se transforme pas* en Artémis et que ces deux éléments étaient, selon toute vraisemblance, l'expression, dans le récit mythique, d'un même signifié : la question du genre et de l'identité sexuelle. En transformant le mythe et en intégrant dans un même récit ces deux éléments (qui sont en réalité la mise en discours d'un même signifié), Ovide procède à une hypercaractérisation : dans les *Métamorphoses*, le mythe de Callisto porte à la fois sur la question de l'identité de sexe et sur le lien entre cette identité et le désir[60]. Loin de faire de Callisto un élément de la série « les belles poursuivies » (pour lesquelles le récit insiste sur l'aspect érotique de la fuite et de la poursuite), Ovide, par ces effets d'intertextualité et d'échos internes, met en évidence les thématiques profondes qui traversent le mythe, qui sont celles des mythes portant sur le sexe et le genre.

Mais comment interpréter, dans le cadre général du *carmen perpetuum*, l'insistance du poète sur cet aspect du mythe de Callisto et le développement qu'il accorde à cette variante ? Le viol de Callisto, la jalousie de Junon et la transformation en étoiles de l'ourse et de son fils expliquent l'origine de constellations que les Romains, du temps d'Ovide, peuvent contempler, à certains moments de la nuit et de l'année, dans différents lieux de la voûte stellaire. Mais que peut expliquer cette éphémère étreinte entre Callisto et la déesse, que ne prend pas la peine de mentionner le texte des *Fastes* ? Le récit prend place dans un temps peu éloigné du chaos, juste après le grand incendie de l'univers, et le monde n'a pas encore sa forme finale : tout est encore mouvant, les femmes peuvent devenir des ourses, les animaux des étoiles. En ce qui concerne le domaine du sexe et du désir, tout est encore possible également : le féminin peut avoir des caractéristiques masculines, le masculin devenir féminin. Ovide donne à voir ici à son lecteur les multiples métamorphoses du sexe, des caractéristiques genrées et des désirs qui unissent les êtres. À ce moment-là de l'histoire du monde, le désir n'est pas encore fixé par telle ou telle norme, le genre n'est pas encore lié à tel ou tel sexe : en l'espace de quelques secondes, et de quelques vers, le poète fait aller et venir les signes, profitant de la fluidité des formes pour déployer l'éventail des possibilités du désir dans ce monde qui n'appartient pas encore à l'Histoire. Parallèlement au changement de corps du dieu, la nature de la relation se transforme : d'abord désir de Jupiter à connotation pédérastique puis baisers érotiques entre femmes, le rapport de Jupiter et de Callisto devient, finalement, un rapport sexuel homme/femme qui se caractérise par un rapport de force. Les termes exprimant la supériorité du dieu et l'infériorité de la jeune femme confirment que ce rapport de sexes est une relation inégale, une relation de domination (*quantum modo femina posset* ; *superare*). Ovide, en reprenant la métaphore de la guerre esquissée au début du récit, souligne, avec une triste ironie, que celle qui était auparavant un *miles* trouve enfin son *victor*.

Dans cet éventail des possibles déployé par le poète apparaît donc un bref instant, comme une image subliminale, l'image fugitive, mais nette, de l'amour entre femmes. Et si cette image disparaît si vite, c'est pour que soit justifiée son absence dans le

---

60. Des phénomènes semblables d'hypercaractérisation et d'intrication de variantes différentes dans un même récit ont été mis en évidence par Brisson, dans son analyse structurale du mythe de Tirésias (Brisson 1976).

monde historique (*ad mea* [...] *tempora*, écrit le poète), celui dans lequel vivent Ovide et ses lecteurs. Il ne s'agit pas d'affirmer qu'à Rome aucune femme n'a de relations amoureuses ou sexuelles avec des femmes ou que personne n'en parle jamais mais que, dans le *carmen perpetuum*, le monde dont Ovide veut rendre compte est un monde où cette forme d'amour n'existe pas. À nouveau, comme dans le cas de la lettre de Sappho à Phaon, Ovide évoque les relations entre femmes au moment même où elles ne sont plus.

Iphis dans les *Métamorphoses* : la métamorphose du mythe

Un paradoxe similaire d'apparition/disparition dans un contexte semblable se produit dans une autre métamorphose, très longuement racontée par le poète. Il s'agit de l'histoire d'Iphis, un des plus longs textes évoquant des relations amoureuses entre femmes de l'Antiquité grecque et romaine[61].

La dernière métamorphose du livre IX est celle d'une jeune fille, Iphis, en un garçon du même nom. L'action se situe en Crète. Ligdus, un homme libre de situation très modeste, annonce à sa femme Téléthousa, enceinte, que leur condition ne leur permet pas d'élever une fille. Il décide que l'enfant doit mourir si celui-ci s'avère être du sexe féminin. La mère éplorée voit apparaître en songe la déesse Isis qui lui promet sa protection et lui enjoint de garder l'enfant quel que soit son sexe. Téléthousa accouche d'une fille dont elle dissimule l'identité sexuelle, et le père nomme l'enfant Iphis, nom commun aux deux sexes. Lors de ses treize ans, Iphis est fiancée par son père à son amie d'enfance, Ianthé, fille de Télestès. Les deux jeunes filles sont éprises l'une de l'autre, mais Ianthé prend son amie pour un garçon. La situation est critique : Iphis, dans une longue plainte où elle avoue sa passion pour Ianthé, se livre à un blâme en bonne et due forme de cet amour hors norme. Téléthousa tente quelque temps de repousser la date du mariage. Lorsque le mensonge est sur le point d'être découvert, elle se rend auprès de l'autel d'Isis et implore son aide. La déesse accède à ses vœux et transforme la jeune fille en garçon. Une inscription est déposée devant le temple de la déesse et le mariage des jeunes amants célébré le lendemain.

De Leukippos à Iphis

Le schéma narratif de l'histoire d'Iphis est celui de la métamorphose de Leukippos, relatée par Antoninus Liberalis dans son recueil de légendes grecques, les *Métamorphoses*[62]. Cette compilation de mythes date de la fin du IIe ou du début du IIIe siècle et la princi-

---

61. Pendant longtemps, ce passage a suscité peu d'intérêt de la part des critiques, et ce n'est que récemment que les chercheurs travaillant sur les questions du genre et de la sexualité dans l'Antiquité y ont consacré un développement spécifique (Leitao 1995, Wheelers 1997, Pintabone 2002, Ormand 2005). Quant aux approches générales sur la sexualité à l'époque romaine, certaines passent sous silence ce texte et les autres se contentent de relever le passage, sans l'analyser davantage (Hallett 1989, p. 212 ; Cantarella 1988, p. 242-243 ; Martos Montiel 1996, p. 54 et Brooten 1996, p. 44).

62. Antoninus Liberalis, *Métamorphoses*, XVII, 1-4.

pale source d'Antoninus Liberalis est Nicandre[63], auteur grec du IIe siècle av. J.-C., originaire de Colophon. Dans le cas de la légende de Leukippos, une « manchette » indique que la source de ce passage provient des *Heteroioumena* de Nicandre, qui lui-même est une des principales sources d'Ovide : près de la moitié des mythes évoqués dans l'œuvre d'Antoninus Liberalis se retrouve dans les *Métamorphoses* d'Ovide. Or le texte de Nicandre a disparu, seul reste le résumé d'Antoninus Liberalis, moins développé que le récit d'Ovide, mais dont les étapes de l'intrigue ainsi que la localisation ne laissent pas de doute sur le fait que ce mythe est bien la source de la métamorphose d'Iphis[64] :

> – un couple de condition très modeste, la mère est enceinte, le père ne veut pas d'un enfant de sexe féminin ;
> – les songes de la mère et son mensonge : la petite fille est nommée Leukippos et habillée en garçon ;
> – supplications de la mère et transformation de Leukippos en garçon par la déesse Léto lorsque la beauté de l'enfant peut trahir le subterfuge.

L'histoire est fortement ancrée dans le contexte crétois : elle se présente comme un récit étiologique, expliquant l'origine de la fête nommée Ekdusia et d'un culte rendu à Léto *Phutiê*, à Phaistos. L'histoire de Leukippos explique aussi les rituels nuptiaux de Phaistos, auxquels sont liés ces Ekdusia :

> Les Phaestiens se souviennent encore de ce changement et sacrifient à Léto *Phutiê* qui fit pousser des parties viriles à la jeune fille, et ils donnent le nom d'Ekdusia à cette fête, car la vierge avait quitté le *péplos*. Et dans les mariages, les femmes du pays ont coutume, avant leur nuit de noces, de se coucher au flanc de la statue de Leukippos[65].

Ce bref passage étiologique a suscité l'intérêt des chercheurs. M. Delcourt, B. Sergent et H. Jeanmaire[66] voient dans cette fête une subsistance des rituels initiatiques masculins (rituels indo-européens qui sont, selon B. Sergent, de nature pédérastique). Antoninus Liberalis explique que le nom de cette fête, le « Dévêtement », se réfère au moment où Leukippos a enlevé son *péplos* féminin, alors que Leukippos a toujours été habillée en garçon : cet acte serait à mettre en relation avec le moment du rituel où les jeunes garçons, habillés en filles, enlèvent leur habit féminin. Que Leukippos soit une fille

---

63. Sur Nicandre et le problème des sources d'Antoninus Liberalis, voir Papathomopoulos 1968, p. XIV-XXIII et, sur Antoninus Liberalis, p. VII-IX. Parmi les quarante et une fables d'Antoninus Liberalis, vingt et une se réclament des *Heteroioumena* de Nicandre.

64. L'indication géographique de la ville de Phaistos, dans Antoninus Liberalis et dans Ovide, permet d'associer les deux récits. Quant au changement de nom des personnages, c'est chose fréquente en poésie. Cf. Papathomopoulos 1968, p. 105, XVI, n. 2.

65. Antoninus Liberalis, XVII, 6 (trad. Papathomopoulos).

66. Jeanmaire considère que le travestissement des garçons en filles a une valeur négative, puisque c'est précisément de ces valeurs féminines que doit se débarrasser l'initié (Jeanmaire 1939, p. 153, 321, 352, 443). À l'inverse, Delcourt, en mettant en évidence le lien constant entre travestissement et union sexuelle, pense que l'androgynie momentanée avait une forte valeur positive (Delcourt 1958, p. 27).

déguisée en garçon et les jeunes initiés des garçons déguisés en filles, que Leukippos ait porté des habits de garçon durant des années et que ces garçons ne portent des vêtements féminins que quelques jours[67], ce que souligne le mythe est le « dénominateur commun », à savoir la bisexuation des jeunes novices et celle de Leukippos adolescente. Et si la fête des Ekdusia est liée, chez Antoninus Liberalis, aux rites nuptiaux[68], c'est, explique B. Sergent en rapprochant ce rite des pratiques crétoises décrites par Éphore[69], parce que celles-ci « marquent la fin de l'initiation, et ouvrent la capacité au mariage ». D'ailleurs, Léto, qui opère la métamorphose dans le mythe et qui est vénérée dans le rite, est « la mère d'Apollon et d'Artémis, les deux divinités qui président respectivement aux initiations masculines et féminines[70] ». Comme l'écrit P. Forbes Irving[71], on pourrait ne voir dans ce changement de sexe qu'une « métaphore de la croissance du jeune garçon en homme », où « le changement de femme en homme [serait] une exagération du changement de garçon en homme célébré par le rite », l'opposition homme/femme correspondant à l'opposition adulte/enfant. Pour cet auteur qui analyse les métamorphoses dans leur ensemble, le rituel des Ekdusia consisterait simplement, pour le garçon, à enlever ses habits d'enfant (et sans qu'il soit question d'un quelconque travestissement). Mais, quoi qu'il en soit, et même si cette interprétation minimise l'importance de la pédérastie en Crète et des rituels de travestissement en Grèce ancienne, P. Forbes Irving lie, lui aussi, cette métamorphose à un passage du garçon à l'âge adulte.

L'histoire de Leukippos, dont s'inspire Ovide, est donc un mythe qui a trait aux thèmes de la bisexuation et du changement de sexe (comme la mise en parallèle que fait le narrateur avec les mythes de Tirésias, de Kainis, d'Hypermestre et de Siproïtès le montre)[72], ainsi qu'au thème du passage à l'âge adulte. L'histoire d'Iphis, telle que la raconte Ovide, est sensiblement différente.

67. Sergent 1986, p. 396-399. En ce qui concerne la durée du rituel, Sergent précise : « Le mythe radicalise des oppositions qui, dans la quotidienneté vécue, ne s'expriment que transitoirement. »

68. Leitao, contrairement à Delcourt et Sergent, pense que ce rituel ne concerne pas uniquement les jeunes femmes, et que les futurs mariés dorment eux aussi près de la statue (Leitao 1995, p. 161).

69. Éphore, rapporté par Strabon, dans *Géographie,* X, 4, 20. Il est précisé que le mariage suit la sortie de l'*agelê,* pour tous les garçons (c'est une pratique collective). Or c'est aussi dans le cadre de cette éducation collective que se noue la relation individuelle entre le *philêtôr* et le jeune *parastatês.* Cf. Sergent 1986, p. 380 *sq.*

70. Sergent 1986, p. 398.

71. Forbes Irving 1990, p. 152-155 (l'auteur semble ignorer les travaux de Sergent). Bremmer, quant à lui, trouve cette interprétation minimaliste, estimant qu'« un arrière-plan rituel du changement de sexe n'est pas improbable » (Bremmer 1992, p. 196).

72. Antoninus Liberalis, XVII, 4-5 (trad. Papathomopoulos) : « La même chose était survenue à Caenis, fille d'Atrax, qui, par la volonté de Poséidon, devint Caeneus le Lapithe ; à Tirésias qui, d'homme qu'il était, devint femme pour avoir rencontré au carrefour des serpents enlacés et les avoir tués ; et qui changea ensuite de sexe pour avoir de nouveau tué un serpent ; à Hypermestre qui, à plusieurs reprises, se prostituant sous sa forme de femme, se faisait payer et devenant homme rapportait de quoi vivre à son père Aethon ; au Crétois Siproïtès qui changea de sexe pour avoir vu, lors d'une chasse, Artémis au bain. »

La structure du récit

L'histoire d'Iphis racontée par Ovide est bien plus longue et développée que ce que rapporte Antoninus Liberalis. Comme le remarque S. Viarre, « malgré l'existence dans l'Antiquité gréco-latine d'un intérêt psychologique constant, le seul traitement quasi systématique proprement littéraire d'un tel sujet [à savoir les changements de sexe] nous est offert par Ovide. Ailleurs, nous avons affaire à des savants, ou à des érudits, scoliastes, mythologues, etc., qui font des recensements, non de la littérature[73]. » La différence générique entre le texte d'Ovide et le résumé mythographique d'Antoninus Liberalis n'est pas un obstacle, cependant, à une comparaison des structures. La structure du récit que fait Ovide de l'histoire d'Iphis est assez complexe :

> Première partie : autour de la naissance d'Iphis
> – Ligdus et sa femme : conditions matérielles et familiales (pauvreté, Téléthousa enceinte)
> – avertissement du père qui ne veut pas de fille et supplication de la mère, Téléthousa
> *1re péripétie* : le rêve proleptique de la mère
> – apparition d'Isis et de son cortège
> – discours d'Isis
> *2e péripétie* : accouchement et début du mensonge
> – naissance et baptême
> – l'enfance d'Iphis (fille habillée en garçon)
> Deuxième partie : Iphis adolescente
> *1re péripétie* : un mariage impossible
> – début de l'amour entre les deux jeunes filles
> – projet, par le père, de mariage entre Iphis et Ianthé
> – discours d'Iphis
> – Téléthousa repousse le mariage que Ianthé souhaite
> *2e péripétie* : intervention d'Isis
> – supplication de Téléthousa et manifestation divine
> – métamorphose d'Iphis
> – mariage entre Iphis (homme) et Ianthé (femme)

Le récit d'Antoninus Liberalis a une structure plus simple. La première partie s'ouvre sur un tableau rapide de la situation familiale et de la volonté du père, et se termine par le mensonge de la mère qui travestit l'enfant et lui donne un nom de garçon, Leukippos. La deuxième partie raconte la croissance de l'enfant[74] et le moment où la beauté de

---

73. Viarre, 1985, p. 229. C'est également le cas pour le mythe d'Hermaphrodite. La raison du désintérêt de certains genres littéraires pour de tels sujets est une autre – et vaste – question.

74. Le découpage n'est pas arbitraire : l'élément déclenchant indique une rupture. Le plus-que-parfait *successerat* indique clairement qu'Iphis est déjà adolescente (treize ans) quand l'élément déclenchant se manifeste. Ovide n'intègre pas l'enfance et la croissance d'Iphis dans sa seconde partie. Antoninus Liberalis intègre quant à lui la croissance de la jeune fille puisqu'il lie le fait de grandir à l'élément déclenchant.

la jeune fille précipite les événements et pousse la mère, Galatéia, à implorer Léto, qui transforme la jeune fille en garçon. Tout comme il s'était permis une digression à propos des mythes de changement de sexe, le narrateur enchaîne avec un commentaire étiologique, en reliant cette histoire aux rites de la cité de Phaistos.

Si l'on exclut cette digression qui est une intervention du narrateur hétérodiégétique, la première partie (les circonstances de la naissance et du travestissement de Leukippos) représente deux tiers de la narration, la seconde partie (l'intervention de Léto et la métamorphose de la jeune fille), un tiers[75]. Dans le récit d'Antoninus Liberalis, la métamorphose est quasi instantanée : cette concision concorde tout d'abord avec le fait qu'en général Nicandre accorde une plus grande importance au caractère étiologique de la manifestation surnaturelle qu'à l'aspect extraordinaire de la métamorphose[76]. Mais surtout, comme le révèle la structure de la légende, l'attention est portée[77] sur les circonstances de la naissance de Leukippos, qui expliquent pourquoi sa mère recourt au travestissement, et les années précédant son adolescence, c'est-à-dire les années où le travestissement est crédible.

Chez Ovide, l'analyse de la vitesse narrative met en évidence une focalisation sur des éléments différents de l'histoire : l'accent est mis, non sur les raisons pour lesquelles Iphis doit être *habillée* en garçon, mais sur celles pour lesquelles elle doit être *transformée* en garçon. Chez Antoninus Liberalis, cela va de soi : Leukippos grandit (ηὔξετο[78]). Ovide rompt donc avec la tradition légendaire : alors que le mythe de Leukippos est un mythe fortement lié aux rites de passage et plus particulièrement à cette étape du rite qui comprend le travestissement, l'histoire d'Iphis insiste plus sur les raisons du travestissement que sur les raisons de la métamorphose. Cette analyse se voit confirmée par l'« erreur » du narrateur relevée par les commentateurs. Au moment où il est question de métamorphose physique, le narrateur parle du fait que la jeune fille a enlevé son habit de fille – alors que, selon toute logique, elle était habillée en garçon. Certes, l'auteur trouve là le moyen étymologique d'expliquer le rituel des Ekdusia, mais notre analyse montre qu'il ne s'agit pas d'une distorsion de dernière minute pour plaquer un développement étiologique qui correspond à la mode de l'époque hellénistique. Il s'agit bien d'un élément fondateur du mythe. Le sujet de Leukippos est le travestissement, et même lorsqu'il est question de métamorphose physique, le récit revient à une histoire d'habits.

Dans les *Métamorphoses* d'Ovide, il n'est jamais question des Ekdusia, ni même de dévêtement au sens premier : le paradigme du vêtement est absent. Ovide pourtant ne répugne pas aux jeux étymologiques et ses métamorphoses sont souvent des récits étiologiques (le mythe d'Hermaphrodite fournit l'explication d'une rumeur ; ceux de Daphné ou d'Arachné apportent une explication aux noms). L'action est toujours située dans cette ville de Crète où se situe la légende de Leukippos, mais la métamor-

---

75. Dans le cas où l'on n'exclut pas cette digression, la première partie est de longueur égale à la seconde. Cela va, quoi qu'il en soit, toujours dans le sens de notre démonstration.

76. Cf. Forbes Irving 1990, p. 26.

77. La nature du texte (un résumé de mythe) explique que l'auteur ne s'attarde jamais longtemps sur tel ou tel fait. Nous déduisons cette affirmation du *rapport* mathématique entre cette partie et la totalité de l'histoire.

78. *Métamorphoses*, XVIII, 2.

phose d'Iphis n'explique pas l'origine d'un quelconque rite indigène. Alors qu'Antoninus Liberalis consacre un développement conséquent à l'explication de l'origine de la fête de Phaistos et du rituel nuptial, l'aspect étiologique semble totalement supprimé dans le récit d'Ovide. « La mention de l'ex-voto est peut-être un dernier vestige de cette fonction », précise F. Graf[79], qui note aussi cette transformation.

La grande différence de structure des deux récits est constituée par la longue seconde partie du texte d'Ovide : la modification essentielle vient de l'innovation de l'auteur dans le choix de « l'élément perturbateur ». Alors que la transformation de Leukippos devenait rapidement nécessaire du fait de sa transformation physique, celle d'Iphis est la conséquence d'une attirance qui n'est pas le fait de la nature. La décision paternelle n'est pas à elle seule l'élément déclenchant car l'amour, comme le précise le narrateur, préexistait au projet de mariage du père. Au lieu de précipiter le dénouement comme c'est le cas dans l'histoire de Leukippos, cet élément relance le récit, d'où la seconde partie, qui ne doit plus rien à cette source. Ainsi, Ovide se démarque de son hypotexte sans l'éliminer pourtant. Il cantonne dans la première partie de son récit le thème du travestissement, il évacue l'étiologie – évidente – de la légende et déplace le sujet de l'histoire.

La fonction des différents personnages

Comme l'a justement remarqué Leitao qui analyse la *male gender ideology* dans trois mythes où apparaît un/une Leukippos[80], le mythe rapporté par Antoninus Liberalis donne le rôle principal à la mère et cela différencie considérablement les deux textes. Leukippos en effet n'agit jamais et ne prononce aucune parole. La seule fois où elle est sujet grammatical d'un verbe, c'est pour décrire l'action de la nature qu'elle subit : « grandir » et « devenir belle ». Si Leukippos ne fait rien, c'est parce que Galatéia fait tout. Elle décide de consulter des personnes susceptibles de l'aider ; c'est elle seule qui élève son enfant ; c'est elle aussi qui lui donne son nom, un nom clairement masculin – elle assume le mensonge ; c'est encore elle qui se rend seule au sanctuaire de Léto et qui demande explicitement le changement de sexe (elle connaît la solution à sa situation critique, avec précision).

79. Graf, 1988, p. 60, n. 8.

80. Leitao (1995) ne différencie pas Iphis de Leukippos, ce qui nous semble être une erreur. En revanche, utiliser Iphis pour ce que ce texte garde de sa source est pertinent dans cette approche, mais il conviendrait alors de le préciser et de ne pas étendre ces constatations à l'Iphis vue par Ovide. Nous ne suivons pas Leitao dans sa critique véhémente de l'approche structuraliste ni dans la totalité de ses conclusions, mais sa démonstration de la *male gender ideology* est convaincante. Nikitas (1985) entreprend lui aussi de recenser les grandes différences entre Antoninus Liberalis et Ovide, et ceci principalement pour démontrer l'importance d'une autre source grecque dans l'écriture de la métamorphose (Parthénios, *Erotica*, 5). Il conclut par l'affirmation que l'adaptation de ces hypotextes dans un seul et même passage et la dramatisation de la situation en font un chef-d'œuvre de l'art ovidien. Il n'analyse pas les conséquences de ces transformations sur le *sens* du récit. Graf lui aussi a pris note du rôle de la mère (Graf 1988, p. 59), mais sans en analyser les raisons.

L'analyse par Leitao du rôle fondamental de la mère est intéressante : devenir un homme[81], c'est quitter le monde féminin dans lequel est plongé le petit enfant, c'est aller contre le lien étroit qui unit la mère à son fils et cela ne peut se faire sans initiation. Métaphoriquement, Leukippos-fille représente le garçon avant son initiation, Leukippos transformé représente le garçon après son initiation. « Nous pouvons ainsi interpréter la décision de Galatéia de garder sa fille Leukippos comme une tentative de garder Leukippos *en* fille[82]. » Et, en effet, dès le début, le père émet le désir d'avoir un garçon ; la mère, elle, garde l'enfant (dans le texte τὸ βρέφος, genre non marqué) après avoir pensé à sa propre solitude (ἐρημία). Elle ne se résout à la décision finale que poussée par la peur. Mère castratrice, donc, qui s'oppose à la décision du père et qui décide pour son enfant; cette lecture différente ne va pas à l'encontre des autres (rite de travestissement, mythe initiatique).

Ce rôle de la mère, Ovide l'a en grande partie évacué. Dans son récit, Téléthousa joue un rôle bien moindre. La déesse apparaît dans son rêve sans qu'elle l'ait directement suppliée, ni qu'elle soit allée consulter les personnes compétentes. La suite de ses actions par conséquent n'est qu'une obéissance passive aux ordres divins. Elle n'élève pas seule son enfant car il est question d'une nourrice, qu'elle met dans le secret. C'est le père, et non elle, qui choisit le nom du bébé et elle se réjouit que ce choix lui soit favorable, sans qu'elle ait eu à intervenir, car cela lui permet de mentir le moins possible (ce mensonge non assumé est rendu par l'oxymore *pia mendacia*). Enfin, elle ne se résout pas tout de suite à demander des comptes à Isis et tente d'abord de repousser le mariage ; il y a là une fuite, une peur d'affronter les événements. C'est accompagnée de sa fille qu'elle se rend au sanctuaire, et ses prières sont un humble appel à l'aide, dans lequel elle laisse toute liberté de décision à la déesse quant à la nature de l'aide qu'elle attend.

Parallèlement, le rôle du personnage d'Iphis dans l'intrigue est bien plus important que celui de Leukippos[83]. Dans le récit d'Antoninus, Leukippos ne prend jamais la parole et aucune focalisation interne ni aucune considération du narrateur omniscient ne nous permet de connaître ses pensées (le narrateur évoque uniquement celles de Galatéia). Dans le récit d'Ovide, au contraire, le narrateur omniscient livre les sentiments non avoués d'Iphis[84]. Le personnage a une intériorité, une épaisseur psychologique, que n'a absolument pas Leukippos – l'objet de sa légende n'est effectivement pas là – et son long monologue occupe un tiers de l'histoire globale. Cela peut sembler aller de soi pour un lecteur d'Ovide (le personnage central est souvent celui qui subit la métamorphose) mais la source de ce récit fait apparaître une transformation importante opérée par l'auteur : Ovide fait lui-même d'Iphis le personnage central de cette légende. En diminuant le rôle de la mère, Ovide invalide l'interprétation psychologique qui pouvait être opérante dans l'histoire de Leukippos. Il ne s'agit pas d'une affaire de

81. Leitao 1995, p. 155.
82. Leitao 1995, p. 158.
83. Comme le note Graf (1988, p. 59), dans le récit d'Antoninus Liberalis, « toute l'attention est portée sur la mère et ses angoisses ».
84. Voir les vers 720-721, où il est question de l'amour mutuel de Ianthé et d'Iphis et les vers 724-725 décrivant la lucidité d'Iphis.

famille (même si les premiers vers rappellent des histoires d'enfants exposés) et le lien quasi œdipien Galatéia-Leukippos n'est pas transposable dans le récit d'Ovide. Peut-être est-ce parce qu'Iphis *n'est pas*, même symboliquement, un garçon.

Cette hypothèse est corroborée par le changement du nom du personnage auquel procède Ovide. Cette pratique, loin d'être systématique chez l'auteur des *Métamorphoses*, n'est cependant pas exceptionnelle en soi, et est même courante chez les mythographes de l'époque hellénistique[85]. Ce qui est intéressant, c'est que, à partir d'un nom masculin, Leukippos, Ovide en choisit un épicène, à la fois masculin et féminin. Par conséquent, il n'est pas possible de suivre les conclusions de S. Wheeler selon lesquelles le fait de nommer l'enfant Iphis est proleptique de sa transformation en garçon[86]. Un nom masculin – comme Leukippos – l'était déjà ! Difficile également de suivre J. Fabre-Serris qui voit dans le nom une *explication* psychanalytique du trouble de l'identité d'Iphis[87]. La modification d'Ovide ne consiste donc pas en une masculinisation du nom, mais en une féminisation partielle. Cette féminisation du nom opère un déplacement du sens : contrairement au mythe de Leukippos qui est un mythe se rattachant à des rites masculins, l'histoire d'Iphis n'est pas une « histoire d'hommes ».

Ovide procède à une autre innovation importante, par l'introduction de nouveaux personnages. Il s'agit de Ianthé et de son père Télestès. Le personnage de la jeune Ianthé, l'amie de longue date d'Iphis, apparaît dans la seconde partie : elle est la cause de l'élément déclenchant qui relance le récit et fait passer le thème du travestissement au second plan. Elle est la femme aimée qui, contrairement au motif récurrent dans les *Métamorphoses* de la « belle poursuivie », ne fuit pas et, contrairement à l'élégie, ne feint pas de refuser. De même, l'introduction du père de Ianthé, dont l'attitude est à l'opposé de celle du père-censeur et autoritaire habituel dans les contes, souligne la caractéristique du mariage projeté : non une union forcée, mais un mariage d'amour, librement consenti. Alors que le mythe de Leukippos est réduit au triangle père-mère-enfant, ces transformations qu'opère l'auteur ouvrent, dès l'enfance d'Iphis, cette « histoire de famille » à la société.

Le rôle des dieux

Dans Antoninus Liberalis, la divinité à l'origine de la métamorphose de Leukippos est Léto[88]. Son culte en Crète est attesté par l'épigraphie[89]. Antoninus Liberalis propose une interprétation étymologique – Léto *Phutiê* est celle « qui fait pousser » chez Leukippos les parties génitales masculines – et celle par qui le mythe devient étiologique.

---

85. Cf. Bömer 1977, p. 470 ; Haupt *et al.*, 1966, p. 116.

86. Wheelers 1997, p. 196.

87. Fabre-Serris (1995, p. 203, n. 140) écrit à propos du nom d'Iphis : « Le détail prend un autre sens si on le rapproche de l'observation selon laquelle le caractère ambigu des noms à la fois masculins et féminins peut provoquer des troubles de l'identité qui influent sur l'évolution psychique et les tendances affectives de l'enfant. » Parler de troubles de l'identité qui seraient à l'origine d'une attirance homosexuelle – chez une femme –, dans un monde où certaines relations sexuelles entre hommes sont exprimées et valorisées, demande plus de précautions.

88. Cf. Lévêque et Séchan, 1966, p. 191-197.

89. Cf. Papathomopoulos 1968, p. 107, n. 6.

Léto est la mère par excellence, celle dont l'accouchement a été problématique et qui a été enceinte le plus longtemps. Sa fonction de déesse de la croissance est donc explicable dans ce contexte où ce sont les transformations physiques de la jeune fille qui précipitent les événements. B. Sergent avance l'interprétation suivante[90] : le mythe de Leukippos est lié aux rites d'initiation et Léto est précisément la mère d'Apollon et d'Artémis, les divinités présidant à ces initiations respectivement masculines et féminines. Plus largement, comme l'a démontré F. Graf, l'épithète de Phutios qualifie d'autres divinités, comme Zeus ou Hélios, et Léto est souvent associée à l'accès à la citoyenneté en général[91].

Dans les *Métamorphoses*, Léto n'apparaît plus et c'est Isis qui accomplit la métamorphose d'Iphis. Isis est une déesse d'origine égyptienne, déesse à mystères qui, dès le Ier siècle ap. J.-C., entre dans le panthéon gréco-romain. Elle[92] n'a pas les caractéristiques de la mère d'Apollon, et son rôle dans le récit d'Ovide est très différent de celui de Léto. C'est la déesse Lucine qui intervient pour faciliter l'accouchement de Téléthousa, et Vénus, Junon et Hyménée présideront aux noces finales. La présence de ces divinités met en évidence les compétences qu'Isis n'a pas : Lucine (v. 698) vient en aide aux femmes enceintes, Vénus préside aux unions des hommes et des femmes, Junon est la divinité des femmes qui ne sont plus vierges et Hyménée le dieu du mariage (v. 796). Isis a un autre rôle à jouer chez Ovide.

Dans le récit d'Antoninus Liberalis, ce sont les songes et les devins qui confirment la décision de Galatéia *après* l'accouchement ; elle-même songeait à garder l'enfant. Léto n'intervient absolument pas dans la première partie du récit, ce n'est pas elle qui imagine le subterfuge et tout, comme nous l'avons développé précédemment, met en évidence le rôle actif de la mère au détriment de celui de la déesse. Au moment critique, c'est Léto qui accomplit la métamorphose par « pitié pour Galatéia » – et non pour Leukippos. L'intervention de Léto a pour destinataire la mère (comme le suggèrent les attributions de la déesse). De plus, ce n'est pas Léto qui imagine la solution, mais c'est Galatéia elle-même qui souffle la nature de l'aide divine souhaitée.

Le rôle d'Isis dans les *Métamorphoses* d'Ovide est bien plus important et bien plus ambigu que celui de Léto. Avant même l'accouchement, la déesse, dans toute l'importance de son cortège, en une véritable *dea ex machina*, ordonne à Téléthousa – qui ne lui avait rien demandé, elle ne prie et ne supplie que son époux – de garder l'enfant quel qu'en soit le sexe. Le problème ne se pose pas encore qu'Isis trouve déjà une solution : elle viendra au secours de Téléthousa. L'intervention anticipée de la déesse rend son rôle équivoque : vient-elle au secours de la mère ou fait-elle tout pour que naisse une fille ? Par la rapidité avec laquelle Ovide fait succéder la naissance de la petite Iphis à l'apparition d'Isis, le rôle ambigu de la déesse est encore affirmé. Les propos de celle-ci prennent une valeur proleptique et sa formulation *opem exorata fero*[93], quand

90. Sergent 1986, p. 396-399.
91. Nikitas 1995, p. 136 et Graf, 1985, p. 207.
92. Selon Graf (1988 p. 60-61), le choix d'Ovide est lié au fait qu'Isis est la protectrice des femmes dans le panthéon romain, et Haupt *et al.* parlent de « mode » (Haupt *et al.* 1966, p. 117). Pour un résumé des différentes interprétations, cf. Bömer 1977, p. 471. Arnaldi (1959), dans son étude du passage, montre l'aspect contemporain d'Isis.
93. *Métamorphoses*, IX, 699.

Téléthousa ne lui a encore adressé aucune prière, prend un autre sens : l'intervention d'Isis sera nécessaire et attendue, plus tard.

Comme le dit justement F. Graf[94], en prenant une divinité familière à ses lecteurs, Ovide « actualise le mythe ». Isis est à Rome une déesse puissante, considérée comme la déesse des femmes. Mais ce n'est pas tout : en choisissant une autre déesse que Léto pour procéder à la transformation, Ovide évacue les aspects qui font de la métamorphose de la jeune fille l'équivalent symbolique de l'accession du jeune garçon à la communauté des adultes. Contrairement à ce qu'affirme M. Boillat[95], ce choix de l'auteur n'est pas sans importance ; il confirme ce que la comparaison des structures avait suggéré, à savoir un véritable déplacement du sens, d'autant plus manifeste que, comme le souligne W. Anderson[96], il s'agit d'une « erreur » géographique : Isis était inconnue en Crète – et on ne doute pas un instant qu'Ovide le savait.

Réminiscences textuelles et échos mythiques

Dans la légende de Leukippos, Antoninus Liberalis établit clairement un parallèle avec les autres mythes de changement de sexe. Il résume les légendes de Kainis, Tirésias, Hypermestre et Siproïtès[97]. À l'intérieur de son récit, l'auteur caractérise donc la nature du type de mythe qu'il raconte en établissant cette série. Ce métadiscours définit la façon dont était perçu le mythe de Leukippos. Mise sur le même plan que ces autres mythes, l'histoire de Leukippos entre dans la série des « mythes de changement de sexe ». Cela ne contredit pas la déduction précédente selon laquelle l'histoire de Leukippos est davantage axée sur les raisons du travestissement que sur les raisons du changement sexuel. Les autres mythes cités sont eux aussi des mythes dont l'intérêt réside non dans la métamorphose en elle-même mais dans la bisexuation (successive ou simultanée) des personnages.

Aucune comparaison, aucune digression, aucun clin d'œil, bref, rien dans les *Métamorphoses* n'évoque explicitement cette série établie dans le mythe de Leukippos. La transformation finale d'Iphis ne donne lieu à aucun commentaire du narrateur et elle est fort brève. De plus, l'analyse de la structure générale de l'œuvre, faite avec précision par G. Tronchet, révèle un rapport de symétrie important entre les livres IX et X. Or il n'est pas question de transformation sexuelle dans le livre X. La structure générale des *Métamorphoses* ne permet pas de déceler une symétrie ou un parallèle macrostructurel qui établirait des échos entre la transformation d'Iphis et les autres métamorphoses sexuelles racontées par Ovide. Au niveau microstructurel, l'inventaire quasi exhaustif des récurrences et des réminiscences dans les *Métamorphoses* fait par G. Tronchet[98] n'a établi qu'une seule correspondance.

---

94. Graf 1988, p. 60-61.

95. Boillat 1976, p. 66, n. 32.

96. Anderson 1972, p. 468.

97. Pour le récit de ces mythes et un bref commentaire, voir la partie « Les transformations de sexe dans les mythes » dans l'étude du mythe de Kallisto.

98. Tronchet 1998, p. 602 (annexe 6) : le vers XII, 474 reprend partiellement *quid sis nata, vide* de IX, 747.

Certes, on pourrait objecter que la simple reprise du même type de transformation (un changement de sexe) est suffisamment visible pour qu'Ovide ne souligne pas davantage le parallélisme. Il s'agit des métamorphoses de Tirésias, de Sithon, d'Hermaphrodite, de Mestra et de Caeneus[99]. Dans la mesure où le mouvement totalisateur de l'œuvre amène l'auteur à épuiser tout le champ des possibles, on peut voir dans la transformation d'une fille en garçon le motif inversé de la métamorphose d'un homme en femme (Tirésias, Sithon) ou des variations du motif de la transformation de femme en homme (Mestra, Caeneus). Comme l'ont justement analysé G. Tronchet et S. Viarre, ces variations sur le même thème établissent un réseau circulant dans l'œuvre et luttant contre les forces centrifuges inhérentes au projet ovidien. Montrer une métamorphose et son contraire, établir des nuances dans des motifs semblables sont des stratégies d'écriture permettant de mener ce *carmen perpetuum* à son terme en évitant l'écueil de la répétition. Rien pourtant n'empêchait l'auteur d'établir une relation d'intertextualité plus étroite, par une comparaison, une allusion rapide aux autres transformations sexuelles mythiques. Ce sont ces métamorphoses, précisément, que pourrait invoquer Iphis dans sa longue plainte, or la référence mythologique qui apparaît dans ce passage est l'union de Pasiphaé et du taureau, racontée précédemment par Scylla[100]. Cette référence établit un parallèle avec les *amores inconcessi,* mais ne place pas la métamorphose d'Iphis en rapport intertextuel étroit avec les autres changements de sexe. Et si Iphis, dans son monologue, connaît le mythe de Pasiphaé – Ovide l'évoquait peu avant –, elle pouvait également connaître, à l'instar du public d'Ovide, les mythes de changements de sexe, qui, à l'exception d'un seul, apparaissent dans l'œuvre *avant* celui d'Iphis.

Par conséquent, autant l'analyse comparée des mythes de transformation sexuelle dans l'Antiquité en général est féconde, autant l'analyse par S. Viarre des six transformations sexuelles dans les *Métamorphoses* d'Ovide n'apporte rien de véritablement inédit sur la poétique ovidienne ou sur la structure des *Métamorphoses*. S. Viarre, après avoir étudié séparément chaque métamorphose à la lumière des analyses scientifique, psychanalytique et structuraliste, voit dans « l'ordre dans lequel apparaissent les quatre épisodes [Tirésias, Hermaphrodite, Iphis, Cénée] une progression de l'anecdotique à l'épique et du châtiment à l'ascension ». Rien d'étonnant, puisque le caractère épique des derniers livres des *Métamorphoses* marque l'avancée vers un temps historique. Dans le cas d'Hermaphrodite, la fusion est désirée par Salmacis, mais la naissance d'un être double (bisexualité simultanée) – événement symboliquement important – ne peut être considérée comme négative, de même que la métamorphose de Tirésias, personnage associant bisexualité et divination[101], met en jeu des éléments complexes, qu'on ne peut réduire au caractère « positif » ou « négatif » du dénouement. En ce qui concerne Sithon, rien n'est précisé·dans le texte, et la notion d'ascension, appliquée à Caeneus, un guerrier dont le caractère orgueilleux a été relevé par d'autres sources, n'apparaît pas de façon évidente. Opposer l'« échec » d'Hermaphrodite à la « réus-

---

99. *Métamorphoses*, III, 316-338 (Tirésias) ; IV, 279-28 (Sithon) ; IV, 285-388 (Hermaphrodite) ; VIII, 843-878 (Mestra) ; XII, 169-209 (Caeneus).

100. *Métamorphoses,* VIII, 132-133.

101. Cf. Brisson 1997, p. 67-102 et Brisson 1976. La première évocation de Tirésias dans les *Métamorphoses* est positive (III, 333).

site[102] » d'Iphis est une lecture particulièrement restrictive. Toutes ces considérations, résultant de la comparaison entre les passages évoquant, d'après S. Viarre, des cas d'androgynie, n'apportent aucun éclairage nouveau sur certains passages obscurs d'Iphis. Par conséquent, il faut en déduire qu'à cette étape – où s'arrête S. Viarre – de l'analyse du texte, le choix de l'élément de comparaison est peu opérant pour rendre compte de tous les aspects de la métamorphose d'Iphis.

Ainsi, les références mythiques de la légende de Leukippos établissent un parallèle avec les autres mythes de changement de sexe, alors que la référence mythique qui apparaît dans la métamorphose d'Iphis lie ce passage à un tout autre sujet, celui des amours interdites : c'est l'auteur lui-même qui, par une référence d'autant plus remarquable qu'elle est autotélique, indique cet autre axe de lecture. La différence essentielle de ce passage avec son hypotexte est la suivante : le mythe d'Iphis, malgré son apparence, *n'est pas* un mythe centré sur le changement de sexe[103].

Métamorphose d'une métamorphose

La métamorphose décrite par Nicandre dans ses *Heteroioumena*, que rapporte Antoninus Liberalis, est celle d'une fille en garçon. Dans l'œuvre d'Ovide, il apparaît que la véritable transformation n'est pas celle d'Iphis.

Une fille

Différentes lectures de l'histoire de Leukippos ont montré la symbolique masculine de ce personnage. À l'inverse, tout dans le récit d'Ovide fait de la jeune héroïne une fille. Tout d'abord, Ovide a féminisé son nom – c'est une semi-féminisation par rapport à son nom d'origine – et il met en évidence tout ce qui chez elle est féminin. Jusqu'à treize ans, Iphis a une beauté qui convient aux deux sexes[104] :

> Dès lors, grâce à ce mensonge conforme au vrai (*pia mendacia*), la tromperie resta ignorée. L'enfant fut élevé comme un garçon (*cultus erat pueri*) et son visage, qui aurait pu être celui d'une fille ou d'un garçon (*quam sive puellae, / sive dares puero*), était dans l'un et l'autre cas d'une grande beauté.

Rien d'original, c'est un topos dans la littérature que cette indétermination sexuelle des traits enfantins. Pourtant, cette indétermination est souvent considérée chez les Anciens comme une féminité des traits du jeune garçon, avant qu'il devienne un

---

102. Viarre 1985, p. 242.

103. Il apparaît que jusqu'à maintenant l'unité de sens a échappé à l'analyse de beaucoup de commentateurs, parce que souvent ce qui est évidemment donné à voir n'est pas vu, ou parce que ce qui est donné à voir – et précisément dans le cas d'Iphis – ne veut pas être vu. Iphis, en effet, est le seul personnage des *Métamorphoses* à être si souvent nommé, chez les commentateurs modernes, en fonction du *résultat* de la métamorphose. Philomèle n'est pas simplement un oiseau, ni Daphné une plante. Jamais Sithon ni Tirésias ne sont nommés au féminin, mais en revanche on parle souvent d'Iphis au masculin, alors qu'elle est une fille dans la quasi-totalité de l'histoire.

104. *Métamorphoses*, IX, 711-713.

homme[105]. La blancheur du teint de celui-ci, prompt à rougir à la moindre émotion, est une caractéristique du jeune adolescent, jamais celle d'un homme mûr. Le « tendre » corps d'Hermaphrodite est comparé aux « lys blancs » ; de même, le jeune Narcisse contemple « ses joues imberbes, son cou d'ivoire, sa bouche charmante et la rougeur qui colore la blancheur de neige de son teint » et le narrateur relève la blancheur du front de Cyparissus. L'expression la plus caractéristique de la féminité du jeune garçon est la comparaison que fait Vénus lorsqu'elle évoque la beauté d'Atalante : « Son corps, aussi beau que le mien, ou comme le tien, si tu devenais femme », dit-elle à son très jeune amant, Adonis[106]. Cette féminité du jeune et bel adolescent est une qualité : la beauté délicate du garçon est proche de celle d'une femme, à la différence – et cela en accroît probablement le charme – qu'elle est éphémère.

Dans l'histoire, c'est précisément ainsi qu'est interprété le visage féminin d'Iphis. Durant toute son enfance et son adolescence, le subterfuge n'est jamais soupçonné : on explique (*dares*) tout naturellement les traits féminins du « garçon » par son jeune âge (cette précision justifie l'absence de soupçon du père et donc la vraisemblance de l'histoire). Ainsi, *Iphis ressemble à un garçon qui ressemble à une fille*, et, par conséquent, elle ressemble à une fille. Ovide précise qu'elle n'a du garçon que le *cultus* ; son visage n'est pas masculin, il est *formosus*. Iphis n'est donc pas « masculine », elle ressemble à Ianthé (*par forma fuit*)[107] et parler d'androgynie à son sujet est inapproprié. Il y a certes ambiguïté sexuelle dans le regard qu'on porte sur elle, mais Iphis, elle, n'est *physiquement* pas ambiguë.

En ce qui concerne son comportement, la logique voudrait, comme le suppose le schéma de l'hypotexte, non seulement que cette fille soit habillée en garçon, mais aussi qu'elle ait des attitudes masculines puisqu'elle a été élevée en garçon. Les activités des *pueri* sont caractéristiques de leur sexe : ils se promènent seuls en forêt, se baignent, jouent à des jeux physiques (lancer de disque) et chassent. Cela ne veut pas dire qu'une jeune fille ne se promène pas seule en forêt dans les *Métamorphoses*, mais ses actions sont connotées[108] : lorsqu'une *virgo* se livre à de telles activités, on considère qu'elle se conduit comme un homme, qu'elle refuse un ordre établi (c'est le cas des nymphes d'Artémis). Ovide mettait pourtant en place une situation idéale pour manier les paradoxes à ce sujet... ce qui lui aurait permis par la suite d'« expliquer » par l'éducation l'amour d'Iphis pour Ianthé. Cela n'est précisément pas le cas : l'auteur n'évoque à aucun moment les caractéristiques masculines qu'une éducation différente aurait engendrées. Jusqu'à la treizième année de l'héroïne, le récit s'accélère et rien dans les propos du narrateur n'indique qu'Iphis se comporte en petit garçon. Au contraire, il est dit[109] :

---

105. Voir, par exemple, Aristote, *Génération des animaux,* 728a18-22 : « Le jeune garçon est semblable à la femme quant à sa morphologie. »

106. *Métamorphoses*, IV, 345 et 354 (Hermaphrodite) ; III, 422 (Narcisse) ; IX, 138 (Cyparissus) et X, 578-579 (Adonis).

107. *Métamorphoses*, IX, 718.

108. Vernant 1974, p. 38-39.

109. *Métamorphoses*, IX, 718-719.

> Elles avaient le même âge, la même beauté (*par aetas, par forma fuit*), et elles reçurent des mêmes maîtres leur première instruction, celle qu'on donne aux enfants.

Si Ianthé est d'une grande beauté et qu'elle et son amie ont « la même beauté », Iphis est, par conséquent, elle aussi extrêmement belle. « Le » jeune Iphis, loin d'arpenter les campagnes rocailleuses, passe ses jeunes années en compagnie d'une fille. Même éducation, même enseignement pour les deux enfants, rien ne différencie Iphis, présumée garçon, de sa jeune amie Ianthé (l'auteur insiste sur cette égalité et cette ressemblance par la répétition de l'adjectif *par* et son équivalent *idem*). L'anachronisme et l'incohérence dans le récit introduits par la précision « des mêmes maîtres » donnent une importance nouvelle à cet élément : en premier lieu, cette réalité scolaire est totalement anachronique au moment où se déroule l'histoire, c'est-à-dire au moment de la fondation de Milet (voir la métamorphose de Byblis précédant ce passage). De plus, en expliquant cette anomalie par une « modernisation » des institutions (liée à la volonté de l'auteur de placer une actualité romaine dans son récit), l'origine très modeste d'Iphis, précisée par le narrateur au début du récit, est en contradiction avec le fait que l'enfant a accès à l'enseignement. Enfin, puisqu'elle est présumée garçon, il serait plus vraisemblable qu'elle ait des camarades du même sexe.

Le mariage est décidé lorsque Iphis atteint ses treize ans, alors qu'à Rome l'âge habituel du mariage est de quatorze ans pour un garçon, de douze pour une fille[110]. Selon toute logique à nouveau, dans la mesure où Iphis est « officiellement » un garçon, l'âge de treize ans n'est pas justifié. C'est bien trop tôt pour un garçon. Ovide, en « féminisant » quelque peu l'âge du mariage, suggère qu'Iphis a la maturité physique d'une femme et non d'un homme puisque le père, qui pourtant la prend pour un garçon, projette le mariage une année plus tôt que ne le veut la coutume[111]. Ces éléments sont la marque d'une ferme volonté de l'auteur : il faut, pour son projet – et ce malgré tout le soin pris en début de récit à mettre en place cette situation de fille habillée en garçon –, qu'Iphis soit élevée comme une fille. Ovide sacrifie une cohérence apparente pour insister sur ce qui est une autre cohérence : la féminité d'Iphis. Le narrateur, en effet, désigne toujours Iphis comme une *virgo*[112], n'intégrant jamais dans sa narration le regard d'autrui sur la jeune fille. Cette féminité est affirmée dans les propos mêmes de celle-ci par l'utilisation de pronoms non épicènes, où le féminin est visible[113]. Le travestissement ne trompe pas Iphis et l'adolescente sait quel est son sexe : « Prends conscience que tu es née fille ! » se dit-elle à elle-même[114]. Tous ces éléments mettent clairement en évidence le fait qu'Ovide ne cherche pas à faire d'Iphis un garçon

---

110. Les filles étaient mariées impubères et parfois même avant l'âge de douze ans. Un garçon en revanche ne pouvait se marier avant la prise de la toge virile, donc pas avant quatorze ans, et en général au-delà. Cf. Néraudau 1984, p. 258-259 et Gourevitch 1984, p. 109 *sq*.

111. Frécaut considère que « Ovide a pris la moyenne arithmétique (13 ans), Iphis étant une fille déguisée en garçon » (Frécaut 1972, p. 256, n. 104). Pourtant, cette conséquence ne va pas de soi si précisément on prend Iphis pour un garçon.

112. *Métamorphoses*, IX : *ambarum*, 720 ; *virgo*, 720 et *altera virgo*, 763 en parlant de Ianthé, *virgo* étant donc sous-entendu pour Iphis.

113. *Métamorphoses*, IX : *vellem nulla forem*, 735 ; *ipsa*, 745 et 747 ; *ambae*, 763.

114. *Métamorphoses*, IX, 747 : *quid sis nata, vide*.

manqué[115] ou un personnage androgyne, ni à trouver là des explications à son amour. Bien au contraire, le texte insiste sur toutes les caractéristiques féminines d'Iphis.

Deux filles

Lorsque Ianthé est cité pour la première fois, c'est en tant que future épouse d'Iphis (« tu avais entre temps atteint ta treizième année, Iphis, quand ton père te donna pour fiancée la blonde Ianthé[116] »). Le récit de leur enfance, qui décrit la longue amitié des deux jeunes filles et la naissance de leur passion, a lieu après l'annonce du projet paternel. Ces vers évoquant leurs jeunes années sont donc une analepse : la rupture de la temporalité de la narration, jusqu'à présent chronologique, insiste sur la fonction du personnage de Ianthé[117]. Comme le suggère son nom, « Fleur de violette[118] », elle est la fiancée par excellence, celle qui est destinée à être épousée et déflorée.

L'« incohérence » de l'âge d'Iphis au moment du mariage – qui est une façon d'insister sur la féminité d'Iphis – est renforcée par une seconde entorse aux habitudes romaines : le mariage de deux personnes du même âge. Il est en effet bien précisé qu'elles ont eu les mêmes maîtres et qu'elles sont *par aetas*, d'âge égal. Or la coutume veut qu'il y ait un écart de quatre ou cinq ans minimum entre les époux. La logique, à nouveau, aurait voulu que le père choisît pour son « fils » une épouse plus jeune. Il y a là encore une volonté manifeste de l'auteur d'insister sur le fait que, si Ianthé est une femme et qu'Iphis lui ressemble, c'est que ce sont deux filles, deux personnes *identiques* en tout, que l'on marie. Sont donc mises en présence une fille habillée en garçon, qui se sait fille, et une autre fille qui, comme tout le monde, la prend pour un garçon.

On peut rapprocher cette histoire d'autres mythes où les personnages se travestissent. Dans l'histoire de Leukippé et de Théonoé rapportée par Hygin[119], Leukippé est habillée en prêtre d'Apollon et rencontre sa sœur Théonoé qui la prend pour un homme. Si on fait abstraction de la donnée incestueuse, les données sont les mêmes. La suite diffère : dans Hygin, selon toute vraisemblance, c'est celle qui prend l'autre

---

115. Cette explication psychologisante de Nicaise (1980, p. 67-71) n'est pas acceptable.

116. *Métamorphoses*, IX, 714-716.

117. Graf présente l'amour d'Iphis comme une conséquence de la décision paternelle : « Parvenue à cet âge, Iphis est fiancée à une fille voisine, Ianthé, dont elle tombe aussitôt amoureuse » (Graf 1988, p. 58). Pourtant, les fiançailles des jeunes gens, certes évoquées en première place par Ovide, sont en réalité *postérieures* à la naissance de l'amour.

118. Ce personnage, inventé par Ovide, illustre à merveille le fait que chez Ovide, souvent, un *nomen* est un *omen*. La métaphore de la fleur pour désigner la fiancée est habituelle dans les épithalames (voir par exemple Catulle, 62, 39-47, où l'influence des épithalames de Sappho est manifeste).

119. Hygin (*Fables* 190) parle d'une Leukippè fille de Thestor. Voici l'argument : à la suite de péripéties complexes, Leukippé habillée, sur les conseils du dieu, en prêtre d'Apollon, arrive en Carie où sa sœur Théonoé est la concubine du roi. Théonoé tombe violemment amoureuse d'elle et, face à son refus (*illa autem quia femina erat, negat id posse fieri*), projette de la faire tuer par un prisonnier qui n'est autre que Thestor, le père des deux jeunes filles. Personne ne se reconnaît. Le père désespéré menace de se tuer mais les deux filles le reconnaissent après qu'il a prononcé leurs noms. Le dénouement est heureux : le roi renvoie Théonoé chez elle, chargée de présents.

pour un garçon qui tombe amoureuse, et celle qui est une femme habillée en homme fait tout pour éviter une rencontre. Selon une version de mythe d'Achille, le jeune héros, habillé en fille dans le gynécée de Lykos, tombe amoureux de Déidamie. L'union se réalise une fois le masque tombé : cela signifie que Déidamie n'aime pas *a priori* un personnage apparemment féminin. M. Delcourt[120] compare ce passage à un épisode du *Roland furieux* d'Arioste : une femme, Fleur de Lis, est éprise d'une autre femme, Bradamante, déguisée en homme. Cependant, dans les deux cas que nous venons d'évoquer, l'attirance éprouvée par la personne amoureuse est toujours à ses propres yeux « hétérosexuelle ». Achille sait qu'il est un homme, Déidamie n'aime pas une femme. Théonoé croit aimer un homme, Leukippé n'aime pas Théonoé. Fleur de Lis, éprise de Bradamante, croit aimer un homme. Dans le récit d'Ovide, selon toute logique, d'après les éléments de la légende de Leukippos dans laquelle on a introduit un personnage féminin, c'est Ianthé qui devrait tomber amoureuse et Iphis, connaissant son sexe, n'éprouver aucun sentiment et tout faire pour éviter cette situation critique. Les « aspects érotiques et psychiques[121] » impliqués par le mythe, dont parle F. Graf, auraient été, ou l'amour de Ianthé pour Iphis, ou la gêne d'Iphis aimée par une femme qu'elle n'aime pas. Or c'est exactement le contraire qui se produit et c'est celle qui se sait femme qui tombe amoureuse d'une femme. Ovide inverse le schéma habituel et, après avoir longuement mis en place dans la première partie de son récit les éléments puisés dans la légende de Leukippos, il crée un réel ἀπροσδόκητον : ce n'est pas chez Iphis qu'on attendait cet amour.

Dès le début de la seconde partie du récit, par conséquent, le travestissement n'est plus un élément nécessaire puisqu'il ne trompe pas Iphis. Cet élément, dont les circonstances sont exposées en première partie, est ici utilisé par Ovide pour justifier la décision du père, mais en aucune manière pour expliquer rationnellement la naissance de l'amour (puisque c'est celle qui est travestie qui aime). De surcroît, cet amour est partagé : il est explicitement dit que Ianthé aussi aime passionnément Iphis[122] :

> Là naquit leur amour qui frappa leurs cœurs innocents et qui infligea à chacune une blessure égale… mais leurs espérances étaient différentes. […] Quant à l'autre jeune fille, elle brûle d'une flamme non moins ardente et elle supplie Hyménée de venir au plus vite.

En désignant sans ambiguïté la féminité d'Iphis et celle du personnage nouveau qu'il a introduit, Ovide, d'avance, rend caduque toute interprétation qui justifierait cet amour par la « masculinité » d'Iphis, comme un « accident » dû à une illusion. Bien au contraire, tout rend évident le caractère homosexuel de cette relation. L'élément central de la première partie, le travestissement, n'est donc plus nécessaire et, en insistant sur la ressemblance des deux héroïnes, l'auteur tend à le faire oublier au lecteur.

---

120. Delcourt 1958, p. 52-53, à propos d'Arioste, *Roland furieux*, XXV.
121. Ovide s'est certes, comme le dit Graf « intéressé aux aspects érotiques et psychiques du vieux mythe crétois » (Graf 1988, p. 60), mais cette configuration n'est pas directement impliquée par le mythe.
122. *Métamorphoses*, IX, 720-721 et 764-765.

Quitte à intégrer des « incohérences »[123] dans son récit, Ovide dévoile le déplacement de sens qu'il fait subir à son hypotexte : on passe d'un mythe de travestissement à une histoire d'amour entre deux filles, amour clairement énoncé par celle qui doit sa survie à la déesse Isis.

Deux filles et une déesse

Au couple Iphis/Ianthé très différent du couple mère/fille de la légende de Nicandre, vient s'ajouter une déesse, elle aussi très différente de Léto. Isis est décrite comme une déesse puissante, aux pouvoirs étendus, comme en témoigne son cortège. Fille d'Inachos, Io a été assimilée à cette déesse égyptienne quand, arrivant au bord du Nil à la fin de sa course folle, elle quitte son apparence de génisse sur l'intervention d'Héra, enfin apaisée[124]. Là déjà, l'auteur soulignait l'ampleur de son culte. Dans la métamorphose d'Iphis, Ovide insiste particulièrement sur un de ses attributs, la Lune, à laquelle elle est parfois assimilée. Il mentionne cet attribut dès l'apparition de la déesse, dans la première partie du récit, et au moment de la métamorphose, lors de son intervention finale, la déesse se manifeste à nouveau par la Lune[125]. Or cet astre a de multiples significations dans le monde antique : la Lune est considérée, selon Empédocle, comme l'élément intermédiaire, entre le Soleil et la Terre, vers laquelle elle renvoie la lumière ; dans le *Banquet* de Platon, le personnage d'Aristophane raconte que le genre masculin (à l'origine des hommes qui aiment les hommes) est un rejeton du Soleil, le genre féminin de la Terre et le genre « qui dépend des deux » « un rejeton de la Lune[126] ». D'après L. Brisson, « cette situation d'intermédiaire et la succession de ses phases font de la Lune un lieu de réconciliation des contraires[127] ». Le rôle d'Isis, déesse ambivalente comme la Lune, est ici en cohérence avec ses attributions. Les modifications apportées par Ovide au rôle joué par la divinité dans la légende de Leukippos ne peuvent s'expliquer qu'ainsi : Isis intervient *avant* l'accouchement pour convaincre Téléthousa de garder l'enfant car elle *sait* que l'enfant sera une fille ; peut-être même, probablement, fera-t-elle en sorte qu'il le soit. Son implication dans ce qui arrive à Téléthousa est soulignée par l'auteur : la déesse apparaît en grande pompe, avec tout son cortège, et Ovide consacre une longue description à cette *dea ex machina*, montrant ainsi la toute-puissance de cette déesse[128].

Isis apparaît sans avoir été appelée, preuve que cette situation l'intéresse au premier chef. Tout ici laisse supposer que la divinité est à l'origine de la situation dans laquelle se trouve Iphis (son aide apportée à Téléthousa aurait pu se manifester par la

---

123. Nous suivons la méthode de Tronchet, qui a montré l'importance de la cohérence dans l'écriture des *Métamorphoses* : « D'apparentes anomalies révèlent parfois une *logique sousjacente* qu'il importe d'appréhender » (Tronchet 1998, p. 16).

124. *Métamorphoses,* I, 747-750.

125. *Métamorphoses*, IX, 688-690 et 783-784.

126. Platon, *Banquet*, 189c-190d, sur l'être androgyne.

127. Brisson 1997, p. 71.

128. *Métamorphoses*, IX, 687-701.

naissance d'un garçon, ou par l'acceptation paternelle de la féminité du bébé). Ses propos sonnent en effet comme un présage[129] :

> Je suis une déesse secourable et je viens en aide à celle qui m'implore (*exorata*). Tu n'auras pas à regretter (*nec.. quereris*) d'avoir honoré une divinité ingrate.

Preuve en est sa seconde intervention, lorsque Téléthousa vient à son autel. Tout se passe comme l'avait prévu Isis : Téléthousa vient l'implorer. Elle a détaché ses bandelettes et celles de sa fille ; entourant l'autel de ses bras, elle est dans l'attitude d'une vraie suppliante. Elle s'adresse ensuite à la déesse, lui rappelant ses promesses (et les rappelant au lecteur par la même occasion), appelant au secours la *dea auxiliaris*. Puis elle pleure. Dans sa supplication, Téléthousa rappelle les attributs de la déesse décrits lors de sa première apparition et son origine égyptienne. Les termes créent une correspondance étroite entre ces deux moments[130]. La Lune, premier attribut évoqué lors de la première apparition d'Isis, n'est pas nommée par la mère, mais la manifestation divine qui suit la prière concerne précisément cet astre[131]. Toutes ces correspondances indiquent clairement à quel point la première intervention d'Isis ne visait pas à aider Téléthousa immédiatement, mais prévoyait la situation critique dans laquelle elle allait se trouver. Isis a voulu cette ambiguïté sexuelle, elle, l'organisatrice de tout.

Alors que Léto, déesse protectrice de Phaistos, était la mère d'Artémis et d'Apollon, les divinités présidant aux initiations, Isis, déesse de l'ambiguïté sexuelle, détourne ce récit de son sujet premier. En favorisant la naissance et la situation dans laquelle la jeune fille se trouve, elle « met en pratique » ses attributions : la paronomase Iphis/Isis (innovation d'Ovide, dans l'implicite, puisque le nom de la déesse n'apparaît pas) suggère cette proximité. Travestissement et confusion des genres, tout cela est du ressort de la déesse, et le choix d'Isis par Ovide n'est pas innocent : il est l'un des nombreux éléments que met en place Ovide pour amener cette situation critique dont Iphis énonce la nature dans un long, très long monologue.

Un amour d'un nouveau genre

Comble du mauvais goût pour les uns, sans intérêt et maladroit pour les autres, ce monologue a pour caractéristique principale de ne pas plaire aux modernes. Et ce, non pour son contenu – cela serait trop simple –, mais pour sa dissonance. Il n'« entre » pas, dit-on[132], dans la problématique de la métamorphose, il est « plaqué », gratuit, ce n'est qu'un simple prolongement psychologique d'un goût douteux pour les amours

---

129. *Métamorphoses*, IX, 699-701.

130. *Fer, precor, inquit opem* (775) répond à *opemque fero* (700) ; *auxilioque iuva* (780) répond à *dea sum auxiliaris* (699) ; *sonitum comitantiaque aera/sistrorum* (777-778) répond à *sistraque erant* (693) et à *pompa comitata sacrorum* (687).

131. *Métamorphoses*, IX, 783-784.

132. Frécaut parle de « mots d'esprit déplacés », mais concède qu'Ovide « cultive le paradoxe et le mauvais goût, sans être dupe. [...] L'auteur s'efforce de pénétrer dans le tréfonds du cœur humain. La poésie souffre forcément de cette audace » (Frécaut 1972, p. 256). Arnaldi le lit comme un pur produit issu de la déclamation (Arnaldi 1959, p. 371-375), et Delcourt parle de « chef-d'œuvre de mauvais goût » (Delcourt 1958, p. 53). Viarre se désintéresse des propos

interdites ou pour les situations extrêmes. Les propos d'Iphis représentent pourtant un quart du récit global et il semble difficile de les considérer comme « plaqués » et de ne pas en tenir compte dans l'analyse de la portée générale du récit.

Le thème central de ce monologue n'est plus le travestissement : celle qui aime n'est pas celle que la logique de l'histoire de Leukippos permettait de supposer. L'effet d'inattendu évoqué précédemment est renforcé par le fait que, malgré les ornements rhétoriques, le sujet est soulevé clairement : Iphis parle d'amour entre femmes, thème rarement abordé dans la littérature de façon aussi directe. Même si, comme cela a été mis en évidence, tout dans les modifications d'Ovide amenait à ce thème, un suspense était ménagé et une sorte de défi auteur/public était engagé. Ovide allait-il parler de ce dont on parle si peu ? Il a évoqué les amours mythiques de Pasiphaé et du taureau, les transformations extraordinaires, la passion de Byblis pour son frère, mais va-t-il parler de ce sujet périlleux et, sinon, comment va-t-il faire pour se « dégager » de cette situation dont il a mis en place tous les éléments ? Jusqu'au dernier moment, le lecteur peut s'attendre à un retournement habile, à une volte-face minutieusement préparée. Mais, non, Iphis prend la parole : c'est une surprise pour le public, un autre ἀπροσδόκητον bien maîtrisé par l'auteur.

En respectant les règles de l'art oratoire, Iphis, dans son long monologue, fait un blâme en bonne et due forme du sentiment qu'elle éprouve. La construction est celle d'un ψόγος : un style vif et animé (questions rhétoriques nombreuses), structure « en boucle » et construction symétrique. C'est probablement cette maîtrise inattendue des règles du discours épidictique de la part d'une jeune fille de condition modeste qui a semblé « plaquée » à certains commentateurs. Pourtant, c'est une donnée intrinsèque du projet ovidien – qui n'est absolument pas réaliste – que les héros manient la parole avec un art consommé : le discours de Narcisse, la lettre de Byblis, sont des exemples parmi des dizaines d'autres. Voici la structure du monologue[133] :

> définition du sujet de la plainte : détresse face à la *cura nova*
> argumentation par contre-exemples
> – exemples tirés de la vie animale
> – exemple tiré de la mythologie
> exhortation
> description des obstacles
> – par la négative
> – par la positive
> retour à la réalité : impossibilité de cet amour et adresse aux dieux

Le discours d'Iphis est mis en scène d'une façon particulière. Le sujet du ψόγος, l'amour d'une femme pour une femme, a été énoncé par le narrateur *avant* qu'Iphis prenne la parole[134]. Le suspense lié au choix de procéder par la négative pour définir l'objet de la plainte n'en est plus un pour le public d'Ovide. Le thème du monologue est connu, l'attente est d'un autre ordre : comment Iphis va-t-elle énoncer cet amour,

---

d'Iphis, n'abordant ce monologue ni dans son article sur l'androgynie (Viarre 1985), ni dans *L'image et la pensée dans les* Métamorphoses *d'Ovide* (1964).

133. *Métamorphoses*, IX, 726-763.

134. *Métamorphoses*, IX, 725 : *ardet in virgine virgo*.

dont elle dit elle-même qu'il est *cognita nulli* ? Admirons l'hyperbole qui caractérise également le courage du poète abordant des rivages dangereux. C'est cependant une contrevérité que d'affirmer que cette forme d'attachement (*cura*) n'est connue de personne, lui-même l'ayant évoquée dans ses *Héroïdes*. Mais Iphis n'est pas aussi cultivée que le poète et ses premiers mots énoncent le caractère inédit de cet amour (*cognita nulli, prodigiosa* et, surtout, *novae veneris*) sans apporter cependant d'indication sur la nature de cet amour. La définition se fait par la négative[135] :

> Et si ce n'est pas le cas, si [les dieux] voulaient ma perte,
> ils m'auraient du moins donné un mal conforme à la nature (*naturale malum*) et aux coutumes (*de more*).

Les caractéristiques *naturale* et *de more* sont l'exacte traduction du grec κατὰ φύσιν καὶ κατὰ νόμον, l'expression impliquée pour décrire ce sentiment étant, par conséquent, παρὰ φύσιν καὶ παρὰ νόμον. La nature du discours est révélée par cette référence : il s'agit bien d'un ψώγος, dans le respect des règles fixées par les sophistes grecs.

Ces deux aspects – la non-conformité aux lois de la nature et aux lois humaines – sont développés dans une évocation du monde animal et du monde mythique : suit une énumération des animaux, dont les femelles ne s'accouplent pas entre elles. Cette liste débouche sur une règle générale et confirme la thèse énoncée[136] :

> Une vache ne brûle pas d'amour pour une autre vache, ni une jument pour une autre jument. Le bélier enflamme les brebis et la biche suit le cerf. C'est ainsi aussi que s'unissent les oiseaux et, parmi tous les êtres animés, pas une femelle n'est prise de désir pour une autre femelle.

Le choix par l'auteur de reprendre la traditionnelle comparaison avec la nature, en quatre vers serrés où s'accumulent les allitérations, les répétitions, les parallélismes de construction, crée un effet comique évident : la distance affichée d'Ovide transparaît dans ce petit passage « naturaliste » où s'enchaînent les termes champêtres et les euphémismes sexuels[137]. Le choix du second exemple, l'exemple mythologique, produit le même effet :

> On sait que la Crète engendra tous les prodiges (*monstra*) : la fille du Soleil aima le taureau… oui, mais au moins, c'était un mâle ! Mon amour, si j'ose l'avouer, est plus démesuré, car elle, du moins, poursuivait l'espoir d'un rapport sexuel (*spem veneris*). Grâce au stratagème d'une vache fictive, elle subit les assauts du taureau, et celui qu'elle abusait (*qui deciperetur*) était son amant (*adulter*).

135. *Métamorphoses*, IX, 729-730.
136. *Métamorphoses*, IX, 731-734. Notons que le premier animal nommé est la vache, dont l'espèce est à nouveau évoquée dans le cas de Pasiphaé (l'épisode de la vache de bois). Il n'est pas impossible qu'il y ait également une allusion à la génisse que fut Io, à laquelle est assimilée Isis.
137. Les répétitions, la juxtaposition de termes identiques, les expressions allusives, pudiques ou grivoises dans le langage de l'amour, la comparaison dans le pastiche, ont été longuement analysées par Frécaut comme des « procédés de l'esprit et de l'humour » de l'auteur (Frécaut 1972, p. 25-171).

Quelques centaines de vers auparavant dans les *Métamorphoses*, Scylla, fille de Ninus dont elle a causé la perte, abandonnée par Minos dont elle est éprise, évoque l'union de Pasiphaé et du taureau[138] :

> Ah, elle est bien digne de t'avoir pour époux, celle qui, par un artifice de bois, déjoua la méfiance (*decepit*) du taureau pour devenir sa maîtresse (*adultera*), et porta dans son ventre le fruit monstrueux (*discordem fetum*) de cette union.

Ovide souligne cette répétition du récit mythique par la reprise de mêmes termes, insistant par contraste sur la différence d'interprétation des deux personnages. Si Iphis *relit* le mythe, il faut effectivement qu'il ait été déjà lu : il y a là une allusion ludique aux joutes sophistiques, qui consistaient à produire une défense ou une condamnation, *in utramque partem* donc, d'un même comportement, l'exemple étant souvent tiré de la mythologie ou de situations totalement fantaisistes. Ici, c'est presque une plaidoirie en faveur des amours zoophiles que l'auteur fait tenir à Iphis, avec l'argument suprême du *spes veneris*, l'espoir d'une union sexuelle, envisageable uniquement s'il y a quelqu'un du sexe masculin. Cette argumentation a l'apparence de la raison, mais l'expression *imago vaccae*, qui fait écho aux *vaccae* de l'évocation champêtre, montre la distance humoristique de l'auteur avec son propos. Ici, l'*exemplum* de la normalité des amours humaines est la vache ! Cependant, même sur le mode comique, l'aspect hyperbolique de cet élément de comparaison indique la volonté de l'auteur de souligner le caractère extrême de la *venus prodigiosa* éprouvée par Iphis et de faire de la situation de celle-ci l'expression d'une crise aiguë.

La seconde partie du monologue, qui fait suite à la pause constituée par l'exhortation, consiste en une définition des obstacles, répondant à la nécessité de trouver une issue (*exitus*) à cette situation extrême. La longue liste de ce qui ne fait pas obstacle souligne le caractère inédit de celle-ci : l'évocation du mari méfiant, du père intraitable, des gardiens, du futur beau-père ou de la fiancée elle-même (*custodia, cautis cura maritis, asperitas patris, ipsa, socer futurus*) se réfère à l'élégie ou à la comédie, genres qui n'ont jamais abordé pareil sujet : l'amour entre femmes. L'unique obstacle est la *natura*, dont les règles ont été édictées avec précision précédemment, et l'énumération, qui précède cette révélation, souligne le paradoxe de cette impossibilité sans obstacle « palpable ». Le monologue d'Iphis atteint le paradoxe suprême dans le *mediis sitiemus in undis,* « nous mourrons de soif au milieux des eaux[139] », allusion au supplice de Tantale, certes, mais aussi à l'aporie dans laquelle se trouve Narcisse face à son image dans l'eau. La référence à l'élément liquide, dans ce contexte de frustration sexuelle et de désir féminin, est on ne peut plus explicite.

Le monologue prend fin en point d'orgue sur un jeu de mots, la juxtaposition de deux termes habituellement complémentaires, *ducere* (*uxorem*, sous-entendu), « prendre pour femme », et *nubere*, « prendre pour époux[140] » :

---

138. *Métamorphoses*, VIII, 131-133.
139. *Métamorphoses*, IX, 761.
140. *Métamorphoses*, IX, 762-763.

> Pourquoi venez-vous à cette célébration, toi Junon qui présides aux mariages, et toi Hyménée, quand il n'y a pas d'homme pour prendre femme et que toutes deux sommes épousées ?

La question reste en effet sans réponse puisqu'elle énonce un paradoxe linguistique, littéralement une cérémonie où « celui qui prend femme est absent » et où deux femmes « épousent un homme ». Au moment critique, quand le mariage approche, ce qui lie Iphis à Ianthé – et inversement (le narrateur insiste sur cette réciprocité) – est un amour de l'ordre de la *venus prodigiosa,* un amour contre nature et contraire aux lois humaines, pour lequel la langue latine n'a pas de terme. Dans tout ce passage, les propos d'Iphis sont moins « psychologisants » que ce qu'on a pu en dire[141] : au contraire, dans la nécessité d'exprimer clairement ce qui advient – car, même si tout mène à ce sujet, le lecteur pouvait s'attendre à une chute bien orchestrée évitant ce qui fait problème – , Ovide fait tenir à son héroïne des propos relevant de la *doxa* : condamnation des amours entre femmes, description au présent de vérité générale des comportements conformes aux mœurs. L'ἀπροσδόκητον ovidien – qui est double (montrer Iphis amoureuse et non Ianthé, et aborder explicitement ce thème) –, loin d'être une pirouette esthétisante et gratuite, élimine toutes les ambiguïtés. Ni faute de goût, ni développement psychologique accessoire, ce monologue est l'aboutissement d'une stratégie narrative maîtrisée : à l'origine de la métamorphose, il y a l'homosexualité féminine.

Où la métamorphose n'est pas celle d'Iphis

Dans la légende de Leukippos, besoin était de la déesse Léto pour résoudre la crise. Dans la situation initiale, en effet, Leukippos est une fille et, dans la situation finale, après l'intervention divine, Leukippos est un garçon. En revanche, sortir la jeune Iphis de cette situation critique dépasse, semble-t-il, les attributions de Léto puisque, chez Ovide, Isis prend la place de la mère d'Artémis. C'est par conséquent qu'il y a *plus* à faire – ou *autre chose* à faire – que d'opérer une simple transformation de sexe, et ce « quelque chose » est du ressort d'Isis précisément. Chez Ovide, au moment de la crise, la situation est la suivante : Iphis aime Ianthé et ne peut l'épouser. Dans la situation finale, Iphis aime Ianthé et peut l'épouser. La véritable métamorphose dans ce récit n'est donc pas la transformation d'Iphis en garçon, mais la transformation de *ce qui lie* Iphis à Ianthé. Le changement de sexe, ici, est un *moyen* et non une fin, une première étape pour une métamorphose d'un autre type.

Comparons les deux situations, afin de cerner avec précision les transformations opérées. Dès le monologue d'Iphis, Ovide laisse entendre que la transformation d'Iphis n'était pas le seul moyen pour sortir de cette situation critique[142] :

---

141. Graf évoque une validité psychologique du mythe (Graf 1988, p. 60). Arnaldi parle de l'évocation par Ovide de « l'état d'âme d'Iphis » (Arnaldi 1959, p. 371-375) et Frécaut pense que l'auteur « s'efforce de pénétrer le tréfonds de l'âme humaine » (Frécaut 1972, p. 256). Pour l'analyse de Viarre et Nicaise, cf. notes précédentes.

142. *Métamorphoses*, IX, 743-744.

Est-ce moi (*num me*) que les talents techniques de Dédale transformeront de fille en garçon ? À moins que cela ne soit toi (*num te*), Ianthé, qu'il transformera ?

L'opposition *num me*/*num te* élimine définitivement le *nos*. Il n'est pas question d'une transformation commune, mais il y a en revanche deux solutions. La transformation, par conséquent, ne concerne pas Iphis seule, comme c'était le cas dans les métamorphoses de Tirésias, Sithon, Mestra et Caeneus, ni les deux ensemble, comme dans le cas de la double transformation de Salmacis et d'Hermaphrodite (d'où résulte une fusion). La solution à cette situation les concerne toutes deux, mais seule l'une ou l'autre peut être transformée : il s'agit donc de transformer un *rapport* (dans le sens mathématique du terme) et non une personne.

Tout dans le récit confirme cette constatation. Avant la métamorphose, l'auteur insiste sur la ressemblance des deux jeunes filles et sur l'identité de leurs activités, mais tout ce qui évoque un rapport d'interaction entre Iphis et Ianthé, c'est-à-dire une phrase où l'une et l'autre occupent des fonctions grammaticales différentes, exprime une impossibilité : « L'amour leur a fait à toutes deux une blessure égale, mais leurs espérances sont contraires », ou encore « Iphis aime ce dont elle désespère de pouvoir jouir un jour[143] ». Dans les cas où Iphis énonce un lien sur un mode affirmatif, c'est pour le nier immédiatement après : « Et bientôt, Ianthé sera mienne. Mais non, cela ne m'arrivera pas[144] ! » La façon dont est exprimée la situation finale prend tout son sens : *potiturque sua puer Iphis Ianthe*, « et le jeune Iphis possède sa Ianthé[145] ». Iphis est le sujet du verbe, Ianthé en est le complément, et l'action n'est plus niée. La place des deux noms est unique : le nom de Ianthé suit directement le nom d'Iphis alors que, durant tout le récit, ils étaient séparés dans l'ordre syntaxique, matérialisation des « obstacles » à leur amour. Le rapport de domination est doublement souligné, par le verbe et l'adjectif possessif. Après la transformation, Iphis peut « se rendre maître » de Ianthé (c'est le sens de *potior*), ce qui suppose l'affirmation d'une *vis*, d'une puissance (dans tous les sens du terme) qui manquait précédemment et qui empêchait cette rencontre. C'est bien, en effet, la modification essentielle qu'Iphis subit lors de sa métamorphose[146] :

Iphis la suit d'un pas plus grand que d'habitude. Sa blancheur délicate quitte son visage, ses forces (*vires*) augmentent, ses traits se font plus durs, ses cheveux dénoués, plus courts. Il y a en elle une puissance plus grande (*plus vigoris*) que celle d'une femme. Oui, toi qui à l'instant étais une femme, tu es maintenant un homme !

Les mentions des transformations physiques concernent essentiellement son visage : la blancheur des traits, la longueur des cheveux. Les autres précisions traduisent avant tout une transformation « morale » : la démarche d'Iphis (*majore gradu*), certes un changement de taille, mais aussi une nouvelle assurance ; l'adjectif *acer*, « impétueux, énergique, violent » qui caractérise son *vultus*, « figure » mais surtout « expression

---

143. *Métamorphoses*, IX, 720-721 et 724. Voir également 750 et 753.
144. *Métamorphoses*, IX, 760-761.
145. *Métamorphoses*, IX, 797.
146. *Métamorphoses*, IX, 786-791.

du visage », désigne une hardiesse du caractère exprimée par ses traits plutôt qu'une caractéristique physique. Enfin, les deux mentions sur sa force nouvelle n'entraînent aucune précision sur sa transformation physique. Extérieurement, Iphis reste Iphis et sa transformation est minime par rapport à d'autres métamorphoses décrites dans l'œuvre d'Ovide.

On a parfois interprété le silence d'Ovide sur les détails plus précis qu'aurait pu entraîner la description d'une telle transformation (pilosité, musculature, silhouette, changement du sexe) par une « délicatesse » de sa part, une volonté d'échapper au « mauvais goût », dont on l'accuse pourtant d'avoir fait preuve dans les monologues d'Iphis. Il semble surtout qu'Ovide ait voulu mettre l'accent sur un point précis qui, justement, ne concerne pas Iphis uniquement (car Iphis reste Iphis), mais qui engage la relation – le rapport – entre Iphis et Ianthé. Les *vires* et le *vigor* sont ce qui permet une démarche plus sûre, une hardiesse plus grande et, surtout, l'acte de possession sexuelle (*potior*). Ce qui change, c'est qu'Iphis possède désormais cette *vis* qu'elle n'avait précédemment pas, malgré son nom[147], et comme Ovide s'est plu à le suggérer par l'expression ambiguë, et proleptique, du père d'Iphis (*fortuna vires negat*[148], « notre condition ne nous en donne pas les moyens ») dans les premiers vers. Avant la métamorphose, Iphis disait : *nec tamen est potiunda tibi*[149], « pourtant, tu ne saurais la posséder » et Ovide reprend exactement le même terme pour décrire la situation finale : *potiturque sua puer Iphis Ianthe*. Cette *vis* permet donc un lien différent (d'après la logique du récit, toujours) entre les deux héroïnes. Cette métamorphose, qui atteint très peu le physique d'Iphis, est une totale métamorphose du lien Iphis/Ianthé : l'intervention d'Isis consiste à faire passer une *venus* sans *spes* en une *venus* avec *spes*, d'une *prodigiosa* à une *venus de more*. Au moyen de la *vis,* Isis transforme l'amour d'Iphis et de Ianthé, qualifié par l'équivalent latin de l'expression grecque παρὰ φύσιν καὶ παρὰ νόμον, en une *venus* κατὰ φύσιν καὶ κατὰ νόμον.

Telle est *la* métamorphose de ce récit : Ovide, en partant d'une source dont le thème était le travestissement et le changement de sexe, intègre son récit à la thématique des amours hors norme. Il transforme le mythe de Leukippos et déplace la métamorphose principale. Ce n'est pas Iphis qui est métamorphosée mais la *venus* d'Iphis et de Ianthé ; l'histoire d'Iphis n'est pas la transformation d'une fille en garçon, mais – et c'est ce qui explique l'insistance de l'auteur sur la féminité des deux personnages et l'intervention d'Isis – la métamorphose d'un amour entre femmes en un amour conforme aux lois humaines.

Une impossibilité romaine : étiologie d'une disparition

En faisant le récit de l'histoire d'Iphis et en transformant la légende de Leukippos, Ovide a voulu aborder explicitement le thème de l'amour entre femmes, tout en concluant

147. Cf. Wheelers 1997, p. 198. Il voit dans le nom d'Iphis (construit sur l'instrumental ἶφι d'ἴς, « la force »), un *omen* de sa condition masculine ; nous y voyons plutôt un effet d'annonce de ce qui manque et qui viendra modifier la *venus* des deux jeunes filles.

148. *Métamorphoses*, IX, 677.

149. *Métamorphoses*, IX, 753.

sur l'image heureuse du mariage d'un homme et d'une femme, auquel président les divinités consacrées. Le dénouement est déjà en lui-même un discours d'Ovide sur les relations amoureuses entre femmes.

Le dénouement : « Et ils vécurent heureux »

Dans une analyse du déroulement linéaire de l'œuvre, différents commentateurs considèrent que l'histoire d'Iphis s'oppose par le caractère heureux de son dénouement à celle de Byblis. Ainsi, F. Graf oppose « l'histoire heureuse, finalement, d'Iphis », à celle « bien plus sombre, de Byblis et Caunus[150] ». M. Papathomopoulos[151] et W. Anderson[152] font la même interprétation. S. Viarre[153] place la métamorphose d'Iphis dans la thématique plus vaste des mythes de changement de sexe dans Ovide et considère elle aussi le dénouement comme heureux. Selon elle, cette transformation, comme dans le cas de Caenis/Caeneus et de la fille d'Eurysichton, est un événement positif et souhaité par l'héroïne (Téléthousa échappe aux foudres de son époux, Iphis épouse celle qu'elle aime) ; passer du statut de femme à celui d'homme est présenté ici comme une ascension et les deux héroïnes voient leurs vœux exaucés. M. Boillat[154] intègre l'histoire d'Iphis à la thématique de la *pietas* : puisque Téléthousa est reconnue par Isis comme une de ses plus ardentes fidèles et que l'attitude d'humilité de la mère et de la fille leur vaut d'être sauvées par la déesse, leur *pietas in deos* garantit une issue heureuse. Dans une autre perspective, une interprétation d'ordre psychanalytique (fort peu convaincante) intégrant l'histoire d'Iphis à la thématique de l'adolescence, amène S. Nicaise[155] à voir dans cette heureuse issue la réconciliation d'Iphis, véritable « garçon manqué », « avec son être profond », le mariage symbolisant son « évolution intérieure » et son acceptation de sa « part féminine ». S. Viarre ne se démarque pas de cette analyse, qu'elle cite, et qu'elle commente : « Avec Iphis, nous avons sans doute affaire à un problème d'adolescence qui se règle de la façon la plus satisfaisante. » Elle conclut à ce propos : « Quelle que soit l'interprétation choisie de l'épisode, on a affaire à la réussite, à l'accès au statut d'adulte[156]. »

Pourtant, la volonté d'Ovide d'évoquer le thème de l'amour entre femmes tout en concluant sur ce mariage heureux infirme ces interprétations évoquant une « réussite ». La transformation de cette *venus,* unique solution pour les deux jeunes filles, illustre bien l'échec d'une certaine forme d'amour. Dans la logique de l'histoire, ce retournement tardif, dont le résultat pour les intéressé(e)s est décrit dans un seul vers, sonne comme le glas des amours féminines. Loin de s'opposer à l'histoire de Byblis, celle d'Iphis en est très proche : l'inceste entre frère et sœur n'est *jamais* consommé (contrairement à celui de Myrrha et son père), l'amour entre deux femmes non plus.

---

150. Graf 1988, p. 58.
151. Papathomopoulos 1968, p. 106, n. 1.
152. Anderson 1972, p. 464.
153. Viarre 1985, p. 242.
154. Boillat 1976, p. 66.
155. Nicaise 1980, p. 70.
156. Viarre 1985, p. 238.

Ce n'est pas que « l'amour hétérosexuel est le seul concevable[157] », comme l'écrit J. Fabre-Serris à propos de cette métamorphose ; l'amour homosexuel *féminin* est le seul interdit. Ainsi, le dénouement vient corroborer ce qui était dit dans le monologue d'Iphis : le mariage final, loin d'être un happy-end, est la consécration d'un échec et la démonstration en acte de cette impossibilité (ἀδύνατον).

Les raisons d'une impossibilité

Dans ce monde d'après le chaos où tout est encore en mouvement, où tout se transforme en une chose et son contraire[158], comment expliquer l'impossibilité, même provisoire, de cet amour entre Iphis et Ianthé ? Il faut croire que dans l'œuvre d'Ovide certains interdits ne sont pas enfreints et que, au-delà des possibilités surnaturelles qu'offrent les mythes, il y a des règles immuables.

Iphis, dans son monologue, apporte quelques arguments. Le topos de la loi naturelle est avancé, mais la jeune femme ne développe pas l'argument de façon théorique. Jouant sur le paradoxe que représente le cas de Pasiphaé et du taureau (infraction à une loi naturelle, puisque c'est une union exogène), Iphis affirme qu'il existe une norme supérieure, qui dans ce cas est respectée : la nécessaire présence d'un mâle. L'exemple de la vache de bois de Pasiphaé et la mention de Dédale précisent la nature de l'impossibilité : l'*amor* peut certes exister entre deux femmes, mais pas sa réalisation physique. L'opposition entre la situation initiale, où Iphis ne peut « posséder » Ianthé, et la situation finale, où elle le peut enfin, illustre l'effet de la métamorphose. L'usage transitif du verbe *potior* indique une répartition nette des rôles, une différenciation des amants. L'un « possède », l'autre « est possédé » : c'est bien cette soumission sexuelle que refuse Atalante qui refuse d'être « possédée[159] » et c'est bien ce schéma que respecte l'union de Pasiphaé et du taureau (« elle a subi les assauts (*passa est*) du taureau[160] », dit Iphis alors même que Pasiphaé est l'instigatrice de cette étreinte). Ce n'est donc pas l'opposition masculin/féminin qui est la condition nécessaire à une union sexuelle, mais l'opposition dominant/dominé. La formation paradoxale du nom d'Iphis sur un terme grec signifiant « la force », les jeux de paronomase sur cette syllabe *vi*[161], l'insistance sur les *vires* et le *vigor* lors de la métamorphose, suggéraient dès le début l'importance de la question de la domination par la force[162]. En l'absence

---

157. Fabre-Serris 1995, p. 203.

158. Tronchet, en mettant en évidence la visée totalisatrice des *Métamorphoses*, a établi le soin minutieux d'Ovide à faire apparaître au fil de son récit des métamorphoses qui sont l'inverse exact d'autres transformations : à une transformation d'un mortel en pierre répond une transformation de pierre en humain, à une transformation d'un homme en animal répond la transformation inverse. Cf. Tronchet 1998 : « Un classement thématique des métamorphoses » (annexe 3), p. 575-581.

159. *Métamorphoses*, X, 569 : *nec sum potiunda*.

160. *Métamorphoses*, IX, 739.

161. Par exemple, comme le relève Wheelers (1997, p. 197, n. 35) : *vota pater solvit, nomenque inponit avitum:/Iphis avus fuerat. gavisa est nomine mater* (v. 708-709).

162. Cette approche de l'histoire d'Iphis dans les *Métamorphoses* rejoint certaines analyses de Pintabone, (Pintabone 2002). Elle souligne très justement la féminité d'Iphis et la volonté d'Ovide d'intégrer, finalement, l'amour des deux jeunes femmes au modèle patriarcal et

d'une *vis*, le désir ne suffit pas – car le beau paradoxe *mediis sitiemus in undis* ne nie pas l'aspect sexuel du désir des deux femmes –, seule la *vis* permet l'acte sexuel. Les modalités physiques de cette union sont suggérées dans la construction du dernier vers, où l'ordre des mots dit l'acte de possession : le groupe nominal *puer Iphis* est *à l'intérieur* du groupe nominal *sua Ianthe*. Le résultat de la métamorphose est donc une transformation d'un amour sans acte sexuel en un amour avec réalisation de cet acte sexuel (selon les représentations romaines).

L'impossibilité des amours entre femmes ne se situe donc pas dans la non-conformité au modèle femme/homme (même si Ovide recourt, comme un bon rhéteur, au modèle de la nature et structure la première partie du monologue d'Iphis par cette opposition masculin/féminin), mais dans le fait qu'il y a absence de l'élément masculin. Il faut *au moins* un homme et il faut un rapport qui n'implique pas des partenaires égaux. En adaptant l'histoire de Leukippos dans ses *Métamorphoses*, Ovide n'a pas supprimé l'aspect étiologique de son hypotexte, il l'a transformé : alors que le mythe de Leukippos était un récit qui expliquait l'origine des rites de dévêtement pratiqués à Phaistos, l'histoire d'Iphis est le récit étiologique[163] de l'impossibilité de l'amour entre femmes.

Une catégorie unique

En lisant l'histoire d'Iphis pour ce qu'elle est, à savoir la métamorphose d'un lien, et à la lumière des autres récits des *Métamorphoses* relatifs à l'amour, il devient alors possible de dégager un discours d'Ovide sur les catégories sexuelles telles qu'elles exis-

---

traditionnel. Son interprétation des deux personnages ainsi que du jeu équivoque d'Ovide est très convaincante. En revanche, nous nous démarquons de son analyse du dénouement, qu'elle considère comme heureux (puisque, dit-elle, Iphis est la seule femme amoureuse qui garde une forme humaine), et postulons qu'Ovide laisse le lecteur avoir sa propre opinion. Elle pose également la question du vécu personnel d'Iphis transformée (donc hors du récit d'Ovide) et la question de la transsexualité selon des thématiques très éloignées, selon nous, de celle d'Ovide dans ce récit. Enfin, son approche générale du discours sur les relations sexuelles entre femmes dans l'Antiquité repose sur des postulats anachroniques : Ovide, selon Pintabone, s'oppose aux discours contemporains qui présentent ces femmes comme viriles et phalliques (elle cite un célèbre extrait des *Lettres à Lucilius* de Sénèque, ainsi que Brooten qui évoque le clitoris surdéveloppé des *tribades*). L'analyse de ce passage proposé par Ormand (2005) est intéressante : dans la lignée des travaux constructionnistes de Halperin, il s'oppose aux brèves interprétations de Brooten (1996) et montre à quel point Ovide insiste sur ce qui pose problème aux Romains, à savoir l'égalité des deux jeunes filles dans la relation. Ormand axe son analyse sur les caractéristiques genrées d'Iphis pour mettre en évidence la perception des relations sexuelles à l'époque où Ovide compose son œuvre. Nous n'adhérons cependant pas entièrement à l'analyse selon laquelle l'objet de toute la métamorphose serait non les relations entre femmes mais la masculinité, et nous émettons des réserves sur l'importance qu'il accorde à l'absence – voulue, selon lui, par Ovide – de la catégorie des *tribades* dans ce texte. Nous reviendrons, plus loin, sur ces deux interprétations de la catégorie des *tribades*.

163. Fabre-Serris (1995, p. 203, n. 140) pense que le nom est la cause des sentiments d'Iphis. Or Ovide n'explique pas les causes de la naissance de l'homosexualité féminine dans ce passage : il explique les raisons de son impossibilité.

tent à Rome à l'époque d'Auguste – état du monde auquel les métamorphoses multiples des formes et des corps que relate l'œuvre doivent aboutir.

La structure des livres IX et X, dans lesquels Ovide raconte, en plus des amours d'Iphis et de Ianthé, l'amour de Myrrha pour son père, celui de Byblis pour son frère, celui d'Apollon pour Hyacinthe et Cyparissus[164], celui de Jupiter pour Ganymède, celui d'Orphée pour Eurydice et, plus tard, pour les jeunes garçons, met en évidence le traitement par le poète des différentes formes d'amour : l'amour incestueux entre une fille et son père est condamné, mais consommé (Adonis naîtra de cette union) ; l'amour incestueux entre un frère et une sœur est condamné et jamais consommé. Parallèlement, la pédérastie n'est pas objet de condamnation et ces amours sont implicitement évoquées comme pouvant être consommées (d'ailleurs, Ovide ne fait pas le récit de l'histoire d'un garçon, amoureux d'un ami, qui serait transformé en femme) ; l'amour entre femmes est condamné et jamais consommé. Ces traitements suggèrent la nécessité d'une relation d'inégalité entre les partenaires pour que l'union sexuelle puisse être consommée (le dénouement différent des deux relations incestueuses s'expliquant par le fait que l'inégalité père/fille est plus importante que celle entre un frère et sa sœur jumelle, du fait de la différence d'âge intrinsèque à la relation intergénérationnelle). Toutes les relations amoureuses et sexuelles entre hommes évoquées ici sont également des relations basées sur une inégalité[165] : ce sont des relations d'ordre pédérastique, impliquant un aimé (un *puer*) et un amant (un homme, un jeune homme plus âgé ou un dieu). Ovide évoque également d'autres types de comportements sexuels masculins, dans le récit qu'il fait de la métamorphose d'Hermaphrodite (IV, 285-388) : une fois sa fusion avec la nymphe Salmacis achevée, le jeune homme supplie ses parents de maudire cette source et de faire en sorte qu'elle « amollisse », littéralement, les hommes qui s'y baignent. Ovide innove, comme l'analyse L. Brisson[166], en faisant de cette métamorphose un récit étiologique d'une rumeur qui circulait à l'époque, rumeur que mentionnent Vitruve et Strabon et selon laquelle l'eau de la source Salmacis, en Carie, avait l'étrange pouvoir d'amollir les hommes. Se trouve donc validée, dans les *Métamorphoses*, l'existence de ceux que l'on appelle des *impudici* ou des *molles* (termes qui ne sont évidemment pas l'équivalent de « homosexuels »). Même si le texte mentionne que les comportements qu'on leur attribue sont considérés comme dégradants et même si ces hommes font l'objet de blâmes ou de moqueries, il n'empêche que ces individus existent dans le monde de l'époque d'Auguste, au terme des métamorphoses multiples de l'univers que décrit Ovide.

---

164. Sergent (1984, p. 99-103) a démontré la nature pédérastique de ces deux mythes, encore perceptible dans le récit ovidien.

165. L'interprétation de Fabre-Serris selon laquelle « l'amour hétérosexuel est le seul concevable » (Fabre-Serris 1995, p. 203) n'est pas recevable : Ovide, en affirmant ici la nécessité d'une présence virile, affirme la nécessité d'une inégalité entre les partenaires, ce qui ne crée absolument pas une catégorie d'amour « hétérosexuel ». De plus, le fait qu'Iphis ne fasse aucune comparaison entre son amour pour Ianthé et un amour entre deux hommes, et le fait qu'elle n'avance pas comme argument, dans sa peinture de la nature, l'absence de copulation animale entre les animaux mâles, illustre l'absence d'une catégorie commune « homosexuelle ».

166. Brisson 1990 et Brisson 1997, p. 41-56.

À une époque où le sujet donne peu matière à littérature, Ovide évoque l'amour entre femmes à trois reprises dans l'ensemble de son œuvre, et selon des modalités semblables : le public en prend connaissance au moment même où le poète les fait disparaître. Dans le cas d'Iphis cependant, son récit s'attarde de façon suffisamment longue pour que nous puissions y voir, non la conviction du poète que cet amour n'existe pas *en réalité*, mais l'énergie qu'il déploie à décrire sa disparition du monde terrestre. Cette énergie se décèle par un paradoxe, qu'Ovide nous laisse percevoir : le poète, dans ses *Héroïdes*, évoque explicitement les amours passées de son personnage, Sappho, pour des femmes, et il donne à voir, dans ses *Métamorphoses*, un baiser entre une fausse déesse et Kallisto, baiser révélateur d'un attachement très particulier entre la vraie déesse et la jeune fille. Il fait donc mentir Iphis lorsqu'elle dit, désespérée, qu'aucun exemple de son amour n'existe au monde, mais, en revanche, il lui fournit tout l'appareil des *topoi* mythiques et des exemples tirés de la nature pour en montrer le caractère inédit.

Un trait frappant du traitement rhétorique de cette légende est le parallélisme avec l'inceste. En faisant trouver à Byblis un exemple mythique de son amour pour son frère[167] alors qu'Iphis pense que son amour pour Ianthé est sans exemple, Ovide établit une hiérarchie entre ces deux formes de *venus* : l'inceste est bien moins terrible que l'amour entre femmes. Une hiérarchie de cet ordre apparaît dans les propos de l'Athénien, dans les *Lois* de Platon. Pour détourner les hommes des relations sexuelles entre eux (donc non procréatrices), l'Athénien pense qu'il est persuasif de mettre en avant l'exemple positif de la nature, et il propose également un procédé qui permette de faire appliquer la loi le mieux possible : il faut pour cela mettre sur le même plan moral les relations entre hommes et les relations incestueuses, pour les présenter comme « des actes infâmes parmi les infâmes » (VIII, 838c1). Il s'agit là d'œuvrer pour le bien de la cité, quitte à recourir à la rhétorique et aux mythes. De la même manière, on ne peut déduire de ce parallèle avec Byblis qu'Ovide considère les relations entre femmes comme moralement plus condamnables que l'inceste, mais c'est ce qu'il veut montrer, en recourant au mensonge et en ne donnant pas à Iphis les arguments qui sauveraient son amour pour Ianthé.

Par conséquent, la disparition de la *venus* entre Iphis-fille et Ianthé affirme « l'idéal de la norme et non la réalité[168] » (pour reprendre une expression de D. Halperin à propos de la pédérastie) : elle nous apprend que les relations entre femmes sont connues des Romain(e)s, mais que leur existence est niée par les conventions morales de la société. En ce sens, les relations entre femmes forment une catégorie à part, puisque, dans les *Métamorphoses*, elles sont le seul ἀδύνατον érotique et que les autres relations sexuelles et amoureuses, dignes de blâmes ou d'éloges, ne sont pas effacées de l'univers. Se trouve définie, par la négative, une catégorie à part : non une catégorie de personnes, mais une catégorie d'actes, qui se différencient des autres actes sexuels du fait qu'ils n'engagent pas d'hommes (ou – comme le montre avec insistance le poète – qu'ils n'engagent que des femmes). La dimension sexuée des partenaires n'est par conséquent pas totalement évacuée, comme on l'a cru, de la perception des relations sexuelles par les Anciens.

---

167. Il s'agit des fils d'Éole (IX, 507).
168. Halperin 1990, p. 85.

La satire sexuelle

Jusqu'au début de notre ère, les mentions de relations sexuelles entre femmes présentent une certaine homogénéité : très peu de descriptions, un accent porté sur les émotions (qu'il s'agisse de désir érotique ou de sentiment amoureux), des personnages fictifs ou quasi mythiques qui ne présentent aucun signe extérieur d'anormalité ou de déviation de genre. Les choses évoluent avec la littérature satirique à Rome.

Apparition de la tribade

Durant les premières décennies du Ier siècle ap. J.-C. apparaît un mot latin dont on ne peut douter, d'après les contextes où il est utilisé, qu'il appartient au domaine de la sexualité entre femmes : il s'agit de *tribas*, un terme transcrit du grec τριβάς, mais qui, dans les textes qui nous sont parvenus, apparaît en latin un siècle avant sa première occurrence en grec. Dans ses deux premières occurrences en latin, il conserve la désinence de l'accusatif pluriel grec (*tribadas*). Le terme τριβάς est construit sur le radical du verbe τρίβειν, qui signifie « frotter, écraser ». Une τριβάς est donc une « frotteuse », une femme définie, par métonymie, par une activité physique particulière. Il est difficile de déterminer quelle est la première occurrence du terme car il apparaît à peu près à la même époque dans une des *Fables* de Phèdre et dans les *Controverses* de Sénèque le Rhéteur.

L'origine des tribades, dans les Fables de Phèdre

L'œuvre de Phèdre, composée durant la première moitié du Ier siècle de notre ère, est d'inspiration ésopique : environ un tiers des fables est directement adapté des petits contes en prose attribués à Ésope qui mettent en scène des animaux et qui se concluent sur une brève morale de l'histoire, mais une majeure partie est originale. Les fables mettent en scène soit des animaux soit des hommes, parmi lesquels très souvent Ésope lui-même. Pour Phèdre, comme il l'écrit dans les préfaces de ses différents livres, la fable est un genre sérieux qui a pour fonction de susciter le rire tout en prodiguant des conseils au moyen d'exemples. Une de ces fables produit un récit étiologique de certains types de personnes, les *molles mares* et les *tribades*. Le récit en question est enchâssé dans celui du narrateur de la fable et c'est le *senex* (Ésope) qui est le narrateur de l'histoire intradiégétique[1] :

1. Phèdre, IV, 16.

Le premier (*alter*) demanda quelle raison avait présidé à la création des tribades (*tribadas*) et des hommes mous (*molles mares*). Le vieil homme donna cette explication : « Prométhée – encore lui – créateur des hommes faits d'argile qui sont brisés dès qu'ils se heurtent à la fortune, après avoir, durant toute une journée, façonné (*finxisset*) séparément les parties naturelles que la pudeur cache sous un vêtement, pour pouvoir ensuite les adapter à chaque corps, fut à l'improviste convié à un repas par Liber. Puis, les veines bien imbibées de vin, il rentra tard chez lui d'une démarche titubante. Alors, l'esprit endormi et embrumé par l'ivresse, Prométhée appliqua le sexe féminin à des corps d'hommes (*applicuit virginale generi masculo*) et le membre viril à des femmes (*et masculina membra applicuit feminis*). Ainsi, maintenant, le désir (*libido*) se nourrit d'un plaisir déviant (*pravo* [...] *gaudio*). »

L'emploi d'*alter* par Phèdre dans l'ensemble de son œuvre permet de voir dans le premier vers de cette fable une référence à un personnage précédemment nommé (ce qu'exprime également l'expression *idem Prometheus*, « Prométhée, encore lui »). Cette fable est en étroite relation avec la fable précédente, dont il ne reste hélas que quelques vers, difficiles à traduire vu l'absence de contexte, mais suffisamment explicites pour que nous puissions y voir un lien thématique entre les deux récits[2] :

[Il créa], à partir du modelage d'un sexe masculin, la langue de la femme, et c'est ainsi que s'explique leur obscénité si proche.

L'usage du terme *fictio*, à mettre également en relation avec la fable 4 de l'appendice qui évoque Prométhée fabriquant deux statues (*finxit*), décrit la même action de modelage qu'expriment, dans la fable qui suit, les terme de *fictilis* et de *finxisset*. Les deux fables sont des récits expliquant des comportements relevant explicitement des *res veneriae* et doivent se lire, dans la mesure du possible, conjointement.

Il n'est pas possible, dans une recherche sur la sexualité masculine et sa représentation, d'utiliser la comparaison avec les *tribades* pour éclairer le sens de *molles mares*, puisque le terme de *tribades* est nouveau et que ce que l'on dit de ce terme est souvent déduit de cette fable. En revanche, les textes latins fournissent suffisamment d'occurrences de l'adjectif *molles* (substantivé ou non) et de ses dérivés (*mollitia, mollescere*) pour éclairer le sens de *tribas* grâce au parallélisme, une fois défini ce que Phèdre veut dire en établissant ce parallélisme. Les travaux de C. Williams, de J. Walters et de T. Éloi et F. Dupont[3] ont montré que l'idée de mollesse était attachée à la représentation d'une certaine forme de comportement masculin sexuel *et* social. C'est un des aspects

2. Phèdre, IV, 15 : *a fictione veretri linguam mulieris / adfinitatem traxit inde obscenitas*. Havet (1895, p. 72) supplée le verbe manquant : *formavit recens*. D'après l'étude des occurrences du terme par Adams (1982, p. 52-53), *veretrum* désigne majoritairement le sexe masculin. Certains manuscrits rattachent ces deux vers à la fable VI, 14. Je remercie P. Moreau d'avoir attiré mon attention sur la parenté entre la fable 16 et ces deux vers.

3. Williams 1999 ; Walters 1993 ; Dupont et Éloi 2001. Les analyses de ces chercheurs rendent irrecevable le très récent commentaire d'Oberg (2000) sur cette fable : celui-ci définit les *molles mares*, les *tribades* et le *cinaedus* (dont Phèdre parle à deux reprises) comme des « homosexuels », tout simplement (Oberg 2000, p. 187-188 et p. 236-238).

qui caractérisent le comportement d'un homme déviant dans le domaine de la sexualité et/ou du genre. Ce terme est souvent associé aux adjectifs (également substantivés) d'*impudicus* et de *pathicus*, ainsi qu'à des termes désignant des caractéristiques féminines de la personne. Le *cinaedus* est l'homme qui représente la manifestation la plus forte de cette forme de déviance. Celle-ci concerne à la fois le comportement social (s'habiller de façon non virile, s'épiler, parler en public d'une voix douce et affectée) et sexuel (aimer être sexuellement pénétré est une caractéristique possible mais non nécessaire, la mollesse désignant aussi le fait de ne pas être dominateur avec les femmes et de se comporter de façon passive face au plaisir).

Dans ce récit qui explique pourquoi il existe des *molles mares*, la caractéristique du genre est mise en avant : ces hommes ne sont plus tout à fait des hommes et, du fait de l'erreur de Prométhée enivré, sont à moitié femmes. L'humour de Phèdre, explicite dans cette image de la divinité revenant ivre d'une soirée arrosée, apparaît également dans l'usage de l'adjectif *pravus*, « malformé, tordu », qui correspond au sens premier d'une mauvaise fabrication par Prométhée ivre, mais qui signifie également « mauvais, dépravé », au sens moral, jeu de mots qui peut se rendre en français par l'adjectif « déviant ».

Une erreur de fabrication… et de lecture

La fable lie une forme de *libido* à une altération du genre : mais laquelle ? Ou plutôt, de quel type ? Le texte est en effet elliptique : les *molles mares* sont-ils issus de ces figurines d'argile au sexe de femme mais au corps et à l'esprit masculins, ou des figurines au sexe d'homme mais au corps et à l'esprit féminins ? Phèdre évoque les *molles mares* en seconde position, après les *tribades* : si la logique est respectée, il s'agirait du second cas décrit (*et masculina membra applicuit feminis*). C. Williams considère que la première action accomplie par le dieu revenant ivre chez lui concerne les hommes : les *molles mares* seraient des hommes auxquels Prométhée a appliqué un sexe de femme et la fable rend compte du désir de certains hommes d'être pénétrés[4] ; les *tribades* sont des femmes auxquelles on a appliqué un sexe d'homme et la fable rend compte du désir de certaines femmes de pénétrer sexuellement un(e) partenaire. C'est également ainsi que J. Hallett[5] comprend la fable, puisqu'elle y voit l'implication que les tribades possèdent un phallus. Dans sa brève évocation du texte, B. Brooten signale cette interprétation selon laquelle la tribade serait un être au corps d'homme au sexe féminin, mais elle-même ne se prononce pas[6]. H. Parker, dans un article où il propose une « grille » décrivant la catégorisation des comportements sexuels à Rome, fait entrer les tribades ainsi décrites dans l'ensemble des « femmes anormales », parmi les femmes ayant un « clitoris monstrueux[7] ». Pourtant, si la représentation de certaines femmes comme phalliques ne nous choque pas *a priori* dans le contexte romain (peut-être pour des rai-

4. Williams 1999, p. 211.
5. Hallett 1989, p. 210.
6. Brooten 1995, p. 45-46.
7. Parker 1997, p. 59. Il sera question plus loin de la question de l'interprétation du grossissement anormal du clitoris des tribades.

sons anachroniques), l'idée qu'il existerait à Rome une représentation humoristique des *molles* comme des hommes « vulviques » (un néologisme est nécessaire et ce n'est pas un hasard) est très peu convaincante : s'il existe des occurrences de cette représentation (nous n'en connaissons pas), elles sont rares et ne reflètent pas les représentations communes[8]. Un aspect de la complexité de la représentation du sexe féminin par les Romains a été mis en évidence par les recherches de M. Olender sur le personnage de Baubô[9], le sujet en tant que tel n'ayant pas fait, à ce jour, l'objet de recherches spécifiques. Qu'il s'agisse de littérature ou de peinture, les recherches sur la sexualité antique nous permettent de savoir que le sexe féminin est l'objet d'un intérêt bien moins important que le sexe masculin. La représentation d'un homme avec un sexe féminin n'est absolument pas répandue. Les figurines que les chercheurs modernes ont nommées Baubô et qui représentent d'immenses vulves ne portent aucune marque d'une quelconque masculinité ; Hermaphrodite est à moitié féminin, mais, comme le montre à l'envi la statuaire, il garde son sexe d'homme[10]. Les termes *semivir* et *semimas* n'ont pas d'équivalents féminins (c'est la question de la bouteille à moitié pleine). De même, les castrats, les galles, les eunuques, ne sont jamais décrits comme possédant un sexe de femme : si ceux-ci tiennent de la femme ou de l'impubère, c'est en raison de l'absence de signes sexuels secondaires (pilosité, voix, etc., selon l'âge de la castration) et en raison de comportements culturellement considérés comme féminins. À Rome, comme l'a montré P. Cordier, on se pose la question de leur *libido* et de leur sexualité. On ne dit cependant pas d'eux qu'ils ont un *cunnus*[11]. En revanche, si l'on comprend la chute de la fable de Phèdre en respectant l'ordre du premier vers (ce qui, en dehors même de la question qui nous intéresse, est le plus logique), on aboutit, dans le cas du *mollis mas*, à la description d'un homme de sexe biologique mâle qui aurait un corps à l'apparence féminine et une façon d'être féminine, ce qui correspond *exactement* à ce que C. Williams met en évidence dans son chapitre particulièrement bien documenté sur le lien entre « effémination » et « masculinité[12] ». Ajoutons un dernier argument[13] : Phèdre préfère l'expression peu usitée de *molles mares* à celle, bien attestée, de *molles viri*, et celle de *masculina membra*, un hapax[14], à celle de *membrum* (sans qualificatif) ou de *mentula*. Tout laisse penser que ces deux expressions inusuelles, respectivement oxymorique ou redondante, comprenant l'une et l'autre une allitération semblable, sont à mettre en relation. Cette interprétation du dernier vers est plus cohérente à tous les niveaux (rhétorique, anthropologique et stylistique).

---

8. Boyarin (1995, p. 158, n. 29), dans un article consacré à la tradition juive, relève à juste titre, l'incohérence de cette interprétation dans l'article de Hallett (1989, p. 210).

9. Olender 1985.

10. Cf. Brisson 1986 et 1990, ainsi que Ajootian 1997, p. 220-242.

11. Au contraire, comme le montre Cordier, les accusations d'adultère des auteurs satiriques contre les femmes qui recourent au service des eunuques sont nombreuses (Cordier 2002, p. 61-75). Sur la question des individus intermédiaires en relation avec la question de la sexualité, cf. Boehringer 2004.

12. Williams 1999, p. 125-159.

13. Moreau, entretien privé.

14. Adams 1982, p. 46.

Un tableau des catégories sexuelles

Ce constat sur le *mollis* dans une nature humaine modelée par Prométhée nous contraint à lire différemment la description de la *tribas*. Puisque le *mollis mas* résulte de la dernière action, la *tribas* résulte de la première : *applicuit virginale generi masculo*. Parallèlement au *mollis mas* qui est un être biologiquement masculin (avec un sexe d'homme) mais qui se conduit comme une femme et qui a l'apparence de la femme, la *tribas* est un être biologiquement féminin (avec un sexe de femme) mais qui ressemble à un homme et qui se conduit comme lui. L'interprétation générale que propose C. Williams pour ce poème humoristique convient tout à fait à cette lecture : « Le " plaisir déviant " de ces individus n'est pas un plaisir d'ordre homoérotique, mais un plaisir éprouvé en accomplissant des activités inappropriées au genre qui est le leur[15]. » C'est exactement ce que le poème met en évidence. D'ailleurs, dans deux autres fables, Phèdre oppose l'apparence féminine et l'identité réelle (masculine) du *cinaedus* : un homme aux allures d'efféminé, voire de prostitué, s'avère être le célèbre poète Ménandre, et un soldat de Pompée, un *cinaedus* notoire, vainc un barbare qui effrayait toute l'armée[16].

Poursuivons par conséquent le parallélisme à partir de la représentation du *mollis*. Phèdre affirme non pas l'existence d'une catégorie commune aux *molles* et aux *tribades* qui serait fondée sur le fait que chacun recherche un partenaire du même sexe que lui, mais une différence radicale entre ces deux types d'individus (différence rendue par la disjonction des deux opérations : *applicuit* […] *et applicuit*), qui, chacun, a subi une « malfaçon » originelle différente affectant le genre. Si Phèdre affirme que les *tribades* se conduisent comme des hommes, à la fois socialement et sexuellement, il ne dit pas, même pour produire une image comique, que certains hommes auraient une vulve et certaines femmes un phallus. Cette interprétation de la fable a pu être influencée par les derniers vers de la fable précédente, où il est question de femmes dont la langue est façonnée, probablement par Prométhée, à l'image du phallus. Or le contexte de cette fable est bien trop lacunaire pour permettre d'établir que Phèdre évoque le cunnilingus entre femmes (pratique au demeurant inédite dans la littérature romaine) ou l'existence de « tribades phalliques » dans cette fable : la mention d'une parenté d'obscénité laisse plutôt penser qu'ont été comparées les techniques érotiques buccales respectives des hommes et des femmes (et plus particulièrement la fellation), et qu'a été expliquée, sous la forme d'un même récit étiologique, l'origine d'êtres obscènes ou impudiques des deux sexes (de façon générale, sans prise en compte d'une « orientation sexuelle »). Il est, de surcroît, peu vraisemblable que Phèdre ait raconté la même histoire dans deux fables successives : le thème général des deux fables porte sur les pratiques sexuelles « obscènes » (la clausule de la fable 15 porte sur l'*obscenitas*) et tout porte à croire qu'elles déclinent l'éventail des possibles en ce domaine.

L'humour de ces deux fables (du moins, d'après ce que l'on peut déduire du fragment final de la première) réside probablement dans un même récit étiologique où les pratiques se trouvent incarnées dans des types d'individus du fait d'une intervention

15. Williams 1999, p. 212.
16. Phèdre, V, 1 et app., 10.

divine : se trouve illustrée, sur le mode comique bien sûr, une perception essentialiste de la sexualité. On aime « ça » parce qu'on est comme ça, par naissance. Ce qui est intéressant c'est que ce « ça », dans la première fable comme dans la seconde, s'il permet de distinguer des catégories de personnes, ne crée pas de catégories en fonction d'une « orientation sexuelle ». Le terme de *molles*, en effet, ne recouvre absolument pas le sens actuel d'homosexuel : de nombreux textes confirment que ce terme ne désigne pas les deux partenaires et que l'individu masculin engagé dans une relation sexuelle avec un *mollis* ou un *cinaedus* n'est pas concerné par cette étiologie. Il ne s'agit donc pas de désigner tous les hommes qui ont des relations sexuelles avec des hommes, mais uniquement un type d'individu défini autant par son altération du genre que par ses goûts en matière de sexe. Phèdre ne décrit pas la naissance de l'« homosexualité ».

L'auteur brosse un tableau des êtres humains répartis en catégories selon la façon dont Prométhée les a façonnés et distingue non pas deux catégories (les *molles mares* et les *tribades*) mais trois : il sépare d'abord les êtres façonnés *avant* le départ de Prométhée pour sa soirée arrosée et ceux qui l'ont été *après*. Puis, parmi ces derniers, il fait la différence entre les personnes de sexe biologique féminin et celles de sexe biologique masculin. Si toutes proviennent d'une même erreur de Prométhée, rien ne permet cependant de déduire qu'elles relèvent d'une même catégorie. Phèdre insiste bien au contraire sur ces deux types, opposés et par le sexe et par le genre. Ce tableau de la nature humaine est très proche de la description de la nouvelle nature humaine faite par Aristophane dans le *Banquet*[17] (l'usage de la forme grecque, et non romaine, de l'accusatif de *tribas* peut s'interpréter comme un clin d'œil du poète). La répartition est la même : une catégorie de types d'hommes particuliers, une d'hommes et de femmes, et une troisième qui regroupe des types particuliers de femmes. La grande différence entre les deux récits, et où réside l'humour de Phèdre, est que la première catégorie est loin de faire l'objet d'éloges.

De qui se moque-t-on ?

Phèdre parodie le mythe étiologique et présente la tribade comme le symétrique du *mollis* sur une échelle du genre qui s'étend du masculin au féminin. Selon le parallélisme établi par l'auteur, les critères qui président à la définition ne portent pas uniquement sur la pratique sexuelle, et le terme ne désigne pas la femme qui est l'objet de la *libido* : tribade n'est donc pas l'équivalent du terme actuel d'« homosexuelle ». Cependant, contrairement au cas du *mollis*, nous ne disposons d'aucun texte qui nous permette de savoir si ce que dit Phèdre des *tribades* correspond aux représentations communes ou s'il procède à une exagération comique, à un parallèle forcé destiné à susciter le rire.

Il importe en effet d'être prudent car l'humour de Phèdre réside précisément dans sa capacité à présenter, en de petits tableaux vivants où souvent ce sont des animaux

---

17. Le parallélisme s'arrête là. Certains commentateurs ont eu tendance à comparer ces « êtres doubles » qui résultent de l'erreur de fabrication de Prométhée à l'être androgyne de l'antique nature dont parle Aristophane, dans le *Banquet* de Platon : cette comparaison ne tient pas, l'être androgyne étant précisément le genre qui, sur les trois genres primordiaux, est à l'origine des hommes qui recherchent les femmes et des femmes qui recherchent les hommes.

qui incarnent des types d'individus, des situations métaphoriques et d'établir, par l'humour, des parallélismes exagérés pour révéler certains aspects des comportements
humains. La caricature et la satire, même adoucies par la transposition dans le monde
animal, sont des miroirs déformants et Phèdre lui-même prévient le lecteur dans une
fable qui poursuit en quelque sorte le prologue du quatrième livre. À celui qui pense
que ce ne sont que jeux et plaisanteries, il dit : « Regarde de près ces chansons et tu
verras sous leur titre de quelle utilité elles sont ! Les choses ne sont pas toujours ce
qu'elles semblent être ; l'apparence première trompe beaucoup de gens et rare est l'esprit qui comprend ce que le poète a caché avec soin au plus profond de son récit[18]. »
Les commentaires finaux des petites histoires animalières éclairent souvent le sens qui
n'apparaît pas d'emblée dans la fable, à la manière de morales, mais de nombreux éléments liés à l'actualité et non explicités par le poète nous échappent. Comment savoir
si Phèdre, en établissant le parallélisme *mollis/tribas*, loin de s'appuyer sur un imaginaire commun, ne provoque pas son lecteur en dévoilant une ressemblance qu'il ne
soupçonnait pas ? Peut-être, par cette peinture grossière de l'origine de certains êtres
humains, Phèdre dresse-t-il un portrait satirique des *molles* en les comparant à un type
de personnes que la société réprouve davantage encore, les *tribades* ? Il nous manque
des sources pour déterminer où commence et où s'arrête la déformation comique.

Une « couleur » à éviter, dans les Controverses de Sénèque

Durant la première moitié du Ier siècle également, le terme de *tribas* apparaît dans
un contexte très différent, les *Controverses* de Sénèque le Rhéteur. L'auteur présente
son recueil comme l'œuvre d'un homme qui, à la fin de sa vie, entreprend de présenter
à ses enfants les déclamateurs célèbres qu'il a lui-même connus (directement ou indirectement), mais qu'eux n'ont pu connaître : son ouvrage regroupe des plaidoyers de
causes fictives, auxquels Sénèque intègre des arguments de rhéteurs grecs et romains,
dont il rapporte littéralement les propos. Les causes plaidées sont souvent des cas particulièrement improbables, qui n'évitent pas les questions d'ordre sexuel et qui sont
compliqués à l'envi pour, précisément, exercer ceux qui s'y livrent. Ainsi est plaidée
la cause d'un père manchot qui avait demandé à son fils de tuer sa femme adultère et
son amant, celle d'un père débauché accusé de folie par son fils lui-même débauché,
ou encore le cas de la prêtresse qui, précipitée de la roche Tarpéienne pour avoir violé
ses vœux de chasteté, survit.

Chaque controverse est bâtie sur le même plan[19] : énoncé de la cause fictive, puis
un ou deux textes de lois sur lesquels le discours (de l'accusation ou de la défense) doit
s'appuyer. Suivent des extraits de controverses dues à différents déclamateurs, inter-
rompus par des commentaires didactiques, critiques ou anecdotiques de Sénèque lui-
même, selon une structure précise : les différents avis sur la question sont cités, sans
souci de transition (ce sont les *sententiae*). Puis les orateurs groupent les divers éléments
et les exposent selon un plan cohérent (la *divisio*). Enfin, la dernière partie développe

---

18. Phèdre, IV, 3, 3-7.
19. Voir l'introduction et la présentation synthétique de Bornecque à son édition du texte
(Bornecque 1902).

les *colores*, des motifs indépendants de la loi mais que l'on avance pour expliquer ou excuser la personne défendue.

Un cas d'école complexe

C'est dans la partie où se trouvent développés les *colores* qu'est mentionné un cas complexe, celui qui surprend deux femmes ensemble, dont l'une est mariée. Il s'agit de la controverse dont la cause fictive est celle de la prêtresse livrée à la prostitution qui a tué un soldat qui voulait abuser d'elle alors que les clients précédents avaient accepté de payer ses services au *leno* sans attenter à sa virginité. Elle est acquittée du crime, mais la question qui se pose est celle de savoir si elle peut continuer à exercer son sacerdoce. Le plaidoyer est à charge et les thèmes abordés par les orateurs portent sur la virginité des femmes et sur la différence avec la chasteté et la pureté. Dans la partie consacrée aux couleurs et alors que tous les arguments jusqu'à présent accusaient la prêtresse, Sénèque cite en premier lieu des motifs destinés à la défendre. Il s'explique plus loin : les couleurs pour la thèse opposée, celle qui consiste à attaquer la jeune femme, n'offrent aucune difficulté, l'unique impératif étant d'éviter la trivialité et l'obscénité (*non sordide nec obscene*). Sénèque donne alors quelques exemples scabreux de ce qu'il ne faut pas dire, mais qui a été dit (il est question de sodomie et de mains souillées). Il cite alors Scaurus, qui attribue ce défaut aux déclamateurs grecs, et il rapporte littéralement, c'est-à-dire en langue grecque, ses propos.

> Hybréas, dit-il, alors qu'il traitait de la controverse de celui qui surprend des tribades (*qui tribadas deprehendit*) et les tue, commence à décrire l'état du mari, dont on ne devait pas exiger cette enquête impudique : « Quant à moi, j'ai tout d'abord examiné l'homme, pour voir s'il l'était naturellement ou artificiellement (εἰ ἐγγεγένηταί τις ἢ προσέρραπται). » Grandaus, autre déclamateur asiatique, après avoir dit, dans la même controverse, que « ce n'est pas pour cette raison que j'ai tué... (*texte lacunaire et intraduisible*) », ajouta : « Mais si j'avais surpris comme amant un faux homme ? (εἰ δὲ φηλάρρενα μοιχὸν ἔλαβον[20] ;) »

---

20. *Controverses* I, 2, 23. L'édition utilisée est celle de L. Håkanson (1989). Il est difficile de proposer une traduction de ce passage : le texte est corrompu en plusieurs endroits et le sens n'apparaît pas de façon évidente. Les problèmes portent à la fois sur les citations grecques, diversement transmises, et sur les propos de Grandaus. Les restitutions, très différentes, suscitent des interprétations très différentes également (cf. Bursian 1857 ; Kiessling 1872 ; Bornecque 1902 et 1932 ; Winterbottom 1974). La traduction du *non ideo occidi...* comme un parfait à la première personne, que l'on ne trouve dans aucune traduction éditée, est proposée, à juste titre, par Philippe Moreau (discussion privée).

Par ailleurs, même lorsque le texte ne pose pas de problème, les interprétations divergent. Pour *Hybreas, inquit, cum diceret controversiam de illo, qui tribadas deprehendit et occidit...*, Bornecque comprend que le mari ne tue que l'une des deux femmes ; les autres traducteurs comprennent qu'il tue les deux femmes. Cette dernière interprétation est corroborée par une construction identique chez Sénèque, où le mari tue la femme et l'amant. Par ailleurs, la forme ἔλαβον est comprise diversement. Bornecque traduit: « Et si elles avaient pris pour amant un faux-mâle ! » alors que Richlin (1992, p. 16-17) traduit le grec en français (dans le texte anglais) de cette manière : « Et si j'avais pris une amante en travestie ? » Cependant, il est habituel

Suit encore un exemple de couleurs qui n'évitent pas l'obscénité : Murrédius évoque la possibilité que la prêtresse ait « calmé les passions » avec les mains. La controverse de la prêtresse se clôt sur un conseil et un exemple illustrant ce conseil : il vaut mieux ne pas dire certaines choses, au détriment de la cause, que de les dire au détriment de la pudeur.

Malgré d'importants problèmes textuels qui rendent la compréhension extrêmement difficile, on peut faire plusieurs constats. Sénèque cite Scaurus, consul suffect en 21 ap. J.-C.[21], qui évoque la controverse qu'il a entendu plaider autrefois par Hybréas et Grandaus[22], celle de celui « qui surprend deux tribades et les tue ». Scaurus désigne les deux femmes par le terme de *tribas* (qu'il décline sur la flexion grecque) et n'établit aucune distinction entre les deux femmes, l'épouse et l'amante. Le texte, ensuite, différencie les partenaires : Hybréas désigne par τὸν ἄνδρα celle dont il suggère qu'il est important de vérifier l'identité sexuelle (si c'est bien ainsi qu'il faut comprendre le texte) : il s'agit de déterminer « si cette personne est un homme de naissance ou si elle l'est *par couture* (ἢ προσέρραπται) ». Hybréas entend probablement, par l'usage de ce verbe qui signifie aussi « ajouter ou rajuster en cousant », l'utilisation d'un instrument attaché au corps d'une des deux femmes. Dans la langue de Sénèque et de Scaurus, *tribadas* désigne des femmes qui font l'amour ensemble. Les distinctions établies ensuite par les deux déclamateurs grecs s'appuient sur les circonstances du délit (l'une des deux a été tuée), mais ne permettent pas d'affiner la définition du terme latin *tribas*.

Le silence du droit romain : une position claire

En ce qui concerne la question plus générale de la représentation des relations sexuelles entre femmes, le passage apporte davantage d'éléments, mais il convient de préciser sous quels angles propres au discours du droit Hybréas et Grandaus abordent la question. Les exercices de rhétorique liés au domaine juridique traitent de

---

que les rhéteurs fassent parler l'accusé à la première personne (cette lecture d'ἔλαβον confirmerait celle d'*occidi*).

Il est également difficile de déterminer avec certitude ce que Sénèque entend par φηλάρρενα. Håkanson signale la graphie φιλάρρενα dans un manuscrit, pour φηλάρρενα : s'agirait-il d'examiner le mari pour voir s'il est un « homme qui aime les hommes », ce qui expliquerait l'adultère de l'épouse négligée, ou d'examiner l'une des femmes pour voir si c'est un « faux-mâle », et dans ce cas le terme φηλάρρενα serait construit sur la même racine que celle de φῆλος, « trompeur, filou » (dont Chantraine, dans son *DÉ s.v.*, dit que le rapprochement avec le latin *fallo* est sans certitude) ? Dans ce cas s'agit-il pour Grandaus de désigner l'une des deux femmes ou de changer de cas de figure en suggérant que l'une des deux est en réalité un homme travesti, ce qui permettrait de considérer qu'il s'agit de deux adultères (*adulteros*) ? Winterbottom comprend l'intervention de Grandaus de façon différente encore : celui-ci établirait une comparaison avec deux adultères mâles, dont on n'admettrait pas qu'ils soient tués pour ces raisons. Il faut avouer que tout cela est particulièrement confus.

21. Voir Bornecque 1902 (b), p. 143-145.

22. Hybréas le Père est un orateur de l'école dite asianiste ; il est né à Mylase (Carie) en 80 av. J.-C. et il est particulièrement célèbre au milieu des années 30. Il n'est probablement pas venu à Rome. Grandaus n'est pas connu et c'est la seule fois où Sénèque parle de ce déclamateur (cf. Bornecque 1902 (b), p. 172-173).

sujets compliqués et problématiques (contradiction apparente de deux textes de lois ou vide juridique) afin d'exercer l'orateur : tout repose sur la maîtrise des règles de l'éloquence et sur le talent de l'élève. Par ailleurs, Sénèque le Rhéteur cite souvent des lois qui n'ont plus cours à son époque, voire des lois fantaisistes, sans fondement réel[23]. Ces caractéristiques rendent particulièrement difficile le travail d'interprétation portant sur les représentations communes. Il ne s'agit pas, pour les deux rhéteurs, de se pencher sur l'évaluation morale de la relation des deux femmes. Ce qui fait l'objet de la réflexion ici est de savoir si oui ou non il y a adultère, et de la réponse dépendent l'évaluation de l'acte et la nature de la sanction encourue par celui qui a tué les deux femmes. Si les deux rhéteurs prennent la parole, c'est pour traiter du cas juridique de l'adultère.

En revanche, le fait que rien de définitif n'émerge des deux interventions d'Hybréas et de Grandaus nous apporte une information importante : c'est la preuve qu'il n'y a pas d'ambiguïté dans le droit romain sur la question des relations entre femmes. En effet, aucun des orateurs ne fait référence à une loi particulière et aucune autre source, juridique ou littéraire, ne nous est parvenue, qui évoque ces cas de figure[24]. D. Dalla, dans son étude sur le droit et l'homosexualité à Rome[25], aborde brièvement ce point : Il pense que l'absence de risque de procréation pour l'épouse met ce type de relation hors du champ de l'adultère dans le droit romain.

C'est bien ainsi que l'on peut interpréter ce bref échange entre les orateurs : le débat porte sur les circonstances que pourrait invoquer le mari (l'obscurité, la situation équivoque, la ressemblance de la femme avec un homme) pour justifier son crime. La question de l'état de la cause en est l'objet et non celui, moral ou psychologique, des relations entre femmes. Comme l'expose Cicéron dans sa *Rhétorique à Herennius*[26], il existe trois types de stratégies d'accusation ou de défense lors d'un procès : la *causa infitialis*, qui consiste à nier les faits, la *causa coniecturalis*, qui consiste à reconnaître les faits mais à en présenter une autre interprétation, et la *causa legitima*, qui s'appuie sur l'interprétation de la loi. La plus difficile à plaider est la *causa coniecturalis,* qui demande les ressources de l'*inventio*. C'est bien ici le cas d'Hybréas, qui ne peut nier les faits et qui, pour défendre le mari et le soustraire aux poursuites pénales que ne manquerait pas de mener le tuteur légal de la femme assassinée, élabore des interprétations destinées à montrer que son client n'a pas délibérément enfreint la loi. Il s'agit de mettre en évidence qu'il a été abusé par les circonstances- : il y avait une femme qui ressemblait, simplement ou par des moyens artificiels, à un homme.

L'intervention de Grandaus est plus obscure, vu l'état du texte : il admet que les deux femmes ne peuvent être considérées comme commettant un adultère, mais tente de trouver une circonstance où la personne assassinée ne serait pas une femme, ou du

23. Cf. Bonner 1949, p. 131.

24. Voir sur ce point la brève mise au point de Rizzelli, p. 220, n. 181. Il n'est par conséquent pas possible d'affirmer, comme le fait Cantarella, que, à Rome, dans le cas d'une relation avec une femme, « la femme mariée commet un adultère » (Cantarella 1988, p. 243).

25. Dalla 1987, p. 215-221.

26. Cicéron, *Rhétorique à Herennius*, I, 18-27 et II, 3-12.

moins ne pourrait plus être considérée comme telle (il parle de φηλάρρενα). Ainsi, le geste du mari trompé ne tomberait plus sous le coup de la loi pour meurtre et bénéficierait des exonérations liées à l'adultère et au flagrant délit.

De ces deux extraits de plaidoirie, on ne peut déduire une représentation romaine des relations sexuelles entre femmes sur le modèle asymétrique d'une partenaire féminine et d'une partenaire masculine, d'une épouse non tribade et d'une tribade. Ce texte est un produit de la rhétorique, et la seule façon pour les avocats de défendre leur client est d'invoquer la ressemblance de la femme assassinée avec un homme. Dans ces circonstances, la question de la « vérité » n'est pas la préoccupation des avocats. En revanche, ce qui est certain, c'est que si ni Hybréas ni Grandaus ne recourent à une stratégie reposant sur une *causa legitima* pour faire échapper leur client à une accusation de meurtre, c'est bien qu'il n'existe pas de loi condamnant une relation entre femmes comme adultère.

Ce que ce passage apporte quant aux représentations romaines se déduit non du contenu du propos des orateurs mais de sa place dans les *Controverses*. Sénèque le Rhéteur, en effet, dit explicitement que ce type de sujet est obscène, alors que celui de la prêtresse livrée à la prostitution ne l'est pas : il convient d'éviter d'évoquer les relations entre femmes, même pour donner une « couleur » et étayer la cause plaidée, même pour servir l'objectif ultime de ce type de production rhétorique, celui de convaincre son auditoire. Tel est le conseil de Sénèque à son public, mais remarquons que, paradoxalement, c'est bien Sénèque lui-même qui, dans une démarche pédagogique, aborde le sujet sans euphémisme. Ainsi, si l'objet du débat rapporté par Sénèque n'apporte aucun élément sur une évaluation morale générale de l'amour entre femmes – n'oublions pas que le cas d'école n'est envisagé que parce que l'une des deux femmes est mariée –, le commentaire de l'auteur de ce manuel destiné à transmettre les techniques de l'éloquence nous apprend une position romaine sur ce qu'il convient de dire ou de ne pas dire en public. Si l'orateur peut faire feu de tout bois pour accuser ou défendre, il reste certains thèmes, trop obscènes, à éviter.

La définition du terme *tribas* et la représentation par les Romains des relations entre femmes sont deux questions étroitement liées mais non identiques. Les textes de Phèdre et de Sénèque nous permettent de voir que les femmes qui aiment les femmes sont présentées soit comme des exceptions par rapport à une norme, soit comme des cas de figure particuliers, mais ils ne nous fournissent pas assez d'éléments pour une définition exacte. En revanche, certains traits apparaissent qui commencent à caractériser le discours sur les relations sexuelles entre femmes. Il s'agit toujours d'un discours rapporté. Ici, il est doublement enchâssé : Sénèque cite le compte rendu de Scaurus sur les propos des déclamateurs grecs. Le discours est à la fois un discours sur un type de relations et un discours sur ce discours : comme dans le cas de la Sappho d'Ovide, où elle commentait *a posteriori* les rumeurs à son propos, ou dans le cas d'Iphis, qui disait de son amour que personne n'en avait parlé avant elle, le texte de Sénèque fait un commentaire sur ce qu'il est en train d'énoncer. Enfin, le discours est souvent paradoxal car le locuteur dit, tout en disant qu'il ne faut pas dire.

La tribade et les astrologues (du IIᵉ au Vᵉ siècle av. J.-C.)

Par la suite, aux Iᵉʳ et IIᵉ siècles ap. J.-C., toutes les occurrences latines du terme *tribas* et de son dérivé τριβακή apparaissent étroitement liées à un personnage de femme très particulier, celui de Philaenis. Quant au terme grec τριβάς, il n'est attesté qu'un siècle après le mot en latin.

La première occurrence du terme τριβάς qui nous est parvenue date du milieu du IIᵉ siècle ap. J.-C. et il appartient au genre paralittéraire de l'astrologie. Ses occurrences, en grec et en latin, sont peu nombreuses (un peu plus d'une dizaine), mais les contextes dans lesquels le terme apparaît sont explicites. Il convient d'ajouter à cette liste l'usage unique de l'adjectif τριβακή, dans le sens de « relative à la tribade ». Sont également intégrées au tableau synthétique ci-dessous les occurrences du terme tardif de *frictrix/fricatrix* (le sens du terme pose problème chez Tertullien, mais pas chez Hermès Trismégiste). Les occurrences du substantif grec τριβάς ne sont pas antérieures au IIᵉ siècle ap. J.-C. et elles appartiennent toutes au domaine de l'astrologie (Ptolémée, Vettius Valens, Manéthon, Héphaistion). Les occurrences des termes latins *tribas* et *fricatrix/frictrix* relève également, pour moitié, de la littérature astrologique.

Iᵉʳ siècle ap. J.-C.	Phèdre et Sénèque le Rhéteur	*tribas*
	Martial	*tribas*
IIᵉ siècle ap. J.-C.	Ptolémée	τριβάς
	Vettius Valens	τριβάς
	Pseudo-Lucien	τριβακή
IIIᵉ siècle ap. J.-C.	(Tertullien)	(*frictrix*)
	Pomponius Porphyrio	*tribas*
	Manéthon	τριβάς
IVᵉ siècle ap. J.-C.	Hermès Trismégiste	*fricatrix*
	Firmicus Maternus[27]	----
Vᵉ siècle ap. J.-C.	Caelius Aurelianus	*tribas*
	Héphaistion	τριβάς

Alors que le terme latin *tribas* était une transcription de τριβάς, *frictrix/fricatrix* est une traduction littérale du terme grec : il est formé sur le radical du verbe *fricare* qui est l'équivalent du grec τρίβειν[28]. Le sens du terme *frictrix* chez Tertullien pose problème[29]. Il a souvent été traduit par « prostituée », euphémisme moderne pour

---

27. Le texte astrologique de Firmicus Maternus décrit les mêmes phénomènes que Ptolémée, Manéthon et Vettius Valens, bien que l'auteur n'utilise pas le terme de *tribas*.

28. Le verbe latin a le même sens que le verbe grec (« frotter, user en frottant »), mais il est encore plus concret, dans la mesure où il ne prend jamais le sens figuré de « passer du temps, être expérimenté ».

29. Adams pense que ce terme est sans rapport avec *tribas*, précisant qu'il n'y a aucun autre contexte qui puisse justifier une telle interprétation. Il ne fait pourtant pas mention de *fricatrix*, dont le sens apparaît clairement (Adams 1982, p. 184).

« fellatrice », mais les contextes ne permettent pas de déterminer avec certitude si Tertullien dirige sa *vituperatio* contre les femmes qui font des fellations ou contre celles qui ont des relations sexuelles avec des femmes. Dans *De la résurrection de la chair*, Tertullien dresse une liste de personnes représentant le summum de la souillure buccale. Celles qui sont nommées *frictrices* précèdent les archigalles et les gladiateurs. Dans *Du Pallium*[30], en conformité avec sa conception de la sexualité et avec la verve qui lui est propre, Tertullien lance une invective contre l'immoralité des femmes publiques : « Regarde ces louves, vendues aux désirs publics et qui sont elles-mêmes aussi des "frotteuses" (*frictrices*). » Dans ce contexte, l'insistance de l'auteur (*ipsas quoque*) donne l'avantage à une traduction par « femmes qui ont des relations sexuelles avec des femmes » plutôt que par « prostituées », qui serait redondant[31]. Le terme de *fricatrix* apparaît deux fois également dans le recueil de textes astrologiques attribués à Hermès Trismégiste. Ces livres, où l'influence néoplatonicienne se mêle à celle de la Bible, sont difficilement datables mais ils prennent une grande place dans les polémiques religieuses du IVᵉ siècle. Dans ce texte, contrairement au précédent, le contexte, étudié ci-dessous, permet sans ambiguïté de comprendre le terme *fricatrix* comme signifiant « femme qui a des relations avec des femmes ».

Le tableau synthétique fait apparaître nettement que le terme de τριβάς appartient avant tout au vocabulaire de l'astrologie. Ces textes ont pour caractéristique d'être formulaires, et l'on retrouve chez les uns et les autres des expressions très proches, voire identiques : Héphaistion reprend parfois littéralement Ptolémée et le texte d'Hermès Trismégiste est pour une grande partie une traduction en latin de ces traités antérieurs[32]. Dans ce genre paralittéraire où les auteurs expliquent l'origine de divers types de comportements par la position des astres au moment de la naissance, les naissances de tribades et/ou de femmes attirées par les femmes sont présentées comme résultant d'une configuration stellaire où telle ou telle planète ou étoile se trouve dans « le signe masculin[33] ». Ces cas de figure sont évoqués conjointement à des naissances d'hommes. Chez Ptolémée[34], dans certains passages, la configuration stellaire est à l'origine de naissances de tribades et d'hommes particulièrement attirés par les femmes (des hommes adultères et qui ne maîtrisent pas leurs désirs) ; dans d'autres, leur naissance est associée à celles d'hommes impuissants, eunuques ou « sans orifices » (cas de figures également décrit par Héphaistion[35]). Chez Manéthon, ce sont également les signes masculins qui prési-

---

30. Tertullien, *De la résurrection de la chair*, 16, 6 et *Du Pallium*, 4, 9.

31. Kroll (1924) pense lui aussi que *frictrix* traduit τριβάς.

32. Pour les références des textes et une bibliographie des éditions et des études qui ont été menées sur les textes de Ptolémée, Vettius Valens, Manéthon, Firmicus Maternus, Hermès Trismégiste et Héphaistion, nous renvoyons au chapitre que Brooten consacre aux textes astrologiques (« Predeterminded Erotic Orientations : Astrological Texts » dans Brooten 1996, p. 115-141), où elle établit un corpus et fournit une bibliographie importante. C'est l'interprétation qu'elle fait de ce corpus qui fait l'objet de débat (cf. Halperin 1997, p. 64-68).

33. Sur le « sexe de planète » (selon les termes de l'auteur), cf. Bouché-Leclerq 1899, p. 101-104 et, pour une étude plus récente, Barton 1994.

34. Ptolémée, *Tétrabible*, III, 15, 8-9 et IV, 5, 13. Ptolémée reprend peut-être des éléments de l'ouvrage perdu de Dorothéos de Sidon. Sur cet auteur, voir Brooten 1996, p. 119-123.

35. Héphaistion, *Apotelesmatica*, 2, 21.

dent à la naissance de tribades et l'auteur présente ces femmes comme accomplissant des actes virils en de terribles unions avec des femmes[36]. Vettius Valens[37] met en parallèle la naissance, sous certaines configurations astrales (Orient), de femmes qui seront viriles dans leur vie quotidienne et dans leurs comportements sexuels (elles s'unissent à des femmes), et la naissance, sous des configurations astrales opposées (Occident), d'hommes qui seront efféminés ou privés de sexe. Firmicus Maternus[38] évoque à plusieurs reprises des naissances de femmes qui désirent s'unir à des femmes, mais il ne recourt ni au terme de *tribas*, ni à celui de *fricatrix*. Enfin, Hermès Trismégiste[39] évoque ces naissances conjointement à des naissances de femmes incestueuses et de femmes prostituées. Il précise une chose : la *fricatrix*, dont la naissance a été influencée par certains astres, « est aimée (*diligitur*) des femmes *fricatrices* ». Ici, le terme désigne les deux partenaires, et l'influence des astres concourt à créer une catégorie de femmes homogène, où l'opposition actif/passif n'a plus cours.

L'astrologie est un genre qui s'intéresse beaucoup à ce qui sort plus ou moins de la norme car c'est à cette science d'en expliquer les causes. On trouvera donc dans les textes astrologiques une liste démesurée de malformations physiques, des descriptions de comportements (comme l'inceste, le viol, l'adultère, l'enlèvement, la prostitution), des prévisions pour le mariage[40]. Tout ce qui touche à la famille et à la transmission de l'héritage intéresse le public auquel s'adressent les astrologues, et ceux-ci se font fort de trouver des cas extrêmes, voire improbables, pour illustrer l'effet maximal de telle ou telle configuration stellaire. Comme nous l'avons constaté, l'existence des femmes qui ont des relations sexuelles avec des femmes est généralement due à une disposition des astres placés totalement dans les signes masculins : ces femmes sont décrites, par tous, comme accomplissant des actes masculins et, dans tous les textes, les unions de femmes avec des femmes sont αἰσχρά, moralement condamnables et hors normes. Il n'y a pas, chez les astrologues, comme l'a montré D. Halperin[41] dans sa réponse à l'étude de B. Brooten, de catégorie « homosexualité » : le cas des hommes et celui des femmes ne sont jamais abordés ensemble (c'est la question de l'orientation sexuelle permanente), leurs déviations se manifestent également dans leurs comportements sociaux[42] et la prévision ne porte que sur un individu et non sur les deux partenaires de la relation sexuelle. Cependant, le discours n'est pas totalement cohérent dans l'établissement des parallèles entre les déviations sexuelles masculines et féminines par rapport au genre. Les tribades sont mises en parallèle parfois avec des hommes qui recherchent des femmes, parfois avec des efféminés ; il s'agit parfois de femmes « viriles » recherchant des femmes qui ne le sont pas, parfois de femmes qui se tournent vers des femmes semblables à elles. S'il apparaît nettement que, dans le cas des hommes « passifs » et qui deviennent « efféminés », c'est le mode de vie et la pratique

---

36. Manéthon, *Apotelesmatica*, I, 29-33 ; III, 383-391 ; IV, 354-358 ; V, 214-216.
37. Vettius Valens, 76, 3-8 ; 111, 4-8 (Kroll).
38. Firmicus Maternus, *Mathesis*, III, 6, 15 ; III, 6, 30 ; VII, 25, 1.
39. Hermès Trismégiste, 80, 30-32 (chap. 27) ; 96, 26 (chap. 32) dans l'édition Gundel.
40. Voir les listes établies par Cumont 1937, p. 177-189.
41. Halperin 1997/2002, p. 64-68, à propos de Brooten 1996, p. 140.
42. Voir divers exemples pour les hommes dans Cumont 1937, p. 182, n. 2.

sexuelle d'un seul des partenaires qui sont désignés, le cas des femmes attirées par des femmes fait l'objet d'approches différentes, voire contradictoires.

Ce rapide survol des occurrences du terme de *tribas* et de ses dérivés met en évidence le fait qu'aux premiers temps de l'époque impériale, le personnage de la *tribas* est essentiellement une construction littéraire, et qu'il n'est pas pertinent de parler de la τριβάς grecque avant le début du IIe siècle ap. J.-C.

La construction d'un personnage antonomastique : une Philaenis

Fait frappant : chez Martial et dans les *Amours* du Pseudo-Lucien, les occurrences de *tribas* et de son dérivé adjectival grec apparaissent dans des contextes où il est question d'une femme nommée Philaenis[43]. Ces textes font partie des sources les plus développées qui nous soient parvenues sur les relations sexuelles et amoureuses entre femmes.

L'auteur d'un manuel érotique

Philaenis est l'auteur d'ouvrages pornographiques de l'Antiquité le plus célèbre, et au sujet duquel les témoignages sont les plus nombreux. B. Baldwin la désigne comme « la doyenne de la sexologie antique »[44]. On en sait très peu sur les auteurs d'ouvrages, de traités ou de manuels à caractère érotique ou pornographique[45] dans l'Antiquité, la quasi-totalité de ceux-ci ayant disparu. On connaît mieux, en revanche, les auteurs qui intégrèrent à leur œuvre littéraire des considérations ou de longs passages sur l'amour et le sexe. Ovide, dans son *Art d'aimer*, reprend les clichés des manuels techniques et prodigue d'utiles conseils pour garder aimante une maîtresse ; Apulée, dans les *Métamorphoses,* décrit avec humour et profusion de métaphores suggestives les ébats de Lucius ; les conseils théoriques et pratiques de Lycénion à Daphnis dans l'œuvre de Longus, *Daphnis et Chloé,* sont assez explicites, et Ménélas, un des personnages du roman *Leucippé et Clitophon* d'Achille Tatius, développe longuement la comparaison entre les mérites érotiques des garçons et ceux des filles. Il a souvent été avancé que ces passages reprenaient ou faisaient référence à des manuels érotiques, probablement

43. La transcription du terme grec Φιλαινίς est Philainis, mais Philaenis pour le latin *Philaenis*. Par commodité, nous adoptons la même graphie « Philaenis », qu'il s'agisse du terme grec ou latin.

44. Sur Philaenis et les ouvrages pornographiques dans l'Antiquité, cf. Baldwin 1990, Parker 1992. Pour une synthèse sur le genre pornographique, cf. De Martino 1996.

45. Le terme actuel est un « faux-ami » : un πορνογράφος n'écrit pas des textes à contenu obscène, il est auteur d'écrits sur la prostitution, et l'équivalent antique de notre « auteur pornographique » serait plutôt, même si les occurrences de ce terme sont rares, un ἀναισχυντογράφος (Polybe, XII, 13, 2). Ce qui différencie l'ouvrage pornographique des passages évoquant le sexe à l'intérieur d'une œuvre n'est pas tant le contenu obscène (qui ne suffit pas à définir le genre pornographique) que la forme, c'est-à-dire sa proximité avec les autres genres techniques et sa caractéristique didactique. Sur la définition de la pornographie antique et les précautions à prendre pour définir ce genre littéraire en rapport avec le sexe dans l'Antiquité, cf. Parker 1992.

anonymes et peu reconnus d'un point de vue littéraire, qui circulaient dans l'Antiquité. Il est fort vraisemblable, en effet, que ces ouvrages informels, que l'on peut imaginer sous la forme de compilations d'extraits célèbres, d'accumulations de lieux communs sur le sexe, de recueils d'illustrations ou de manuels parodiant le style technique des ouvrages d'agronomie ou d'astrologie, aient servi soit de source directe dans laquelle les auteurs auraient puisé formules et idées, soit de référent intertextuel introduisant distance et humour entre l'auteur et son public (humour dont nous, modernes, en l'absence de l'hypotexte, ne pouvons souvent pas saisir la portée).

Jusqu'en 1972, ces hypothèses sur l'existence de petits traités érotiques se fondaient sur des sources indirectes (voire doublement indirectes) et fort elliptiques. Polybe, en se référant à Timée, cite Botrys de Messana comme l'inventeur des *paignia*[46]. La Souda évoque un certain Paxamos, qui aurait écrit un *Dodekatechnon,* ouvrage décrivant différentes positions érotiques[47]. La Souda, encore, désigne une (mythique) Astyanassa, servante d'Hélène, pour avoir découvert les positions sexuelles et en avoir fait un recueil, et cite Élephantis comme une de ses continuatrices. Selon Suétone, Tibère possédait un ouvrage de cette dernière, décrit comme un traité à forme didactique. Les *Carmina Priapea* et Martial se réfèrent aussi à l'ouvrage « obscène » et « lascif » d'Élephantis (les sources datent majoritairement du IIe siècle ap. J.-C., mais il est difficile de déterminer quand elle aurait vécu[48]). Les textes citent encore les noms de Salpè, Pamphilè, Nikô de Samos, Kallistratè de Lesbos et Phythonicos d'Athènes, mais n'apportent aucune information sur eux[49]. C'est, finalement, le nom de Philaenis qui revient le plus souvent dans la littérature grecque et romaine lorsqu'il s'agit de citer des auteurs d'œuvres à caractère érotique ou pornographique : son ouvrage semble avoir eu un grand succès tant en Grèce qu'à Rome.

Une grande majorité d'ouvrages dits obscènes dans l'Antiquité sont attribués à des femmes : c'est, selon H. Parker, une caractéristique intemporelle du genre pornographique, le nom féminin étant le pseudonyme d'un auteur masculin qui écrit pour un public masculin, mais qui attribue aux femmes cet intérêt démesuré pour les choses du sexe[50]. Cependant, savoir si Philaenis a vraiment existé, si elle est un homme ou une femme, si elle a réellement écrit cet ouvrage ou si son nom n'est qu'un prête-nom, n'est pas notre objet ; nous nous intéressons au *personnage* de l'auteur dans la littérature. Dans cette étude, « Philaenis » désignera donc l'auteur, qu'il soit fictif ou non, de ce manuel que mentionnent de nombreuses sources, et dont la littérature grecque et romaine a construit l'image.

---

46. Botrys : Polybe, XII, 13, 1 et Athénée 7. 321f-322a. Il aurait vécu au Ve siècle selon Jacoby (FGr 566), mais vers 340 av. J.-C. selon Parker (1992, p. 94).

47. Paxamos : Souda, *s.v.* Parker suggère le Ier siècle ap. J.-C.

48. Élephantis : Souda, s.v. ; Suétone, *Tibère,* 43 ; Martial, *Épigrammes,* XII, 43, 4 ; *Priapea,* 4, 2 ; Tatien, *Discours aux Grecs*, 34, 3. Parker suggère le Ier siècle ap. J.-C., Baldwin le Ier ou IIe siècle ap. J.-C.

49. Salpè : Athénée 7. 321f-322a d'après Alcimos et Nymphodoros ; Pamphilè : Souda *s.v.* ; Nikô de Samos, Kallistratè de Lesbos et Phythonicos d'Athènes : Athénée, 5. 220 d'après Antisthène.

50. Parker 1992, p. 92.

Le texte

Les divers témoignages sur l'œuvre de Philaenis ont laissé penser qu'il s'agissait d'un manuel décrivant une longue liste de positions sexuelles (περὶ σχημάτων), mais la découverte de trois fragments et l'édition du texte en 1972 ont mis en évidence le caractère plus étendu de l'ouvrage : au-delà d'une simple liste commentée de postures érotiques, il s'agissait probablement d'une *ars amatoria* (περὶ ἀφροδισίων).

Les trois fragments retrouvés à Oxyrhynchos datent du IIe siècle ap. J.-C. Ils sont brefs, abîmés, très lacunaires, et certains passages sont difficilement déchiffrables[51]. De nombreuses reconstitutions, à la lumière des témoignages antiques, continuent d'être proposées[52], mais dans la mesure où ces témoignages eux-mêmes sont parfois contradictoires (ne serait-ce que sur l'origine géographique de l'auteur), elles ne peuvent être considérées comme totalement assurées. Le texte est écrit en prose : Philaenis n'est pas une « poétesse » même si, malgré le silence des sources sur ce point, on l'a souvent désignée ainsi[53].

Le texte, dont l'incipit est à la troisième personne comme c'est l'usage, est explicitement attribué à Philaenis : « C'est Philaenis, fille d'Okyménès, qui a écrit ceci... » L'ouvrage, comme ces courts extraits permettent de le déduire, serait composé de différentes sections, dont une sur les postures érotiques (celle qui a servi, par métonymie, à désigner l'ouvrage), une sur les diverses façons de séduire et une sur les baisers. Voici le texte[54] :

> Fr. 1 (col. i) : C'est Philaenis la Samienne, fille d'Okyménès, qui a écrit cet ouvrage pour ceux qui veulent connaître les vraies choses de la vie et ne pas passer à côté... y ayant travaillé moi-même... (col. ii) : Comment séduire (περὶ πειρασμῶν) : d'abord, il faut que celui qui veut séduire ne soit apprêté ni dans ses habits, ni dans sa coiffure, afin que la femme ne se rende pas compte de ce qu'il est en train de faire... (col. ii) : ... en pensée... en disant qu'une femme ... est semblable à une déesse, qu'une femme laide est pleine de charme et qu'une femme âgée est comme une jeune fille. Comment embrasser (περὶ φιλημάτων) : ...[55]

Il s'agit de l'unique trace de manuel érotique qui nous soit parvenue et si ces fragments attestent l'existence de ce type d'ouvrage dont nous n'avions que des sour-

---

51. P. Oxy. 2891, fr. 1-3, édité par Lobel 1972. Voir également Merkelbach 1972, Tsantsanoglou 1973, Cataudella 1973, Luppe 1974.

52. Marcovich 1975, Parker 1989, p. 49-50.

53. Waltz, dans son édition de l'*Anthologie grecque* aux Belles Lettres (1937, p. 201), ainsi que MacLeod, dans son édition du texte des *Amours* (1967, p. 194), parlent de Philaenis comme d'une poétesse.

54. P. Oxy. 2891, édition Lobel 1972 légèrement modifiée. Le fr. 2 et la col. i du fr. 3 sont trop lacunaires pour qu'un sens puisse être dégagé (nous ne pointons pas les lettres qui sont pointées dans l'édition P. Oxy.).

55. Pour la traduction, ont été choisies les restitutions suivantes : fr. 1, col i : l. 3-4 : μεθ' ἱστορίης (Tsantsanoglou 1973, p. 185, suivi par Parker 1992) ; l. 4-5 : διεξάγειν τὸν βίον (Lobel 1972) ; l. 6 : αὐτὴ πονέσασα (Tsantsanoglou 1973, p. 187, suivi par Parker 1992). Fr. 3, col ii : l. 7-8 : ὡς νέαν φάσκων εἶναι (Parker 1989).

ces indirectes, en revanche, ils n'attestent ni l'existence d'un ouvrage précis (celui de Philaenis), ni de Philaenis elle-même. Il est en effet tout à fait vraisemblable que la célébrité de l'ouvrage attribué à Philaenis ait conféré à l'expression « ouvrage de Philaenis » une valeur générique : ce terme dans la langue courante pourrait désigner de nombreux ouvrages du même type[56]. Ces fragments eux-mêmes peuvent être des extraits d'un manuel dont l'auteur réel, en reprenant le nom de l'auteur célèbre, s'inscrirait dans la lignée de Philaenis et produirait une imitation du manuel original (si tant est qu'il ait jamais existé). De plus, même si ces fragments prouvent que, dans l'Antiquité, dire « ouvrage de Philaenis » avait un sens, rien ne prouve que ce soit Philaenis elle-même (si elle a réellement existé) qui ait écrit ce manuel (la question de l'attribution de l'œuvre revient à plusieurs reprises dans les *testimonia*). Bref, avoir ces fragments en notre possession ne prouve pas réellement que Philaenis ait écrit et vécu ; en revanche, cela prouve que ce type d'ouvrage existait et que le *personnage* de Philaenis – ainsi que l'œuvre de ce personnage – faisait partie de la connaissance antique.

Les sources indirectes

Les deux premières occurrences du nom de l'auteur apparaissent dans deux épigrammes du IIIe siècle av. J.-C. de l'*Anthologie grecque*, les auteurs de ces épigrammes faisant de Philaenis une personne qui aurait vécu vers la fin du IVe siècle ou au début du IIIe siècle av. J.-C[57], information qui, pour peu précise qu'elle soit, l'est déjà plus que ce que l'on sait sur les autres auteurs de manuels.

Aischrion de Samos, dans une épigramme de type funéraire à la première personne, fait dire à Philaenis que ce serait Polycratès[58], et non elle-même, qui aurait écrit l'ouvrage érotique, et qu'elle n'est ni une femme débauchée ni une prostituée. Aischrion a probablement vécu à l'époque d'Aristote. On ne sait rien de plus sur ce poète, dont seule cette épigramme nous est parvenue[59] :

> Moi, Philaenis, réputée parmi les hommes, je repose ici, après une longue vieillesse. Frivole marin, toi qui doubles le cap, ne te moque pas de moi, ne ris pas, ne me méprise pas. Non, par Zeus, non, au nom des jeunes gens qui reposent sous terre, je n'étais pas une femme débauchée (μάχλος) avec les hommes, offerte à tous (δημώδης). C'est Polycratès,

---

56. Selon Thomson Vessey (1976, p. 78-83), différents ouvrages ont dû circuler sous ce nom. On peut aller plus loin et dire que, bien après, on désignait ainsi des ouvrages qui n'étaient *explicitement* pas de Philaenis, simplement en raison de leur caractère érotique ou pornographique.

57. Gow et Page penchent plutôt pour le début du IVe siècle av. J.-C. (GP 1965, vol. II, p. 3), Maas 1938 suggère le IIIe siècle.

58. Dans une scholie au Pseudo-Lucien (*Amours*, 28), Aréthas parle non de Polycratès mais d'un Philocratès, auteur de comédies. Pour l'erreur du scholiaste Aréthas, voir Cameron 1998 et voir plus loin dans ce chapitre. Voir aussi Cataudella 1973 et Tsantsanoglou 1973, aux conclusions duquel s'oppose Baldwin 1990. L'attribution de l'œuvre à un homme est une autre question (cf. Parker 1992). L'origine géographique (Samos ou Leukas), avec ses implications, est aussi une autre question.

59. *Anthologie grecque*, VII. 345 = Aischrion 1 GP. L'attribution à Aischrion se fait grâce à Athénée (8. 335b).

de naissance athénienne, saupoudreur de paroles (λόγων τι παιπάλημα) et langue perfide (κακὴ γλῶσσα), qui a écrit ce qu'il a écrit. Car moi, je ne sais rien de cela.

Le même thème (l'attribution de l'œuvre de Philaenis à quelqu'un d'autre) apparaît chez Dioscoride. Imitateur d'Asclépiade et de Callimaque, Dioscoride a écrit vers le milieu du IIIᵉ siècle, à Alexandrie. Il y a de fortes probabilités que ce soit lui qui ait trouvé son inspiration auprès d'Aischrion (et non l'inverse). Dans une épigramme, il fait récuser à Philaenis la paternité du livre ; elle l'attribue à un homme, sans donner de précision supplémentaire. Dioscoride la présente comme une Samienne[60] :

> Ici se trouve la tombe de Philaenis, la Samienne. Toi, n'aie pas peur de me parler et viens plus près de ma stèle. Ce n'est pas moi qui ai écrit ces choses infamantes envers les femmes, ni moi qui ai méprisé la déesse de la Pudeur : par mon tombeau, je suis une femme respectable (φιλαιδήμων). Et si quelqu'un, causant mon déshonneur, a inventé cette histoire monstrueuse (λαμυρὴν... ἱστορίην), que le temps dévoile son nom et que, une fois cette sinistre réputation repoussée, ma dépouille repose en paix.

Aischrion et Dioscoride, dans ces deux épigrammes jumelles, semblent prendre la défense de Philaenis et la décharger de toute accusation : A. Cameron[61] interprète ces épigrammes de cette manière. A. Gow et D. Page envisagent cette seconde interprétation : Aischrion cherche peut-être, non à sauver Philaenis du déshonneur, mais à attaquer Polycratès[62]. K. Tsantsanoglou[63], quant à lui, se fonde sur ces deux épigrammes pour affirmer que Polycratès le sophiste aurait écrit ce manuel sous le nom de Philaenis de façon ouvertement parodique et qu'il s'agit d'une information importante sur cet auteur athénien. Pourtant, il semble que, comme l'écrit brièvement B. Baldwin[64], certaines analyses prennent trop au sérieux ces deux épigrammes, qui sont probablement humoristiques. Comment en effet mieux perpétuer (ou lancer) une rumeur qu'en la réfutant, après l'avoir longuement exposée ? On ne sait rien d'Aischrion, mais on sait en revanche que l'humour et les clins d'œil érudits sont des aspects importants de l'œuvre de Dioscoride (dont quarante épigrammes nous sont parvenues). Dans ses épigrammes érotiques, par exemple, il reprend les *topoi* de l'épigramme amoureuse et les détourne par des figures et des termes à double sens. La construction de ces deux épigrammes, c'est-à-dire le long développement accordé aux dénégations du personnage de Philaenis, rend sensible leur visée humoristique : au lieu de lui faire dire – par l'affirmative – qui elle est réellement, Aischrion et Dioscoride choisissent de lui faire dire, sous la forme de la négation, ce qu'elle n'est pas. Le contraste entre la forme de l'épigramme (celle de l'épigramme funéraire) et le vocabulaire employé – des termes crus (μάχλος), suggestifs (λαμυρή) et rares mais expressifs (δημώδης) – ainsi que le jeu

60. *Anthologie grecque*, VII. 450 = Dioscoride 26 GP.
61. Cameron 1995, p. 513, n. 68.
62. Gow et Page 1965, t. II, p. 3-4.
63. Tsantsanoglou 1973, p. 194.
64. Baldwin 1990, p. 4.

de mots de Dioscoride sur le nom de la poétesse[65] viennent corroborer cette interprétation. Loin de réhabiliter Philaenis, Aischrion et Dioscoride, sur le mode de la parodie, en perpétuent la mauvaise réputation. Par ailleurs, ces deux épigrammes attestent que celle-ci, ou du moins son personnage, était bien connue à cette époque[66].

Les témoignages indirects de la même époque (IVe-IIIe siècles av. J.-C.) apportent quelques indications sur la nature de l'ouvrage mais peu d'informations sur l'auteur lui-même. Philaenis est placée dans la même catégorie que des auteurs de traités érotiques ou d'un auteur de traité de gastronomie (se trouve là illustré le topos philosophique des effets néfastes des excès en tous genres)[67].

L'auteur d'une épigramme consignée dans les *Carmina Priapea* (un recueil d'inscriptions associées à des statues de Priape et rassemblées par les Anciens eux-mêmes au Ier siècle ap. J.-C.) se réfère, sur le mode humoristique, à l'ouvrage de Philaenis pour suggérer les nombreuses et diverses postures érotiques qui y seraient décrites[68] :

> Et s'ajoute à tout cela le signe visible de mon obscénité, cet obélisque érigé par mon membre lubrique. C'est auprès de lui qu'une jeune fille (j'ai failli dire son nom !) vient habituellement avec celui qui la baise (*cum suo fututore*), et si elle n'a pas accompli toutes les positions décrites par Philaenis (*tot figuris, quas Philaenis enarrat*), elle s'en va, le sexe encore en feu.

Priape vient de faire une liste de tous ses malheurs : l'été et sa chaleur suffocante, l'hiver et ses pluies glaciales, son travail (gardien des concombres !) de jour comme de nuit, le bois dans lequel il a été grossièrement taillé, sa place (la dernière) dans le panthéon. Mais le pire reste ce membre inutilement dressé et qui ne peut même pas avoir une influence bénéfique sur les potentialités érotiques du *fututor*. Apparaît alors l'image habituelle de la sensualité féminine qui serait supérieure à celle des hommes et non maîtrisée. La jeune fille est insatisfaite et frustrée (*pruriosa*), et ses revendications sexuelles trouvent leur justification dans ce qu'a transmis Philaenis (cette si grande liste de *figurae*). La référence à Philaenis n'est pas développée : elle était donc suffisamment connue à cette époque pour qu'il ne soit pas nécessaire d'expliciter cette référence, son simple nom suffisant à convoquer dans l'esprit du lecteur à la fois son œuvre et la réputation qui lui est attachée.

C'est sur le même mode elliptique que les « tablettes » de Philaenis sont évoquées au IIe siècle ap. J.-C. par Lucien, comme exemple frappant de textes contenant des termes crus et orduriers. Il s'agit d'un passage du *Pseudologiste*, où est développé un long

---

65. Remarquons la paronomase et le jeu étymologique entre φιλαιδήμων (« qui aime la pudeur ») et Φιλαινίδος (v. 5).

66. Dioscoride s'intéresse en effet aux grandes figures littéraires : il aurait écrit des épitaphes fictives de poètes célèbres. Cf. Gow et Page 1965, t. II, p. 235-236 et Degani 1997.

67. Il s'agit de Timée dans Polybe, XII, 13, 1-2, de Chrysippe de Soles (IIIe siècle av. J.-C.) dans Athénée, 8. 335b-e et de Cléarque de Soles (IVe-IIIe av. J.-C.) dans Athénée, 10. 457e (voir Thomson Vessey 1976, p. 79 et Degani 1976, p. 140). Il convient cependant de lire avec prudence les références d'Athénée à d'autres auteurs.

68. *Carmina Priapea*, 63, 13-18.

blâme de Timarque. Le narrateur vient d'énumérer une liste de termes que celui-ci utilise régulièrement, et demande[69] :

> En effet, dans quels livres trouves-tu ces mots ? Probablement les as-tu dénichés dans un coin des lamentations funèbres de je ne sais quel poète, ou quelque part dans les tablettes de Philaenis (ἐκ τῶν Φιλαινίδος δέλτων), que tu tiens dans une main. En tout cas, ils sont dignes de toi et de ta bouche !

Suivent une prosopopée de la langue qui se plaint des outrages nombreux que lui fait subir son propriétaire et la liste des surnoms de Timarque construits en lien avec ses pratiques sexuelles buccales. Le contexte dans lequel apparaît la référence à Philaenis est clair. À nouveau, la simple expression αἱ Φιλαινίδος δέλτοι est l'exemple idéal pour évoquer des ouvrages contenant des termes indécents et obscènes.

À la même époque, dans les discours de blâme et de réprobation des Pères de l'Église, ce nom prend peu à peu la valeur d'un topos. Justin évoque cette œuvre comme exemple d'ouvrages prodiguant un enseignement honteux[70]. Tatien parle d'inventions horribles[71] et se réfère conjointement à l'œuvre de Philaenis et à celle d'Élephantis. Les deux apologistes chrétiens évoquent cet ouvrage dans le cadre d'une condamnation générale de l'art, de la pensée et des mœurs grecs, et l'exemple de Philaenis apparaît comme le plus représentatif des ouvrages à dénoncer. Clément d'Alexandrie, quant à lui, réprouve ceux qui s'inspirent de l'œuvre de Philaenis pour produire des représentations comme l'on représente les exploits physiques d'Héraklès[72]. La renommée de l'œuvre de Philaenis continue à être largement attestée.

Ainsi, l'ouvrage grec, connu dès le IIIe siècle av. J.-C. en Grèce, devient célèbre à Rome et il semble bien, comme le remarque B. Baldwin, que les Romains n'aient pas plébiscité d'auteur latin de même envergure. Il devient l'ouvrage de référence, un « classique », en tant que manuel pornographique, ainsi que l'illustration idéale en matière de dépravation des mœurs, au point d'acquérir peu à peu une valeur générique. L'expression « ouvrage de Philaenis » ne désigne plus au sens strict les écrits de cet auteur, mais devient l'antonomase de tout ouvrage didactico-pornographique.

Le personnage de Philaenis : courtisane ou pornographe ?

Mais qu'en est-il de l'image du personnage – et non de l'œuvre – de Philaenis ? La réputation de son œuvre n'a-t-elle pas influencé la représentation que se faisaient les Anciens de cette femme ? Comme H. Parker l'a montré dans son étude sur la pornographie, il y a souvent, dans le cas des écrits pornographiques, une confusion chez le public entre l'auteur et le contenu de l'œuvre : on a l'intime conviction que, pour écrire sur de tels sujets, il faut en avoir une expérience personnelle et donc être particulièrement débauché (ce qui n'implique pas forcément être un ou une prostitué/e).

---

69. Lucien, *Pseudologiste*, 24.
70. Justin, *Apologie*, II, 15 (διδάγματα αἰσχρά).
71. Tatien, *Discours aux Grecs*, 34, 3 (ἄρρητοι ἐπίνοιαι).
72. Clément d'Alexandrie, *Protreptique*, IV, 61, 2 (τὰ Φιλαινίδος σχήματα ὡς τὰ Ἡρακλέους ἀθλήματα).

C'est le cas d'Aischrion et Dioscoride qui, dans deux épigrammes humoristiques, feignent de défendre la moralité de Philaenis tout en se faisant l'écho (ou les créateurs ?) d'une rumeur dépréciative. Rien cependant dans les informations qui nous sont parvenues ne permet de dire que les Anciens affirmaient que Philaenis était réellement une simple courtisane ou une prostituée : les sources les plus « renseignées » (nous pensons à Athénée, particulièrement friand de ce type d'anecdotes) évoquent son œuvre, et parfois le caractère condamnable de cette œuvre, mais ne parlent pas de la vie que Philaenis aurait menée.

Certes, si Philaenis n'était pas réellement une courtisane, il apparaît que le discours antique a construit une image de ce personnage en la présentant comme une femme débauchée. Cependant, il importe, pour définir l'image (ou les images) de Philaenis dans l'Antiquité, de distinguer ce qui se dit d'elle lorsqu'elle est le sujet d'un propos précis, de ce qu'elle connote lorsqu'elle est citée brièvement et qu'elle n'est pas le sujet du texte. En effet, les chercheurs contemporains ont souvent affirmé que Philaenis *était* une courtisane[73] ou qu'elle connotait la prostitution (cette observation apparaît dans de nombreux commentaires et traductions). La première raison sur laquelle s'appuie cette interprétation est qu'en tant que femme-auteur-pornographe, comme nous l'avons dit précédemment, son nom, par confusion, connote la prostitution. Cependant, s'il est de bon ton, en évoquant l'œuvre de Philaenis, de préciser à quel point son auteur est débauché et se livre à la prostitution, peut-on à l'inverse affirmer que, dans un texte ou une épigramme, une courte allusion à Philaenis n'est qu'une allusion à la débauche ou la prostitution ? N'y a-t-il pas dans l'Antiquité suffisamment de femmes ou de courtisanes à la réputation confirmée – Thaïs ou Laïs – qui puissent remplir ce rôle sans ambiguïté ? Le second argument avancé est que le nom Philaenis est un nom typique de femmes prostituées car les autres personnages du même nom dans la littérature sont très fréquemment des prostituées[74]. Cet argument (qui revient souvent lorsqu'il s'agit de noms de femmes) n'est pas recevable car il repose sur un paralogisme. À l'exception des personnages célèbres de la mythologie (évoqués dans la tragédie) ou des rares grandes figures de femmes (évoquées dans l'historiographie), les simples femmes, les femmes du peuple sont rarement nommées dans la littérature (si l'on compare avec les personnages d'hommes) ; celles dont on parle sont celles qui apparaissent sur la scène publique, ce sont donc souvent des courtisanes ou de simples prostituées : les personnages féminins de la moyenne comédie ou de la comédie romaine (souvent des courtisanes de « demi-luxe ») en sont les meilleurs exemples. Or, dans la mesure où il est davantage fait mention d'hétaïres que de simples femmes (dont il est malséant de donner le nom si ce sont d'« honnêtes » femmes), il n'est pas étonnant que tel ou tel nom soit souvent celui de femmes prostituées. Cela ne veut pas dire pour autant qu'un nom ne puisse pas être aussi celui de femmes non prostituées, ni qu'il connote forcément la prostitution. C'est ce qu'affirme L. Robert, à propos des personnages de femmes dans la poésie hellénistique, et de Dorkion en particulier : « Il faut se garder de penser qu'un nom féminin comme Dorkion est un " nom de courtisane". […] Pendant longtemps, autrefois, l'onomastique féminine fut connue par des auteurs parlant de cour-

---

73. Chambry 1934, vol. III, p. 514, n. 177.
74. Tsantsanoglou 1973, p. 192, entre autres.

tisanes : Athénée, la comédie latine, Lucien, Aristénète, etc. Peu à peu les inscriptions ont fait connaître l'onomastique féminine en son ensemble [...] Les "noms de courtisanes" ont apparu dans les familles les plus normalement constituées[75]. » De surcroît, il convient de rester particulièrement prudent car les Anciens ont tendance à dire ou à faire croire que les femmes dont on parle ou qui font parler d'elles ne sont pas des femmes honnêtes et vertueuses, et laissent entendre dans leurs textes que ces personnages de femmes (réels ou fictifs), même quand ils sont en fait de simples particuliers, sont des femmes aux mœurs douteuses, des courtisanes. Les commentateurs modernes, quant à eux, ne décèlent pas ce regard plein d'*a priori* et ont parfois tendance à surinterpréter, même lorsque rien ne dit que la femme évoquée est une femme débauchée. Les travaux de J. Winkler à propos des fêtes de femmes ou à propos des femmes dans la comédie d'Aristophane[76] en sont une incontestable démonstration, tout comme ceux d'A. Cameron au sujet des femmes apparaissant dans les épigrammes d'Asclépiade. Ce dernier met de surcroît en évidence ce travers des critiques modernes qui ont tendance à voir des courtisanes là où l'auteur veut simplement parler de femmes libres et ayant du caractère[77].

Ainsi, tant que l'on suit l'argument selon lequel le nom de Philaenis désigne une courtisane, les textes où apparaît ce nom sont interprétés comme décrivant des prostituées : le philologue se laisse aisément influencer par le scholiaste d'époque byzantine qui écrit « Poème adressé à la prostituée Philainis[78] » à propos d'un poème où rien, pourtant, ne laisse entendre que la jeune fille en larmes est une prostituée. Une fois le corpus constitué sur de tels critères, il n'y a plus moyen de sortir de ce paralogisme. Pour y échapper, on peut tout simplement opposer le fait qu'à de nombreuses reprises le nom ne désigne pas une prostituée, mais une femme dont il n'est parfois rien précisé, une jeune fille morte très tôt, une femme en deuil ou une femme tendrement aimée[79]. Philaenis est tout simplement un nom populaire.

Par conséquent, si des textes antiques font référence à Philaenis, ce n'est pas parce que le nom connote la prostitution mais en raison de caractéristiques propres à l'auteur de manuels érotiques : les contextes où de brèves allusions apparaissent le mettent en évidence. Lorsque Lucien, dans un de ses *Dialogues des courtisanes*, évoque dans la bouche d'une prostituée une femme du nom de Philaenis, rien n'est précisé, mais le contexte suggère certes que cette femme pratique la même profession[80]. On peut n'y voir qu'un simple nom de femme, pas forcément prostituée, ou une référence implicite pour lecteur averti à l'auteur de l'ouvrage érotique didactique. Cette dernière possibilité, dans le cas de Lucien (qui pratique constamment l'intertextualité et les clins d'œil savants), semble tout à fait vraisemblable : on sait, grâce au passage du *Pseudologiste*, que l'œuvre de Philaenis est connue de Lucien et de son public. On peut alors lire cette

---

75. Robert 1968, p. 340-341 (dans une discussion suivant l'intervention de W. Ludwig).

76. Winkler 1990, p. 188-209.

77. Cameron 1981/1995.

78. *AG* V, 186 (lemma c, pour le commentaire εἰς Φιλαινίδα πόρνην).

79. Les occurrences du nom : *AG* V, 130 ; *AG* V, 4 ; AG VII, 486 ; VII, 487 ; Posidippe, P.Mil.Vogl. VIII 309, col. 8, l. 7 (Φιλαίνιον) ; *AG* VII, 198.

80. Lucien, *Dialogues des courtisanes*, VI, 1.

occurrence non comme une référence à la vie de débauche supposée de l'auteur (ce qui, dans ce contexte, n'apporterait rien de neuf au dialogue) mais bien plutôt comme un clin d'œil à ses qualités didactiques : dans ce dialogue, ce n'est pas seulement la vie quotidienne des prostituées qui est décrite, il s'agit d'un échange entre une fille et sa mère qui lui explique comment faire pour séduire les hommes. C'est une situation d'apprentissage que vient souligner Lucien en évoquant brièvement ce nom – comme une image subliminale destinée à un certain public.

> *Krobylè* : Alors, Korinna, ce n'était pas aussi terrible que ce que tu croyais, de ne plus être vierge et de devenir une femme. Tu t'en es rendu compte, maintenant que tu as été avec un beau jeune homme et que tu as reçu une mine comme premier salaire ! Avec ça, je vais tout de suite t'acheter un collier.
> *Korinna* : Oui, ma petite maman, mais avec des pierres qui brillent comme celui de Philaenis (οἷος ὁ Φιλαινίδος ἐστίν).
> *Krobylè* : D'accord. Mais écoute aussi ce que je vais te dire, sur ce qu'il faut faire avec les hommes et comment se comporter avec eux.

De la même manière, l'allusion à Philaenis dans les *Carmina Priapea* (poème 63, cité plus haut) n'est pas une simple référence à la vie débauchée du personnage : il ne s'agit pas d'une allusion aux positions érotiques *de* Philaenis mais à celles qu'elle a décrites[81], et de plus rien n'est dit dans ce texte concernant une quelconque activité de prostituée ou de proxénète[82]. La situation décrite dans les derniers vers du poème est celle d'un amant dépassé par la demande érotique de sa maîtresse. La jeune fille est volontairement venue au pied de la statue de Priape, probablement dans l'espoir que le dieu aura une influence bénéfique sur les capacités érotiques de son amant, mais elle repart peu satisfaite des performances de son partenaire et prête à recommencer. Ce que le poème souligne, c'est la démesure féminine, et pas uniquement dans la demande sexuelle : il y a là de la démesure et de l'orgueil chez cette *puella* qui décide du lieu, du moment et de la manière. Elle veut accomplir avec son amant un grand nombre de positions sexuelles (*tot figuris*), qu'elle connaît théoriquement par le biais de l'ouvrage de Philaenis. La liste très longue et très variée établie par Philaenis implique un savoir sur le sexe (chez la personne qui l'a établie et, une fois ce savoir transmis, chez celui ou celle qui en a pris connaissance).

La figure de la *puella* jamais satisfaite, sexuellement insatiable, développe une image menaçante de la femme et l'on peut voir dans ce *carmen* l'expression d'une inquiétude – ce qui est tout à fait dans la tonalité des *Carmina Priapea* –, inquiétude portant sur les pouvoirs inefficaces de Priape en matière sexuelle (le poème décrit longuement les dures conditions de vie auxquelles est soumis le dieu), mais inquiétude aussi face à un possible renversement du pouvoir entre les sexes : l'homme en effet n'est plus vraiment à la hauteur une fois que les *puellae* ont lu le livre de Philaenis. Bien sûr, ce renversement suggéré n'est pas à prendre au pied de la lettre et il est décrit pour faire rire

---

81. Éd. Parker 1988 : *enarrat* ; éd. Cazzaniga 1959 : *narrat*.
82. C'est ce qu'implique la traduction par « madame Philénis » dans *Carmina Priapea*, 63, 17-18 par Dupont et Éloi 1994 : « Et si elle n'a pas conjugué toutes les positions de madame Philénis, elle repart encore excitée. »

le passant (mais de *quel* rire[83] ?) : cependant, sous forme parodique ou non, il est certain que l'allusion à Philaenis est plus riche que ne le serait une allusion à une prostituée célèbre et qu'il y a, dans les implications et les connotations de ce mot, l'idée d'une démesure, d'un savoir sur le sexe (et non plus uniquement d'une pratique), d'un savoir féminin par le biais d'une transmission.

Enfin, le dernier argument que nous avancerons pour mettre en évidence que Philaenis ne connote pas simplement la prostitution, c'est que les deux autres contextes très importants où apparaît une Philaenis (et qui vont faire l'objet des parties suivantes) n'évoquent absolument pas ce personnage comme une prostituée, mais comme une tribade. D. Thomson Vessey et K. Tsantsanoglou contournent la question et commettent un amalgame : pour montrer que le nom de Philaenis est lié à l'idée de prostitution, ils arguent qu'elle est... accusée d'être une tribade[84]. Or, lorsque l'on connaît les faibles occurrences du terme de *tribas* dans la littérature antique et lorsque l'on sait que, dans les pires injures faites à des femmes « débauchées » célèbres, n'apparaît jamais l'accusation d'homosexualité ou de tribadisme, on ne peut qu'être sûr du point suivant : la prostitution et le « tribadisme » sont des idées très différentes dans l'esprit des Anciens. Dans les *Épigrammes* de Martial, et dans les *Amours* du Pseudo-Lucien, « Philaenis la tribade » n'est pas une prostituée. D'autres connotations liées au nom de Philaenis sont donc convoquées.

Au-delà du personnage réel et de l'œuvre réelle de cet auteur, au vu des contextes où son œuvre est citée et des modalités des références, il apparaît que, peu à peu, le nom de Philaenis devient un nom générique pour désigner des œuvres dont le contenu est considéré comme obscène ou portant sur le sexe. Dire « c'est un livre écrit par Philaenis », revenait probablement à dire, dans l'Antiquité, « c'est un livre cru, dispensant des conseils sexuels » : tout mène à penser qu'il y avait là un usage antonomastique du nom. Quant au personnage de Philaenis elle-même, il n'est pas celui d'une célèbre courtisane, comme une Thaïs ou une Laïs, qui serait connue pour sa débauche ou pour son succès auprès des hommes – une femme qui a une connaissance pratique des choses du sexe – , mais celui d'une femme qui a écrit sur le sexe et qui en a une connaissance théorique : il est question ici d'un rapport au savoir.

Philaenis et l'homosexualité féminine

Quand et comment le nom de Philaenis a-t-il été associé au terme de *tribas* et/ou à des rapports sexuels entre femmes ? Dans deux épigrammes de Martial et dans un passage des *Amours* du Pseudo-Lucien apparaît une femme portant ce nom, dans des contextes où il est question de relations sexuelles entre femmes. Ce fait a suscité plusieurs commentaires chez les philologues byzantins Céphalas et Aréthas et quelques confusions chez les modernes.

---

83. Sur le rire détournant l'angoisse suscitée par le sexe gonflé et frigide de Priape, cf. Dupont et Éloi 1994, p. 13-17.

84. Cf. Tsantsanoglou 1973, p. 192 et Thomson Vessey 1976, p. 81, selon lequel, dans la croyance populaire antique, les prostituées étaient souvent assimilées à des lesbiennes.

Philaenis dans les *Épigrammes* de Martial

Le nom de Philaenis est un nom qui revient fréquemment chez Martial, sans référence explicite à l'auteur : dans deux épigrammes de son œuvre satirique écrite à la fin du Ier siècle ap. J.-C.[85], une *tribas* se nomme Philaenis et se livre – entre autres – à des pratiques sexuelles avec des femmes. Un personnage porte ce même nom dans sept autres épigrammes, sans être qualifié de *tribas* ni avoir des relations sexuelles avec des femmes[86].

– La satire épigrammatique et la morale sexuelle : corps obscène/corps érotisé

Martial définit lui-même son œuvre comme une poésie en prise sur la vie, loin des enflures de la Muse tragique et de la pompe austère des vers épiques : « Tu ne trouveras ici ni Centaures, Gorgones ou Harpyes. Mes écrits ont la saveur de l'homme[87]. » Ses épigrammes offrent une fresque de la société romaine contemporaine dont il donne « une vision pulvérisée en mille petits détails qui se complètent les uns les autres[88] ». La succession de portraits, de la vieille femme lubrique au gourmand insatiable, à la jeune fille morte prématurément et à l'esclave grognon, donne cette vivacité et ce réalisme qui caractérisent la poésie de l'auteur. Cependant, ce « réalisme », comme le relève J.-P. Néraudau, est le produit d'un travail de composition, et si certaines épigrammes s'adressent à des amis de Martial ou fustigent un homme politique célèbre, on ne saurait pour autant trouver de référents réels à tous les personnages. Il n'y a pas chez Martial de descriptions neutres et fidèles de faits et d'attitudes, ni de profondeur psychologique (qui serait anachronique) des personnages. Les événements relatés ne se réfèrent qu'épisodiquement à des faits précis ou à des hommes qui auraient réellement existé. D'ailleurs la distorsion et l'exagération comiques sont des techniques courantes de l'humour acéré de Martial, et la satire est souvent grossière et hyperbolique. Si les *Épigrammes* apportent cette impression de réel, c'est par la juxtaposition de saynètes où de multiples personnages, recréés et fictifs, représentent les mœurs romaines que Martial veut évoquer ou stigmatiser (pour en rire ou pour les dénoncer). P. Laurens, en mettant en évidence l'importante influence de l'épigramme grecque du Ier siècle ap. J.-C. sur Martial, montre qu'une des techniques de l'auteur se caractérise par « l'utilisation de pseudonymes, plus ou moins systématiquement associés à des caractères déterminés » et que sa conception de l'épigramme satirique n'est pas « celle d'une satire dirigée contre des individus mais contre des types[89] ». Ce constat est primordial pour notre analyse des poèmes où Martial décrit le personnage de Philaenis.

Avant d'interpréter en quoi le personnage de la *tribas Philaenis* apparaît comme choquant chez Martial et en quoi il enfreint les règles de décence de la Rome antique, il convient de voir quels sont, chez Martial, les critères d'évaluation morale du com-

---

85. Martial est né entre 38 et 41 et est mort en 104 ap. J.-C. environ.
86. Martial, *Épigrammes*, II, 33 ; IV, 65 ; IX, 29, 40, 62 ; X, 22 et XII, 22.
87. Martial, *Épigrammes*, X, 4, 9-10.
88. Néraudau 2000, p. 226.
89. Laurens 1965, p. 314-315.

portement des individus. Certains éléments du portrait de Philaenis correspondent à la représentation du corps obscène chez Martial, dont T. Éloi et F. Dupont ont mis en évidence les caractéristiques et les implications dans *L'Érotisme masculin dans la Rome antique*[90], et que C. Williams et H. Obermayer ont étudiée dans leurs ouvrages sur la sexualité romaine[91].

Le corps obscène, dégoûtant, est la représentation inversée de l'idéal de décence de l'individu civilisé. À la pudeur (*pudicitia*), à la modération, à la beauté des corps érotisés, correspond la transformation dégradante du corps de celui qui est *impudicus* : effondrement physique, relâchement et distension des chairs, orifices béants, laideur, rapport complexe à la nourriture (qui se traduit soit par un amollissement du corps en cas de boulimie, soit par une maigreur effrayante quand le désir sexuel prime sur l'appétit), maladie affectant l'apparence, mauvaises odeurs, écoulements répugnants (pus, sécrétions diverses, excréments, vomi). Cet individu assujetti à des appétits démesurés, dont le corps déformé porte les traces, devient indigne d'être un citoyen romain.

Certaines transformations physiques sont souvent la conséquence de pratiques sexuelles et il y a une gradation dans la représentation de ces différentes pratiques[92]. L'épigramme II, 28 illustre cette classification : le narrateur dit que Sextillus n'est ni un *cinaedus*, ni un *pedico*, ni un *fututor* et qu'il n'aime pas la bouche des femmes (il n'est donc pas un *irrumator*). Mais le narrateur ne cherche pas à laver Sextillus d'une mauvaise réputation (comme la succession de phrases négatives pourrait le laisser croire). La chute réside dans le fait qu'il reste deux autres pratiques (sous-entendu la *fellatio* et le fait de *cunnum lingere*), dont la structure du poème nous permet de déduire qu'elles sont bien pires[93]. La sexualité orale, quelle que soit sa forme, est considérée comme avilissante pour l'individu qui s'y livre mais il y a gradation, aussi, parmi ces pratiques buccales. Le cunnilingus est présenté, chez Martial, comme un acte pire que la fellation. L'homme qui s'y livre est un personnage répugnant et veule, dont une caractéristique est de dégager une odeur repoussante. Ainsi, la prostituée Léda préfère faire une fellation à Nanneius plutôt que de l'embrasser sur sa bouche souillée. De même, « ne pas vomir le matin et ne pas lécher de con » est présenté comme un avantage qu'a Condylus sur Gaius. L'association de ces deux pratiques buccales suggère la souillure et la pestilence des individus qui s'y livrent[94].

La satire et les épigrammes, dans les comportements sexuels d'êtres obscènes qu'elles dépeignent, dessinent par la négative l'idéal du comportement érotique : montrer l'*impudicus* entièrement tourné vers les besoins de son bas-ventre, c'est impliquer que la *volupta erotica* d'un citoyen honorable se manifeste par un désintérêt affiché pour

---

90. Dupont et Éloi 2001.

91. Williams 1999 ; Obermayer 1998.

92. Williams 1999, p. 197-203 ; Dupont et Éloi 2001, p.197-203. Voir aussi, sur les *fellatores* et les *cunnilingi*, Krenkel 1980 ; Adams 1982, p. 211-213 ; Sullivan 1991, p. 199-200.

93. F. Dupont et T. Éloi montrent que ces pratiques buccales sont associées, dans la satire, aux mauvaises odeurs et à un état de santé déplorable.

94. Sur Léda : XI, 61. Sur Condylus, IX, 92, 11-12 : « Condylus, tu ne vomis pas le matin et tu ne lèches pas de con : n'est-ce pas trois fois mieux que d'être à la place de ton Gaius ? » Voir aussi III, 81, 1-2 : « Eh, Baeticus le galle, qu'as-tu affaire avec le gouffre des femmes ? C'est l'entrejambe des hommes que cette langue doit lécher ! »

les parties sexuelles et par une érotisation d'autres parties du corps (les cheveux et les yeux, la bouche que l'on embrasse avec la bouche sans pénétration et où les souffles se rencontrent). Aux portraits répugnants d'êtres laids et avilis s'opposent implicitement les corps lisses et beaux, jeunes et parfumés des *pueri delicati*, jeunes esclaves apprêtés et parfumés pour faire les délices de leurs maîtres, ou la conduite vertueuse d'une *matrona,* discrète et soumise, sans désir sexuel.

À Rome, comme l'a montré P. Laurens dans son analyse du projet critique de Martial[95], ainsi que F. Dupont et T. Éloi, et comme l'a fait J. Winkler pour le monde grec, la satire et la poésie épigrammatique, en décrivant les comportements transgressifs, n'affirment pas la volonté de libérer les corps des normes rigides où la morale les a enfermés[96] ; elles affirment au contraire l'importance de ces conventions et, en stigmatisant les comportements transgressifs, deviennent les vecteurs privilégiés de la morale qui les condamne.

– Philaenis la tribade

Les deux épigrammes où apparaissent Philaenis peuvent donc être lues comme l'expression particulière d'une norme morale plus générale qui décrie et condamne les pratiques de celles que l'on nomme des *tribades.*

> La tribade Philaenis encule (*pedicat*) des petits garçons, et plus enragée qu'un mari en rut, elle besogne (*dolat*) onze jeunes filles en un seul jour. Les habits retroussés, elle joue aussi au ballon et, toute couverte de sable, elle fait tourner d'un bras assuré des poids[97] que de beaux étalons (*draucis*[98]) trouveraient lourds. Toute crasseuse de la palestre poussiéreuse, elle se fait étriller à grands coups par un maître de gymnastique à la peau huilée. Elle ne s'installe pas pour manger avant d'avoir vomi trois litres de vin, et elle pense qu'il lui est encore possible d'en faire autant après avoir englouti seize galettes de viande. Ensuite, tout excitée, elle ne fait pas de fellation – cela lui semble peu viril – mais dévore avidement l'entrejambe des jeunes filles (*sed plane medias vorat puellas*). Que les dieux te remettent les pieds sur terre, Philaenis, toi qui t'imagines que lécher un con est viril !

95. Laurens 1989, p. 244-251. Laurens montre qu'à travers la dénonciation de certains comportements, on lit *a contrario* un code de la civilité dans l'œuvre de Martial.

96. Cette analyse, comme le notent Dupont et Éloi, peut être recevable dans l'analyse de la crudité et de l'obscénité dans l'œuvre de Rabelais, mais absolument pas chez Martial.

97. Les *halteres* sont des poids que l'on saisit et que l'on fait balancer pour accomplir un saut en longueur. Ils servent également au simple entraînement.

98. Le terme *draucus* est difficile à traduire car nous n'en avons que peu de traces. Il n'apparaît que chez Martial, à cinq reprises (I, 96, 12 ; VII, 67, 5 ; IX, 27, 10 ; XI, 72, 1 ; XIV, 48, 1). Les recherches sur la sexualité masculine ne l'évoquent qu'en note : Dupont et Éloi ne traduisent pas le terme (ils le transforment en une antonomase), mais pensent qu'il s'agit, peut-être, d'un esclave au sexe avantageux et élevé dans un but sexuel (2001, p. 173, n. 49). Voir à ce propos Housman 1930, p. 114-116 ; Williams 1999, p. 88, n. 126, qui traduit *draucus* par l'anglais *stud* ; Obermayer 1996, p. 40, n. 96 et p. 248, qui traduit *drauci* par *Kraftmenschen*. Dans toutes les épigrammes où le terme apparaît, il désigne quelqu'un dont la verge étonne par la taille et qui attire le regard. Il y a aussi, par deux fois, une évocation de la force physique du *draucus* : ce type de personnes s'entraîne à la palestre et on le voit aux bains.

> Philaenis, tribade des tribades, c'est à juste titre
> que tu appelles celle que tu baises (*futuis*) ton amante (*amicam*).

Ce que ces deux épigrammes[99] disent avant tout, c'est que Philaenis est un être d'excès. Elle est désignée par Martial sur le mode superlatif (*ipsarum tribadum tribas*). C'est, dans cette brève épigramme tout à fait représentative de l'humour vif et concis de Martial, son unique caractéristique et, par conséquent, celle qui suffit à englober toutes les autres.

La première épigramme, plus développée, propose un portrait du personnage. Elle se compose de deux parties, division caractéristique de l'épigramme satirique : un exposé développé suivi d'une chute brève et humoristique (*sententia*), qui apporte un éclairage nouveau et inattendu à la première partie[100]. Ce portrait ne consiste cependant pas en une description des traits physiques du personnage mais en une énumération d'une succession d'activités. Celles-ci sont toutes des pratiques du corps : l'exercice physique, l'alimentation (nourriture et boisson), le sexe. Le bon équilibre des activités et la modération dans leur pratique sont le propre de la « diététique » de l'individu civilisé : en effet, l'activité sexuelle est mise sur le même plan que le soin que l'on apporte au corps par une pratique sportive quotidienne et par une alimentation saine et équilibrée. Lorsqu'un être humain fait preuve de tempérance et sait gérer ses besoins physiologiques, il est à même de penser et d'être un bon citoyen.

Martial souligne dans un premier temps l'hyperactivité sexuelle de Philaenis. Le premier vers possède à lui seul la densité ironique d'une épigramme brève (d'un point de vue formel, l'auteur crée un véritable *aprosdokèton* en début de poème, alors que l'effet d'inattendu se trouve généralement à la fin de l'épigramme : il y a là surprise dans la surprise et renversement des règles poétiques). L'incipit *pedicat pueros,* que le jeu étymologique rend expressif (l'homme romain entend dans le verbe latin *pedicare* le terme grec παῖς, équivalent de *puer*[101]), instaure une situation de « non-attente » (pour reprendre l'expression de R. Martin) : ces termes mettent implicitement en place le couple éraste/éromène bien connu des Romains (même si les pratiques romaines ne sont plus fondées sur les normes grecques, la connaissance de ces normes était répandue à Rome) et le lecteur ou l'auditeur, dans la familiarité qu'il a avec l'œuvre de Martial, est convaincu que le sujet du verbe sera un Zoïlus poilu ou un Bassus ventripotent... mais l'effet de surprise est double. Contre toute attente, le sujet est une femme et cela produit l'effet d'une impossibilité « naturelle » (il y a un *adunaton* physiologique, d'un effet comique graveleux). Deuxième effet de surprise, il est question de rapports avec des *pueri* et cette femme est une *tribas*, or une des caractéristiques de la *tribas* est d'avoir des relations sexuelles avec des femmes. Ce terme, le public le sait, n'est pas un mot que l'on trouve fréquemment dans les textes littéraires et le comique se situe

---

99. VII, 67 et VII, 70.

100. La pointe (ou la *sententia*) « a pour fonction de créer la surprise, et dès lors tout l'art du poète est ce qu'on pourrait appeler un art de la non-préparation : tout doit être fait pour que le lecteur ne devine pas l'idée sur laquelle va s'achever le poème et qui a pour mérite essentiel de le prendre au dépourvu » (Martin et Gaillard 1990, p. 409).

101. Adams 1982, p. 123-125.

au niveau du langage : *tribas* et *pedicare*, deux termes construits sur une racine grecque, sont, dans leur signification, totalement incompatibles. Le personnage devient
une sorte de prodige sexuel, autant dans la nature de ses actes que dans les modalités
de leur mise en pratique. L'hyperactivité est soulignée par la cadence et par l'extrême
variété des pratiques sexuelles : pratique anale (*pedicat*), pratique manuelle (*dolat*[102])
et pratique buccale (*vorat, lingere*).

La façon dont Philaenis pratique le sport est caricaturale. La syntaxe suggère un
enchaînement rapide des activités (le jeu de ballon violent[103], les haltères et le massage
vigoureux sont coordonnés dans une même phrase) et une quasi-simultanéité (aucun
complément de temps), impression renforcée par le *quoque* qui lie ces pratiques avec
les pratiques sexuelles précédemment décrites. Cette succession frénétique fait de l'individu un pantin agité en tout sens, une mécanique, et produit cet effet comique indéniable. Cet effet est valable aussi pour la variété des pratiques sexuelles que le personnage
semble enchaîner à un rythme effréné[104].

Son comportement alimentaire est affecté d'une même démesure. Elle boit de l'alcool (en grande quantité) qu'elle vomit pour pouvoir en boire encore : c'est un cycle sans
fin qui présente l'individu comme dominé par ses fonctions physiologiques (ingestion/
rejet). De la même manière, elle mange de façon excessive, rapidement, et les *coloe-
phia*[105] (terme désignant probablement des boulettes de petits morceaux de viande) ont
pour fonction de combler – momentanément – l'élan compulsif du personnage. Point
de plaisir mesuré et apprécié avec goût dans le rapport du personnage à la nourriture :
il s'agit là de calmer une *gula*[106] par l'ingestion de mets compacts et peu raffinés, et
dans l'apparence (ce qui pourrait apporter un plaisir esthétique), et dans la composition (ce qui pourrait apporter un plaisir gustatif).

---

102. Le terme signifie « dégrossir, façonner (une pièce de bois), polir ». La métaphore
sexuelle apparaît dans Pomponius (*Atellanes*, 82) et, plus tard, chez Apulée (*Métamorphoses*,
IX, 7 : un amant « rabote » (*dedolabat*) la femme de l'époux qui, lui, rabote la jarre). Voir
Adams 1982, p. 147. Ici, *undenas dolat in die puellas* signifie littéralement « elle travaille à la
main onze jeunes filles en une journée ».

103. L'*harpastum* est un jeu de ballon assez violent. Le jeu de balle simple était une activité
pratiquée par les femmes, mais l'*harpastum* est un jeu d'équipe plus sportif, l'équivalent du
« ballon prisonnier ».

104. Nous reviendrons, dans notre analyse du texte de Juvénal, sur cet aspect caricatural du
personnage, celui du sportif.

105. Le terme apparaît également dans Juvénal (*colyphia*, II, 53) mais il s'agit précisément d'une imitation de Martial. *Coloephium*, ou *colyphium*, est probablement, selon Adams,
la transcription de κωλυφίον, un dérivé de κῶλον (cf. Chantraine, *DÉ, s.v.*) et il désigne une
préparation à base de viande. Le terme *coloepium* apparaît dans Pétrone (*Satiricon*, 70), dans
l'éloge que fait Trimalcion de son cuisinier capable de tout faire avec du porc. Sers, dans sa
traduction (2001), traduit le terme par « rillettes ». Le même terme, dans Plaute (*Persa*, 92)
semble également désigner une préparation à base de viande, dans laquelle on fait tremper des
petits bouts de pain (*collyrae*). Nous reviendrons plus loin sur la parenté entre les textes de
Martial et de Juvénal.

106. Sur la démangeaison de la *gula* due à l'envie de nourriture, Dupont et Éloi 2001,
p. 185.

Or toute pratique du corps conduit à modifier l'apparence corporelle de l'individu : Philaenis soulève des poids sans aucune difficulté (*facili lacerto*), elle endure les coups du maître de gymnastique. Elle est plus forte que les *drauci*, ces esclaves au corps imposant et bien membré qu'affectionnaient certains Romains. On peut en déduire les conséquences sur l'apparence physique qu'indique implicitement Martial : un corps musclé, à la peau tannée et dure comme du cuir. La précision sur le sable et la poussière de la palestre ajoute un élément : Philaenis a une odeur, celle de la transpiration et de la poussière, et cette odeur est celle des jeunes garçons qui s'exercent aux gymnases et qu'apprécient les amateurs de beaux jeunes hommes (c'est un topos dans la littérature que d'opposer les parfums et les onguents artificiels des femmes à l'odeur naturelle du corps des jeunes garçons[107]). Elle mange mais des mets frugaux, qu'elle vomit ensuite : son corps n'est donc pas gros et gras comme celui des clients ou des êtres boulimiques et inactifs. De plus, Philaenis pratique deux « activités buccales » particulières, les vomissements réguliers et les cunnilingus répétés. Cette association que l'on retrouve dans l'œuvre de Martial[108] connote négativement la pratique sexuelle en la mettant sur le même plan qu'un acte malodorant et répugnant. Tout, dans cette épigramme, montre que le corps de Philaenis est le résultat d'un mode de vie particulier, et non d'un état de fait naturel. Point d'essentialisme chez Martial, pas de « masculinité congénitale » chez Philaenis, ni d'hermaphrodisme[109]. D'ailleurs, comme nous l'avons noté, le portrait du personnage consiste en la description de ses actes et l'on ne sait rien du physique ou de la vie du personnage (sa taille, la couleur de ses cheveux, ses origines sociales, sa profession). Son corps est vierge de toute caractéristique particulière, prêt à être modelé par les pratiques sociales (dont les pratiques sexuelles).

En suggérant ces modifications corporelles, Martial joue avec les attentes de son public, habitué à sa crudité et à son humour. Dans son portrait de Philaenis, certaines caractéristiques attendues du corps dégradé – le corps de l'homme qui a des relations avec des hommes ou des femmes, ou le corps de la femme qui a des relations avec des hommes – vont être détournées par l'auteur dans le cas particulier de la *tribas*. Ainsi, au corps mou, relâché et affaissé d'un cinède ou d'une vieille prostituée, Martial, inversant le topos, oppose le corps « dur » – généralement positif – de son personnage par le parallèle qu'il établit avec le corps du sportif. Mais ici, cette fermeté physique n'est pas valorisée, comme elle l'est chez un *vir* ou un homme qui accomplit des exercices en vue de compétitions sportives ou d'entraînement personnel[110]. Et, à la veulerie des femmes perdues et des hommes sans le sou, prêts à toute pratique infamante

107. Voir Boehringer 2007.

108. IX, 92.

109. C'est un point important sur lequel nous reviendrons à propos de Bassa (I, 90) et de l'interprétation de l'expression *venus prodigiosa*.

110. Thuillier, dans son article « Le corps du sportif romain » (Thuillier 2002), infirme l'idée commune que les Romains, contrairement aux Grecs, ne valorisaient pas la pratique sportive. Les Romains, dit-il, « faisaient du sport et même beaucoup de sport, peut-être quotidiennement, c'est-à-dire peut-être plus que nous en moyenne. Ils le faisaient pour s'entraîner à la guerre, pour leur santé et pour leur plaisir ». Sénèque lui-même s'entraînait à la course avec un jeune esclave (p. 265). La différence entre les pratiques grecque et romaine réside dans les contextes de la pratique sportive, les Romains n'ayant « jamais voulu participer à des

et conscients de leur *impudicitia*, Martial oppose l'orgueil démesuré de cette femme, la dureté de son caractère, tout à l'image de son corps. La caractéristique propre de la *tribas* chez Martial, par rapport aux corps obscènes habituels, c'est le détournement des signes généralement connotés comme positifs (corps ferme, esprit volontaire). Ce paradoxe renforce le caractère exceptionnel de ce type de comportement, pour lequel les règles d'évaluation morales habituelles *pour les hommes* doivent être modifiées. Car il s'agit bien là de quelque chose d'exceptionnel : Martial insiste sur ce point et met en évidence le caractère hyperbolique de ce personnage. L'excès est lourdement souligné par l'usage du pluriel (*pueros*) et plus particulièrement par la récurrence pesante de l'évaluation chiffrée : onze jeunes filles dont il est précisé qu'il ne s'agit pas d'un chiffre arrêté mais d'une cadence ; sept mesures de vin ; seize galettes.

La première partie de l'épigramme prend fin avec l'intervention du narrateur (Martial rend sensible le passage du récit au discours – la chute – par l'usage de la deuxième personne, et le portrait s'achève sur la description d'une activité sexuelle du personnage). Il s'agit d'un véritable effet de répétition puisque c'est aussi sur la description des pratiques sexuelles que débutait l'épigramme : le sexe appelle l'exercice physique qui appelle la boisson qui appelle la nourriture qui appelle le sexe. Cette structure circulaire du portrait de Philaenis produit le même effet que celui de la circulation des aliments. Philaenis, vouée à reproduire indéfiniment le même comportement, n'est qu'un corps mû par des besoins et par des pulsions. Lorsque le public entend la seconde et brève épigramme qui évoque Philaenis, il ne peut que rire : Philaenis est bien « la tribade des tribades » puisque Philaenis « fait du Philaenis » à l'infini. La chute de l'épigramme VII, 67 confirme, comme une légende sous le tableau, l'aspect caricatural du personnage : Philaenis n'est pas seulement excessive dans ses actes, elle l'est aussi dans ses pensées (il y a insistance de l'auteur et le verbe *putare* est répété). L'éclairage nouveau qu'apporte cette chute sur la totalité de l'épigramme est que, si Philaenis est objet de dérision, ce n'est pas comme un Papylus perclus de démangeaisons anales à force de pratiques sexuelles ou comme une Thaïs dont l'haleine est rendue fétide par ses pratiques buccales. Là réside l'humour de la chute : le pire ne se situe pas au niveau du corps, mais au niveau de l'esprit (*mentem*), à savoir dans l'orgueil démesuré du personnage.

Il en va de même dans la seconde épigramme : Martial joue, dans la chute, avec le double sens d'*amica*, « amie » et « maîtresse ». Le narrateur rit de Philaenis non pas seulement parce qu'elle baise (*futuis*) une femme mais parce qu'elle la nomme sa maîtresse (*vocas amicam*), conférant ainsi une sorte de statut social à leur relation (l'épigramme se clôt sur ce mot qui produit l'effet de surprise). L'orgueil de Philaenis est tel qu'elle pense manier correctement la langue latine (*recte*) et qu'elle ose nommer publiquement sa partenaire *amica*. L'infraction la plus grande de Philaenis n'est pas dans ce qu'elle fait mais dans ce qu'elle dit et dans les conséquences sociales qui en découlent. Et c'est bien là l'erreur suprême de Philaenis qui pense être maîtresse de ses actes (puisque ces actions sont le résultat d'une pensée) et qui se trompe dans l'estimation de la valeur sociale des actes sexuels. La première pratique sexuelle que Martial évoque à propos de Philaenis est la sodomie qu'elle pratique sur des garçons. C'est le seul

---

compétitions publiques et officielles. [...] Celui qui se donnait en spectacle devant un public était déshonoré » (p. 257).

passage de la littérature latine où le sujet du verbe *pedicare* est une femme[111] et Martial met en scène un renversement des rôles (une femme/un individu masculin). Pourtant, quelle que soit la répartition des rôles, cette pratique sexuelle n'est pas systématiquement un acte valorisant : dans certaines circonstances, il souille la personne pénétrée ainsi que la personne qui pénètre. La formule *pedicabo* est souvent une insulte violente qui vise à humilier la personne menacée ; la mise en pratique de cette menace n'est pas considérée comme particulièrement désirée, et n'est pas systématiquement valorisée[112]. De même, un homme qui se livrerait à la pénétration (*futuere*) d'une dizaine de jeunes filles à la suite serait considéré comme intempérant et soumis à son désir pour les femmes. Il n'y a, dès les premiers vers de l'épigramme, rien de *virile* dans les actes de Philaenis. Le summum est atteint dans les derniers vers. De façon ludique, Martial crée un effet d'attente, celui d'une symétrie : le motif de l'inversion des sexes du premier vers impliquerait une même logique d'inversion des valeurs dans les derniers vers. Alors que Philaenis fait le choix de ne pas faire de fellation – choix qui peut sembler pertinent pour qui veut être *virilis* –, elle commet la grossière erreur de penser que si poser sa bouche sur le sexe d'un homme est un acte dégradant, alors poser sa bouche sur le sexe d'une femme est un acte valorisant.

Avec le personnage de Philaenis, Martial met en scène non seulement la monumentale erreur de cette femme mais aussi la complexité de l'évaluation morale des pratiques sexuelles à Rome. N'est pas *virilis* qui veut : il ne suffit pas d'avoir un corps ferme et non amolli, et de se livrer à telle ou telle pratique ; il faut surtout comprendre, en fonction de ce que l'on est soi-même, les nuances et les subtilités de ce qui est, ou n'est pas, digne d'un citoyen romain. Philaenis croit que le cunnilingus entraîne une reconnaissance sociale positive, supérieure à la fellation, et si cette attitude fait rire le public de Martial, ce n'est pas parce que Philaenis se « masculinise » (rien de « masculin » pour un Romain dans cette pratique), c'est parce qu'elle ne connaît pas les règles de la *pudicitia* et qu'elle devient, par sa volonté propre (*putat*), un personnage repoussant. C'est bien sur cet aspect que s'achève l'épigramme.

Ainsi, Martial ne produit pas un simple portrait de femme virile (qui serait le pendant des portraits modernes d'hommes efféminés) destiné à faire rire le public, mais celui d'un comportement obscène qui, porté à son plus haut degré, affecte l'apparence physique de l'individu et fait de lui un être réprouvé. Dans ces deux épigrammes, l'humour de Martial ne porte pas sur l'opposition implicite entre les activités dites féminines et les activités dites masculines mais sur l'extrême complexité de la virilité. Penser qu'un acte est *virilis* et valorisé simplement parce que l'homme l'accomplit est une erreur de jugement : l'homme, comme l'illustrent les *Épigrammes*, ne se livre pas forcément à des pratiques « viriles » et le terme a une valeur morale plus que sexuée. D'ailleurs,

---

111. Sur les occurrences du terme, cf. Adams 1982, p. 123-125. Williams montre que le terme ne désigne pas une pratique « homosexuelle » (la personne pénétrée pouvant être une femme) et commente les différents usages du terme (Williams 1999, p. 168-169).

112. Les insultes et les menaces qui ornent les statues de Priape ressortissent davantage à l'obscénité qu'à une virilité conquérante. De même, Catulle ne voit rien de valorisant dans la *mentula* toujours en action de Mamurra (Catulle, 29, 13). Voir Dupont et Éloi 2001, p. 153-159 ; Adams 1982, sur *pedico* comme une insulte, p. 123-125.

tous les agissements du personnage sont hautement condamnables pour leur excès, excès que l'on reprocherait à Rome à un homme comme à une femme[113].

– Un « type » de personnage féminin

Martial, cependant, ne s'attaque pas à des individus précis et réels mais à des « types » ; il est donc intéressant de voir les autres caractéristiques de ce personnage qui porte le nom de Philaenis[114] dans la totalité de l'œuvre de Martial, afin de déterminer dans quelle mesure le fait qu'elle soit par deux fois une *tribas*, et même une tribade extrême, s'intègre dans une typologie particulière.

Dans les *topoi* de l'élégie amoureuse[115], les cheveux, la blancheur de la peau, le regard, l'odeur subtile et douce d'un corps en bonne santé, sont les attraits érotiques de l'être aimé et désiré. Rien de tout cela chez Philaenis, bien au contraire. En II, 33, Philaenis est rousse (*cur non basio te, Philaeni rufa es*), couleur voyante (la singularité et l'unicité sont en général perçues comme des éléments monstrueux) et connotée négativement : elle rappelle celle du renard ou des animaux sauvages. Philaenis, ailleurs, est chauve (*calva es*) et cette caractéristique est soit celle des vieilles femmes, au corps déformé par l'âge, ou des êtres en mauvaise santé, dont on se moque et qu'on préfère fuir[116], soit celle des jeunes sportifs qui se rasent la tête, ne conservant que le *cirrus*[117] (on peut voir ici une allusion de Martial au corps sportif de Philaenis). À trois reprises, le personnage est qualifié de borgne : en II, 33, ces éléments font d'elle un être dénué de toute caractéristique féminine, aussi laid qu'une *mentula* (*haec qui basiat, o Philaeni, fellat*) ; en IV, 65, le fait qu'elle est borgne est associé à un écoulement permanent de l'autre œil (avec forte connotation sexuelle) et, en XII, 22, cette infirmité fait d'elle un être indécent, qu'on préfèrerait encore voir aveugle. Le personnage n'est pas plus attirant par son odeur : en IX, 62, on apprend qu'elle garde jour et nuit les mêmes vêtements de couleur pourpre (il y a un jeu de mots sur *colore* et *odore*). C'est un personnage repoussant : en X, 22, le narrateur trouve un stratagème pour se protéger de ses baisers et l'on apprend en IX, 40 qu'elle est prête à se livrer à la fellation (on sait que cette pratique est associée, dans la satire, à la souillure de la bouche et aux mauvaises odeurs). L'épigramme IX, 29 qui parodie une épigramme funéraire complète définitivement le portrait : ce fut une femme à la renommée bruyante, que le narrateur compare à une sorcière et à une proxénète, et dont la mort réjouit.

En réalité, Martial reprend méticuleusement les clichés de l'élégie pour les inverser et, dans ces sept épigrammes[118], il fait de Philaenis le prototype de la femme antiérotique. C'est à ce portrait élaboré et construit d'un type humain que s'intègre une nouvelle caractéristique : le fait qu'elle est une *tribas* qui a des relations sexuelles avec des

---

113. Dupont et Éloi 2001. Mais nous précisons : ce qui ne veut pas dire que le terme *virilis* n'a aucune valeur sexuée.

114. Point de réalisme ici : Philaenis est morte en IX, 29 et une Philaenis apparaît plus loin dans le recueil.

115. Pour les *topoi* de l'élégie amoureuse, cf. Veyne 1983.

116. V, 12 ; XII, 6.

117. Sur le *cirrus* comme signe distinctif des jeunes sportifs, *pueri* et *ephebi* (les moins jeunes arborant la barbe), cf. Thuillier 2002, p. 264.

118. II, 33 ; IV, 65 ; IX, 29, 40, 62 ; X, 22 et XII, 22.

femmes apporte la touche finale au portrait de ce personnage type, celui de la femme obscène, totalement étrangère au monde de l'érotisme.

Philaenis dans les *Amours* du Pseudo-Lucien

Une Philaenis, associée à des pratiques sexuelles entre femmes, apparaît aussi dans le texte des *Amours* du Pseudo-Lucien. La datation de ce texte, contemporain ou postérieur à l'œuvre de Lucien, reste incertaine et les spécialistes hésitent entre la fin du IIᵉ et le début du IVᵉ siècle[119].

– Un dialogue sur un dialogue sur l'amour

L'œuvre du Pseudo-Lucien, qui prend la forme d'un dialogue philosophique, est particulièrement élaborée : un dialogue, sous la forme rhétorique de l'*oratio perpetua*, se trouve enchâssé dans un dialogue moins formel, de type *oratio soluta*. L'ironie de l'auteur ainsi que sa parfaite maîtrise de la rhétorique argumentative font de chacun des deux discours, par l'utilisation de motifs éculés et détournés, de citations, de références attendues et d'ornements rhétoriques, une parodie des techniques de la comparaison (*sunkrisis*).

Théomneste, jouisseur invétéré, amant des garçons comme des femmes, demande à son ami Lycinos, un homme qui préfère les affaires politiques aux affaires sexuelles, de se prononcer et de dire quel est le meilleur « penchant » (la métaphore de la balance est de Théomneste)[120]. Lycinos rapporte *in extenso* le débat, auquel il a assisté jadis à Rhodes, entre deux hommes, Chariclès de Corinthe, fervent amoureux des femmes, et Callicratidas d'Athènes, qui n'aime que les jeunes garçons. Se trouve en réalité mise en scène une sorte d'« étude de cas », où chacun des quatre personnages incarne une position spécifique dans la pratique érotique : sur la ligne de l'intensité se trouvent placés aux extrêmes opposés Lycinos et Théomneste, sur la ligne de l'identité de sexe du partenaire se trouvent placés Chariclès et Callicratidas[121].

Lycinos, dans la réponse à son ami, raconte préalablement les circonstances qui lui ont fait retrouver par hasard ces deux amis de vieille date et l'événement qui a lancé le débat entre eux : récemment, la belle statue de l'Aphrodite de Cnide a été « honorée », comme l'attestent certaines traces situées au haut de ses cuisses, côté postérieur[122]. Il rapporte ensuite les propos de ses deux amis, au style direct. Chariclès et Callicratidas développent leur argumentation chacun en un seul discours, qu'ils structurent de la

---

119. Lucien est né entre 115 et 125 et est mort entre 185 et 195 ap. J.-C. Bloch (1907, p. 50-63) et MacLeod (1967, p. 147) considèrent les *Amours* comme l'œuvre d'un imitateur qui a écrit au début du IVᵉ siècle. Buffière (1980, p. 481) l'attribue à un auteur de la fin du IIᵉ siècle ap. J.-C. ; Jones (1986, p. 180) à un auteur de la fin du IIᵉ ou du début du IIIᵉ siècle. Pour les différentes hypothèses de datation et leurs justifications, cf. Degani 1991, p. 17-21.

120. La traduction du terme ἔρως par amour est peu satisfaisante, mais, par commodité, nous dirons que Callicratidas est le partisan de l'« amour » pour les jeunes garçons, Chariclès celui de l'« amour » pour les femmes.

121. Relevons que l'origine géographique des orateurs n'est pas anodine : Corinthe connote, pour le public de cette époque, la prostitution féminine et Athènes, la pédérastie.

122. *Amours*, 15-18.

même manière. Dans un premier temps, l'orateur définit la nature, l'origine et le rôle de cet amour dans le fonctionnement global du monde. Dans un second temps, il met en évidence son mode d'expression, définit la place du plaisir physique dans cet amour et pose la question de sa valeur. Chacun des deux, sans limiter son propos à l'unique évocation de l'amour qu'il prône, fait alterner son éloge avec le blâme de l'amour dont l'adversaire se fait l'avocat. C'est Chariclès qui le premier prend la parole : il met en évidence le caractère naturel de l'amour entre les deux sexes (en prenant l'exemple des animaux comme argument de la « naturalité » de la relation homme/femme, et les comportements proches de l'état passionnel des hommes qui aiment les garçons comme signe de l'« antinaturalité » de ces amours) puis aborde la question du plaisir. Il insiste sur le bonheur qu'apporte à l'homme une vie commune, et sur la réciprocité toute « naturelle » de l'échange érotique entre un homme et une femme, échange que, selon lui, les hommes entre eux ne peuvent s'offrir. Son argumentation se termine en point d'orgue sur l'évocation, à valeur de repoussoir, des relations sexuelles entre femmes. C'est à ce moment-là qu'apparaît le nom de Philaenis. La réponse de Callicratidas à Chariclès, que Lycinos rapporte fidèlement à son ami Théomneste, est longue et développée : il fait lui aussi appel aux lieux communs (la femme est trompeuse, artificielle) et dans un second temps insiste sur la relation d'égalité des amants, liés à la fois par l'amour et la vertu, relation où le plaisir sexuel compte peu. Le discours rapporté s'achève et Lycinos reprend son récit. On l'a sommé de donner son avis et c'est en fonction de cette dernière caractéristique qu'il émet son verdict : certes, le mariage est utile, mais la victoire revient à l'amour des garçons, qui préserve « les droits purs de l'amitié », un amour digne uniquement des philosophes. On revient alors au premier niveau du dialogue, le dialogue enchâssant, entre Théomneste et Lycinos. Théomneste réagit, non par rapport au verdict lui-même, mais sur les raisons d'un tel choix. Selon lui, la relation d'un homme avec un garçon n'est pas hors du domaine de la relation physique et il décrit longuement et avec précision le plaisir qu'elle apporte.

L'objet de ce dialogue n'est pas d'opposer l'homosexualité à l'hétérosexualité[123], ni de mesurer leurs mérites respectifs. Comme le montre D. Halperin[124] dans une analyse du texte des *Amours* qui étaye les théories de M. Foucault sur la modernité de nos catégories sexuelles et la dimension historique du « corps », le défenseur de l'amour des garçons ne se fait en aucun cas le chantre de l'homosexualité : il n'intègre à son argumentation ni la défense de l'amour entre femmes, ni celle de l'amour entre deux hommes adultes. S'il y a bien un point sur lequel Chariclès et Callicratidas sont d'accord, c'est pour blâmer l'amour entre deux hommes adultes, le premier présentant celui-ci avec rejet et dégoût, le second n'apportant aucun argument pour réfuter cette idée (le propos de Callicratidas porte exclusivement sur la pédérastie). De plus, il est essentiel de remarquer que « l'auteur des *Amours* ne traite pas la question du choix de l'objet du désir masculin en termes d'orientation sexuelle, mais en termes de "goût"[125] ». L'émotion suscitée par la beauté de la statue d'Aphrodite chez les trois amis met en évidence le fait que ce goût ne porte pas sur un sexe ou l'autre, mais sur telle ou telle

123. Contrairement à ce qu'écrit, entre autres, MacLeod 1967, p. 147.
124. Halperin 1992, p. 236-261.
125. Halperin 1992, p. 31 (je traduis).

partie du corps de l'être désiré, en dehors de toute considération sur le sexe. La personne qui choisit *selon son goût* l'objet désiré n'est plus celle qui fait figure de personne hors norme mais bien plutôt celle qui a fixé son désir une fois pour toutes et qui considère que son choix est le seul valable. Ce qui est finalement commun aux deux orateurs, et ce qui précisément les distingue des autres hommes grecs, c'est leur extrémisme : l'un et l'autre ont non seulement fixé définitivement leur choix, mais surtout considèrent qu'il est le seul acceptable. C'est en tant que figures tenant des positions extrêmes – et non en tant qu'individus représentatifs de la majorité des hommes grecs – que Lycinos juge bon de les citer.

À l'issue du débat, dans le dialogue final, Lycinos et Théomneste évoquent les deux formes d'attirance sans en condamner aucune, et aucun des verdicts visant à trancher définitivement le débat ne semble réellement probant : c'est que le verdict n'est pas l'objet des *Amours*. Par la réponse de Théomneste, le Pseudo-Lucien énonce, comme l'analyse M. Foucault, « une objection essentielle au très vieil argumentaire de la pédérastie grecque [...] qui esquivait la présence manifeste du plaisir physique ». Loin de promouvoir l'un des deux amours, l'auteur, par cette *sunkrisis* commentée par les personnages eux-mêmes, révèle « la faiblesse essentielle d'un discours sur l'amour qui ne ferait pas place aux *aphrodisia* et aux relations qui s'y nouent[126] ». En faisant tenir à Chariclès et Callicratidas des propos hyperboliques et caricaturaux, foisonnant de clichés et de références obligées, le Pseudo-Lucien leur ôte toute crédibilité, que ce soit pour les destinataires fictifs ou pour le public de l'époque. Par ce biais, il *déplace* le sujet du débat. La question n'est plus « un homme doit-il n'aimer que les femmes ou doit-il n'aimer que les garçons » mais « un homme doit-il déterminer un choix, pour toujours et pour tous » et, surtout, dans la mesure où ce n'est plus le choix, mais ses modalités qui sont l'objet du débat, « quelle place a le plaisir physique dans tel ou tel choix[127] ». Par sa structure particulièrement élaborée, le traité des *Amours* est un discours sur un discours : il rejette les grands propos théoriques et ressassés, loin de la réalité de la vie, et propose un nouveau questionnement, qui offre d'autres perspectives sur l'amour et ses plaisirs.

La *sunkrisis*, « comparaison » ou « parallèle », allie dans sa structure l'éloge (*enkômion*) et le blâme (*psogos*), l'orateur élaborant l'éloge de l'idée ou du personnage qu'il a à défendre et la critique de l'idée ou du personnage opposé. Théon, grammairien et théoricien du IIe siècle de notre ère, donne cette définition : « La *sunkrisis* est un discours montrant de deux choses la meilleure et la pire. Il y a des *sunkriseis* de personnes et de choses. De personnes : Ajax et Ulysse ; de choses : la sagesse et le courage[128]. » Destinée à entraîner les étudiants et à mettre en valeur la virtuosité du rhéteur lors des discours d'apparat, une bonne *sunkrisis* est avant tout celle qui propose *des éléments* particulièrement difficiles à comparer, à louer et/ou à critiquer. La comparaison établie par les deux orateurs des *Amours* n'oppose pas l'homosexualité à l'hétérosexualité, ni même deux amours de nature différente. Paradoxalement, l'unique opposition

---

126. Foucault 1984, p. 261.

127. Cf. Foucault 1984, p. 245 : « C'est le problème du plaisir physique qui parcourt tout le dialogue. »

128. Théon, *Progymnasmata, Peri sunkriseôs*, 10.

que dessine la *sunkrisis* se trouve en dehors de la *sunkrisis*, entre ce qui est comparé et ce qui ne l'est pas, entre le champ et le hors-champ : dans cette multitude de choix et de goûts possibles, certains en effet ne sont pas envisagés[129].

– Les relations sexuelles entre femmes dans les *Amours*

Dans cette œuvre critique et ironique, qui pointe les clichés et les idées toutes faites, la relation d'une femme avec une femme (ne serait-elle qu'éphémère) n'est jamais énoncée comme possibilité vraisemblable et relevant du thème du débat qui oppose Chariclès et Callicratidas. Il est pourtant fait allusion à des relations sexuelles entre femmes dans l'œuvre du Pseudo-Lucien, mais dans une tout autre circonstance et c'est à cette occasion qu'il est fait mention du personnage de Philaenis. Cette référence intervient à un moment primordial dans la composition générale des *Amours* et dans l'argumentaire de Chariclès.

> (27) « Mais s'il nous faut entrer plus encore dans les détails – et il le faut, nous sommes dans le temple d'Aphrodite ! – pour celui qui fera l'amour avec une femme comme avec un garçon, eh bien, Callicratidas, il lui est possible d'éprouver du plaisir et de parvenir à la jouissance de deux façons, alors que l'homme ne peut d'aucune manière offrir la jouissance que procurent les femmes. (28) C'est pourquoi, si ce type de plaisir peut aussi vous convenir, gardons clairement une distance entre nous, les hommes ; en revanche, si les unions entre hommes conviennent aux hommes, eh bien, qu'à l'avenir, les femmes elles aussi se désirent mutuellement (ἐράτωσαν ἀλλήλων καὶ γυναῖκες) ! Allons, ère nouvelle, législateur de plaisirs étrangers, après avoir imaginé des voies nouvelles pour le plaisir des hommes, accorde la même liberté aux femmes aussi, et qu'elles fassent l'amour entre elles, comme des hommes (καὶ ἀλλήλαις ὁμιλησάτωσαν ὡς ἄνδρες). Harnachées de cet objet fabriqué à l'image des parties honteuses, monstrueux révélateur de leur stérilité, que les femmes s'unissent aux femmes, comme des hommes. Que ce mot, que nous entendons rarement et que j'ai même honte de prononcer, je veux dire la luxure *tribadesque*, parade ouvertement ! Que la chambre de nos femmes devienne chacune une Philaenis enfreignant la décence par ses amours androgynes ! Ne vaut-il pas mieux – et combien ! – qu'une femme s'attribue par la force un plaisir revenant à l'homme, plutôt que de voir ce qui fait le propre de l'homme s'efféminer et prendre la place de la femme[130] ? » (29) Tout échauffé et sous l'émotion de telles paroles, Chariclès se tut et ses yeux avaient un éclat terrible et farouche. Il me semblait qu'il accomplissait aussi un acte expiatoire contre l'amour des garçons[131].

---

129. Ces choix non envisagés n'ont pas fait l'objet d'une analyse particulière (ni chez Buffière, ni chez Foucault, ni chez Halperin). Sur le « hors-champ » de ces comparaisons, voir Boehringer 2007.

130. Il importe d'avoir le texte grec : Ἀσελγῶν δὲ ὀργάνων ὑποζυγωσάμεναι τέχνασμα, ἀσπόρων τεράστιον αἴνιγμα, κοιμάσθωσαν γυνὴ μετὰ γυναικὸς ὡς ἀνήρ· τὸ δὲ εἰς ἀκοὴν σπανίως ἧκον ὄνομα – αἰσχύνομαι καὶ λέγειν – τῆς τριβακῆς ἀσελγείας ἀνέδην πομπευέτω. Πᾶσα δ' ἡμῶν ἡ γυναικωνῖτις ἔστω Φιλαινὶς ἀνδρογύνους ἔρωτας ἀσχημονοῦσα. Καὶ πόσῳ κρεῖττον εἰς ἄρρενα τρυφὴν βιάζεσθαι γυναῖκα ἢ τὸ γενναῖον ἀνδρῶν εἰς γυναῖκα θηλύνεσθαι ;

131. Édition : *Luciani Opera* (vol. III), édité par M. D. MacLeod, Oxford, Oxford University Press, 1980.

Après avoir montré combien le lien entre un homme et une femme relève d'un ordre naturel et souligné l'hypocrisie de certains pédérastes qui prétendent aimer l'âme mais s'intéressent avant tout à la jeunesse de beaux garçons, Chariclès, dans la seconde partie de son discours, aborde la question du plaisir. En invoquant l'argument de la réciprocité dans la relation sexuelle entre un homme et une femme, Chariclès s'appuie sur un axiome, une convention tacite admise depuis des siècles, à savoir que celui que l'on nomme éromène n'éprouve aucun plaisir à être pénétré. Puisqu'il s'agit là d'un argument fondé sur un axiome (et, en tant que tel, il n'est pas question de le démontrer), cet argument est imparable (étant non démontrable, il est aussi non réfutable[132]). Chariclès étaye cette idée sur le constat qu'une femme est préférable dans la mesure où elle peut offrir à l'homme ce qu'un jeune homme peut lui offrir, l'inverse n'étant pas vrai. Il utilise un motif bien connu des Anciens, et qui peut être utilisé *in utramque partem*. La célèbre épigramme de Straton de Sarde[133] sur les plaisirs que seul un homme peut apporter à son amant illustre l'argument inversé, et le lecteur sait qu'un homme tel que Chariclès ne peut ignorer ce topos. Le Pseudo-Lucien présente donc celui-ci comme un orateur prêt à faire feu de tout bois et capable – pour la cause – d'être de mauvaise foi. Enfin, pour apporter une conclusion globale à sa démonstration, Chariclès recourt à un argument inédit, et dont le lien avec le second point de l'argument sur la réciprocité ne relève pas d'un raisonnement logique. Si l'on accepte les relations sexuelles entre deux hommes, dit-il, il va falloir accepter les relations entre deux femmes.

La place de cet argument mentionnant des relations sexuelles entre femmes, au centre du dialogue des *Amours* et à la fin du discours de Chariclès, n'est pas anodine. Selon les règles de l'éloquence, le dernier argument d'un discours qui vise à persuader est particulièrement important. Il est comme un point d'orgue, l'élément sur lequel l'auditeur va rester, et qui influera sur le jugement global qu'il se fera. L'important est de trouver la bonne chute, non plus d'argumenter encore en apportant des éléments d'information (*docere*), mais de frapper l'auditoire (*movere*) par quelque chose qui, sans relever d'un raisonnement logique, soit suffisamment dense et expressif pour soutenir à lui seul la thèse qui a été longuement développée. Et nous savons d'après les remarques de Lycinos que Chariclès est un bon orateur : Lycinos prend soin de rapporter mot pour mot à Théomneste son discours et, comme il sait que le contenu seul d'un discours ne fait pas le bon orateur, il commente l'état physique de Chariclès une fois son propos achevé : « tout échauffé », avec « un éclat terrible et farouche » dans les yeux. Par la description de cet état, Lycinos montre qu'il maîtrise toutes les règles de l'éloquence : l'émotion que son visage exprime et l'échauffement sont, comme tout bon orateur sait le faire, volontairement appuyés, car ils marquent, à l'intention du public, l'investissement personnel du locuteur ; son regard vif est aussi une technique pour créer le lien avec l'auditoire. Ce que Lycinos suggère par ces remarques,

---

132. Il n'existe en effet rien dans les discours des Anciens qui valorise le plaisir physique de l'aimé. Les individus qui prennent plaisir à ce type de pratiques sont raillés et, dans certains cas, appelés des *kinaidoi*. Il est bien évident qu'il s'agit là de « ce qu'il convient » de dire, et non de la réalité. Winkler a clairement mis en évidence la distance entre ce qui est énoncé et la réalité du plaisir et des pratiques, et l'importance du « bluff » dans les discours masculins en Grèce ancienne (Winkler 1990, p. 45-70).

133. *AG*, XII, 7.

c'est que Chariclès tente de convaincre non seulement par ses idées, le choix des mots et l'intelligence de son argumentation (*inventio, dispositio*), mais aussi par ses attitudes physiques, le ton de sa voix, la façon de se tenir (*gestus*) et de parler en public (*elocutio*). Or il n'était point besoin pour Lycinos de commenter les attitudes ou le ton de Chariclès car il pouvait les *reproduire* lorsqu'il relatait, par un discours direct rapporté, les propos de celui-ci à Théomneste. Par conséquent, le commentaire que fait Lycinos sur la technique rhétorique et oratoire de Chariclès (un discours critique sur un discours, à l'intérieur d'un dialogue) relève, comme au théâtre, d'une double énonciation : le destinataire est le lecteur des *Amours*, et la remarque vient de l'auteur lui-même. Le Pseudo-Lucien souligne *pour nous* le caractère rhétorique des arguments de ses orateurs, et la critique formelle de ce vieil argumentaire porte certes sur l'ensemble du discours, mais intervient juste après l'ultime argument de Chariclès où il mentionne des relations sexuelles entre femmes.

Cet ultime point est abordé en trois temps : un bref raisonnement logique, une longue description de ses conséquences et une question, purement rhétorique, poussant à l'extrême ce raisonnement.

1. Tout d'abord Chariclès suit implicitement un raisonnement par analogie qui a l'apparence de la logique. Il dit : « Si les unions entre hommes conviennent aux hommes, eh bien, qu'à l'avenir, les femmes elles aussi se désirent mutuellement. » Il y a une ellipse (à valeur expressive) dans cette phrase et l'apodose sous-entendue est : « Si les unions entre hommes conviennent aux hommes [alors les unions entre femmes conviendront aux femmes et], qu'à l'avenir... » Cette ellipse ne permet pas à l'auditeur de déterminer dans quel type de système hypothétique il se trouve (réel, potentiel, irréel) et le passage direct à l'expression de l'injonction (« que les femmes se désirent ») est d'autant plus étonnant et brutal : l'orateur brûle une étape du raisonnement et plonge l'auditoire dans les conséquences qui découlent de ce premier énoncé (si les hommes...). Il donne à cette conséquence une valeur réelle dont l'effet ne laisse pas au public le loisir de prendre la mesure des implications du raisonnement qui vient d'être tenu. Or voici ce que Chariclès vient d'avancer :

Si A = B, alors C = B
avec
A = les relations entre les hommes
B = ce qui est convenable
C = les relations entre les femmes

Ce qui est donc sous-entendu, c'est la troisième donnée, essentielle à un tel type de raisonnement. Pour justifier le fait que C puisse prendre la place de A, il faut mettre en évidence un point commun entre A et C, quelque chose du type « or les relations entre hommes ont ceci de commun avec les femmes qu'il s'agit de relations entre personnes de même sexe, donc... ». Si l'on restitue les étapes implicites de Chariclès, on se retrouve face à :

On a E = les relations entre individus de même sexe
A inclus dans E et C inclus dans E

> donc si A est convenable, alors E est convenable ; or si E est convenable, alors C est convenable

Le raisonnement « si A est convenable, alors E est convenable » procède par extension abusive et peut donc tout à fait être contesté d'un point de vue logique. Ce n'est pourtant pas la forme du raisonnement qui va poser problème.

2. Dans un deuxième temps, il dresse un tableau terrible et très concret de ce qui advient si A = B. L'orateur ne prétend pas faire un récit objectif des faits : il s'investit dans son propos et, en exprimant son opinion par les nombreux adjectifs de jugement et par l'usage de la première personne en incise, il rend plus expressive et frappante la situation qu'il décrit. Cette implication du locuteur dans une description et un raisonnement est aussi une façon de montrer que le sujet est d'une telle importance et d'une telle gravité qu'il est impossible pour quiconque de rester neutre. Ce qui se produit, dit Chariclès de façon hyperbolique, est l'avènement d'une nouvelle ère et ce bouleversement est irréversible. Chariclès montre l'engrenage, la machine infernale, qui se met en marche une fois ce premier point A = B admis : C = B crée des effets multiples et c'est sur ce point que l'orateur insiste. Il faut « la même liberté » pour les femmes et, de cette sorte, elle vont s'unir ὡς ἄνδρες, c'est-à-dire, si l'on respecte le motif du parallélisme qui structure ce passage, « comme les hommes s'unissent entre eux ».

Chariclès a donné le contenu théorique de son argument, mais il s'agit maintenant de frapper et de toucher différemment le public. Il procède alors par hypotypose[134] : alors que les phrases précédentes ne donnaient pas de détails concrets, Chariclès commence ce tableau par un élément on ne peut plus concret, l'usage d'une sorte de ceinture qui sert à attacher une imitation du sexe masculin. Finies les grandes considérations, on entre dans ce qui touche au corps. Il s'empresse de caractériser cette technique d'accouplement et, par l'adjectif τεράστιον, il reprend le topos de la nature violentée qu'il avait déjà utilisé dans son réquisitoire contre l'amour des garçons. Chariclès, cependant, n'approfondit pas ce thème, choisissant plutôt de procéder par petites touches suggestives et hétérogènes en effleurant différents *topoi* susceptibles d'éveiller horreur et dégoût chez le public et en y revenant plus tard[135].

Précédée de la précision technique « harnachées de ces instruments », l'expression « que les femmes s'unissent aux femmes, comme des hommes[136] » ne sonne plus du tout

---

134. L'hypotypose consiste à décrire une scène de manière telle que l'auditeur ou le lecteur se la représente d'emblée. L'hypotypose privilégie les éléments frappants et pittoresques : les procédés sont l'actualisation (les faits deviennent l'actualité du lecteur), la caractérisation (les noms sont caractérisés par des adjectifs, les verbes par des adverbes).

135. L'évocation de la stérilité est aussi une façon de revenir à l'idée qu'il avait précédemment évoquée, celle du parallélisme avec les relations entre hommes, qui équivalent à « semer sur des pierres stériles », κατὰ πετρῶν δέ […] ἀγόνων σπείροντες (*Amours,* 20). Le Pseudo-Lucien reprend là une formule de Platon dans les *Lois* (840b-e).

136. *Amours*, 28 : κοιμάσθωσαν γυνὴ μετὰ γυναικὸς ὡς ἀνήρ. La rupture de construction (verbe au pluriel, sujet au singulier) a pour effet de rendre la situation décrite encore plus présente : elles vont toutes devenir ainsi (les femmes), mais c'est *chaque* femme qui le devient (un pluriel tend, dans ce contexte, à créer un groupe abstrait).

comme un euphémisme et l'ambiguïté du sens de la phrase prépare un nouveau motif d'inquiétude chez le public ; la phrase peut se comprendre de deux manières : « qu'elles s'accouplent, une femme avec une femme, comme un homme *avec un homme* » ou « comme un homme *avec une femme* ». Les propos de Chariclès prennent alors une portée accrue : les relations entre deux femmes vont prendre non seulement la même place que les relations entre hommes (ὡς ἀνὴρ μετὰ ἀνδρός), mais surtout celle des relations entre un homme et une femme (ὡς ἀνὴρ μετὰ γυναικός). Chariclès réussit par cette tournure ambivalente à unir dans le même ensemble les partisans des deux amours qui, précédemment, s'opposaient. À ces deux amours qu'on peut exprimer en une même expression (ὡς ἀνήρ), Chariclès oppose une catégorie quasi anonyme par « ce mot, que nous entendons rarement et que j'ai même honte de prononcer, je veux dire la luxure tribadesque (τριβακῆς ἀσελγείας) ». Comme le soulignent l'incise et la tournure emphatique qui créent un effet de suspense, l'orateur, va, pour cet ultime argument, enfreindre les lois de la décence et prononcer « ce mot rarement entendu » : un court instant, le discours de Chariclès devient un commentaire sur la langue et le Pseudo-Lucien énonce là un véritable *discours sur le discours* sur les relations sexuelles entre femmes. Et pour insister davantage encore sur la rareté du mot, et donc sur le caractère unique de sa prestation oratoire (qui enfreint les tabous pour les besoins d'une noble cause), Chariclès crée un effet d'*aprosdokèton* : après ces mises en garde oratoires, le public s'attend à un terme cru, issu de la langue familière, le mot τριβάδες, un terme qu'il connaît fort bien, même s'il y en a peu de traces écrites, mais Chariclès lui offre un dérivé, l'adjectif τριβακή, formé tout comme le substantif sur la racine du verbe τρίβειν et qui signifie habituellement « vieilli, usé » ou « rompu à ». En utilisant cet adjectif dans un sens nouveau, il illustre ces « voies nouvelles » (καιναὶ ὁδοί) et cette nouvelle ère qui commence : ce n'est pas seulement la nature qui est violentée, la pureté de la langue est, elle aussi, mise à mal.

Après ces considérations linguistiques et un peu abstraites, Chariclès poursuit dans le concret et complète l'hypotypose par l'image de la parade (πομπή). On passe du général au particulier : ce ne sont plus, comme au début de son propos, des femmes qu'il est question mais de « nos femmes » et surtout de nos οἶκοι (le terme γυναικωνῖτις est là pour suggérer, par synecdoque, l'οἶκος). Pour parfaire cette vision qui s'impose aux auditeurs, Chariclès utilise le procédé de l'hyperbole : tout est poussé à l'extrême, chaque foyer, dit-il, est touché. Enfin, la dernière figure utilisée par Chariclès est particulièrement osée et elle n'entre probablement pas dans les canons de la rhétorique. C'est un raccourci sémantique étonnant : « Que la chambre de nos femmes devienne chacune une Philaenis » (πᾶσα δ' ἡμῶν ἡ γυναικωνῖτις ἔστω Φιλαινίς). L'expression revient à dire « le spectre de Philaenis planera toujours, là, menaçant, au-dessus de nos lits conjugaux ». Outre la personnification grotesque, Chariclès recourt à l'antonomase[137] pour rendre encore plus présente la situation qu'il veut décrire. Cette figure utilise ordinairement des noms d'hommes célèbres ou de personnages au symbolisme important (un Hercule, un Thémistocle, etc.) : selon toute vraisemblance, le nom de

---

137. « L'antonomase est une variété de synecdoque ou de métonymie qui consiste à remplacer un nom commun par un nom propre ou un nom propre par un nom commun ou un groupe nominal » (Bergez D. *et al.* 1994, *s.v.*).

Philaenis devait avoir un pouvoir suggestif fort et des connotations bien précises chez le public pour pouvoir à lui seul représenter et incarner ce que Chariclès nomme « la luxure tribadesque ». L'orateur ne prend pas la peine de préciser *qui* est Philaenis. En revanche, il prend le soin de préciser *ce* qu'elle fait, préparant par là habilement la transition avec la question finale. Philaenis, poursuit-il, est quelqu'un qui « enfreint la décence » : le verbe ἀσχημονῶ, par l'α privatif, exprime à nouveau la distorsion d'une norme (τὸ σχῆμα au sens de « la forme, la tenue qu'il convient d'avoir »). Comment ne pas voir là un jeu de mots sur ce terme lorsque l'on sait qu'une Philaenis est connue pour avoir écrit un manuel sur les positions sexuelles, un περὶ σχημάτων, selon les termes de Clément d'Alexandrie, ou un récit sur les *figurae*, selon l'auteur des *Carmina Priapea*[138] ? Philaenis, que l'on dit spécialiste des σχήματα, est en réalité, dit Chariclès en jouant sur les deux sens du mot, une femme ἀσχημονοῦσα : en d'autres termes, Philaenis, la spécialiste des figures, dé-figure la décence.

Mais, dans les circonstances décrites par Chariclès, ce n'est pas en tant que femme pornographe que Philaenis enfreint les règles de la décence, c'est en raison ici de ses relations sexuelles avec des femmes, de ses « amours androgynes ». À nouveau, on constate que l'orateur ne développe pas une suasoire dans les règles du discours argumentatif : par cet effet d'aller-retour d'un thème à l'autre, c'est toute une mosaïque d'émotions et de sentiments que Chariclès vient alternativement stimuler chez l'auditoire. Par l'usage de cet oxymore (l'adjectif et le substantif ἀνδρόγυνος est formé à partir de radicaux de ἀνήρ et γυνή), Chariclès reprend le topos précédemment esquissé du τέρας. Chariclès veut éveiller chez son public cette inquiétude que suscite traditionnellement chez les Anciens un terme comme ἀνδρόγυνος, mais, dans la démonstration qu'il mène, il ne peut accuser directement Philaenis de posséder réellement les deux sexes et d'être biologiquement un être androgyne : dans ce cas, la situation ne décrirait plus une relation entre deux femmes, et le parallélisme, qui vise à jeter l'opprobre sur les relations entre hommes, serait rompu. De surcroît, il ne pourrait accuser les femmes de recourir à des moyens artificiels (τέχνασμα), si elles étaient physiquement pourvues de ce qui, selon Chariclès, leur manque. Par ailleurs, si la renommée de Philaenis (l'auteur) est si sulfureuse, c'est parce qu'elle est une femme, ou du moins une femme dans l'imaginaire antique. Chariclès n'a pas d'intérêt, pour sa démonstration, à suggérer qu'elle est réellement un homme ou un être androgyne : dans le premier cas, l'effet censé être produit par l'expression « que la chambre de nos femmes ne soient plus qu'une Philaenis » se réduirait à une simple condamnation de l'adultère, et dans le second cas, le sujet du discours basculerait totalement dans la tératologie, excluant la dénonciation de comportements tout culturels, comme la pédérastie, que Chariclès entend fustiger. De toute façon, l'orateur avait bien mis en évidence précédemment à quel point ces relations entre femmes, dont il fait le tableau outré, étaient culturelles : elles sont le fruit d'une découverte de l'humanité (le terme ἐπινοήσας décrit une première étape) et font usage d'un savoir technique. Chariclès, prêt à faire

---

138. Clément d'Alexandrie : *Protreptique,* IV, 61, 2 (τὰ Φιλαινίδος σχήματα) et *Carmina Priapea*, 63 (*figuris* […] *quae Philaenis narrat), figura* étant l'équivalent latin du grec σχῆμα). Précisons que le Pseudo-Lucien ne recourt à ce verbe qu'une seule et unique fois dans tout le texte des *Amours*, il est difficile d'y voir un pur hasard.

feu de tout bois mais soucieux de donner à sa réflexion fondée sur l'analogie (A // C) une apparence de rationalité, contourne la difficulté : si les désirs (ἔρωτας) et les actes sexuels de Philaenis sont androgynes, Philaenis, elle, ne l'est pas, et il s'agit bien de relations sexuelles entre « vraies » femmes biologiques.

3. C'est par une transition fondée sur l'opposition entre le masculin (τὸ ἄρρεν/ὁ ἀνήρ) et le féminin (τὸ θῆλυ/ἡ γυνή) qu'exprime ce terme d'ἀνδρόγυνος, et non sur un rapport déductif logique, que Chariclès énonce la question qui clôt son discours. Les pratiques sexuelles de ces femmes relèvent à la fois de ce qui est le propre de la femme et de ce qui est le propre de l'homme, puisqu'elles sont dites ἀνδρόγυνοι. Par conséquent, si les femmes se comportent en partie comme des hommes, si elles s'attribuent, en faisant usage de la force (βιάζεσθαι), ce qui relève du masculin, on pourrait s'attendre dans la démonstration de Chariclès à ce qu'il montre comment les pratiques des hommes risquent de devenir féminines. La question est plus insidieuse car, ainsi formulée, elle suggère, comme conséquence de certaines pratiques et de certains comportements chez les femmes, une modification de la nature chez l'homme : le verbe θηλύνεσθαι désigne un véritable changement d'état et le terme, τὸ γενναῖον, par sa polysémie[139], laisse entendre que c'est l'essence masculine tout entière qui sera altérée. De plus, la formulation de la question comparant la valeur de l'amour des hommes entre eux (A) avec celle de l'amour des femmes entre elles (C) n'est pas ouverte. Par la tournure interrogative positive, Chariclès ne demande pas si l'amour des hommes entre eux est pire que l'amour des femmes entre elles, mais seulement « de combien ». C'est donc, malgré la forme interrogative, une question toute rhétorique puisque l'affirmation est contenue dans la question. Sa pseudo-question pose cette relation mathématique suivante :

$- \infty < A$ (les relations entre les hommes) $< C$ (les relations entre les femmes)
or dans tout ce passage, Chariclès a dit que :
$C = x$ (valeur extrêmement négative)
donc, dit implicitement Chariclès, selon la règle de transitivité, on a :
$A < x$
et
plus x (valeur de C) sera négatif, plus A aura une valeur négative.

Le but de l'opération est de montrer à quel point les amours entre les hommes sont mauvaises (rien de neuf, et, jusqu'à présent, le public peut rester sceptique) mais, à partir du moment où Chariclès pose, d'un ton magistral et comme une évidence logique, l'axiome A (les relations entre les hommes) $< C$ (les relations entre les femmes), quiconque admet cette relation mathématique est forcé d'en déduire que, s'il pense que les relations entre les femmes sont condamnables, alors les relations entre les hommes le sont aussi. Si Chariclès met en place un tel syllogisme, c'est qu'il croit à l'efficacité de cet argument : on peut en déduire la valeur, fortement négative, de C, perçue

---

139. Le mot désigne à la fois la noblesse, le fait d'être bien né mais aussi ce qui fait la nature même de l'homme.

comme suffisamment fiable pour repousser A vers l'infini négatif. C'est sur ce point que s'achève le propos du premier orateur.

Comme l'analyse M. Foucault, établir cette symétrie entre les ὁμιλίαι entre hommes et les ὁμιλίαι entre femmes est une stratégie : c'est une façon pour Chariclès de nier « la spécificité culturelle, morale, affective, sexuelle de l'amour des garçons, pour le faire rentrer dans la catégorie générale du rapport entre individus masculins »[140]. Par là, Chariclès affirme que la pédérastie (socialement valorisée) appartient au vaste champ d'une catégorie plus grande, celle des relations entre individus masculins sans distinction d'âge ni de statut social (catégorie diversement valorisée). Cela, cependant, Chariclès l'avait déjà fait au début de la deuxième partie de son discours (25-26) : il utilisait l'argument de la transformation physique des garçons qui grandissent et évoquait le cas d'une relationavec un homme de plus de vingt ans, aux membres poilus, pour mettre en évidence non la brièveté de cet amour (argument traditionnel), mais pour souligner le fait que, malgré les apparences, l'amour des garçons n'est qu'un sous-ensemble de l'amour des hommes entre eux. Avec son dernier argument, Chariclès va plus loin et s'aventure sur un terrain glissant, qui le mènera à la défaite. Pour pouvoir établir l'existence d'une catégorie « relations entre hommes » (nécessaire à sa stratégie visant à jeter l'opprobre sur la pédérastie), il lui faut la mettre sur le même plan qu'une catégorie sexuelle existante, ou du moins sur le même plan que quelque chose qui est globalement ressenti par le public comme un ensemble cohérent. Or cette symétrie établie entre les unions (ὁμιλίαι) entre hommes et les unions entre femmes, implique, dans le discours de Chariclès, l'existence d'une plus vaste catégorie, celle des rapports entre individus du même sexe. C'est une condition *sine qua non*.

Chariclès perd son pari : son discours nous permet de déduire que les relations entre femmes (sans nuances ni distinctions diverses) sont perçues comme un ensemble cohérent (puisqu'il sert de référent) et que les deux parties[141] sont d'accord pour dire que C = x (extrêmement négatif). En revanche, l'idée d'une catégorie commune à ces ὁμιλίαι et surtout l'affirmation d'une hiérarchie où A (les relations entre les hommes) < C (les relations entre les femmes) ne peuvent être acceptables pour le public. Chariclès pensait que l'horreur éprouvée par son auditoire envers le tableau terrifiant qu'il fait des pratiques sexuelles entre femmes suffirait à entraîner l'adhésion de tous. C'était compter sans le refus, plus fort encore chez son public, d'envisager une catégorie commune aux hommes et aux femmes et d'accepter, ne serait-ce qu'un instant, l'hypothèse toute virtuelle que la question des *Amours* ne se réduit pas à « amours des garçons » (de la part des hommes) et « amours des femmes » (de la part des hommes). En faisant tenir à Chariclès des propos aussi extrémistes remplis de clichés éculés, le Pseudo-Lucien apporte une indication sur la place stratégique qu'occupe dans ce débat la brève allusion aux relations sexuelles entre femmes (au centre des *Amours* et en point d'orgue

140. Foucault 1984, p. 254. Dans son commentaire du passage, Foucault s'intéresse à ce que cette symétrie établie par Chariclès nous apprend sur le statut de l'amour des garçons ; nous nous intéressons à ce que l'utilisation de cet argument nous apprend sur le statut de l'amour entre femmes.

141. Callicratidas, dans sa défense de l'amour des garçons, ignore en effet totalement la question des relations entre femmes et n'envisage pas un instant de réfuter les propos de Chariclès sur ce point précis.

du discours de Chariclès). Parler d'homosexualité féminine, quels que soient les nobles motifs de celui qui le fait, mène celui-ci à sa perte : Chariclès a vraiment choisi une très mauvaise carte et Callicratidas, lui, a eu le bon goût de s'abstenir.

– Philaenis, la tribade extrême

Il est totalement impossible de prendre pour argent comptant les propos de Chariclès, d'en déduire directement la vision qu'avaient les Grecs des relations entre femmes et de tirer de ce texte des informations sur la personne réelle de Philaenis. Dans un discours de « propagande », et conformément aux règles de l'hypotypose, il convient de montrer du sujet évoqué ce qui est le plus pittoresque, et non ce qui est le plus commun et le plus proche de la réalité. En outre, nous l'avons vu, Chariclès en est au moment du discours où il ne s'agit plus d'apporter des arguments logiques et raisonnables, mais de frapper les esprits. Évoquer l'homosexualité féminine était déjà une façon de le faire, dans la mesure où – l'orateur le dit lui-même – c'est un sujet rarement abordé. Cependant, au lieu d'évoquer des enlacements, des baisers ou même de simples relations sexuelles, Chariclès choisit l'exemple de ce qui lui semble être une sexualité extrême, l'usage par les femmes entre elles d'un objet imitant le sexe masculin et attaché à leur bassin. De la même manière, pour donner corps à ses considérations générales (nous sommes toujours dans l'hypotypose où il convient de donner à l'auditoire une image, un tableau visuel de la situation), Chariclès choisit d'évoquer une femme bien précise, qui semble être bien connue puisqu'il n'apporte pas de précision : Philaenis. C'est donc, vu les circonstances dans lesquelles Chariclès recourt à cette évocation, le personnage le plus à même de représenter le cas extrême des personnes s'adonnant à ce type de débauche.

Ici, contrairement à ce qui se passe pour le personnage des *Épigrammes* de Martial, l'identification du personnage de Philaenis avec la femme-auteur ne pose pas de problème aux commentateurs : Aréthas, dans son commentaire des *Amours* probablement influencé par ceux de Céphalas sur l'*Anthologie grecque*, fait le lien avec la femme pornographe et l'auteur athénien[142] qu'Aischrion accuse d'avoir écrit l'ouvrage attribué à Philaenis. M.C. MacLeod et E. Chambry[143] – ainsi que bien d'autres dans leurs études sur l'auteur du Περὶ ἀφροδισίων[144] – font le lien entre ce personnage cité par le Pseudo-Lucien et l'auteur. De plus, dans la mesure où Lucien lui-même fait allusion aux tablettes de Philaenis et vu l'érudition étendue du Pseudo-Lucien[145], on ne doute pas un instant que la figure de Philaenis était connue de notre imitateur. Dernier point que notre analyse littéraire a mis au jour, s'il faut encore une confirmation de cette identification : le jeu de mots du Pseudo-Lucien sur les σχήματα.

Dans l'Antiquité, le nom de Philaenis a de nombreuses connotations et « l'ouvrage de Philaenis » était l'exemple idéal pour désigner de façon générale les ouvrages

---

142. Aréthas commet cependant une confusion (Philocratès pour Polycratès), voir infra : « Une mise au point : Philaenis dans deux scholies du xᵉ siècle. »

143. MacLeod 1967, p. 195 ; Chambry 1934 (vol. ii), p. 497, n. 348.

144. Brick 1851 ; Maas 1938 ; Cataudella 1973 ; Baldwin 1990.

145. Sur l'importante intertextualité déployée dans les *Amours* et les nombreuses références aux œuvres célèbres de l'Antiquité, cf. Bloch 1907, p. 11-49 et Buffière 1980, p. 480 *sq.*

pornographiques et considérés comme choquants. Elle est, dans l'imaginaire des Anciens, une femme qui enfreint la décence, non parce qu'elle se prostitue, mais parce qu'elle fait preuve d'une connaissance particulière en matière de sexe. De plus, la longue description que fait l'auteur des « techniques d'accouplement » des femmes renvoie aux figures dont on dit que Philaenis fait l'inventaire, et non à la « célèbre courtisane », comme on l'a beaucoup écrit. Quand Chariclès prononce son nom, ce n'est pas pour connoter une quelconque courtisane qui aurait une mauvaise influence sur « nos » (ἡμῶν) femmes. À l'époque, il n'était probablement pas nécessaire (et cela devait se savoir) d'être une prostituée pour pouvoir se procurer l'ouvrage fort célèbre – ou l'équivalent – de cette pornographe : par cette allusion, Chariclès présente le danger des relations entre femmes comme une menace encore plus importante, le danger n'étant pas circonscrit aux maisons de passe et au monde de la prostitution, mais pouvant pénétrer dans la γυναικωνῖτις de chaque οἶκος. Notons que Chariclès choisit l'auteur célèbre d'un manuel pornographique pour incarner non pas la figure d'une simple femme qui a des relations sexuelles avec des femmes, mais la figure de celle qui a le comportement le plus frappant, le plus extrême. En faisant cette assimilation, le Pseudo-Lucien n'attribue pas, comme le dit Baldwin, « un contenu lesbien[146] » à l'œuvre de Philaenis : il estime tout simplement que cette femme – et surtout que ce personnage de femme tel qu'il existe dans l'imaginaire des Anciens – peut le mieux incarner la figure la plus effrayante et la plus caricaturale de ce type de comportements. Et Chariclès ne se contente pas d'une simple allusion ; il utilise cette femme comme personnage antonomastique de la « luxure tribadesque ». Philaenis devient ici LA tribade, celle dont il suffit de prononcer le nom pour que toutes les caractéristiques du personnage viennent à l'esprit du public.

Une question se pose alors : le Pseudo-Lucien recourt-il à une antonomase connue ou inaugure-t-il, pour les besoins de la cause, ce lien entre l'auteur pornographe et le personnage caricatural de la tribade ? L'analyse synthétique du corpus de textes se référant à Philaenis permet d'apporter quelques éléments de réponse, mais une rapide mise au point s'impose sur les commentaires des philologues du Xe siècle, qui ont parfois influencé, voire faussé, la lecture de ce corpus.

Une mise au point : Philaenis dans deux scholies du Xe siècle

Deux commentaires, faits par Céphalas et Aréthas, relient aussi le nom de Philaenis à l'homosexualité féminine, mais ces notes de scholiastes du Xe siècle ne peuvent être interprétées comme des sources directes sur la représentation de Philaenis dans le monde antique, et leur lecture demande des précautions particulières.

Le texte des œuvres de Lucien, copié en partie par le scribe Baanes, est annoté de la propre main d'Aréthas de Patras, propriétaire d'une des bibliothèques les plus riches de

---

146. Baldwin 1990, p. 5. À aucun moment dans le texte des *Amours* il n'est fait mention de l'ouvrage de Philaenis et encore moins de ce qu'il contient. D'ailleurs, point n'est nécessaire, pour le Pseudo-Lucien, de donner une justification réaliste au choix qu'il fait de se référer ainsi à cette femme.

l'époque et archevêque de Césarée (de 902 environ au début des années 930). Aréthas écrit à propos de Philaenis dans les *Amours* 28, 1, 3 du Pseudo-Lucien[147] :

> « Philaenis » : il parle de cette Philaenis que l'Athénien Philocratès, auteur de comédie, a traînée en ridicule en tant que *hetairistria* et tribade (ὡς ἑταιρίστριαν καὶ τριβάδα).

Dans un article où il effectue trois mises au point importantes par rapport à l'ouvrage de B. Brooten, *Love between Women*[148], A. Cameron montre qu'Aréthas a probablement commis une confusion qui s'explique de la manière suivante : Aréthas avait en sa possession le texte de l'*Anthologie* de Céphalas (généralement identifié à l'archiprêtre qui a officié au palais impérial en 917 et le manuscrit – non conservé – de l'*Anthologie* date de 900 environ)[149] et l'on sait par de nombreux exemples qu'Aréthas a grandement été influencé par ses commentaires[150]. La confusion commise par Aréthas au sujet du nom de l'auteur athénien (Φιλοκράτης) provient probablement du souvenir de la lecture qu'il a faite de l'épigramme d'Aischrion de Samos[151] (VII, 345) où Aischrion dénonce un certain Polycrate (Πολυκράτης), ainsi que de la lecture du commentaire de Céphalas :

> Au sujet de Philaenis : compagne d'Élephantis qui décrivit sous forme de catalogue les différents types de relations sexuelles entre femmes et qui fut pour cela tournée en ridicule par les intellectuels d'Athènes[152].

Ce que dit Cameron, c'est que, lorsqu'Aréthas lit dans le texte des *Amours* le nom de Philaenis, il se souvient de l'épigramme d'Aischrion et de ce que Céphalas a écrit à propos de cette épigramme. L'interprétation de ce commentaire d'Aréthas par B. Brooten[153] n'est donc pas pertinente : il n'y a pas là d'information sur l'amour entre femmes dans l'Antiquité ; ce passage nous apprend davantage sur Aréthas et son regard sur l'homosexualité féminine. Par ailleurs, Cameron remarque, à propos d'un autre commentaire où Aréthas utilise l'adjectif μιαρός dans l'expression τὰς μιαρὰς τριβάδας, que de telles évaluations morales étaient fréquentes à l'époque byzantine et qu'elles étaient aussi un moyen pour les propriétaires de tels ouvrages de se protéger d'une accusation

---

147. Édition : *Scholia in Lucianum,* édité par H. Rabe, Leipzig, 1906. La référence de ce passage est Rabe 205, 3-5.

148. Cameron 1998.

149. Cameron 1993, p. 283-292.

150. Cameron 1993, p. 131-132 et p. 254-255.

151. La confusion d'Aréthas, qui provient d'une lecture de ce commentaire de Céphalas, apparaît clairement dans les commentaires qu'il fait du dialogue 5 des *Dialogues des courtisanes* de Lucien et du *Pédagogue* de Clément d'Alexandrie (voir Cameron 1998, p. 137-156).

152. Pour ce commentaire : *Anthologie grecque*, VII, 345, lemma 1 (dans l'édition Waltz 1938) ou Dioscoride 26, lemma J. Waltz note que la plupart des scholies sont directement inspirées de Céphalas (p. 17-22). Voir également Cameron 1998, p. 147 ; Cameron 1993, p. 111.

153. Brooten 1996, p. 46, n. 82 et p. 54.

qui entendrait que c'est par plaisir personnel qu'ils possédaient de tels ouvrages[154]. Le texte d'Aréthas n'est donc pas une source intéressante pour notre objet d'étude. Mais que dire alors du commentaire de Céphalas sur l'épigramme d'Aischrion ? Il y a deux possibilités : soit Céphalas l'a écrit en ayant à l'esprit le texte des *Amours* du Pseudo-Lucien et dans ce cas, non seulement le commentaire d'Aréthas sur le Pseudo-Lucien est tautologique (avec quelques erreurs en plus), mais en plus Céphalas ne nous apporte rien de neuf puisque nous avons connaissance des deux textes commentés (Pseudo-Lucien et Aischrion), soit Céphalas l'a écrit en ayant à l'esprit, conjointement, le texte du Pseudo-Lucien et d'autres informations ou d'autres idées préconçues sur Philaenis que la lecture des textes anciens lui a permis de construire. La deuxième possibilité n'est pas à exclure totalement car Cameron lui-même affirme que Céphalas est souvent une source fiable[155]. Pourtant, malgré cela, il affirme qu'Aréthas (et donc Céphalas) se trompe en parlant de Philaenis comme d'une femme homosexuelle car, dit-il, il n'existe pas d'autres sources reliant Philaenis et le tribadisme.

La prudence impose de rejoindre la position d'A. Cameron et de ne pas s'appuyer sur ces deux commentaires pour développer une étude sur le personnage de Philaenis. Il convient cependant de faire la précision suivante : la démonstration d'A. Cameron vise à minimiser le lien entre homosexualité féminine et le personnage de Philaenis. Or les deux épigrammes de Martial établissent ce lien. Invalider ces deux sources n'implique pas nécessairement que Philaenis n'apparaît pas comme une tribade dans les productions antiques.

La construction d'un personnage-type

Dans la littérature antique, Philaenis-l'auteur représente plus qu'un simple personnage de courtisane et, dans les *Amours*, elle incarne la tribade à son degré le plus poussé. Le fait que Martial, au Ier siècle ap. J.-C., recoure à ce nom pour un de ses personnages ne manque pas de frapper : au-delà de l'invention d'un imitateur érudit et zélé, le Pseudo-Lucien, on peut voir dans ces références la construction d'une figure représentative des relations entre femmes dans l'imaginaire des Anciens.

Le personnage fictif des *Épigrammes* et celui de l'auteur-pornographe

Alors que l'identification à l'auteur-pornographe du personnage de femme décrit par Chariclès dans les *Amours* ne pose aucun problème pour les commentateurs, aucune édition commentée ni aucun ouvrage critique sur Martial ne met en relation le personnage satirique de Philaenis avec l'auteur du manuel érotique. De même, parmi les études consacrées à Philaenis-l'auteur, la grande majorité ignore le texte de Martial[156]. Il ne s'agit pas ici d'affirmer que Martial dresse le portrait réaliste d'une personne réelle, ni

---

154. Cameron 1998, p. 114 n 17, à propos de Clément d'Alexandrie, *Pédagogue*, III, 21, 3, 4-5 et du commentaire d'Aréthas 249, 4 (Rabe) : ἀνδρίζονται τὰς μιαρὰς τριβάδας λέγει, ἃς καὶ ἑταιριστρίας καὶ Λεσβίας καλοῦσιν. Cameron renvoie à une étude de Westerink (« Marginalia by Arethas in Moscow Greek MS 231 », *Byzantion* 42, 1972, p. 201-202).

155. Cameron 1998, p. 148.

156. Cataudella 1973 ; Thomson Vessey 1976 ; De Martino 1996 ; Baldwin 1990. Cameron affirme qu'excepté le texte du Pseudo-Lucien, il n'existe aucun lien entre le « tribadisme » et

de prouver que ce personnage est la vraie Philaenis : nous l'avons vu, ses épigrammes développent différentes facettes d'un même personnage type et le fait d'être une *tribas* est un trait parmi d'autres. Dans le cas de notre personnage, si le nom de Philaenis a été choisi par Martial en fonction de celui de l'auteur, il s'agit d'un élément signifiant supplémentaire à prendre en considération.

Le fait de ne pas prendre en considération, dans les études sur Martial, l'existence de l'auteur Philaenis et, à l'inverse, dans les études sur l'auteur du P. Oxy. 2891, le fait de ne pas prendre en considération le personnage satirique de Philaenis s'expliquent probablement par le fait que rien, dans l'œuvre de Martial, n'indique explicitement, d'une part, qu'il s'agit du même personnage d'une épigramme à l'autre, d'autre part, qu'il s'agit d'une référence littéraire. Pourtant il est difficile de croire que Martial ait donné par hasard le nom de Philaenis à ce(s) personnage(s) fictif(s). Ce faisceau d'éléments convergents est bien troublant et B. Brooten[157] relève, sans l'approfondir, le lien entre la Philaenis de Martial et l'auteur du manuel, tandis que G. Burzacchini, dans un bref article – où elle n'aborde pas la question de l'homosexualité –, affirme qu'il ne s'agit pas d'une coïncidence[158]. Son argumentation s'appuie sur une caractéristique commune au personnage des épigrammes et à l'auteur : toutes deux ont une réputation scabreuse et suscitent la répulsion (l'une dans ses actes, l'autre par ce qu'elle écrit[159]). Cette thèse est tout à fait convaincante et peut être étayée par deux autres arguments.

Martial ne mentionne certes pas explicitement l'ouvrage de Philaenis, mais se réfère à bien d'autres : il cite le recueil d'Élephantis ; il connaît *Mussetus* (il s'agit probablement de *Musaeus*) et ses œuvres ; il évoque d'autres ouvrages du même type, les *Sybaritici libelli*. Ceux-ci, écrit Martial en utilisant les termes qui caractérisent habituellement l'ouvrage de Philaenis, décrivent des *novae veneris figurae*[160]. Lorsqu'on sait à quel point Philaenis est célèbre à cette époque, il est difficile de penser que Martial ait pu ne pas connaître un ouvrage d'une telle renommée alors qu'il connaît ses émules.

Une épigramme qui évoque la mort d'un personnage nommé Philaenis semble pour de nombreuses raisons faire écho aux épigrammes d'Aischrion et de Dioscoride, qui, de façon parodique et sur le mode de la dénégation, évoquaient la scabreuse réputation de l'auteur. Les formules habituelles comme *heu, quae* [...] *silet*, où s'exprime habituellement le regret de la perte d'un être cher et où l'on rappelle les qualités du défunt, prennent une valeur ironique lorsque suit la description peu élogieuse du personnage : une vieille femme presque sorcière, un peu proxénète, et surtout bavarde au point qu'on ne peut l'ignorer[161]. La *sententia* est particulièrement cinglante : à

Philaenis dans la littérature, et surtout que les textes de celle-ci n'ont pas de contenu homosexuel (Cameron 1998, p. 146-148).

157. Brooten 1996, p. 42, n. 58 et p. 55.

158. Burzacchini 1983, p. 240. Brick, dans un article sur l'auteur (1851, p. 383), relève simplement que Martial a traduit le nom grec de Philaenis dans ses deux épigrammes.

159. Burzacchini 1983 ne s'intéresse pas au fait que Philaenis soit, à deux reprises, une *tribas* et elle relie cette caractéristique à celle, plus générale, de la prostitution.

160. Martial, XII, 43, 4 ; XII, 95, 1 ; XII, 95, 2 et XII, 43, 5.

161. Martial, IX, 29 : « Toi, Philaenis qui as dépassé l'âge du vieux Nestor, te voilà enlevée si vite vers les eaux infernales de Pluton ? Tu n'avais pas encore atteint le grand âge de l'Eubéenne Sibylle, elle qui était ton aînée de trois mois. Hélas, quelle langue se tait ! Elle

l'expression traditionnelle des épigrammes funéraires « que la terre te soit légère[162] », succède l'ironie mordante du vers final : « Afin que les chiens puissent déterrer tes os ! » Il y a dans cette pseudo-épigramme funéraire à la fois un clin d'œil érudit pour ceux qui connaissent leurs classiques (à savoir ces deux parodies d'Aischrion et Dioscoride) et un clin d'œil graveleux pour ceux qui connaissent, directement ou indirectement, la nature de l'œuvre de Philaenis (un ouvrage à la mauvaise réputation, dont on parle beaucoup, depuis longtemps, et qu'on ne peut ignorer, où sont délivrées des recettes – presque magiques – et des techniques pour l'amour – mercenaire ou libre). Voilà un nouvel élément étayant la thèse selon laquelle l'auteur des *Épigrammes* n'ignorait pas les implications qu'entraîne l'usage d'un nom aussi célèbre.

Il est plus que vraisemblable que le texte du Pseudo-Lucien et celui de Martial se réfèrent à un seul et même personnage et, en partant du constat qu'il s'agit dans les deux cas d'une référence intertextuelle, érudite et humoristique à Philaenis-l'auteur, il devient possible d'analyser ces deux textes comme des sources sur la représentation de la *tribas*.

Une anti-Sappho

Les personnages de femmes qui ont des relations sexuelles avec des femmes sont rares dans la littérature grecque et romaine. Souvent le thème est abordé de façon générale sans description d'aucun personnage (dans la fable de Phèdre ou chez Sénèque le Rhéteur, mais aussi chez Platon). Pour ces mêmes périodes, en revanche, on ne compte pas les personnages réels ou fictifs, nommés et décrits, de cinèdes, d'efféminés, de femmes débauchées, d'amants insatiables, d'hommes politiques poursuivis par diverses rumeurs, que l'on se tourne vers la comédie, la satire, ou les discours politiques. Les femmes qui aiment ou désirent d'autres femmes sont, sauf deux exceptions, des personnages fictifs ou du moins des personnes inconnues des lecteurs : c'est le cas de Clonarion, Mégilla et Démonassa, personnages d'un des *Dialogues des courtisanes* de Lucien, de Fortunata et de Scintilla dans le *Satiricon*, de Maura et Tullia chez Juvénal, dont les caractéristiques seront étudiées plus loin.

Le cas de Philaenis est très différent : ce personnage transtextuel et transhistorique renvoie à quelque chose d'extérieur au texte où il apparaît ; il fait appel à la connaissance directe ou indirecte que le public a du personnage réel de Philaenis, du manuel pornographique et surtout des connotations attachées à ce nom. L'usage antonomastique qu'en fait le Pseudo-Lucien, l'usage qu'en fait Martial dans la constitution de son personnage de femme et l'utilisation probable qu'en faisaient les Anciens pour désigner tout type d'ouvrage érotique nous permettent de déduire que Philaenis était une figure de la culture grecque et romaine. Les contextes des occurrences de son nom montrent que la représentation du personnage persiste et évolue : à partir du Ier siècle ap. J.-C.,

l'emportait sur mille ventes d'esclaves, sur la foule des dévots de Sérapis, sur la troupe de têtes bouclées qui de bon matin rejoint le maître d'école, sur les essaims qui font résonner les rives du Strymon. Qui saura attirer la lune avec le rhombe thessalien, quelle entremetteuse saura monnayer ces lits ? Que la terre te soit légère et que le sable qui te recouvre soit mou, afin que les chiens puissent déterrer tes os ! »

162. Voir par exemple *AG*, XI, 226.

il est très vraisemblable que Philaenis devient un personnage emblématique de comportements sexuels spécifiques. La formule lapidaire de Chariclès indique qu'il n'était nul besoin d'expliciter le recours à ce nom célèbre et Martial, auparavant, en avait fait une tribade caricaturale sans même prendre la peine d'expliciter le choix du nom : il est possible que nous ayons là la trace d'un fait de langue orale – celle que la littérature ne nous permet généralement pas de connaître –, l'usage en grec et en latin de l'antonomase « une Philaenis » pour désigner des femmes ayant des relations sexuelles avec des femmes. En même temps que Chariclès proclame la rareté de l'usage du terme τριβακή, l'utilisation qu'il fait du nom de Philaenis est la preuve qu'un discours sur les relations entre femmes existe dans l'Antiquité mais que la littérature (ou du moins ce qui nous est parvenu) des couches sociales supérieures n'en rend pas compte. La rareté (σπανίως) dont parle Chariclès, désigne en fait la disproportion entre l'utilisation de termes indécents (ἀσέλγεια) dans la langue populaire et la langue qu'utilisent les rhéteurs, les poètes ou les érudits de l'époque impériale.

On peut également remarquer que, alors que les sociétés grecque et romaine disposaient dans leur patrimoine culturel de la figure d'une poétesse d'époque archaïque qui a écrit des poèmes évoquant l'amour entre femmes, ce n'est pas cette figure, pourtant reconstruite au fil des siècles, qui a servi de support aux imaginaires et aux fictions. En effet, si Philaenis est une tribade, tel n'est pas le cas de Sappho : durant les Iᵉʳ et IIᵉ siècles ap. J.-C., Sappho n'est jamais nommée *tribas*, ni condamnée avec violence pour les amours féminines qu'on lui prête. Si Horace et Ovide font brièvement, mais explicitement, allusion aux relations féminines de la poétesse[163], ils ne font pas d'elle une femme repoussante, sexuellement active et débauchée. Le terme de *tribas* s'appliquant à Sappho n'apparaît pour la première fois qu'au début du IIIᵉ siècle sous la plume de Pomponius Porphyrio, dans le commentaire qu'il fait des *Épîtres* d'Horace[164].

> « La masculine (*mascula*) Sappho », soit parce qu'elle s'est illustrée dans l'art poétique, généralement réservé aux hommes, soit parce qu'elle a la réputation d'avoir été une tribade (*tribas*).

Il s'agit là non seulement de la première, mais de l'unique occurrence où Sappho se trouve qualifiée de *tribas*. Cependant, si la tonalité du discours sur la poétesse change vers la fin du IIᵉ et le début du IIIᵉ siècle (comme l'attestent la biographie du P. Oxy. 1800 et un autre commentaire de Porphyrio[165]), il s'avère que, durant de longs siècles, la poétesse de Lesbos n'appartient pas aux figures et aux motifs des représentations

---

163. Sur le *Nachleben* de la poétesse de l'époque archaïque à la fin du Iᵉʳ siècle av. J.-C. et pour les références des textes cités, voir le développement sur « le paradoxe saphique » dans notre chapitre précédent.

164. *Commentum in Horati Epistulas*, I, 19, 28, 3.

165. Pomponius Porphyrio se fait l'écho de la rumeur qui circule sur la poétesse à une autre reprise, dans le commentaire des *Épodes*. Il n'utilise plus le terme *tribas,* mais la condamnation morale des amours entre femmes que véhicule cette rumeur est explicite : « L'expression " aux désirs masculins" est une allusion au fait que, dit-on, certaines femmes ressentent, par nature, le monstrueux désir de s'unir à des femmes. Sappho eut également cette mauvaise réputation » (*Commentum in Horati Epodos*, V, 41-42).

sur les femmes qui aiment les femmes. Martial, dont on connaît l'humour acéré, ne parle jamais d'elle comme d'une femme attirée par les femmes et il n'en fait jamais la cible de ses traits satiriques. Les deux mentions de la poétesse dans ses *Épigrammes* apparaissent dans des contextes où il est question d'autres femmes poétesses (anciennes, ou contemporaines de Martial). Dans l'éloge qu'il fait de Sulpicia, le poète dit que Phaon l'aurait préférée à Sappho, choisissant ainsi de perpétuer la légende de l'amour de la poétesse pour Phaon et non d'alimenter une rumeur sur ses amours féminines[166]. Le contraste avec le portrait que Martial dresse de Philaenis est d'autant plus fort que l'épigramme où il fait, de façon indirecte, une comparaison élogieuse entre Théophila et Sappho précède l'épigramme où il désigne Philaenis comme « la tribade des tribades », dans le livre VII des *Épigrammes*. On peut légitimement penser que si la nature des sentiments décrits par Sappho dans ses poèmes a été si peu relevée par les Romains, c'est probablement parce que ceux-ci n'y ont rien perçu de sexuel[167]. Ainsi, si, jusqu'au IIe siècle ap. J.-C., on évoque parfois l'amour entre femmes lorsque l'on parle de Sappho, l'inverse n'est pas vrai : l'homosexualité féminine dans les textes n'est pas un thème qui fait appel à la figure de la poétesse ou à son œuvre et Sappho n'est pas une figure emblématique de l'homosexualité féminine[168].

Pourquoi Sappho n'a-t-elle pas paru suffisamment représentative d'un type de relations, contrairement à Philaenis ? L'une a écrit des poèmes d'amour où il est explicite qu'il s'agit d'amour entre femmes, l'autre un manuel pornographique où rien ne prouve qu'il était question d'union sexuelle entre femmes. Dans le choix de l'image de la *tribas* type, c'est donc la donnée *sexuelle* qui prime sur l'amour et l'objet du désir. La différence de traitement littéraire des deux uniques figures non anonymes de notre corpus met en évidence que, jusqu'à la fin du IIe siècle, une *tribas* n'est pas une *tribas* par amour, mais par sa pratique sexuelle, et que l'image de la *tribas* à son degré le plus haut est caractérisée par sa connaissance des choses du sexe.

D'autres aspects du personnage de Philaenis mettent au jour les traits caractéristiques de la *tribas* dans ses manifestations les plus extrêmes. L'opposition exhibition/dissimulation est un critère déterminant. Le comble est atteint quand les pratiques sexuelles entre femmes sont étalées, sans honte : c'est le cas lorsque Philaenis, le personnage de Martial, appelle, au vu et su de tous, sa partenaire *amica*, ou lorsque, selon les termes de Chariclès, cette forme de luxure « parade ouvertement » (ἀνέδην πομπευέτω), envahissant les maisons de tous. En outre, le personnage qui incarne ces pratiques est précisément une femme publique (au sens d'homme public), quelqu'un dont on a entendu parler, qui a écrit un livre et à qui on attribue une existence réelle. Autre aspect caractéristique, qui apparaît déjà dans l'étude menée sur l'iconographie : les pratiques sexuelles de la *tribas* ne sont absolument pas présentées comme érotiques pour les hommes. Chez Martial, Philaenis est laide et repoussante, et, dans le texte du Pseudo-Lucien, la

166. Martial, *Épigrammes*, VII, 69 (comparaison de Théophila et de la poétesse Pantaenis) et X, 35 (éloge de la poétesse Sulpicia, épouse de Calenus).

167. C'est un élément qui poursuit et complète notre étude du *Nachleben* de Sappho et qui explique que l'amour entre femmes n'était pas « saphique » dans l'Antiquité.

168. L'usage antonomastique de son nom apparaît tard dans la culture occidentale et plus particulièrement en France à la fin du XIXe siècle.

seule allusion aux relations sexuelles entre femmes sert de repoussoir pour étayer la thèse favorable à l'amour des femmes. Dans le cas de Sappho où la donnée sexuelle n'est pas perçue par les Anciens, la poétesse est à même d'incarner l'amour en général (Martial parle d'elle comme d'une *amatrix*, tout simplement). À l'inverse, Philaenis, femme pornographe, incarne la figure menaçante de la *tribas*, elle à qui la légende attribue un savoir sur le sexe et une forme de pouvoir sur les hommes.

Puisque Philaenis incarne la *tribas* à son degré le plus élevé, il est difficile d'utiliser les caractéristiques de ce personnage pour en déduire directement une attitude romaine face aux relations entre femmes en général. De surcroît, pour faire la part des choses entre les différents éléments déformés par la caricature, il serait intéressant de comparer ce portrait outré à d'autres représentations. Par chance, la littérature romaine du Ier et du début du IIe siècle mentionne d'autres femmes qui, sans avoir la même notoriété que Philaenis, sont également des personnages féminins qui ont des relations sexuelles avec d'autres femmes. L'analyse de ces textes permettra non seulement de confirmer certains éléments mis en évidence dans l'étude de la construction du personnage fictif de la « tribade extrême », mais aussi de dégager d'autres aspects de la représentation par les Anciens de ce type de relations.

Épouses et concubines

Il nous est possible, grâce aux textes de Phèdre et de Sénèque le Rhéteur, de percevoir une différence importante entre les représentations grecques d'époque classique et hellénistique et les représentations romaines du début de l'Empire. L'analyse de ces autres personnages de femmes nés sous la plume de Pétrone, dans une épigramme de Martial et dans les satires de Juvénal, permet de préciser le sens de cette évolution. Tous ces personnages ont un point commun : les auteurs ne les désignent pas par le terme de *tribas*.

Des baisers interrompus (Pétrone, Satiricon)

Lorsque Pétrone écrit le *Satiricon*, au Ier siècle de notre ère, le terme de *tribas* existe, mais les deux femmes qui s'embrassent et s'enlacent devant les convives du festin de Trimalcion ne sont pas désignées comme telles, ni par le narrateur, ni par les époux des deux femmes qui assistent à leurs étreintes[169]. Nous ne résumerons pas ici l'intrigue de ce roman célèbre qui a fait l'objet de très nombreuses recherches, tant sur le rapport qu'entretient le texte avec le réel que sur sa structure et sur l'imaginaire qu'il développe[170]. Les extraits qui nous sont parvenus ne sont qu'une toute petite partie de

---

169. Pour les questions de datation et d'attribution de l'œuvre (ouvrage écrit par T. Petronius Niger, consul suffect en 62, ou par un auteur qui aurait vécu vingt, voire trente ans après sous Domitien), cf. l'introduction à la traduction de Sers (2001, p. XXII-XXVIII).
170. Voir la bibliographie commentée de Dupont (1977, p. 189-199), qui retient comme fondamentale l'étude de Veyne 1961. Le *Satiricon* est un document linguistique et social très

l'ensemble. Telle une *satura* romaine, il est composé de morceaux variés, autant d'un point de vue formel que dans la tonalité et les thèmes abordés, tout en conservant une unité propre qui laisse percevoir les signes de l'émergence d'un nouveau genre, celui dont la narration trouve sa fin en elle-même : le roman[171].

Ici, « les choses ne sont pas toujours ce qu'elles ont l'air d'être », analyse J. Thomas dans son étude sur l'imaginaire développé dans l'œuvre[172]. Le voyage se fait fuite, les personnages sont des anti-héros, et tout semble factice et grotesque : le sexe n'aboutit à aucune jouissance, ni le suicide à une mort véritable. Au-delà des effets de miroir et d'abyme, c'est l'image du labyrinthe qui s'impose peu à peu, malgré l'illusoire apparition d'un « Petit Poucet » qui vient, telle Ariane[173], orienter Encolpe et Ascylte sortant du festin ; elle exprime l'absurdité de l'errance des personnages ainsi que l'ambiguïté de ce carnaval sombre et polyphonique que donne à voir Pétrone dans son œuvre[174]. Ce motif du renversement a aussi pour effet, comme l'écrit R. Martin, d'inverser la matière épico-historique : il fait accéder au discours l'histoire de gens qui n'intéressent ni le poète épique ni l'historiographe[175], sans pour autant relever de la pure satire et sans que les individus soient réduits à des types. Dans le *Satiricon*, si la réalité est sans cesse effet d'illusion, et s'il est difficile d'établir une démarcation stable entre le réel et l'irréel, il est indéniable que ce que Pétrone donne à voir est un pan inédit tout à la fois du réel et du fantasme romain.

C'est au cours du célèbre festin de Trimalcion que Pétrone fait se produire un événement fort rare dans la littérature latine, un baiser entre femmes. Épuisés par leur nuit d'orgie chez Quartilla, affamés, Encolpe et Ascylte, accompagnés de Giton, se rendent au festin d'un richissime affranchi d'origine syrienne, Trimalcion. Le festin est gargantuesque et dure du début de l'après-midi jusqu'au milieu de la nuit : selon les termes de O. Sers, « authentique fossile linguistique, social et humain, court-métrage baroque narquoisement monté sur le canevas d'un banquet philosophique, entrecoupé de gags et de gros plans, sonorisé de refrains de pantomimes et de graphies phonétiques, caricatural, burlesque, célinien, fellinien, surréellement réel, le grand festin du temps qui passe, l'intemporelle ripaille des nouveaux millionnaires, la galimafrée des affranchis, la grande bouffe des parvenus : la *Cena Trimalcionis*[176] ». La scène nous est donnée à voir à travers le regard d'Encolpe, personnage principal et narrateur tout le long du roman, mais qui durant le temps du festin « sort de l'histoire » pour observer et jouer

---

important, mais la complexité de sa structure et de son rapport au réel est telle qu'il est particulièrement difficile de l'exploiter directement.

171. Sur le *Satiricon* comme roman, cf. Martin et Gaillard 1990, p. 71-80.

172. Thomas 1986, p. 51 *sq.*

173. Thomas choisit l'image de Thésée (p. 99), mais celle d'Ariane nous semble mieux convenir et, de surcroît, elle ajoute aux effets d'inversion des signes du roman, que souligne justement l'auteur.

174. Sur l'univers imaginaire du *Satiricon*, nous suivons Thomas, à l'exception de son interprétation de la fonction de l'homosexualité (Thomas 1986, p. 199-201).

175. Voir Martin et Gaillard 1990, p. 74.

176. Sers 2001, p. IX.

la naïveté[177]. Juste avant qu'on apporte les desserts, l'épouse de Trimalcion, Fortunata, qui avait disparu depuis un petit moment et que tout le monde attendait, vient s'asseoir auprès de Scintilla, la femme d'Habinnas. Celle-ci l'accueille avec enthousiasme. L'assemblée admire les bracelets et la résille d'or que Fortunata exhibe fièrement à Scintilla : Trimalcion pèse l'objet devant les convives pour certifier sa composition. Scintilla tire alors deux boucles d'oreille d'une boîte en or et les offre à l'examen de Fortunata. C'est, dit-elle, un cadeau de son époux. Habinnas annonce alors haut et fort quelle forte somme d'argent il a dépensée : les femmes, dit-il, mènent le monde à la ruine. Mais pendant que les maris parlent, les deux femmes s'entretiennent à part :

> Cependant, les deux femmes ainsi tancées rirent entre elles et, ivres, s'embrassèrent étroitement (*ebriaeque iunxerunt oscula*). L'une parlait de la responsabilité (*diligentiam*) d'être une maîtresse de maison et l'autre du mignon de son mari et de son désinvestissement (*indiligentiam*). Alors qu'elles étaient ainsi enlacées, Habinnas se leva discrètement, saisit Fortunata par les pieds et la renversa sur le lit. « Ah ! », s'écria-t-elle alors que sa tunique remontait au-dessus du genou. Elle se rajusta et, se réfugiant dans les bras de Scintilla, cacha dans un mouchoir son visage tout rouge de honte[178].

Si nous avons pris le soin d'esquisser brièvement toute la complexité du roman, c'est pour prévenir la tentation de déduire directement de ce passage l'image que donnerait le *Satiricon* des femmes qui désirent des femmes : les « homosexuelles » seraient d'anciennes esclaves sans éducation pour lesquelles l'argent compte plus que tout, portées sur la boisson, au comportement indécent et exhibitionniste. C'est pourtant bien ce qu'elles sont : Fortunata, au dire de son époux, était une flûtiste qui s'exhibait sur des scènes de spectacle[179]. Il l'a achetée et affranchie. Fortunata et Scintilla, comme le passage qui précède leurs embrassements le montre bien, se préoccupent essentiellement de faire étalage de leur richesse et de rivaliser par la fortune de leur époux, en prenant le public à témoin. Elles sont effectivement ivres et ricanent, dans les bras l'une de l'autre, sur leur banquette, au vu et au su de tous. Cependant, il n'est pas possible de lier directement ces caractéristiques au fait que les deux femmes vont donner cours, momentanément, au désir sensuel et/ou sexuel qu'elles ont l'une pour l'autre. Excepté les trois seuls hommes libres, invités au titre d'intellectuels (Agamemnon et ses deux acolytes, Encolpe et Ascylte), tous les invités de Trimalcion et Trimalcion lui-même ont en effet ces caractéristiques.

Permettons-nous de recourir à la lecture de la *Cena Trimalcionis* faite par F. Dupont, dans son ouvrage *Le plaisir et la loi*, et d'utiliser ses analyses. Le propos de F. Dupont ne porte pas sur l'homosexualité, et encore moins sur les relations entre femmes, mais sur « la quête du *Banquet* perdu ». Dans sa démonstration, elle met en évidence les reprises et les parallèles établis par Pétrone entre le *Banquet* de Platon et le festin de Trimalcion, non pour y voir une simple parodie, qui ne ferait de ce passage qu'un

---

177. Sur la différence de nature de la narration dans le récit global et dans la *Cena*, cf. Veyne 1964.

178. *Satiricon*, 67, 11-13.

179. *Satiricon*, 74, 13.

simple kaléidoscope baroque ou esthétisant[180], mais pour définir le texte de Pétrone comme une ménippée, dont l'une des caractéristiques est de dénoter la distance de l'écrivain par rapport à son texte, et qui, ici, devient « le lieu de la rencontre impossible du Festin et du Banquet, où se fête et se pleure la perte du discours et de la jouissance sympotique[181] ». Les réminiscences de l'œuvre de Platon dans le texte de Pétrone ont globalement été relevées par les commentateurs antérieurs[182], mais F. Dupont ordonne les souvenirs du *Banquet* qui hantent le texte pour mettre en évidence la vaste tentative à l'œuvre dans le festin de Trimalcion, celle du Festin-corps qui cherche son âme. Cette interprétation sert également de point d'appui pour une lecture de l'amour et de la jouissance dans l'œuvre de Pétrone : elle rend compte des liens érotiques des personnages du festin, fondés sur l'argent et féconds par leur stérilité[183], ainsi que du lien quasi « romanesque » (antisocial, pourrions-nous dire, parce que fondé sur l'arbitraire et l'égalité) entre les *fratres* Encolpe, Giton et Ascylte.

Mais revenons à l'étape de la démonstration de F. Dupont sur laquelle nous comptons nous appuyer : les traces de ce fantôme qui hante le festin, les traces du *Banquet*. Comme Socrate, Trimalcion arrive en retard, mais les causes sont différentes : alors que Socrate pensait, Trimalcion jouait (ce qui fait dire à F. Dupont que l'esprit de Socrate est, ici, le damier de Trimalcion). Tout comme dans le *Banquet*, où seuls trois hommes restent éveillés, tandis que tous ont cédé au sommeil, dans le *Satiricon*, trois hommes s'échappent et réussissent à sortir du labyrinthe. Alcibiade arrive au milieu du *Banquet*, fait une entrée fracassante avec sa troupe de fêtards chantant et buvant ; Habinnas également arrive au beau milieu du repas, éméché, sentant le parfum, s'appuyant sur les épaules de sa femme, la tête ornée d'une couronne de fleurs, réclamant à boire. L'étonnement d'Encolpe insiste sur la surprise que produit l'arrivée de ce dernier hôte, qui prononcera, comme dans l'œuvre de Platon, le septième discours. Puis, pendant l'absence du maître de maison, parti se soulager, la parole prend la place du repas et des plats. Un tournant se produit, on passe momentanément du récit au dialogue. Cinq orateurs (Dama, Séleucus, Philéros, Ganymède et Echion, faisant écho aux cinq premiers orateurs du *Banquet*) prennent la parole, mais leurs tentatives se soldent par un échec. Ils sont eux-mêmes découragés par leur propre nullité, ou, déçus, s'agacent mutuellement : « Des rêves de Banquet cœxistent, qui ne se reconnaissent pas entre eux », analyse F. Dupont[184]. Le sixième discours est prononcé par Trimalcion qui revient des latrines, et qui ramène les rhéteurs à la réalité. Et l'on se remet à manger,

---

180. Voir les arguments de Dupont 1977, p. 9-16 et p. 63.

181. Dupont identifie la relation entre le festin et le banquet à celle du corps à l'âme (p. 67), et elle ajoute : « Le discours de festin signifie avant toute chose la présence et l'absence du discours de Banquet, c'est un *logos sympotikos* raté » (p. 92).

182. Voir la bibliographie dans Dupont 1977, p. 73, n. 15 (sur le retard de Trimalcion), p. 77, n. 21 (sur l'arrivée d'Habinnas).

183. Le paradoxe de l'affranchi, qui ne peut engendrer d'enfants ayant le même statut social que lui et dont la seule possibilité de « reproduction » est l'affranchissement d'un esclave, est très bien décrit dans Dupont 1977 : « Leurs amours stériles [celles d'un affranchi pour un *puer*] sont leur fécondité » (p. 166, voir également p. 174).

184. Dupont 1977, p. 81.

achevant de consommer, avec les aliments, les dernières traces d'un rêve de Banquet à jamais perdu.

Il y a un autre parallèle avec le *Banquet*, que n'a pas relevé F. Dupont[185]. Le texte de Platon, s'il n'est peut-être pas le seul texte à mentionner la possibilité de relations érotiques entre femmes (tous les textes ne nous sont pas parvenus), fait en tout cas exception au silence de la littérature des Grecs d'époque classique, et l'évocation des femmes issues de l'être femelle, placées sur le même plan que les hommes qui aiment les femmes, les femmes qui aiment les hommes et les hommes qui aiment les hommes, ne pouvait manquer de frapper un esprit romain. Les baisers de Scintilla et de Fortunata, dans ce passage dont de nombreux éléments font écho à l'œuvre de Platon, ne peuvent qu'être une réminiscence voulue par Pétrone. Il ne s'agit donc pas de voir ici de simples baisers de femmes éméchées auxquels Pétrone n'accorderait aucune importance : puisque les effets d'intertextualité sont particulièrement élaborés et que le *Satiricon* ne peut se résumer à un simple « pot-pourri » de citations et de références (Pétrone n'est pas Trimalcion), le parallélisme implique que les étreintes interrompues des deux femmes sont considérées, par l'auteur, comme relevant d'une relation sexuelle entre femmes. C'est le traitement par Pétrone de cet élément du parallélisme qu'il convient désormais d'interpréter.

L'analyse des relations d'amour et de sexe dans le *Satiricon* menée par F. Dupont, toujours dans la perspective d'une comparaison avec le *Banquet*, est particulièrement intéressante. Trimalcion a un mignon, mais ce *puer* est un anti-mignon puisqu'il est tout sauf *delicatus* : c'est « un mignon vieillot, aux yeux chassieux, plus disgracieux que son maître[186] ». Si le maître de maison préfère cette créature à la laideur repoussante, alors qu'il est suffisamment riche pour s'acheter une troupe de *pueri* épilés et parfumés, c'est bien que Trimalcion ignore la conception platonicienne de l'amour[187], selon laquelle l'amour est amour du Beau. L'absence de beauté implique l'absence de désir, et cette laideur fait basculer le roman dans le monde de Priape, où, analyse F. Dupont, « l'insatiable écœurement » se mêle à l'impuissance et à la passivité. Les amours de Trimalcion sont, toujours selon F. Dupont, « des amours de propriétaires », ces liens sont « voués à l'intendance[188] », soit parce qu'ils construisent de façon mécanique une honorabilité (Habinnas et Trimalcion ont une épouse, une maison, des terres et des esclaves), soit parce qu'ils sont liés à une fonction sociale, chose que l'ancien mignon de son maître, Trimalcion, sait bien (lorsque Trimalcion embrasse un esclave, il explique à Fortunata furieuse que c'est parce que ce dernier s'est acheté des biens sur ses économies, et qu'il sait lire et calculer[189]). Il y a chez Trimalcion et ses convives un refus de toute activité non socialisée ; l'amour disparaît, et du discours des orateurs ratés, et du monde du Festin, dont les acteurs sont voués soit à une « caricature

---

185. L'explication en est probablement que le mythe raconté par Aristophane est réduit au mythe de « l'androgyne » (Dupont 1977, p. 51).

186. *Satiricon*, 28, 4.

187. Dupont 1977, p. 159.

188. Dupont 1977, p. 161.

189. Sur l'affranchi « sans famille », cf. Dupont 1977, p. 161-164.

ménagère » de l'amour, soit au désir animal, qui, comme la faim et la soif, connaît un assouvissement rapide.

Il est possible, à partir de cette lecture, de poursuivre l'interprétation en nous intéressant à Fortunata et à Scintilla. Elles sont les seules femmes dont on connaisse le nom dans la *Cena* et leurs personnages y jouent un rôle tout aussi significatif que ceux des convives. Épouses des deux richissimes sévirs, Habinnas et Trimalcion, elles illustrent leur recherche d'honorabilité : Trimalcion dit de sa femme qu'il l'a faite « homme parmi les hommes » (*hominem inter homines fecit*), comme son maître l'avait jadis fait pour lui. Leurs habits, leurs bijoux, ne sont pas là pour signifier leur beauté (les descriptions n'évoquent ni leur allure physique ni leur visage[190]), mais pour exhiber la fortune de leur époux. Elles sont le symbole, au festin, non de l'amour conjugal mais de l'importance pour leur mari de montrer l'existence de la cellule sociale qui est celle du citoyen, la *domus* et la *familia*. Ces femmes ne sont pas davantage importantes pour leurs fonctions procréatrices qu'elles n'incarnent l'amour conjugal (Fortunata n'a pas d'enfant) : elles sont importantes pour ce qu'elles disent du statut social de leur époux.

Habinnas est celui des convives dont la situation sociale est la plus proche de celle de Trimalcion : c'est un invité de marque, un élément de l'élite locale, qui se permet d'arriver au milieu du repas ; comme Trimalcion et Herméros, il est sévir augustal ; comme son hôte, c'est un affranchi qui a fait fortune, un homme immensément riche. Lorsque les deux femmes arborent leurs bijoux, ce sont leurs époux qui commentent les objets (il n'est question, là non plus, ni de beauté ni d'art – ne parlons même pas de cadeau d'amour –, mais d'évaluation financière) et c'est à une véritable joute que les deux hommes se livrent au travers des deux femmes : l'un pèse l'or, l'autre énonce la valeur de son achat par une considération économique. Mais tout à coup, ces êtres, qui sont les signes extérieurs de l'ascension sociale et économique de leur époux, se livrent à une action *qui n'a pas de sens* dans leur système de signes : elles s'embrassent et s'enlacent.

Se trouve esquissé ce qui pourrait être lu comme un argumentaire justificatif de ces embrassements : Fortunata évoque l'*indiligentia* de son époux. Hors du contexte du *Satiricon*, on pourrait y entendre la paresse sexuelle d'un mari envers sa femme, voire un désinvestissement affectif. Mais quand on connaît la réaction de désespoir violent de Fortunata lorsque Trimalcion décide d'ôter de sa future tombe la statue de sa femme[191] ou l'usage, quasi simultané, par Scintilla du terme de *diligentia* dans le sens de responsabilité et de charges qui pèsent sur la maîtresse de maison, il apparaît clairement que, de façon cohérente avec le système de valeurs des personnages du *Banquet*, le dépit de Fortunata envers Habinnas ne relève ni du sexe ni de l'amour. Or, s'il s'agit d'un désir de reconnaissance sociale et de biens matériels, il est bien évident que ce n'est pas Scintilla qui saura répondre à cette demande : à peine esquissée, la justification du baiser des femmes comme un acte compensatoire répondant à un désir non satisfait d'une étreinte masculine est balayée. Rien ne semble expliquer cet acte gratuit, qui ne peut être motivé par aucune possibilité d'ascension sociale. Rien non plus ne justifie véritablement cette attitude de soutien fidèle, de tendresse et d'égalité qu'ont les deux

---

190. Voir la description de Fortunata, quand elle apparaît pour la première fois (*Satiricon*, 37).
191. *Satiricon*, 67 et 74.

femmes l'une envers l'autre (lorsque Fortunata arrive, Scintilla est ravie de voir son amie et frappe des mains ; lorsque Fortunata est violemment rejetée par Trimalcion, Scintilla prend dans ses bras Fortunata qui s'y réfugie volontiers).

Le parallélisme avec l'œuvre de Platon se renforce : non seulement cette configuration érotique assez rarement mentionnée apparaît, mais, de plus, son aspect antisocial est mis en valeur. Dans le *Banquet*, contrairement aux êtres issus de l'être double mâle ou de l'être androgyne, l'union des moitiés femelles ne se justifie pas par une activité sociale à laquelle elles donneraient naissance[192]. Dans le *Satiricon* également, elles ne prennent pas de sens dans le système de valeur des convives du festin et c'est sous la forme d'un détournement que cet épisode réintègre le cours du récit. Le baiser des deux femmes, en effet, est interrompu par Habinnas qui accomplit un geste particulièrement brutal : empoignant par les pieds Fortunata, et non sa femme, il la renverse sur le lit de façon telle que son vêtement remonte au risque de laisser voir à l'assistance ses parties intimes. L'acte est doublement humiliant, par l'*anasyrma* qu'il suggère (la vision du sexe de la femme n'a absolument pas la même valeur que celle du sexe de l'homme[193]), et par le viol qu'il mime. Ce geste a une valeur symbolique forte : l'expression *pedes tollere*, dans la langue latine, a souvent le sens implicite d'une relation sexuelle[194] et c'est bien cette image que suggère l'expression de Pétrone. Mais cette violence est avant tout dirigée contre Trimalcion, puisque c'est son épouse qu'Habinnas malmène.

L'adresse envers Trimalcion est lisible dans un second élément : si Habinnas réagit ainsi, c'est bien que cette étreinte peut être assimilée à un acte qui déshonore l'époux, ou, plus précisément, que Pétrone fait considérer à son personnage qu'il s'agit là d'un acte d'adultère. Pourtant, nous l'avons vu précédemment, le droit romain est clair sur ce point : il ne spécifie jamais ce type de relation dans la définition qu'il donne de l'adultère, et la controverse évoquée par les personnages de Sénèque le Rhéteur pose précisément la question problématique d'un mari qui aurait tué l'amante de sa femme. En faisant agir son personnage comme un époux trompé, Pétrone déplace l'enjeu de l'événement : les deux femmes sont à nouveau les instruments d'une confrontation entre hommes. Dans la tradition romaine en effet, il est dit qu'un mari qui surprend chez lui sa femme et son amant en flagrant délit d'adultère peut infliger lui-même, ou faire infliger par un esclave, à l'individu divers sévices physiques et sexuels, le violer ou le faire violer[195]. La simulation de viol faite par Habinnas indique qu'il considère la conduite de Fortunata comme celle d'un homme adultère et qu'il lui inflige le châtiment traditionnel. Or Habinnas n'est pas chez lui : par ce geste, il usurpe la prérogative de l'époux car ce droit qu'a le mari de châtier l'homme adultère n'est pas un droit inconditionnel et ne peut être exercé que dans le domicile conjugal. Cela aurait été à l'hôte des lieux d'intervenir (envers Scintilla). À travers Fortunata, Habinnas vise

---

192. Voir plus haut notre commentaire du mythe d'Aristophane, dans la deuxième partie de l'ouvrage.

193. Voir Olender 1985 sur la figure de Baubô, et Richlin 1984, p. 76-77, sur la différence de traitement satirique entre le *cunnus* et la *mentula*.

194. Voir Adams 1982, p. 192-193.

195. Sur l'adultère et la question de la vengeance du mari, voir Richlin 1981 et Edwards 1993, p. 34-62.

Trimalcion, dont la fortune, comme l'a montré la comparaison des bijoux, est supérieure à la sienne. Pétrone joue un instant avec l'illisibilité juridique de cette relation, qui n'est pas considérée officiellement comme adultère et qui offre la possibilité fictionnelle de voir dans l'une ou l'autre femme l'amant fautif.

Il y a, dans cette interruption d'une relation sexuelle entre femmes, la transformation d'un acte sans implication économique ni sociale en un rapport de pouvoir entre hommes, et la manifestation du rejet de toute relation qui n'a pas de fonction signifiante et lisible dans le système de valeurs des personnages du festin. On remarque qu'à nouveau rien n'aboutit dans le *Satiricon* : tout comme les suicides d'Encolpe et de Giton sont des suicides de théâtre, tout comme la virilité d'Encolpe disparaît au moment crucial, le viol ici n'est que mimé, l'*anasyrma* n'est que suggéré, l'agression d'Habinnas envers Trimalcion se fait sur le mode de la farce, et la relation sexuelle entre les deux femmes s'arrête aux préliminaires.

On ne peut cependant déduire de ce texte la représentation par les Romains de l'amour entre femmes comme un amour qui ne pourrait se concrétiser, puisque, dans le monde du festin, l'amour n'existe pas et que tout est inachevé et incomplet dans ce monde hors du monde. En revanche, on peut y voir la reprise d'un motif du *Banquet* comme un autre signe du fantôme qui hante le festin, la nostalgie d'un *logos sympotikos* à jamais disparu : alors que les Grecs pouvaient envisager un instant des situations aussi fantastiques que l'être androgyne ou les êtres doubles mâle et femelle, l'imaginaire érotique du monde de Trimalcion est définitivement bridé.

Fortunata et Scintilla sont les premiers personnages de femmes désirant une femme à porter un nom dans la littérature romaine, Phèdre et Sénèque n'ayant évoqué que d'anonymes *tribades*. Quelques années plus tard, Martial, dans ses épigrammes, lui aussi donne un nom à un personnage féminin dont il raille le comportement sexuel.

Bassa, l'anti-Lucrèce selon Martial

Fidèle à son habitude, Martial, en faisant le portrait de Bassa, offre à son lecteur une épigramme qui ménage la surprise et se clôt sur une *sententia* préparée avec soin[196].

> Comme je ne te voyais jamais, Bassa, en compagnie de maris successifs et que la rumeur ne te prêtait aucun amant, mais que, autour de toi, une foule de personnes de ton sexe était toujours à tes soins et qu'aucun homme ne t'approchait, tu me semblais être, je l'avoue, une Lucrèce.
>
> Mais – scandale ! – leur baiseur, Bassa, c'était toi (*fututor eras*). Tu as l'audace d'accoupler deux cons et cette union inouïe (*prodigiosa venus*) imite l'étreinte mâle. Tu as imaginé ce prodige (*monstrum*) digne de l'énigme thébaine : un adultère (*adulterium*) commis sans homme !

L'épigramme sur Bassa a une structure différente de l'épigramme VII, 67 consacrée à Philaenis, qui s'ouvrait d'emblée sur un effet de surprise. Ici, la première partie est consacrée à une description de Bassa d'après le regard « naïf » du narrateur ; la

196. Martial, I, 90.

seconde s'emploie à reprendre tout ce qui a été dit auparavant sans le nier mais sous un jour très différent : c'est l'histoire des apparences vraies.

L'équivoque plane dès les premiers vers et le lecteur est d'emblée averti, par l'utilisation du passé, qu'il ne doit pas se fier aux premiers constats. Par ce récit rétrospectif, Martial crée une distanciation entre le regard porté par le narrateur à un moment du passé et le regard que porte le narrateur dans le présent de la narration sur sa propre erreur, à la lumière de ce qu'il a découvert entretemps. S'il n'y avait l'utilisation du passé, le portrait dressé par le narrateur serait celui d'une femme irréprochable, un modèle de *pudicitia* : point de valse de mariages, point d'amant, des relations exclusivement féminines. Martial clôt ce bref tableau sur l'évocation de l'*exemplum* romain de la femme vertueuse, Lucrèce.

L'imposture est révélée au premier vers de la seconde partie, et Martial non seulement fait énoncer par son narrateur sa découverte mais, en un effet de prolepse qui crée le suspense, lui fait commenter cette découverte (*pro facinus*) avant d'en dire la nature. Et le scandale est à la hauteur de l'attente : « Leur baiseur c'était toi ! » L'effet produit est double : non seulement Bassa est la personne qui commet l'acte sexuel – ce qui ferait d'elle une *fututrix* si ce terme existait en ce sens[197] –, mais de surcroît elle est désignée par un terme au masculin : *fututor* (qu'il convient d'entendre non comme le soupçon par le narrateur d'un quelconque hermaphrodisme chez Bassa, mais comme la mesure de l'ampleur de son erreur). Le mot est particulièrement cru, comme l'indique le type de discours dans lequel il apparaît majoritairement[198], et il désigne la pénétration vaginale. Lorsqu'ils s'appliquent à une femme, ce terme et ses dérivés sont, hormis deux exceptions, toujours utilisés à la voix passive. Ces deux exceptions sont précisément les épigrammes de Martial où il est question de relations sexuelles entre femmes (I, 90 et VII, 70). L'épigramme pourrait s'arrêter là, l'effet de surprise étant déjà important, mais il semble que Martial accorde de l'importance non seulement à la situation de quiproquo, mais également au personnage lui-même. Il poursuit sa description en présentant Bassa comme un être orgueilleux, qui fait preuve d'impudence.

La relation sexuelle est décrite crûment par le narrateur (*inter se geminos audes committere cunnos*). La formulation, par sa redondance, souligne, et la stupeur du narrateur, et l'effet de symétrie contenu dans l'évocation de la gémellité. Il n'est pas question ici d'olisbos ou de malformation physique du sexe d'une des deux femmes : elles sont semblables comme des sœurs. Cette façon de décrire les relations sexuelles entre femmes comme celles de personnes semblables, presque jumelles, ne peut manquer de nous faire penser au récit par Ovide de l'amour entre Iphis et Ianthé. Ce parallèle est confirmé par la reprise d'une expression placée par Ovide dans la bouche d'Iphis : « Un amour que personne ne connaît, un amour extraordinaire et d'un nouveau genre » (*cura cognita nulli, prodigiosa novaeque veneris*[199]). De même, le

---

197. Le terme *fututrix*, féminin, est pourtant morphologiquement possible et est attesté deux fois chez Martial (XI, 22.4 ; XI, 61.10). Cependant, le terme désigne toujours la main d'un homme se masturbant.

198. Cf. Adams 1982, p. 118-120. Si le terme est cru, il ne désigne pas pour autant un acte agressif, humiliant ou dégradant.

199. *Métamorphoses*, IX, 727.

terme de *monstrum* utilisé par Martial apparaît à deux reprises dans le récit d'Ovide pour désigner des amours moins terribles que celui des deux jeunes femmes, l'amour de Byblis pour son frère et celui de Pasiphae pour le taureau. Mais, alors qu'Ovide ôte aux deux jeunes filles tout espoir d'union sexuelle (*spem veneris*), la Bassa de Martial a trouvé une solution : les partenaires s'unissent sexuellement comme c'est le cas dans une relation où il y a un homme[200]. C'est, dit le narrateur, inouï et cela relève du prodige (*monstrum, prodigiosa*) et, pour preuve, il clôt son épigramme sur l'évocation des énigmes de la Sphinge[201], proposant à son lecteur un paradoxe qui n'est plus uniquement sexuel, mais également social, et qui ne manque pas de rappeler les thèmes fictifs et incroyables des controverses chères aux déclamateurs : là où l'homme est absent, il y a cependant un adultère. L'allusion préalable à la Sphinge, qui propose des énigmes philosophiques, crée, de plus, un contraste comique avec le vers final qui énonce un cas d'école sur des préoccupations romaines bien concrètes (à la fois dans le domaine du sexe, mais aussi dans celui du droit). Ce que fait Bassa relève d'un paradoxe multiple, qui pourrait être un *adunaton* si le narrateur n'avait préalablement attesté l'existence de cette *venus*.

L'adjectif *prodigiosus* qualifiant le terme de *venus* n'apparaît dans cette configuration que chez Ovide et Martial ; le clin d'œil du second au premier ne fait aucun doute. Cette reprise guide la lecture du vers où le narrateur évoque la trouvaille prodigieuse de Bassa et insiste sur l'acte d'imagination qui l'a fait naître (*commenta es*). Dans le texte d'Ovide, Iphis, désespérée, ne jugeait pas même Dédale capable de résoudre son problème, lui qui, pourtant, avait inventé l'ingénieux système de la vache de bois de Pasiphaé[202] : « Même si toute l'ingéniosité du monde se rassemblait ici, même si Dédale lui-même revenait grâce à ses ailes de cire, que ferait-il[203] ? » Dans notre épigramme, le *spes veneris*[204] ne reste pas à l'état de *spes* : Bassa consomme son amour des femmes et Martial a su faire ce que la déesse Isis elle-même, chez Ovide, n'avait su faire. Martial est l'esprit ingénieux qu'il manquait à la jeune Iphis, et le parallèle avec les *Métamorphoses* qu'établit l'auteur le consacre en Dédale des temps présents.

Dans cette épigramme, Martial dresse le portrait de l'anti-Lucrèce par excellence[205], montrant avec ironie à quel point les critères de la *pudicitia* – ne pas fréquenter

---

200. Le dernier vers a souvent été interprété comme une allusion par Martial à une déformation physique de Bassa qui lui permet d'être comme un homme. Williams (1999, p. 166) considère que *venus* signifie *genitalia*, et donc que Bassa pénètre ses partenaires. Nous commenterons plus loin cette interprétation.

201. Une pièce d'Antiphane, auteur de comédies du ıv^e siècle, qui porte le titre *Sappho*, présente celle-ci en train de proposer des énigmes (fr. 194-195 KA). Le contexte est trop mutilé pour savoir s'il y a là une thématique propre à la figure de Sappho. Un autre parallèle apparaît, par le truchement des *Héroïdes* d'Ovide : Sappho écrit à Phaon ses souvenirs et évoque la troupe (*turba*) de Lesbiennes qui l'entourait (*Héroïdes*, XV, 16).

202. *Métamorphoses*, IX, 739-740.

203. *Métamorphoses*, IX, 741-743.

204. *Métamorphoses*, IX, 739.

205. Ce portrait par opposition à la figure de Lucrèce est unique dans l'œuvre. Martial utilise la figure antonomastique de Lucrèce en XI, 104, où l'époux reproche à sa femme d'être

d'hommes, ne pas avoir d'amants, ne fréquenter que des femmes – sont équivoques et insuffisants. Il souligne par là comme un vide juridique, l'absence, dans les règles de la morale romaine, de dispositions explicites envers ces comportements répréhensibles qui ont l'apparence de la *pudicitia*. Pour Martial, la femme dont le comportement va le plus à l'encontre des règles de la *pudicitia* n'est pas une femme qui a des multitudes d'amants, qui se livre à toutes formes de pratiques sexuelles avec eux, mais celle qui a des relations sexuelles avec des femmes et qui, surtout, ne le cache pas.

Cette caractéristique d'indécence et de manque de scrupules est également ce que reproche Juvénal, quelques années plus tard, aux matrones romaines dans ses *Satires*. Il évoque les relations entre femmes à deux reprises dans son œuvre, et selon des modalités différentes.

Stupre et luxure chez les matrones romaines (Juvénal, Satires*)*

Juvénal compose ses *Satires* au début du IIe siècle. Le premier livre et le deuxième (composé uniquement de la très longue *Satire* VI) ont probablement été écrits durant le règne de Trajan ou durant les premières années du règne d'Hadrien[206]. Ses vers bouillonnent de cette colère et de cette indignation qu'il revendique comme étant la source de son inspiration, avant même le talent. Véritables pamphlets, ses *Satires* dénoncent les vices qui envahissent la capitale de l'Empire : le règne de l'argent, du sexe et de la débauche, la présence sans cesse croissante des étrangers à Rome, la perte des valeurs. Sa plume acérée n'épargne personne, du simple esclave au *miles* en passant par les épouses, les acteurs, les nouveaux riches. Mais si sa colère est plus qu'explicite, Juvénal préfère cependant ne pas laisser son narrateur furieux nommer les personnes réelles qu'il dénonce ou caricature, préférant l'implicite (en citant un seul des trois éléments composant le nom) afin de ne pas encourir de poursuites, tout en étant suffisamment clair pour que le lecteur puisse deviner l'identité de la personne visée[207]. La satire de Juvénal s'articule donc un peu moins que celle de Martial sur la construction de « types », la caricature s'ancrant dans un contexte plus réel.

Les femmes moins impudiques que les hommes ?

Après une première satire programmatique, où Juvénal annonce ses thèmes (en énumérant une liste de personnes et de comportements pour illustrer la variété de ses cibles) et sa méthode (l'indignation comme source), l'auteur consacre sa deuxième

---

une Lucrèce même la nuit (alors que, dit-il, il lui faut une Laïs). En XI, 16, le poète s'adresse au lecteur et commente son œuvre : ses vers dignes de Priape ne peuvent laisser froid, et même Lucrèce, certes en cachette, ne pourra s'empêcher de les lire.

206. Sur Juvénal et son œuvre, cf. l'introduction de Braund à son édition commentée du premier livre de Juvénal (Braund 1995, p. 15-30) et Sers, dans l'introduction à sa traduction aux Belles Lettres (Sers 2002). Sur les caractéristiques de la satire de Juvénal, cf. Richlin 1983, p. 195-209.

207. Sur cet aspect de Juvénal, et sur le rapport entre ses satires et la réalité, cf. Gérard 1976, Martin et Gaillard 1990, p. 392-394.

satire à la critique de ceux qu'il nomme les *pathici*, les « hommes passifs », soumis au plaisir de s'unir sexuellement à des hommes et d'adopter des attitudes indignes d'un homme romain. Juvénal les attaque non seulement pour ce qu'ils sont et les valeurs qu'ils bafouent, mais également pour leur hypocrisie.

Cette satire développe tous les lieux communs concernant les *pathici*, faisant écho à de nombreuses épigrammes de Martial[208]. Juvénal, si son style est plus ample et ses références intertextuelles plus nombreuses (par la reprise et la parodie des grands poètes), ne déroge cependant pas aux règles de l'invective. Le trait est acéré, le ton vif, et les accusations ne se limitent pas à l'euphémisme : description de la rude pilosité d'un cinède, évocation des maladies anales liées à des pratiques sexuelles répétées et qui affectent la démarche, railleries envers les parfums et les onguents dont ces hommes s'enduisent, envers leurs habits transparents, leurs pratiques religieuses détournées (lorsque tels des femmes ils célèbrent la Bona Dea), dénonciation de leur audace à célébrer un mariage clandestin entre deux hommes : telle est la peinture des vices que brosse Juvénal dans cette deuxième satire, vices auxquels n'échappent pas les couches supérieures de la société. La satire se clôt sur l'image terrible d'une descente aux Enfers où les ombres des Romains se trouvent face à ces hordes de débauchés, et sur l'évocation de l'influence néfaste de Rome sur le monde, Rome qui est tombée plus bas que ceux qu'elle a vaincus.

Alors que la deuxième partie décrit de façon imagée les comportements de certains hommes, la première partie dénonce avant tout leur hypocrisie, car, comme le montre le narrateur, ceux-ci, non contents d'avoir des pratiques dégradantes, se posent en donneurs de leçons. Juvénal fait ensuite allusion à Domitien, qui remit en vigueur la *lex Iulia* tout en faisant des enfants à sa nièce, ainsi qu'aux grands personnages qui se proclament garants de la vertu mais se livrent sans vergogne au vice. Juvénal recourt alors à un procédé unique dans son œuvre : il donne longuement la parole à un personnage féminin, Laronia, qui, furieuse face à ceux qui en appellent d'un ton solennel à la *lex Iulia* et, de ce fait, accusent les femmes, répond en une argumentation développée[209].

Ce passage fait l'objet de nombreux commentaires parce qu'il mentionne la *lex Scantinia*, dont très peu de sources permettent de définir la nature. L'usage qu'en fait Laronia, en l'opposant à la *lex Iulia*[210], a souvent conduit à une définition anachronique : on y a parfois vu une loi condamnant l'homosexualité masculine. S'il n'est pas possible de connaître le contenu exact de la loi, les récentes recherches sur la sexualité et sur la législation en matière de sexualité[211] ont montré qu'il s'agissait d'une loi portant sur la notion romaine de *stuprum*, incluant certaines formes de relations entre hommes (celles qui portent atteinte à l'intégrité d'un citoyen), mais qu'elle n'était en

---

208. Voir le commentaire de la satire par Williams dans son compte-rendu de Braund 1996, et sa remarque à propos de l'usage erroné que Braund fait du terme « homosexuel » (*BMCR* 97.7.9).

209. *Satires*, II, 38-63.

210. La *lex Iulia de adulteriis coercendis* fut instaurée par Auguste en 18 av. J.-C. À l'origine elle concernait l'adultère, et il est possible que son sens se soit élargi (Williams 1999, p. 122-123). Voir également Cantarella 1988, 206-210 ; Edwards 1993, p. 37-42.

211. Voir Lilja 1983, p. 112-121 ; Cantarella 1988, p. 159-171 ; Williams 1999, p. 119-124, pour une discussion sur les sources.

aucun cas une interdiction de l'homosexualité. Quoi qu'il en soit, dans le contexte de la *Satire* II, Laronia se réfère à la *lex Scantinia* parce qu'elle porte en partie sur certains comportements masculins, et elle l'oppose ici à la *lex Iulia* à laquelle son interlocuteur se réfère parce que, entre autres aspects, cette loi condamne les femmes adultères.

Laronia oppose aux hommes qui bafouent les normes romaines de la masculinité, dans le domaine de la sexualité mais également dans le domaine social et culturel, le comportement, bien moins condamnable, des femmes. Alors que les hommes se conduisent comme des femmes dans de multiples domaines et imposent à leurs épouses de n'avoir que la troisième place dans leur lit, Laronia établit une liste de comportements auxquels ne se livrent pas les femmes. C'est dans ce passage qu'il est fait mention de relations sexuelles entre femmes[212] :

> On ne trouvera, dans notre sexe, aucun exemple aussi repoussant. Média ne lèche (*lambit*) pas Cluvia, ni Flora, Catulla, mais Hispo se laisse prendre (*subit*) par des jeunes hommes et sa pâleur maladive témoigne de l'une comme de l'autre pratique ! Est-ce que, nous, nous allons plaider ? Est-ce que nous connaissons le droit civil et allons plonger vos tribunaux dans le vacarme ? Peu d'entre nous pratiquent la lutte et peu se nourrissent de boulettes de viande (*colyphia*). Mais vous, vous filez la laine !

Le propos de Laronia se structure sur une opposition généralisante entre le *nos* (les femmes) et le *vos* (les hommes) : de plus en plus d'hommes se livrent à des activités féminines, comme filer la laine, alors que les femmes ne se livrent pas à des activités masculines, comme plaider au barreau ; de plus en plus d'hommes se livrent à des pratiques sexuelles avec des hommes, alors que les femmes ne se livrent pas à des pratiques sexuelles avec des femmes.

Peut-on dire qu'un court instant les relations sexuelles entre hommes sont – même si l'assertion est niée – mises sur le même plan que les relations sexuelles entre femmes ? Jusqu'à présent, nous avons toujours pris soin de ne pas généraliser et de ne pas dire « entre hommes » ou « entre femmes » là où la différence de statut ou d'âge ou la nature de la pratique sexuelle étaient des critères plus importants. Ici pourtant, c'est bien le critère de sexe biologique qui prime, et non la question de la pratique ou de la position sexuelles[213]. De plus, même si, un instant, on peut penser que la relation entre Hispo et les *juvenes* est une relation où compte la différence d'âge, Laronia prend soin de préciser qu'Hispo s'adonne aux deux pratiques, qu'il est tour à tour celui qui pénètre et celui qui est pénétré, et donc que le critère de l'âge ne détermine pas les rôles. À cet exemple de comportement, Laronia oppose celui de Média, Catulla, Cluvia et Flora, qu'elle ne distingue ni par le statut ni par l'âge. Les commentateurs[214] disent

---

212. *Satires*, II, 47-54. Nous ne suivons pas Sers 2002 pour la correction du vers 50 : il donne autorité aux manuscrits comportant « *Mevia* », et non « *Media* » ; Clausen, dans son édition révisée (Clausen 1992,) choisit la lecture « *Tedia* », tandis que Labriolle choisit la leçon de nombreux manuscrits : « *Media* ». C'est cette lecture que nous conservons, pour des raisons que nous verrons plus loin.

213. Williams l'admet dans une note (1999, p. 261, n. 19).

214. Braund, par exemple, dans son commentaire des *Satires*, évoque des prostituées qui, dans la littérature, portent un des ces noms (Braund 1996, p. 133).

généralement que ces noms sont des noms de courtisanes, mais nous avons déjà dit précédemment ce que nous pensons de cette hypothèse[215]. D'ailleurs, si la *lex Iulia* est invoquée, c'est bien plutôt parce qu'il est question de femmes mariées, probablement adultères certes, mais non de prostituées.

De plus, s'il y a des passifs et des actifs, des efféminés et des vrais mâles, des « mous » et des « non mous » chez les hommes, Laronia ne juge pas bon de poursuivre le parallèle chez les femmes. Remarquons la reprise, par Juvénal, de deux caractéristiques du personnage de Philaenis décrit par Martial : la pratique sportive et les fameuses *colyphia/coloephia*[216]. Cet effet d'intertextualité est particulièrement important car il apparaît que les caractéristiques genrées, c'est-à-dire ici masculines, du personnage de Martial sont séparées par Juvénal de la pratique (homo)sexuelle. En face du brouillage du genre dans les pratiques sexuelles des hommes (qui entraînent un état physique maladif), Juvénal ne construit pas d'image-miroir de brouillage du genre dans les pratiques sexuelles des femmes.

Mais comment interpréter cette tirade à la décharge des femmes, lorsque l'on connaît la satire féroce que composera Juvénal contre les matrones romaines ? S. Braund, dans un article consacré à ce passage[217], prend soin de rappeler à quel point il faut se méfier de cette parole « accordée » aux femmes et insiste sur le fait que Laronia est utilisée par l'auteur. En effet, en voulant défendre les femmes, le personnage reprend les lieux communs qui les concernent : Laronia rappelle les vices des femmes (dont Juvénal a donné un avant-goût dans la *Satire* I) et finalement nuit à sa cause.

La technique à laquelle recourt Juvénal est particulièrement complexe. Laronia aurait pu donner des exemples positifs de la *pudicitia* des femmes, et non décrire leurs comportements par la négative. Il s'agit ici d'une forme de suasoire et le déclamateur doit recourir à tous les moyens pour convaincre son public. La technique de Juvénal, dont l'objectif est de montrer l'horreur des comportements de certains hommes (= A), est celle que nous avons décrite à propos du discours de Chariclès, dans les *Amours* du Pseudo-Lucien[218] : il s'agit de postuler (sans le démontrer) que A < B et de donner ensuite à B la valeur la plus négative possible, pour entraîner A dans les abîmes de la négativité. Il ne s'agit donc pas seulement de dire que les *pathici* sont plus condamnables que les femmes ; en amenant – de façon détournée et sous la forme d'un plaidoyer pour la défense des femmes – ces éléments négatifs, Juvénal entend montrer que les comportements des *pathici*, qui enfreignent toutes les conventions morales, dépassent en ignominie les pires agissements des femmes. Ainsi, il est dit que, dans le domaine social, il est pire pour un homme de filer la laine que pour une femme de plaider en public ; dans le domaine sexuel, il est pire pour un homme de se soumettre sexuellement (*subit*) à un homme ou de faire l'inverse avec ce même homme, que pour une

---

215. Voir notre remarque dans la partie sur les femmes dans la poésie d'Asclépiade.

216. Martial, *Épigrammes*, VII, 67.

217. L'article s'intitule précisément « A woman's voice ? Laronia role in Juvenal Satire 2 » (Braund 1995).

218. Voir notre Partie III, le chapitre intitulé « Philaenis dans les *Amours* du Pseudo-Lucien ».

femme de lécher (*lambit*) une femme. Le verbe utilisé, *lambere*, est moins cru que le traditionnel *lingere*[219] : point n'est besoin de mots triviaux ici pour suggérer la trivialité de l'acte. Par conséquent, dans le domaine du comportement sexuel, l'exemple le plus terrible est celui du cunnilingus entre femmes. Il n'est pas nécessaire d'établir une distinction entre les deux partenaires ou une déviation du genre : le fait que l'acte soit accompli par deux femmes est amplement suffisant pour susciter l'horreur et le dégoût nécessaires à la démonstration de l'auteur.

Il y a cependant une différence entre Juvénal et Chariclès : dans les *Amours*, Chariclès, en postulant que A < B et en établissant une comparaison à visée diffamatoire envers les hommes qui aiment les garçons, n'a pas convaincu son public. Il semble que Juvénal, en mêlant les domaines social et sexuel, soit un rhéteur bien plus efficace.

Les femmes moins impudiques que les hommes… ou l'inverse ?

La sixième satire, où Juvénal montre à quel point la défense des femmes plaidée par Laronia n'était pas crédible, évoque également des pratiques sexuelles entre femmes. Cette satire est la plus longue de l'œuvre et se compose de tableaux juxtaposés où sont décrits les défauts et les dépravations d'une certaine catégorie de femmes, les femmes mariées. Sont dépeintes ces femmes, depuis celle qui va jouer les prostituées dans les lupanars à celles qui aiment les eunuques, en passant par les empoisonneuses, les lettrées orgueilleuses, les dépensières et les superstitieuses. Les éléments de cette longue liste s'enchaînent pour étayer un seul argument : le narrateur tente de convaincre son destinataire et ami, Postumus, de ne pas se marier[220].

La satire s'ouvre sur l'image de la Pudeur (*Pudicitia*) à jamais perdue. Le narrateur s'emploie à montrer comment les mœurs se sont dégradées depuis l'origine du monde ; l'argent et l'appât du gain en sont grandement responsables, mais le vin également. « Que peut bien respecter le désir sexuel (*venus*) lorsqu'il est ivre[221] ? » demande le narrateur à Postumus. Rien, bien évidemment, comme l'illustre la description de Maura et Tullia revenant d'une fête arrosée[222] :

> Allons donc, doutes-tu encore de la grimace que fait Maura qui hume l'air, lorsqu'elle passe à côté de l'antique autel de la Pudeur, et de ce que dit Tullia, la sœur de lait de la fameuse Maura ? Là, la nuit, elles arrêtent leur litière, là elles pissent, inondant de longs jets la statue de la déesse, et, à tour de rôle, elles s'enfourchent (*equitant*) et s'agitent (*moventur*) mutuellement (*in vices*), sous le regard de la Lune. Puis elles rentrent chez elles, et toi, le lendemain, lorsque tu vas rencontrer tes illustres amis, tu mets les pieds dans l'urine de ta femme.

---

219. Sur *lambere*, qui n'est pas en soi un terme obscène et pour une comparaison avec *lingo*, cf. Adams 1982, p. 136-140.

220. Sur le double aspect de la satire VI, qui est à la fois une critique des femmes et, implicitement, une critique des maris romains, cf. Smith 1980.

221. *Satires*, VI, 300.

222. *Satires*, VI, 306-313. Voir l'apparat critique de Sers 2002 pour le vers 307 absent de certains manuscrits.

Suit la description d'une célébration en l'honneur de la Bona Dea (v. 314-334), où femmes, matrones et prostituées mêlées, échauffées par la musique et le vin, se livrent à un concours de frémissement du bassin (*pendentis coxae*) et, sur l'accord de toutes, font entrer les hommes. Mais s'il en manque, précise le narrateur, elles n'auront pas de scrupules à faire l'amour avec un âne.

Maura et Tullia sont là comme exemples représentatifs de toutes les femmes : le texte passe du récit au discours, sans transition, indiquant qu'il peut s'agir de l'épouse de Postumus ou de n'importe quelle matrone apparemment respectable[223]. La description du comportement de ces deux femmes met en évidence plusieurs formes d'infraction aux normes romaines. Tout d'abord, les deux femmes sont ivres, et la société romaine condamne moralement la consommation d'alcool par les femmes (même si l'interdiction n'est pas stricte[224]), en particulier lorsqu'elle donne lieu à une manifestation publique. Les deux femmes se promènent seules (c'est-à-dire sans être accompagnées par une personne ayant autorité, les esclaves n'étant pas pris en considération), la nuit, dans la ville, ce qui n'est pas digne non plus d'une femme romaine vertueuse. Elles se conduisent de façon impie : au lieu d'accomplir les gestes religieux traditionnels (un baiser sur la main de la statue), Maura grimace et Tullia continue à parler. Puis la description semble atteindre son apogée quand les femmes urinent sur la statue de la déesse, transgressant à la fois les normes qui régulent les comportements sociaux et celles de la religion : ces femmes sont impudiques et sacrilèges[225]. Mais le narrateur poursuit : ultime provocation, elles font l'amour dehors, en pleine rue, devant la statue.

L'énumération de ces actes transgressifs se transforme en hypotypose destinée à terrifier à la fois Postumus et le lecteur : sont données des précisions sur les personnages (au lieu de dénoncer de façon théorique ce genre de pratique, Juvénal choisit deux femmes précises, qu'il nomme), des précisions de lieu (dans la rue, devant l'autel), de temps (la nuit), de luminosité (l'éclat blafard de la lune), élément qui confère à cette image finale une atmosphère délétère. Les deux femmes en effet rentrent chez elles avant l'aube, détail qui achève de faire d'elles des créatures nocturnes, presque maléfiques (le jour, ce ne sont pas elles, mais leurs époux, qui affrontent les rayons du soleil). Dans la longue liste que dresse Juvénal des turpitudes féminines, le fait que Maura et Tullia aient des relations sexuelles ensemble pourrait sembler n'être qu'un vice parmi d'autres, ni moins grave ni plus grave. Pourtant, la présence de la Pudeur (*Pudicitia*), figure qui ouvre la satire et qui réapparaît uniquement à ce moment précis, nous per-

223. Il ne nous semble pas pertinent d'y voir le nom d'« une célèbre courtisane ou d'une fellatrice », comme le font Courtney (1980, p. 297) et Bellandi (1995) dans leur commentaire du passage. Si l'adjectif *nota* suggère, bien évidemment, une réputation négative, c'est parce qu'il désigne des épouses romaines ne respectant pas les conventions morales qui pèsent sur elles. Il n'est pas nécessaire, chez Juvénal, d'être une prostituée spécialisée dans telle ou telle pratique pour devenir (tristement) célèbre.

224. Sur le vin et les femmes à Rome et sur l'absence d'une interdiction stricte, voir la synthèse et les indications bibliographiques données par Villard 1997.

225. Comme le remarque Bellandi (1995), le narrateur de la satire I avait déjà ironiquement signalé, mais sans parler des femmes, cette pratique devenue *fas* désormais à Rome, celle d'uriner sur les statues et les monuments (*Satires*, I, 131).

met de penser que Juvénal tient à mettre en scène la relation Tullia/Maura comme la transgression extrême.

À nouveau, Juvénal présente les deux femmes sans mentionner de différences entre elles – de statut social, d'âge, ou selon les rôles assumés dans la relation. Au contraire, le texte insiste sur leur ressemblance : toutes deux ont le même comportement et elles sont « sœurs de lait », indication qui, même si elle est ironique, signifie qu'elles sont semblables en tout et qu'elles n'ont pas de différence d'âge notable. De plus, les verbes qu'utilise Juvénal pour décrire leur relation sexuelle sont au pluriel (*equitant, moventur*)[226], et il insiste sur l'interchangeabilité des pratiques. Ici, il n'y a pas de femme masculine pénétrant une femme féminine, il n'y a pas de *tribas* non plus et, à nouveau, certains aspects du personnage de Philaenis chez Martial se trouvent séparés par Juvénal du thème des relations sexuelles entre femmes : il mentionne ces caractéristiques auparavant, dans le portrait qu'il dresse de la femme sportive, qui porte un casque de gladiateur et que le narrateur soupçonne d'être prête à aller dans l'arène[227].

Qu'il s'agisse de la dénégation de Laronia dans la *Satire* II ou du tableau apocalyptique du mariage dressé pour son ami par le narrateur de la *Satire* VI, Juvénal présente globalement les relations entre femmes comme une pratique condamnable, un danger pour cette dernière part encore vertueuse de la société romaine, à savoir les hommes citoyens non amollis par l'amour et les plaisirs.

Pétrone, Martial et Juvénal évoquent explicitement dans leurs œuvres des relations sexuelles entre femmes : ils nomment et décrivent des épouses de citoyens de bonne famille, des épouses d'affranchis romains, des femmes sans signe extérieur particulier. Remarquons que ni Bassa, ni Fortunata et Scintilla, ni Tullia et Maura ne sont qualifiées de tribades et que, lorsqu'un couple est mentionné par l'auteur, il n'est pas fait état de différences fondées sur la masculinité/féminité ou l'activité/passivité entre les deux partenaires.

Cette absence de symétrie (inversée ou non) entre les hommes et les femmes dans le champ du sexuel est un point important à relever. Les textes satiriques ou relevant de la Seconde Sophistique peuvent créer, un temps, un effet d'optique qui peut faire croire au lecteur moderne que cette symétrie, qui lui est familière dans le monde actuel, existe de façon quasi naturelle et anhistorique. L'étude du détail de ces passages, replacés dans leur contexte, a montré que lorsque les auteurs jouent, de façon explicite ou implicite, avec le procédé rhétorique de la *sunkrisis*, il convient de ne pas céder aux « charmes » du discours. Si Philaenis incarne la tribade dans ses extrémités les plus exacerbées, il n'est pas possible, en revanche, de voir émerger, à partir de ces cinq figures, la constitution d'une catégorie romaine symétrique à celle des *cinaedi*. Il n'y a ni parallélisme, sur le modèle d'une sous-catégorisation actif/passif, ni symétrie (l'homme féminin/la femme masculine). Les oppositions et les catégories qui ont

226. Sur la métaphore équestre pour l'acte sexuel, cf. Adams 1982, p. 166. Cette métaphore est principalement utilisée dans le cas de la relation d'un homme et d'une femme.
227. *Satire*, VI, 246-267. Juvénal fait ce jeu de mots à propos de cette femme qui porte un casque : « Elle aime la force (*vires*), mais elle ne voudrait cependant pas devenir un homme (*vir*) : notre jouissance est tellement inférieure ! » (253-254).

cours dans les représentations romaines de la masculinité *ne sont pas transposables* aux femmes et à leurs pratiques sexuelles.

Cette configuration est encore plus frappante dans les discours scientifiques. En effet, si la littérature satirique et rhétorico-ludique n'élabore pas de discours théorique sur des catégories spécifiques, l'objet même des disciplines scientifiques est la production d'un discours à valeur universelle, dans différents champs du savoir. S'il y a un domaine où les humains sont classés, décrits, caractérisés selon des critères précis et discriminants, c'est bien dans le domaine de l'onirocritie, de la médecine et de la physiognomonie. Or, là également, le silence est important, et les évocations, particulièrement tardives, laissent apparaître ce qui pourrait sembler *a priori* être des incohérences.

Le discours scientifique : silence et discordances

Alors que les pratiques sexuelles des hommes entre eux et des hommes avec les femmes (et inversement) sont prises en compte dans différents champs de la science, les mentions de pratiques sexuelles entre femmes sont rares. La médecine grecque d'époque classique est totalement silencieuse, les maladies des femmes en rapport avec la sexualité étant essentiellement liées aux questions de procréation. Cependant, peut-être sous l'influence des travaux médicaux d'époque médiévale ou moderne, nombreux sont les chercheurs qui ont lié des textes médicaux grecs et latins évoquant des malformations clitoridiennes au thème de l'homosexualité féminine.

La fausse hypothèse de la malformation physique

L'interprétation erronée de l'olisbos comme marqueur de relations sexuelles entre femmes[1] a mis en évidence le danger des raccourcis et de l'« empilement bibliographique ». Certains des passages étudiés dans cette partie ont donné lieu à une autre lecture, qui demande elle aussi à être examinée : la malformation génitale d'une des deux femmes.

L'expression particulièrement crue de Martial (*committere geminos cunnos*[2]) est à l'origine d'une hypothèse, chez les commentateurs modernes, selon laquelle les Anciens se représentaient l'une des deux femmes impliquées dans une relation sexuelle comme possédant un clitoris surdéveloppé. P. Howell commente ainsi l'épigramme décrivant Philaenis : « On dit que certaines femmes avaient un clitoris si développé qu'elles pouvaient pénétrer une femme, et même sodomiser ses partenaires. » Dans le cas de Bassa, il estime qu'il est préférable de penser qu'elle utilise un olisbos[3]. Et il cite comme parallèle les *Mimes* d'Hérondas, où il n'est pas jamais question de relations entre femmes. Dans son ouvrage consacré à l'auteur des *Épigrammes*, J. P. Sullivan interprète le comportement de Philaenis de la manière suivante : la tribade fait l'amour à une femme « probablement avec un clitoris phallique[4] ». G. Vorberg, dans son dictionnaire consacré au vocabulaire érotique, envisage aussi une malformation : il propose l'hypothèse d'un clitoris surdéveloppé comme explication à l'ἀνδρεῖον dont parle Mégilla, dans les *Dialogues des courtisanes* de Lucien[5].

---

1. Voir notre chapitre consacré à l'iconographie grecque.
2. Martial, I, 90, 7.
3. Howell 1980, p. 298, à propos de Martial, *Épigrammes*, VII, 67 et I, 90.
4. Sullivan 1991, p. 206.
5. Vorberg 1932, p. 654, à propos de Lucien, *Dialogues des courtisanes*, V, 3.

Dans un raisonnement inverse, N. J. Adams explique l'expression « elles pénètrent les hommes (*viros ineunt*) » dans les *Lettres à Lucilius* de Sénèque comme les conséquences d'un grossissement anormal du clitoris de certaines femmes et, de ce fait, se demande s'il ne s'agit pas d'une tribade. Il considère Bassa, dont parle Martial, et les femmes dont parle Sénèque comme des femmes similaires, voire des tribades[6]. Il s'agit ici d'un véritable paralogisme : à l'inverse, dans leurs développements consacrés aux tribades, W. A. Krenkel et G. Vorberg[7] citent précisément l'extrait des *Lettres à Lucilius* comme représentatif du comportement des femmes homosexuelles. Or Sénèque ne parle que de femmes qui s'unissent à des hommes et, dans l'œuvre du philosophe, il n'est jamais question de relations entre femmes.

Les récents travaux sur la sexualité ne remettent pas en question ces lectures. H. Parker évoque le clitoris monstrueux de la tribade[8] ; D. Halperin mentionne cette possibilité[9] ; B. Brooten, qui s'intéresse plus spécifiquement aux relations entre femmes, consacre un très long chapitre à la pratique médicale de la clitoridectomie[10]. Il se produit ici, de la part des commentateurs, le même effet d'allers-retours entre les textes que nous avions constaté dans le cas de l'*olisbo*s : un renvoi à un texte ne décrivant pas les mêmes choses n'est jamais une preuve (Sénèque ou Hérondas) et ces interprétations rapides entraînent d'autres erreurs de lecture.

Avant même d'étudier précisément les textes, nous pouvons d'emblée affirmer que cette interprétation d'un grossissement du clitoris ne peut refléter la conception antique des femmes ayant des relations sexuelles avec des femmes, ni même d'ailleurs la conception antique des femmes dominatrices et sexuellement actives. Les textes grecs d'époque archaïque, classique et hellénistique n'apportent aucun élément confirmant cette interprétation. En ce qui concerne l'époque romaine, ni le texte de Pétrone, ni celui de Juvénal ni même celui du Pseudo-Lucien ne peuvent étayer cette hypothèse. Les seuls textes qui, par leur exagération comique et satirique, offrent une prise à cette interprétation – sans pour autant en être une confirmation – sont la fable de Phèdre (dont nous avons proposé une lecture différente, infirmant l'image de la femme phallique et de l'homme vulvique qu'elle véhiculerait) et deux épigrammes de Martial. Or J. André, dans son très documenté *Vocabulaire de l'anatomie*, précise que le terme de *venus* pour le clitoris n'est pas attesté en dehors du texte (dont le sens est peu sûr) de Martial, le terme de *landica* n'apparaissant dans le contexte médical qu'à partir du Vᵉ siècle de notre ère et celui de *nymfe*, transcription de νύμφη, que dans Mustio, au VIᵉ siècle[11].

À l'inverse, les textes médicaux qui évoquent des interventions chirurgicales sur le sexe féminin ne mentionnent jamais une attirance de la patiente pour les femmes, ni comme raison de l'intervention, ni comme cause ou comme conséquence de la mal-

---

6. Adams 1982, p. 79, 97 et 122, à propos de Sénèque, *Lettres à Lucilius,* 95.

7. Krenkel 1979, p. 171 et Vorberg 1932, p. 655.

8. Parker 1997, p. 49.

9. Halperin 1990, p. 229, n. 83 : « La tribade est supposée posséder un équivalent du phallus [un clitoris surdéveloppé] et pénétrer l'autre. »

10. Brooten 1996, p. 143-173 (« Women with Masculine Desires : Medical Traitments »)

11. André 2001, p. 181-193. Voir également Winkler 1990, p. 341-343.

formation physique[12]. L'étude de B. Brooten, où sont cités longuement les textes[13], en est paradoxalement la preuve : Soranos (début du IIe siècle), Caelius Aurelianus (Ve siècle), Mustio (V[e] ou VIe siècle) puis Paul d'Égine (VIIe siècle) conseillent et décrivent l'ablation du clitoris dans le cas de femmes dont l'organe atteint une taille anormale. Il apparaît qu'aucune de ces œuvres ne mentionne des comportements sexuels entre femmes[14]. Le thème de la malformation clitoridienne, tout comme l'olisbos, n'est pas un marqueur de pratiques sexuelles entre femmes.

Une fois ce point éclairci, voyons comment les textes scientifiques évoquent les pratiques sexuelles des femmes entre elles. L'onirocritie, la physiognomonie et la gynécologie (tardive) y font de brèves allusions.

L'interprétation des rêves (IIe siècle ap. J.-C.)

La croyance que les rêves ont une signification cryptée est très ancienne et l'oniromancie était une pratique répandue dans l'Antiquité. Elle est attestée par les textes dès l'époque archaïque, et, durant l'époque impériale, la production de traités d'onirocritie est particulièrement importante. *L'Interprétation des rêves* d'Artémidore est précieuse car c'est l'unique ouvrage qui nous est parvenu dans sa totalité. Artémidore est né à Éphèse et il a vécu à la fin du IIe siècle ap. J.-C. ; il a beaucoup voyagé et s'est rendu dans la plupart des grandes cités grecques de l'Empire romain. *L'Interprétation des rêves* est particulièrement intéressante pour nous, modernes, car Artémidore a conçu son ouvrage en fonction de l'homme antique ordinaire, et qu'il prend en compte les multiples situations de la vie.

Ce texte n'est cependant pas un document direct sur l'évaluation morale des actes sexuel. En effet, l'interprétation de l'acte rêvé comme un présage positif ou un présage négatif est fonction du fait d'en rêver, élément ajouté à de nombreux autres paramètres (le statut social du rêveur, les récents événements de sa vie, le fait qu'il vive ou non à l'étranger, ses ressources, son métier, etc.). Artémidore, comme le montre J. Winkler, opère tel « un ethnologue de terrain[15] » : il décrit les conventions sociales du monde dans lequel le rêveur vit et en fonction desquelles ce rêveur est contraint de se situer, mais garde une distance par rapport à ces conventions.

---

12. Hanson, dans son article « The medical writers' woman » (dans Halperin *et al.*. 1990), précise clairement que la clitoridectomie était parfois prescrite en cas de grossissement du clitoris qui causait une « hypersexualité » (p. 333-334), et non une sexualité active ou une sexualité avec des femmes.

13. Brooten 1996, p. 143-173. Sur la question de la médecine antique et des femmes, nous renvoyons à la longue bibliographie de Brooten (toutefois, nous précisons que les textes qu'elle étudie ne *mentionnent pas* les relations amoureuses et sexuelles entre femmes). Voir également Dean Jones 1994 qui expose les différentes théories dans le chapitre intitulé « Female's Role in Reproduction » (p. 158 *sq.*).

14. C'est ce que constatait également Clark 1993, p. 90.

15. Winkler 1990, p. 56.

L'ouvrage d'Artémidore prend en compte la multiplicité des rêves possibles et l'auteur adopte une démarche empirique : il s'appuie, comme il le précise à de nombreuses reprises dans son œuvre, sur des cas réels. Les derniers chapitres du livre I sont consacrés aux rêves sexuels. Les rêves sexuels retenus et classés ont cette caractéristique qu'il s'agit toujours d'un rêve où le rêveur est l'une des deux personnes impliquées dans la relation. Dans tous les rêves décrits, par conséquent, il faut comprendre l'expression elliptique « si X pénètre Y » comme « si X rêve qu'il pénètre Y ». Artémidore classe ces rêves en fonction des actes sexuels rêvés, qu'il répartit en trois catégories :

– κατὰ νόμον   actes conformes aux conventions morales
– παρὰ νόμον   actes non conformes aux conventions morales
– παρὰ φύσιν   actes contre nature

Les actes rêvés classés κατὰ νόμον regroupent des relations sexuelles entre le rêveur et des femmes (épouse, maîtresse, prostituée) ou des hommes (esclave, patron, ami). Le cas de l'inceste avec un frère y figure également. Dans cette catégorie, celui qui rêve est toujours un homme, et les prévisions d'Artémidore diffèrent si le rêveur est celui qui est pénétré, ou celui qui pénètre.

Les actes rêvés classés παρὰ νόμον prennent en compte les rêves d'inceste ou de pratiques sexuelles bucco-génitales. Le rêveur (il s'agit, dans cette catégorie également, toujours d'un homme) rêve qu'il s'unit à sa mère, à son père, à son fils, jeune ou non, à sa fille. Sont prises en compte les modalités de l'union : Artémidore distingue par exemple l'acte sexuel où la mère est de face de celui où elle est de dos. Sont systématiquement différenciés les actes sexuels en fonction du rôle « insertif » ou « réceptif » du rêveur, mais cette distinction ne recoupe par forcément l'opposition présage favorable/présage défavorable.

Enfin, les actes rêvés classés παρὰ φύσιν regroupent la relation sexuelle du rêveur avec lui-même (pénétration ou fellation), la relation sexuelle d'une rêveuse avec une femme (c'est le seul cas de figure où la personne qui rêve est une femme[16]), la relation sexuelle du rêveur avec une divinité (masculine ou féminine), avec un cadavre (de femme ou d'homme), avec un animal.

Le présage négatif ou positif dans tous les cas de rêves sexuels ne permet pas de déduire la valeur morale de l'acte sexuel lui-même. Si un homme rêve, par exemple, qu'il s'unit sexuellement à son fils, c'est un bon signe si l'homme est à l'étranger. Certains éléments portant sur le statut social permettent d'interpréter le rêve d'inceste comme un signe très favorable. Un rêve d'actes παρὰ φύσιν n'est pas synonyme de mauvais augure : rêver, pour un homme, qu'il pénètre un animal, annonce des bienfaits pour le rêveur grâce à cet animal. On le voit, différents éléments entrent en ligne de compte et, comme le souligne M. Foucault avec insistance, « il s'agit d'un document non direct sur les actes sexuels et leur légitimité[17] ».

16. Artémidore rapporte à d'autres occasions des rêves de femmes ou d'esclaves, mais, dans le cas de rêves sexuels, c'est le seul.
17. Foucault 1984 (b), p. 16.

Sur le rêve d'union sexuelle entre femmes, voici ce qu'écrit Artémidore[18] :

> Si une femme pénètre (περαίνη) une femme, elle partagera ses secrets avec la femme pénétrée (τῇ περαινομένη). Si elle ne connaît pas la femme qu'elle pénètre, elle entreprendra des projets inutiles. Si une femme est pénétrée par une femme (ὑπὸ γυναικὸς περαίνηται), elle sera séparée de son époux ou se retrouvera veuve, mais, néanmoins, elle apprendra les secrets de la femme à laquelle elle s'est unie (τῆς μιγνυμένης).

S'il n'est pas possible de déduire une valeur morale attachée à tel ou tel acte en fonction de ce qu'il prédit pour l'avenir du rêveur, la classification des actes telle que l'établit Artémidore, la description de ces actes ainsi que les critères pris en compte sont révélateurs des conventions sociales en matière de sexualité. Les rôles sexuels sont systématiquement distingués et les termes récurrents sont « pénétrer » et « être pénétré » (περαίνειν et περαίνεσθαι). Comme l'analyse J. Winkler, « l'interprétation des actes sexuels, en plus d'être androcentrée et orientée vers des préoccupations et des actions masculines, est tout à la fois phallocentrique et déterminée par la pénétration. [...] La pénétration n'englobe pas toute la sexualité, mais elle est cet aspect de l'activité sexuelle qui permet de rendre compte des relations sociales d'honneur et de honte, d'enrichissement et de perte, d'autorité et d'obéissance, et c'est cet aspect qui occupait une place prépondérante dans les schémas antiques de classification sexuelle et de jugement moral[19] ». Par conséquent, les rêves d'actes sexuels où les rôles de pénétrant/pénétré n'apparaissent pas nettement sont difficiles à interpréter. La présence de cadavres, d'animaux ou de divinités brouille les signes car ce sont des unions exogènes (vivant/mort humain/animal humain/divinité). Puisque Artémidore classe au côté de la zoophilie et la nécrophilie les relations entre femmes, cela signifie que le critère de lisibilité leur fait également défaut. Malgré cela, on constate que la description du rêve suit le schéma habituel, nécessaire pour produire une analyse (ἐὰν περαίνῃ ; ἐὰν περαίνηται). Il y a là une contradiction, qui résulte de la tension entre la volonté de l'interprète de trouver des éléments signifiants et le sentiment dominant d'une illisibilité.

Ainsi, si, comme le dit M. Foucault, les ouvrages d'oniromancie ne nous permettent pas de définir le regard porté sur l'homosexualité masculine – puisque précisément les relations entre hommes ne sont pas considérées comme relevant d'une même catégorie et que les rôles de chaque partenaire sont nettement distingués –, L'Interprétation des rêves d'Artémidore apporte des éléments d'information sur la perception par les Anciens d'un type de relations considéré comme relevant d'une seule catégorie, celui des relations entre femmes. De plus, si l'identité sexuelle n'est qu'un critère parmi d'autres pour évaluer les rêves sexuels des hommes et si elle n'entre absolument pas en considération pour classer les rêves des hommes dans les catégories κατὰ νόμον, παρὰ νόμον et παρὰ φύσιν, il s'avère cependant que l'identité sexuelle du partenaire de la rêveuse est déterminante.

---

18. L'interprétation des rêves, I, 80 (97, 9-14 Pack). Édition : Artemidori Daldiani Onirocriton libri V, texte édité par R. A. Pack, Leipzig, 1963.
19. Winkler 1990, p. 86.

La physiognomonie du IVe siècle : des femmes féminines

Un autre domaine de la science, la physiognomonie, n'apporte, lui non plus, aucun élément étayant l'hypothèse d'une altération physique. Ni le Pseudo-Aristote, ni Polémon ni d'autres auteurs de traités de physiognomonie jusqu'au début du IVe siècle de notre ère n'évoquent, de quelque manière que ce soit, les relations sexuelles entre femmes. Ce type de pratiques ne constituent jamais une caractéristique d'un certain type d'individus (« la femme masculine »), alors que, dans ces traités, certaines pratiques sexuelles entrent en ligne de compte pour dépeindre « l'homme efféminé[20] ». Un seul texte mentionne le cas de la femme sexuellement attirée par les femmes et il s'agit d'un traité de physiognomonie datant de la fin du IVe siècle ap. J.-C. L'auteur, anonyme, était vraisemblablement païen et son ouvrage s'appuie essentiellement sur trois sources : les œuvres du Pseudo-Aristote, de Polémon et de Loxos[21].

Dans un passage consacré au teint et à la démarche comme représentatifs de comportements sexuels masculins, l'auteur anonyme établit une brève comparaison avec les femmes. Après avoir décrit les signes physiques du coureur de femmes (verge petite, ou verge droite même sans érection, ou visage et corps *féminins*) et de celui qui recherche les hommes (aspect et visage virils, avec un des deux yeux bleu clair), il établit ce parallèle[22] :

> Il en va de même aussi, dit-il, pour les femmes : celles de type féminin (*species muliebris*) couchent avec les femmes (*coire cum mulieribus*), mais celles qui correspondent plutôt au type viril (*virilem speciem*) recherchent plutôt les hommes.

La globalité de ce thème, traité dans les paragraphes 83-88, est placée par l'auteur sous l'autorité d'Aristote. Il s'agit en réalité des *Physiognomonies* du Pseudo-Aristote, un ouvrage qui ne nous est parvenu que partiellement et qui a probablement été composé par des élèves à partir de notes réunies postérieurement[23]. Cependant, J. André fait remarquer que, dans le texte grec du Pseudo-Aristote qui nous est parvenu, on trouve mention de ces descriptions, mais que le passage sur les femmes n'y figure pas[24]. Il s'agit vraisemblablement d'une innovation de l'auteur lui-même et, de ce fait, cet

---

20. Sur la physiognomonie et son importance dans la société antique, cf. Evans 1969 et la synthèse d'André, dans l'introduction à son édition et traduction du traité aux Belles Lettres (André 1981, p. 1-24). En ce qui concerne le traitement de la sexualité et du genre par la physiognomonie, cf. Gleason 1990.

21. Voir André 1981, p. 34.

22. *Traité de physiognomonie*, 85. Édition : *Traité de physiognomonie*, édition et traduction par J. André, Paris, Belles Lettres, 1981.

23. André 1981, p. 26-27.

24. Rousselle commente brièvement ce passage dans son article « La politique des corps. Entre procréation et continence à Rome » (1991, p. 352) et y voit le signe de la valeur négative attachée au féminin.

extrait ne peut guère apporter d'informations sur les représentations des Grecs et des Romains avant le IVe siècle de notre ère[25].

La médecine du Ve siècle ap. J.-C. : des femmes masculines

Pas plus que la physiognomonie ou l'onirocritie, les textes médicaux de l'Antiquité n'établissent un lien entre une altération physique des parties génitales et une « orientation sexuelle » des femmes. De plus, jusqu'au Ve siècle de notre ère, la médecine antique n'intègre tout simplement pas dans son champ d'intérêt les relations sexuelles entre femmes.

L'étude, par D. Gourevitch du cas de satyriasis féminin, dans le cadre d'une recherche plus générale sur les maladies spécifiques à chaque sexe, confirme le constat d'un silence des textes médicaux[26]. Le satyriasis est, comme son nom l'indique, une pathologie masculine, qui provoque une forme de priapisme douloureux et qui entraîne la mort. L'homme ressent alors des pulsions sexuelles intenses et le médecin conseille de ne laisser ni jeunes hommes ni femmes l'approcher, et de ne pas évoquer, dans la conversation, de sujets susceptibles d'éveiller ces pulsions. Les femmes peuvent cependant être atteintes de cette maladie dont les symptômes sont de fortes démangeaisons qui entraînent une propension à une hypersexualité. Le médecin conseille de refréner ces élans sexuels, pour le bien de la patiente. Ni Soranos, ni Mustio, ni Caelius Aurelianus n'évoquent d'affection du clitoris de ces femmes, ni même la possibilité qu'elles soient attirées par une relation sexuelle avec des femmes.

Le seul texte médical où il est question de relations sexuelles entre femmes[27] est particulièrement tardif (Ve siècle ap. J.-C.) : Caelius Aurelianus, dans un long développement consacré aux *molles* dans son *Traité des maladies chroniques*, fait un bref excursus sur celles qu'il nomme les *tribades*. Il aborde ce point dans une partie consacrée aux maladies de l'âme et ne mentionne nulle part une conséquence ou une cause physiologique qui serait liée à des pratiques sexuelles spécifiques. Si nous citons cette source, c'est parce qu'elle a influencé les lectures modernes de textes antérieurs et parce que le texte de Caelius s'appuie de façon générale sur des sources remontant jusqu'au Ier siècle ap. J.-C. : Caelius traduit en partie l'œuvre de Soranos d'Éphèse (un médecin grec du début du IIe siècle ap. J.-C., auteur d'un ouvrage sur les *Maladies des femmes,* qui étudia à Alexandrie et séjourna longtemps à Rome), mais de nombreux

---

25. Pour une étude plus approfondie du texte, de l'utilisation des sources par l'auteur et du discours de la physiognomonie sur les caractéristiques genrées des individus, voir Gleason 1990 et 1995.

26. Voir Gourevitch, « Women who suffer from a men's diseases : the example of satyriasis and the debate on affections specific to the sexes » (Gourevitch 1995). Nous renvoyons à cet article pour les références des textes et une traduction des passages, ainsi que pour la bibliographie.

27. Nous citons ici le texte, mais renvoyons, pour les problèmes textuels et le commentaire, aux articles et aux ouvrages des spécialistes des textes médicaux cités par Brooten et Gourevitch.

passages sont aussi des développements personnels de Caelius ou des adaptations au public de son temps.

La reconstitution d'une phrase dans le passage qui nous intéresse pose de nombreux problèmes, les manuscrits étant discordants et lacunaires. Voici la traduction de D. Gourevitch, fondée sur les modifications qu'elle apporte à l'édition de ce passage du *Traité des maladies chroniques* [28] :

> En effet, de même que les femmes que l'on appelle tribades (*tribades*), parce qu'elles pratiquent les deux formes de l'amour (*quod utramque venerem exerceant*), ont le vif désir de s'unir (*misceri*) à des femmes plutôt qu'à des hommes, et font la chasse aux femmes en question avec une jalousie presque digne des hommes (*easdem inuidentia paene uirili sectantur*), et, quand il arrive qu'elles soient débarrassées de leur affection ou qu'elles en soient temporairement privées, elles cherchent à inspirer aux autres ce qu'elles savent qu'on souffre… [*texte lacunaire* : un moyen de traitement ayant été fabriqué pour satisfaire leur double sexualité] de même que, corrompues qu'elles sont souvent par l'ébriété, se précipitant dans de nouvelles formes de passion érotique (*in nouas libidinis formas*), fruits de leur honteuse habitude, elles se réjouissent des outrages que subit leur propre sexe.

Dans ce texte, l'auteur considère que les *molles* et les *tribades* sont atteints, non d'une maladie physique, mais d'une affection de l'âme, ce qui explique l'absence d'allusion aux tribades ou à des désirs sexuels de femmes pour des femmes dans d'autres endroits de l'œuvre où il est question de maladies physiques ou de déformation clitoridienne. Ce que Caelius Aurelianus décrit ici comme relevant d'une maladie de l'âme n'est pas l'homosexualité, mais une forme de déviation par rapport aux normes. Le comportement considéré est, dans le cas de l'homme, celui de l'individu qui aime être pénétré (le texte de Caelius est explicite sur ce point), et l'auteur ne parle pas d'« homosexuels[29] ».

Dans le cas des *tribades*, Caelius Aurelianus décrit ces femmes comme des personnes qui se conduisent socialement comme des hommes, et ses propos ne portent pas sur la partenaire de la femme qui recherche, poussée par un désir semblable à celui d'un homme, une autre femme. Dans le cas de ces hommes et de ces femmes, leurs pratiques sont les symptômes d'une maladie (*morbo*) mentale et cette pratique est autant sexuelle que sociale. Pourtant, le parallèle entre les *molles* et les *tribades* n'est pas total : celles-ci sont accusées de jouir des deux formes d'amour (*utramque venerem exerceant*), ce qui peut signifier que, dans leurs relations avec les femmes, elles jouent l'un et l'autre rôle, *in vices* pourrions-nous dire en reprenant Juvénal[30].

---

28. *Traité des maladies chroniques*, 4, 9, 132-133. Édition : Drabking 1951, modifiée par Gourevitch dans « Cherchez la femme » (Gourevitch 1999, p. 177–205, plus particulièrement p. 193-197).

29. Halperin 1990, p. 38-41, Halperin 1997, p. 74-76 et Williams 1999, p. 353-354, n. 298.

30. Les occurrences du terme *venus* dans des contextes de pratiques sexuelles nous permettent de penser qu'il ne s'agit pas pour les Anciens d'opposer l'amour des hommes à l'amour des femmes, mais la pratique sexuelle. L'expression *spes veneris* signifie dans les *Métamorphoses* d'Ovide l'espoir d'une réalisation de la pratique sexuelle, et l'expression de Juvénal, à

Ce passage mériterait une étude plus approfondie que celle que nous proposons, mais nous pensons qu'il n'est pas possible de s'appuyer sur ce texte pour connaître les conceptions romaines des Ier et IIe siècles, et encore moins celles de l'Antiquité païenne en général. Personne, parmi les spécialistes de la médecine antique et parmi les éditeurs et commentateurs de l'auteur, ne remet en question le fait que Caelius Aurelianus s'inspire largement de Soranos pour ses lignes sur les *molles* et que Soranos faisait entrer certains types de comportements masculins dans le champ de la pathologie. En revanche, de nombreux éléments font dire à D. Gourevitch, éditrice et traductrice de Soranos[31], que cet extrait n'est probablement pas l'œuvre du médecin grec. Le passage est très moralisateur et « pourrait très bien être supprimé sans nuire à la logique du chapitre » (il s'agit d'une comparaison en incise). Après avoir exposé ses arguments, elle conclut : « Ce petit couplet très dur, avec un jugement qui n'a rien de médical [...], ne me paraît pas du tout dans le ton de Soranos[32]. » Par ailleurs, comme les intervenants d'un récent colloque sur Caelius Aurelianus l'ont mis en évidence[33], l'auteur n'est pas un simple traducteur et de nombreuses modifications par rapport aux sources médicales sont perceptibles. Caelius Aurelianus reformule et innove en de nombreux endroits, adaptant les sources à un public très différent de celui de Soranos : la société chrétienne du Ve siècle.

Il est certain que les interprétations diverses portant sur le grossissement du clitoris des *tribades* comme une représentation antique de la femme sexuellement active avec une autre femme ne trouvent pas d'appui dans le discours médical.

Ainsi, comme dans le cas de l'astrologie[34], le discours scientifique ou pseudo-scientifique ne fait apparaître aucune représentation cohérente d'un type humain avec des caractéristiques physiques spécifiques liées aux pratiques sexuelles entre femmes. Dans ces contextes où le classement et la catégorisation des manifestations « naturelles » sont une constante, cette absence est à relever : soit les disciplines produisent des images opposées, soit elles présentent des cas d'école dont la principale caractéristique est d'être illisibles. La seule constante qui transparaît dans ces évocations est, précisément, la difficulté qu'ont les Anciens à appréhender et à interpréter ces relations selon les critères à l'œuvre pour les autres types de relations reconnues. En ce sens, il existe

propos de la double pâleur maladive (*utroque morbo*) d'Hispo, signifie qu'il se livre aux deux formes de pratiques sexuelles avec les hommes.

31. *Soranos d'Éphèse, Maladies des femmes*, édition et traduction par P. Burguière, D. Gourevitch et Y. Malinas, Paris, Belles Lettres, 1988-2000.

32. Gourevitch 1999. Elle affirme également ce silence des textes médicaux dans la Rome de l'époque classique dans son ouvrage *La femme et la médecine à Rome* (Gourevitch 1984, p. 275).

33. Mudry 1999. La majorité des articles s'emploie à mettre en évidence les innovations, les transformations et la spécificité de Caelius Aurelianus, autant d'un point de vue formel que médical. Voir plus particulièrement l'article de Mazzini « Elementi celiani in Celio Aureliano » (p. 27-46), où se trouve mis en évidence le travail d'adaptation des sources par l'auteur qui s'adresse à un public fort différent de celui de Soranos.

34. Pour l'étude des sources astrologiques, voir, plus haut, le développement intitulé « La tribade et les astrologues ».

une catégorie « relations sexuelles entre femmes » dans les représentations antiques : elles sont un hors-champ, un domaine non balisé où les normes et les critères d'évaluation ne trouvent pas de support.

Comment expliquer alors que bon nombre de commentateurs ont véhiculé cette image de la tribade au corps masculinisé et déformé ? Il est possible que certains jeux rhétoriques de l'époque impériale et le recours aux motifs de la paradoxographie aient parasité les lectures des chercheurs et que l'on ait parfois décelé, à tort, une proximité entre ces discours antiques et les représentations des époques médiévale et moderne sur les sodomites et les tribades.

L'influence de la paradoxographie : les motifs récurrents

Dès l'époque archaïque, la littérature se fait l'écho de l'intérêt des Anciens pour les choses extraordinaires (les θαύματα), dans les domaines les plus variés : les paysages naturels, les phénomènes météorologiques, les créations humaines, les comportements des animaux ou des peuples étrangers. Les παράδοξα désignent de façon générale des faits étonnants, singuliers ou inattendus : il peut s'agir autant de choses merveilleuses, qui suscitent l'admiration ou le ravissement, que d'événements éveillant l'étonnement, l'horreur ou la répulsion. Cet intérêt des Anciens se formule en préoccupation métaphysique, scientifique ou esthétique : naît à l'époque hellénistique le genre littéraire de la paradoxographie, qui se présente sous la forme de catalogues ou de petits récits déclinant à l'envi ces *res inauditae, incredulae* (selon l'expression d'Aulu-Gelle[35]). Ce goût se manifeste également par des digressions sur ces θαύματα ou ces *mirabilia* à l'intérieur d'œuvres ne relevant pas du genre de la paradoxographie.

Le champ du sexuel n'échappe pas à ce regard particulier sur le monde et, dans les textes qui traitent directement des *mirabilia* et dans ceux qui produisent un discours plus général sur la nature ou sur l'histoire, ces phénomènes prennent trois formes : l'altération des caractères sexués chez un individu ou un animal (des êtres malformés ou des hermaphrodites), les changements de sexe et certains types d'union sexuelle (les unions entre espèces différentes et l'agalmatophilie[36]). Un constat clair peut être établi : dans les textes paradoxographiques comme dans les textes historiques et scientifiques qui déclinent le motif des *mirabilia* de toutes sortes, il n'est jamais question d'union entre deux êtres femelles provoquant l'horreur ou l'admiration. Mais alors que les ouvrages et des digressions relevant de la paradoxographie n'incluent pas les relations sexuelles entre femmes, des motifs propres à la rhétorique du paradoxe[37] apparaissent dans les textes que nous avons précédemment étudiés. En voici une brève présentation.

35. Aulu-Gelle, *Nuits attiques*, IX, 4. Sur la littérature paradoxographique, voir l'étude de Schepens et Delcroix 1996 et, sur l'extraordinaire dans le monde antique, l'acte du colloque Mudry *et al.* 2004.

36. Sur les *mirabilia* sexuels de façon générale, cf. Boehringer 2004. Sur l'hermaphrodisme, les changements de sexe et les prodiges, voir Delcourt 1938, 1958, 1966 ; Brisson 1976, 1978, 1986, 1990, 1997 ; MacBain 1982.

37. Voir la description des techniques de fabrication du merveilleux à partir du texte d'Antigone de Caryste dans Jacob 1983.

Le topos du nouveau et de l'inédit

L'une des caractéristiques du discours sur les choses étonnantes est de présenter le phénomène comme fascinant, indicible ou déconcertant, ainsi que comme nouveau, inédit, rare ou jamais vu. Ovide évoque dans ses *Métamorphoses* le *miraculum* de la transformation d'Iphis en garçon. Celle-ci s'écrie, désespérée : « Quel sort m'attend, moi qui souffre d'un amour que personne ne connaît (*cura cognita nulli*), un amour extraordinaire (*cura prodigiosa*) et d'un nouveau genre (*novae veneris*[38]) ? » Martial évoque ainsi le comportement de Bassa : il s'agit d'un phénomène qui n'existait pas auparavant puisque c'est elle qui l'a inventé (*commenta es*[39]). C'est la menace de la nouveauté que brandit Chariclès, le personnage des *Amours* du Pseudo-Lucien, défenseur de l'amour des hommes pour les femmes et fougueux détracteur des relations entre hommes. Rappelons l'argument qu'il invoque : « Allons, ère nouvelle (νεώτερε χρόνε), législateur de plaisirs étrangers (τῶν ξένων ἡδονῶν), après avoir imaginé des voies nouvelles (καινὰς ὁδούς) pour le plaisir des hommes, accorde la même liberté aux femmes aussi[40] ! » On retrouve dans ce propos le topos de l'inédit : « La luxure des tribades » est un mot, dit-il, « que nous entendons rarement (σπανίως). »

Le topos du paradoxal

Ovide est l'auteur qui joue le plus avec cette figure du merveilleux. Iphis se parle à elle-même en ces termes : « Elle (Ianthé) ne se refuse pas à ton élan, pourtant, tu ne saurais la posséder. Et quand bien même tout arriverait, même si les dieux et les hommes venaient à ton secours, tu ne pourrais en jouir[41]. » La jeune femme évoque le mariage à venir et ces noces sont un paradoxe social : des noces où « il n'y a pas d'homme, dit-elle, pour prendre femme » et où « il y a deux épousées[42] ». Leur amour est énoncé sous la forme d'une antinomie : la blessure de leur cœur était « égale », mais « leurs espérances étaient différentes[43] ». Iphis résume cette impossibilité d'une phrase tout à la fois érotique et paradoxale : « Nous mourrons de soif au milieu des eaux[44]. » Martial, lui, ne recourt pas aux euphémismes : le paradoxe sexuel est clairement exprimé, dans la pointe finale de son épigramme. Bassa, dit-il, a trouvé comment faire pour qu'il y ait « un adultère commis sans homme[45] ». Autre paradoxe culturel, Bassa semblait être une Lucrèce, elle est en réalité un *fututor*. Tout cela défie les lois du genre et sort vraiment de l'ordinaire.

38. Ovide, *Métamorphoses*, IX, 726-728.
39. Martial, I, 90, 9.
40. Pseudo-Lucien, *Amours*, 28.
41. Ovide, *Métamorphoses*, IX, 752-754.
42. Ovide, *Métamorphoses*, IX, 763.
43. Ovide, *Métamorphoses*, IX, 720-721.
44. Ovide, *Métamorphoses*, IX, 761.
45. Martial, I, 90, 10.

Le topos du monstrueux et du mystérieux

Nos auteurs prennent également soin de préciser à quel point le phénomène qu'ils décrivent est extraordinaire et, de ce fait, ressortit au prodigieux. Ovide l'avait fait dire à Iphis : il s'agit d'une *cura prodigiosa*, d'une *venus nova*. Les mêmes termes se retrouvent chez Martial qui parle de la relation sexuelle de Bassa avec une femme comme d'une *prodigiosa venus*. Il s'agit véritablement, affirme l'énonciateur de cette épigramme, d'un prodige (*monstrum*), digne de l'énigme thébaine (*dignum Thebano aenigmate*) ! Martial poursuit donc ce parallélisme avec les *prodigia* en évoquant la nécessité d'une interprétation de ce signe des dieux. Chariclès, dans les *Amours* du Pseudo-Lucien, utilise lui aussi l'adjectif « monstrueux » (τεράστιον) pour caractériser la technique trouvée par les femmes pour s'accoupler. Enfin, une fois son discours terminé, le narrateur dira que le propos de Chariclès fut pour lui comme un acte purificatoire (τὸ καθάρσιον)[46].

Un autre aspect du monstrueux se manifeste sous la forme de l'excès, du dépassement des limites du possible. Martial insiste sur les quantités lorsqu'il dépeint Philaenis : en plus de vomir « trois litres de vin » et de manger « seize galettes de viande », elle « besogne onze jeunes filles en un seul jour[47] ». L'excès est également suggéré par Chariclès, selon lequel chaque gynécée de chaque οἶκος est sous la menace de cette nouvelle forme d'amour.

Le topos du surnaturel

L'évocation de comportements extraordinaires connote également l'idée de forces inexpliquées, surnaturelles. Certes, le motif de la magie apparaît plus rarement dans les discours sur les relations entre femmes, mais on peut relever que Juvénal allie subtilement ces deux thèmes. La célèbre satire consacrée aux femmes s'achève sur l'image effrayante de la femme empoisonneuse (*venefica*[48]). Au cours de sa longue description des travers féminins, le narrateur évoque les ébats de Tullia et de Maura. On retrouve les circonstances habituelles décrites dans les charmes magiques[49] : la nuit, la solitude, la lune. L'urine féminine entre dans la composition de médicaments magiques[50], parfois concoctés par des sages-femmes souvent plus sexologues qu'obstétriciennes. On ne peut s'empêcher de penser à la description que fera Apulée des deux sorcières Méroé et Panthia arrosant copieusement de leur urine le voisin de chambrée du pauvre Socrate, qui n'a plus beaucoup de temps à vivre[51].

---

46. Pseudo-Lucien, *Amours*, 29.

47. Martial, VII, 67.

48. Juvénal illustre par tableaux successifs l'impudeur et la lubricité des femmes mariées : portraits de femmes buvant des potions abortives, achetant des philtres magiques à des mages thessaliens, préparant des poisons pour l'enfant d'une concubine (*Satires*, VI).

49. Sur les motifs récurrents apparaissant dans les charmes magiques, cf. Winkler 1990, p. 143-196.

50. L'œuvre de Pline l'Ancien est particulièrement riche d'informations sur certaines pratiques féminines (voir Vons 2000, p. 118).

51. Apulée, *Métamorphoses*, I, 13.

Le thème du sexe incertain

Nos auteurs jouent également avec le thème relevant des *mirabilia* qu'est l'incertitude de sexe, incarnée par la figure de l'hermaphrodite. Cela ne signifie pas que les personnages féminins sont dépeints comme étant masculins ou androgynes physiquement, mais que le thème de la bisexuation est abordé soit de façon directe, soit de façon implicite et détournée. Phèdre, dans sa fable, explique l'origine des *tribades* et des *molles mares* par une erreur de Prométhée, qui, ayant trop bu, avait, si l'on peut dire, mal rassemblé les morceaux[52]. Le comble du mauvais goût est atteint par le rhéteur Hybréas dont Sénèque rapporte les propos : « Quant à moi, j'ai examiné l'homme, pour voir s'il l'était naturellement ou artificiellement[53]. » Martial développe aussi ce thème en disant de Bassa, qu'il croyait être une femme chaste, qu'elle est un *fututor* : la formation du terme latin permet un féminin morphologiquement régulier (*fututrix*) mais il y a chez Martial la volonté de jouer sur l'incertitude du sexe. De même, le portrait qu'il dresse de Philaenis allant à la palestre, mangeant, buvant et vomissant comme les sportifs fait d'elle une femme qui se conduit comme un homme. Autre caractéristique : en plus de besogner « onze jeunes filles en un seul jour », Philaenis est capable de prendre sexuellement (*pedicat*) des jeunes garçons. C'est une façon de laisser planer le doute sur le sexe du personnage, mais c'est aussi l'expression – particulièrement crue – d'un véritable paradoxe sexuel.

Il serait trop long d'établir une liste détaillée des expressions « comme le font des hommes (ὥσπερ ἄνδρες) » : elles apparaissent très souvent dans ce contexte où l'homme est absent. Cette comparaison dans la représentation du comportement sexuel marque le bouleversement des catégories sexuelles ressenti par les Anciens, mais n'implique pas un doute réel sur le sexe des femmes en question. La menace de Chariclès est explicite : « Que la chambre de nos femmes devienne chacune une Philaenis enfreignant la décence par ses amours androgynes (ἀνδρογύνους ἔρωτας)[54] ! » C'est le désir de Philaenis, et non le personnage lui-même, qui est ainsi caractérisé mais le terme est là, avec sa connotation terrible de *mirabilia* sexuels. De même, la façon très particulière qu'a Juvénal de décrire les ébats de Maura et de Tullia (*inque uices equitant*[55]) rappelle étrangement les propos de Pline lorsqu'il évoque l'existence en Afrique d'androgynes pourvus des deux sexes (*utriusque naturae*), qui s'unissent l'un à l'autre, alternativement (*inter se vicibus coeuntes*[56]). Cette idée d'interchangeabilité dans le rapport sexuel crée une analogie entre cette forme de *mirabilia* que sont les hermaphrodites et ce type de femmes.

---

52. Phèdre, *Fables*, IV, 16.
53. Sénèque le Rhéteur, *Controverses*, I, 2, 23.
54. Pseudo-Lucien, *Amours*, 28.
55. *Satires*, VI, 311.
56. Pline l'Ancien, *Histoire naturelle*, VII, 15.

Le thème des amours exogènes et du « contre nature »

Les auteurs qui évoquent des relations sexuelles entre femmes établissent des parallèles implicites avec les unions entre espèces différentes. Ovide, par exemple, fait tenir à Iphis, amoureuse et horrifiée, les propos suivants : « On sait que la Crète engendra tous les prodiges (*monstra*) : la fille du Soleil aima le taureau… oui mais au moins, c'était un mâle ! Mon amour, si j'ose l'avouer, est plus démesuré (*furiosior*), car elle, du moins, poursuivait l'espoir d'un rapport sexuel (*spem veneris*). Grâce au stratagème d'une vache fictive, elle subit l'étreinte du taureau, et celui qu'elle abusait commettait un adultère[57]. » En évoquant des amours qui enfreignent les lois de la nature, l'auteur établit (ironiquement) une hiérarchie dans l'horreur. Quand Martial cite l'épisode du mythe d'Œdipe qu'est l'énigme thébaine, c'est aussi une façon de convoquer dans l'imaginaire du public l'image de la Sphinge, monstre hybride[58]. Le discours implicite produit par la juxtaposition de ces formes de relations sexuelles a pour objectif de susciter la même horreur et la même répulsion pour les relations entre femmes que celles que provoquent les unions entre les animaux et les humains.

Ainsi, la comparaison avec le discours des Anciens sur les phénomènes étranges et prodigieux fait apparaître que, pour parler des femmes qui aiment les femmes, les auteurs d'époque impériale recourent au lexique, aux motifs et aux thèmes spécifiques des *mirabilia* et des θαύματα. Il n'est cependant pas possible de prendre cet usage au pied de la lettre ni d'établir des parallèles avec des pratiques discursives d'époques postérieures : les Anciens n'ont jamais considéré ces relations comme relevant d'une punition divine, et les paradoxographes ne s'y intéressent pas. Les textes avec des références aux relations sexuelles entre femmes relèvent d'un tout autre domaine, celui de la poésie mythographique et de la satire sociale.

La rhétorique paradoxographique à l'œuvre dans ces textes a pour effet de construire leur propre objet, par la négative : ces comportements sont présentés comme un extraordinaire social, qui ne trouve d'analogie avec aucune autre pratique humaine. À cela s'ajoute le fait que ces discours ne mentionnent jamais de personnages réels (qu'il s'agisse de figures historiques ou de simple particuliers, esclaves ou citoyens). Contrairement aux productions des orateurs attiques ou aux récits historiographiques qui mentionnent les pratiques érotiques ou sexuelles de tel ou tel individu, les sources étudiées ne nous ont transmis aucun nom, aucune indication sur une femme grecque ou romaine. Fortunata, tout comme Bassa ou Iphis, apparaissent dans des textes de fiction. Quant aux cas de Sappho et de Philaenis, les études précédentes ont montré à quel point, si ces figures sont révélatrices de l'évolution des représentations, elles sont devenues des personnages imaginaires : la poétesse de Lesbos entre dans la liste des personnages mythiques des *Héroïdes*, l'auteur de manuel érotique devient un personnage antonomastique qui traverse les siècles. Par ailleurs, les effets d'intertextualité amplifient cette

---

57. Ovide, *Métamorphoses*, IX, 735-740.

58. Martial (I, 90) relie ici le thème du prodige sexuel au mythe d'Œdipe, portant sur la question de l'inceste et impliquant un personnage affecté d'un handicap physique (Œdipe boîte). Sur le lien entre la claudication et la bisexuation dans la mythologie, voir l'exemple développé par Papathomopoulos (1992).

« dé-réalisation » : comme les chapitres précédents l'ont montré et comme l'illustrera l'étude des *Dialogues des courtisanes* de Lucien dans l'épilogue, les textes se renvoient les uns aux autres avant même de renvoyer au réel. Ce fonctionnement autonome du discours fait des relations entre femmes une construction pour érudits et public averti, un objet de fiction entièrement coupé du réel, une pure vue de l'esprit.

Point de tribade au physique reconnaissable par un physiognomoniste, point d'opération médicale ni d'ablation du clitoris sur des femmes pour motif d'attirance « homosexuelle », point de tableaux de femmes entre elles plongées dans le stupre, la luxure et les godemichés, point de construction asymétrique et cohérente du « couple lesbien » sur le modèle actif/passif ou masculin/ féminin. Par la permanence des modèles représentatifs qui disposent peu à peu le personnage « femme qui a des relations sexuelles avec une femme » dans un ensemble abstrait et par un véritable fonctionnement en vase clos, le discours de l'époque impériale invalide l'existence de telles relations, soit en soulignant leur illisibilité sociale, soit par le recours aux motifs rhétoriques de la paradoxographie. Il présente ces pratiques comme figurant hors du champ des possibles, souligne à quel point elles n'entrent dans aucune catégorie socialement définie et, de ce fait, les constitue en creux comme un ensemble spécifique.

ÉPILOGUE :

LUCIEN ET LA SATURATION DES SIGNES

Le dialogue 5 des *Dialogues des courtisanes* de Lucien est un des passages les plus longs de la littérature antique abordant le thème des relations sexuelles entre femmes. Son unité formelle a donné l'illusion d'une limpidité, et de nombreux commentateurs se sont appuyés sur ce texte pour construire l'image d'une tribade antique, virile et active, prostituée et vénale[1]. Pourtant, la nature même de l'œuvre de Lucien rend périlleuse l'interprétation de ce passage, et le lien avec les représentations et les pratiques des Anciens est extrêmement difficile à établir : une fois certains éléments éclaircis, c'est une tout autre représentation des catégories sexuelles que ce texte met au jour.

Les *Dialogues des courtisanes* ont été achevés par Lucien vers 160 ap. J.-C. L'œuvre s'inscrit dans le mouvement de la Seconde Sophistique, qui a conduit à donner une légitimité à des genres qui n'étaient auparavant considérés que comme des exercices pour futurs orateurs. Ces dialogues, cependant, n'avaient pas pour objectif l'entraînement à la rhétorique et Lucien innove en reprenant une forme littéraire ancienne, à destination philosophique, pour en faire un genre quasi dramatique où il intègre des éléments propres à ces exercices préparatoires.

Là, c'est tout un catalogue des personnages attendus du monde de la prostitution dans l'Athènes classique qui défile : amants jaloux, mères maquerelles, prostituées expérimentées ou débutantes naïves, jeunes premiers et clients exigeants. Le ton léger de ces parodies, en partie inspirées de la comédie nouvelle[2], trouve une audience et ces thèmes sont repris, à la même époque, dans des recueils de lettres fictives. Le dialogue 5 qui nous intéresse a posé quelques problèmes dans la recherche des sources des philologues. Alors que les autres dialogues parlent de courtisanes désespérées, naïves ou vénales, de clients possessifs, jaloux ou avares, de soldats fanfarons – *topoi* de la comédie grecque des IIIe et IIe siècles –, il aborde le thème des relations sexuelles entre

---

1. Haley 2002 propose une des rares lectures du dialogue qui ne reconduisent pas cette image de la « tribade » prostituée et débauchée.

2. Les parentés avec la nouvelle comédie ont été étudiées par Legrand (1907 et 1908).

femmes, pour lequel les philologues n'ont trouvé aucun parallèle dans la comédie[3].
Autre écueil : si l'action se déroule dans l'Athènes de l'âge d'or que Lucien connaît
parfaitement, ces dialogues ne livrent pas des « tranches de vie » réalistes de la vie des
prostituées de la Grèce classique, pas plus qu'ils ne sont une simple reprise de thèmes
connus et de motifs familiers de la comédie d'époque hellénistique : le choix qu'opère
l'auteur parmi les sources et les *topoi* nous renseigne sur les goûts lettrés et antiqui-
sants de l'époque de Lucien, et ses innovations sur ce qui suscitait un intérêt particulier chez un public du IIe siècle ap. J.-C.

Voici ce dialogue :

> *Klonarion* : Nous en apprenons de bien bonnes sur toi, Léaina ! On dit que la riche Mégilla
> de Lesbos t'aime comme le ferait un homme (ὥσπερ ἄνδρα) et que vous faites je
> ne sais quoi toutes les deux lorsque vous couchez (συνεῖναι) ensemble. Alors ? Tu
> rougis ? Allez, dis-moi si c'est vrai.
>
> *Léaina* : Oui, c'est vrai, Klonarion, mais je n'en suis pas fière car c'est vraiment quel-
> que chose d'étrange (ἀλλόκοτον τί).
>
> *Klonarion* : Par la déesse nourricière, de quoi parles-tu ? Que veut cette femme ? Et que
> faites-vous lorsque vous couchez ensemble ? Tu vois, tu ne m'aimes pas, sinon tu
> ne me cacherais pas des choses pareilles.
>
> *Léaina* : Mais si, je t'aime, autant que toute autre… mais, c'est étonnant, cette femme
> est comme un homme (ἀνδρική).
>
> *Klonarion* : Je ne comprends rien à ce que tu racontes… à moins qu'il ne s'agisse d'une
> *hetairistria*. On dit qu'il y en a des comme ça, à Lesbos, des femmes à l'air viril
> (ἀρρενωπούς) qui ne veulent pas se donner aux hommes, mais qui ont des relations
> avec des femmes (γυναιξὶ πλησιαζούσας) comme des hommes.
>
> *Léaina* : Oui, c'est quelque chose comme ça.
>
> *Klonarion* : Eh bien, Léaina, c'est ça aussi qu'il faut me raconter en détail : comment d'abord
> elle a fait ses avances, comment tu as cédé, et tout ce qui s'est passé après.
>
> *Léaina* : Elle organisait une soirée, avec Démonassa la Corinthienne. Celle-ci aussi est
> riche et elle a les mêmes pratiques (ὁμότεχνος) que Mégilla. Elle m'a fait venir pour
> leur jouer de la cithare. Puis, une fois que j'avais joué, il était tard, il était temps
> d'aller se coucher. Elles avaient bien bu et Mégilla a dit : « Eh bien, Léaina, c'est le
> moment d'aller au lit. Viens te coucher avec nous, juste entre nous. »
>
> *Klonarion* : Tu t'es couchée ? Et ensuite, qu'est-ce qui s'est passé ?
>
> *Léaina* : D'abord elles m'ont embrassée (ἐφίλουν) comme des hommes, pas seulement
> en posant leurs lèvres sur les miennes, mais en entrouvrant la bouche. Puis elles
> m'ont enlacée (περιέβαλλον), m'ont touché les seins (τοὺς μαστοὺς ἔθλιβον). Et
> Démonassa, elle me mordait pendant qu'elle m'embrassait. Moi, je n'arrivais pas trop
> à comprendre de quoi il retournait. Au bout d'un instant, Mégilla, alors tout échauf-
> fée, a arraché la perruque de sa tête – très ressemblante et bien attachée – et elle s'est
> montrée, le crâne nu, rasée comme les athlètes les plus vigoureux. En voyant ça, j'ai
> été assez troublée (ἐταράχθην). Alors, elle a dit :
> – « Léaina, as-tu déjà vu un aussi joli jeune homme (νεανίσκον) ? »
> – « Mais, Mégilla, je ne vois pas de jeune homme ici », j'ai dit.

---

3. Pour une synthèse des approches de l'œuvre de Lucien s'appuyant sur ce dialogue
pour prouver ou infirmer l'originalité créative de l'auteur, cf. Anderson 1994, p. 422-426.

– « Ne parle pas de moi au féminin, a-t-elle dit. Moi, je me nomme Mégillos, j'ai épousé (γεγάμηκα) il y a longtemps Démonassa que voici et elle est ma femme (ἔστιν ἐμὴ γυνή). »

À ces mots, j'ai ri, Klonarion, et j'ai dit :

– « Ainsi donc, tu nous avais caché que tu étais un homme, Mégillos, comme Achille qui, à ce qu'on raconte, se cachait parmi les jeunes filles. Et est-ce que tu as ce qu'ont les hommes (τὸ ἀνδρεῖον ἐκεῖνο), et est-ce que tu fais à Démonassa ce que font les hommes ? »

– « Non, ça, je ne l'ai pas, Léaina, a-t-elle répondu, mais je n'en ai absolument pas besoin. Tu verras que je fais l'amour (ὁμιλοῦντα) à ma façon, et bien plus agréablement. »

– « Mais alors, ai-je dit, tu es Hermaphrodite, comme on dit qu'il y en a beaucoup, des comme lui, qui ont les deux sexes ? »

En effet, Klonarion, je ne comprenais pas encore de quoi il s'agissait.

– « Absolument pas, a-t-elle dit, mais, pour tout, je suis un homme. »

– « J'ai entendu la joueuse de flûte Ismènodora, la Béotienne, qui racontait des histoires de chez elle, dire que, à Thèbes, quelqu'un aurait été transformé de femme en homme. C'était même un devin célèbre, je crois, du nom de Tirésias. Te serait-il ainsi arrivé la même chose ? »

– « Pas du tout, Léaina, a-t-elle dit, je suis née comme vous autres, les femmes, mais mon esprit, mes désirs (ἡ ἐπιθυμία) et tout le reste sont, chez moi, comme ceux d'un homme. »

– « Et alors, les désirs te suffisent ? », ai-je demandé.

– « Mais alors, Léaina, laisse-toi faire, si tu ne me crois pas, a-t-elle répondu, et tu comprendras que, par rapport aux hommes, il ne me manque rien, car à la place de ce qu'ils ont (ἀντὶ τοῦ ἀνδρείου), moi j'ai quelque chose. Mais laisse-toi faire et tu verras. »

Je me suis laissé faire, Klonarion, après qu'elle m'eut longtemps priée et offert un collier précieux et des vêtements de tissus fins. Ensuite, je l'ai prise dans mes bras (περιε-λάμβανον) comme un homme, elle s'activait (ἐποίει), m'embrassait, soupirait, et, à ce qu'il m'a semblé, elle éprouvait un plaisir sans limite (ἐς ὑπερβολὴν ἥδεσθαι).

Klonarion : Elle faisait quoi, Léaina, et comment ? C'est surtout ça qu'il faut que tu me dises.

Léaina : Ne me demande rien de plus précis, ce sont des choses honteuses (αἰσχρά) et, par la Déesse ouranienne, je ne peux rien dire de plus.

La structure de ce dialogue est très différente de celle des autres dialogues qui composent l'œuvre : l'échange entre Léaina et Mégilla se trouve enchâssé dans celui de Léaina et de Klonarion, et Léaina le ponctue de remarques et de commentaires qui peuvent être l'écho de ses pensées soit au moment des faits, soit au moment où elle s'adresse à Klonarion. Par conséquent, le récit des événements peut être une élaboration *a posteriori* en fonction de ce qu'elle veut transmettre ou faire croire au destinataire, ou en fonction, simplement, de sa perception des faits. Ce dialogue enchâssé est donc livré selon un point de vue totalement subjectif mais Lucien, au moyen du discours direct, lui donne une apparence d'objectivité.

Quatre femmes apparaissent. Klonarion, dans un premier temps, parle au nom de toute la communauté des courtisanes : c'est la courtisane type, annoncée par le titre de l'œuvre. C'est elle qui présente Léaina, une autre courtisane au nom bien attique également, et raconte la rumeur dont elle fait l'objet : elle fréquenterait de très près une étrangère, Mégilla[4]. Rien ne permet de penser que Mégilla soit une courtisane. Il est dit qu'elle est riche, qu'elle est originaire de Lesbos, qu'elle organise des soirées où elle fait venir une musicienne. Dans de nombreux textes satiriques et humoristiques, et particulièrement chez Lucien, l'origine géographique fonctionne comme un « marqueur » : il ne s'agit cependant pas ici d'une allusion à la réputation de lubricité et de débauche des habitants de Lesbos[5], car Klonarion explicite son propos en parlant de ces femmes « qui ont des relations avec des femmes comme des hommes » et en utilisant le terme rare d'*hetairistria*[6]. Klonarion ne donne aucune indication sur l'apparence de Mégilla ni sur une caractéristique physique qui aurait retenu son attention ou celle de l'opinion publique. Ainsi, lorsque Léaina dit de Mégilla qu'elle est « masculine », il est certain qu'il ne s'agit pas d'un trait frappant, visible par tous : la perruque, dont Léaina découvre l'existence un peu plus tard, ressemble à une vraie chevelure et, alors que Léaina a côtoyé Mégilla toute la soirée, elle est très étonnée lorsque celle-ci lui demande de la nommer d'un nom masculin. Mégilla n'est donc pas une femme qui ressemble à un homme et, lorsque Léaina utilise le terme d'ἀνδρική, elle qualifie, non un type de physique, mais un état temporaire et un comportement spécifique.

Le choix du nom de Démonassa, sa compagne, souligne le fait qu'il ne s'agit pas d'une femme athénienne mais d'une étrangère (ce nom appartient à la sphère dorienne). L'origine corinthienne du personnage est en revanche plus ambiguë : Corinthe fonctionne généralement comme marqueur de prostitution, mais le texte ne précise rien non plus au sujet de la profession de ce personnage. On apprend qu'elle est riche et que, selon le récit de Léaina, Mégilla la présente comme sa femme (ἔστιν ἐμὴ γυνή). De plus, quand Klonarion donne une définition des *hetairistriai* (à savoir « des femmes semblables à des hommes, qui ne veulent pas se donner aux hommes, mais qui ont des relations avec des femmes comme des hommes »), Léaina approuve l'application de ce terme à Mégilla. Si ces deux femmes refusent les hommes, il n'est pas vraisemblable – dans la logique de la fiction – qu'elles puissent vivre de la vente de leurs charmes à des citoyens grecs. D'ailleurs, lors de la soirée organisée par les deux femmes, aucun homme n'est présent (client ou amant potentiel). Par conséquent, l'allusion à la réputation de ces villes, par la mention de l'origine géographique de ces deux personnages concerne le sexe, et non le commerce du sexe[7].

---

4. Sur les noms des personnages de ce dialogue, cf. Mras 1916.

5. Voir, dans la partie I, « Bref excursus sur un faux ami : *lesbiázein* ».

6. L'unique occurrence de ce terme qui nous soit parvenue apparaît dans le *Banquet* (191d) et c'est sans aucun doute un clin d'œil savant de Lucien. Quant à Lesbos, les textes grecs et latins ne mentionnent les amours féminines de Sappho qu'à partir du Ier et du IIe siècle de notre ère, et ce n'est donc qu'à cette époque-là que la référence à l'île d'origine de la poétesse peut connoter les relations sexuelles entre femmes. Voir, dans la partie III, « Le paradoxe saphique ».

7. C'est le terme d'ὁμότεχνος employé par Léaina à propos de Démonassa qui, par son ambivalence, entraîne cette confusion sur la profession des deux étrangères : dans ce contexte, le terme peut se comprendre comme une allusion humoristique et satirique aux « compétences

Les quatre personnages féminins mis en scène dans ce dialogue entretiennent des liens complexes. Sont évoquées deux relations entre deux femmes et une étreinte enfiévrée à trois.

Mégilla/Léaina

Klonarion rapporte une rumeur selon laquelle Léaina et Mégilla ont une relation érotique régulière. Dès la première réplique et avant même de connaître les circonstances de la rencontre des deux femmes, le public est informé du dénouement : le sujet du dialogue n'est donc pas de savoir s'il y a – ou non – une relation entre deux femmes, mais porte sur les modalités de cette relation. Ce que le public en sait provient du récit de Léaina elle-même : elle a été séduite et entraînée – mais pas contrainte – à avoir une relation avec une femme qui prétend être un homme sans l'être biologiquement. Elle avoue avoir été troublée. La relation sexuelle a été consommée puisque, après les baisers et les étreintes, Mégilla « s'activait[8] » et a éprouvé du plaisir, tandis que Léaina l'a prise dans ses bras et a fait l'amour[9] avec elle comme avec un homme.

Le dialogue 5 décrit la relation entre Léaina et Mégilla comme une relation érotique suivie qui apparaît aux yeux de la communauté des courtisanes comme engageant également l'une et l'autre. Léaina, en revanche, dans le récit qu'elle fait des événements, tend à mettre en évidence une dissymétrie entre elle et Mégilla et à placer chacune dans les rôles traditionnels actif/passif. N'oublions pas, cependant, qu'il ne s'agit pas d'un récit objectif des faits, mais du récit *a posteriori* d'événements dans lesquels l'énonciatrice est impliquée.

Mégilla/Démonassa

L'autre relation dont fait état le dialogue 5 est celle de Mégilla et de Démonassa. Ce sont elles deux qui ont organisé la fête et fait venir Léaina. Selon les dires de Mégilla à Léaina, elles se connaissent depuis longtemps. Au moment où Mégilla enlève sa perruque et demande à Léaina, incrédule, de la nommer Mégillos, elle précise : « J'ai épousé, il y a longtemps, Démonassa que voici, et elle est ma femme. » Le sens du verbe γαμέω a été diversement interprété selon les traducteurs et commentateurs de ce passage, certains argumentant pour comprendre le terme dans un sens uniquement sexuel[10]. L'affirmation par Mégilla de son mariage avec Démonassa et la précision

dans le domaine du sexe » qu'auraient en commun Mégilla et Démonassa, et que la suite du récit va mettre en évidence.

8. Le sens sexuel du terme ποιεῖν est sans ambiguïté. Son équivalent latin *facio* est utilisé à l'époque impériale pour désigner l'acte sexuel de façon très générale (Adams 1982, p. 204).

9. Sur le sens érotique de περιλαμβάνειν, cf. Robert 1965, p. 184-189 (qui renvoie à l'inscription funéraire d'Aphrodisias n° 569) et Cameron 1998, p. 144.

10. Sur le sens de γεγάμηκα dans ce passage et les controverses auxquelles il a donné lieu, voir Boswell 1994, p. 112 ; Sirugo dans Pellizer 1995, p. 163, n. 32 ; Cameron 1998, p. 143. Sur l'utilisation de termes grecs et latins signifiant le mariage pour désigner l'union sexuelle, cf. Adams p. 159-161. Pour les nombreux euphémismes désignant les relations sexuelles, voir Henderson 1975, p. 154-161.

« depuis longtemps » participe pourtant de la même logique impliquée par sa volonté d'être nommée d'une certaine manière : dans les deux cas, il y a inscription dans un champ social.

Est-ce à dire que Mégilla et Démonassa sont réellement mariées et que Lucien veut signifier qu'il existait des couples de femmes reconnus ? Évidemment non. Il y a là un jeu sur la polysémie du mot que permet la situation d'énonciation complexe mise en place par Lucien. Lucien fait dire à Mégilla quelque chose de particulièrement spec-taculaire et étonnant, quelque chose d'impossible, et le public rétablit le seul sens qui lui semble convenir dans une telle situation, un sens sexuel. En effet, alors qu'une telle affirmation pourrait entraîner des questions très précises sur les modalités de ce mariage (où, quand, comment ?), Lucien crée un effet d'humour en faisant réagir son personnage de façon tout à fait conforme aux stéréotypes de la courtisane : alors qu'on lui annonce quelque chose d'énorme et d'incroyable, ce qui intéresse Léaina est uni-quement l'aspect sexuel (comment faites-vous ?)… et c'est bien aussi ce qui intéresse Klonarion et le public de Lucien.

La deuxième relation évoquée dans ce dialogue est fondée autant sur une vie com-mune que sur un lien érotique. C'est un lien ancien et durable, extérieur au monde de la prostitution, verbalisé et exhibé, entre la Lesbienne et la Corinthienne, où Mégilla joue le rôle *social* de l'époux.

Léaina/Mégilla/Démonassa

En plus de la relation Léaina/Mégilla et Mégilla/Démonassa est décrite une étreinte particulièrement érotique entre les trois femmes, une étreinte qui vient brouiller les pis-tes et faire voler en éclats l'opposition partenaire actif/partenaire passif qu'on aurait trop vite tendance à plaquer sur ces personnages fictifs.

À la fin de la soirée, Mégilla invite Léaina à rester avec elle et Démonassa, et à se coucher entre elles deux. Les deux ont bu, ce sont les deux qui embrassent Léaina et qui lui caressent les seins. Aucun doute n'est permis, Démonassa est là aussi « active », comme Lucien prend bien soin de le préciser. Aucun doute non plus sur la nature des embrassements : il ne s'agit pas de baisers chastes et amicaux mais de baisers sexuels, bouches entrouvertes. Si les deux font « comme les hommes », les deux sont-elles, selon la définition donnée par Klonarion précédemment, des ἑταιρίστριαι ? La réponse n'est pas apportée, mais l'auteur sème définitivement la confusion. De la même manière, une fois convaincue, Léaina prend Mégilla dans ses bras et lui prodigue des caresses et des baisers appropriés. Même si elle ne dit rien à Klonarion de ses propres sensations et si elle ne décrit ensuite que les actes de Mégilla, les termes utilisés ne la présentent pas comme une partenaire passive : ni Démonassa ni Léaina ne sont présentées par Lucien comme des femmes soumises dans une relation de domination.

Une (mise en) scène très spéciale

Quelle image des femmes qui ont des relations avec des femmes ce dialogue déve-loppe-t-il ? Comme toujours dans les œuvres de Lucien, le rapport à la réalité est com-plexe : Lucien n'est ni un historien, ni un chroniqueur ; la satire comme l'éthopée sont des genres qui procèdent par distorsion de la réalité, l'une par des exagérations humoristiques, l'autre par l'hypercaractérisation des types. Lucien procède par énigmes et place des filtres : les références à des personnes ou à des événements sont souvent indirectes, voire cryptées.

Ici aussi Lucien joue avec son public. Pourquoi, en effet, ne lui livre-t-il pas, de façon directe, le dialogue Léaina/Mégilla, de la même manière qu'il met en scène tous les autres personnages de ses dialogues ? Si l'on observe attentivement la construction du dialogue, on trouve une réponse à cette question : par cet enchâssement, Lucien met en scène les liens typiques de la relation entre l'auteur et son public. Klonarion incarne l'auditoire, attentif et intéressé, Léaina l'auteur, qui connaît les attentes de son public, agence savamment les éléments de son récit et décide de ce qui va, ou non, être dit. Grâce à cette mise en abyme, Lucien montre ce qui se produit lorsqu'on lit ses propres œuvres : Klonarion est son public, tenu en haleine par le talent de l'auteur ; Léaina est l'auteur et, comme Lucien, elle connaît le pouvoir des mots. Lucien compose des dialogues, Léaina aussi.

Ce qui nous intéresse au plus haut point est que, dans cette structure où Lucien montre le processus à l'œuvre lorsque lui-même écrit un dialogue, il choisit le sujet qui lui semble le plus approprié pour illustrer ce processus : ce sujet, ce sont les relations sexuelles entre femmes. Il produit donc un discours sur les discours sur l'homosexualité féminine puisqu'il en présente les différents clichés en les désignant comme tels et en mettant en évidence leur caractère contradictoire, dans une fiction où il fait feu de tout bois. La construction particulière de ce dialogue, de même que la réflexion menée par Lucien sur le processus de création littéraire impliquant un rapport de pouvoir et d'interaction entre l'énonciateur et le destinataire, apportent plus d'informations sur l'attitude des Anciens que le contenu brut des propos de Léaina. Par conséquent, nous sommes ici en mesure d'interpréter ce que dit Léaina de Mégilla, non comme des idées reçues ou comme des croyances profondes qu'avaient les Anciens de cette époque sur ces femmes, mais comme la somme de tous les clichés – identifiés comme tels – circulant sur le sujet, au IIe siècle ap. J.-C.

Les *topoi* mis en scène par Lucien se déclinent sur six motifs :
– le recours au vocabulaire de la honte ;
– la référence aux θαύματα, au nouveau, au paradoxal ;
– la référence à des mythes de bisexuation ;
– l'ivresse et la débauche ;
– le parallèle avec les comportements des hommes ;
– le brouillage des rôles sexuels.

Durant tout le dialogue, Lucien joue avec ces clichés et les variations attendues : s'il les suggère, c'est pour les détourner, brouillant les pistes et plaisantant avec son public, qu'il met en boîte, littéralement, par cet emboîtement de dialogues. En effet, les femmes sont ivres, mais pas toutes, et pas tout le temps ; elles sont étrangères, mais pas les trois ; l'une d'elles est prostituée, et c'est tout ; l'une d'elles ressemble à un homme, mais seulement une sur trois, et pas tout le temps ; elles ont des relations sexuelles, mais pas forcément sur le mode actif/passif ; les hommes sont la référence constante des comparaisons mais on constate leur absence effective ; on soupçonne l'utilisation d'un olisbos, mais rien n'est moins sûr. Bref, ce dialogue n'est pas, comme on s'est plu à l'imaginer, le portrait par Lucien de l'homosexuelle type, masculine et active. Au contraire, l'auteur procède à une réelle entreprise de déconstruction de ces portraits tout faits, par l'accumulation de tous les clichés et les contradictions qu'elle entraîne.

Parmi tous les textes antiques où il est question de relations entre femmes, jamais aucun texte n'avait eu recours à une telle quantité de *topoi*. Lucien, précisément, souligne le mouvement général du discours topique sur les relations entre femmes qui tente de faire entrer celles-ci dans un « champ de signification balisé », sur le modèle de l'opposition actif/passif et pénétrant/pénétré. Il montre les incohérences de ces clichés et produit, dans son dialogue 5, un discours invalidant l'efficacité de ce paradigme actif/ passif. Au fil du dialogue, chaque fois qu'un élément correspond à une catégorie, un autre rend caduque cette classification. De cette surabondance et de cette hypercaractérisation de certains comportements féminins, il ressort que les rapports entre femmes n'entrent dans *aucune* des catégories sexuelles au moyen desquelles la culture grecque, puis romaine, évalue les comportements.

En extrayant les relations entre femmes du discours figé et contradictoire qu'elles produisaient, Lucien s'intéresse à certains des aspects peu développés de la question : l'érotisme entre femmes et le mystère qui l'entoure. Au fur et à mesure que les clichés s'épuisent les uns les autres et perdent de leur force, un thème nouveau apparaît : celui du plaisir. Chez Lucien, même si le mystère plane encore sur les conditions de la production de ce plaisir, les relations entre femmes quittent le domaine des *thaumata*. L'auteur, en épinglant les pratiques discursives de ses contemporains, accomplit un tour de force qu'il convient de relever. Dans les autres dialogues des *Dialogues des courtisanes*, l'horizon est sombre : il est question de jalousie, de violence, de stratagèmes divers dictés par l'appât du gain. Les rapports sexuels sont feints, par jalousie et par défi, ou espérés sans jamais être concrétisés. Pas une seule relation sexuelle entre un homme et une femme n'a lieu, dans ces dialogues qui portent pourtant un titre si prometteur. Ultime paradoxe pour un public antique : l'unique dialogue où Lucien décrit un baiser torride, des caresses érotiques et des étreintes qui mènent au plaisir est celui où l'homme est absent.

CONCLUSION

Il faut prendre garde aux effets d'optique. Comme dans toute recherche historique ou anthropologique, les textes et les images ont été abordés et passés au crible d'un questionnement contemporain. Le regroupement des sources a été effectué dans un premier temps sur la base d'un ensemble de pratiques qui semble cohérent à notre époque et dont on ne sait *a priori* s'il l'était aux différentes époques du monde antique. Puisque l'objectif est de mettre au jour les critères antiques qui présidaient aux distinctions des pratiques sexuelles et sociales, la découverte progressive de ces critères amène le chercheur, dans un second temps, à élargir le corpus des sources dans certains domaines, à le restreindre dans d'autres, dans un constant aller-retour entre la modernité de sa question et l'inexorable « exotisme » des textes et des images qu'il étudie, dans une constante méfiance face aux catégories qui lui sembleraient si proches, si ressemblantes, si « modernes ». L'ultime objectif, enfin, est d'accomplir le mieux possible le « saut anthropologique » périlleux qui consiste à passer des textes et des images aux représentations et aux pratiques antiques.

La réalité des représentations

La question des représentations est un sujet controversé et son étude a parfois été critiquée, sur le motif qu'il ne s'agit pas d'« histoire » ni de « réalité ». Pourtant, peut-on parler d'une même « réalité » dans le cas de deux sociétés qui, à propos d'une pratique culturelle ou sociale qui leur serait commune, ne produiraient pas le même discours ou élaboreraient des imaginaires totalement opposés ?

Actuellement, ce n'est pas parce que des murs entiers des villes modernes sont couverts d'affiches publicitaires arborant des slogans ludiquement machistes que les hommes et les femmes de la société française vivent, tous et sans nuance, dans un tel rapport des sexes : pourtant ces images sont à l'œuvre dans les rapports des sexes et dans les fantasmes érotiques tels qu'ils se construisent ou sont mis en scène à l'époque contemporaine. De la même manière, est-il suffisant, pour connaître les mentalités médiévales, de savoir quel pourcentage de la population française vivait en couple marié si l'on n'étudie pas également la naissance de la littérature courtoise et l'émergence d'une nouvelle culture de l'amour ? Le *Satiricon*, malgré son caractère unique et son lien indéfinissable avec le réel, appartient, comme l'analyse F. Dupont, « tout entier à l'imaginaire – tout entier au réel[1] ». De façon plus générale, les productions artistiques et médiatiques font partie de la réalité de la vie de l'individu moderne : ces produits de l'imaginaire sont là, créés ou subis, et les réactions qu'ils entraînent (rejet, indifférence, déni ou, à l'inverse, enthousiasme et création) sont également des réalités avec lesquelles un chercheur du futur – archéologue, historien, philologue ou anthropologue – devra compter s'il veut comprendre une société autrement que par l'angle des statistiques sociologiques, des dates officielles des batailles, des considérations économiques et des lectures littérales des journaux ou des communiqués de presse.

Les recherches constructionnistes sur la sexualité antique et son interaction constante avec la vie sociale[2] ont pris en compte ces imaginaires et ont pu, parfois, faire le « saut », par le biais d'hypothèses, entre les représentations et les pratiques, grâce au volume important de sources dont les chercheurs disposent. Mais ce « saut » vers les pratiques n'est pas ce qui fait l'unique valeur de ces recherches : le passage du discours littéraire et iconographique aux imaginaires et aux représentations est tout aussi important, tout autant riche d'informations sur les sociétés antiques.

Un système antique de genre : anachronisme de la binarité

Pour l'historien ou l'anthropologue qui étudie une société, il n'y a pas de différence « réelle » ni objective : ce qui l'intéresse, ce sont les processus de différenciation (ce qui est opposé, comparé, considéré comme très différent, peu différent) et les processus de catégorisation (ce qui est considéré comme suffisamment semblable pour être intégré dans une même catégorie). La différence de sexe n'est pas en soi et en toutes circonstances une différence qui a du sens ou qui fait sens : « Les sociétés humaines surdéterminent, écrit N.-C. Mathieu, la différenciation en assignant aux deux sexes des fonctions différentes (divisées, séparées et généralement hiérarchisées) dans le corps social en son entier[3]. » En ce qui concerne nos sociétés occidentales, cette différenciation s'exerce visiblement dans trois champs : celui de la division sociosexuée du travail et des moyens de production, celui de la reproduction et de l'« élevage » du nourrisson, celui de la sexualité. Ce que les chercheurs nomment le « genre » est, dans ce cas, l'ensemble des caractéristiques sociales et culturelles attachées à l'un et à l'autre sexe. C'est un système complexe qui conduit à créer des « femmes sociales », des « hommes sociaux ». L'individu le moins marginal et le mieux intégré – celui que l'on considère comme « normal » selon des normes explicites ou tacites – est celui pour lequel il y a adéquation du genre et du sexe. Ce que l'on appelle l'« orientation sexuelle » vient jouer un rôle important dans ce système de genre : l'hétérosexualité renforce cette adéquation tandis que l'homosexualité la perturbe (selon des modalités variées et complexes[4]). Cette binarité du genre, celle qui fait émerger le masculin et

---

1. Dupont 1977, p. 13 ; elle ajoute : « Les fantasmes d'une époque, d'un groupe social, sont des "réalités" historiques. »

2. Nous pensons avant tout aux travaux d'Halperin, de Winkler, de Williams, de Calame, de Dupont et d'Éloi.

3. Mathieu, p. 205.

4. Sur ces questions, voir, entre autres, Butler 1990 et Fassin 2002.

le féminin, fonctionne dans des sociétés où l'opposition homme/femme est très marquée, dans la vie réelle ou dans les représentations ; elle fonctionne également dans des sociétés qui ont inventé l'hétérosexualité et l'homosexualité.

Dans d'autres civilisations, dans d'autres lieux, à d'autres époques, la différence des sexes peut être perçue comme moins importante que celle qui existe entre, par exemple, les individus sains et les individus malades, entre les personnes de différentes castes, entre les hommes noirs, blancs ou métis, entre les esclaves, les métèques et les citoyens, etc. Et, en effet, alors que nos sociétés occidentales se sont construites sur une opposition ressentie entre les hommes et les femmes (ce qui n'implique pas forcément et systématiquement une inégalité), les sociétés antiques s'appuient d'abord, dans leur processus de catégorisation et dans leur perception des individus, sur des critères sociaux. Dans le monde antique, il n'existe pas de « conscience de sexe », sur le modèle de la conscience de classe qui a émergé à la fin du XIXe siècle ou du sentiment d'appartenance à la « moitié de l'humanité » tel qu'il a pu se formuler lors des luttes féministes du XXe siècle. En Grèce et à Rome, comme l'écrit R. Mesli, « l'altérité n'a pas été pensée essentiellement en termes de différence des sexes ; hommes et femmes ne se pensaient pas comme unis par une identité fondamentale et par une communauté de destins qui aurait transcendé leur appartenance sociale[5] ».

De plus, dans ces sociétés où l'« orientation sexuelle » fondée sur l'identité du sexe du partenaire n'existe pas, il ne peut émerger de sentiment d'appartenance à un groupe ou une communauté qui aurait une histoire spécifique (les gays, les lesbiennes). Or une société où l'identité de sexe n'est pas le critère principal pour penser la relation sociale et où elle constitue un critère secondaire dans les relations érotiques *ne construit pas* les rapports sociaux de la même manière qu'une société qui place en premier lieu cette identité dans sa perception de rapports sociaux et de la sexualité : les rapports économiques, les relations pédagogiques, les rapports de pouvoir, les relations politiques, sont à interpréter selon ces représentations. Bien sûr, le critère de sexuation existe également en Grèce et à Rome – et il n'est pas question de le nier –, mais ce critère est relatif et il joue des fonctions très différentes selon les domaines de l'activité humaine.

L'idée d'une norme fondée sur l'adéquation sexe/genre et l'élaboration d'une binarité du genre, telles qu'elles sont formulées dans les études sur les sociétés occidentales contemporaines, sont justifiées, mais elles ne peuvent être appliquées sans distinctions à toutes les sociétés : en Grèce et à Rome, le genre fonctionne selon des pôles qui regroupent différentes caractéristiques culturelles et sociales, et qui ne sont pas assimilables à nos très contemporains « masculin » et « féminin ». Ces pôles ne définissent pas l'adéquation idéale à une représentation culturelle d'un sexe biologique, dans la mesure où les différences ne sont pas systématiquement pensées en termes de différence de sexe. À Rome, par exemple, le *mollis* ou l'*effeminatus* sont jugés hors norme, mais non pas sous le prétexte d'une assimilation au sexe féminin : d'autres critères entrent en ligne de compte, qui balisent le terrain de la virilité romaine[6], et ils sont détachés de la représentation réelle qu'avaient les Anciens des « vraies » femmes.

5. Mesli 2006.

6. Sur les pôles structurant la virilité antique, voir, pour la Grèce, les travaux de Winkler sur le continuum hoplite/cinède, et, pour Rome, ceux de Mesli sur les figures (différentes du

Il n'est pas question ici, au terme d'une approche spécifique des relations sexuelles entre femmes, d'élaborer une théorie générale des systèmes antiques de genre, mais il est certain que l'étude des représentations liées aux relations sexuelles des femmes entre elles apporte des éléments nouveaux et complète les avancées de ce champ de recherche.

« Sexualité » antique : anachronisme de la symétrie

En Grèce comme à Rome, la perception singulière de chacun des partenaires est fondatrice de la représentation qu'ont les Anciens d'une relation sexuelle. On ne « fait » pas l'amour de façon indifférenciée : l'acte de l'un n'est pas perçu de la même manière que l'acte de l'autre, et chaque comportement est évalué en fonction des spécificités de chacun (ce qui est hors norme pour l'un ne l'est pas forcément pour l'autre). Notre recherche, en effet, a mis en évidence une différence entre le traitement littéraire et iconographique des pratiques amoureuses et érotiques des femmes entre elles et le traitement des autres pratiques amoureuses et érotiques. Elle a montré également que les critères qui ont cours dans l'évaluation morale des pratiques sexuelles en général ne sont pas pertinents pour les relations sexuelles entre femmes.

Cette dissymétrie, à laquelle notre société est peu habituée, a souvent conduit à des anachronismes ou à des raccourcis dans l'image que nous nous faisons de la sexualité antique. On a parfois produit des tableaux bien équilibrés[7], paramétrés de façon binaire et symétrique (homme/femme ; actif/passif). On a cru voir des influences des rituels initiatiques des garçons sur ceux des jeunes filles. On a parfois tenté de dégager un parallélisme entre la figure du κίναιδος et celle de la τριβάς, et d'y voir des figures imaginaires structurantes. Pourtant, la τριβάς n'existe pas à l'époque où la figure du κίναιδος parcourt les textes grecs et, lorsque le terme apparaît (c'est-à-dire à la fin du Iᵉʳ siècle avant notre ère), le couple femme/femme ne se formule pas dans les mêmes termes de dissymétrie que le couple homme/cinède. Si le cinède fait pendant à l'hoplite ou, selon des modalités différentes, au *vir romanus*, la tribade n'occupe aucune place similaire face à un « féminin » ; l'imaginaire antique ne fait pas d'elle l'amante d'une femme soumise, féminine ou passive. De façon plus générale, le rôle important que joue la figure du cinède dans les préoccupations grecques et romaines est sans comparaison avec le rôle que tiennent les relations sexuelles des femmes dans l'imaginaire des Anciens.

Rêver, imaginer, créer

Pour illustrer ce que nous avançons, permettons-nous une comparaison anachronique : dans *Belle de jour*, Luis Buñuel met merveilleusement en images un fantasme

---

« féminin ») se constituant en opposition au *vir*, et Dupont et Éloi, sur l'érotisme romain et la Grèce comme « altérité incluse ».

7. Voir par exemple les travaux incontournables de Williams et de Parker, qui produisent cependant des panoramas de la sexualité antique très symétriques et réguliers (Parker 1997, p. 49 et 58-59 ; Williams 1999, p. 161 ; voir également Meyer-Zwiffelhoffer 1995, p. 95 *sq.*).

à l'œuvre dans les imaginaires du xxᵉ siècle, celui de la prostituée. Cette figure n'est pas une simple mise en scène d'un comportement réprouvé : elle fonctionne doublement en tant que projection de soi et objet de désir. On a parfois interprété la figure du κίναιδος comme simple incarnation de l'anticitoyen manifestant les valeurs condamnées par la société ; pourtant, les textes grecs sont trop abondants sur les κίναιδοι pour n'exprimer qu'un simple rejet (comme d'ailleurs les textes romains sur les *molles* et les *cinaedi*), et J. Winkler a parfaitement mis en évidence le fonctionnement ambivalent de cette construction imaginaire[8] : face à l'interdit des normes et au poids du jugement social, des fantasmes de transgression naissent. Comme la figure de *Belle de jour*, cette antivirilité repousse les hommes autant qu'elle les attire et les fascine.

Le personnage de la femme qui a des relations sexuelles avec des femmes ne relève absolument pas du même type de construction imaginaire ou fantasmatique. Elle n'incarne pas l'image menaçante d'une femme virile et forte, émanation des fantasmes féminins, et encore moins une image avec laquelle l'homme antique entretient un rapport d'attraction/répulsion. Si les femmes impliquées dans une relation entre femmes n'ont pas de place sur la ligne entre les pôles genrés, c'est parce que cette ligne a pour mesure l'homme. Il ne s'agit pas ici de produire un discours de dénonciation de l'oppression masculine, mais de mettre au jour une conséquence de la domination masculine telle qu'elle se joue en Grèce et à Rome. Cette domination n'a pas pour effet de construire un monde où l'homme tout-puissant, quel qu'il soit, règnerait sur les femmes victimes de l'oppression : dans ce système, au contraire, les victimes sont également des hommes car cette norme impérieuse de la masculinité (qui se décline selon des modalités différentes à Athènes ou à Rome) *est* tout. S'il n'y a pas de parallélisme possible entre les différentes formes de la sexualité de l'homme et celles de la femme, donc pas de parallélisme entre les anachroniques « homosexualité masculine » et « homosexualité féminine », c'est parce que, hormis les relations entre femmes, les autres cas de figure trouvent une place sur cette ligne où tout est pensé par rapport à la masculinité (même le féminin).

Ainsi, les fantasmes, les créations artistiques et les rêves de sociétés éloignées nous informent sur ces sociétés : alors que les productions grecques montrent tout l'intérêt que les Anciens accordent à l'enlèvement de Ganymède par Zeus, alors que la peinture romaine décline à l'envi les positions sexuelles et les mythes érotiques qu'aiment à voir les citoyens romains, l'absence de rêverie et d'esthétisme sur un érotisme spécifiquement féminin est une caractéristique de ces sociétés.

Le hors-champ du sexuel : les catégories préhomosexuelles féminines

Tentons de proposer des catégories ou des axes de réflexion pour prolonger le panorama esquissé par D. Halperin dans ses travaux fondateurs sur la sexualité dans l'Antiquité et la construction de l'homosexualité masculine. Il distingue quatre catégories préhomosexuelles masculines : l'efféminement, la pédérastie (ou sodomie active), l'amitié et l'amour entre hommes, la passivité (ou inversion)[9]. On le voit, ces

---

8. Winkler 1990, p. 95-142.
9. Halperin 2000, réédité dans Halperin 2002, p. 104-137.

catégories débordent largement le strict cadre de ce que nous considérons être « la sexualité » et sont également des catégories préhétérosexuelles : c'est le cas de l'altération du genre, qui désigne des pratiques individuelles sans lien avec un partenaire spécifique et est évaluée selon des critères sociaux ; c'est le cas de l'amitié qui fonde le socle d'une relation valorisée entre hommes, incluant – ou non – une relation physique[10].

Dans le cas de la préhomosexualité féminine et de ses rameaux généalogiques qui viendront, plus tard, rejoindre d'autres constructions imaginaires et discursives pour arriver, encore plus tard, aux catégories actuelles, il s'avère que très peu de ses élaborations antiques intègrent le champ de ce qui relève du sexuel pour nous, et encore moins de ce qui relève de l'érotisme abouti pour les Anciens. En effet, cette présente étude a fait émerger les éléments suivants, qui apparaissent – simultanément ou successivement – selon les périodes ou les types de discours :

– la tension amoureuse et érotique sans relation physique consommée ;
– l'illisibilité sociale du fait d'une indifférenciation des deux partenaires ;
– une altération du genre non systématisée ni formulée sur un mode actif/passif ;
– l'excès physique sans érotisme, c'est-à-dire sans inscription sociale ;
– un imaginaire essentiellement discursif, non figuré dans les images, ni incarné par des personnes réelles.

Ces caractéristiques, prises de façon isolée ou hors contexte, ont pu parfois laisser croire à l'apparition d'une tribade hypersexuelle, paradigme du partenaire actif, avec une déformation physique ou utilisant un godemiché – selon les définitions médicales du XVIe ou du XVIIe siècle ; on a parfois cru aussi voir poindre l'idée d'un saphisme tendre et sentimental, et émerger un amour égalitaire – sur le modèle de poèmes du XIXe siècle. Mais, nous le disions, il faut se méfier des illusions d'optique : quand bien même des éléments nous sembleraient familiers ou proches de représentations du Moyen Âge, de la Renaissance ou de l'époque moderne, une catégorie n'a de valeur que dans un système, et le système de valeurs des Anciens n'est pas le nôtre.

Contrairement à ce qui se passe pour la préhomosexualité masculine, les éléments qui construisent des identités préhomosexuelles féminines relèvent très rarement de pratiques sexuelles autres que celles des femmes entre elles. Ainsi, s'il est primordial de ne pas placer l'identité de sexe au centre des constitutions des catégories par lesquelles le sujet antique se définit, le sexe de la personne avec laquelle une femme a une relation joue, en revanche, un rôle important. Cette surdétermination sexuée peut sembler paradoxale dans un système socio-érotique qui, pour les hommes, n'est pas fondé sur l'identité de sexe du partenaire.

Loin d'une intériorité psychique contemporaine (où l'orientation sexuelle concourt à la construction du soi), l'« extériorité éthique » du sujet antique, analysée par M. Foucault dans *L'Herméneutique du sujet*[11], peut, à la lumière de ces conclusions, se préciser ainsi : les relations sexuelles entre femmes bordent l'espace imaginaire de ce que les Anciens considèrent comme relevant de l'érotisme, et par conséquent du social ; elles

---

10. Sur la pertinence de ce type d'approches, voir Boquet 2007 qui s'intéresse au « rameau de l'amitié dans l'Antiquité tardive et le haut Moyen Âge ».

11. Sur l'extériorité éthique des Anciens, opposée à l'intériorité psychique qui émerge vers le IIe siècle de notre ère, voir Gros 2001 à propos de Foucault 2001 [1981-1983], p. 487-526.

font figure de frontières, de limites, qui donnent forme au champ conceptualisé des pratiques par lesquelles se définit le sujet (qu'il soit grec ou romain). La relation sexuelle de deux femmes est pensée, dans ce système, comme la seule pratique qui élabore un sujet sexué et qui, en tant que caractéristique singulière, entre dans le champ de la subjectivité. Mais c'est simultanément cette caractéristique qui annule la personne comme sujet à part entière, comme « animal politique ». En ce sens, ce hors-champ de l'érotisme antique dessine les limites de l'humain.

BIBLIOGRAPHIE

1. Organisation

Afin d'alléger le texte et les notes, il est fait référence aux études modernes par le nom de l'auteur suivi de la date de première publication. Dans le cas de certains articles réédités ou augmentés, l'édition à laquelle la pagination renvoie est précisée dans la bibliographie s'il ne s'agit pas de la première publication.

Dans un souci d'ouverture à un public non familiarisé avec les usages de la philologie classique, les noms des auteurs et des œuvres antiques, ainsi que ceux des périodiques et des ouvrages modernes, n'ont pas été abrégés. Seul un petit nombre d'abréviations, renvoyant généralement à des usuels, est utilisé. Toujours dans ce même souci, les titres français des œuvres antiques ont été préférés aux titres latins (dans le cas, bien sûr, où le titre français existe).

Les citations des textes grecs et latins sont systématiquement traduites et ces traductions, sauf rares mentions contraires, sont les miennes. Les traductions de l'anglais et de l'allemand, dans le cas de citations d'œuvres contemporaines qui n'ont pas été traduites, sont également les miennes.

La bibliographie des ouvrages antiques cités ou commentés n'est pas exhaustive : seules les éditions des textes ayant trait directement à notre étude sont mentionnées. S'il n'y a pas de problème d'établissement, les éditions des textes, lors de citations brèves et ponctuelles, ne sont pas précisées : ce sont celles de la Collection des universités de France (CUF), ou, à défaut, des autres grandes collections usuelles.

2. Abréviations

AG : *Anthologie grecque.*
Add. : Burn L. et Glyn R., *Beazley Addenda*, Oxford, 1982.
ABV : Beazley J. D., *Attic Black-figure Vase-painters*, Oxford, 1956.
ANRW : *Aufstieg und Niedergang der römischen Welt. Geschichte und Kultur Roms im Spiegel der neueren Forschung*, Berlin & New York, 1972- .
ARV² : Beazley J. D., *Attic Red-figure Vase-painters*, 2ᵉ éd., Oxford, 1963.
BMCR : *Bryn Mawr Classical Review* (http://ccat.sas.upenn.edu/bmcr).

DÉ : Chantraine P., *Dictionnaire étymologique de la langue grecque*, Paris, Klincksieck, 1968.

DA : Daremberg C., Saglio E. *et al.*, *Dictionnaire des antiquités grecques et romaines*, Paris, Hachette, 1877-1910.

DM : Grimal P., *Dictionnaire de la mythologie grecque et romaine*, Paris, PUF, 1951.

GP : *The Greek Anthology. Hellenistic Epigrams*, édition (vol. I) et commentaires (vol. II) par A. S. F. Gow et D. L. Page, Cambridge, Cambridge University Press, 1965.

KA : *Poetae Comici Graeci*, édité par R. Kassel et C. Austin, Berlin, De Gruyter, 1984-.

LIMC : *Lexicon Iconographicum Mythologiae Classicae*, Zurich, Artemis Verlag, 1981-1999.

NP : *Der Neue Pauly. Enzyklopädie der Antike,* Stuttgart, J. B. Metzler, 1996-.

OCD : Hornblower S. et Spawforth A. (dir.), *The Oxford Classical Dictionary. The Dictionary of the Classical World*, 3e éd., Oxford, 1996.

P. Oxy. : Grenfell B. P., Hunt A. S. *et al.* (éd.), *The Oxyrhynchus Papyri*, Londres, 1898-.

Para. : Beazley J. D., *Paralipomena : Additions to Attic Black-figures Vase-painters and Attic Red-figures Vase-painters*, Oxford, 1972.

PMG : *Poetae Melici Graeci*, édition par D. L. Page, Oxford, Clarendon Press, 1962.

RE : Wissowa G., Kroll W. *et al.*, *Paulys Realencyclopädie der classischen Altertumswissenschaft,* Stuttgart & Munich, 1893-.

3. Éditions des principales œuvres antiques étudiées

Alcman
Alcman, Introduction, texte critique, témoignages et commentaire, par C. Calame, Rome, edizioni dell'Ateneo, 1983.

Amphis
Poetae Comici Graeci, vol. I, édition par R. Kassel et C. Austin, Berlin, De Gruyter, 1991.

Anacréon
Poetae Melici Graeci, édition par D. L. Page, Oxford, Clarendon Press, 1962.

Aristote
Aristote, Histoire des animaux, édition et traduction par P. Louis, Paris, Les Belles Lettres, 1964-1969.

Artémidore
Artemidori Daldiani Onirocriton libri V, édition par R. A. Pack, Leipzig, 1963.

Asclépiade et les épigrammes de l'*Anthologie grecque*[1]
The Greek Anthology, Hellenistic Epigrams, édition (vol. I) et commentaires (vol. II) par A. S. F. Gow et D. L. Page, Cambridge, Cambridge University Press, 1965.

---

1. L'édition utilisée pour le livre V est celle de Gow & Page et, pour le livre XII, celle de la CUF. Dans le cas des autres épigrammes citées dans cette étude, il a été préféré, dans chaque cas, l'édition la plus récente (entre Gow & Page et la CUF).

Anthologie grecque (livre XII), édition et traduction par R. Aubreton, commentaire et notice par F. Buffière et J. Irigoin, Paris, Les Belles Lettres, 1994.

Athénée

Athenaeus, The Deipnosophists, vol. VI, édition et traduction par C. B. Gulick, Londres & Cambridge, Heinemann, 1959.

Caelius Aurelianus

Caelius Aurelianus, Gynaecia, Fragments of a Latin Version of Soranus' Gynaecia from a Thirteenth Century Manuscript, édition par M. F. et I. E. Drabking, Baltimore, The Johns Hopkins Press, 1951.

Juvénal

Juvénal, Satires, édition et traduction par P. de Labriolle et F. Villeneuve, émendé, présenté et traduit par O. Sers, Paris, Les Belles Lettres, 2002.

Lucien et le Pseudo-Lucien

Luciani Opera, vol. III et IV, édition par M. D. MacLeod, Oxford, Oxford University Press, 1980-1987.

Martial

Martial, Épigrammes, vol. I, II et III, édition par H. J. Izaac, Paris, Les Belles Lettres, 1930-1933.

Nonnos de Panopolis

Nonnos de Panopolis, Les Dionysiaques (vol. I), édition et traduction par F. Vian, Paris, Les Belles Lettres, 1976.

Nonnos, Dionysiaca, vol. II et III, édition et traduction anglaise par W. H. D. Rouse, H. J. Rose, L. R Lind, Londres, 1953-1955.

Ovide

P. Ovidii Nasonis Epistulae Heroidum, édition par H. Dörrie, Berlin & New York, 1971.

Ovide, Les Métamorphoses, édition et traduction par G. Lafaye pour le volume I (1925), revu par J. Fabre ; pour le volume II (1928), revu et corrigé par H. Le Bonniec ; pour le volume III (1930), revu et corrigé par H. Le Bonniec, Paris, Les Belles Lettres.

Pétrone

Pétrone, Satiricon, édition et traduction par O. Sers, Paris, Les Belles Lettres, 2001.

Phèdre

Phaedrus, Liber fabularum, édité par A. Guaglione, Leipzig, Teubner, 1954.

Physiognomonie (auteur anonyme)

Traité de physiognomonie, édition et traduction par J. André, Paris, Les Belles Lettres, 1981.

Platon

Platon, Le Banquet, introduction de L. Robin, édition et traduction de P. Vicaire, Paris, Les Belles Lettres, 1989.

Platon, Le Banquet, traduction, introduction et notes de L. Brisson, Paris, Garnier-Flammarion, 1998. C'est à cette traduction que nous nous référons.

Platon, Les Lois, introduction de A. Diès et L. Gernet, édition et traduction par E. des Places (livres I-VI) et A. Diès (livres VII-XII), Paris, Les Belles Lettres, 1951-1956.

Plutarque
> *Plutarque, Les Vies parallèles*, édition et traduction par R. Flacelière et E. Chambry, Paris, Les Belles Lettres, 1957, rééd. 1993.

Pomponius Porphyrio
> *Commentum in Horati Epistulas et Epodos*, édition par J. Holder, Paris, 1894.

Sappho
> *Sappho et Alcaeus, Fragmenta,* édition de E.-M. Voigt, Amsterdam, Athenaum, 1971.

Sénèque le Rhéteur
> *L. Annaeus Seneca Maior, Oratorum et rhetorum sententiae, divisiones, colores*, édité par L. Håkanson, Teubner, Leipzig, 1989.

« Une variante du mythe de Kallisto »
> *Apollodoros Epitome*, édition et traduction anglaise par J. G. Frazer, Londres, 1921.
> *Callimachus, vol. II (scholia),* édition par R. Pfeiffer, Londres, Oxford University Press, 1953.
> *Commentariorum in Aratum reliquiae*, édition par E. Maas, Berlin, 1898.
> *Germanici Caesaris Aratea cum scholiis*, édition par A. Breysig, Berlin, Reimer, 1867, rééd. Olms, Hildesheim, 1967.
> *Grammatici Latini*, vol. IV, édition par B. Keil, 1864.
> *Hygin, L'Astronomie*, édition et traduction par A. Le Boeuffle, Les Belles Lettres, Paris, 1983.
> *La Bibliothèque d'Apollodore* (Annales littéraires de l'université de Besançon 443), traduction par J.-C. Carrière et B. Masonie, Paris, Les Belles Lettres, 1991.
> *Lycophronis Alexandra*, vol. II *(scholia),* édition par E. Scheer, Berlin, Weidmann, 1908.
> *Nonnos de Panopolis, Les Dionysiaques*, vol. I, édition et traduction par F. Vian, Les Belles Lettres, Paris, 1976.
> *Nonnos, Dionysiaca*, vol. II et III, édition et traduction anglaise par W. H. D. Rouse, H. J. Rose et L. R. Lind., Londres, 1953 et 1955.
> *Scholia in Aratum vetera*, édition par J. Martin, Stuttgart, 1974.
> *Scriptores rerum mythicarum latini*, édition par G. H. Bode, Cellis, 1834.
> *Servius, Commentaire à Virgile*, édition par G. Thilo et H. Hagen, Leipzig, 1881-1903.
> *Statius, Lactantius Placidus*, vol. II *(Com. in Statii Thebaïda)*, édition par R. Jahnke, Leipzig, Teubner, 1823.

4. Ouvrages cités

ADAMS N. J., 1982, *The Latin Sexual Vocabulary*, Londres, Duckworth.
ADLER A., 1919, « Kallisto », *RE* X, col. 1726-1729.
AJOOTIAN A., 1997, « The only happy couple. Hermaphrodites and gender », dans A. O. Koloski-Ostrow et C. L. Lyons, *Naked Truths : Women, Sexuality, and Gender in Classical Art and Archeology*, Londres & New York.

ANDERSON D. E., 1993, *The Masks of Dionysos. A commentary on Plato's Symposium*, Albany, SUNY.

ANDERSON G., 1994, « Lucian : Tradition versus reality », *ANRW* II, 34. 2, p. 1422-1447.

ANDERSON W. S., 1972, *Ovid's Metamorphoses, books 6-10*, édition et commentaires par W. S. Anderson, Norman, University of Oklahoma Press.

ANDRÉ J., 1981, *Traité de physiognomonie*, édition et traduction par J. André, Paris, Les Belles Lettres.

— 2001, *Le vocabulaire latin de l'anatomie*, Paris, Les Belles Lettres.

ARENA R., 1979, « Considerazioni sul mito di Callisto », *Acme* 32, p. 6-26.

ARNALDI F., 1959, « L'episodio di Ifi nelle "Metamorphosi" di Ovidio (*Met*. IX, 666 sg e l'XI libro di Apuleio », dans *Atti del Convegno internazionale ovidiano* (Sulmone, 1958), vol. II, Rome, p. 371-375.

AUANGER L., 2002, « Glimpses through a Window : An Approach to Roman Female Homoeroticism through Art Historical and Literary Evidence », dans N. S. Rabinowitz et L. Auanger (éd.), *Among Women. From the Homosocial to the Homoerotic in the Ancient World*, Austin, University of Texas Press, p. 211-255.

AUBRETON R., 1994, *Anthologie grecque* (livre XII), édition et traduction par R. Aubreton, commentaire et notice par F. Buffière et J. Irigoin, Paris, Les Belles Lettres.

BACA A. R., 1971, « Ovid's Epistle from Sappho to Phaon (*Heroides* 15) », *Transactions of the American Philological Association* 102, p. 29-38.

BADHAM C., 1883, « Ad Platonis Librum VIII. De Legibus. », *Mnemosyne* 11, p. 190-202.

BALDWIN B., 1961, « Lucian as Social Satirist », *Classical Quarterly* 11, p. 199-208.

— 1973, *Studies in Lucian*, Toronto.

— 1990, « Philaenis, the doyenne of ancient sexology », *Corolla Londiniensis* 6, p. 1-7.

BARTON T., 1994, *Ancient Astrology*, Londres, Routledge.

BELLANDI F., 1995, *Giovenale, Contro le donne, Satira VI*, traduit et commenté par F. Bellandi, Venise, Marsilio.

BING P., 1988, *The Well-Read Muse. Present and Past in Callimachus and the Hellenistic Poets (Hypomnemata* 90), Göttigen, Vandenhoeck & Ruprecht.

BLOCH R., 1907, *De Pseudo-Luciani Amoribus* (Dissertationes philologicae Argentoratenses selectae), Strasbourg.

BLUESTONE N. H., 1987, *Women and the Ideal Society : Plato's Republic and Modern Myths of Gender*, Oxford, Hambourg, New York.

BOARDMAN J., LA ROCCA E. et MULAS A., 1975, *Eros in Grecia*, Milan, Mondadori.

BOCQUET D., 2007, « Pour une généalogie de l'homosexualité masculine : le rameau de l'amitié chrétienne (Antiquité tardive et Moyen Âge) », dans B. Perreau (éd.), *Le choix de l'homosexualité. Recherches inédites sur la question gay et lesbienne*, Paris, Epel, p. 57-74.

BOEHRINGER S. et ÉLOI T., 2003, « Rome », dans L.-G. Tin (éd.), *Dictionnaire de l'homophobie*, Paris, PUF, p. 248-249.

BOEHRINGER S. et REBREYEND A.-C., 2003, « Sappho », dans L.-G. Tin (éd.), *Dictionnaire de l'homophobie*, Paris, PUF, p. 367-368.

BOEHRINGER S., 2004, « *Ces monstres de femmes*. Topique des *thaumata* dans les discours sur l'homosexualité féminine aux premiers siècles de notre ère », dans P. Mudry, O. Bianchi et O. Thévenaz (éd.), *Mirabilia. Conceptions et représentations de l'extraordinaire dans le monde antique. (Actes du colloque international, Lausanne, 20-22 mars 2003)*, *Echo* 4, Bern, Peter Lang, p. 75-98.

— 2007, « Comparer l'incomparable. La *sunkrisis* érotique et les catégories sexuelles dans le monde gréco-romain », dans B. Perreau (éd.), *Le choix de l'homosexualité. Recherches inédites sur la question gay et lesbienne*, Paris, Epel, p. 39-56.

— 2007 (b), « *All'Hagêsichora me teirei* (Alcman fr. 3). Ce que les travaux sur la sexualité apportent aux recherches sur le genre », dans V. Sebillotte Cuchet (éd.), *Problèmes du genre en Grèce ancienne*, Paris, Publications de la Sorbonne, p. 125-145.

BOILLAT M., 1976, *Les métamorphoses d'Ovide, thèmes majeurs et problèmes de composition*, Frankfurt/M., Peter Lang.

BÖMER F., 1958, *Die Fasten, Kommentar*, vol. II, Heidelberg, Carl Winter-Universität.

— 1977, *P. Ovidius Naso Metamorphosen Kommentar*, Heidelberg, Carl Winter-Universität.

BOMPAIRE J., 1958, *Lucien écrivain. Imitation et création*, Paris, De Boccard, 1958.

BONNER S., 1949, *Roman Declamation in the Late Republic and Early Empire*, Liverpool, Liverpool University Press.

BORGEAUD R., 1979, *Recherches sur le dieu Pan*, Rome, Droz.

BORNECQUE H., 1902, *Sénèque le Rhéteur. Controverses et Suasoires*, Paris, Garnier, rééd. 1932.

— 1902 (b), *Les déclamations et les déclamateurs d'après Sénèque le Père*, Lille.

BOSWELL J., 1994, *Same-sex Unions in Premodern Europe*, New York, Villards Books, traduction par O. Demange, *Les unions du même sexe dans l'Europe antique et médiévale*, Paris, Fayard, 1996.

BOUCHÉ-LECLERQ A., 1899, *L'Astrologie grecque*, Paris, rééd. Bruxelles, 1963.

BOYARIN D., 1995, « Are There Any Jews in "The History of Sexuality" ? », *Journal of the History of Sexuality* 5, p. 333-355.

BRAUND S. H. (éd.), 1989, *Satire and Society in Ancient Rome* (*Exeter Studies in History* 23), Exeter.

— 1992, « Juvenal, Misogynist or Misogamist ? », *Journal of Roman Studies* 82, p. 71-86.

— 1995, « A woman's voice ? Laronia role in Juvenal Satire 2 », dans R. Hawley et B. Ledwick (éd.), *Women in Antiquity. New assessments*, Oxford & New York, p. 207-219.

— 1996, *Juvenal, Satires (Book 1)*, édition et traduction par S. Morton Braund, Cambridge, Cambridge University Press.

BRELICH A., 1969, *Paides e Parthenoi*, Rome, edizioni dell'Ateneo.

BREMMER J. N., 1980, « An Enigmatic Indo-European Rite : Paederasty », *Arethusa* 13, p. 279-298.

— (éd.), 1987, *Interpretations of Greek Mythology*, Londres & Sydney.

— (éd.), 1989, *From Sappho to De Sade, Moment in the History of Sexuality*, Londres & New York, Routledge.

— 1989 (b) « Greek Paederasty and Modern Homosexuality », dans J. Bremmer (éd.), *From Sappho to De Sade, Moment in the History of Sexuality*, Londres & New York, Routledge, p. 1-14.

— 1992, « Dionysos travesti », dans A. Moreau (éd.), *L'initiation, Actes du colloque international de Montpellier* (11-14 avril 1991), Université Paul-Valéry, Montpellier, p. 189-198.

BRICK (Ten) B., 1851, « De duobus in Philaenidem epigrammatis », *Philologus* 6, p. 382-384.

BRISSON L., 1973, « Bisexualité et médiation en Grèce ancienne », *Nouvelle Revue de psychanalyse* 7, p. 27-48.

— 1976, *Le mythe de Tirésias. Essai d'analyse structurale*, Leiden, Brill.

— 1978, « Aspects politiques de la bisexualité. L'histoire de Polycrite », dans M. B. de Boer et T. A. Edridge (éd.), *Hommage à Maarten J. Vermaseren*, *EPROER* 68, Leiden, Brill, p. 80-122.

— 1986, « *Neutrum utrumque*. La bisexualité dans l'Antiquité gréco-romaine », dans *L'Androgyne, Les Cahiers de l'hermétisme*, Paris, Albin Michel, p. 27-61.

— 1990, « Hermaphrodite chez Ovide », dans *L'Androgyne et la littérature, Les Cahiers de l'hermétisme*, Paris, Albin Michel, p. 24-37.

— 1997, *Le sexe incertain. Androgynie et hermaphrodisme dans l'Antiquité gréco-romaine*, Paris, Les Belles Lettres.

— 1998, *Platon, Le Banquet*, traduction, introduction et notes de L. Brisson, Paris, Garnier-Flammarion.

— 2000, « Le *Banquet* de Platon comme document sur les comportements sexuels et leur représentation sociale », dans L.-G. Tin (éd.), *Homosexualités. Expression/répression*, Paris, Stock, p. 49-62.

— 2000 (b), « Le *Banquet* de Platon, et la question des commencements de l'humanité », *Uranie* 9, p. 45-54.

— 2002, « Les préambules dans les *Lois* », dans *Lectures de Platon*, Paris, Vrin, p. 235-262.

BROOTEN B. J., 1996, *Love between Women, Early Christian Responses to Female Homoeroticism*, Chicago & Londres, University of Chicago Press.

— 1998, « Lesbian Historiography before the Name ? Response », *GLQ : A Journal of Lesbian and Gay Studies* 4.4, p. 606-630.

BROWN C., 1983, « From Rags to Riches : Anacreon's Artemon », *Phoenix* 37, p. 1-15.

BRUIT ZAIDMAN L., 1991, « Les filles de Pandore, femmes et rituel dans la cité », dans P. Schmitt Pantel (éd.), *Histoire des femmes*, vol. I, sous la direction de M. Perrot et G. Duby, Paris, Plon, p. 363-404.

BRULÉ P., 1987, *La fille d'Athènes, La religion des filles à Athènes à l'époque classique ; Mythes, cultes et société*, Paris, Les Belles Lettres.

— 1996, « Des osselets et des tambourins pour Artémis », *Clio. Histoire, femmes et sociétés* 4, p. 11-32.

BRUNET P. (éd.), 1996, *Sappho, poèmes et fragments,* édition et traduction par P. Brunet, Paris, L'Âge d'homme.

— 1998, *L'égal des dieux, Cent versions d'un poème de Sappho*, Paris, Allia.

Buffière F., 1977, « Sur quelques épigrammes du livre XII de l'Anthologie », *Revue des études grecques* 90, 1977, p. 95-107.

— 1980, *Éros adolescent. La pédérastie dans la Grèce antique*, Paris, Les Belles Lettres.

Burnet J . (éd.), 1901, *Platonis Symposium, Platonis Opera,* vol. II, texte édité par J. Burnet, Oxford, Clarendon Press.

— 1907, *Platonis Opera,* vol. V, texte édité par J. Burnet, Oxford, Clarendon Press.

Bursian C. (éd.), 1857, *Annaei Senecae, Oratorum et Rhetorum*, texte édité par C. Bursian, Leipzig.

Bury R. G. (éd.), 1909, *The Symposium of Plato*, introduction, texte édité et annoté par R. G. Bury, Cambridge, Heffer and Sons.

Burzacchini G., 1977, « Filenide in Marzial », *Sileno* 3, p. 239-243.

Butler J., 1990, *Gender Trouble. Feminism and the Subversion of Identity*, Routledge, New York, traduit par C. Kraus, *Trouble dans le genre. Pour un féminisme de la subversion*, Paris, La Découverte, 2005.

Calame C., 1977, *Les Chœurs de jeunes filles en Grèce archaïque, I Morphologie, fonction religieuse et sociale, II Alcman*, Rome, Edizioni dell'Ateneo & Bizarri, 1977, traduction anglaise par D. Collins et J. Orion avec nouvelle introduction et quelques modifications : *Choruses of Young Women in Ancient Greece: Their Morphology, Religious Role and Social Functions*, Lanham, Rowman & Littlefield, 1997.

— 1983, *Alcman. Introduction, texte critique, témoignages et commentaire*, par C. Calame, Rome, Edizioni dell'Ateneo.

— 1986, *Le récit en Grèce ancienne. Énonciation et représentation des poètes,* Paris, Belin.

— (éd.), 1988, *Métamorphoses du mythe en Grèce antique*, Genève, Labor et Fides.

— 1992, « Prairies intouchées et jardin d'Aphrodite : espaces "initiatiques" en Grèce », dans A. Moreau (éd.), *L'initiation. Actes du colloque international de Montpellier*, Montpellier, université Paul-Valéry, 1992, p. 103-118.

— 1996, *L'Éros dans la Grèce antique*, Paris, Belin.

Calvert B., 1975, « Plato and the equality of women », *Phoenix* 29, p. 231-243.

Cameron A., 1981/1995, « Asclepiades's Girlfriends », dans H. P. Foley (éd.), *Reflections of Women in Antiquity*, Londres, Gordon & Breach, 1981, p. 275-302, révisé et complété dans A. Cameron, *Callimachus and His Critics*, Princeton, Princeton University Press, 1995, p. 494–519. La pagination renvoie à l'édition de 1995.

— 1990, « Two Mistresses of Ptolemy Philadelphus », *Greek, Roman, and Byzantine Studies* 31, p. 287-311.

— 1993, *The Greek Anthology from Meleager to Planudes*, Oxford, Clarendon Press.

— 1995, *Callimachus and His Critics*, Princeton, Princeton University Press.

— 1998, « Love (and marriage) between women », *Greek, Roman, and Byzantine Studies* 39, p. 137-156.

Campbell D. A., 1967, *Greek Lyric Poetry, a Selection of Early Greek Lyric Elegiac and Iambic Poetry,* édition et traduction par D. A. Campbell, Londres, Bristol Classical Press.

— 1988, *Greek Lyric, II : Anacreon, Anacreonta, Choral Lyric from Olympus to Alcman,* édition et traduction de D. A. Campbell, Londres & Cambridge, Heinemann.

Campese S., Manuli P. et Sissa G., 1983, *Madre materia : Sociologia e biologia delle donna greca*, Turin, Boringheri.

Canfora L., 1986, *Storia della letteratura greca*, Rome & Bari, Laterza, traduction par D. Fourgous, *Histoire de la littérature grecque d'Homère à Aristote,* Paris, Desjonquères, 1994.

Cantarella E., 1988, *Secondo natura*, Rome, Riuniti, traduction par M.-D. Porcheron, *Selon la nature, l'usage et la loi. La bisexualité dans le monde antique*, Paris, La Découverte, 1991.

— 1998, *Pompei. I volti dell'amore*, Rome, Mondadori.

Canto Sperber M., 1994, « The Politic's of Women's Bodies : Reflections on Plato », dans N. Tuana (éd.), *Feminist Interpretations of Plato*, University Park, Pennsylvania University Press, p. 49-65.

Carney E., 1991, « "What's in a Name ?" The Emergence of a Title for Royal Women in the Hellenistic Period », dans S. B. Pomeroy (éd.), *Women's History and Ancient History*, University of North Carolina Press, Chapel Hill & Londres, p. 154-172.

Carson A., 1980, « The Justice of Aphrodite in Sappho Fr. 1 », *Transactions of the American Philological Association* 110, p. 135-142.

Castel-Bouchouchi A., 1997, *Platon, Les Lois (extraits)*, introduction, traduction nouvelle et notes par A. Castel-Bouchouchi, Paris, Folio.

Cataudella Q., 1973, « Recupero di un'antica scrittrice greca », *Giornale Italiano di Filologia* 25, p. 253-263.

— 1974, « Initiamenta amoris », *Latomus* 33, p. 847-857.

Cavallini E., 1991, *Luciani, Questioni d'amore*, édition et traduction par E. Cavallini, introduction de E. Degani, Venise, Marsilio.

Chambry E. 1933-1934, *Lucien de Samosate. Œuvres complètes*, traduction avec notices et notes par E. Chambry, Garnier, Paris.

— 1946, *Platon, Les Lois*, traduction et notes par E. Chambry, Paris, Garnier.

Citroni M., 1975, *M. Valerii Martialis, Epigrammaton, liber primus*, édité et annoté par M. Citroni, Florence, La Nuova Italia.

Clark C. A., 1996, « The Gendering of the Body in Alcman's *Partheneion* 1: Narrative, Sex, and Social Order in Archaic Sparta », *Helios* 23.2, p. 143-172.

Clark G, 1993, *Women in Late Antiquity. Pagan and Christian Lifestyles*, Oxford, Clarendon Press.

Clarke J. R., 1998, *Looking at lovemaking. Construction of sexuality in roman art (100 B.C. – A.D. 250),* Berkeley, Los Angeles & Londres, University of California Press.

— 2003, *Roman Sex. 100 BC to AD 250*, New York, Abrams.

Clausen W. V., 1992, *A. Persi Flacci et D. Iunii Juvenalis Saturae*, édité par W. V. Clausen, Oxford, Oxford Classical Texts, 1959, édition révisée en 1992.

Clay D., 1991, « Alcman's *Partheneion* », *Quaderni urbinati di cultura classica* 39.3, p. 47-67.

Cohen D., 1987, « The legal status and political role of women in Plato's *Laws* », *Revue internationale des droits de l'Antiquité* 34, p. 27-40.

Cook A. B., 1925, *Zeus : A Study in Ancient Religion*, vol. II, Oxford, rééd. New York, Biblo and Tannen, 1964, p. 229.

CORDIER P., 2002, « *Tertium genus hominum*. L'étrange sexualité des castrats dans l'Empire romain », dans P. Moreau (éd.), *Corps romains*, Paris, Millon, p. 61-75.

COREY BRENNAN T., 1997, Compte rendu de « B. J. Brooten, *Love between Women, Early Christian Responses to Female Homoeroticism*, Chicago & Londres, University of Chicago Press, 1996 », *BMCR* 97.5.7.

COURTNEY E., 1980, *A Commentary on the Satires of Juvenal*, Londres, The Athlone Press.

CUMONT F., 1937, *L'Égypte des astrologues*, Bruxelles.

DALLA D., 1987, *"Ubi Venus mutatur" : omosessualità e diritto nel mondo romano*, Milan.

DAUX G., 1942, « Sur quelques passages du *Banquet* de Platon », *Revue des études grecques* 55, p. 236-271.

DE MARTINO F., 1996, « Per una storia del "genere" pornografico », dans O. Peccere et A. Stramaglia, *La letteratura di consumo nel mondo greco-latino*, Cassino, Universita degli studi di Cassino, p. 295-341.

DEAN JONES L. A., 1992, « The Politics of Pleasure : Female Sexual Appetite in the Hippocratic Corpus », *Helios* 19, p. 72-91.

— 1994, *Women's Bodies in Classical Greek Science*, Oxford, Clarendon Press.

DEGANI E., 1976, « Note di lettura : Esichio, Filenide, Meleagro, Aristofane », *Quaderni urbinati di cultura classica* 21, p. 140.

DEJEAN J., 1989, *Fictions of Sapho, 1546-1937,* Chicago, University of Chicago Press, 1989, traduction par F. Lecercle, *Sapho. Les fictions du désir. 1546-1937*, Paris, Hachette, 1994.

DELCOURT M. et HOHEISEL K., 1988, « Hermaphrodit », *Reallexikon für Antike und Christentum*, vol. XIV, p. 649-681.

DELCOURT M., 1938, *Stérilités mystérieuses et naissances maléfiques dans l'Antiquité classique*, Liège.

— 1953, « La légende de Kaineus », *Revue d'histoire des religions* 144, p. 129-150.

— 1958, *Hermaphrodite. Mythes et rites de la bisexualité depuis l'Antiquité classique,* Paris, PUF.

— 1966, *Hermaphroditea. Recherche sur l'être double promoteur de fertilité dans le monde classique* (*Latomus* 86), Bruxelles.

DEMONT P., 1998, *La cité archaïque et classique et l'idéal de tranquillité*, Paris, Les Belles Lettres.

DES PLACES *et al.* 1951-1956, *Platon, Les Lois*, introduction de A. Diès et L. Gernet, édition et traduction par E. des Places (livres I-VI) et A. Diès (livres VII-XII), Paris, Les Belles Lettres.

DEVEREUX G., 1970, « The Nature of Sappho's Seizure in Fr. 31 LP as Evidence of Her Inversion », *Classical Quarterly* 20, p. 17-34.

DIEHL E., 1935, *Anthologia Lyrica Graeca*, vol. I, édition par E. Diehl, Leipzig.

DIELS H., 1896, « Alkmans Partheneion », *Hermes* 31, p. 339-374.

DOBLHOFER E., 1975, « Beobachtung zur Callisto-Erzählung in Ovids Metamorphosen », dans *Monumentum Chilionense. Studien zur augusteischen Zeit (Kieler FS für Erich Burck zum 70. Geburstage)*, Amsterdam, p. 496-513.

DÖRRIE H., 1971, *P. Ovidii Nasonis Epistulae Heroidum*, édité par H. Dörrie, Berlin & New York.

— 1995, *P. Ovidius Naso. Der Brief der Sappho an Phaon* (*Zetemata* 58), Munich.

DOVER K. J., 1964, « Eros and Nomos (Plato's *Symposium* 182a-185c) », *Bulletin of the Institute of Classical Studies* 11, p. 31-42.

— 1966, « Aristophanes' Speech in Plato's *Symposium* », *Journal of Hellenic Studies* 86, p. 41-50.

— 1972, *Aristophanic Comedy*, Londres, Batsford.

— 1973, « Classical Greek Attitudes to Sexual Behaviour », *Arethusa* 6, New York, 1973.

— 1974, *Greek Popular Morality in the Time of Plato and Aristotle*, Oxford.

— 1978, *Greek Homosexuality*, Londres, Duckworth, traduction par S. Saïd, *Homosexualité grecque*, Grenoble, La Pensée sauvage, 1982.

— 1980, *Plato, Symposium*, édition, introduction et notes par K. J. Dover, Cambridge, Cambridge University Press.

— 1989, « Greek Homosexuality and Initiation », dans *The Greeks and their Legacy : Collected Papers, vol. II. Prose, Literature, History, Society, Transmission, Influence*, Oxford, p. 115-134.

— 2002, « Two women of Samos », dans M. C. Nussbaum et J. Sihvola (éd.), *The Sleep of Reason. Erotic Experience and Sexual Ethics in Ancient Greece and Rome*, Chicago & Londres, University of Chicago Press, p. 222-228.

DRABKING M. F. et I. E., 1951, *Caelius Aurelianus, Gynaecia, Fragments of a Latin Version of Soranus' Gynaecia from a Thirteenth Century Manuscript*, édité par M. F. et I. E. Drabking, Baltimore, The Johns Hopkins Press.

DUMÉZIL G., 1924, *Le crime des Lemniennes*, édition, introduction et notes par B. Leclerq-Neveu, Paris, Macula, rééd. 1998.

— 1929, « Kaineus, les sexes et la lance », dans *Le problème des Centaures. Étude de mythologie comparée indo-européenne* (*Annales du musée Guimet* 41), Paris, p. 180-181.

DUPONT F. et ÉLOI T., 1994, *Les jeux de Priape. Anthologie d'épigrammes érotiques*, Paris, Gallimard.

— 2001, *L'érotisme masculin dans la Rome antique*, Paris, Belin.

DUPONT F., 1977, *Le plaisir et la loi. Du Banquet de Platon au Satiricon*, Paris, La Découverte, rééd. 2002.

— 1994, *L'invention de la littérature. De l'ivresse grecque au texte latin*, Paris, La Découverte.

EDMONDS J. M., 1959, *The Fragments of Attic Comedy*, vol. II, édition et traduction anglaise par J. M. Edmonds, Leiden, Brill.

EDWARDS C., 1993, *The Politic of Immorality in Ancient Rome*, Cambridge, Cambridge University Press.

ENGLAND E. B., 1921, *The Laws of Plato*, édition, introduction et notes par E. B. England, Manchester, Manchester University Press.

ERNOULT N., 1994, « L'homosexualité féminine chez Platon », *Revue française de psychanalyse* 1, 1994, p. 207-218.

— 1996, « *Les femmes dans la cité platonicienne : la* République *et les* Lois », thèse de doctorat nouveau régime, sous la direction de N. Loraux, École des hautes études en sciences sociales, Paris.

EVANS E. C., 1969, « Physiognomonic in the Ancient World », *Transactions of the American Philological Association* 59.5, p. 101.

EVANS GRUBBS J., 1993, « "Marriage more shameful than adultery" : Slave-mistress relationships, "mixed marriages", and late roman law », *Phoenix* 47, p. 125-154.

FABRE-SERRIS J., 1985, « Mythologie et littérature dans les *Métamorphoses* : les belles poursuivies », dans J.-M. Frécaut et D. Porte (éd.), *Journées ovidiennes de Parménie. Actes du colloque sur Ovide* (24-26 juin 1984), *Latomus* 189, Bruxelles, p. 93-113.

— 1995, *Mythe et poésie dans les Métamorphoses d'Ovide. Fonction et significations de la mythologie dans la Rome augustéenne*, Paris, Klincksieck.

— 1998, *Mythologie et littérature à Rome. La réécriture des mythes aux I^{ers} siècles avant et après J.-C.*, Lausanne, Payot.

FANTHAM E., 1975, « Sex, Status and Survival in Hellenistic Athens : A Study of Women in New Comedy », *Phoenix* 29, p. 44-74.

— 1991, « Stuprum : public attitudes and penalties form sexual offenses in Republican Rome », *Échos du monde classique* 35, p. 267-291.

FANTHAM E., FOLEY H. P., KAMPEN N. B., POMEROY S. B. et SHAPIRO H. A., 1994, *Women in the Classical World*, New York & Oxford, Oxford University Press.

FARNELL L. R., 1896, *Cults of the Greek States*, vol. II, Oxford, Oxford Clarendon Press.

FASSIN E., 2002, « Genre et sexualité, des langages de pouvoir », *Revue européenne d'histoire sociale* 3, p. 60-64.

FOLEY H. P. (éd.), 1981, *Reflections of Women in Antiquity*, Londres, Gordon & Breach, 1981.

FORBERG F. K., 1882, *Manuel d'érotologie classique*, traduction par A. Bonneau, Paris, rééd. 1969.

FORBES IRVING P. M. C., 1990, *Metamorphosis in Greek Myths*, Oxford, Clarendon Press.

FORTENBAUGH W. W., 1977, « Aristotle on Slaves and Women », dans J. Barnes, M. Schofield et R. Sorabji (éd.), *Articles on Aristotle. 2. Ethics and Politics*, Londres, Duckworth, p. 135-139.

FOUCAULT M., 1976, *La volonté de savoir, Histoire de la sexualité*, vol. I, Paris, Gallimard.

— 1984, *L'usage des plaisirs, Histoire de la sexualité*, vol. II, Paris, Gallimard.

— 1984 (b), *Le souci de soi, Histoire de la sexualité*, vol. III, Paris, Gallimard.

— 2001 [1981-1982], *L'Herméneutique du sujet. Cours au Collège de France (1981-1982)*, Paris, Gallimard.

FRANZ R., 1890, « De Callistus Fabula », *Leipziger Studien für klassischen Philologie* 12, p. 295-315.

— 1890-1894, « Kallisto », dans *Ausführliches Lexikon der griechischen und römischen Mythologie*, vol. II.1, 1890-1894, col. 931-935.

FRÉCAUT J.-M. et PORTE D. (éd.), 1985, *Journées ovidiennes de Parménie. Actes du colloque sur Ovide* (24-26 juin 1984), *Latomus* 189, Bruxelles.

FRÉCAUT J.-M., 1972, *L'esprit et l'humour chez Ovide,* Grenoble, Presses universitaires de Grenoble.

— 1985, « Le personnage métamorphosé gardant la conscience de soi », dans J.-M. Frécaut et D. Porte (éd.), *Journées ovidiennes de Parménie. Actes du colloque sur Ovide* (24-26 juin 1984), *Latomus* 189, Bruxelles, p. 115-143.

FREDERICK D., 1995, « Beyond the Atrium to Ariadne : Erotic Painting and Visual Pleasure in the Roman House », *Classical Antiquity* 14.2, p. 266-287.

FROEHNER W., 1873, *Les Musées de France. Recueil de monuments antiques*, Paris.

FRONTISI-DUCROUX F., 1998, « Le sexe du regard », dans P. Veyne, F. Lissarrague et F. Frontisi-Ducroux, *Les mystères du gynécée*, Paris, Gallimard, p. 199-276.

GAILLARD J., 1992, « L'imaginaire ludique ovidien dans les *Héroïdes* », dans J. Thomas (éd.), *Les imaginaires latins*, Perpignan, Presses universitaires de Perpignan.

GENTILI B., 1973, « La ragazza di Lesbo », *Quaderni urbinati di cultura classica* 16, p.124-128.

— 1976, « Addendum », *Quaderni urbinati di cultura classica* 21, p. 47.

— 1976 (b), « Il Partenio di Alcmane e l'amore omoerotico femminile nei tiasi spartani », *Quaderni urbinati di cultura classica* 22, p. 59-67.

GÉRARD J., 1976, *Juvénal et la réalité contemporaine*, Les Belles Lettres, Paris.

GIANGRANDE G., 1968, « Sympotic Literature and Epigram », dans *L'Épigramme grecque* (*Fondation Hardt, Entretiens sur l'Antiquité classique* 14), Genève, p. 93-177.

— 1973, « Anacreon and the Lesbian Girl », *Quaderni urbinati di cultura classica* 16, p.131-135.

— 1976, « On Anacreon's Poetry », *Quaderni urbinati di cultura classica* 21, p. 43-46.

— 1980, « Sappho and the olisbos (P. Oxy. XXI 2291) », *Emerita* 48.2, p. 249-250.

— 1983, « A che serviva l'olisbos di Saffo », *Labeo* 29.2, p. 154-155.

GLEASON M. W., 1990, « The Semiotics of Gender : Physiognomy and Self-Fashioning in the Second Century C.E. », dans D. M. Halperin, J. J. Winkler et F. I. Zeitlin (éd.), *Before Sexuality. The Construction of Erotic Experience in the Ancient World*, Princeton, Princeton University Press, p. 389-415.

— 1995, *Making Men : Sophists and Self-Presentation in Ancient Rome*, Princeton, Princeton University Press.

GONFROY F., 1978, « Homosexualité et idéologie esclavagiste chez Cicéron », *Dialogue d'histoire ancienne* 4, p. 212-262.

GORDON P., 1997, « The lovers' voice in *Heroides* 15 : Or, why is Sappho a man ? », dans J. P. Hallet et M. B. Skinner (éd.), *Roman Sexualities*, Princeton, Princeton University Press, p. 274-291.

GOUREVITCH D., 1984, *Le mal d'être femme : la femme et la médecine à Rome*, Paris, Les Belles Lettres.

— 1995, « Women who suffer from a man's disease : the exemple of satyriasis and the debate on affections specific to the sexes », dans R. Hawley et B. Ledwick (éd.), *Women in Antiquity. New assessments*, Oxford & New York, p. 149-165.

— 1999, « Cherchez la femme », dans P. Mudry (éd.), *Le traité des* Maladies aiguës *et des* Maladies chroniques *de Caelius Aurelianus. Nouvelles approches*, Paris, p. 177-205.

— 1999 (b), « La sexualité de l'Antiquité. Essai à propos de publications récentes », *Antiquité classique* 68, p. 331-334.

GRAF F., 1988, « Ovide, les *Métamorphoses* et la véracité du mythe », dans C. Calame (éd.), *Métamorphoses du mythe en Grèce antique*, Genève, p. 57-70.

GREENE E., 1994, « Apostrophe and Women's Erotics in the Poetry of Sappho », *Transactions of the American Philological Association* 124, p. 41-56, rééd. dans E. Greene (éd.), *Reading Sappho : Contemporary Approaches*, Berkeley, Los Angeles, Londres, California University Press, 1996, p. 233-247.

— (éd.), 1996, *Reading Sappho : Contemporary Approaches*, Berkeley, Los Angeles, Londres, California University Press.

— 2002, « Subjects, Objects and Erotic Symmetry in Sappho's Fragments », dans N. S. Rabinowitz et L. Auanger (éd.), *Among Women. From the Homosocial to the Homoerotic in the Ancient World*, Austin, University of Texas Press, p. 82-105.

GRIFFITHS A., 1972, « Alcman's Partheneion, The Morning after the Night before », *Quaderni urbinati di cultura classica* 14, p. 5-30.

GROS F., 2001, « Situation du cours », dans M. Foucault, *L'Herméneutique du sujet. Cours au Collège de France (1981-1982)*, Paris, Gallimard, p. 487-526.

GUARINO A., 1981, « Professorenerotismus », *Labeo* 27.3, p. 439-440.

GUTZWILLER K. J., 1998, *Poetic Garlands. Hellenistic Epigrams in Context*, Berkeley, Los Angeles, Londres, University of California Press.

HABINEK T. N., 1997, « The invention of sexuality in the world-city of Rome », dans T. N. Habinek et A. Schiesaro (éd.), *The Roman Cultural Revolution*, Cambridge, Cambridge University Press, p. 23-43.

HACKWORTH PETERSEN L., 1997, « Divided consciousness and female companionship : reconstructing female subjectivity on greek vases », *Arethusa* 30, p. 35-74.

HALEY S. P., 2002, « Lucian's "Leaena and Clonarium" : Voyeurism or a Challenge to Assumptions ? », dans N. S. Rabinowitz et L. Auanger (éd.), *Among Women. From the Homosocial to the Homoerotic in the Ancient World*, Austin, University of Texas Press p. 286-303.

HALLETT J. P. et SKINNER M. B. (éd.), 1997, *Roman Sexualities*, Princeton, Princeton University Press.

HALLETT J. P., 1979, « Sappho and her Social Context : Sense and Sensuality », *Signs* 3, p. 447-464 ; rééd. avec ajouts dans E. Green, *Reading Sappho : Contemporary Approaches*, Berkeley, Los Angeles, Londres, California University Press, 1996, p. 125-149. La pagination renvoie à l'édition de 1996.

— 1989, « Female Homoeroticism and the Denial of Roman Reality in Latin Litterature », *Yale Journal of Criticism* 3.1, p. 209-227, rééd. dans J. P. Hallett et M. B. Skinner (éd.), *Roman Sexualities*, Princeton, Princeton University Press, 1997, p. 255-272. La pagination renvoie à l'édition de 1989.

HALLIWELL S., 2002, « Aristophanic Sex : The Erotic of Shamelessness », dans M. C. Nussbaum et J. Sihvola (éd.), *The Sleep of Reason. Erotic Experience and*

Sexual Ethics in Ancient Greece and Rome, Chicago & Londres, University of Chicago Press, p. 120-142.

HALPERIN D. M., 1985, « Platonic Eros and What Men Call Love », *Ancient Philosophy* 5, p. 161-204.

— 1986, « Plato and Erotic Reciprocity », *Classical Antiquity* 5.1, p. 60-80, traduit par G. Le Gaufey et G.-H. Melenotte, *Platon et la réciprocité érotique*, Epel, 2000.

— 1990, *One Hundred Years of Homosexuality*, New York & Londres, Routledge (contenant « Why is Diotima a woman ? Platonic Eros and the Figuration of Gender », dans D. M. Halperin, J. J. Winkler et F. I. Zeitlin (éd.), *Before Sexuality. The Construction of Erotic Experience in the Ancient World*, Princeton, Princeton University Press, 1990, p. 257-308), traduction de I. Châtelet, *Cent ans d'homosexualité et autres essais sur l'amour grec*, Paris, Epel, 2000.

— 1992, « Historicizing the Subject of Desire : Sexual Preferences and Erotic Identities in the Pseudo-Lucianic Erotes », dans D. C. Stanton (éd.), *Discourses of Sexuality : From Aristotles to AIDS*, Ann Arbor, University of Michigan Press, p. 236-261, rééd. dans J. Goldstein (éd.), *Foucault and the Writing of History*, Oxford, 1994, p. 19-34 et 255-261, rééd. dans *How to Do the History of Homosexuality*, Chicago, University of Chicago Press, 2002, p. 81-103. La pagination renvoie à l'édition de 1994.

— 1996, « Homosexuality », dans *OCD*, p. 720-723.

— 1997, « The First Homosexuality? Response : Halperin on Brennan on Brooten », *BMCR* 97.12.03, repris sous le titre « The First Homosexuality? », dans *GLQ : A Journal of Lesbian and Gay Studies*, 4.4, 1998, p. 559-578, dans M. C. Nussbaum et J. Sihvola (éd.), *The Sleep of Reason. Erotic Experience and Sexual Ethics in Ancient Greece and Rome*, Chicago & Londres, University of Chicago Press, 2002, p. 229-268 et, dans une version augmentée, dans *How to Do the History of Homosexuality*, Chicago, The University of Chicago Press, 2002, p. 48-80. La pagination renvoie à l'édition de 2002.

— 1997 (b), « Questions of evidence », dans M. Duberman (éd.), *Queer Représentations : Reading Lives, Reading Culture*, New York, New York University Press, p. 39-54, rééd. dans *How to Do the History of Homosexuality*, Chicago, University of Chicago Press, 2002, p. 138-154. La pagination renvoie à l'édition de 2002.

— 2000, « How to Do the History of Male Homosexuality », *GLQ : A Journal of Lesbian and Gay Studies* 6.1, p. 87-124 (extraits traduits par A. Lerche, « Comment faire l'histoire de l'homosexualité masculine ? », *Revue européenne d'histoire sociale* 3, 2002, p. 22-39), rééd. dans *How to Do the History of Homosexuality*, Chicago, The University of Chicago Press, 2002, p. 104-137. La pagination renvoie à l'édition de 2002.

— 2002, *How to Do the History of Homosexuality*, Chicago, University of Chicago Press.

HALPERIN D. M., WINKLER J. J. et ZEITLIN F. I. (éd.), 1990, *Before Sexuality. The Construction of Erotic Experience in the Ancient World*, Princeton, Princeton University Press.

HANI J., 1981, « Le mythe de l'androgyne dans le *Banquet* de Platon », *Euphrosyne* 11, p. 89-101.

HANSON A. E., 1990, « The medical writers' woman », dans D. M. Halperin, J. J. Winkler et F. I. Zeitlin (éd.), *Before Sexuality. The Construction of Erotic Experience in the Ancient World*, Princeton, Princeton University Press, p. 309-337.

HAUPT M. *et al.*, 1966, *P. Ovidius Naso Metamorphosen*, édition et commentaire par M. Haupt, R. Ehwald, R. Von Albrecht, et O. Korn, Zurich & Berlin, Weidemann.

HEINRICHS A., 1987, « Three Approaches to Greek Mythography », dans J. Bremmer (éd.), *Interpretations of Greek Mythology*, Londres & Sydney, p. 242-279.

HEINZE R., 1919, « Ovids elegische Erzählung », *Berichte über die Verhandlungen der Sächsischen Akademie der Wissenschaften zu Leipzig (Philologisch-historische Klasse)* 71.7, p. 106-110.

HENDERSON J., 1975, *The Maculate Muse. Obscene Language in Attic Comedy*, New Haven & Londres, Yale University Press.

— 1987, *Aristophanes, Lysistrata*, introduction, édition et commentaire par Henderson J., Oxford, Clarendon Press.

— 1989, « … when Satire writes "Woman"», dans S. H. Braund (éd.), *Satire and Society in Ancient Rome* (*Exeter Studies in History* 23), Exeter, p. 115-124.

HIGGINS L. A. et SILVER B. (éd.), 1991, *Rape and Representation,* New York, Columbia University Press.

HODOT R., 1992, « Le vice, c'est les autres », dans R. Lonis (éd.), *L'Étranger dans le monde grec*, Nancy, p. 169-183.

HOWELL P., 1980, *A Commentary on Book One of the Epigrams of Martial*, Londres, The Athlone Press.

HUBBARD T. K., 2003, *Homosexuality in Greece and Rome : A Sourcebook of Basic Documents*, Berkeley, University of California Press.

HUTCHINSON G. O., 1988, *Hellenistic Poetry*, Oxford, Clarendon Press.

— 2001, *Greek Lyric Poetry. A commentary on selected larger pieces*, Oxford, Oxford University press.

JACOB C., 1983, « De l'art de compiler à la fabrication du merveilleux. Sur la paradoxographie grecque », *Lalies* 2, p. 121-140.

JACOBELLI L., 1995, *Le pitture erotiche delle Terme suburbane di Pompei*, Rome.

JACCOTTET P., 1991, *Platon, Le Banquet*, introduction de M. Trédé, traduction de P. Jaccottet, Paris, Livre de Poche.

JEANMAIRE H., 1939, *Couroi et Courètes. Essai sur l'éducation spartiate et sur les rites d'adolescence dans l'Antiquité hellénique,* Lille.

JOCELYN H. D., 1980, « A Greek Indecency and its Student : Laikazein », *Proceeding of the Cambridge Philological Society* 206, p. 12-66.

JONES C. P., 1986, *Culture and Society in Lucian*, Cambridge (Mass.).

KATZ J. N., 1995, *The Invention of Heterosexuality*, New York, Dutton Books, traduit par M. Oliva, É. Sokol et C. Thévenet, *L'invention de l'hétérosexualité*, Paris, Epel, 2002.

KELLY J., 1984, *Women, History and Theory, The Essais of Joan Kelly*, Chicago, University of Chicago Press.

KEULS E., 1985, *The Reign of the Phallus. Sexual Politics in Ancient Athens*, New York, Harper and Row.

KHALIL L., 1977, « L'Artémis de Brauron, rites et mystères », *Antike Kunst* 20, p. 86-102.

— 1983, « Le "cratérisque" d'Artémis et le Brauronion de l'Acropole », *Hesperia*, 50, p. 253-263.

KIESSLIN A., 1872, *Annaei Senecae, Oratorum et rhetorum*, édition par A. Kiesslin, Leipzig.

KILMER M. F., 1993, *Greek Erotica on Attic Red-figures Vases*, Londres, Duckworth.

KLINCK, A. L., 2001, « Male poets and maiden voices : gender and genre in Pindar and Alcman », *Hermes* 135, p. 276-279.

KNAUER O., 1935, *Die Epigramme von Asklepiades von Samos*, Diss. Tübingen.

KOMORNICKA A. M., 1976, « À la suite de la lecture "La ragazza di Lesbo" », *Quaderni urbinati di cultura classica* 21, p. 37-41.

KRENKEL W. A., 1979, « Masturbation in der Antike », *Wissenschaftliche Zeitschrift der Wilhelm-Pieck-Universität Rostock,* 28, p. 159-178.

— 1980, « Fellatio and irrumatio », *Wissenschaftliche Zeitschrift der Wilhelm-Pieck-Universität Rostock*, 28, p. 77-88.

— 1981, « Tonguing », *Wissenschaftliche Zeitschrift der Wilhelm-Pieck-Universität Rostock*, 30, p. 37-54.

LABARBE J., 1968, Entretien dans *L'Épigramme grecque* (*Fondation Hardt, Entretiens sur l'Antiquité classique* 14), Genève, 1968, p. 176.

LAKS A., 1991, « L'utopie législative de Platon », *Revue philosophique de la France et de l'étranger* 4, p. 417-428.

— 1995, « Prodige et médiation : esquisse d'une lecture des *Lois* », dans J.-F. Balaudé (éd.), *D'une cité possible. Sur les Lois de Platon* (*Le temps philosophique* 1), Paris, Presses de l'université de Paris X-Nanterre, p. 11-28.

LAMBIN G., 2002, *Anacréon. Fragments et imitations*, Rennes, Presses universitaires de Rennes.

LANATA C., 1966, « Sul linguaggio amoroso di Saffo », *Quaderni urbinati di cultura classica* 2, p. 63-79, traduction par W. Robins, « Sappho's amatory Language », dans E. Greene (éd.), *Reading Sappho : Contemporary Approaches*, Berkeley, Los Angeles, Londres, California University Press, 1996, p. 11-25. La pagination renvoie à l'édition de 1996.

LARDINOIS A. et McCLURE L. (éd.), 2001, *Making Silence Speak. Women's Voices in Greek Literature and Society*, Princeton & Oxford, Princeton University Press.

LARDINOIS A., 1989, « Lesbian Sappho and Sappho of Lesbos », dans J. N. Bremmer (éd.), *From Sappho to De Sade, Moment in the History of Sexuality*, Londres & New York, Routledge, p. 15-35.

— 1994, « Subject and Circumstance in Sappho's Poetry », *Transactions of the American Philological Association* 124, p. 57-84.

— 1996, « Who Sangs Sappho's Songs? », dans E. Greene (éd.), *Reading Sappho : Contemporary Approaches*, Berkeley, Los Angeles, Londres, California University Press, p. 150-172.

— 1997, Compte rendu de « Calame C., *Choruses of Young Women in Ancient Greece: Their Morphology, Religious Role, and Social Functions*, Lanham Rowman &

Littlefield, 1997, traduction anglaise par D. Collins and J. Orion avec une nouvelle introduction et quelques modifications », *BMCR* 97.9.27.

— 2001, « Keening Sappho. Female Speech Genres in Sappho's Poetry », dans A. Lardinois et L. McClure (éd.), *Making Silence Speak. Women's Voices in Greek Literature and Society*, Princeton & Oxford, Princeton University Press, p. 75-92.

LASSERRE F., 1974, « Ornements érotiques dans la poésie lyrique archaïque », dans J. L. Heller et J. K. Newman (éd.), *Serta Turyniana. Studies in Greek Literature and Paleographiy in Honor of Alexander Turyn,* Urbana, University of Illinois Press, p. 5-33.

LAURENS P., 1965, « Martial et l'épigramme grecque du Ier siècle ap. J.-C. », *Revue des études latines* 43, p. 315-341.

— 1989, *L'abeille dans l'ambre. Célébration de l'épigramme de l'époque alexandrine à la fin de la Renaissance*, Paris, Les Belles Lettres.

LE BOEUFFLE A., 1965, « Recherches sur Hygin », *Revue des études latines* 43, p. 275-294.

— 1975, *Germanicus, Les Phénomènes*, édition et traduction par A. Le Boeuffle, Paris, Les Belles Lettres.

— 1983, *Hygin, L'Astronomie*, édition et traduction par A. Le Boeuffle, Les Belles Lettres, Paris.

LEGRAND P. E., 1907, « Les *Dialogues des courtisanes* comparés avec la Comédie », *Revue des études grecques* 20, p. 39-79.

— 1908, « Les *Dialogues des courtisanes* comparés avec la Comédie (suite) », *Revue des études grecques* 21, p. 176-231.

LEITAO D., 1995, « The peril of Leucippus. Initiatory Transvestism and Male Gender Ideology in the Ekdusia at Phaistos », *Classical Antiquity* 14, p. 130-163.

LENZINGER F., 1965, *Zur griechischen Anthologie*, Diss. Bern, Zürich.

LÉVÊQUE P. et SÉCHAN L., 1966, *Les grandes divinités de la Grèce,* Paris, deuxième version augmentée, Armand Colin, 1990.

LÉVÊQUE P., 1961, « Sur quelques cultes d'Arcadie : princesse-ourse, hommes-loups et dieux-chevaux », *L'Information historique* 23, p. 93-108.

LÉVI-STRAUSS C., 1958, *Anthropologie structurale*, Paris, Plon.

LILJA S., 1983, *Homosexuality in Republican and Augustan Rome,* Helsinki.

LISSARRAGUE F., 1987, « De la sexualité des satyres », *Métis* 2, p. 63-90.

— 1991, « Femmes au figuré », dans P. Schmitt Pantel (éd.), *Histoire des femmes*, vol. I, sous la direction de M. Perrot et G. Duby, Paris, Plon, p. 159-253.

— 1998, « Images du gynécée », dans Veyne P., Lissarrague F. et Frontisi-Ducroux F., *Les Mystères du gynécée*, Paris, Gallimard, p. 155-198.

LOBEL E., 1972, « P. Oxy. n° 2891 », dans *P. Oxy.* XXXIX, p. 51-54.

LORAUX N., 1982, « Ce que vit Tirésias », *L'écrit du temps* 2, p. 99-119, rééd. dans N. Loraux, *Les expériences de Tirésias,* Gallimard, Paris, 1989, p. 253-271. La pagination renvoie à l'édition de 1989.

— 1989, *Les expériences de Tirésias. Le féminin et l'homme grec,* Paris, Gallimard.

— 1993, « Éloge de l'anachronisme en histoire », *Le genre humain* 27, p. 23-39.

— (éd.), 1993 (b), *Grecia al femminile*, Laterza, Rome & Bari, traduit par H. Monsacré, *La Grèce au féminin*, Paris, Les Belles Lettres, 2003.

LUPPE W., 1974, « Nochmals zu Philainis, Pap. Oxy. 2891 », *Zeitschrift für Papyrologie und Epigraphik* 13, p. 281-282.

MAAS P., 1938, « Philainis », *RE* XIX. 2, col. 2133.

MACALISTER S., 1992, « Gender as Sign and Symbolism in Artemidoros' *Oneirokritica* : Social Aspirations and Anxieties », *Helios* 19, p.140-160.

MACPHEE I., 1990, « Kallisto », *LIMC* V, vol. I, p. 940-944 et vol. II, p. 604-605.

MACBAIN B., 1982, *Prodigy and Expiation. A study in religion and politics in republican Rome* (*Latomus* 177), Bruxelles.

MACÉ S., 1993, « Amour, Encore ! The Development of *dêute* in Archaic Lyric », *Greek, Roman and Byzantine Studies* 34, p. 335-364.

MACLEOD M. D., 1961, *Lucian*, vol. VII, édition et traduction par M. D. MacLeod, Cambridge (Mass.), Harvard University Press.

— 1967, *Lucian*, vol. VIII, édition et traduction par M. D. MacLeod, Cambridge (Mass.), Harvard University Press.

— 1980-87, *Luciani Opera*, vol. III et IV, édition par M. D. MacLeod, Oxford, Oxford University Press.

— 1994, « Lucianic studies since 1930 », *ANRW* II. 34. 2, p. 1362-1421.

MAGGIULI G., 1970, « Artemide-Callisto », dans *Mythos. Scripta in honorem Marii Untersteiner*, Gênes, p. 179-185.

MANULI P., 1983, « Donne mascoline, femmine sterili, vergini perpetue : la ginecologia greca tra Ippocrate e Sorano », dans S. Camprese, P. Manuli P. et G. Sissa, *Madre materia : Sociologia e biologia delle donna greca*, Turin, Boringheri, p. 147-185.

MARCOVICH M., 1975, « How to Flatter Woman : P. Oxy. 2891 », *Classical Philology* 70, p. 123-124.

— 1983, « Anacreon, 358 PMG », *American Journal of Philology* 104, p. 372-383.

MARROU H. I., 1948, *Histoire de l'éducation dans l'Antiquité*, Paris, Seuil, rééd. 1964.

MARTIN J., 1956, *Histoire du texte des Phénomènes d'Aratos*, Paris.

MARTIN R., 1988, « La *Cena Trimalcionis*, les trois niveaux d'un festin », *Bulletin de l'Association Guillaume Budé*, p. 232-247.

MARTIN R. et GAILLARD J., 1990, *Les genres littéraires à Rome*, Paris, Nathan.

MARTOS MONTIEL J. F., 1996, *Desde Lesbos con amor*, Madrid, Ediciones clasicas.

MATHIEU N.-C., 2000, « Sexe et genre », dans H. Hirata, F. Laborie, H. Le Doaré, D. Sénotier (éd.), *Dictionnaire critique du féminisme*, Paris, PUF, p. 205-213.

MERKELBACH R., 1972, « Φαυσώ ? », *Zeitschrift für Papyrologie und Epigraphik* 9, p. 184.

MESLI R., 2006, *La virilité romaine en mutation. Étude sur les spectacles dans les* Vies des douze Césars *de Suétone*, Mémoire de Master II sous la direction de P. Moreau, université de Caen.

MEYER-ZWIFFELHOFFER E., 1995, *Im Zeichen des Phallus. Die Ordnung des Geschlechtslebens im antiquen Rom*, Francfort & New York, Campus.

MITCHELL R. L., 1993, *The Hymn to Eros. Reading of Plato's Symposium*, Lanham, University Press of America.

MORA E., 1966, *Sappho. Histoire d'un poète et traduction intégrale de l'œuvre*, Paris, Flammarion.

Moreau A., 1988, « Le discobole meurtrier », *Pallas* 34, p. 1-18.

Moreau P. (éd.), 1992, *Corps romains*, Paris, Millon, p. 61-75.

— 2002, *Incestus et prohibitae nuptiae. L'inceste à Rome*, Paris, Les Belles Lettres.

Mossé C., 1984, « Sappho de Lesbos », *Histoire* 63, rééd. dans G. Duby (éd.), *Amour et sexualité en Occident,* Paris, Seuil, 1991, p. 43-52.

Mras K., 1916, « Die Personennamen in Lucians Hetärengesprächen », *Wiener Studien* 38, p. 28.

Nagy G., 1996, « Phaethon, Sappho's Phaon, and the Withe Rock of Leukas », *Harvard Studies in Classical Philology* 77, 1973, p. 137-177, rééd. dans E. Greene (éd.), *Reading Sappho: Contemporary Approaches*, Berkeley, Los Angeles, Londres, California University Press, p. 35-57.

Néraudau J.-P., 1984, *Être enfant à Rome*, Paris, Les Belles Lettres.

— 2000, *La littérature latine*, Paris, Hachette.

Nesselrath H.-G., 1990, *Die attische Mittlere Komedie (Untersuchungen zum attischen Literatur und Geschichte* 36), Berlin.

— 1999, « Lukianos (1) », *N.P.* 7, col. 493-501.

Neumann H., 1966, « On the comedy of Plato's Aristophanes », *American Journal of Philology* 87, p. 420-426.

Nicaise S., 1980, « Un conte de fées dans les *Métamorphoses* d'Ovide, l'étrange histoire d'Iphis », *Les Études classiques* 48, p. 67-71.

— 1991, « Je meurs de soif auprès de la fontaine », *Les Études classiques* 69, p. 67-72.

Nikitas D. Z., 1981, « Zur Leukipposgeschichte », *Hellenica* 33, p. 14-29.

Nussbaum M. C. et Sihvola J. (éd.), 2002, *The Sleep of Reason. Erotic Experience and Sexual Ethics in Ancient Greece and Rome*, Chicago & Londres, University of Chicago Press.

Oberg E., 2000, *Phaedrus-Kommentar*, Stuttgart, F. Steiner.

Obermayer H. P., 1998, *Martial und der Diskurs über männliche « Homosexualität »*, Tübingen, Narr.

Olender M., 1985, « Aspect de Baubô », *Revue de l'histoire des religions* 202, p. 3-55.

Ormand K., 2005, « Impossible lesbians in Ovid's Metamorphoses », dans R. Ancona et E. Greene (éd.), *Gendered Dynamics in Latin Love Poetry*, Baltimore, The Johns Hopkins University Press, p. 79-110.

Page D. L., 1951, *Alcman, The Partheneion*, édition de D. L. Page, Oxford, Clarendon Press, rééd. New York, Arno Press, 1979.

— 1955, *Sappho and Alcaeus. An Introduction to the Study of Ancient Lesbian Poetry*, Oxford, Clarendon Press.

— 1975, *Epigrammata Graeca,* édition de D. L. Page, Oxford, Clarendon Press.

Papathomopoulos M., 1980, « Nouveaux fragments d'auteurs anciens », *Peleia* 5 (Ioannina), p. 11-26.

— 1992, « Le retour de Plisthène. Disparition et réapparition d'un personnage mythologique », *Revue des études grecques* 105, p. 45-58.

PARADISO A., 1993, « Saffo, la poetessa », dans N. Loraux (éd.), *Grecia al femminile*, Laterza, Rome & Bari, traduction de H. Monsacré dans *La Grèce au féminin*, Paris, Les Belles Lettres, 2003, p. 41-76.

PARKER H. N., 1989, « Another Go at the Text of Philaenis », *Zeitschrift für Papyrologie und Epigraphik* 79, p. 49-50.

— 1992, « Love's Body Anatomized : The Ancient Erotic Handbooks and the Rhetoric of Sexuality », dans A. Richlin (éd.), *Pornography and Representation in Greece and Rome*, New York & Oxford, Oxford University Press, p. 91-111.

— 1993, « Sappho Schoolmistress », *Transactions of the American Philological Association* 123, p. 309-351

— 1996, « Heterosexuality », dans *OC*, p. 702-703.

— 1997, « The Teratogenic Grid », dans J. P. Hallett et M. B. Skinner (éd.), *Roman Sexualities*, Princeton, Princeton University Press, p. 47-65.

— 2001, « The Myth of the Heterosexual : Anthropology and Sexuality for Classicists », *Arethusa* 34, p. 313-362.

PELLIZER E, 1995, *Luciani, Dialoghi delle cortigiane*, introduction et traduction de E. Pellizer, texte commenté par Sirugo A., Venise, Marsilio.

PFUHL E., 1923, *Malerei und Zeichnung der Griechen*, Munich, F. Bruckmann.

PIÉRART M., 1974, *Platon et la cité grecque. Théorie et réalité dans la Constitution des Lois*, Bruxelles.

PINTABONE D. T., 2002, « Ovid's Iphis and Ianthe : When Girls Won't Be Girls », dans N. S. Rabinowitz et L. Auanger (éd.), *Among Women. From the Homosocial to the Homoerotic in the Ancient World*, Austin, University of Texas Press, p. 256-287.

POMEROY S.B., 1975, *Goddesses, Whores, Wives and Slaves : Women in Classical Antiquity*, New York, Schocken Books.

— 1984, *Women in Hellenistic Egypt from Alexander to Cleopatra*, New York.

— (éd.), 1991, *Women's History and Ancient History*, Chapel Hill & Londres, University of North Carolina Press.

POMEROY S., BURSTEIN S. M., DONAL W. et TOLBERT ROBERTS J., 1999, *Ancient Greece. A Political, Social, and Cultural History*, New York, Oxford University Press.

PRADEAU J.-F., 1997, *Platon et la cité*, Paris, PUF.

PRICE A. W., 1989, *Love and Friendschip in Plato and Aristotle*, Oxford, Clarendon Press.

PUCCINI-DELBEY G., 2006, *La vie sexuelle à Rome*, Paris, Taillandier.

PUELMA M., 1977, « Die Selbstbeschreibung des Chores in Alkmans grossem Partheneion-Fragment », *Museum Helveticum* 34, p. 1-55.

RABINOWITZ N. S. et AUANGER L. (éd.), 2002, *Among Women. From the Homosocial to the Homoerotic in the Ancient World*, Austin, University of Texas Press.

RABINOWITZ N. S. et RICHLIN A. (éd.), 1993, *Feminist Theory and the Classics*, New York.

RABINOWITZ N. S., 1992, « Tragedy and the Politics of containment », dans A. Richlin (éd.), *Pornography and Representation in Greece and Rome*, New York & Oxford, Oxford University Press, p. 36-52.

— 2002, « Excavating Women's Homoeroticism in Ancient Greece : the Evidence from Attic Vase painting », dans N. S. Rabinowitz et L. Auanger (éd.), *Among Women*.

From the Homosocial to the Homoerotic in the Ancient World, Austin, University of Texas Press, p. 106-166.

RICHER N., 1998, « Des citoyens maîtres d'eux-mêmes : l'*eukosmon* de Sparte archaïque et classique », *Cahiers Glotz* 9, p. 7-36.

RICHLIN A., 1983, *The Garden of Priapus. Sexuality and Aggressions in Roman Humor*, New Haven, Yale University Press, 1983, éd. révisée, Oxford University Press, 1992.

— 1984, « Invective against Women in Roman Satire », *Arethusa* 17.1, p. 67-80.

— 1992, (éd.), *Pornography and Representation in Greece and Rome*, New York & Oxford, Oxford University Press.

— 1992/93, « Not Before Homosexuality : The Materiality of the *Cinaedus* and the Roman Law against Love between Men », *Journal of the History of Sexuality* 3, p. 523-573.

— 2002, Compte rendu de « Halperin D. M., *One Hundred Years of Homosexuality and Other Essays on Greek Love,* New York & Londres, Routledge, 1990 », *BMCR* 02.01.08.

— 1981, « Some approaches to the sources on adultery at Rome », dans H. P. Foley (éd.), *Reflections of Women in Antiquity*, Londres, Gordon & Breach, p. 379-404.

RICHTER G. M. A., 1968, *Korai : Archaic Greek Maidens*, Londres, Phaidon.

ROBBINS E., 1994, « Alcman's *Partheneion* : Legend and Choral Ceremony », *Classical Quarterly* 44, p. 7-16.

ROBERT L., 1965, *D'Aphrodisias à la Lycaonie (Hellenica XIII)*, p. 184-189.

— 1968, Discussion dans W. Ludwig, « Die Kunst des Variation im Hellenistischen Liebesepigramm », dans *L'Épigramme grecque (Fondation Hardt, Entretiens sur l'Antiquité classique* 14), Genève, p. 340-341.

ROBIN L., 1929, *Platon, Le Banquet*, édition, traduction, introduction et notes par L. Robin, Paris, Les Belles Lettres.

— 1950, *Platon, Œuvres complètes, Les Lois*, traduction, introduction et notes de L. Robin, Paris, Gallimard.

ROSEN S., 1968, *Plato's Symposium*, New Haven & Londres, Yale University Press.

ROSENMEYER P. A., 1992, *The Poetics of Imitation. Anacreon and the Anacraontic Tradition*, Cambridge, Cambridge University Press.

ROUSSELLE A., 1980, « Observation féminine et idéologie masculine : le corps de la femme d'après les médecins grecs », *Annales E.S.C.* 35, p. 1089-1115.

— 1991, « La politique des corps. Entre procréation et continence à Rome », dans P. Schmitt Pantel (éd.), *Histoire des femmes*, vol. I, sous la direction de M. Perrot et G. Duby, Paris, Plon, p. 319-359.

SABOT A.-F., 1981, « Les "Héroïdes" d'Ovide : Préciosité, rhétorique et poésie », dans *ANRW* II.31, p. 2552-2636.

SAÏD S., 1983, « Féminin, femme et femelle dans les grands traités biologiques d'Aristote », dans Lévy E. (éd.), *La femme dans les sociétés antiques*, Strasbourg, Université des Sciences Humaines, p. 93-123.

SALE W., 1962, « The Story of Callisto in Hesiod », *Rheinisches Museum* 105, p. 122-141.

— 1965, « Callisto and the virginity of Artemis », *Rheinisches Museum* 108, p. 11-35.

SALIS A. von, 1930, *Theseus und Ariadne*, Leipzig & Berlin.

SAUNDERS T. J., 1970, *Plato, The Laws*, traduction de T. J. Saunders, Harmondsworth, Penguin Books, 1970.

— 1972, *Note on the Laws of Plato (Institute of Classical Studies, Bulletin Supplement 28)*, Londres.

— 1995, « Plato on Women in the *Laws* », dans Powell A. (éd.), *The Greek World*, Londres & New York, p. 591-609.

SAXONHOUSE A. W., 1985, « The net of Hephaestus. Aristophanes' speech in the Symposium », *Interpretation* 13, p. 15-32.

SCHEPENS G. et DELCROIX K., 1996, « Ancient Paradoxography : Origin, Evolution, Production and Reception », dans O. Peccere et A. Stramaglia, *La letteratura di consumo nel mondo greco-latino*, Cassino, Universita degli studi di Cassino, p. 373-460.

SCHMITT PANTEL P. (éd.), 1991, *Histoire des femmes*, vol. I, sous la direction de M. Perrot et G. Duby, Paris, Plon.

SCHÖPSDAU K., 1994, *Platon Werke*, IX 2, *Nomoi* (Buch I-III), traduction et commentaire par K. Schöpsdau, Göttingen, Vandenhoeck und Ruprecht.

SCOTT J. W., 1986, « Gender : a useful category of historical analysis », *American Historical Review* 91.5, p. 1053-1075, traduit par E. Varikas, « Genre : une catégorie utile d'analyse historique », *Les cahiers du GRIF, Le Genre de l'histoire* 37-38, 1988, p. 125-153.

SERGENT B., 1984 et 1986, *L'Homosexualité dans la mythologie grecque*, Paris, 1984 et *L'Homosexualité initiatique dans l'Europe ancienne*, Paris, 1986, rééd. conjointement dans *Homosexualité et initiation chez les peuples indo-européens*, Paris, Payot, 1996. La pagination renvoie à l'édition de 1996.

— 2000, « Homosexualité et société dans le monde antique », dans L.-G. Tin (éd.), *Homosexualités. Expression/répression*, Paris, Stock, p. 29-37.

SERS O., 2001, *Pétrone, Satiricon*, édition et traduction par O. Sers, Paris, Les Belles Lettres.

SERS O., 2002, *Juvénal. Satires*, édition par P. de Labriolle et F. Villeneuve, émendé, présenté et traduit par O. Sers, Paris, Les Belles Lettres.

SHAPIRO H. A., 1992, « Eros in Love : Paederasty and Pornography in Greece », dans A. Richlin, (éd.), *Pornography and Representation in Greece and Rome*, New York & Oxford, Oxford University Press, p. 91-111.

SHIPLEY G., 2000, *The Greek World after Alexander (323-30 BC)*, Londres & New York, Routledge.

SIHVOLA J., 2002, « Aristotle on sex and love », dans M. C. Nussbaum et J. Sihvola (éd.), *The Sleep of Reason. Erotic Experience and Sexual Ethics in Ancient Greece and Rome*, Chicago & Londres, University of Chicago Press, p. 200-221.

SISSA G., 1983, « Il corpo della donna. Lineamenti di una ginecologia filosofica », dans Campese S., Manuli P. et Sissa G., *Madre materia : Sociologia e biologia delle donna greca*, Turin, Boringheri, p. 83-145.

— 1991, « Philosophie du genre », dans P. Schmitt Pantel (éd.), *Histoire des femmes*, vol. I, sous la direction de M. Perrot et G. Duby, Paris, Plon, p. 68-102.

SKINNER M. B., 1993, « Woman and Language in Archaic Greece or, Why is Sappho a Woman ? », dans N. S. Rabinowitz et A. Richlin (éd.), *Feminist Theory and the Classics*, New York, 1993, p.125-144 ; rééd. dans E. Greene (éd.), *Reading Sappho : Contemporary Approaches*, Berkeley, Los Angeles, Londres, California University Press, 1996, p. 175-192.

— 2001, « Ladies' Day at the Art Institut : Theocritus, Herodas, and the Gendered Gaze », dans A. Lardinois et L. McClure (éd.), *Making Silence Speak. Women's Voices in Greek Literature and Society*, Princeton & Oxford, Princeton University Press, p. 201-222.

SMITH W. S., 1980, « Husband vs. Wife in Juvenal's Sixth Satire », *The Classical World* 73, p. 323-352.

SNYDER J. M., 1991, « Public Occasion and Private Passion in the Lyrics of Sappho, », dans S. B. Pomeroy (éd.), *Women's History and Ancient History*, Chapel Hill, p. 1-19.

— 1997, *Lesbian Desire in the Lyrics of Sappho*, New York, Columbia University Press.

— 1997 (b), « Sappho in Attic Vase Painting », dans A. O. Koloski-Ostrow et C. L. Lyons, *Naked Truths : Women, Sexuality, and Gender in Classical Art and Archeology*, Londres & New York, p. 108-119.

SOURVINOU-INWOOD C., 1988, *Studies in Girl's Transition*, Athènes.

STEHLE E., 1979, « Romantic Sensuality, Poetic Sense : A Response to Hallett on Sappho », *Signs* 4, p. 464-471, rééd. dans E. Greene (éd.), *Reading Sappho : Contemporary Approaches*, Berkeley, Los Angeles, Londres, California University Press, 1996, p. 143-149.

— (STIGERS) 1981, « Sappho's Private World », *Women's Studies* 8, 1981, p. 54-56, rééd. dans H. P. Foley (éd.), *Reflections of Women in Antiquity*, Londres, Gordon & Breach, 1981, p. 45-61.

— 1990, « Sappho's Gaze : Fantasies of a Goddess and a Young Man », *Differences* 2, p. 88-125, développé dans E. Greene (éd.), *Reading Sappho : Contemporary Approaches*, Berkeley, Los Angeles, Londres, California University Press, 1996, p. 193-225.

— 1997, *Performance and Gender in Ancient Greece : Nondramatic Poetry in Its Setting*, Princeton, Princeton University Press.

STEVENSON W. N., 1993, « Plato's *Symposium* (190d7-e2) », *Phoenix* 47, p. 256-260.

SULLIVAN J. P., 1968, *The Satyricon of Petronius*, Londres.

— 1978, « Martial's Sexual Attitudes », *Philologus* 123, p. 181-193.

— 1991, *Martial, the Unexpected Classic*, Cambridge, Cambridge University Press.

SUTTON R. F., 1992, « Pornography and Persuasion on Attic Pottery », dans A. Richlin (éd.), *Pornography and Representation in Greece and Rome*, New York & Oxford, Oxford University Press, p. 3-35.

THÉBAUD F., 1998, *Écrire l'histoire des femmes*, Lyon, ENS éditions.

THIERCY P., 1986, *Aristophane : fiction et dramaturgie*, Paris, Les Belles Lettres.

THOMAS J., 1986, *Le dépassement du quotidien dans l'*Énéide*, les* Métamorphoses *d'Apulée et le* Satiricon, Paris, Les Belles Lettres.

THOMMEN L., « Spartanische Frauen », *Museum Helveticum* 56.3, 1999, p. 129-149.

THOMSON VESSEY D. W., 1976, « Philaenis », *Revue belge de philologie et d'histoire* 54, p. 78-83.

THORP J., 1992, « The social construction of homosexuality », *Phoenix* 46, p. 54-61.

THUILLIER J.-P., 2002, « Le corps du sportif romain », dans P. Moreau (éd.), *Corps romains*, Paris, Millon, p. 251-266.

TIN L.-G. (éd.), 2000, *Homosexualités. Expression/répression*, Paris, Stock.

— (éd.), 2003, *Dictionnaire de l'homophobie*, Paris, PUF.

— 2003 (b), « L'invention de la culture hétérosexuelle », *Les Temps modernes* 624, p. 119-126.

TOO Y. L., 1997, « Alcman's *Partheneion* : The maidens Dance th City », *Quaderni urbinati di cultura classica* 56.2, p. 7-29.

TRENDALL A. D., 1977, « Callisto in Apulian Vase-painting », *Antike Kunst* 20, p. 99-101.

TRONCHET G., 1998, *La métamorphose à l'œuvre. Recherche sur la poétique d'Ovide dans les* Métamorphoses, Louvain & Paris, Peeters.

TSANTSANOGLOU K., 1973, « The Memoir of Lady of Samos », *Zeitschrift für Papyrologie und Epigraphik* 12, p. 183-195.

VERNANT J.-P., 1974, *Mythe et société en Grèce ancienne*, Paris, Maspero.

— 1990, *Figures, idoles et masques*, Paris, Julliard, p. 137-207.

VEYNE P., 1961, « Vie de Trimalcion », *Annales*, p. 213-247, rééd. dans *La société romaine*, Paris, Seuil, 1991.

— 1964, « Le "je" dans le *Satiricon* », *Revue des études latines* 42, p. 301-324.

— 1978, « La famille et l'amour sous le Haut Empire romain », *Annales E.S.C.* 33, p. 35-63, rééd. dans *La société romaine*, Paris, Seuil, 1991, p. 88-130. La pagination renvoie à l'édition de 1991.

— 1981, « L'homosexualité à Rome », *Histoire* 30, p. 71-78, version augmentée, « L'homosexualité à Rome », *Communication* 35, 1982, p. 26-33, rééd. dans Duby G. (éd.), *Amour et sexualité en Occident* Paris, Seuil, 1991, p. 69-77. La pagination renvoie à l'édition de 1991.

— 1983, *L'élégie érotique romaine. L'amour, la poésie et l'Occident*, Paris, Seuil.

— 1985, « L'Empire romain », dans VEYNE P. (éd.), *Histoire de la vie privée. I. De l'Empire romain à l'an mil*, Paris, Seuil, p. 19-224.

VEYNE P., LISSARRAGUE F. et FRONTISI-DUCROUX F., 1998, *Les mystères du gynécée*, Paris, Gallimard.

VIARRE S., 1964, *L'image et la pensée dans les* Métamorphoses *d'Ovide*, Paris.

— 1976, *Ovide, essai de lecture poétique* (*Études latines* 33), Paris, Les Belles Lettres.

— 1985, « L'androgynie dans les *Métamorphoses* d'Ovide. À la recherche d'une méthode de lecture. », dans J.-M. Frécaut et D. Porte (éd.), *Journées ovidiennes de Parménie. Actes du colloque sur Ovide* (*Latomus* 189), Bruxelles, p. 229-243.

V<small>IDAL</small>-N<small>AQUET</small> P., 1990, « La société platonicienne des Dialogues : esquisse pour une étude prosopographique », dans *La Démocratie grecque vue d'ailleurs. Essais d'historiographie ancienne et moderne*, Paris, p. 95-119 et p. 343-348.

V<small>ILLANUEVA</small>-P<small>UIG</small> M.-C., 2000, *Mainades. Recherches sur la genèse du thiase féminin de Dionysos, des origines à la fin de la période archaïque (du second quart du vi^e siècle à 480). Essai d'iconographie religieuse*, thèse d'état sous la direction de J. Marcadé, Université Paris I Panthéon-Sorbonne, Paris.

— 2004, « Deux ménades sous le même manteau ? », *Revue des études anciennes* 106.2, p. 445-454.

V<small>ILLARD</small> L., 1997, « Le vin et les femmes. Un texte méconnu de la Collection hippocratique », *Revue des études grecques* 110, p. 362-380.

V<small>ONS</small> J., 2000, *L'image de la femme dans l'œuvre de Pline l'Ancien* (*Latomus* 256), Bruxelles.

V<small>ORBERG</small> G., 1932, *Glossarium eroticum*, Stuttgart, rééd. Müller & Kiegenheue, Hanau, 1965.

W<small>ALDNER</small> K., 1999, « Kallisto », *NP VI*, col. 205.

W<small>ALTERS</small> J., 1993, *Ancient Roman Concepts of Manhood and their Relations with Other Markers of Social Status*, Ph.D Thesis, Cambridge.

W<small>ALTZ</small> P., 1928, *Anthologie grecque. Livre V,* édition et traduction par P. Waltz, Paris, Les Belles Lettres.

W<small>ELCKER</small> I. G., 1816, *Sappho von einem herrschenden Vorurtheil befreit*, Göttingen, rééd. dans *Kleine Schriften II*, Bonn, 1823.

W<small>EST</small> M. L., 1970, « Melica », *Classical Quarterly* 20.2, p. 206-215.

W<small>HEELERS</small> S. M, 1997, « Changing Names : the Miracle of Iphis in Ovid Metamorphosis 9 », *Phoenix* 51, p. 190-202.

W<small>IFSTRAND</small> A., 1926, *Studien zur griechischen Anthologie* (*Lunds Universitets Arsskrift* 23.3), Lund.

W<small>ILAMOWITZ</small>-M<small>OELLENDORF</small> U. von, 1913, *Sappho und Simonides, Untersuchungen über Griechische Lyriker*, Berlin, Weidmann, rééd. en 1966.

W<small>ILLIAMS</small> C. A., 1995, « Greek Love at Rome », *Classical Quarterly* 45, p. 517-539.

— 1997, Compte rendu de « *Juvenal, Satires (Book 1)*, édité et commenté par S.M. Braund, Cambridge University Press, Cambridge, 1996 », *BMCR* 97.7.9.

— 1998, Compte rendu de « Hallett J. P. et Skinner M. B. (éd.), *Roman Sexualities*, Princeton, Princeton University Press, 1997 », *BMCR* 98.10.16.

— 1999, *Roman Homosexuality, Ideologies of Masculinity in Classical Antiquity,* New York & Oxford, Oxford University Press.

W<small>ILSON</small> N., 1982, « Two observations on Aristophanes' *Lysistrata* », *Greek Roman and Byzantine Studies* 23, 1982, p. 157-163.

W<small>INKLER</small> J. J., 1981, « Garden of Nymphs : Public and Private in Sappho's Lyric », *Women's Studies* 8, 1981, p. 65-91, version développée, « Double Consciousness in Sappho's Lyrics », dans *The Constraints of Desire. The Anthropology of Sex and Gender in Ancient Greece*, New York & Londres, Routledge, 1990, p. 162-187. La pagination renvoie à la traduction française.

— 1990, *The Constraints of Desire. The Anthropology of Sex and Gender in Ancient Greece*, New York & Londres, Routledge, traduction de S. Boehringer et N. Picard,

Désir et contraintes en Grèce ancienne, Paris, Epel, 2005. La pagination renvoie à la traduction française.

WINTERBOTTOM M., 1974, *The Elder Seneca, Controversiae*, vol. I, édité par M. Winterbottom, Cambridge (Mass.), Harvard University Press & Londres, Heinemann.

WOODBURY L., 1979, « Gold hair and grey, or the Game of love, Anacreon Fr. 13 : 358 PMG, 13 Gentili », *Transactions of the American Philological Association* 109, p. 277-287.

YATROMANOLAKIS D., 2001, « Visualizing Poetry : An early representation of Sappho », *Classical Philology* 92.2, p. 159-177.

ZEITLIN F., 1971, « Petronius as Paradox-Anarchy and Artistic Integrity », *Transactions of the American Philosophical Society* 102, p. 631-684.

— 1996, *Playing the Other. Gender and Society in Classical Greek Literature*, Chicago, Chicago University Press.

INDEX DES AUTEURS ET DES ŒUVRES ANTIQUES

INDEX DES AUTEURS CONTEMPORAINS

INDEX *NOMINUM* ET *RERUM*

TABLE DES MATIÈRES

Ce volume,
le cent trente-cinquième
de la série grecque
de la collection
« Études anciennes »
publié aux Éditions Les Belles Lettres,
a été achevé d'imprimer
en septembre 2007
sur presse rotative numérique
de l'imprimerie Jouve
11, boulevard de Sébastopol, 75001 Paris

N° d'éditeur : 6629
N° d'imprimeur :440290C
Dépôt légal : octobre 2007
Imprimé en France